Microsoft®

Visual Basic® 2010

O autor

Michael Halvorson é autor ou coautor de mais de 35 livros, incluindo *Microsoft Visual Basic 2008 Passo a Passo*, *Microsoft Office XP Inside Out* e *Microsoft Visual Basic 6.0 Professional Step By Step*. Halvorson conquistou vários prêmios de literatura de não ficção, incluindo o Computer Press Best How-To Book Award (categoria Software) e o Society for Technical Communication Excellence Award (categoria Escrita). Halvorson é bacharel em ciência da computação pela Pacific Lutheran University em Tacoma, Washington, e mestre e doutor em História pela Universidade de Washington em Seattle. Ele trabalhou na Microsoft Corporation de 1985 a 1993 e tem sido um defensor da programação Visual Basic desde o lançamento do produto no Windows World em 1991. Atualmente, é professor associado na Pacific Lutheran University.

H197m Halvorson, Michael.
Microsoft Visual Basic 2010 : passo a passo / Michael Halvorson ; tradução: Altair Dias Caldas de Moraes, Edson Furmankiewicz ; revisão técnica: Daniel Antonio Callegari.
– Porto Alegre : Bookman, 2011.
572 p. : il. ; 25 cm.

ISBN 978-85-7780-836-6

1. Computação – Programa – Desenvolvimento. I. Título.

CDU 004.413Visual Basic

Catalogação na publicação: Ana Paula M. Magnus – CRB 10/2052

Microsoft®

Michael Halvorson

Microsoft® Visual Basic® 2010 Passo a Passo

Revisão técnica:

Daniel Antonio Callegari
Doutor em Ciência da Computação
Professor da PUC-RS e profissional certificado Microsoft

bookman

2011

Obra originalmente publicada sob o título
Microsoft Visual Basic 2010 Step by Step, autoria de Michael Halvorson.

ISBN 9780735626690

Tradução (*Microsoft Visual Basic 2008 Passo a Passo*): *Edson Furmankiewicz*

Atualização de conteúdo (*Microsoft Visual Basic 2010 Passo a Passo*): *Altair Dias Caldas de Moraes*

Capa: VS Digital, *arte sobre capa original*

Leitura Final: *Aline Grodt*

Edita Sênior – Bookman: *Arysinha Jacques Affonso*

Editora responsável por esta obra: *Elisa Etzberger Viali*

Projeto e editoração: *Techbooks*

Av. Jerônimo de Ornelas, 670 – Santana
90040-340 – Porto Alegre – RS
Fone: (51) 3027-7000   Fax: (51) 3027-7070

Unidade São Paulo
Av. Embaixador Macedo Soares, 10.735 – Pavilhão 5 – Cond. Espace Center
Vila Anastácio – 05095-035 – São Paulo – SP
Fone: (11) 3665-1100   Fax: (11) 3667-1333

SAC 0800 703-3444

IMPRESSO NO BRASIL
PRINTED IN BRAZIL

Agradecimentos

Escrever um livro de programação de computadores é fascinante, porque o processo inteiro começa bem antes de o software estar realmente concluído. Os autores se reúnem com os desenvolvedores do software e com os editores do livro, exploram as especificações do produto e as versões anteriores do software, examinam os comentários e sugestões que os leitores das edições anteriores fizeram, desenvolvem um plano e um programa para escrever o livro e começam a testar suas ideias com as versões beta do produto.

Esse processo iterativo produz insights importantes, e continua com fervor crescente até que o software esteja concluído e os livros finais sejam enviados para impressão.

A Microsoft Press é um local fantástico para escrever um livro de programação de computadores. A cada etapa do processo de publicação, os membros de uma equipe talentosa trabalham juntos para compartilhar contatos e recursos técnicos valiosos, criam estratégias visionárias para a implantação do produto, exploram os benefícios ocultos das tecnologias emergentes e escolhem as palavras e imagens certas para descrevê-los.

O Microsoft Visual Basic 2010 Passo a Passo tirou grande vantagem desse ambiente de publicação inovador e dinâmico. Sou muito grato pelo apoio e auxílio das seguintes pessoas, que ajudaram a planejar, editar, testar, produzir e promover nosso livro. São eles (na ordem em que trabalhei com eles): Ben Ryan, Devon Musgrave, Valerie Woolley, Susan McClung e Christian Holdener.

Em particular, Valerie Woolley manteve, com entusiasmo, minha escrita dentro de uma programação e garantiu que nosso livro se encaixasse bem na série Passo a Passo, pela qual a Microsoft Press é bem conhecida. Também sou muito grato à equipe de desenvolvimento do Microsoft Visual Studio 2010 por fornecer a versão beta do software e a versão "candidata" para distribuição com as quais trabalhei.

Como sempre, dedico minha mais profunda gratidão e afeto à minha família pelo apoio contínuo aos meus projetos de autoria escrita e às várias atividades acadêmicas.

Sumário geral

Sumário

Parte III Projetando a interface de usuário

Parte IV Bancos de dados e programação Web

Introdução

O Microsoft Visual Basic 2010 é uma versão atualizada e aprimorada da conhecida linguagem de programação Visual Basic, uma tecnologia que tem uma base de milhões de programadores fiéis ao redor do no mundo. O Visual Basic 2010 não é um produto independente, mas um componente-chave do Microsoft Visual Studio 2010 – um sistema de desenvolvimento abrangente que permite criar aplicativos poderosos para Windows, a Web, dispositivos portáteis e hosts de outros ambientes. Seja comprando uma das edições comerciais do Visual Studio 2010 (descritas mais tarde nesta introdução) ou fazendo o download do Visual Basic 2010 Express para um test-drive gratuito do software, você embarcará em uma experiência sem igual. Os mais novos recursos do Visual Basic vão aumentar a sua produtividade e perícia na programação, especialmente se você gostar de usar e integrar informações de bancos de dados, mídia de entretenimento, páginas Web e sites. Além disso, uma vantagem importante de aprender o Visual Basic e o Visual Studio Integrated Development Environment (IDE) é que você pode utilizar grande parte das mesmas ferramentas para escrever programas em Microsoft Visual C++ 2010, Microsoft Visual C# 2010, Microsoft Visual Web Developer 2010 e outros produtos conhecidos.

O *Microsoft Visual Basic 2010 Passo a Passo* é uma introdução completa à programação em Visual Basic usando o software Visual Basic 2010. Eu concebi este tutorial prático e interativo tendo em mente os diversos níveis de habilidades e seguindo a ideia de que os programadores aprendem fazendo. Na minha opinião, a melhor maneira de dominar uma tecnologia complexa como o Visual Basic é aprendendo as técnicas de programação essenciais por meio de tutoriais cuidadosamente preparados, que podem ser completados de acordo com a sua agenda e no seu ritmo. E, embora eu tenha uma boa experiência na área acadêmica e em gerenciamento de projetos corporativos, este não é um livro-texto árido ou uma referência de "A a Z" para programadores. Ao contrário, é um tutorial prático e interativo que deixa *você* no comando do seu aprendizado, dos marcos do seu desenvolvimento e das suas realizações. Com este livro, os programadores iniciantes neste tópico aprenderão os fundamentos do desenvolvimento do software Visual Basic no contexto de aplicações úteis e do mundo real; e os programadores experientes poderão dominar rapidamente as ferramentas e técnicas oferecidas na atualização do Visual Basic 2010.

Complementando essa abordagem abrangente temos a estrutura do livro – quatro partes organizadas por tópicos, 20 capítulos e 56 exercícios passo a passo e programas de exemplo. Com este livro, você aprenderá rapidamente a criar aplicativos em Visual Basic 2010 de qualidade profissional para o sistema operacional Windows e diversos navegadores Web. E você também vai se divertir!

Versões do Visual Basic

Mas como chegamos até aqui mesmo? Entre 1991 e 1998, a Microsoft lançou seis versões do Visual Basic (versões 1.0 a 6.0), que revolucionaram o desenvolvimento de software para Windows ao introduzir a um grande público a programação orientada a eventos (event-driven programming) baseada na linguagem de programação QuickBasic e em um IDE. Após um período longo de desenvolvimento e inovação adicional, a Microsoft lançou o Visual Basic .NET 2002, uma liguagem de programação orientada a objetos intimamente relacionada ao Visual Basic, mas implementada sobre o Microsoft .NET Framework, uma biblioteca de soluções codificadas planejada para ser usada pela maioria dos novos aplicativos que executam na plataforma Windows. À medida que as versões melhoradas do Visual Basic surgiram em 2003, 2005 e 2008, o Visual Basic tornou-se um componente dentro da suíte Visual Studio, e bastante suporte para banco de dados, Internet e projetos de desenvolvimento para equipes foi adicionado ao produto, assim como melhoramentos contínuos para o .NET Framework. O Visual Basic 2010 está agora tão integrado ao Visual Studio que está disponível somente como um componente na suíte de programação Visual Studio 2010, que inclui os compiladores Visual C#, Visual C++, Visual Web Developer e outras ferramentas de desenvolvimento do Microsoft .NET.

O Visual Studio 2010 é distribuído em várias configurações de produto diferentes, incluindo Professional, Premium, Ultimate e Express. Escrevi este livro para ser compatível com todas as edições do Visual Basic 2010 e do Visual Studio 2010, mas principalmente com as ferramentas e técnicas disponíveis no Visual Studio 2010 Professional Edition. Embora o Visual Basic 2010 seja, em vários aspectos, semelhante ao Visual Basic 2008, há muitas diferenças e melhorias importantes. Recomendo, portanto, completar os exercícios deste livro utilizando o software Visual Basic 2010.

Nota O software Visual Studio 2010 não está incluído neste livro. O CD distribuído com a maioria das versões deste livro contém arquivos de exercícios, códigos de exemplo e outras informações úteis que requerem o software Visual Studio 2010 (vendido separadamente) para serem usados. Caso você não tenha o Visual Studio, pode fazer download do Visual Basic 2010 Express de graça, que contém uma paleta de recursos supreendente, embora, obviamente, não tenha todos os recursos do Visual Studio Professional, do Premium ou do Ultimate. Nos exercícios deste livro, de tempos em tempos indicarei quais recursos não estão disponíveis no Visual Basic 2010 Express para você poder completar os exercícios. Indicarei também que se você estiver usando o Visual Basic 2010 Express e quiser completar o Capítulo 20, "Criando sites e páginas Web usando o Visual Web Developer e o ASP.NET", precisará fazer download do Visual Web Developer 2010 Express para completar os exercícios. O Visual Web Developer está incluído no Visual Studio Professional, no Premium e no Ultimate, mas não no Visual Basic Express.

Fazendo download do Visual Basic 2010 Express

Como já observado, se você não tem o Visual Studio 2010 Professional, o Visual Studio 2010 Premium ou o Visual Studio 2010 Ultimate, pode completar a maioria dos exercícios fazendo download grátis do Visual Basic 2010 Express na Web. Isso lhe dará a oportunidade de aprender a programação em Visual Basic e de ver se deseja atualizar para uma versão completa do software Visual Studio.

Para fazer download do Visual Basic 2010 Express, complete as etapas a seguir:

1. Abra um navegador Web (como o Internet Explorer) e vá para *http://www.microsoft.com/express.*
2. Siga as instruções para fazer download do Visual Basic 2010 Express.

   No site do Express, você também verá um gráfico de recursos do produto que compara o Express com as versões completas do Visual Studio. Embora existam algumas diferenças importantes entre as versões completas e o Visual Basic 2010 Express, muitas dessas diferenças não têm efeito no modo como você aprende as técnicas e recursos essenciais da programação em Visual Basic. Após experimentar o Express, você pode decidir se vai atualizar para uma das versões completas do Visual Studio ou não. Agora, comecemos a aprender sobre o Visual Basic e como este curso de programação funciona!

Encontrando o melhor ponto de partida

Este livro foi feito para ajudá-lo a desenvolver habilidades em diversas áreas essenciais. Você pode usá-lo se for iniciante em programação, se estiver mudando de outra linguagem de programação ou se estiver atualizando a partir do Visual Basic 2008. Utilize a tabela a seguir para descobrir seu melhor ponto de partida.

Se você está	Siga estes passos
Começando a programar	**1.** Instale os arquivos de exercício como descrito na seção "Instalando e utilizando os arquivos de exercício" mais adiante nesta introdução. **2.** Aprenda habilidades básicas para utilizar o Visual Basic 2010 trabalhando sequencialmente do Capítulo 1 ao Capítulo 17. **3.** Complete a Parte IV, "Banco de dados e programação Web," conforme seu nível de interesse ou experiência.
Atualizando a partir do Visual Basic 2005 ou 2008	**1.** Instale os arquivos de exercício como descrito em "Instalando e utilizando arquivos de exercício". **2.** Complete os Capítulos 1 a 4, leia rapidamente os Capítulos 5 a 17 e complete os Capítulos 18 a 20.

Se você está	Siga estes passos
Atualizando a partir do Visual Basic 6.0	**1.** Instale os arquivos de exercícios conforme descrito na seção "Instalando e utilizando os arquivos de exercícios". **2.** Leia atentamente os Capítulos 1 a 4 para aprender os novos recursos do ambiente de desenvolvimento Visual Studio 2010. **3.** Leia rapidamente os Capítulos 5 a 13 para revisar os fundamentos da programação baseada em eventos, do uso de variáveis e da escrita de estruturas de decisão. Preste atenção especial aos Capítulos 5, 6, 9 e 12. **4.** Estude sequencialmente os Capítulos 14 a 20 para aprender os novos recursos do Visual Basic 2010 relacionados ao design de interface de usuário, à programação de banco de dados e à programação Web.
Consultando este livro depois de estudar os capítulos	**1.** Utilize o índice para localizar informações sobre tópicos específicos e use o sumário para localizar informações sobre tópicos gerais. **2.** Leia a Referência rápida no final de cada capítulo para uma breve revisão das principais tarefas do capítulo. Os tópicos de Referência rápida são listados na mesma ordem em que são apresentados no capítulo.

Requisitos de hardware e software

Você precisará do seguinte hardware e software para completar os exercícios deste livro:

- Windows 7, Windows Vista, Windows XP, Windows Server 2003 ou Windows Server 2008
- Visual Studio 2010 (Professional, Premium ou Ultimate) ou Visual Basic 2010 Express
- Processador de 1.6 GHz
- 1 GB de RAM
- 3 GB de espaço disponível em disco rígido
- Unidade de disco rígido de 5400 RPM
- Placa de vídeo compatível com DirectX9 que funciona em uma resolução de tela de 1024 x 769 ou superior
- Unidade de DVD

Você também precisa ter acesso ao seu computador com o nível de Administrador.

> **Nota** Este livro e os arquivos de exercícios foram testados usando o Visual Studio 2010 Professional e o Visual Basic 2010 Express no Windows 7. Talvez você note algumas diferenças se estiver utilizando outras edições do Visual Studio 2010. Em particular, se estiver utilizando o Visual Basic 2010 Express, alguns recursos não estarão disponíveis. Além disso, as telas deste livro foram capturadas com o Windows 7. Se estiver usando o outra versão do Windows ou do Windows Server, você notará algumas diferenças nas capturas de tela.

Software em versão de testes

Este livro foi revisado e testado com a versão "candidata" para distribuição do Visual Studio 2010. A versão "candidata" para distribuição foi a última versão prévia antes da versão final do Visual Studio 2010. Este livro deve ser completamente compatível com a versão final do Visual Studio 2010 e do Visual Basic 2010. Se houver qualquer alteração ou correção neste livro, elas serão coletadas e adicionadas a um artigo do Microsoft Knowledge Base (base de dados de conhecimento da Microsoft) na Web. Consulte "Suporte a este livro" mais adiante nesta introdução.

Instalando e utilizando os arquivos de exercícios

O CD que acompanha este livro contém os arquivos de exercícios que você usará ao realizar os exercícios. Por exemplo, quando estiver aprendendo a exibir tabelas de bancos de dados em um formulário com o controle *DataGridView*, você vai abrir um dos arquivos de exercícios – um banco de dados acadêmico chamado Faculty2010.accdb – e, então, utilizar ferramentas de programação de banco de dados do Visual Studio para acessar o banco de dados. Com os arquivos de exercícios, você não perde tempo criando arquivos irrelevantes para os exercícios. Assim, você pode se concentrar em aprender a dominar as técnicas de programação do Visual Basic 2010. Com os arquivos e as instruções passo a passo, você também aprenderá fazendo, o que é um modo fácil e eficiente de adquirir e se lembrar de novas habilidades.

Importante Antes de romper o lacre do CD, certifique-se de que este livro corresponde à sua versão do software. Este livro é feito para a linguagem de programação no Visual Studio 2010 e Visual Basic 2010. Para descobrir que software você está executando, verifique o pacote de produto ou inicie o software, abra um projeto e, então, clique em *About Microsoft Visual Studio* no menu *Help* na parte superior da tela.

Instalando os arquivos de exercícios

Instalar os arquivos de exercícios no disco rígido requer aproximadamente 10 megabytes de espaço. Siga estes passos para instalar os arquivos no seu computador a fim de poder utilizá-los nos exercícios deste livro.

1. Remova o CD do pacote dentro deste livro e o insira na unidade de CD.

Nota Um contrato de licença para o usuário final (EULA, End-User Licence Agreement) se abrirá automaticamente. Se esse contrato não aparecer, clique duas vezes em StartCD.exe no CD. Se você utiliza o Windows 7 ou o Windows Vista, clique em Computador no menu Iniciar, clique duas vezes no ícone da unidade de CD e então clique duas vezes em StartCD.exe.

2. Leia o contrato de licença para o usuário final. Se você aceita os termos, selecione a opção Accept e clique em Next.

   Um menu aparece com opções relacionadas com o livro.

3. Clique em Install Practice Files.

4. Siga as instruções na tela.

> **Nota** Para obter melhores resultados ao usar os arquivos de exercícios deste livro, aceite a localização de instalação pré-selecionada, que por padrão é C:\Vb10sbs. Se alterar a localização de instalação, você precisará ajustar manualmente os caminhos em vários arquivos de exercícios para localizar componentes essenciais, como arquivos de imagens e banco de dados, quando precisar utilizá-los.

5. Depois de instalar os arquivos, remova o CD da unidade e coloque-o de volta no invólucro da contracapa de seu livro.

   Se você aceitou as configurações padrão, uma pasta chamada C:\Vb10sbs foi criada no seu disco rígido. Nela você encontrará uma pasta para cada capítulo do livro, onde estarão os arquivos de exercícios. (Alguns arquivos representam projetos concluídos e outros exigirão que você insira códigos de programa.) Se você tiver problemas ao executar qualquer arquivo de exercício, consulte no livro a descrição desses arquivos.

Utilizando os arquivos de exercícios

Cada capítulo explica quando e como usar os arquivos de exercícios. Chegada a hora de usar um arquivo de exercícios, o livro apresenta instruções para abri-lo. Os capítulos são criados considerando cenários que simulam projetos de programação reais para que você possa aplicar facilmente as habilidades aprendidas em seu próprio trabalho.

> **Nota** O Visual Basic 2010 apresenta um novo formato de arquivo para seus projetos e soluções. Por essa razão, você não será capaz de abrir os arquivos de exercícios deste livro se estiver usando uma versão do Visual Basic ou Visual Studio mais antiga. Para ver que versão do Visual Basic ou Visual Studio você está usando, clique no comando *About* do menu *Help*.

O Visual Studio é personalizável e pode ser configurado para abrir e salvar projetos e soluções de maneiras diferentes. As instruções neste livro geralmente têm como base a configuração padrão do Visual Studio. Para mais informações sobre como as configurações dentro do ambiente de desenvolvimento afetam sua maneira de escrever programas e utilizar os arquivos de exercícios, veja a seção "Personalizando configurações do IDE para corresponder aos exercícios passo a passo" no Capítulo 1, "Explorando o ambiente de desenvolvimento integrado do Visual Studio".

Para quem gosta de conhecer todos os detalhes, eis uma lista dos projetos do Visual Basic incluídos no CD. Cada projeto encontra-se em sua própria pasta e tem vários arquivos de suporte. Veja tudo o que você vai fazer!

Projeto	Descrição
Capítulo 1	
MusicTrivia	Um programa simples que lhe dá boas-vindas ao curso de programação e exibe uma foto digital.
Capítulo 2	
Lucky7	Seu primeiro programa – um jogo que simula uma máquina caça-níqueis *Las Vegas Lucky Seven*.
Capítulo 3	
Birthday	Utiliza o controle *DateTimePicker* para escolher uma data.
CheckBox	Demonstra o controle *CheckBox* e suas propriedades.
Hello	Um programa Hello World que demonstra os controles *Label* e *TextBox*.
List Box	Demonstrata o controle *ListBox* para coletar entradas.
Radio Button	Demonstra o controle *RadioButton* para coletar entradas.
WebLink	Demonstra o controle *LinkLabel* que abre um navegador Web em sua aplicação Visual Basic.
Capítulo 4	
Menu	Demonstra como utilizar controles de caixa de diálogo, barras de ferramentas e menus do Visual Studio.
Capítulo 5	
Advanced Math	Utilização avançada de operadores para divisão de inteiros, divisão com resto, exponenciação e concatenação de strings.
Basic Math	Utilização básica de operadores para adição, subtração, multiplicação e divisão.
Constant Tester	Utiliza uma constante para armazenar uma entidade matemática fixa.
Data Types	Demonstra os tipos de dados fundamentais do Visual Basic e seu uso com variáveis.
Framework Math	Demonstra as classes .NET Framework com métodos matemáticos.
Input Box	Recebe entrada com a função *InputBox*.
Variable Test	Declara e utiliza variáveis para armazenar informações.
Capítulo 6	
Select Case	Utiliza uma estrutura de decisão *Select...Case* e um controle *ListBox* para exibir uma mensagem de boas-vindas em vários idiomas.
User Validation	Utiliza a estrutura de decisão *If...Then...Else* e um controle *MaskedTextBox* para gerenciar um processo de logon.
Capítulo 7	
Celsius Conversion	Converte temperaturas em Fahrenheit para Celsius utilizando um loop *Do*.
Digital Clock	Um programa simples de relógio digital que demonstra o controle *Timer*.
For Loop	Demonstra o uso de um loop *For...Next* para exibir texto em um controle *TextBox* e o uso da função *Chr* para criar um caractere de quebra de linha.

Projeto	Descrição
For Loop Icons	Utiliza uma variável contadora global em um procedimento de evento como uma alternativa aos loops. Esse programa também exibe imagens utilizando um controle *PictureBox*.
Timed Password	Demonstra como empregar um controle *Timer* para criar um programa de logon com um recurso de tempo-limite de senha.
Windows Version Snippet	Mostra como usar o comando *Insert Snippet* para exibir a versão atual do Windows executando no computador de um usuário.
Capítulo 8	
Debug Test	Um problema de depuração simulado, projetado para ser resolvido com o uso das ferramentas de depuração do Visual Studio.
Capítulo 9	
Disc Drive Error	Trava quando a unidade de DVD ou CD é usada incorretamente. Esse projeto é utilizado como a base de uma rotina de tratamento de erro do Visual Basic.
Disc Drive Handler	Rotina de tratamento de erros completada para carregar arquivos que exibem a sintaxe *Try...Catch*.
Capítulo 10	
Text Box Sub	Um procedimento *Sub* de uso geral que adiciona itens a uma caixa de listagem.
TrackWins	Uma versão limpa do projeto de máquina caça-níqueis Lucky7 do Capítulo 2, que você aprimora utilizando variáveis públicas e uma função que calcula a porcentagem de vitórias no jogo.
Capítulo 11	
Array Class Sorts	Mostra como criar e manipular grandes arrays de inteiros. Demonstra os métodos *Array.Sort* e *Array.Reverse* e como utilizar um controle *ProgressBar* para fornecer ao usuário um feedback visual durante longas classificações.
Dynamic Array	Calcula a temperatura média de qualquer número de dias utilizando um array dinâmico.
Fixed Array	Computa a temperatura média de cada semana utilizando um array de largura fixa.
Capítulo 12	
Controls Collection	Utiliza um loop *For Each...Next* e a coleção *Controls* do Visual Studio para mover objetos em um formulário.
URL Collection	Demonstra uma coleção definida pelo usuário que contém uma lista de URLs (Uniform Resource Locators) recentemente visitados pelo usuário.
Capítulo 13	
Encrypt Text	Demonstra os métodos *Chr*, *Asc*, *Length*, *Substring* e *FileExists*, bem como um esquema de criptografia simples para embaralhar o texto nos arquivos. Ensina técnicas úteis de processamento de texto.
Quick Note	Um utilitário de anotações simples que demonstra os métodos *Clock.LocalTime* property; the *WriteAllText* method; e os controles *TextBox*, *MenuStrip* e *SaveFileDialog*.
Sort Text	Um editor de arquivos de texto com uma barra de menus que demonstra como gerenciar os comandos *Open, Close, Save As, Insert Date, Sort Text* e *Exit* em um programa. Contém um módulo *ShellSort* para classificar arrays que podem ser adicionados a outros projetos de programação.

Projeto	Descrição
Text Browser	Exibe o conteúdo de um arquivo de texto em um programa Visual Basic. Demonstra comandos de menu, um manipulador de erro *Try...Catch* e o método *ReadAllText*, e serve como uma fundação para os outros programas neste capítulo.
Xor Encryption	Explora a classe *StreamWriter* e os métodos *OpenTextFileWriter* e *ReadAllText* para gerenciamento de arquivos, assim como usar o operador *Xor* para criptografar arquivos com um código oculto que é inserido pelo usuário.
Capítulo 14	
Add Controls	Demonstra como os controles são adicionados a um formulário Windows em tempo de execução utilizando código de programa (não o Designer).
Anchor and Dock	Utiliza as propriedades *Anchor* e *Dock* de um formulário para alinhar objetos em tempo de execução.
Desktop Bounds	Utiliza as propriedades *StartPosition* e *DesktopBounds* para posicionar um formulário Windows em tempo de execução. Também demonstra a propriedade *FormBorderStyle*, a estrutura *Rectangle* e o método *ShowDialog*.
Lucky Seven Help	O programa Lucky7 aprimorado (*TrackWins*) do Capítulo 10, que você aprimora de novo adicionando um segundo formulário para exibir informações de ajuda.
Capítulo 15	
Draw Shapes	Demonstra alguns dos métodos gráficos úteis no namespace *System.Drawing*, incluindo *DrawEllipse*, *FillRectangle* e *DrawCurve*.
Moving Icon	Anima um ícone no formulário, movendo-o da parte superior para a inferior do formulário toda vez que você clica no botão *Move Down*.
Transparent Form	Demonstra como alterar a transparência de um formulário utilizando o objeto *Me* e a propriedade *Opacity*.
Zoom In	Simula o zoom, ou ampliação, de um objeto caixa de figura em um formulário (nesse caso, uma imagem de alta resolução do planeta Terra).
Capítulo 16	
Form Inheritance	Utiliza o *Visual Studio Inheritance Picker* para criar um formulário que herda suas características e funcionalidades de outro formulário.
Person Class	Demonstra como criar novas classes, propriedades e métodos em um projeto do Visual Basic. A nova classe *Person* é um registro de empregados com campos de nome, sobrenome e data de nascimento e contém um método que calcula a idade atual de um empregado.
Capítulo 17	
Print Dialogs	Demonstra como criar as caixas de diálogo Print Preview e Page Setup.
Print File	Trata tarefas de impressão mais sofisticadas, incluindo a impressão de um arquivo de texto de várias páginas com quebra automática de linha. Inclui uma grande quantidade de código para utilizar em seus próprios projetos.
Print Graphics	Imprime imagens gráficas a partir de um programa Visual Basic usando uma rotina de tratamento de erro, o método *Print* e o método *DrawImage*.
Print Text	Demonstra como imprimir texto simples em um programa Visual Basic.

Projeto	Descrição
Capítulo 18	
ADO Faculty Form	Demonstra como o ADO.NET é utilizado para estabelecer uma conexão com um banco de dados do Microsoft Access 2007 e exibir informações a partir dele.
Capítulo 19	
DataGridView Sample	Mostra como o controle *DataGridView* é utilizado para exibir múltiplas tabelas de dados em um formulário. Também demonstra como as barras de navegação, conjuntos de dados (*datasets*) e adaptadores de tabela são interconectados e vinculados a objetos de um formulário.
Capítulo 20	
Chap20	Demonstra o uso do Visual Web Developer e ASP.NET 4 para criar uma calculadora de financiamento de veículos que é executada em um navegador Web, oferece informações de ajuda e exibe os registros do banco de dados da faculdade.

Desinstalando os arquivos de exercícios

Use os passos a seguir para remover os arquivos de exercícios adicionados à sua unidade de disco pelo programa de instalação do Visual Basic 2010 Passo a Passo. Depois de desinstalar os arquivos de exercício, você pode excluir manualmente qualquer arquivo de projeto do Visual Basic que você mesmo criou, caso queira fazer isso.

Se você estiver executando o sistema operacional Windows 7 ou Windows Vista:

1. No Painel de Controle, na categoria Programas, clique em Desinstalar Um Programa.
2. Selecione Microsoft Visual Basic 2010 Step by Step na lista de programas e clique em Desinstalar.
3. Siga as instruções da tela para remover os arquivos de exercícios.

Se você estiver executando o sistema operacional Windows XP:

1. No Painel de Controle, abra o Adicionar ou Remover Programas.
2. Na lista Programas Atualmente Instalados, selecione Visual Basic 2010 Step by Step.

   Clique em Remover.
3. Siga as instruções da tela para remover os arquivos de exercícios.

Convenções e recursos deste livro

Antes de iniciar os exercícios deste livro, você pode economizar tempo entendendo as instruções e os elementos que utilizo para comunicar informações sobre programação em Visual Basic. As listas a seguir identificam as convenções e discutem recursos úteis deste livro.

Convenções

- Os nomes de todos os elementos do programa – controles, objetos, métodos, funções, propriedades e assim por diante – aparecem em *itálico*.
- Exercícios práticos são sugeridos em listas numeradas de passos (1, 2 e assim por diante). Um marcador redondo (•) indica um exercício que tem apenas uma etapa.
- O texto que você precisa digitar aparece em **negrito**.
- Ao executar os passos, ocasionalmente você verá tabelas com listas de propriedades que irá configurar no Visual Studio. As propriedades de texto aparecem entre aspas, mas você não precisa digitar as aspas.
- Um sinal de adição (+) entre dois nomes de chave significa que você deve pressionar essas teclas ao mesmo tempo. Por exemplo, "Pressione Alt+Tab" significa que você tem de manter a tecla Alt pressionada enquanto pressiona Tab.
- As ajudas aos leitores rotuladas como Nota, Dica e Importante indicam informações adicionais ou métodos alternativos para um passo. Você deve lê-los antes de continuar o exercício.

Outros destaques

- Você pode aprender técnicas de programação especiais, informações básicas ou recursos relacionados às informações discutidas lendo os quadros que aparecem nos capítulos. Esses quadros frequentemente destacam terminologia difícil ou sugerem áreas para futura exploração.
- Você pode aprender sobre opções ou técnicas que se baseiam no que aprendeu em um capítulo fazendo o exercício "Um passo além" ao final de cada capítulo.
- A tabela Referência rápida, no final de cada capítulo, funciona como um lembrete rápido para executar as tarefas que você aprendeu. Essas tabelas úteis são também projetadas para serem usadas como uma referência após você completar o livro e precisar lembrar sobre como executar uma tarefa de programação.

Links úteis

Confira os seguintes links, que fornecem suporte para o software Visual Studio 2010 e o conteúdo deste livro.

Suporte para o Software Visual Studio 2010

Para as perguntas sobre o software Visual Studio 2010, recomendo dois sites da Microsoft:

- *http://msdn.microsoft.com/vbasic/* (a home page do Microsoft Visual Basic Developer Center)
- *http://www.microsoft.com/communities/* (o site de referência das comunidades técnicas relacionadas com produtos de software e tecnologias da Microsoft)

Ambos os sites fornecem acesso a desenvolvedores profissionais em Visual Basic, desenvolvedores Microsoft, blogs, newsgroups, webcasts, chats técnicos e grupos de usuários sobre Visual Basic. Para informações adicionais sobre esses e outros recursos eletrônicos e impressos, consulte o Apêndice A, "Onde obter informações adicionais".

Suporte para este livro*

Todos os esforços foram feitos para garantir a exatidão das informações neste livro e do conteúdo do CD que o acompanha. À medida que as correções ou atualizações forem coletadas, elas serão adicionadas a um artigo do Microsoft Knowledge Base.

A Microsoft Press fornece suporte aos livros e CDs que acompanham os livros no site a seguir:

http://www.microsoft.comlearning/support/books/

Se você tiver comentários, perguntas ou ideias em relação ao livro ou ao conteúdo do CD, ou se tiver perguntas que não foram respondidas ao visitar os sites mencionados anteriormente, envie-as à Microsoft Press por meio de uma mensagem de email para *mspinput@microsoft.com*.

Observe que o suporte ao produto da Microsoft não é oferecido por meio desses endereços e o autor deste livro não oferece suporte direto ao software.

Queremos ouvir você

Seus comentários sobre este livro serão bem-vindos. Compartilhe seus comentários e ideias respondendo a uma pequena pesquisa (em inglês) em:

http://www.microsoft.com/learning/booksurvey

Sua participação ajuda a Microsoft Press a criar livros que atendam melhor às suas necessidades e padrões.

> **Nota** Em nossa pesquisa, esperamos que você forneça comentários detalhados. Se você tem perguntas sobre nossa programação de publicação, títulos futuros ou sobre a Microsoft Press em geral, escreva-nos via Twitter, em *http://twitter.com/MicrosoftPress.* (Para saber quais serão os próximos lançamentos Microsoft em português, escreva para o Twitter da Bookman, em http://www.twiter.com/BookmanEditora.) Para problemas de suporte, use somente o endereço de email mostrado anteriormente.

* N. de T.: Comentários e sugestões relativas à edição brasileira desta obra podem ser enviadas para secretariaeditorial@grupoaeditoras.com.br

Parte I

Apresentando o Microsoft Visual Basic 2010

Na Parte I, você terá uma visão geral das técnicas de programação básicas do Visual Basic 2010 e uma introdução a ferramentas e recursos com os quais trabalhará na maioria das sessões de programação do Visual Basic. Você aprenderá a usar o Visual Studio 2010 Integrated Development Environment e sua extensa coleção de ferramentas de programação, janelas e comandos de menu, e receberá instruções passo a passo sobre como construir e executar vários programas interessantes do zero. Esse é o ponto de partida se você for novo em programação no Visual Basic ou se estiver fazendo atualização a partir de uma versão anterior.

O Capítulo 2 introduz como controles, formulários, propriedades e código do programa podem ser usados conjuntamente para criar um interessante jogo de máquinas caça-níqueis chamado Lucky Seven. O Capítulo 3 fornece uma visão geral dos controles da Toolbox mais úteis, que ajudam a apresentar informações ou escolhas de programa ao usuário, coletar entrada, trabalhar com datas e horas e conectar-se à Web. O Capítulo 4 concentra-se na adição de menus, barras de ferramentas e caixas de diálogo a programas em Visual Basic que darão ao seu programa a elegância de um aplicativo Windows comercial.

Capítulo 1

Explorando o ambiente de desenvolvimento integrado do Visual Studio

Neste capítulo, você vai aprender a:

- Utilizar o Visual Studio Integrated Development Environment.
- Abrir e executar um programa em Visual Basic.
- Alterar configurações de propriedade.
- Mover, redimensionar, encaixar e ocultar janelas de ferramentas.
- Utilizar o IDE Navigator.
- Abrir um navegador Web dentro do Visual Studio.
- Acessar os novos comandos de ajuda e gerenciar as configurações da ajuda.
- Personalizar configurações do IDE para corresponder às instruções passo a passo deste livro.

Você está pronto para começar a trabalhar com o Microsoft Visual Studio 2010? Este capítulo fornece as habilidades necessárias para começar a executar o ambiente de desenvolvimento integrado (Integrated Development Environment – IDE) do Visual Studio 2010 – o lugar onde você escreverá programas em Microsoft Visual Basic. Você deve ler este capítulo se for iniciante em programação do Visual Basic ou se já tiver utilizado as versões anteriores do Visual Basic ou Visual Studio.

Neste capítulo, você vai aprender os comandos de menu e procedimentos de programação do Visual Studio essenciais. Vai abrir e executar um programa simples do Visual Basic chamado Music Trivia; alterar uma configuração de programação chamada *propriedade*; e praticar mover, dimensionar, encaixar e ocultar janelas de ferramentas. Você também vai aprender a alternar entre arquivos e ferramentas com o IDE Navigator, abrir um navegador Web dentro do Visual Studio, obter informações adicionais usando a documentação da ajuda online e personalizar o IDE para que ele corresponda às instruções passo a passo deste livro. Essas são tarefas comuns que você usará na maioria das sessões de programação do Visual Studio e que, em breve, se tornarão totalmente (se já não forem).

O ambiente de desenvolvimento do Visual Studio

Em primeiro lugar, uma rápida nota para os leitores que estão atualizando a partir do Visual Studio 2008. Embora tenham sido implementados muitos melhoramentos internos no Visual Studio 2010, o IDE do Visual Studio 2010 é predominantemente o mesmo com o qual você trabalhou no Visual Studio 2008. Mas como você pode ser iniciante no Visual Studio, vou explicar os conceitos básicos neste capítulo. Além disso, se você for iniciante, deve saber também que embora a linguagem de programação que irá aprender neste livro seja Visual Basic, a maioria dos recursos no IDE do Visual Studio se aplica igualmente a Visual Basic, Microsoft Visual C++ e Microsoft Visual C#. Todos esses programas (ou, mais corretamente, tecnologias de compilador) estão disponíveis no mesmo IDE, que você pode testar agora iniciando o Visual Studio e examinando o produto.

Importante Mas espere um segundo. Se você ainda não tiver instalado os arquivos de exercícios deste livro, faça-o agora porque estamos prestes a usá-los. Reserve um tempo para estudar as seções intituladas "Encontrando o melhor ponto de partida" e "Instalando e utilizando os arquivos de exercícios" na introdução deste livro e siga os passos da instalação. (Recomendo colocar os arquivos de projeto e subpastas relacionadas na pasta c:\Vb10sbs.) Você também precisará de uma versão atual do Visual Studio 2010 instalada, como o Visual Studio 2010 Professional edition. (A maioria dos exercícios também trabalhará com o Visual Studio 2010 Express. Retorne a este ponto no Capítulo 1 quando estiver pronto para continuar.

Inicie o Visual Studio 2010

1. Na barra de tarefas do Windows, clique em Iniciar, clique em Todos os Programas e, então, clique na pasta Microsoft Visual Studio 2010.

   As pastas e os ícones da pasta Microsoft Visual Studio 2010 aparecem em uma lista.

2. Clique no ícone Microsoft Visual Studio 2010.

Dica Se você estiver usando o Visual Studio 2010 Express, clique no ícone Microsoft Visual Studio 2010 Express.

Se essa for a primeira vez que você inicia o Visual Studio, o programa demorará alguns minutos para configurar o ambiente. Se, nesse momento, for solicitado que você identifique as suas preferências de programação, selecione as configurações de desenvolvimento do Visual Basic.

O Visual Studio inicia e você vê o ambiente de desenvolvimento na tela com seus muitos menus, ferramentas e janelas de componentes, conforme mostrado aqui. (Essas janelas são às vezes chamadas *janelas de ferramentas*.) Você também deve ver uma página inicial (Start Page) contendo guias com links, recursos de orientação e aprendizagem, notícias e opções de projeto.

A Start Page é uma fonte abrangente de informações sobre seu projeto e também de recursos dentro da comunidade de desenvolvimento do Visual Basic. Ela é uma das maneiras de receber informações recentes sobre o Visual Studio depois que você compra o software. (A tela mostrada aqui provavelmente está menos detalhada do que a que você verá, mas eu capturei as telas na resolução 800 x 600 para que você possa ler seus textos claramente.)

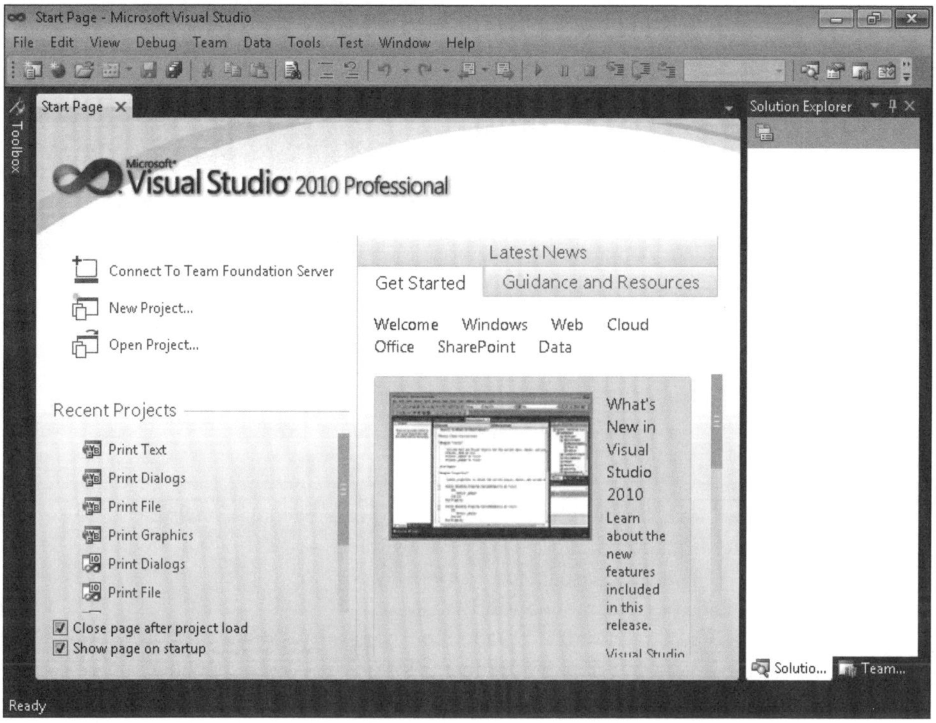

A primeira coisa que a maioria dos desenvolvedores faz ao iniciar o Visual Studio é abrir um projeto existente – uma solução concluída com a qual eles querem trabalhar novamente ou um projeto em processo de desenvolvimento. Tente abrir um projeto existente que criei para você – o programa Music Trivia.

Abra um projeto do Visual Basic

1. Na Start Page, clique no link Open Project.

   A caixa de diálogo Open Project mostrada na captura de tela a seguir abre na tela. (Você também pode exibir essa caixa de diálogo clicando no comando Open Project do menu File ou pressionando Ctrl+O.) Mesmo se você não tenha utilizado o Visual Studio antes, a caixa de diálogo Open Project parecerá simples e direta porque é semelhante à familiar caixa de diálogo Open (Abrir) do Microsoft Office Word ou Microsoft Office Excel.

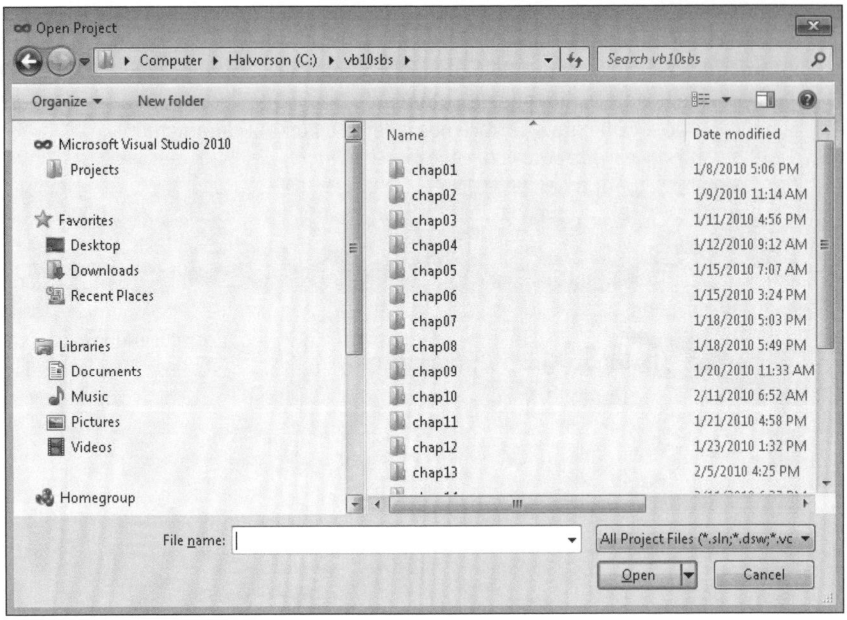

Dica Na caixa de diálogo Open Project, você encontra vários locais de armazenamento à esquerda da janela. A pasta Projects abaixo de Microsoft Visual Studio 2010 é especialmente útil. Por padrão, o Visual Studio salva seus projetos de programa nessa pasta Projects, dando a cada projeto sua própria subpasta. Mas usaremos uma pasta de projetos diferente para organizar suas tarefas de programação, como você aprenderá abaixo. Localizações adicionais, como Favorites e Libraries, também estarão disponíveis, dependendo de como seu computador e sistema operacional foram configurados. (As capturas de tela neste livro mostram o Windows 7.)

2. Navegue até a pasta c:\Vb10sbs em seu disco rígido.

   A pasta c:\Vb10sbs é a localização padrão para a extensa coleção de arquivos de exemplo deste livro e os arquivos estarão aí se você seguiu as instruções da seção intitulada "Instalando e utilizando os arquivos de exercícios" na introdução. Se você não instalou os arquivos de exemplo, feche essa caixa de diálogo e instale-os agora utilizando o CD deste livro.

3. Abra a pasta chap01\musictrivia e, então, dê um clique duplo no arquivo de solução MusicTrivia. (Se o seu sistema mostrar extensões de nome de arquivo, esse arquivo terminará com.sln.)

   O Visual Studio carrega o formulário MusicTrivia, propriedades e código de programa para a solução MusicTrivia. A Start Page poderá ainda estar visível, no centro da tela. No canto superior direito da tela, o Solution Explorer listará alguns arquivos na solução.

Solução de problemas Se uma mensagem de erro aparecer indicando que o projeto que você quer abrir está em um formato de arquivo mais novo, você poderia tentar carregar os arquivos Visual Basic 2010 em uma versão mais antiga do software Visual Basic. (As primeiras versões do Visual Basic não podem abrir os projetos do Visual Basic 2010 incluídos no CD que acompanha este livro.) Para verificar que versão do Visual Basic que você está utilizando, clique no comando About no menu Help.

O Visual Studio conta com uma caixa de seleção especial chamada Always Show Solution para controlar várias opções relacionadas com soluções dentro do IDE. A caixa de seleção está localizada na guia Projects and Solutions/General na caixa de diálogo Options, que você abre clicando no comando Options do menu Tools. Se a caixa de seleção estiver selecionada, uma subpasta é criada para cada nova solução, colocando o projeto e seus arquivos em uma pasta separada embaixo da solução. Além disso, se você selecionar a caixa de seleção Always Show Solution, algumas opções relacionadas com as soluções aparecerão no IDE, como comandos no menu File e uma entrada de solução no Solution Explorer. Se você gosta da ideia de criar pastas separadas para soluções e de ver comandos e configurações relacionados com a solução, selecione essa caixa de seleção. Você aprenderá mais sobre essas opções no final do capítulo.

Projetos e soluções

No Visual Studio, os programas em desenvolvimento são, em geral, chamados de *projetos* ou *soluções* porque contêm muitos componentes individuais, e não um único arquivo. Os programas do Visual Basic 2010 incluem um arquivo de projeto (.vbproj) e um arquivo de solução (.sln) e, se você examinar esses arquivos dentro de um utilitário de navegação de arquivos como Windows Explorer, notará que os ícones de arquivo de solução têm um minúsculo 10, uma indicação de seu número de versão. (O Visual Basic 2010 é referido como VB 10 internamente.)

Um arquivo de projeto contém informações específicas a uma só tarefa de programação. Um arquivo de solução contém informações sobre um ou mais projetos. Os arquivos de solução são úteis para gerenciar múltiplos projetos relacionados. Os exemplos incluídos neste livro geralmente têm um único projeto para cada solução, portanto, abrir o arquivo de projeto (.vbproj) tem o mesmo efeito de abrir o arquivo de solução (.sln). Mas para uma solução de múltiplos projetos, você irá querer abrir o arquivo de solução. O Visual Basic 2010 oferece um novo formato de arquivo para seus projetos e soluções, mas a terminologia básica que você talvez tenha aprendido ao utilizar o Visual Basic 2005 ou 2008 ainda se aplica.

As ferramentas do Visual Studio

Nesse ponto, você deve reservar um tempo para estudar o IDE do Visual Studio e identificar algumas ferramentas de programação e janelas que utilizará ao concluir este curso. Se você já escreveu programas em Visual Basic anteriormente, reconhecerá muitas (mas talvez nem todas)

das ferramentas de programação. Coletivamente, esses recursos são os componentes que você utiliza para construir, organizar e testar programas do Visual Basic. Algumas das ferramentas de programação também o ajudam a aprender mais sobre os recursos em seu sistema, incluindo conexões de bancos de dados e sites disponíveis para você. Há também várias ferramentas de ajuda poderosas.

A *barra de menus* fornece acesso à maioria dos comandos que controlam o ambiente de desenvolvimento. Os menus e comandos funcionam como em todos os programas baseados no Windows e você pode acessá-los utilizando o teclado ou o mouse. Localizada abaixo da barra de menus está a *barra de ferramentas Standard*, uma coleção de botões que servem como atalhos para executar comandos e controlar o IDE do Visual Studio. Pressuponho que já você usou o Word, Excel ou algum outro aplicativo baseado em Windows o suficiente e tem um bom conhecimento das barras de ferramentas e de como usar comandos de barra de ferramentas conhecidos, como Abrir, Salvar, Cortar e Colar. Mas provavelmente você ficará impressionado com o número e a variedade de barras de ferramentas fornecidos pelo Visual Studio para tarefas de programação. Neste livro, você aprenderá a usar várias barras de ferramentas; você pode ver a lista completa das barras de ferramentas em um dado momento qualquer clicando com o botão direito do mouse em uma barra de ferramentas no IDE.

Ao longo da parte inferior da tela está a *barra de tarefas* do Windows. Você pode usar a barra de tarefas para alternar entre vários componentes do Visual Studio e ativar outros programas baseados em Windows. Você também pode ver ícones da barra de tarefas do Windows Internet Explorer, utilitários antivírus e outros programas instalados no sistema. Na maioria das minhas capturas de tela, a barra de tarefas permanecerá oculta para mostrar mais detalhes do IDE.

A captura de tela a seguir mostra algumas ferramentas e janelas no IDE do Visual Studio. Não se preocupe se essa ilustração for diferente do seu ambiente de desenvolvimento atual. Você aprenderá mais sobre esses elementos (e como ajustar suas visualizações) à medida que avançar neste capítulo.

As principais ferramentas visíveis neste IDE do Visual Studio são o Designer, o Solution Explorer, a janela Properties e a Toolbox, conforme mostrado aqui. Talvez você também veja as ferramentas mais especializadas como o Server Explorer e o Object Browser, ou elas podem aparecer como guias dentro do IDE. Como as preferências de dois desenvolvedores nunca são exatamente iguais, é difícil prever o que você verá se o seu software do Visual Studio já foi utilizado. (O que eu mostro essencialmente é o "download recente" ou a visualização da configuração original.)

Se quiser ver uma ferramenta que não está visível, clique no menu View e selecione-a. Como o menu View se expandiu constantemente com o passar dos anos, a Microsoft moveu algumas das ferramentas View utilizadas com menos frequência para um submenu chamado Other Windows. Verifique esse menu se você não encontrar o que precisa.

A forma e o tamanho exatos das ferramentas e janelas dependem de como o ambiente de desenvolvimento foi configurado. Com o Visual Studio, você pode alinhar e anexar, ou *encaixar* (dock), janelas para tornar visíveis somente os elementos que quer ver. Também é possível ocultar parcialmente ferramentas como *documentos com guias* ao longo da borda do ambiente de desenvolvimento e, então, alternar rapidamente entre os documentos. Tentar classificar quais ferramentas são importantes para você agora e quais pode assimilar mais tarde é um desafio inicial difícil quando você está aprendendo a extensa interface do Visual Studio. Seu ambiente de desenvolvimento provavelmente

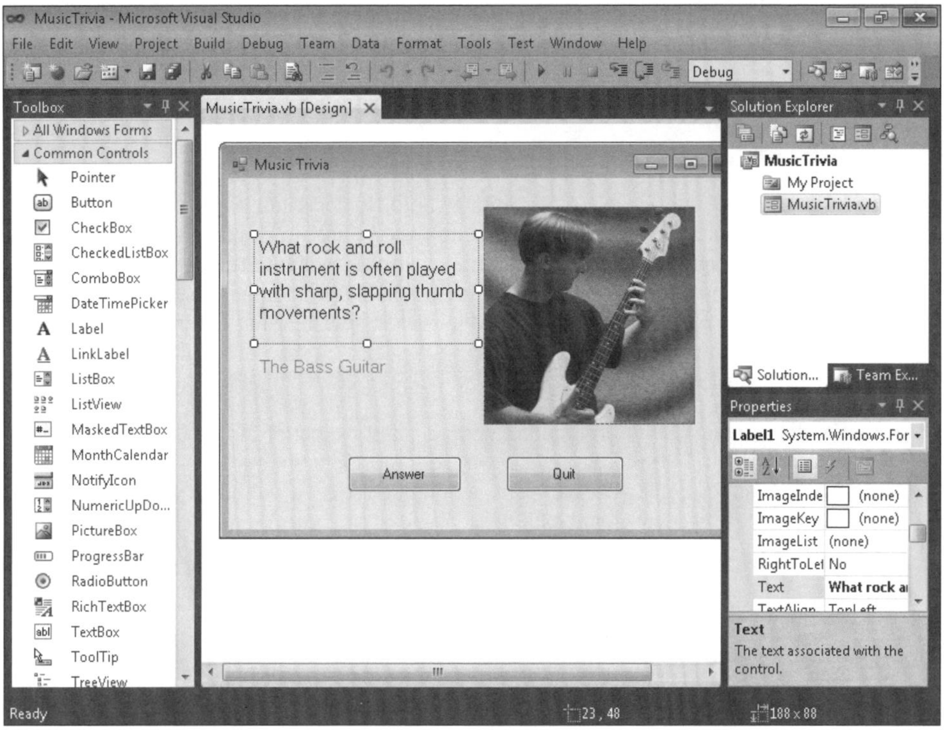

parecerá melhor se você definir as configurações de monitor e área de trabalho do Windows para que maximizem o espaço de tela, mas, mesmo assim, o espaço pode ficar poluído.

Dica Embora utilize uma resolução de tela de 800 × 600 para a maioria das capturas de tela neste livro – para que você possa ver o IDE claramente – eu normalmente utilizo 1280 x 1024 para escrever código. Você pode mudar a resolução de tela no Windows 7 clicando com o botão direito do mouse na área de trabalho do Windows e clicando em Screen Resolution. No Windows Vista, dê um clique com o botão direito do mouse na área de trabalho do Windows e clique em Personalizar.

O objetivo de todas essas ferramentas é acrescentar muitos recursos novos e úteis ao IDE fornecendo ao mesmo tempo mecanismos inteligentes para gerenciar a poluição visual. Esses mecanismos incluem recursos como encaixar, auto-ocultar, flutuar e alguns outros estados de janela que descreverei mais adiante neste capítulo. Se for apenas um iniciante do Visual Studio, o melhor modo de lidar com a tensão desse recurso é ocultar as ferramentas que você não planeja utilizar frequentemente para ter espaço para as importantes. As ferramentas cruciais para iniciar a programação em Visual Basic – aquelas que você vai começar a utilizar imediatamente neste livro – são o Designer, a janela Properties, o Solution Explorer e a Toolbox. Você usará as janelas Server Explorer, Class View, Object Browser ou Debug mais adiante no livro.

Nos próximos exercícios, você começará a experimentar as ferramentas cruciais no IDE do Visual Studio. Você também irá aprender a exibir um navegador Web dentro do Visual Studio e a ocultar as ferramentas que não utilizará temporariamente.

O Designer

Se você completou o último exercício ("Abrir um projeto do Visual Basic"), o projeto MusicTrivia está carregado no ambiente de desenvolvimento do Visual Studio. Entretanto, a interface de usuário, ou *formulário*, do projeto talvez não esteja ainda visível no Visual Studio. (Projetos mais sofisticados poderiam conter vários formulários, mas esse programa de trivialidades simples só precisa de um.) Para tornar o formulário do projeto MusicTrivia visível no IDE, exiba-o utilizando o Solution Explorer.

Exiba o Designer

1. Localize a janela Solution Explorer perto do canto superior direito do ambiente de desenvolvimento do Visual Studio. Se o Solution Explorer não aparecer (se ele estiver oculto como uma guia em um local que você não pode ver ou não estiver atualmente visível), clique em Solution Explorer no menu View para exibi-lo.

   Quando o projeto MusicTrivia é carregado, o Solution Explorer se parece com a tela a seguir.

2. Clique no formulário MusicTrivia.vb na janela Solution Explorer.

   Todos os arquivos de formulário, incluindo este, têm ao seu lado um minúsculo ícone de formulário para permitir fácil identificação. Quando você clica no arquivo de formulário, o Visual Studio destaca-o no Solution Explorer e algumas informações sobre o arquivo aparecem na janela Properties (se ela estiver visível).

3. Na parte superior da janela do Solution Explores, clique no botão View Designer no Solution Explorer para exibir a interface de usuário do programa.

O formulário MusicTrivia é exibido no Designer, como mostrado aqui:

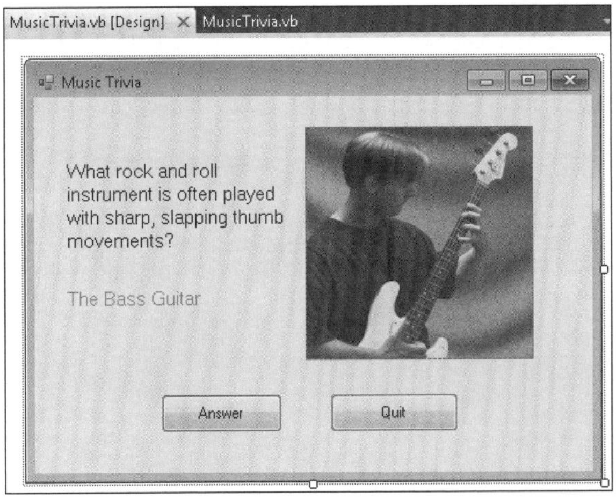

Observe que uma guia denominada MusicTriva.vb [Design] está visível próxima da parte superior do Designer. Você pode clicar nessa guia para exibir o código de programa associado ao formulário MusicTriviae quando outras guias aparecerem na parte superior do Designer, você poderá alternar entre elas clicando na guia desejada. Você aprenderá mais sobre o código de programa e a guia Code Editor no Capítulo 2, "Escrevendo seu primeiro programa".

Agora tente executar um programa em Visual Basic com o Visual Studio.

Executando um programa em Visual Basic

O Music Trivia é um programa em Visual Basic simples projetado para você se familiarizar com as ferramentas de programação do Visual Studio. O formulário que você vê agora foi personalizado com cinco objetos (dois rótulos, uma foto e dois botões) e adicionei três linhas de código de programa para que o programa faça um pergunta simples e exiba a resposta apropriada. (O programa "revela" a resposta agora porque está atualmente no modo de design, mas a resposta é ocultada quando o programa é executado.) Você aprenderá mais sobre como criar objetos e adicionar código de programa no Capítulo 2. Por enquanto, tente executar o programa no IDE do Visual Studio.

Execute o programa Music Trivia

1. Clique no botão Start Debugging (a seta verde que aponta para a direita) na barra de ferramentas Standard para executar o programa Music Trivia no Visual Studio.

> **Dica** Você também pode pressionar F5 ou clicar no comando Start Debugging no menu Debug para executar um programa no ambiente de desenvolvimento do Visual Studio.

O Visual Studio carrega e compila o projeto em um *assembly* (uma coleção estruturada de módulos, dados e informações de manifesto de um programa), prepara o programa para testar ou *depurar* e, então, (se a compilação for bem-sucedida) executa o programa no ambiente de desenvolvimento. Enquanto o programa estiver executando, um ícone para o programa aparece na barra de tarefas do Windows. Após um instante, você vê o formulário MusicTrivia novamente, dessa vez com a fotografia e o rótulo de resposta ocultos da visualização, como mostrado aqui:

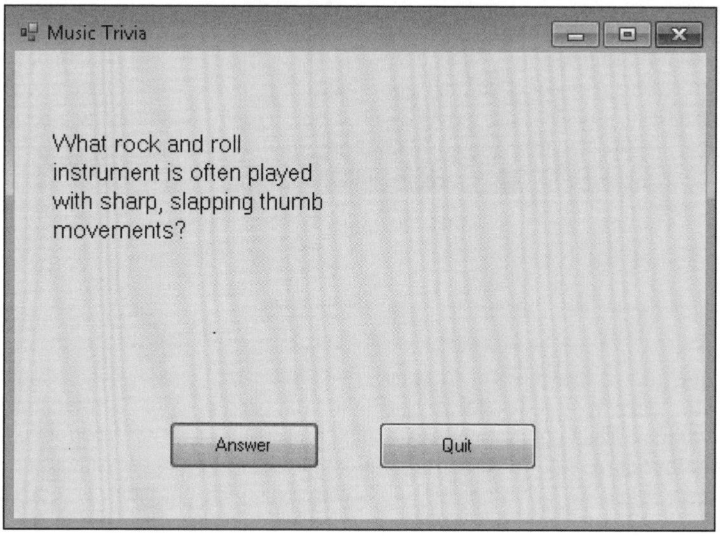

O Music Trivia faz agora sua pergunta importante: What rock and roll instrument is often played with sharp, slapping thumb movements? (Que instrumento do rock costuma ser tocado batendo-se o polegar nas cordas?)

2. Clique no botão Answer para revelar a resposta à pergunta.

   O programa exibe a resposta (The Bass Guitar – O baixo) embaixo da pergunta e, então, exibe uma fotografia de um baixista de Seattle pouco conhecido demonstrando a técnica, conforme mostrado aqui. O programa de teste funciona.

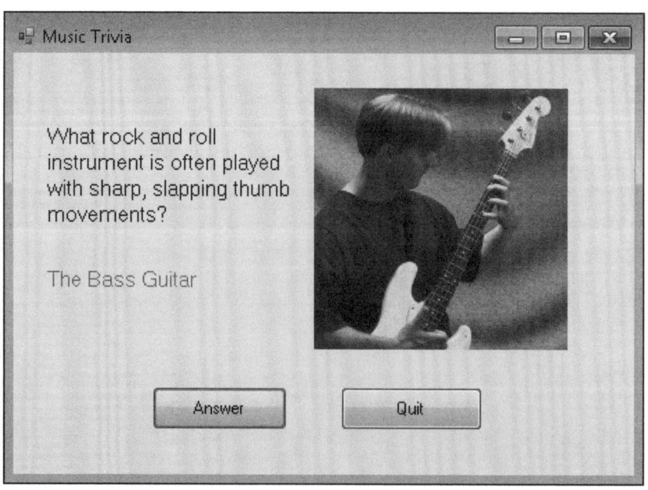

3. Clique em Quit para fechar o programa.

   O formulário fecha e o IDE do Visual Studio torna-se novamente ativo.

Pensando em propriedades

No Visual Basic, cada elemento de interface de usuário (IU) em um programa (incluindo o próprio formulário) tem um conjunto de propriedades definíveis. Você pode configurar propriedades no momento do design usando a janela Properties. As propriedades também podem ser referenciadas em código para fazer algum trabalho significativo enquanto o programa executa. (Os elementos da interface de usuário que recebem entrada costumam usar propriedades para levar informações para o programa.) A princípio, você pode achar as propriedades um conceito difícil de entender. Um exemplo pode lhe ajudar.

Considere essa analogia com uma bicicleta: uma bicicleta é um objeto que você utiliza para andar de um lugar para outro. Como uma bicicleta é um objeto físico, ela tem várias características inerentes. Ela tem uma marca, uma cor, catracas, freios e rodas e é construída em um estilo específico. (Talvez ela seja uma bicicleta de estrada, uma *mountain bike* ou uma bicicleta de dois selins.) Na terminologia do Visual Basic, essas características são *propriedades* do objeto bicicleta. A maioria das propriedades da bicicleta é definida quando a bicicleta é construída. Mas outras (pneus, velocidade e opções como refletores e espelhos) são propriedades que mudam enquanto a bicicleta é usada. A bicicleta poderia até mesmo ter propriedades intangíveis (isto é, invisíveis), como data de fabricação, proprietário atual, valor ou status de locação. E para adicionar um pouco mais de complexidade, um empresa ou loja poderia possuir uma bicleta ou (o cenário mais provável) uma frota inteira de bicletas, todas com propriedades diferentes. À medida que trabalhar com o Visual Basic, você configurará as propriedades de vários objetos e as organizará de muitas maneiras úteis.

A janela Properties

No IDE, você utiliza a janela Properties para alterar as características, ou *configurações de propriedade*, dos elementos da IU em um formulário. Uma configuração de propriedade é uma *qualidade* de um dos objetos no programa. Você pode alterar configurações de propriedade a partir da janela Properties enquanto estiver criando sua interface de usuário ou pode adicionar código de programa via Code Editor para alterar uma ou mais configurações de propriedade enquanto seu programa estiver executando. Por exemplo, a pergunta que o programa Music Trivia exibe pode ser modificada para aparecer em uma fonte ou tamanho de fonte diferente ou com outro alinhamento. (Com o Visual Studio, você pode exibir texto em qualquer fonte instalada no seu sistema, assim como no Excel ou Word.)

A janela Properties contém uma lista Object que relaciona todos os elementos de IU (objetos) no formulário. A janela também lista as configurações de propriedade que podem ser alteradas para cada objeto. Você pode clicar em um de dois botões convenientes para ver as propriedades alfabeticamente ou por categoria. Você irá praticar agora a alteração da propriedade Font do primeiro rótulo no programa Music Trivia.

Altere uma propriedade

1. Clique no objeto *Label1* do formulário. (*Label1* contém o texto "What rock and roll instrument is often played with short, slapping thumb movements?")

   Para trabalhar com um objeto em um formulário, você deve primeiro selecionar o objeto. Ao selecionar um objeto, alças de redimensionamento aparecem em torno dele, e as configurações de propriedade para o objeto são exibidas na janela Properties.

2. Clique no botão Properties Window na barra de ferramentas Standard.

   Esse botão retrata uma mão apontando e está no lado direito da barra de ferramentas. A janela Properties pode estar visível ou não no Visual Studio, dependendo de como foi configurada e utilizada no sistema. Normalmente ela aparece abaixo do Solution Explorer à direita do ambiente de desenvolvimento. (Se ela estiver visível, você não precisa clicar no botão, mas deve clicar na janela para ativá-la.)

   Você verá uma janela semelhante àquela mostrada na captura de tela a seguir.

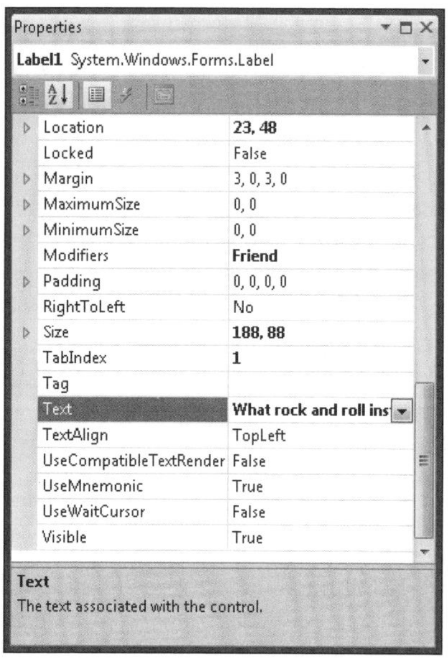

A janela Properties lista todas as configurações de propriedade para o primeiro objeto de rótulo (*Label1*) no formulário. (No Visual Basic 2010, mais de 65 propriedades estão associadas com rótulos.) Os nomes das propriedades são listados na coluna à esquerda da janela e a configuração atual para cada propriedade é listada na coluna à direita. Como há tantas propriedades (incluindo algumas que raramente são modificadas), o Visual Studio as organiza em categorias e as exibe na visualização de estrutura de tópicos.

Se uma categoria tiver um sinal de seta (>) ao lado dela, você pode clicar na seta para exibir todas as propriedades nessa categoria. Se uma categoria tiver uma seta escura em movimento de rotação ao lado dela, todas as propriedades estão visíveis, mas é possível ocultar a lista sob o nome da categoria clicando novamente na seta.

Dica A janela Properties tem dois botões úteis na parte superior da janela que podem ser usados para organizar ainda mais as propriedades. Clicar no botão Alphabetical lista todas as propriedades em ordem alfabética de propriedades em poucas categorias lógicas. Clicar no botão Categorized organiza a lista de propriedades em muitas categorias lógicas. Recomendo o modo de exibição Categorized se você for iniciante no Visual Studio.

3. Role a caixa de listagem da janela Properties até a propriedade *Font* ficar visível.

   A janela Properties rola como uma caixa de listagem comum. Se você estiver na visão Categorized, Font está na categoria Appearance.

4. Clique no nome de propriedade *Font* (na coluna à esquerda).

   A fonte atual (Microsoft Sans Serif) é parcialmente exibida na coluna à direita e um botão com três pontos aparece depois do nome parcial da fonte. Esse *botão* é chamado *de botão de reticências* e indica que uma caixa de diálogo está disponível para personalizar a configuração de propriedade.

5. Clique no botão de reticências Font na janela Properties.

   O Visual Studio exibe a caixa de diálogo Font, que pode ser utilizada para especificar novas características de formatação para o texto no rótulo selecionado em seu formulário. A caixa de diálogo Font contém mais de uma opção de formatação; para cada opção que você selecionar, uma configuração de propriedade diferente será modificada.

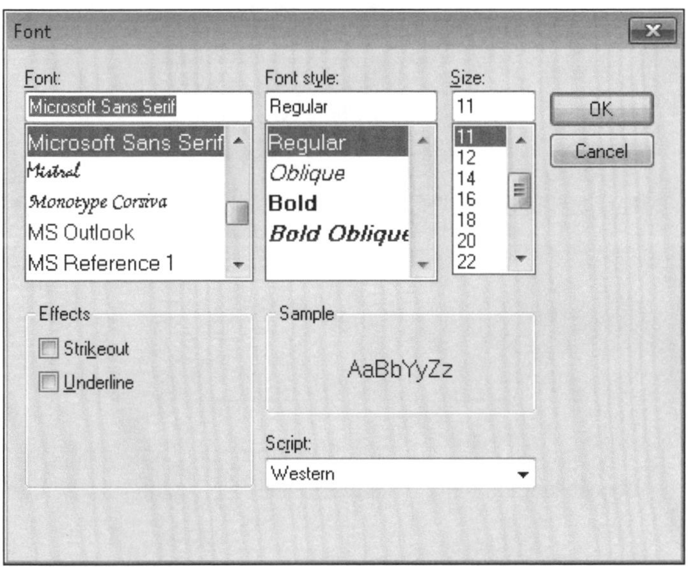

6. Altere o estilo da fonte de Regular para Oblique (isto é, Italic) e clique em OK para confirmar suas modificações.

   O Visual Studio grava suas alterações e ajusta as configurações de propriedade de maneira correspondente. Você pode examinar as alterações visualizando seu formulário no Designer ou expandindo a propriedade Font na janela Properties.

Agora altere uma configuração de propriedade para o objeto *Label2* (o rótulo que contém o texto "The Bass Guitar").

7. No Designer, clique no segundo objeto de rótulo (*Label2*).

   Quando você seleciona o objeto, alças de redimensionamento aparecem em volta dele.

8. Clique na propriedade *Font* da janela Properties.

   O objeto *Label2* tem seu próprio conjunto único de configurações de propriedade. Embora os nomes de propriedade sejam os mesmos do objeto *Label1*, os valores nas configurações de propriedade são distintos e permitem ao objeto *Label2* atuar de modo independente no formulário.

9. Clique no botão de reticências Font, configure o estilo da fonte como Bold e o tamanho da fonte como 12 pontos e então clique em OK.

10. Role para a propriedade *ForeColor* na janela Properties e, então, clique nela na coluna à esquerda.

11. Clique na seta ForeColor na coluna à direita, clique na guia Custom e, então, clique em uma cor roxa escura.

    O texto no objeto *Label2* está agora formatado como negrito e roxo no formulário, conforme mostrado aqui.

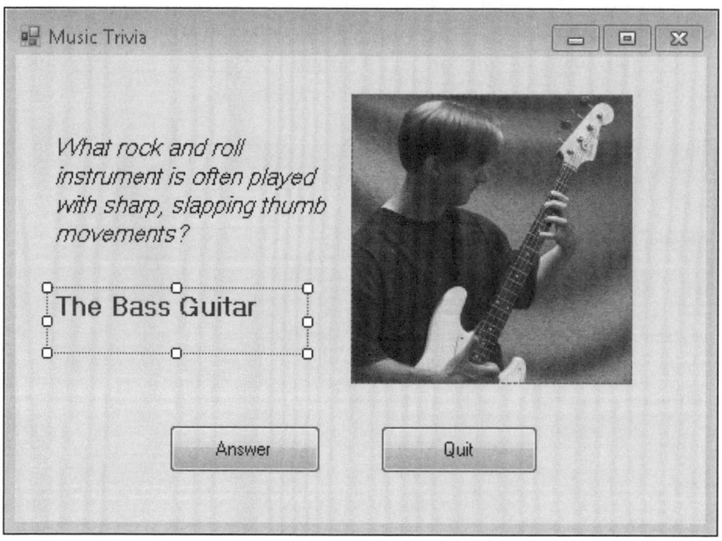

Parabéns! Você acabou de aprender a configurar propriedades em um programa Visual Basic utilizando a janela Properties do Visual Studio – uma habilidade importante para se tornar um programador em Visual Basic.

Movendo e redimensionando as ferramentas de programação

Com tantas ferramentas de programação disputando espaço na tela, o IDE do Visual Studio pode virar um lugar muito poluído. Para dar controle total sobre a forma e o tamanho dos elementos no ambiente de desenvolvimento, o Visual Studio permite mover, redimensionar, encaixar e auto-ocultar a maioria dos elementos de interface que você utiliza para construir programas.

Para mover uma das janelas de ferramentas no Visual Studio, simplesmente clique na barra de título e arraste o objeto para uma nova localização. Se você alinhar uma janela ao longo da borda de outra janela, ela se anexa a essa janela, ou se *encaixa**. Janelas encaixáveis são vantajosas porque permanecem sempre visíveis. (Elas não ficam ocultas atrás de outras janelas.) Se quiser ver mais de uma janela encaixada, simplesmente arraste uma de suas bordas para visualizar mais conteúdo.

Se quiser fechar completamente uma janela, clique no botão Close no canto superior direito da janela. Você pode sempre abrir a janela novamente clicando no comando apropriado do menu View.

Se quiser uma opção em algum lugar entre encaixar e fechar uma janela, você poderia tentar auto-ocultar uma janela de ferramenta no lado do IDE do Visual Studio clicando no pequeno botão Auto Hide com um ícone de alfinete à direita da barra de título da ferramenta. Essa ação remove a janela da posição encaixada e coloca o título da ferramenta na borda do ambiente de desenvolvimento em uma guia não obstrusiva. Ao auto-ocultar uma janela, você notará que a janela de ferramentas permanece visível contanto que mantenha o ponteiro do mouse na área da janela. Quando você move o mouse para outra parte do IDE, a janela desliza para fora do campo de visão da tela.

Para restaurar uma janela que você auto-ocultou, clique na guia de ferramentas da borda do ambiente de desenvolvimento ou mantenha o mouse sobre a guia. (Você pode reconhecer uma janela que está auto-ocultada porque o alfinete em sua barra de título está apontando para o lado.) Mantendo o ponteiro do mouse sobre o título, você pode utilizar as ferramentas no que eu chamo modo "esconde-esconde" – em outras palavras, para exibir rapidamente uma janela auto-oculta, clique em sua guia, marque ou configure as informações de que você precisa e, então, mova o mouse para fazer a janela desaparecer. Se alguma vez precisar que a ferramenta seja exibida permanentemente, clique de novo no botão de alfinete Auto Hide para que a extremidade do alfinete aponte para baixo e a janela permanece então visível.

Outro recurso útil do Visual Studio é a capacidade de exibir janelas como documentos com guias (janelas com alças de guia – ou abas – que ficam parcialmente ocultas atrás de outras janelas) e de encaixar janelas utilizando as guias de encaixe, que aparecem como pequenos quadrados no perímetro do IDE, assim como um "diamond guide" localizado centralmente, conforme mostrado na próxima página.

* N. de R. T.: No Visual Studio, essa operação aparece como "docking".

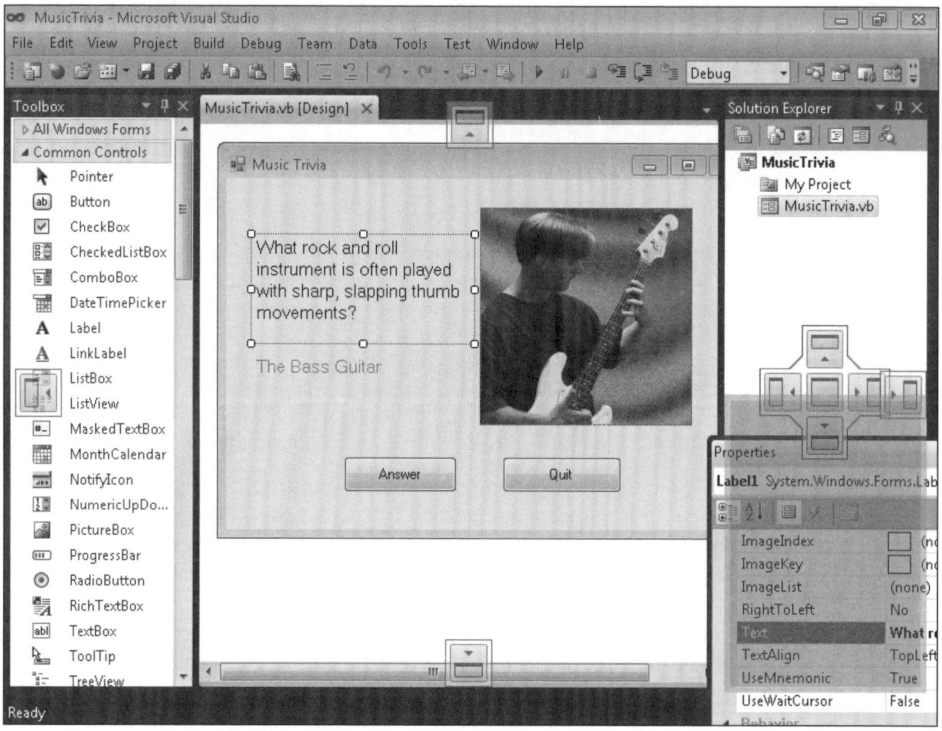

As guias de encaixe são ícones mutáveis que aparecem na superfície do IDE quando você move uma janela ou ferramenta de uma posição encaixada para uma nova localização. Como as guias de encaixe estão associadas com áreas retangulares e sombreadas do IDE, você pode visualizar os resultados de sua manobra de encaixe antes de realmente fazê-lo. No Visual Studio 2010, esse recurso foi significativamente melhorado e você pode visualizar previamente várias configurações diferentes com as guias de encaixe, e nenhuma delas será permanente até que você libere o botão do mouse.

Como as técnicas de encaixe e auto-ocultamento exigem alguma prática para serem dominadas, eu recomendo que você use os exercícios a seguir para experimentar os recursos de gerenciamento de janelas do IDE. Depois de concluir os exercícios, sinta-se à vontade para configurar as ferramentas do Visual Studio como achar melhor.

Movendo e redimensionando janelas de ferramentas

Para mover e redimensionar uma das janelas de ferramentas de programação no Visual Studio, siga estes passos. Este exercício demonstra como manipular a janela Properties, mas pode funcionar com uma janela de ferramenta diferente.

Mova e redimensione a janela Properties

1. Se a janela Properties não estiver visível no ambiente de desenvolvimento, clique no botão da janela Properties na barra de ferramentas Standard.

   A janela Properties é ativada no IDE e sua barra de título é destacada.

2. Dê um clique duplo na barra de título da janela Properties para exibir a janela como uma janela flutuante (não encaixada).

3. Utilizando a barra de título de janela Properties, arraste a janela para uma nova localização no ambiente de desenvolvimento, mas não a encaixe (por enquanto).

   Mover janelas pelo IDE do Visual Studio fornece alguma flexibilidade com as ferramentas e com a visualização do ambiente de desenvolvimento. Agora você irá redimensionar a janela Properties para ver mais configurações de propriedades de objeto na tela.

4. Aponte para o canto inferior direito da janela Properties até que o ponteiro mude para uma seta de duas pontas (o ponteiro de redimensionamento). Então, arraste a borda inferior direita da janela para baixo e para a direita para expandir a janela, conforme mostrado aqui.

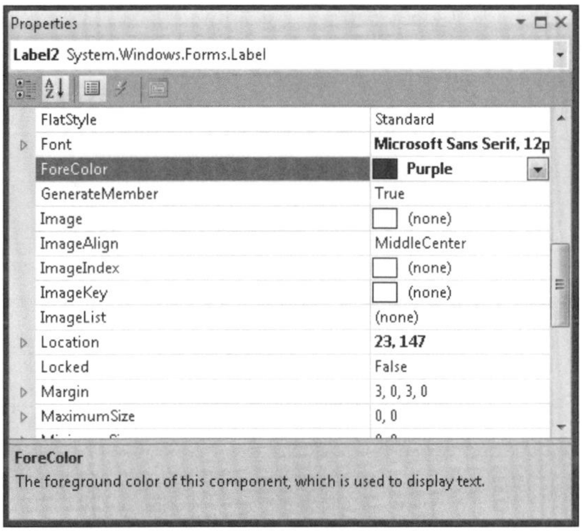

Você pode trabalhar mais rapidamente e com maior clareza de propósito em uma janela maior. Sinta-se à vontade para mover ou redimensionar uma janela quando precisar visualizar seu conteúdo.

Encaixando janelas de ferramentas

Se uma janela de ferramentas estiver flutuando sobre o ambiente de desenvolvimento, você pode retorná-la à sua posição encaixada original mantendo pressionada a tecla CTRL e dando um clique duplo na barra de título da janela. (Note que, no exercício anterior, você clicou duas vezes na barra de título para desencaixar uma janela encaixada. Também é possível anexar ou encaixar uma ferramenta flutuante em um lugar diferente. Talvez você queira fazer isso se precisar criar mais espaço no Visual Studio para uma tarefa de programação específica, como criar uma interface de usuário com o Designer. Tente agora encaixar a janela Properties em uma localização diferente.

Encaixe a janela Properties

1. Verifique se a janela Properties (ou outra ferramenta que você quiser encaixar) está flutuando sobre o IDE do Visual Studio em uma posição desencaixada.

   Se tiver concluído o exercício anterior, a janela Properties estará desencaixada agora.

2. Arraste a barra de título da janela Properties para o canto superior, inferior, direito ou esquerdo do ambiente de desenvolvimento (você escolhe!), tendo cuidado para arrastar o ponteiro do mouse sobre uma das guias de encaixe no perímetaro do IDE do Visual Studio ou sobre uma coleção de quatro ou mais guias de encaixe chamadas coletivamente de *guide diamond*.

   À medida que você move o mouse sobre uma guia de encaixe, a janela Properties é atraída para o local, e um retângulo sombreado azul indica como sua janela aparecerá quando você soltar o botão do mouse, conforme mostrado aqui. Observe que há várias localizações de encaixe válidas para janelas de ferramentas do Visual Studio, portanto, você poderia querer tentar dois ou três pontos diferentes até encontrar uma que pareça certa para você. (Uma janela deve ser posicionada em um lugar útil e não na frente de outras ferramentas necessárias.)

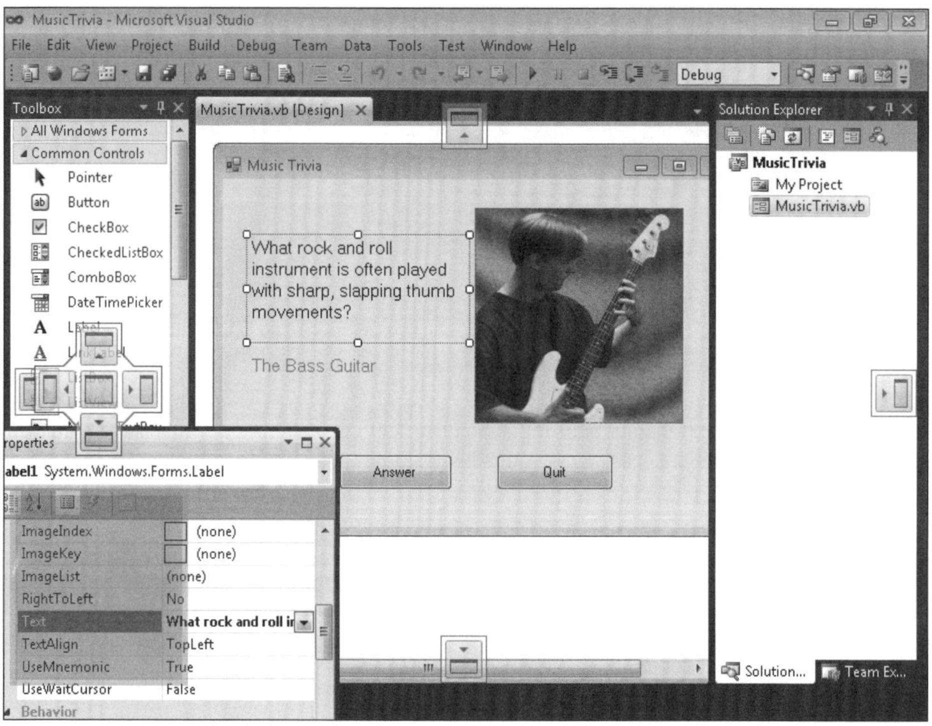

3. Solte o botão do mouse para encaixar a janela Properties.

   A janela é atraída para seu novo espaço.

> **Dica** Para alternar entre os estilos de janela encaixável, documento com guias, janelas ocultas e janelas flutuantes, clique com o botão direito do mouse na barra de título da janela (ou guia, se for um documento com guias) e então selecione a opção desejada. Embora a janela Properties funcione muito bem como uma janela encaixável, você provavelmente descobrirá que janelas maiores (a Start Page do Visual Studio, por exemplo) funcionam melhor como janelas de documento com guias.

4. Tente encaixar várias vezes a janela Properties em diferentes lugares para sentir como o encaixe funciona.

   Garanto que, embora alguns desses procedimentos de janela pareçam confusos a princípio, depois de um tempo eles se tornarão rotina para você. Em geral, você quer criar espaços de janela suficientes para as informações que você precisa ver e utilizar enquanto trabalha em tarefas mais importantes no Designer e no Code Editor.

Ocultando janelas de ferramentas

Para ocultar uma janela de ferramentas, clique no botão de alfinete Auto Hide à direita da barra de título para ocultar a janela embaixo de uma guia de ferramentas na borda do IDE e clique nela novamente para restaurar a janela à sua posição encaixada. Você também pode utilizar o comando Auto Hide no menu Window (ou clicar com o botão direito do mouse em uma barra de título e selecionar Auto Hide) para auto-ocultar uma janela de ferramentas. Experimente agora.

Utilize o recurso Auto Hide

1. Localize o botão de alfinete Auto Hide na barra de título da janela Properties.

   O alfinete está atualmente na posição "para baixo", ou "pressionado", o que quer dizer que a janela Properties está "fixada" e o auto-ocultamento está desativado.

2. Clique no botão Auto Hide na barra de título da janela Properties.

   A janela Properties desliza para fora da tela e é substituída por uma pequena guia chamada Properties. A vantagem de ativar o auto-ocultamento é, naturalmente, que o processo libera o espaço de trabalho extra no Visual Studio. Mas a janela oculta também pode ser rapidamente acessada.

3. Mantenha o ponteiro do mouse sobre a guia Properties. (Você também pode clicar na guia Properties se quiser.)

   A janela Properties reaparece imediatamente.

4. Mova o mouse em outra parte dentro do IDE e a janela desaparece mais uma vez.

5. Por fim, exiba a janela Properties novamente e, então, clique no botão de alfinete na barra de título da janela Properties.

A janela Properties retorna à sua familiar posição encaixada e você pode utilizá-la sem se preocupar se ela vai deslizar e desaparecer.

Agora invista algum tempo movendo, redimensionando, encaixando e auto-ocultando janelas de ferramentas no Visual Studio, para criar sua versão do ambiente de trabalho perfeito. Enquanto trabalha por este livro, você desejará ajustar as configurações de janela periodicamente para adaptar sua área de trabalho às novas ferramentas que está utilizando.

> **Dica** O Visual Studio permite salvar configurações de janela e programação de ambiente e as copia para um segundo computador ou as compartilha com membros de sua equipe de programação. Para experimentar esse recurso, clique no comando Import And Export Settings no menu Tools e siga as instruções do assistente para exportar (salvar) ou importar (carregar) configurações a partir de um arquivo.

Alternando ferramentas e arquivos abertos e utilizando o navegador IDE

O Visual Studio tem um recurso que torna ainda mais fácil alternar arquivos abertos e ferramentas de programação no ambiente de desenvolvimento. Esse recurso é chamado IDE Navigator e permite verificar ferramentas e arquivos abertos usando combinações de teclas, quase da mesma maneira como você verifica os programas abertos por meio da barra de tarefas do Windows. Experimente agora.

Utilize o IDE Navigator

1. Mantenha pressionada a tecla Ctrl e pressione Tab para abrir o IDE Navigator.

   O IDE Navigator abre e exibe as ferramentas e os arquivos ativos (abertos) no IDE. Sua tela será semelhante à figura a seguir.

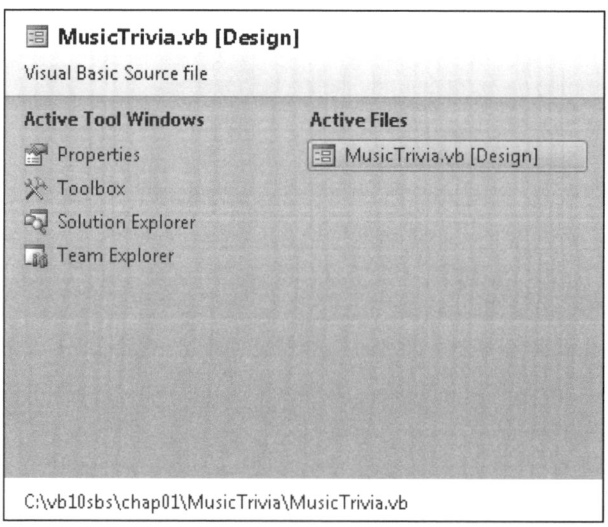

2. Mantendo pressionada a tecla Ctrl, pressione Tab repetidamente para verificar os arquivos ativos até o arquivo desejado ser destacado.

   Para verificar os arquivos na direção oposta, mantenha pressionada Ctrl+Shift e pressione Tab (Se quiser que isso tenha uma aparência ainda mais impressionante, abra mais uma ou duas janelas para que a ordem do ciclo fique mais aparente).

3. Mantendo pressionada a tecla Ctrl, pressione as teclas de direção para verificar os arquivos ativos e as ferramentas ativas.

   Você também pode selecionar um arquivo ativo (ou ferramenta) clicando no nome.

4. Depois de terminar de usar o IDE Navigator, solte a tecla Ctrl.

   O último item selecionado no IDE Navigator se tornará ativo.

Dica Para verificar as ferramentas ativas sem abrir o IDE Navigator, você também pode pressionar Alt+F7. Shift+Alt+F7 permite ver as ferramentas na direção oposta.

Abrindo um navegador Web dentro do Visual Studio

Um recurso útil no Visual Studio é a capacidade de abrir um navegador Web simples dentro do ambiente de desenvolvimento. O navegador aparece como uma janela de documentos com guias no IDE, portanto, ele ocupa pouco espaço, mas pode ser aberto imediatamente quando necessário. Você poderia abrir um navegador Web independente (como o Internet Explorer) e mantê-lo perto da barra de tarefas do Windows, mas executar um navegador Web *dentro* do Visual Studio torna o exame de sites e a cópia de dados no Visual Studio ainda mais fáceis. Tente utilizar o navegador Web do Visual Studio agora.

Abra o navegador Web do Visual Studio

1. Clique no submenu Other Windows no menu View e, então, clique no comando Web Browser.

   A janela Web Browser aparece, como mostrado na página a seguir.

   O navegador é uma janela de documentos com guias por padrão, mas é possível transformá-lo em uma janela flutuante ou encaixada clicando com o botão direito do mouse na barra de título da janela e, então, clicando no comando Floating ou Dockable.

Dica Você pode mudar a página padrão que aparece na janela do Navegador Web alterando a configuração na caixa de diálogo Options. Abra a caixa de diálogo Options clicando em Options no menu Tools. Selecione a caixa de seleção Show All Settings, expanda Environment e então clique em Web Browser. Mude a configuração de Home Page em um Uniform Resource Locator (URL) para a página padrão desejada.

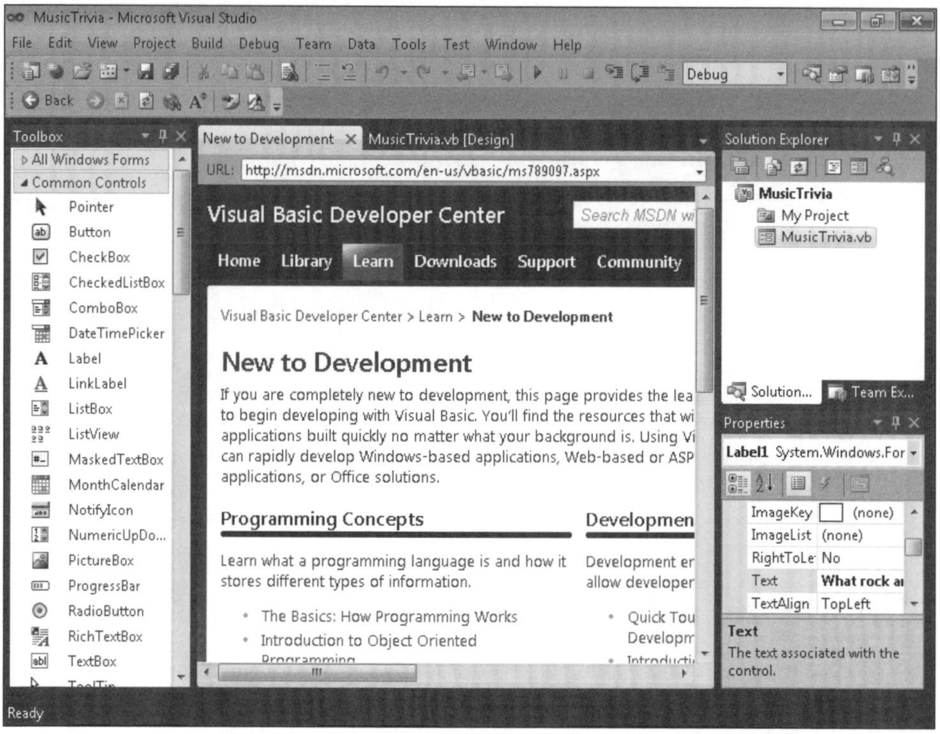

2. Experimente esse navegador e como ele funciona dentro do IDE.

   Embora esse navegador seja mais básico do que o Internet Explorer ou outro navegador completo com todos os recursos, você talvez ache que ele é uma adição útil à coleção de ferramentas do Visual Studio. Você também pode abrir e executar o Internet Explorer (ou outro navegador) diretamente da barra de tarefas do Windows.

3. Quando terminar, clique no botão Close à direita da guia ou da barra de título do navegador Web para fechar a janela.

Obtendo ajuda

O Visual Studio inclui uma documentação da Ajuda que você pode utilizar para aprender mais sobre o IDE do Visual Studio, a linguagem de programação Visual Basic, e o Microsoft .NET Framework. Reserve um tempo para explorar esses recursos de ajuda agora antes de prosseguir para o Capítulo 2, em que você construirá seu primeiro programa.

Se você usou o Visual Studio 2008, notará algumas diferenças na documentação da Ajuda do Visual Studio 2010. Uma das principais diferenças é que a Ajuda agora está hospedada no seu navegador Web. A Tabela 1-1 destaca as principais diferenças que você deve conhecer.

Tabela 1-1 Comparando a Ajuda entre as versões do Visual Studio

Documentação da Ajuda do Visual Studio 2008	Documentação da Ajuda do Visual Studio 2010
A Ajuda local abria em um visualizador de aplicativo independente denominado Microsoft Document Explorer.	A Ajuda local é baseada em navegador e aberta no seu navegador Web.
O Document Explorer era integrado ao Visual Studio e só podia ser atualizado quando o Visual Studio era atualizado.	Como a Ajuda é baseada em navegador e separada do Visual Studio, ela pode ser atualizada mais frequentemente.
A Ajuda local era atualizada com menos frequência.	A Ajuda pode ser atualizada sob demanda usando o Help Library Manager.
A Ajuda F1 às vezes demorava muito tempo para abrir.	A Ajuda F1 é mais rápida e os resultados da pesquisa estão melhorados.
A Ajuda tinha uma árvore de conteúdo completa de todos os tópicos.	A Ajuda tem uma árvore de conteúdo simplificada que exibe apenas os tópicos pai, filhos e os da mesma categoria.
A Ajuda local incluía um índice.	A Ajuda não inclui mais um índice.
As experiências da Ajuda local e da Ajuda online são muito diferentes.	As experiências da Ajuda local e da Ajuda online são muito similares.
A documentação da Ajuda normalmente lista múltiplas linguagens, como o Visual Basic, C#, C++ e JScript, dificultando a leitura da documentação.	A documentação da Ajuda mostra as diferentes linguagens em um modo de exibição em guias e mostra apenas a linguagem na qual você está interessado.

Nota Como a Ajuda está separada no Visual Studio 2010 e pode ser atualizada regularmente, sua experiência poderá ser diferente do texto e dos passos descritos nesta seção.

Gerenciando as configurações da Ajuda

O Visual Studio inclui um gerenciador de bibliotecas de ajuda, chamado Help Library Manager, para gerenciar sua documentação e configurações da Ajuda. Usando o Help Library Manager, você pode escolher a Ajuda local ou online, verificar as atualizações online e localizar ou remover conteúdo.

A documentação da Ajuda para o Visual Studio 2010 é fornecida de duas maneiras: local ou online. A Ajuda local normalmente é instalada durante a instalação do Visual Studio 2010. (Você também pode adicioná-la mais tarde usando o Help Library Manager.) A Ajuda local é atualizada periodicamente, mas você tem de verificar o Help Library Manager para obter as atualizações. A Ajuda online está disponível em *http://msdn.microsoft.com/library/*. Se você tem uma conexão com a Internet, é melhor usar a Ajuda online porque estará sempre usando a versão mais recente da documentação da Ajuda.

Gerencie as configurações da Ajuda

1. No menu Help, clique em Manage Help Settings. Se a caixa de diálogo Set Local Content Location for exibida, clique em OK para aceitar o local padrão. O Help Library Manager é exibido, conforme mostrado aqui.

2. Clique em Choose Online Or Local Help.

   Na caixa Settings que se abre, você pode selecionar o tipo da Ajuda que planeja usar.

3. Se você tiver uma conexão com a Internet, certifique-se de que o botão de opção I Want To Use Online Help esteja selecionado e, em seguida, clique em OK.
4. Na janela do Help Library Manager, clique em Install Content From Online.
5. Explore o conteúdo da Ajuda, que você pode instalar localmente se desejar.
6. Clique em Cancel.
7. Explore as outras opções no Help Library Manager.
8. Quando tiver terminado, saia do Help Library Manager

Usando a Ajuda F1

Qual é a maneira mais rápida de obter ajuda sobre o que você está trabalhando no Visual Studio?

A abordagem mais rápida é, normalmente, pressionar a tecla F1. O Visual Studio foi concebido para oferecer "ajuda contextual" correspondente à palavra-chave ou tarefa com a qual você está trabalhando. Embora a Ajuda F1 nem sempre possa exibir as informações exatas que você deseja, em geral ela o leva para a parte da documentação da Ajuda em que você poderá encontrá-las. Portanto, quando precisar de ajuda, lembre-se de usar a tecla F1.

Use a Ajuda F1

1. Clique no objeto *Label1* no formulário.
2. Pressione a tecla F1. Se aparecer uma caixa de diálogo perguntando se você deseja visualizar o conteúdo da Ajuda na Internet, clique em Yes.

   O tópico Label no MSDN deve ser exibido.

> **Dica** Se você não tem uma conexão com a Internet, mas instalou a Ajuda local, pode tentar trocar suas configurações da Ajuda para usar a Ajuda local.

3. Volte para o Visual Studio.
4. Clique no botão Answer no formulário.
5. Pressione a tecla F1.

   O tópico Button no MSDN deve aparecer. Dependendo do seu modo de exibição, sua tela deve se parecer com esta:

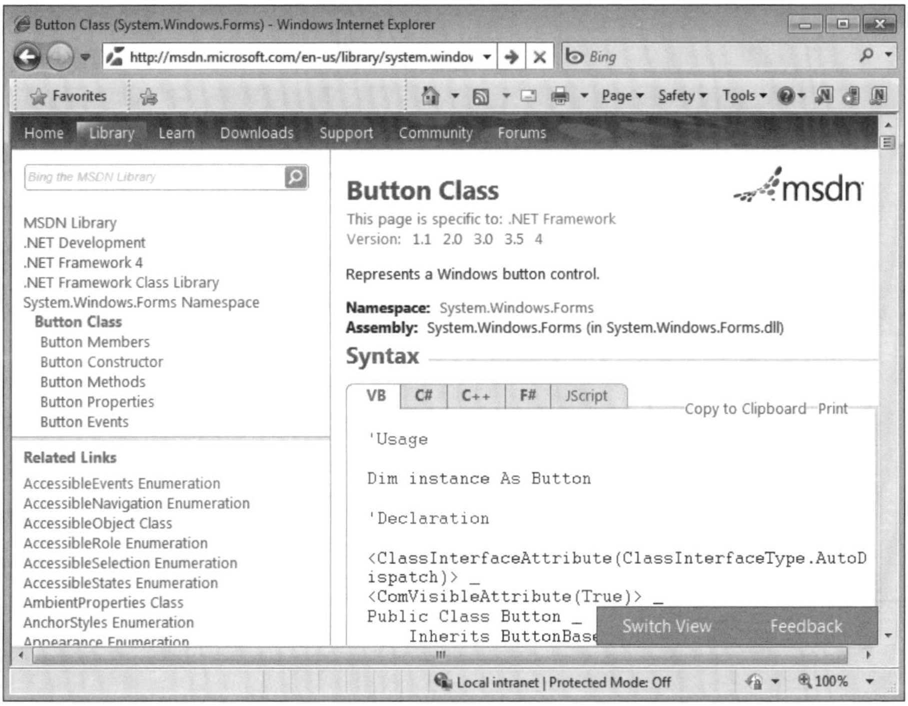

O MSDN tem, atualmente, diferentes modos de exibição. O modo de exibição que estou mostrando aqui é denominado *modo de exibição leve* (lightweight view). Você pode selecionar o modo de exibição leve clicando no link Lightweight View ou no link Switch View. O link Switch View é mostrado no canto inferior direito da tela.

Por dentro da Ajuda do MSDN

Existem alguns pontos a serem observados que lhe ajudarão a utilizar melhor a documentação da Ajuda. Em primeiro lugar, as informações de versão estão listadas na parte superior da janela de conteúdo. O MSDN dá suporte a múltiplas versões do Visual Studio e do .NET Framework. Como você aprenderá mais tarde neste livro, a versão atual do .NET Framework é a versão 4.

Na seção Syntax do conteúdo da Ajuda, certifique-se de que a guia VB está selecionada. Quando você selecionar essa guia, verá somente a sintaxe do Visual Basic e fragmentos de código. As outras linguagens ficarão ocultas no modo de exibição, facilitando a leitura da documentação. Sua seleção será lembrada na próxima vez que você abrir a documentação.

No lado esquerdo da janela da Ajuda está um índice simplificado. O título do tópico que está em exibição no momento está em negrito e em uma cor diferente. Abaixo do tópico atual estão os tópicos pai e abaixo deles estão os tópicos filho. Abaixo do índice está a seção Related Links. Essa seção exibe os assuntos correspondentes ao tópico atual. Você pode clicar em qualquer um dos links na área do índice para navegar na documentação. Acima do índice está uma caixa de pesquisa, que é outra maneira de pesquisar a documentação.

A Tabela 1-2 lista algumas dicas úteis sobre a Ajuda enquanto você aprende sobre o IDE do Visual Studio, o Visual Basic e o .NET Framework.

Tabela 1-2 Localizações dos tópicos da Ajuda no Visual Studio 2010

Para obter Ajuda	Faça isto
Documentação da Ajuda	Clique em View Help no menu Help. *ou* Abra *http://msdn.microsoft.com/library/* em um navegador para visualizar a Ajuda online.
IDE do Visual Studio	Selecione o item no Visual Studio e pressione a tecla F1. *ou* Procure "Visual Studio 2010" na documentação da Ajuda.
Uma caixa de diálogo no Visual Studio	Clique no botão Ajuda (o ponto de interrogação) na barra de título da caixa de diálogo.
Visual Basic	Procure "Apresentando o Visual Basic" na documentação da Ajuda.
.NET Framework	Procure ".NET Framework 4" na documentação da Ajuda.
Windows Forms	Procure "Apresentando o Windows Forms" na documentação da Ajuda.
Uma palavra-chave ou instrução de programa no Code Editor	Selecione a palavra-chave ou instrução de programa e pressione a tecla F1.

Personalizando configurações do IDE para corresponder aos exercícios passo a passo

Como as janelas de ferramentas e outras configurações de ambiente no IDE, as configurações de compilação no Visual Studio são altamente personalizáveis. É importante revisar algumas dessas configurações agora para que sua versão do Visual Studio esteja configurada de maneira compatível com os exercícios de programação passo a passo a seguir. Você também aprenderá a personalizar o Visual Studio de modo geral para ganhar experiência de programação e poder configurá-lo de maneira mais produtiva para você.

Configurando o IDE para desenvolvimento em Visual Basic

A primeira configuração que você precisa verificar foi estabelecida quando o Visual Studio foi instalado pela primeira vez na sua máquina. Durante a instalação lhe foi perguntado como você queria que o Visual Studio configurasse seu ambiente geral de desenvolvimento. Como o Visual Studio é uma ferramenta de programação para múltiplos propósitos, você tinha várias opções – desenvolvimento em Visual Basic, Visual C++, Visual C#, desenvolvimento Web e assim por diante. A seleção que você fez configurou não apenas o Code Editor e as ferramentas de desenvolvimento disponíveis, como também o menu, os comandos da barra de ferramentas e o conteúdo de várias janelas de ferramentas. Por essa razão, se você planeja usar este livro para aprender programação em Visual Basic, mas configurou originalmente seu software para uma linguagem diferente, alguns dos comandos de menu e procedimentos descritos neste livro não corresponderão exatamente à sua configuração atual do software.

Felizmente, você pode corrigir essa inconsistência e praticar a alteração das configurações de ambiente utilizando o comando Import And Export Settings no menu Tools. Os passos a seguir mostram como mudar a configuração do ambiente para desenvolvimento em Visual Basic, a configuração recomendada para este livro.

Configure o IDE para desenvolvimento em Visual Basic

1. No menu Tools, clique em Import And Export Settings.

> **Dica** Se você está usando o Visual Basic 2010 Express, clique no menu Tools, clique em Settings e, em seguida, clique em Import And Export Settings.

Você pode utilizar o assistente que aparece para salvar as configurações de ambiente para uso em outro computador, carregar configurações de outro computador ou redefinir suas configurações.

2. Clique em Reset All Settings e em Next.

O Visual Studio pergunta se você quer salvar as configurações atuais em um arquivo antes de configurar o IDE para um tipo de programação diferente. É sempre bom salvar as configurações atuais como um backup, para que você possa retornar a elas se as novas não funcionarem.

3. Verifique se o botão de opção Yes, Save My Current Settings está selecionado e anote o nome de arquivo e a localização de pasta em que o Visual Studio planeja salvar as configurações.

   Se quiser voltar a essas configurações, você utilizará esse mesmo assistente e o botão de opção Selected Environmental Settings para restaurá-las.

4. Clique em Next para visualizar a lista de configurações padrão que você pode utilizar para o Visual Studio.

   Dependendo dos componentes do Visual Studio instalados, você verá uma lista de definições semelhantes à mostrada na captura de tela a seguir:

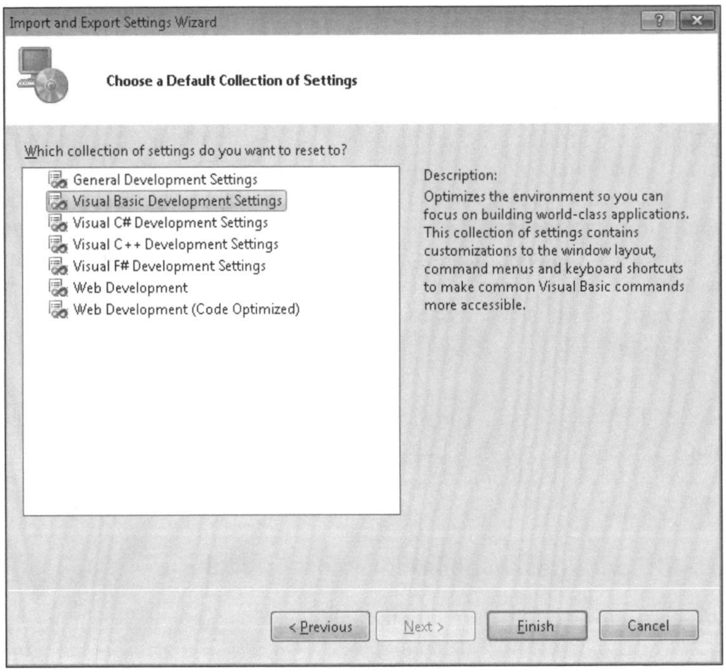

5. Clique em Visual Basic Development Settings (se ainda não estiver selecionado) e clique em Finish.

> **Dica** Se você está usando o Visual Basic 2010 Express, clique em Expert Settings e clique em Finish.

O assistente muda as configurações do IDE, incluindo comandos de menu, barras de ferramentas e configurações dentro de algumas caixas de diálogo e janelas de ferramentas e do Code Editor.

Sinta-se à vontade para repetir esse processo de personalização sempre que precisar redefinir suas configurações (por exemplo, se cometer um erro de personalização que quiser desfazer) ou se quiser personalizar o Visual Studio para outra ferramenta de programação.

6. Clique em Close para fechar o assistente.

Verificando configurações de projeto e compilador

Se redefinir suas configurações de ambiente para desenvolvimento em Visual Basic, você estará pronto para começar os exercícios de programação. Mas se você não redefiniu suas configurações – por exemplo, se já tivesse configurado para desenvolvimento em Visual Basic e utilizou o Visual Studio 2010 por um tempo ou se seu computador for um recurso compartilhado utilizado por outros programadores que poderiam ter modificado as configurações padrão (talvez no laboratório de informática de uma faculdade) – complete os seguintes passos para verificar se suas configurações relacionadas com projetos, soluções e o compilador do Visual Basic correspondem àquelas que utilizo no livro.

Verifique as configurações do projeto e do compilador

1. Clique no comando Options no menu Tools para exibir a caixa de diálogo Options.

   A caixa de diálogo Options é sua janela para muitas das configurações personalizáveis dentro do Visual Studio. Para ver todas as configurações que você pode ajustar, clique para selecionar a caixa de seleção Show All Settings no canto inferior esquerdo da caixa de diálogo.

2. Clique na categoria Projects And Solutions e então clique no item General na caixa de diálogo Options.

   Esse grupo de caixas de seleção e opções define as configurações de projeto e solução do Visual Studio.

3. Para que seu software corresponda às configurações utilizadas neste livro, ajuste suas configurações para corresponderem àquelas mostradas na ilustração a seguir.

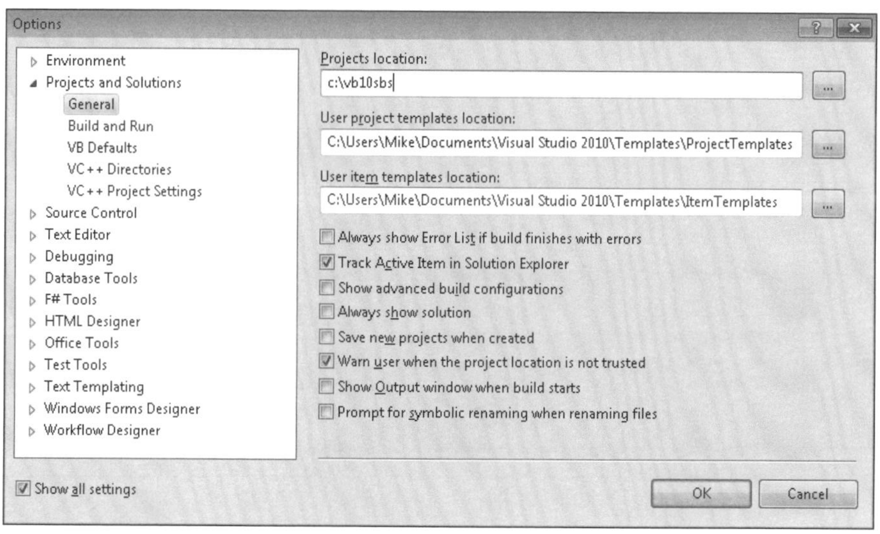

Recomendo desmarcar as caixas de seleção Always Show Solution e Save New Projects When Created, se elas estiverem selecionadas. A primeira opção mostra comandos de solução adicionais no IDE, que não são necessários para soluções que contenham apenas um projeto (a situação da maioria dos programas neste livro). A segunda opção faz o Visual Studio adiar o salvamento do projeto até você clicar no comando Save All no menu File e fornecer um local para salvar o arquivo. Esse recurso de "salvamento retardado" permite criar um programa de teste, compilar e depurar o programa até ele executar sem realmente salvar o projeto em disco – um recurso útil quando você quer criar um programa de teste rápido que você poderia querer descartar em vez de salvar. (Uma situação equivalente em termos de processamento de texto é quando você abre um novo documento do Word, insere um endereço para uma etiqueta de correio, imprime o endereço e, então, sai do Word sem salvar o arquivo.)

Com essa configuração padrão, os exercícios neste livro solicitam salvar os projetos depois de criá-los, embora também seja possível salvá-los antecipadamente marcando a caixa de seleção Save New Projects When Created.

Você também notará que digitei "C:\Vb10sbs" na caixa de texto Projects Location para indicar a localização padrão para os arquivos de exemplo deste livro. A maioria dos projetos que você criar será armazenada nessa pasta e terá um prefixo "My" para distingui-los do projeto concluído que forneço para você examinar. (Certifique-se de alterar também essa configuração no seu computador.)

Depois de ter ajustado essas configurações, você está pronto para verificar quatro configurações de compilação do Visual Basic.

4. Clique no item VB Defaults na caixa de diálogo Options.

   O Visual Studio exibe uma lista de quatro configurações de compilação: Option Explicit, Option Strict, Option Compare e Option Infer. Sua tela é semelhante a esta:

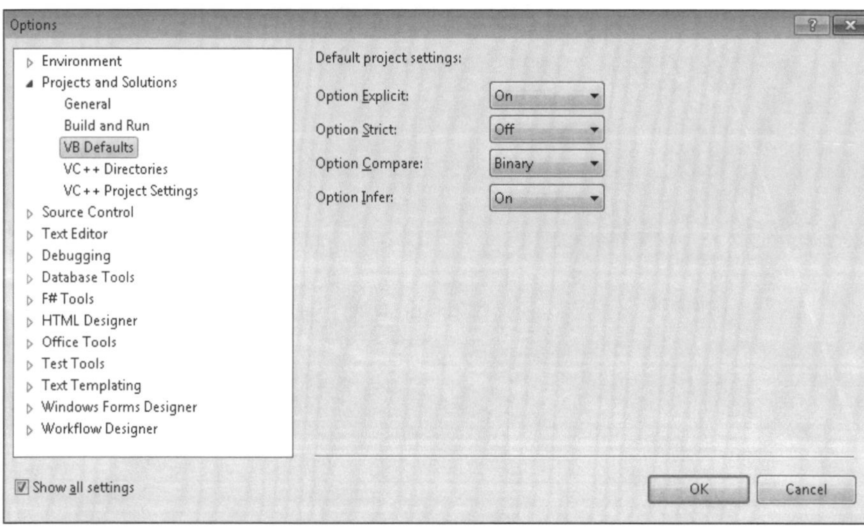

Embora uma descrição detalhada dessas configurações esteja além do escopo desse capítulo, você vai querer verificar se Option Explicit está configurada como On e se Option Strict está configurada como Off – as configurações padrão para a programação Visual Basic dentro do Visual Studio. Option Explicit On é uma configuração que requer declarar uma variável antes de utilizá-la em um programa – uma ótima prática de programação. Option Strict Off permite que variáveis e objetos de tipos diferentes sejam convertidos em certas circunstâncias sem gerar um erro de compilação. (Por exemplo, um número pode ser atribuído a um objeto de caixa de texto sem erro.) Embora isso seja uma prática de programação potencialmente preocupante, Option Strict Off é uma configuração útil para certos tipos de programas de demonstração. Se não mantiver essa configuração, alguns projetos exibirão mensagens de erro quando você os executar.

A Opção Compare determina o método de comparação quando diferentes strings são comparadas e classificadas. Para informações adicionais sobre comparação de strings e classificação (ordenação) de texto, consulte o Capítulo 13, "Explorando arquivos de texto e processamento de strings".

Option Infer era uma configuração nova no Visual Basic 2008. Quando você configurar a Opção Strict como Off e Option Infer como On, poderá declarar variáveis sem afirmar explicitamente um tipo de dados. Ou melhor, se você fizer essa declaração, o compilador do Visual Basic irá inferir (ou fazer uma suposição) sobre o tipo de dados com base na atribuição inicial que você fez para a variável. Os projetistas do Visual Basic criaram essa configuração para facilitar a escrita do código, embora ainda mantenham os benefícios da declaração de tipo. Você aprenderá mais sobre esse recurso no Capítulo 5, "Variáveis e fórmulas do Visual Basic e o .NET Framework".

Como regra geral, é recomendável que você configure Option Infer como Off para evitar resultados inesperados na maneira como as variáveis são usadas nos seus programas. Eu configurei a Option Infer como Off na maioria dos projetos de exemplo incluídos no CD de acompanhamento.

5. Sinta-se à vontade para examinar configurações adicionais na caixa de diálogo Options relacionadas com seu ambiente de programação e Visual Studio. Quando terminar, clique em OK para fechar a caixa de diálogo Options.

Você está pronto para sair do Visual Studio e iniciar a programação.

Um passo além: saindo do Visual Studio

Cada capítulo neste livro conclui-se com uma seção intitulada "Um passo além", que permite praticar uma habilidade adicional relacionada ao tópico em questão. Depois do tutorial "Um passo além", há uma tabela de Referência rápida em cada capítulo que resume os conceitos importantes discutidos no capítulo, para que, caso você precise consultar rapidamente um conceito, tenha pronto acesso a ele.

Quando terminar de utilizar o Visual Studio, salve qualquer projeto que esteja aberto e feche o ambiente de desenvolvimento. Experimente.

Saia do Visual Studio

1. Salve qualquer alteração que fizer no programa clicando no botão Save All na barra de ferramentas Standard.

   Como você aprendeu na seção anterior, o comportamento padrão no Visual Studio 2010 é nomear o programa ao iniciar um projeto ou solução, mas você não especifica uma localização de arquivo e salva o projeto até clicar no botão Save All ou comando Save All no menu File. Você fez algumas alterações no seu projeto, então deve salvá-las agora.

2. No menu File, clique no comando Exit.

   O programa do Visual Studio fecha. É hora de ir para seu primeiro programa no Capítulo 2!

Referência rápida do Capítulo 1

Para	Faça isto
Iniciar o Visual Studio	Clique em Iniciar na barra de tarefas, clique em Todos os Programas, na pasta Microsoft Visual Studio 2010, e clique no ícone do programa Microsoft Visual Studio 2010.
Abrir um projeto existente	Inicie o Visual Studio. Clique em Open Project no menu File. Ou (se possível) Na Start Page, clique no projeto no painel Recent
Compilar e executar um programa	Clique no botão Start Debugging na barra de ferramentas Standard. ou Pressione F5.
Configurar as propriedades	Clique no objeto de formulário cujas propriedades você quer configurar. Na janela Properties, clique no nome de propriedade da coluna esquerda e, então, altere a configuração da propriedade correspondente na coluna à direita.
Redimensionar uma janela de ferramentas	Exiba a ferramenta como uma janela flutuante (se estiver atualmente encaixada) e redimensione-a arrastando suas bordas.
Mover uma janela de ferramentas	Exiba a ferramenta como uma janela flutuante (se ela estiver em um estado encaixado) e arraste a barra de título.
Encaixar uma janela de ferramentas	Com o ponteiro do mouse, arraste a barra de título da janela sobre uma guia de encaixe para visualizar como ela aparecerá e solte o botão do mouse para fixar a ferramenta.
Restaurar uma janela flutuante	Mantenha pressionada a tecla Ctrl e clique duas vezes na barra de título da janela.
Auto-ocultar uma janela de ferramentas encaixada	Clique no botão de alfinete Auto Hide no lado direito da barra de título da janela de ferramentas. A janela se oculta atrás de uma pequena guia na borda do ambiente de desenvolvimento enquanto você mantiver o mouse sobre ela.
Desativar o Auto Hide para uma janela de ferramentas encaixada	Clique na guia de ferramenta e, então, clique no botão de alfinete Auto Hide.
Alternar arquivos ativos	Mantenha pressionada a tecla Ctrl e pressione Tab para exibir o IDE Navigator. Mantendo pressionada a tecla Ctrl, pressione Tab para rolar pela lista de arquivos ativos. Use as teclas de direção para rolar pela lista de ferramentas e arquivos ativos. Para alternar um arquivo ou uma ferramenta no IDE Navigator você também pode clicar nele/nela.
Alternar ferramentas ativas	Pressione Alt+F7 para rolar para frente pelas ferramentas ativas no IDE. Pressione Alt+Shift+F7 para rolar na direção oposta.
Obter ajuda	Selecione o objeto ou instrução de programa no Visual Studio e pressione a tecla F1.
Gerenciar as configurações da Ajuda	Clique em Manage Help Settings no menu Help para abrir o Help Library Manager.
Configurar o ambiente Visual Studio para desenvolvimento em Visual Basic	Clique no comando Import And Export Settings no menu Tools, clique em Reset All Settings e depois no botão Next. Clique no em Yes, Save My Current Settings e, em seguida, no botão Next. Por fim, clique em Visual Basic Development Settings e no botão Finish e, em seguida, clique em Close.
Personalizar configurações IDE	Clique no comando Options no menu Tools e personalize as configurações do Visual Studio por categoria. Para visualizar e personalizar as configurações de projeto, clique no item General na categoria Projects And Solutions. Para visualizar e personalizar as configurações do compilador, clique no item VB Defaults na mesma categoria.
Sair do Visual Studio	No menu File, clique em Exit.

Capítulo 2

Escrevendo seu primeiro programa

Neste capítulo, você vai aprender a:

- Criar a interface de usuário para um novo programa.
- Configurar as propriedades para cada objeto em sua interface de usuário.
- Escrever o código do programa.
- Salvar e executar o programa.
- Construir um arquivo executável.

Como visto no Capítulo 1, "Explorando o ambiente de desenvolvimento integrado do Visual Studio", o Integrated Development Environment (IDE) do Microsoft Visual Studio 2010 contém várias ferramentas poderosas para ajudá-lo a executar e gerenciar seus programas. O Visual Studio também contém tudo que você precisa para criar seus próprios aplicativos para o Microsoft Windows e para Web a partir do zero.

Neste capítulo, você aprenderá a criar uma interface de usuário simples, mas atraente, com os controles da Toolbox do Visual Studio. Logo você aprenderá a personalizar a operação desses controles com configurações de propriedade. Então verá como identificar exatamente o que seu programa deve fazer escrevendo o código de programa. Por fim, você aprenderá a salvar e executar seu novo programa (uma máquina caça-níqueis no estilo Las Vegas) e como compilá-lo como um arquivo executável.

Lucky Seven: seu primeiro programa em VB

O aplicativo baseado em Windows que você vai construir é o Lucky Seven, um programa de jogo que simula uma máquina caça-níquel. O Lucky Seven tem uma interface de usuário simples e pode ser criado e compilado em apenas alguns minutos utilizando o Visual Basic. Eis a aparência do seu programa concluído:

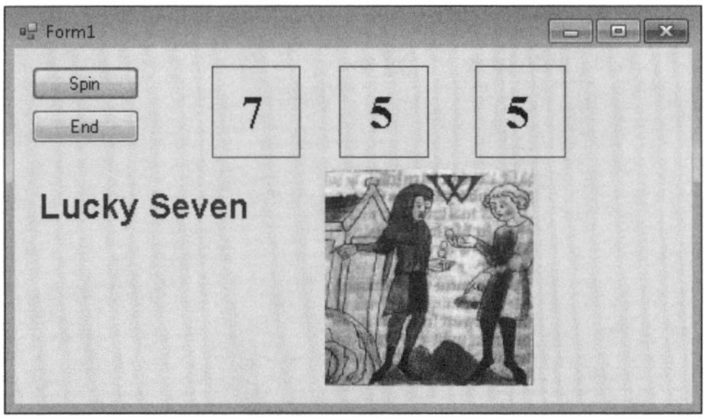

Passos de programação

A interface de usuário do Lucky Seven contém dois botões, três caixas de número da sorte, uma foto digital que descreve seus prêmios e o título "Lucky Seven". Produzi esses elementos criando sete objetos no formulário Lucky Seven e, depois, alterando várias propriedades de cada objeto. Depois que projetei a interface, adicionei código de programa aos botões Spin e End para processar os cliques de botão do usuário e produzir os números aleatórios. Para recriar o Lucky Seven, você deve seguir três passos de programação essenciais no Visual Basic: crie a interface de usuário, configure as propriedades e escreva o código de programa. A Tabela 2-1 a seguir resume o processo para o Lucky Seven.

Tabela 2-1 Construindo o programa Lucky Seven

Passo de programação	Número de itens
1. Crie a interface de usuário.	7 objetos
2. Configure as propriedades.	13 propriedades
3. Escreva o código de programa.	2 objetos

Criando a interface de usuário

Neste exercício, você começará a construir o Lucky Seven primeiro criando um novo projeto e, depois, utilizando controles na Toolbox para criar a interface de usuário.

Crie um novo projeto

1. Inicie o Visual Studio 2010.
2. No menu File do Visual Studio, clique em *New Project*.

> **Dica** Você também pode iniciar um novo projeto de programação clicando no link New Project azul na página inicial.

A caixa de diálogo *New Project* abre, como mostrado na página a seguir.

A caixa de diálogo New Project fornece acesso aos principais tipos de projeto disponíveis para escrever aplicativos Windows e Web. Se você indicou durante a instalação que é um programador em Visual Basic, o Visual Basic é sua principal opção de desenvolvimento (como mostrado aqui), mas as outras linguagens no Visual Studio (Visual C#, C++ e Visual F#) estão sempre disponíveis por meio dessa caixa de diálogo. Embora você selecione um projeto básico de apli-

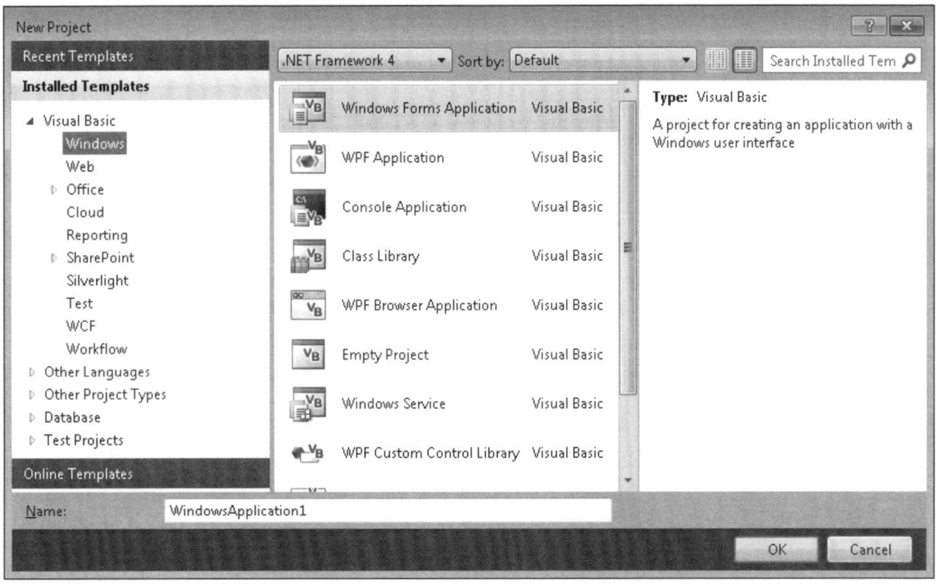

cativo Windows neste exercício, essa caixa de diálogo também é a porta de acesso a outros tipos de projetos de desenvolvimento, como um aplicativo Web, um aplicativo de console, um add-in do Microsoft Office, o Windows Azure Cloud Service, um aplicativo Silverlight ou um projeto de distribuição (deployment) do Visual Studio.

Próxima à parte superior da caixa de diálogo New Project, você verá uma caixa de listagem suspensa. Esse é o recurso que lhe permite especificar a versão de destino do Microsoft .NET Framework que seu aplicativo terá. Esse recurso é, às vezes, chamado de *multi-targeting* (múltiplos destinos), ou seja, por meio dele você pode selecionar o ambiente de destino no qual seu programa será executado. Por exemplo, se você mantiver a seleção padrão do .NET Framework 4, qualquer computador em que o seu aplicativo executar deverá ter o .NET Framework 4 instalado. (Não se preocupe, o .NET Framework normalmente é instalado como parte da instalação do sistema operacional ou quando você instalar um novo programa em Visual Basic que tenha escrito.) A menos que você tenha uma necessidade específica, simplesmente deixe essa lista suspensa na configuração de padrão do .NET Framework 4. O Visual Basic 2010 não inclui essa lista suspensa. Você aprenderá mais sobre o .NET Framework no Capítulo 5, "Variáveis e fórmulas do Visual Basic e o .NET Framework."

3. Clique no ícone de aplicativo Windows Forms na área Templates central da caixa de diálogo, se ele ainda não estiver selecionado.

   O Visual Studio prepara o ambiente de desenvolvimento para a programação de um aplicativo Windows em Visual Basic.

4. Na caixa de texto Name, digite **MyLucky7.**

   O Visual Studio atribui o nome MyLucky7 ao seu projeto. (Mais adiante, você especificará a localização de uma pasta para o projeto.) Aqui o prefixo "My" é recomendável para que não haja confusões entre o seu novo aplicativo e o projeto Lucky7 criado em disco.

> **Dica** Se sua caixa de diálogo New Project contém as caixas de texto Location e Solution Name, agora você precisa especificar uma localização de pasta e um nome de solução para seu novo projeto de programação. A presença dessas caixas de texto é controlada por uma caixa de seleção na categoria Project And Solutions da caixa de diálogo Options, mas ela não é a configuração padrão. Ao longo deste livro, você receberá instruções para salvar seus projetos (ou descartá-los) *após* completar o exercício de programação. (Você exibe essa caixa de diálogo clicando no comando Options no menu Tools.) Para mais informações sobre esse recurso de "salvamento posterior" e configurações padrão, consulte a seção intitulada "Personalizando as configurações do IDE para que elas correspondam aos exercícios passo a passo", no Capítulo 1.

5. Clique em OK para criar o novo projeto no Visual Studio.

   O Visual Studio limpa a área de trabalho para um novo projeto de programação e exibe o formulário Windows em branco que você utilizará para construir a interface de usuário.

Agora você irá expandir o formulário e criar os dois botões na interface.

Crie a interface de usuário

1. Posicione o ponteiro do mouse sobre o canto inferior direito do formulário até que sua forma mude para a de um ponteiro redimensionador e, então, arraste para aumentar o tamanho do formulário a fim de dar espaço para os objetos no seu programa.

   Ao redimensionar o formulário, barras de rolagem podem aparecer no Designer para você poder acessar o formulário inteiro que estiver criando. Dependendo da resolução da tela e das ferramentas do Visual Studio abertas, talvez você não seja capaz de ver o formulário inteiro de uma vez.

   Não se preocupe com isso – seu formulário pode ser pequeno ou preencher toda a tela porque as barras de rolagem dão acesso ao formulário inteiro.

   Dimensione seu formulário de modo que ele tenha aproximadamente o mesmo tamanho do formulário mostrado na página a seguir. Se quiser seguir exatamente meu exemplo, você pode utilizar as dimensões de largura e altura (485 x 278 pixels) mostradas no canto inferior direito da tela.

   Para visualizar o formulário inteiro sem obstrução, você pode redimensionar ou fechar as outras ferramentas de programação, como aprendeu no Capítulo 1. (Retorne ao Capítulo 1 se tiver dúvida sobre como redimensionar janelas ou ferramentas.)

   Agora você irá praticar a adição de um objeto botão ao formulário.

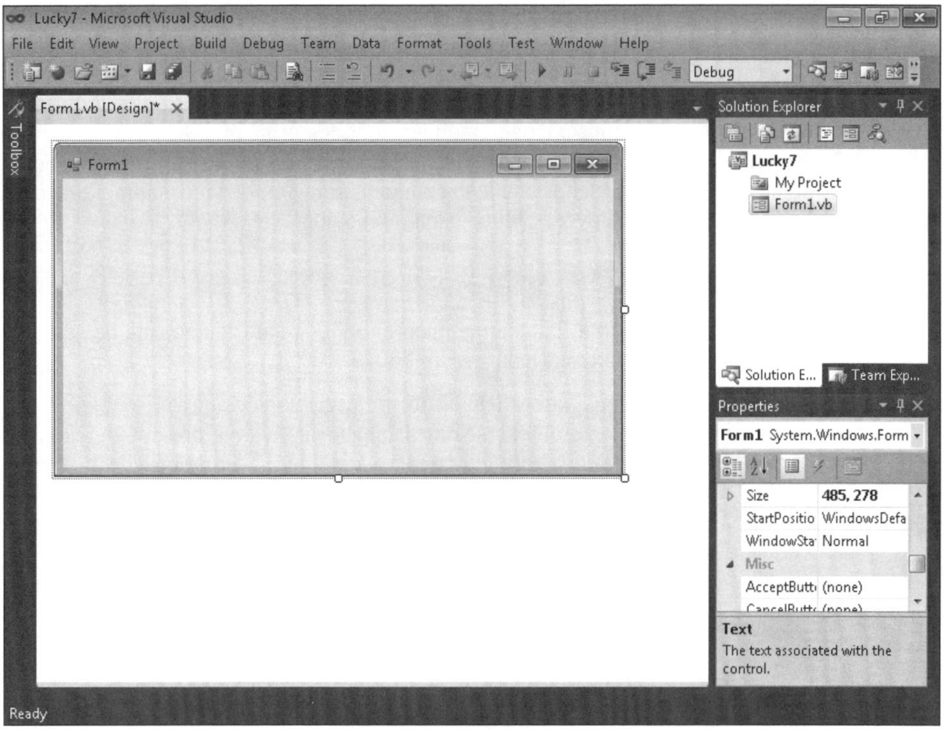

2 Clique na guia Toolbox para exibir a janela Toolbox no IDE.

A caixa de ferramentas contém todos os controles que você utilizará para criar programas em Visual Basic neste livro. Os controles adequados para criar um aplicativo Windows estão visíveis agora porque você selecionou o tipo de projeto Windows Application anteriormente. Os controles são organizados por tipo, e, por padrão, a categoria Common Controls é visível. (Se a caixa de ferramentas não estiver visível agora, clique em Toolbox no menu View para exibi-la.)

3. Dê um clique duplo no controle *Button* na Toolbox e mova o ponteiro do mouse para longe da Toolbox.

O Visual Studio cria um objeto botão de tamanho padrão no formulário e oculta a Toolbox, como mostrado aqui:

O nome do botão é *Button1* porque esse é o primeiro botão do programa. (Você deve guardar o nome desse botão – vai vê-lo novamente ao escrever o código de programa.) O novo objeto botão é selecionado e cercado por alças de redimensionamento. Quando o Visual Basic estiver no *modo de design* (isto é, sempre que o IDE do Visual Studio estiver ativo), você pode mover objetos no formulário arrastando-os com o mouse, e pode redimensioná-los utilizando as alças de redimensionamento. Entretanto, enquanto um programa estiver executando, o usuário não pode mover elementos da interface de usuário (IU) a menos que tenha alterado uma propriedade no programa para permitir isso. Agora você irá praticar mover e redimensionar o botão.

Mova e redimensione um botão

1. Aponte para o botão a fim de que o ponteiro mude para a uma seta de quatro pontas e então arraste o botão para baixo e para a direita.

   O botão se move pela superfície do formulário. Se você mover o objeto perto da borda do formulário ou de outro objeto (se outros objetos estiverem presentes), ele se alinha automaticamente a uma grade oculta quando ele estiver a um centímetro de distância ou aproximadamente isso. Uma pequena "linha de atração" (snapline) azul também aparece para ajudá-lo a estimar a distância desse objeto a partir da borda do formulário ou do outro objeto. A grade não é exibida no formulário por padrão, mas você pode usar a linha de atração para avaliar as distâncias com quase o mesmo efeito.

2. Posicione o ponteiro do mouse no canto inferior direito do botão.

   Quando o ponteiro do mouse parar sobre uma alça de redimensionamento de um objeto, ele torna-se um ponteiro de redimensionamento. Você pode utilizar o ponteiro de redimensionamento para alterar o tamanho de um objeto.

3. Expanda o botão arrastando o ponteiro para baixo e para a direita.

   Quando você solta o botão do mouse, o tamanho de botão muda e este é atraído para a grade.

4. Use o ponteiro de redimensionamento para retornar o botão ao tamanho original. Agora você adicionará um segundo botão ao formulário, embaixo do primeiro botão.

Adicione um segundo botão

1. Clique na guia Toolbox para exibir a Toolbox.

2. Clique no controle *Button* na Toolbox (clique único dessa vez) e, então, mova o ponteiro do mouse sobre o formulário.

   O ponteiro do mouse se transforma em um ícone de cruz e botão. As cruzes são projetadas para ajudá-lo a desenhar a forma retangular do botão no formulário e você pode utilizar esse método como uma alternativa a dar um clique duplo para criar um controle do tamanho padrão.

3. Clique e arraste o ponteiro para baixo e para a direita. Libere o botão do mouse para completar o botão e observe como ele é atraído para o formulário.

4. Redimensione o objeto botão de modo que tenha o mesmo tamanho do primeiro botão e mova-o abaixo do primeiro botão do formulário. (Utilize o recurso da linha de atração para ajudá-lo.)

> **Dica** A qualquer momento, você pode excluir um objeto e começar tudo de novo selecionando o objeto no formulário e, então, pressionando DELETE. Sinta-se à vontade para criar e excluir objetos para praticar a criação da interface de usuário.

Agora você adicionará os rótulos utilizados para exibir os números no programa. Um *rótulo* (label) é um elemento especial da interface de usuário projetado para exibir texto, números ou símbolos durante a execução de um programa. Quando o usuário clica no botão Spin do programa Lucky Seven, três números aleatórios aparecem nas caixas de rótulo. Se um dos números for um 7, o usuário ganha.

Adicione os rótulos de número

1. Dê um clique duplo no controle *Label* da Toolbox.

   O Visual Studio cria um objeto rótulo no formulário. O objeto rótulo é grande o suficiente para armazenar o texto contido no objeto (ele está um pouco menor agora), mas também pode ser redimensionado.

2. Arraste o objeto *Label1* para a direita dos dois objetos botão.

   Seu formulário agora deve se parecer com esta tela:

3. Dê um clique duplo no controle *Label* na Toolbox para criar um segundo objeto rótulo.

   Esse objeto rótulo será chamado *Label2* no programa.

4. Dê novamente um clique duplo no controle *Label* para criar um terceiro objeto rótulo.
5. Mova o segundo e o terceiro objeto rótulo para a direita do primeiro no formulário.

   Deixe bastante espaço entre os três rótulos porque você os utilizará para exibir números grandes quando o programa executar.

   Agora você utilizará o controle *Label* para adicionar um rótulo descritivo ao formulário. Esse será o quarto e último rótulo do programa.

6. Dê um clique duplo no controle *Label* da Toolbox.

7. Arraste o objeto *Label4* para baixo dos dois botões de comando.

   Quando terminar, seus quatro rótulos devem ser parecidos com os da seguinte captura de tela. (Você pode mover seus objetos rótulo se não parecerem exatos.)

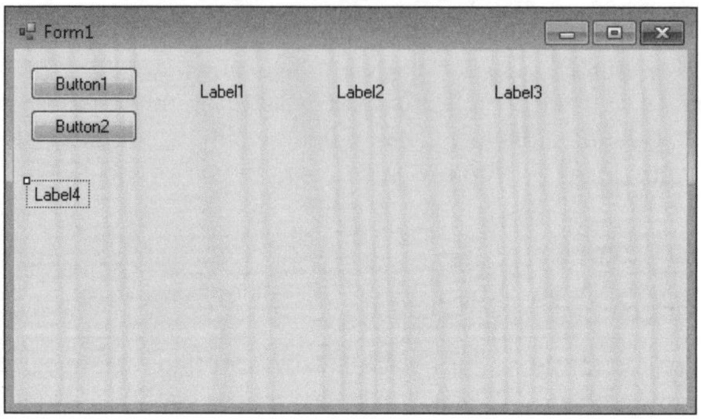

Agora você adicionará uma caixa de figura ao formulário para exibir graficamente o prêmio que você receberá ao tirar um 7 e acertar o jackpot. Uma *caixa de figura* é projetada para exibir bitmaps, ícones, fotos digitais e outras imagens em um programa. Um dos melhores usos de uma caixa de figura é exibir um arquivo de imagem JPEG.

Adicione uma figura

1. Clique no controle *PictureBox* da Toolbox.
2. Utilizando o ponteiro de desenho do controle, crie uma caixa retangular grande embaixo do segundo e do terceiro rótulo do formulário.

   Deixe um pequeno espaço embaixo dos rótulos para que seu tamanho cresça como mencionei anteriormente. Quando terminar, o objeto caixa de figura será semelhante a este:

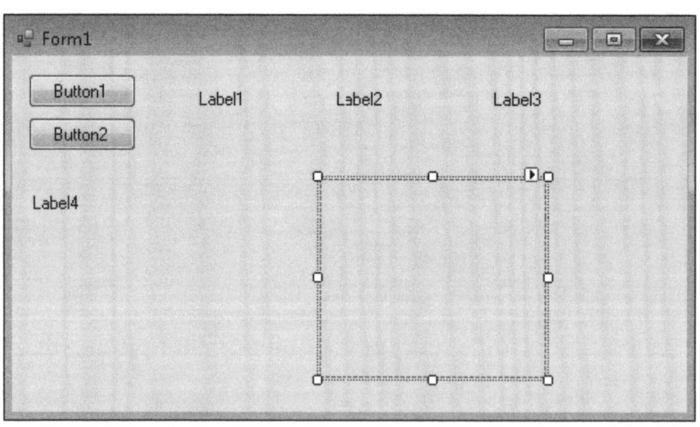

   Esse objeto será chamado *PictureBox1* no seu programa; você utilizará esse nome mais adiante no código de programa.

Agora você está pronto para personalizar sua interface configurando algumas propriedades.

Configurando as propriedades

Como você descobriu no Capítulo 1, é possível alterar propriedades selecionando objetos no formulário e alterando suas configurações na janela *Properties*. Você começará alterando as configurações de propriedade dos dois botões.

Configure as propriedades de botão

1. Clique no primeiro botão (*Button1*) do formulário.

   O botão é selecionado e cercado por alças de redimensionamento.

2. Clique na barra de título da janela Properties.

> **Dica** Se a janela Properties não estiver visível, clique no comando Properties Window no menu View ou pressione F4.

3. Na parte superior da janela Properties, clique no botão Categorized.

   Para obter informações sobre propriedades categorizadas, consulte a seção intitulada "A janela Properties" no Capítulo 1.

4. Redimensione a janela Properties (se necessário) para que haja bastante espaço para ver os nomes de propriedade e suas configurações atuais.

   Depois de se familiarizar com as propriedades de configuração, provavelmente você usará a janela Properties sem expandi-la, mas torná-la maior ajuda na primeira vez que você a utiliza. A janela Properties na captura de tela abaixo é um bom tamanho para configurar propriedades.

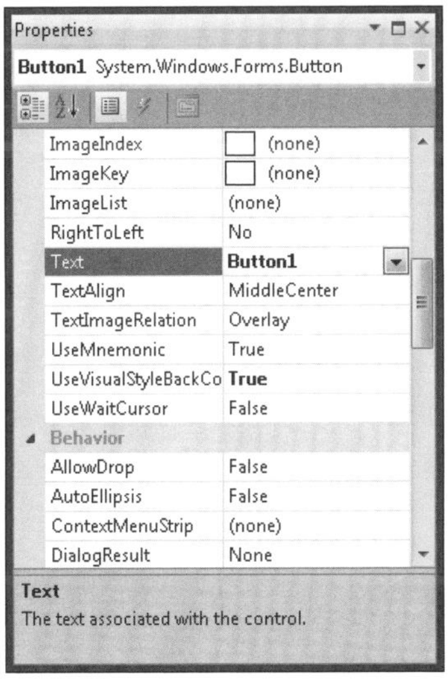

A janela Properties lista as configurações para o primeiro botão. Estas incluem configurações da cor de fundo, texto, altura da fonte e largura do botão. Como há tantas propriedades, o Visual Studio as organiza em categorias e as exibe na visualização hierárquica. Se quiser ver as propriedades em uma categoria, clique no sinal de seta (>) ao lado do título da categoria.

5. Se ela ainda não estiver visível, role pela janela Properties até ver a propriedade *Text* localizada na categoria Appearance.

6. Dê um clique duplo na propriedade *Text* na primeira coluna da janela Properties.

   A configuração Text atual ("Button1") é destacada na janela Properties.

7. Digite **Spin** e pressione ENTER.

   A propriedade *Text* muda para "Spin" na janela Properties e no botão do formulário. Agora você irá mudar a propriedade *Text* do segundo botão para "End". (Desta vez, você selecionará o segundo botão de uma maneira nova.)

8. Abra a lista Object na parte superior da janela Properties.

   Uma lista dos objetos de interface no seu programa aparece como mostrado aqui:

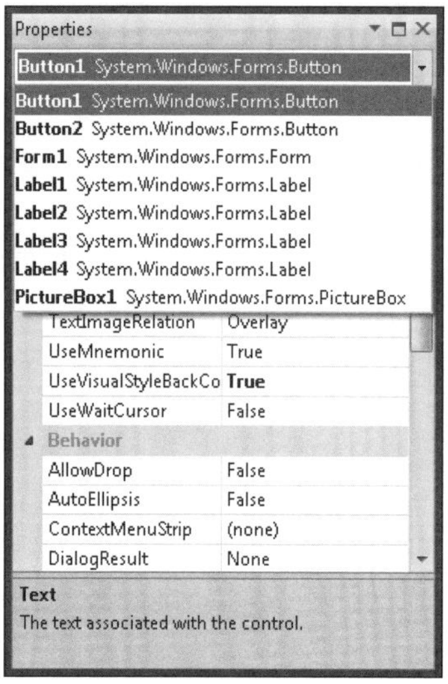

9. Clique em Button2 System.Windows.Forms.Button (o segundo botão) na caixa de listagem.

   As configurações de propriedade do segundo botão aparecem na janela Properties e o Visual Studio destaca Button2 no formulário.

10. Dê um clique duplo na propriedade *Text* atual ("Button2"), digite **End** e pressione ENTER.

    O texto do segundo botão muda para "End".

> **Dica** Utilizar a lista Object é uma maneira útil de alternar objetos no programa. Você também pode alternar objetos no formulário clicando em cada objeto.

Agora você irá configurar as propriedades dos rótulos no programa. Os três primeiros rótulos armazenarão os números aleatórios gerados pelo programa e terão configurações de propriedade idênticas. (Você irá configurar a maioria deles como um grupo.) As configurações de rótulo descritivo serão ligeiramente diferentes.

Configure as propriedades de rótulo de número

1. Clique no primeiro rótulo de número (*Label1*), mantenha a tecla SHIFT pressionada, clique no segundo e terceiro rótulos de número e, então, libere a tecla SHIFT. (Se a janela Properties estiver no caminho, mova-a para outro lugar.)

   Um retângulo de seleção e alças de redimensionamento aparecem em torno de cada rótulo em que você clica. Você irá alterar as propriedades *TextAlign*, *BorderStyle* e *Font* agora para que os números que aparecerem nos rótulos fiquem centralizados, dentro da caixa e sejam idênticos no que diz respeito à fonte e tamanho em pontos. (Todas essas propriedades encontram-se na categoria Appearance da janela Properties.) Você também irá configurar a propriedade *AutoSize* como False para poder alterar o tamanho dos rótulos de acordo com suas especificações precisas. (A propriedade *AutoSize* encontra-se na categoria Layout.)

> **Dica** Quando mais de um objeto for selecionado, somente as propriedades que podem ser alteradas para o grupo serão exibidas na janela Properties.

2. Clique na propriedade *AutoSize* na janela Properties e, então, clique na seta que aparece na segunda coluna.
3. Configure a propriedade *AutoSize* como False para poder dimensionar os rótulos manualmente.
4. Clique na propriedade *TextAlign* e, então, clique na seta que aparece na segunda coluna.

   Várias opções de alinhamento aparecem na caixa de listagem; você pode utilizar essas configurações para alinhar o texto em qualquer lugar dentro das bordas do objeto rótulo.
5. Clique na opção do centro (MiddleCenter).

   A propriedade *TextAlign* de cada um dos rótulos selecionados muda para MiddleCenter.
6. Clique na propriedade *BorderStyle* e, então, clique na seta que aparece na segunda coluna.

   As configurações de propriedade válidas (None, FixedSingle e Fixed3D) aparecem na caixa de listagem.
7. Clique em FixedSingle na caixa de listagem para adicionar uma borda fina em torno de cada rótulo.

8. Clique na propriedade *Font* e no botão reticências (o botão com três pontos perto da configuração de fonte atual).

   A caixa de diálogo Font aparece.

9. Mude a fonte para Times New Roman, o estilo de fonte para Bold e o tamanho em pontos para 24 e, então, clique em OK.

   O texto do rótulo aparece na fonte, estilo e tamanho que você especificou.

   Agora você irá configurar o texto para os três rótulos como o número 0 – um bom "marcador de lugar" para os números que por fim preencherão essas caixas em seu jogo. (Como o programa produz os números reais, você também poderia excluir o texto, mas colocar um marcador de lugar aqui fornece algo em que basear o tamanho dos rótulos.)

10. Clique em uma área em branco no formulário para remover a seleção dos três rótulos e, então, clique no primeiro rótulo.

11. Dê um clique duplo na propriedade Text, digite **0** e pressione ENTER.

    O texto do objeto *Label1* é configurado como 0. Você utilizará o código de programa para configurar essa propriedade como um número aleatório da "máquina caça-níqueis" mais adiante neste capítulo.

12. Mude também o texto do segundo e do terceiro rótulo do formulário para **0**.

13. Mova e redimensione os rótulos agora para que sejam apropriadamente espaçados.

    Seu formulário agora deve se parecer com esta tela:

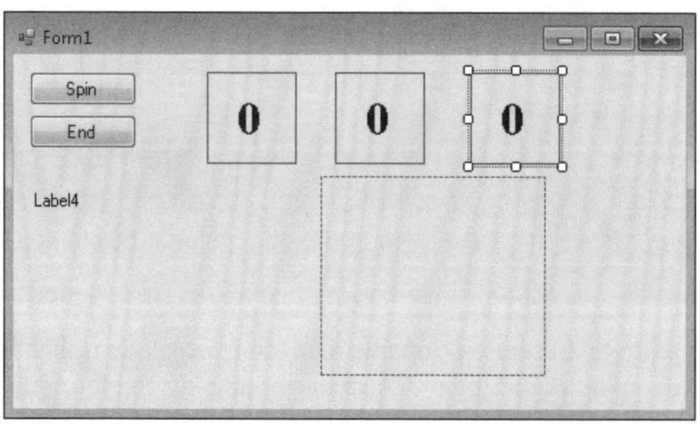

Agora, você irá alterar as propriedades *Text*, *Font* e *ForeColor* do quarto rótulo.

Configure as propriedades de rótulo descritivo

1. Clique no quarto objeto rótulo (*Label4*) do formulário.
2. Mude a propriedade *Text* na janela Properties para **Lucky Seven**.
3. Clique na propriedade *Font* e, então, clique no botão de reticências (...).
4. Utilize a caixa de diálogo Font para mudar a fonte para Arial, o estilo de fonte para Bold e o tamanho para 18. Então, clique em OK.

A fonte no objeto *Label4* é atualizada e o rótulo é automaticamente redimensionado para armazenar o tamanho da fonte maior porque a propriedade *AutoSize* do objeto foi configurada como True.

5. Clique na propriedade *ForeColor* na janela Properties e, então, clique na seta da segunda coluna.

   O Visual Studio exibe uma caixa de listagem com as guias Custom, Web e System para configurar as cores de primeiro plano (a cor do texto) do objeto rótulo. A guia Custom oferece muitas das cores disponíveis em seu sistema. A guia Web configura cores para páginas Web e permite selecionar cores usando seus nomes. A guia System exibe as cores atuais usadas para elementos de interface de usuário no seu sistema.

6. Clique na cor roxa na guia Custom.

   O texto na caixa de rótulo muda para roxo.

Agora você está pronto para configurar as propriedades do último objeto.

As propriedades da caixa de figura

Quando a pessoa que estiver jogando o jogo que você criou acertar o jackpot (isto é, quando pelo menos um 7 aparecer nos rótulos de número do formulário), o objeto figura conterá uma imagem no formato JPEG de uma pessoa distribuindo dinheiro. (Eu estou fornecendo essa imagem digitalizada, mas você pode substituí-la por outra de sua preferência.) Você precisa configurar a propriedade *SizeMode* para dimensionar exatamente a figura c configurar a propriedade *Image* para especificar o nome do arquivo JPEG que você carregará na caixa de figura. Você também precisa configurar a propriedade *Visible*, que especifica o estado da figura no começo do programa.

Configure as propriedades de caixa de figura

1. Clique no objeto caixa de figura no formulário.
2. Clique na propriedade *SizeMode* na janela Properties (listada na categoria Behavior), clique na seta da segunda coluna e, então, clique em StretchImage.

   Ao configurar *SizeMode* como StretchImage antes de abrir um gráfico, o Visual Studio redimensiona a imagem de acordo com as dimensões exatas da caixa de figura. (Em geral, você configura essa propriedade antes de configurar a propriedade *Image*.)

3. Clique na propriedade *Image* da janela Properties e, então, clique no botão de reticências na segunda coluna.

   A caixa de diálogo Select Resource é aberta.

4. Clique no botão de opção Local Resource e, então, clique no botão Import.
5. Na caixa de diálogo Open, navegue para a pasta C:\Vb10sbs\Chap02.

   Essa pasta contém a foto digital Paycoins.jpg.

6. Selecione Paycoins.jpg e, então, clique em *Open*.

   Uma captura de tela de uma pessoa pagando outra aparece na caixa de diálogo Select Resource. (A letra W representa winning [prêmio].)

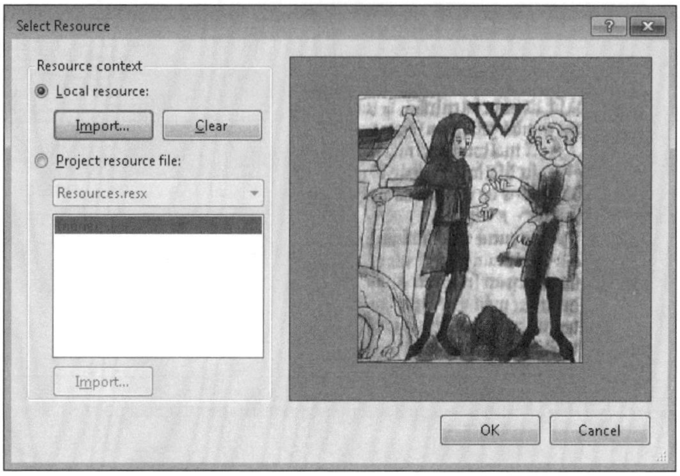

7. Clique em OK.

   A foto PayCoins é carregada na caixa de figura. Como a foto é relativamente pequena (24 KB), ela abre rapidamente no formulário.

8. Agora redimensione o objeto caixa de figura para corrigir qualquer distorção na imagem.

   Dimensionei meu objeto caixa de figura com 144 pixels de largura por 146 de altura. Você pode igualar esse tamanho utilizando as dimensões de largura e altura localizadas no lado inferior direito do IDE do Visual Studio. (As dimensões do objeto selecionado são dadas no lado inferior direito e a localização no formulário do canto superior esquerdo do objeto é dada à esquerda das suas dimensões.)

   Essa imagem em especial é melhor exibida quando o objeto caixa de figura retém uma forma quadrada.

> **Nota** Ao examinar o objeto caixa de figura, talvez você note uma minúscula seta de atalho denominada *smart tag* (marca inteligente) perto do canto superior direito. Essa marca inteligente é um botão no qual você pode clicar para alterar rapidamente algumas configurações comuns de caixa de figura e abrir a caixa de diálogo Select Resource. (Veremos a tecla de atalho novamente no Capítulo 4, "Trabalhando com menus, barras de ferramentas e caixas de diálogo" e também quando utilizarmos o controle *ToolStrip*.)

Agora você irá mudar a propriedade *Visible* para False a fim de que a imagem esteja invisível quando o programa iniciar.

9. Clique na propriedade *Visible* na categoria Behavior da janela Properties e, então, clique na seta da segunda coluna.

   As configurações válidas para a propriedade *Visible* aparecem em uma caixa de listagem.

10. Clique em False para tornar a figura invisível quando o programa iniciar.

    Configurar a propriedade *Visible* como False afeta a caixa de figura quando o programa executa, mas não agora enquanto você a está projetando. Seu formulário concluído deve ficar assim:

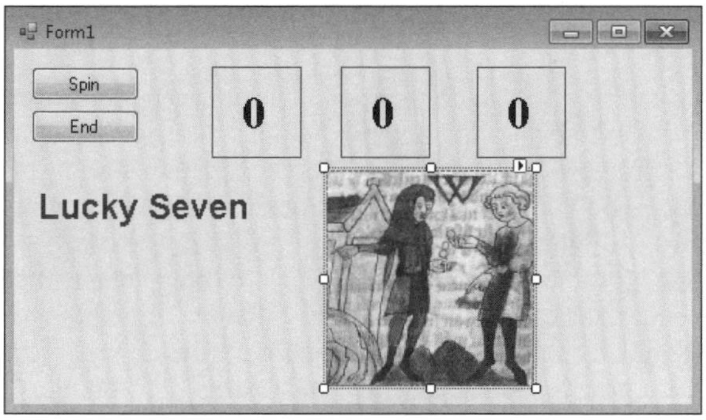

> **Dica** Você também pode dar um clique duplo nos nomes de propriedade que têm configurações True e False (as chamadas propriedades booleanas), para alternar entre True e False. As propriedades booleanas padrão são mostradas em tipo regular e as configurações alteradas aparecem em negrito.

11. Agora você terminou de configurar as propriedades, portanto, se sua janela Properties estiver flutuando, dê um clique duplo em sua barra de título para retorná-la à posição encaixada.

Lendo propriedades em tabelas

Neste capítulo, você configurou as propriedades do programa Lucky Seven passo a passo. Em capítulos futuros, as instruções para configurar propriedades serão apresentadas no formato de tabela, a menos que uma configuração seja especialmente difícil. A Tabela 2-2 lista as propriedades que você configurou até agora no programa Lucky Seven, com a aparência que teriam mais adiante no livro. As configurações que você precisa digitar aparecem entre aspas. Você não deve digitar as aspas.

Tabela 2-2 Propriedades do programa Lucky Seven

Objeto	Propriedade	Configuração
Button1	*Text*	"Spin"
Button2	*Text*	"End"
Label1, Label2, Label3	*AutoSize* *BorderStyle* *Font* *Text* *TextAlign*	False FixedSingle Times New Roman, Bold, 24-pt "0" MiddleCenter
Label4	*Text* *Font* *ForeColor*	"Lucky Seven" Arial, Bold, 18-pt Purple
PictureBox1	*Image* *SizeMode* *Visible*	"C:\Vb10sbs\Chap02\Paycoins.jpg" StretchImage False

Escrevendo o código

Agora você está pronto para escrever o código de programa Lucky Seven. Como a maioria dos objetos que você criou já "sabe" como trabalhar quando o programa executa, eles estão prontos para receber a entrada do usuário e processá-la. As funcionalidades inerentes dos objetos são uma das grandes forças do Visual Studio e do Visual Basic – depois que os objetos foram inseridos em um formulário e suas propriedades configuradas, eles estão prontos para executar sem programação adicional alguma. Entretanto, o "coração" do jogo Lucky Seven – o código que realmente calcula os números aleatórios, exibe-os em caixas e detecta um jackpot – ainda falta no programa. Essa lógica de computação pode ser construída no aplicativo apenas com instruções de programação – o código que expressa claramente o que o programa deve fazer em cada passo do caminho. Como os botões Spin e End orientam o programa, você associará o código do jogo a esses botões. Você insere e edita as instruções de programa do Visual Basic no Code Editor.

Nos próximos passos, você vai inserir o código de programa do Lucky Seven no Code Editor.

Utilize o Code Editor

1. Dê um clique duplo no botão End no formulário.

   O Code Editor aparece como uma janela de documentos com guias no centro do IDE do Visual Studio, como mostrado abaixo.

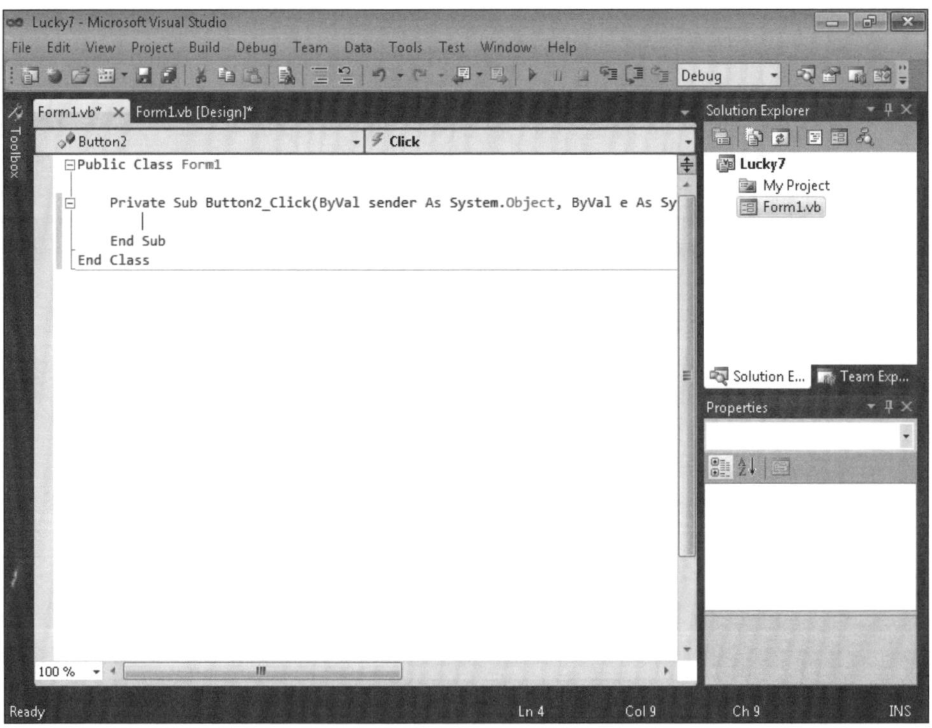

Dentro do Code Editor há instruções de programa associadas com o formulário atual. As instruções de programa utilizadas em conjunção para realizar alguma ação são, em geral, agrupadas em uma construção de programação chamada de *procedimento*. Um tipo de procedimento comum é o Sub, às vezes chamado *sub-rotina*. Os procedimentos Sub incluem uma palavra-chave *Sub* na primeira linha e terminam com *End Sub*. (Eu falarei sobre as palavras-chave Public e Private mais adiante.) Em geral, os procedimentos são executados quando ocorrem certos eventos, como quando um botão é clicado. Quando um procedimento está associado a um objeto e um evento específico, ele é chamado *rotina de tratamento de evento* (event handler) ou *procedimento de evento* (event procedure).

Quando você clicou duas vezes no botão End (*Button2*), o Visual Studio adicionou automaticamente as primeiras e últimas linhas do procedimento de evento *Button2_Click*, como mostra o código a seguir. (A primeira de linha foi quebrada para permanecer dentro das margens do livro.) Talvez você perceba outros fragmentos de código no Code Editor (palavras como Public e Class) que o Visual Studio adicionou para definir características importantes do formulário, mas não iremos enfatizá-los aqui.

```
Private Sub Button2_Click(ByVal sender As System.Object, _
   ByVal e As System.EventArgs) Handles Button2.Click
End Sub
```

O corpo de um procedimento se ajusta entre essas linhas e é executado sempre que um usuário ativa o elemento de interface associado ao procedimento. Nesse caso, o evento é um clique de mouse, mas como você verá mais adiante no livro, ele também poderia ser um tipo de evento diferente.

2. Digite **End** e pressione a tecla ENTER.

   Ao digitar a instrução, o Visual Studio reconhece *End* como uma palavra reservada única ou uma *palavra-chave* e exibe-a em uma caixa de listagem com as guias Common e All. A Microsoft chama esse recurso de preenchimento automático de instrução de IntelliSense porque ele tenta ajudá-lo inteligentemente a escrever o código e você pode procurar alfabeticamente várias palavras-chave e objetos do Visual Basic. (Desse modo, é possível descobrir a linguagem por meio do próprio IDE.)

   Depois de pressionar a tecla ENTER, as letras em *End* passam a ter a cor azul e são recuadas, indicando que o Visual Basic reconhece *End* como uma de centenas de palavras-chave únicas dentro da linguagem Visual Basic. Você utiliza a palavra-chave *End* para parar seu programa e removê-lo da tela. Nesse caso, *End* também é uma *instrução de programa* completa, uma instrução autocontida executada pelo *compilador Visual Basic*, a parte do Visual Studio que processa ou *analisa sintaticamente* cada linha do *código-fonte* Visual Basic, combinando o resultado com outros recursos para criar um arquivo executável. As instruções de programa são como frases completas de uma linguagem humana – as instruções podem ter comprimentos variáveis, mas devem seguir as "regras" gramaticais do compilador. No Visual Studio, as instruções de programa podem ser compostas de palavras-chave, propriedades, nomes de objeto, variáveis, números, símbolos especiais e outros valores. Você aprenderá mais sobre como as instruções de programa são construídas no Capítulo 5.

   Enquanto insere instruções de programa e faz outras edições, o Code Editor trata muitos dos detalhes de formatação para você, incluindo o ajuste de recuo e de espaçamento e a adição de qualquer parêntese necessário. A ortografia, a ordem e o espaçamento exatos de itens dentro das instruções de programa são chamados de *sintaxe da instrução*. Nos primeiros dias dos compiladores, os programadores eram quase que totalmente responsáveis por obter a sintaxe precisa para cada instrução correta do programa, mas agora as ferramentas de desenvolvimento sofisticadas, como o Visual Studio, ajudam muito na construção de instrução precisas de programas.

Quando você pressionou a tecla ENTER, a instrução *End* foi recuada para ser configurada separadamente das instruções *Private Sub* e *End Sub*. Esse esquema de recuo é uma das convenções de programação que você verá por todo este livro para manter seus programas claros e legíveis. O grupo de convenções relativo à maneira como o código é organizado em um programa é frequentemente chamado de *estilo de programa*.

Agora que você escreveu o código associado ao botão End, você escreverá o código do botão Spin. Essas instruções de programa serão um pouco mais extensas e lhe darão uma chance de aprender mais sobre a sintaxe de instrução e o estilo de programa. Você estudará muitas das instruções de programa mais adiante neste livro, portanto, não precisa saber tudo sobre elas agora. Apenas concentre-se na estrutura geral do código e na digitação das instruções de programa exatamente como elas estão impressas.

Escreva o código para o botão Spin

1. Na parte superior da janela Solution Explorer, clique no botão View Designer na janela Solution Explorer para exibir o formulário novamente.

> **Nota** Quando o Code Editor estiver visível, você não será capaz de ver o formulário em que está trabalhando. O botão View Designer é um mecanismo que você pode utilizar para exibi-lo novamente. (Se mais de um formulário for carregado na janela Solution Explorer, clique no formulário que deseja exibir primeiro.) Você também pode clicar na guia Form1.vb [Design] no canto superior do Code Editor. Para exibir o Code Editor novamente, clique no botão View Code no Solution Explores.

2. Dê um clique duplo no botão Spin.

   Depois de alguns momentos, o Code Editor aparece e um procedimento de evento associado ao botão *Button1* aparece perto do procedimento de evento *Button2*.

   Embora você tenha mudado o texto desse botão para "Spin", seu nome no programa ainda é *Button1*. (O nome e o texto de um elemento de interface podem ser diferentes para atender às necessidades do programador.) Cada objeto pode ter vários procedimentos associados a ele, um para cada evento que ele reconhecer. O evento de clique é aquele em que você está interessado agora porque os usuários irão clicar nos botões Spin e End quando você executar o programa.

3. Digite a seguir as linhas de programa entre as instruções *Private Sub* e *End Sub*.

   Pressione ENTER depois de cada linha, pressione TAB para recuar e tome cuidado para digitar as instruções de programa exatamente como elas aparecem aqui. (O Code Editor rolará para a esquerda quando você inserir as linhas mais longas.) Se cometer um erro (normalmente identificado por uma linha ondulada), exclua as instruções incorretas e tente novamente.

Dica Quando você insere o código de programa, o Visual Basic formata o texto e exibe as diferentes partes do programa em diferentes cores para ajudá-lo a identificar os vários elementos. Quando você começa a digitar uma propriedade, o Visual Basic também exibe as propriedades disponíveis para o objeto que você está utilizando em uma caixa de listagem, desse modo, você pode dar um clique duplo na propriedade ou continuar digitando para inseri-la você mesmo. Se o Visual Basic exibir uma mensagem de erro, você pode ter digitado uma instrução de programa incorretamente. Verifique a linha com o texto deste livro, faça a correção necessária e continue digitando. (Você também pode excluir uma linha e digitar a partir do zero.) Além disso, o Visual Basic poderia adicionar automaticamente o código necessário. Por exemplo, quando você digita o seguinte código, o Visual Basic adiciona automaticamente a linha *End If*. Leitores de edições anteriores deste livro acharam esse primeiro exercício de digitação a parte mais difícil deste capítulo – "Mas Sr. Halvorson, sei que digitei o texto exatamente como você escreveu!" – então, por favor, preste muita atenção nesse código de programa. Prometo, ele funciona!

```
PictureBox1.Visible = False ' oculta a figura
Label1.Text = CStr(Int(Rnd() * 10)) ' escolhe números
Label2.Text = CStr(Int(Rnd() * 10))
Label3.Text = CStr(Int(Rnd() * 10))
' se algum número for 7 exibe a figura e emite um bipe
If (Label1.Text = "7") Or (Label2.Text = "7") _
Or (Label3.Text = "7") Then
   PictureBox1.Visible = True
   Beep()
End If
```

Ao terminar, o Code Editor estará parecido com esta captura de tela:

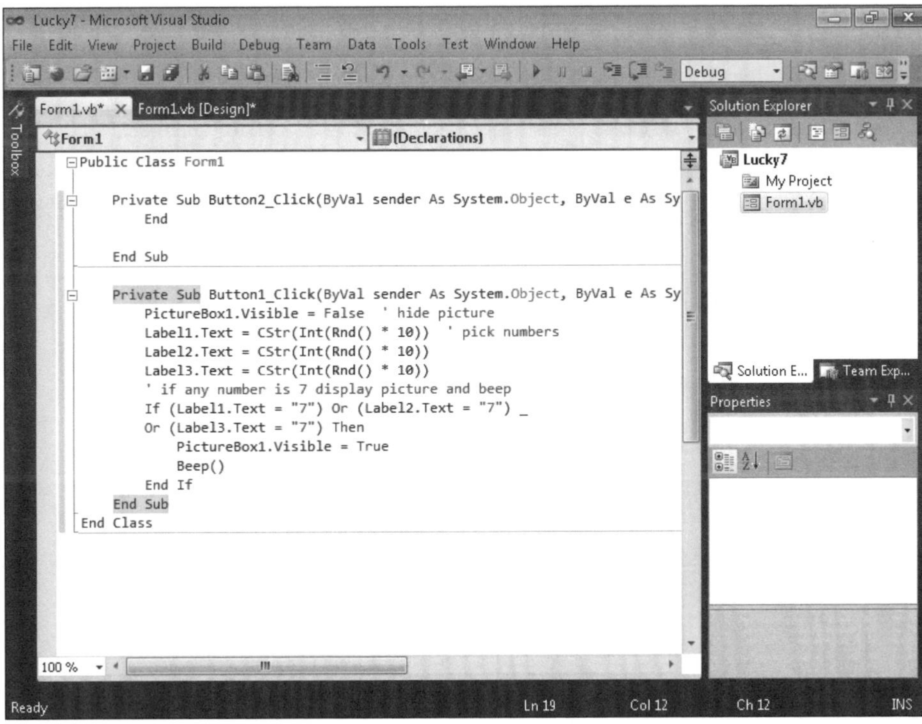

4. Clique no comando Save All no menu File para salvar suas alterações no programa.

   O comando Save All salva tudo no projeto – o arquivo de projeto, o arquivo de formulário, qualquer módulo de código e outros componentes relativos à sua aplicação. Como essa é a primeira vez que você salvou seu projeto, a caixa de diálogo Save Project aparece solicitando o nome e a localização do projeto. (Se sua cópia do Visual Studio estiver configurada para solicitar uma localização logo na criação do projeto, você não verá a caixa de diálogo Save Project agora – o Visual Studio acabou de salvar suas alterações.)

5. Procure e selecione uma localização para seus arquivos.

   Recomendo usar a pasta C:\Vb10sbs\Chap02 (a localização dos arquivos de exemplo deste livro), mas a localização é por sua conta. Uma vez que você usou o prefixo "My" ao abrir originalmente o projeto, esta versão não sobrescreverá o arquivo de exercícios Lucky7 que construí para você em disco.

6. Desmarque a caixa de seleção Create Directory For Solution.

   A primeira opção cria uma segunda pasta para seu arquivo de solução do programa que não é necessário para soluções que contêm apenas um projeto (a situação da maioria dos programas neste livro).

7. Clique em Save para salvar seus arquivos.

> **Nota** Se quiser salvar somente o item em que está trabalhando atualmente (o formulário, o módulo de código ou alguma outra coisa), você pode usar o comando Save no menu File. Se quiser salvar o item atual com um nome diferente, utilize o comando Save As.

Um exame do procedimento *Button1_Click*

O procedimento *Button1_Click* é executado quando o usuário clica no botão Spin do formulário. Esse procedimento usa algumas instruções muito complicadas e, como eu ainda não as introduzi formalmente, isso pode parecer um pouco confuso. Entretanto, se analisar com cuidado, é provável que você veja algumas coisas que parecem familiares. Um rápido exame do conteúdo desses procedimentos fornecerá uma noção do tipo de código de programa que você criará mais adiante neste livro. (Se preferir não parar para fazer esse exame, sinta-se à vontade para pular para a próxima seção, "Executando aplicativos Visual Basic".)

O procedimento *Button1_Click* realiza três tarefas:

- Oculta a foto digital.
- Cria três números aleatórios para os rótulos de número.
- Exibe a foto quando o número 7 aparece.

Vejamos cada um desses passos separadamente.

O ocultamento da foto é feito com a seguinte linha:

```
PictureBox1.Visible = False ' oculta a figura
```

Essa linha é composta de duas partes: uma instrução de programa e um comentário. A instrução de programa *PictureBox1.Visible = False* configura a propriedade *Visible* do objeto caixa de figura (*PictureBox1*) como False (uma de duas possíveis configurações). Talvez você se lembre de que configurou essa propriedade como False uma vez anteriormente ao utilizar a janela Properties. Agora você está fazendo isso mais uma vez no código de programa porque a primeira tarefa é um spin (a rotação dos números) e você precisa remover uma foto que talvez tenha sido exibida em um jogo anterior. Como a propriedade será alterada em tempo de execução e não em tempo de projeto, você deve configurar essa propriedade usando o código de programa. Esse é um recurso útil do Visual Basic discutido em mais detalhe no Capítulo 3, "Trabalhando com controles da Toolbox".

A segunda parte da primeira linha (a parte exibida em tipo verde na tela) chama-se *comentário*. Os comentários são notas explicativas incluídas no código de programa após uma aspa simples ('). Programadores utilizam comentários para descrever como importantes instruções funcionam em um programa. Essas notas não são processadas pelo Visual Basic quando o programa executa; elas só existem para documentar o que o programa faz. É recomendável utilizar comentários ao escrever programas em Visual Basic para explicar o que foi feito.

As três próximas linhas tratam dos cálculos de números aleatórios. Esse conceito parece estranho? Você realmente pode fazer o Visual Basic gerar números imprevisíveis dentro de diretrizes específicas – em outras palavras, você pode criar números aleatórios para concursos de loteria, jogos de dados ou outros padrões estatísticos. A função *Rnd* em cada linha cria um número aleatório entre 0 e 1 (um número com um ponto de fração decimal e várias casas decimais) e a função *Int* retorna a parte do inteiro do resultado da multiplicação do número aleatório por 10. Esse cálculo cria números aleatórios entre 0 e 9 no programa – exatamente do que você precisa para esse aplicativo de máquina caça-níqueis particular.

```
Label1.Text = CStr(Int(Rnd() * 10)) ' escolhe números
```

É necessário fazer um pequeno malabarismo no seu código. Você precisa copiar esses números aleatórios nas três caixas de rótulo no formulário, mas primeiro os números precisam ser convertidos em texto com a função *CStr* (converter em string). Note como *CStr*, *Int* e *Rnd* estão conectadas na instrução de programa – elas funcionam coletivamente para produzir um resultado como uma fórmula matemática. Depois do cálculo e conversão, os valores são atribuídos às propriedades *Text* dos três primeiros rótulos no formulário, e essa atribuição faz com que os números sejam exibidos em formato negrito, 24 pontos, Times New Roman nos três rótulos de número.

O último grupo de instruções no programa verifica se um dos números aleatórios é 7. Se um ou mais forem 7, o programa exibirá a representação gráfica de um pagamento e um bip e anunciará a recompensa.

```
' se algum número for 7 exibe a figura e emite um bipe
If (Label1.Text = "7") Or (Label2.Text = "7") _
Or (Label3.Text = "7") Then
    PictureBox1.Visible = True
    Beep()
End If
```

Toda vez que o usuário clicar no botão Spin, o procedimento *Button1_Click* é executado, ou *chamado*, e as instruções de programa no procedimento são executadas novamente.

Executando aplicativos Visual Basic

Parabéns! Você está pronto para executar seu primeiro programa real. Para executar um programa do Visual Basic a partir do ambiente de desenvolvimento, siga qualquer um destes passos:

- Clique em Start Debugging no menu Debug.
- Clique no botão Start Debugging na barra de ferramentas Standard.
- Pressione F5.

Tente executar seu programa Lucky Seven agora. Se o Visual Basic exibir uma mensagem de erro, talvez você tenha um ou dois erros de digitação no código de programa. Tente corrigi-lo comparando a versão impressa neste livro com aquela que digitou ou carregue o Lucky7 a partir de seu disco rígido e execute-o.

Execute o programa Lucky Seven

1. Clique no botão Start Debugging na barra de ferramentas Standard.

   O programa Lucky Seven compila e executa no IDE. Depois de alguns segundos, a interface de usuário aparece, exatamente como você a projetou.

2. Clique no botão Spin.

   O programa seleciona três números aleatórios e os exibe nos rótulos do formulário, como segue:

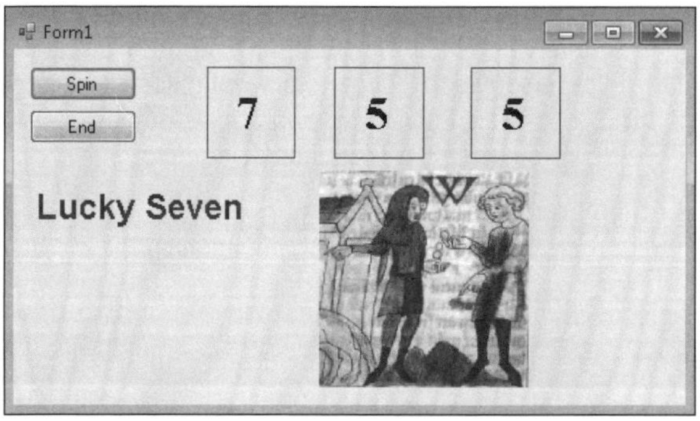

Como um 7 aparece na primeira caixa de rótulo, surge a foto digital que retrata o prêmio e o computador emite um som de bipe. Você ganhou! (O som tocado depende da configuração Default Beep no Sound Control Panel. Para tornar o som desse jogo realmente interessante, mude o som Default Beep para algo mais dinâmico.)

3. Clique no botão Spin mais 15 ou 16 vezes, observando os resultados dos spins nas caixas de número.

   Cerca de metade das vezes em que você gira os números, você acerta o jackpot, isto é, tira um 7 – suas chances são muito favoráveis. (A probabilidade real é de aproximadamente 2,8 vezes em 10; você só tem sorte a princípio.) Mais tarde você talvez queira tornar o jogo mais difícil exibindo a foto apenas quando dois ou três 7s aparecerem ou criando uma soma de vitórias.

4. Quando terminar de experimentar sua nova criação, clique no botão End.

   O programa para e o ambiente de desenvolvimento reaparece na tela.

Dica Se executar esse programa novamente, talvez você note que Lucky Seven exibe exatamente a mesma sequência de números aleatórios. Nada há de errado aqui – a função *Rnd* do Visual Basic foi projetada para exibir, a princípio, uma sequência repetitiva de números, para que você possa testar seu código adequadamente utilizando uma saída que possa ser reproduzida várias vezes. Para criar números verdadeiramente aleatórios, utilize a função *Randomize* no seu código, como mostrado no exercício do fim deste capítulo. O .NET Framework, que você aprenderá a utilizar mais adiante, também fornece funções de número aleatório.

Exemplos de projetos no disco

Se você não construiu o projeto MyLucky7 a partir do zero (ou se construiu o projeto e quiser comparar o que criou com o que construí ao escrever este capítulo), pare um momento, e abra e execute o projeto Lucky7 concluído, que se encontra na pasta C:\Vb10sbs\Chap02\Lucky7 no seu disco rígido (a localização padrão dos arquivos de exercícios do Capítulo 2). Se você precisar recapitular como abrir projetos, veja as instruções detalhadas no Capítulo 1. Se for solicitado a salvar alterações no projeto MyLucky7, clique em Save.

Este livro é um tutorial passo a passo, portanto, você vai aproveitá-lo mais construindo e experimentando os projetos. Mas depois de concluí-los, quase sempre é uma boa ideia comparar o que você tem com a "solução" do arquivo de exercícios que disponibilizo, especialmente se você tiver problemas. Para facilitar, fornecerei o nome dos arquivos de solução em disco antes de você executar o programa concluído na maioria dos exercícios passo a passo.

Depois de comparar o projeto MyLucky7 com os arquivos de solução Lucky7 em disco, reabra o MyLucky7 e prepare-se para compilá-lo como um arquivo executável. Se não criou o MyLucky7, utilize meu arquivo de solução para concluir o exercício.

Construindo um arquivo executável

Sua última tarefa neste capítulo é concluir o processo de desenvolvimento e criar um aplicativo para Windows ou um *arquivo executável*. (Se você tivesse criado um tipo de projeto diferente, claro, como um aplicativo Web, o resultado dos seus esforços de desenvolvimento teriam sido um tipo diferente de arquivo—mas discutiremos isso mais adiante.) Os aplicativos Windows criados com o Visual Studio têm a extensão de nome de arquivo.exe e podem ser executados em qualquer sistema que tenha o Microsoft Windows e os arquivos de suporte necessários. (O Visual Basic instala esses arquivos de suporte – incluindo os arquivos do .NET Framework – automaticamente.) Se você planeja distribuir seus aplicativos, consulte a seção intitulada "Implantando seu aplicativo" mais adiante no capítulo.

Nesse ponto, você precisa saber que o Visual Studio pode criar dois tipos de arquivos executáveis para seu projeto de aplicativo Windows: uma versão de depuração (*debug build*) e outra de distribuição (*release build*).

As versões de depuração são criadas automaticamente pelo Visual Studio quando você cria e testa seu programa. Elas são armazenadas em uma pasta chamada Bin\Debug dentro da pasta de projeto. Em geral, o arquivo executável de depuração contém informações de depuração que fazem o programa executar um pouco mais lentamente.

As versões de distribuição são arquivos executáveis otimizados armazenados na pasta bin\Release dentro do seu projeto. Para personalizar as configurações para sua versão de distribuição, clique no comando [*NomeDoProjeto*] Properties no menu Project e, em seguida, clique na guia *Compile*, onde vê uma lista de opções de compilação parecida com esta:

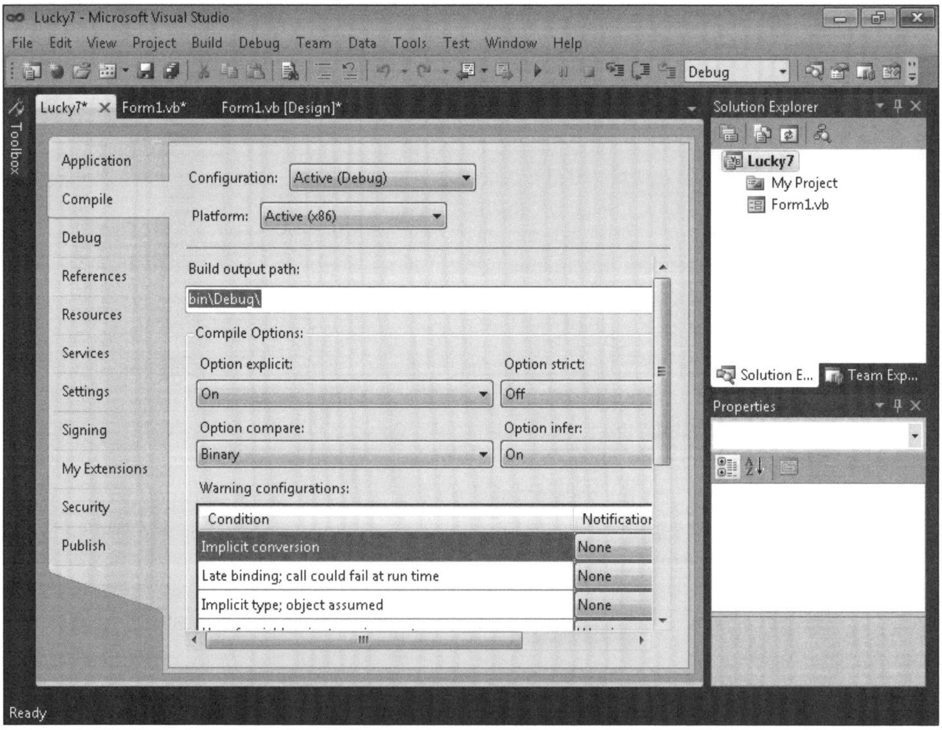

Tente criar agora uma versão de distribuição chamada MyLucky7.exe.

Crie um arquivo executável

1. No menu Build, clique no comando Build MyLucky7.

   O comando Build cria a pasta Bin\Release para armazenar seu projeto (se ela ainda não existir) e compila o código-fonte em seu projeto. O resultado é um arquivo executável do tipo Application chamado MyLucky7.exe. Para economizar tempo, o Visual Studio costuma criar arquivos executáveis temporários enquanto você desenvolve seu aplicativo; mas sempre é recomendável recompilar seu aplicativo manualmente com o comando Build ou Rebuild quando você alcança um marco importante.

   Agora, tente executar esse programa fora do IDE do Visual Studio a partir do menu Iniciar do Windows.

2. Na barra de tarefas do Windows, clique em Iniciar.

   O próximo comando depende da versão do Windows que você está utilizando.

3. Se for o Windows 7 ou o Windows Vista, digite **executar** na caixa de texto Pesquisar e pressione ENTER para abrir a caixa de diálogo Executar (Run). Se for o Windows XP ou uma versão anterior, clique no comando Executar para abrir a caixa de diálogo Executar.
4. Clique em Procurar e navegue para pasta C:\Vb10sbs\Chap02\Mylucky7\Bin\Release.
5. Clique no ícone de aplicação MyLucky7.exe, clique em Abrir e, então, clique em OK.

   O programa Lucky Seven carrega e executa no Windows. Como isso é um simples aplicativo de teste e não possui um certificado formal de editor que enfatiza sua confiabilidade ou autenticidade, talvez você veja esta mensagem: "The publisher could not be verified. [O editor não pôde ser verificado.] Are you sure you want to run this software? [Tem certeza de que quer executar esse software?]". Se essa for a mensagem, clique em Yes para executar o programa de qualquer maneira. (Criar esses certificados está além do escopo deste capítulo, mas esse programa é bastante seguro.)

6. Clique em Spin algumas vezes para verificar a operação do jogo e clique em End.

> **Dica** Você também pode executar aplicativos Windows, incluindo programas Visual Basic compilados, abrindo o Windows Explorer e dando um clique duplo no arquivo executável. Para criar um ícone de atalho para o MyLucky7.exe na área de trabalho do Windows, clique com o botão direito do mouse na área de trabalho do Windows, aponte para Novo e, em seguida, clique em Atalho. Quando você for solicitado a fornecer a localização do arquivo de aplicativo, clique em Procurar e selecione o arquivo executável MyLucky7.exe. Clique nos botões OK, Avançar e Concluir. O Windows coloca um ícone na área de trabalho em que você pode dar um clique duplo para executar seu programa.

7. No menu File, clique em Exit para fechar o Visual Studio e o projeto MyLucky7.

   O ambiente de desenvolvimento do Visual Studio fecha.

Implantando seu aplicativo

O Visual Studio ajuda a distribuir os aplicativos em Visual Basic fornecendo várias opções para a *implantação* – isto é, para instalar o aplicativo em um ou mais sistemas de computador. Desde o release do Visual Studio em 2002, os aplicativos do Visual Studio têm sido compilados como *assemblies* – unidades de instalação/implantação que consistem em um ou mais arquivos necessários para o programa executar. Os assemblies contêm quatro elementos: código MSIL (*Microsoft intermediate language*), metadados, um manifesto e arquivos de suporte e recursos. O Visual Studio 2010 continua a oferecer essa mesma arquitetura de implantação básica, com algumas melhorias notáveis para diferentes plataformas e tipos de aplicativos.

Como os assemblies realmente funcionam? Em primeiro lugar, os assemblies são tão abrangentes e autodescritivos que os aplicativos Visual Studio não precisam ser formalmente registrados com o sistema operacional para executarem. Isso significa que, teoricamente, um aplicativo Visual Basic 2010 pode ser instalado simplesmente copiando o assembly do programa para um segundo computador que tenha o .NET Framework instalado – um processo chamado *instalação XCOPY*, à maneira do comando XCOPY do MS-DOS, que copia uma estrutura completa de diretórios (pastas) de uma localização para outra. No mundo real, porém, não é prático implantar aplicativos Visual Basic utilizando um procedimento de cópia como o XCOPY (via prompt de comando) ou o Windows Explorer. Para aplicativos comerciais, um programa de instalação com uma interface gráfica com o usuário normalmente é preferível e é frequentemente desejável registrar o programa no sistema operacional para que ele possa ser desinstalado mais tarde, utilizando o Adicionar ou Remover Programas no Painel de Controle. Além disso, é sempre útil tirar vantagem da Web para a implantação inicial do aplicativo e verificar periodicamente as atualizações na Web.

Embora as opções avançadas relacionadas à implantação e segurança estejam além do escopo deste livro, você deve se familiarizar com as opções de implantação. Para gerenciar o processo de implantação, o Visual Studio 2010 suporta duas tecnologias de implantação, *ClickOnce* e *Windows Installer*.

Essencialmente, o ClickOnce é uma tecnologia de publicação robusta baseada na Web que permite controlar o modo como os aplicativos são disponibilizados para os usuários via Internet, embora as instalações do ClickOnce também possam ser distribuídas via CD-ROM. Com o ClickOnce, você pode criar um serviço de instalação para aplicativos Windows, soluções do Office ou aplicativos de console que os usuários podem acessar com interação mínima. Com o ClickOnce você pode especificar pré-requisitos, como uma versão específica do .NET Framework, e publicar facilmente atualizações em uma página Web ou um compartilhamento de arquivos de rede para fazer melhorias no seu programa. Você pode começar a utilizar o ClickOnce a qualquer hora com o comando Publish no menu Build. E pode controlar como o ClickOnce funciona configurando as propriedades usando o comando Properties no menu Project. (Clique na guia Publish do Project Designer para obter funcionalidades específicas.)

O Windows Installer é um processo de instalação mais clássico. No Visual Studio, você adiciona uma configuração ou um projeto do Windows Installer à sua solução, que cria automaticamente um programa de configuração para o aplicativo. O Installer Package (pacote instalador) é distribuído para seus usuários e os usuários individuais executam o arquivo de instalação e usam um assistente para instalar o aplicativo. O projeto de instalação pode ser personalizado para permitir diferentes métodos de instalação, como CD-ROMs ou servidores Web. Você pode começar a utilizar o Windows Installer com o comando New Project no menu File para criar um projeto de configuração personalizada. (Selecione a opção Setup And Deployment\Visual Studio Installer sob Other Project Types para ver a lista de projetos de instalação disponível.)

Se você escolher o ClickOnce ou o Windows Installer, verá que o Visual Studio 2010 trouxe muitos melhoramentos para o processo de instalação e essas tecnologias irão beneficiar diretamente você e seus clientes. Para obter informações adicionais, consulte a documentação da Ajuda online referente à opção de instalação que você deseja usar.

Um passo além: acrescentando a um programa

Você pode reiniciar o Visual Studio a qualquer hora e trabalhar em um projeto de programação que armazenou em disco. Agora você vai reiniciar o Visual Studio e adicionar uma instrução *Randomize* ao programa Lucky Seven.

Recarregue o Lucky Seven

1. Na barra de tarefas do Windows, clique em Iniciar, depois em Todos os Programas, depois em Microsoft Visual Studio 2010 e por fim no ícone do programa Microsoft Visual Studio 2010 (ou no ícone do programa Microsoft Visual Basic 2010 Express, se você estiver usando o Visual Basic 2010 Express).

   Uma lista dos projetos em que você trabalhou recentemente aparece na *Start Page do Visual Studio*. Como você acabou de concluir o Lucky Seven, o projeto MyLucky7 deve ser o primeiro da lista.

2. Clique no link MyLucky7 para abrir o projeto Lucky Seven.

   O programa Lucky Seven se abre e o formulário MyLucky7 aparece. (Se não enxergar o formulário, clique em Form1.vb no Solution Explorer e, então, clique no botão View Designer.)

   Agora você adicionará a instrução *Randomize* ao procedimento *Form_Load*, um procedimento especial que está associado ao formulário e que é executado toda vez que o programa é iniciado.

3. Dê um clique duplo no formulário (não em um dos objetos) para exibir o procedimento *Form_Load*.

   O procedimento *Form_Load* aparece no Code Editor, como mostrado aqui:

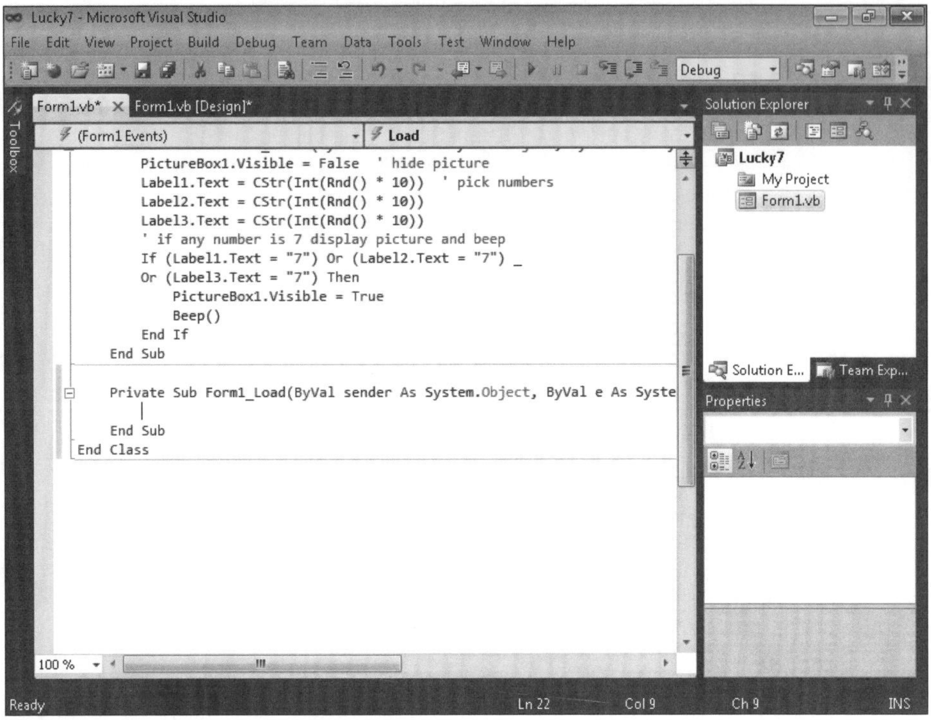

4. Digite **Randomize** e pressione ENTER.

   A instrução *Randomize* é adicionada e será executada toda vez que o programa iniciar. *Randomize* usa o relógio do sistema para criar um ponto inicial realmente aleatório, ou *semente*, para a instrução *Rnd* utilizada no procedimento *Button1_Click*. Como mencionado anteriormente, sem a instrução *Randomize*, o programa Lucky Seven produz a mesma sequência de spins aleatórios toda vez que o programa é reiniciado. Com a instrução *Randomize* instalada, o programa gera números aleatórios toda vez que executa, ou seja, esses números não seguem um padrão reconhecível.

5. Execute a nova versão do Lucky Seven e salve o projeto. Se planeja utilizar muito a nova versão, talvez você também queira criar um novo arquivo .exe.

6. Quando terminar, clique em Close Project no menu File.

   Os arquivos associados com o programa Lucky Seven são fechados.

Referência rápida do Capítulo 2

Para	Faça isto
Criar uma interface de usuário	Utilize o controle Toolbox para colocar objetos no formulário e, então, configure as propriedades necessárias. Redimensione o formulário e os objetos conforme apropriado.
Mover um objeto	Aponte para o objeto e, quando uma seta de quatro pontas aparecer, arraste o objeto.
Redimensionar um objeto	Clique no objeto para selecioná-lo e arraste a alça de redimensionamento anexada para a parte do objeto que você quer redimensionar.
Excluir um objeto	Clique no objeto e pressione a tecla DELETE.
Abrir o Code Editor	Clique duas vezes em um objeto do formulário (ou no próprio formulário). *ou* Selecione um formulário ou um módulo em Solution Explorer e clique no botão View Code (Visualizar o código).
Escrever o código de programa	Digite as instruções de programa Visual Basic associadas com objetos no Code Editor.
Salvar um programa	No menu File, clique no comando Save All. *ou* Clique no botão Save All na barra de ferramentas Standard.
Salvar um arquivo de formulário	Certifique-se de que o formulário está aberto e, então, no menu File, clique no comando Save. *ou* Clique no botão Save na barra de ferramentas Standard.
Criar um arquivo .exe	No menu Build, clique no comando Build ou Rebuild.
Implantar um aplicativo utilizando a tecnologia ClickOnce	Clique no comando Publish no menu Build e utilize o assistente Publish para especificar a localização e configurações da aplicação.
Recarregar um projeto	No menu File, clique no comando *Open Project*. *ou* No menu File, aponte para *Recent Projects and Solutions* e clique no projeto desejado. *ou* Clique no projeto na lista de projetos recentes da *Start Page* do Visual Studio.

Capítulo 3

Trabalhando com controles da Toolbox

Neste capítulo, você vai aprender a:

- Usar controles *TextBox* e *Button* para criar um programa Hello World.
- Usar o controle *DateTimePicker* para exibir sua data de nascimento.
- Usar controles *CheckBox*, *RadioButton* e *ListBox* para processar a entrada de usuário.
- Usar o controle *LinkLabel* e o método *Process.Start* para exibir uma página Web usando o navegador padrão do seu sistema.

Como você aprendeu nos primeiros capítulos, os controles do Microsoft Visual Studio 2010 são as ferramentas gráficas utilizadas para construir a interface de usuário de um programa no Microsoft Visual Basic. Os controles são encontrados na Toolbox do ambiente de desenvolvimento e são usados para criar objetos em um formulário com uma série simples de cliques de mouse e movimentos de arrastar.

Os controles Windows Forms são projetados especificamente para construir aplicações Windows e você os encontrará organizados na guia All Windows Forms da *Toolbox*, embora muitos dos controles também sejam acessíveis em guias como Common Controls, Containers e Printing. (Você utilizou alguns desses controles no capítulo anterior.) Entre os controles comuns, há poucas alterações entre o Visual Basic 2008 e o Visual Basic 2010, portanto, se você realmente tem experiência com a última versão do Visual Basic, pode passar para os capítulos de banco de dados e aplicativo Web deste livro (Parte IV), ou para o material detalhado sobre as técnicas de programação nas Partes II e III. No entanto, para a maioria dos usuários ocasionais, há ainda muito o que aprender sobre a coleção extensiva de controles do Windows Forms Toolbox da linguagem e trabalharemos aqui com vários deles.

Neste capítulo, você aprenderá a exibir informações em uma caixa de texto, trabalhar com informações sobre data e hora no sistema, processar entrada de usuário com os controles *CheckBox*, *RadioButton* e *ListBox*, e exibir uma página Web dentro de um programa Visual Basic. Os exercícios neste capítulo irão ajudá-lo a projetar suas próprias aplicações em Visual Basic e ensiná-lo mais sobre objetos, propriedades e código de programa. Se você for iniciante no Visual Studio e no Visual Basic, este capítulo será especialmente útil.

A utilização básica dos controles: o programa Hello World

Uma grande tradição em livros de programação introdutórios é o programa Hello World, que mostra como o mais simples utilitário pode ser construído e executado em uma dada linguagem de programação. Nos dias da programação baseada em caracteres, Hello World era normalmente um programa de duas ou três linhas digitadas em editor de programa e era construído com um compilador separado e independente. Mas, com o advento de complexos sistemas operacionais e ferramentas gráficas de programação, o típico Hello World vem a ser um programa mais sofisticado que contém dezenas de linhas e requer várias ferramentas de programação para sua construção. Felizmente, criar um programa Hello World é ainda bem simples com o Visual Studio e Visual Basic 2010. Você pode construir uma completa interface de usuário criando dois objetos, configurando duas propriedades e inserindo uma linha de código. Experimente.

Crie um programa Hello World

1. Inicie o Visual Studio 2010 se ele ainda não estiver em execução.
2. No menu File, clique em New Project.

   O Visual Studio exibe a caixa de diálogo New Project, que solicita o nome de seu projeto e o modelo (template) que você quer utilizar.

> **Nota** Utilize as seguintes instruções toda vez que você quiser criar um novo projeto no disco rígido.

3. Certifique-se de que a categoria Visual Basic Windows está selecionada no lado esquerdo da caixa de diálogo e que o modelo Windows Forms Application também está selecionado no meio da caixa de diálogo.

   Essas seleções indicam que você construirá um aplicativo independente do Visual Basic que executará no Windows.

4. Remova o nome de projeto padrão (WindowsApplication1) da caixa de texto Name e, então, digite **MyHello**.

> **Nota** Ao longo deste livro, peço que você crie projetos de exemplo com o prefixo "My" para distinguir seu próprio trabalho dos arquivos de exercícios incluídos no CD-ROM. Mas normalmente mostrarei os projetos no Solution Explorer sem o prefixo "My" (porque eu construí os projetos sem ele).

   A caixa de diálogo New Project agora é semelhante à captura de tela localizada na parte superior da página 97. Se você estiver usando o Visual Basic 2010 Express, verá apenas a categoria Visual Basic à esquerda.

5. Clique em OK para criar seu novo projeto.

   O novo projeto é criado e um formulário em branco aparece no Designer, como mostrado na captura de tela da página 97. Os dois controles que serão utilizados neste exercício, *Button* e *TextBox*, são visíveis na Toolbox, que aparece na captura de tela como uma janela encaixada. Se suas ferramentas de programação estiverem configuradas de modo diferente, reserve um tempo para organizá-las como mostrado na captura de tela. (O Capítulo 1, "Explorando o ambiente de desenvolvimento integrado do Visual Studio", descreve como configurar o IDE se você precisar refrescar a memória.)

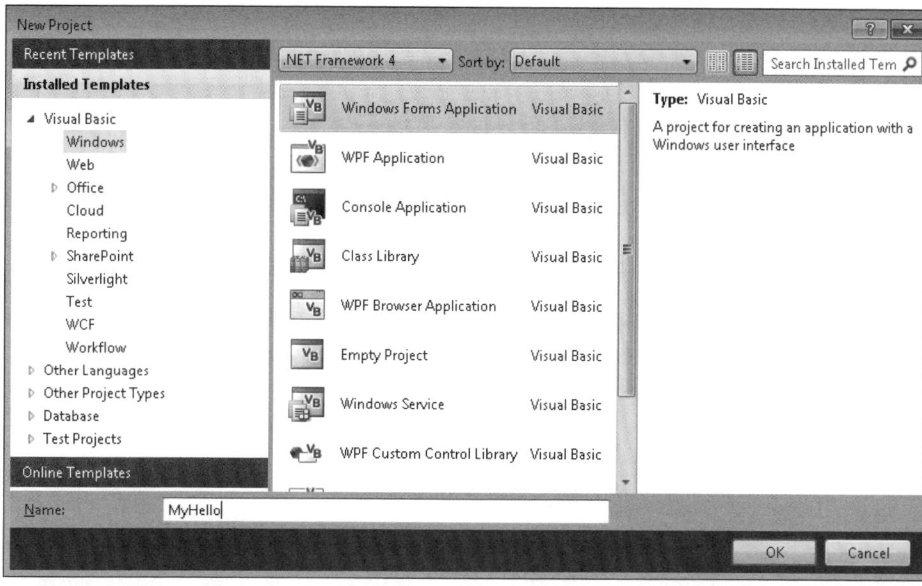
New Project
Recent Templates
Installed Templates
Visual Basic
Windows
Web
Office
Cloud
Reporting
SharePoint
Silverlight
Test
WCF
Workflow
Other Languages
Other Project Types
Database
Test Projects
Online Templates
.NET Framework 4
Sort by: Default
Search Installed Tem
Windows Forms Application Visual Basic
WPF Application Visual Basic
Console Application Visual Basic
Class Library Visual Basic
WPF Browser Application Visual Basic
Empty Project Visual Basic
Windows Service Visual Basic
WPF Custom Control Library Visual Basic
Type: Visual Basic
A project for creating an application with a Windows user interface
Name: MyHello
OK
Cancel

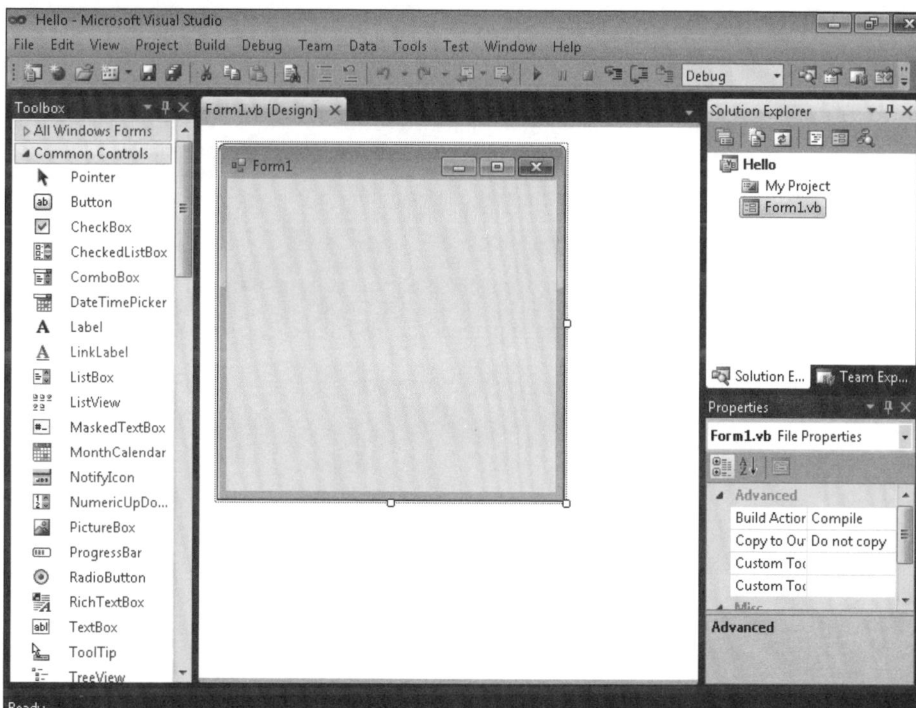
Hello - Microsoft Visual Studio
File Edit View Project Build Debug Team Data Tools Test Window Help
Debug
Toolbox
All Windows Forms
Common Controls
Pointer
Button
CheckBox
CheckedListBox
ComboBox
DateTimePicker
Label
LinkLabel
ListBox
ListView
MaskedTextBox
MonthCalendar
NotifyIcon
NumericUpDo...
PictureBox
ProgressBar
RadioButton
RichTextBox
TextBox
ToolTip
TreeView
Form1.vb [Design]
Form1
Solution Explorer
Hello
My Project
Form1.vb
Solution E...
Team Exp...
Properties
Form1.vb File Properties
Advanced
Build Actior Compile
Copy to Ou Do not copy
Custom Toc
Custom Toc
Advanced
Ready

6. Clique no controle *TextBox* na guia Common Controls da Toolbox.
7. Desenhe uma caixa de texto semelhante a esta:

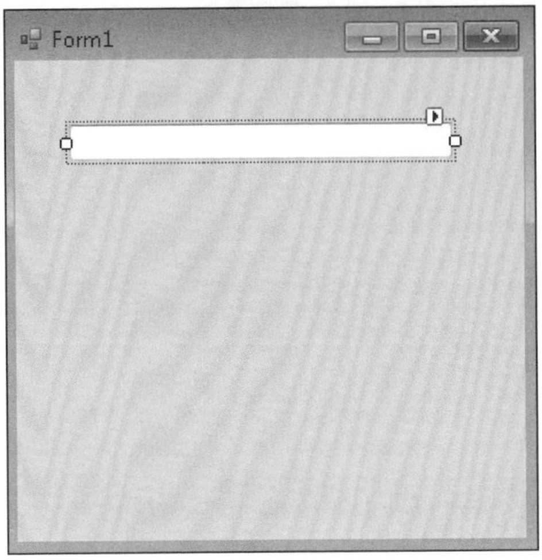

As *caixas de texto* são usadas para exibir texto em um formulário ou obter entrada de usuário enquanto um programa está em execução. A maneira como uma caixa de texto funciona depende de como você configura suas propriedades e como referencia a caixa de texto no código de programa. Nesse programa, um objeto caixa de texto será utilizado para exibir a mensagem "Hello, world!" quando você clicar em um objeto botão no formulário.

Agora você irá adicionar um botão ao formulário.

8. Clique no controle *Button* da Toolbox.
9. Desenhe um botão embaixo da caixa de texto no formulário.

Seu formulário agora deve se parecer com esta tela:

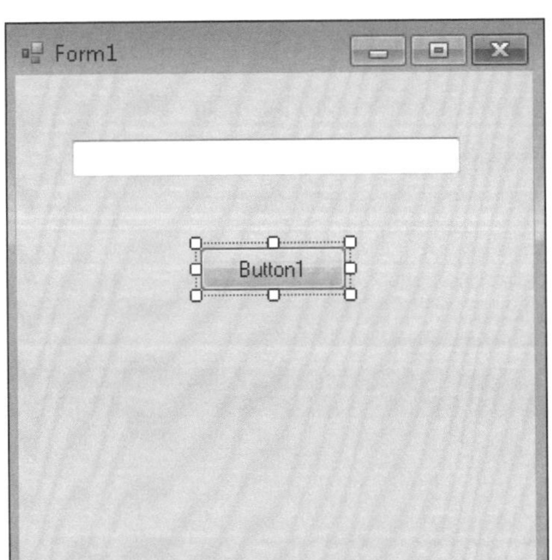

Como você aprendeu no Capítulo 2, "Escrevendo seu primeiro programa", os botões são utilizados para obter a entrada mais básica de um usuário. Quando um usuário clica em um botão, ele está solicitando que o programa realize uma ação específica imediatamente. Em termos do Visual Basic, o usuário está utilizando o botão para criar um *evento* que precisa ser processado no programa. Botões típicos em um programa são o botão OK, no qual um usuário clica para aceitar uma lista de opções e indicar que ele está pronto para prosseguir; o botão *Cancel*, no qual um usuário clica para descartar uma lista de opções; e o botão *Quit*, em que um usuário clica para sair do programa. Em cada caso, você deve utilizar esses botões da maneira padrão para que funcionem do modo esperado quando o usuário clicar neles. As características de um botão (como as de todos os objetos) podem ser modificadas com configurações de propriedade e referências ao objeto no código do programa.

10. Configure a seguinte propriedade para o objeto botão utilizando a janela Properties:

Objeto	Propriedade	Configuração
Button1	Text	"OK"

Para obter informações adicionais sobre a configuração de propriedades e sua leitura em tabelas, consulte a seção intitulada "A janela Properties", no Capítulo 1.

11. Dê um clique duplo no botão OK e digite a seguinte instrução de programa entre as instruções *Private Sub Button1_Click* e *End Sub* no Code Editor:

```
TextBox1.Text = "Hello, world!"
```

Nota À medida que você digita as instruções, o Visual Studio exibe uma caixa de listagem contendo todos os itens válidos que correspondem ao seu texto. Depois de você digitar o nome do objeto *TextBox1* e um ponto, o Visual Studio exibe uma caixa de listagem contendo todas as propriedades e métodos válidos para objetos caixa de texto, para refrescar sua memória se tiver esquecido a lista completa. Essa caixa de listagem é chamada Microsoft IntelliSense e pode ser muito útil quando você escreve o código. Quando se clica em um item na caixa de listagem, em geral aparece uma tooltip que fornece uma descrição curta do item selecionado. Você pode adicionar a propriedade a partir da lista ao seu código clicando duas vezes nela ou usando as teclas de direção para selecioná-la e então pressionando TAB. Você também pode continuar a digitar para definir a propriedade. (Em geral, simplesmente continuo digitando, a menos que eu esteja explorando novos recursos.)

A instrução que você inseriu muda a propriedade *Text* da caixa de texto para "Hello, world!" quando o usuário clica no botão em tempo de execução. (O sinal de igual (=) atribui tudo que está entre aspas à propriedade *Text* do objeto *TextBox1*.) Esse exemplo altera uma propriedade em tempo de execução – uma das utilizações mais comuns do código de programa em um programa Visual Basic.

Agora você está pronto para executar o programa Hello.

Execute o programa Hello

Dica O programa Hello World completo encontra-se na pasta C:\Vb10sbs\Chap03\Hello.

1. Clique no botão Start Debugging na barra de ferramentas Standard.

   O programa Hello compila e, depois de alguns segundos, executa no IDE do Visual Studio.

2. Clique em OK.

   O programa exibe a saudação "Hello, world!" na caixa de texto, como mostrado aqui:

   Quando você clicou no botão OK, o código de programa mudou a propriedade *Text* da caixa de texto *TextBox1* vazia para "Hello, world!" e exibiu esse texto na caixa. Se não obteve esse resultado, repita os passos na seção anterior e construa o programa novamente. Talvez você tenha configurado uma propriedade incorretamente ou cometeu um erro de digitação no código de programa. (Erros de sintaxe aparecem com uma linha ondulada no Code Editor.)

3. Clique no botão Close no canto superior direito da janela de programa Hello World para parar o programa.

Nota Para parar a execução de um programa no Visual Studio, você também pode clicar no botão Stop Debugging na barra de ferramentas Standard a fim de fechar o programa.

4. Clique no botão Save All na barra de ferramentas Standard para salvar seu novo projeto no disco.

   O Visual Studio agora solicita um nome e uma localização para o projeto.

5. Clique no botão Browse.

A caixa de diálogo *Project Location* abre. Você utiliza essa caixa de diálogo para especificar a localização do projeto e criar novas pastas de projetos, se necessário. Embora você possa salvar seus projetos em qualquer localização (a pasta Documents\Visual Studio 2010\Projects é uma localização comum), sugiro salvar os projetos na pasta C:\Vb10sbs, a localização padrão dos seus arquivos de exercícios *Passo a passo*. Se alguma vez quiser remover todos os arquivos associados com esse curso de programação, você saberá exatamente onde os arquivos estão e será capaz de removê-los facilmente excluindo a pasta inteira.

6. Navegue até a pasta C:\Vb10sbs\Chap03.
7. Clique no botão Select Folder ou Open para abrir a pasta que você especificou.
8. Remova a marca de seleção da caixa de seleção Create Directory For Solution se ela estiver selecionada.

   Como essa solução contém apenas um projeto (que é o caso da maioria das soluções neste livro), você não precisa criar uma pasta raiz separada para armazenar os arquivos de solução do projeto. (Entretanto, você pode criar uma pasta extra se quiser.)
9. Clique em Save para salvar o projeto e seus arquivos.

Parabéns – você ingressou na categoria dos programadores que já escreveram um programa Hello World. Agora vamos experimentar um outro controle.

Utilizando o controle *DateTimePicker*

Alguns controles do Visual Basic exibem informações e outros as coletam do usuário ou processam dados nos bastidores. Neste exercício, você irá trabalhar com o controle *DateTimePicker*, que solicita ao usuário uma data ou hora utilizando um calendário gráfico com setas de rolagem. Embora a sua utilização do controle seja rudimentar nesse ponto, experimentar o *DateTimePicker* dará uma ideia do quanto os controles do Visual Basic podem fazer por você automaticamente e de como você processa as informações que vêm deles.

O programa Birthday

O programa Birthday utiliza um controle *DateTimePicker* e um controle *Button* para solicitar ao usuário a data de seu aniversário. Ele então exibe essas informações usando uma caixa de mensagem. Experimente agora.

Construa o programa Birthday

1. No menu File, clique em Close Project para fechar o projeto MyHello.

   Os arquivos associados com o programa Hello World fecham.
2. No menu File, clique em New Project.

   A caixa de diálogo New Project abre.
3. Crie um novo projeto Visual Basic Windows Forms Application chamado **MyBirthday**.

   O novo projeto é criado, e um formulário em branco aparece no Designer.

4. Clique no controle *DateTimePicker* na Toolbox.
5. Desenhe um objeto seletor de data/hora próximo à parte superior do formulário, como mostrado na captura de tela a seguir.

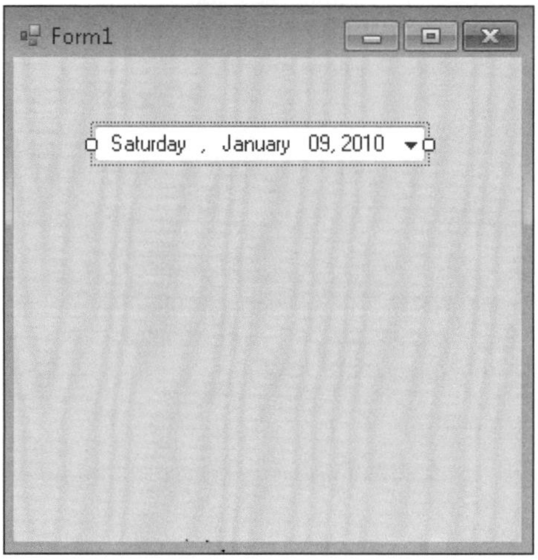

O objeto seletor de data/hora por padrão exibe a data atual, mas você pode ajustar a data exibida alterando a propriedade *Value* do objeto. Exibir a data é um guia útil de design – isso permite dimensionar o objeto seletor de data/hora apropriadamente ao criá-lo.

6. Clique no controle *Button* na Toolbox e adicione um objeto botão embaixo do seletor de data/hora.

   Você utilizará esse botão para exibir sua data de nascimento e verificar se o seletor de data/hora funciona corretamente.

7. Na janela Properties, mude a propriedade *Text* do objeto botão para **Show My Birthday**.

   Agora você adicionará algumas linhas de código de programa a um procedimento associado com o objeto botão. Esse é um procedimento de evento porque ele executa quando um evento, como um clique de mouse, ocorre, ou *dispara,* no objeto.

8. Dê um clique duplo no objeto botão do formulário para exibir seu procedimento de evento padrão e, então, digite as seguintes instruções de programa entre as instruções *Private Sub* e *End Sub* no procedimento de evento *Button1_Click*:

```
MsgBox("Your birth date was " & DateTimePicker1.Text)
MsgBox("Day of the year: " & _
  DateTimePicker1.Value.DayOfYear.ToString())
```

Essas instruções de programa exibem duas caixas de mensagem (caixas de diálogo pequenas) com informações do objeto seletor de data/hora. A primeira linha utiliza a propriedade *Text* do seletor de data/hora para exibir informações sobre a data de nascimento que você seleciona ao utilizar o objeto em tempo de execução. A função *MsgBox* exibe o valor da string "Your birth date was" além do valor textual mantido na propriedade *Text* do seletor de data/hora. Esses dois fragmentos de informação são interconectados pelo operador de concatenação de strings (&).

Você aprenderá mais sobre a função *MsgBox* e o operador de concatenação de strings no Capítulo 5, "Variáveis e fórmulas do Visual Basic e o .NET Framework."

A segunda e a terceira linha formam coletivamente uma instrução de programa e foram quebradas pelo caractere de continuação de linha (_) porque a instrução era longa demais para ser impressa neste livro.

Linhas de programa podem ter mais de 65.000 caracteres de comprimento no Visual Studio Code Editor, mas, normalmente, é mais fácil trabalhar com linhas de 80 ou menos caracteres. Você pode dividir as longas instruções de programa entre múltiplas linhas usando um espaço e um caractere de continuação de linha (_) no final de cada linha na instrução, exceto para a última linha. (Mas você não pode utilizar um caractere de continuação de linha para dividir uma string entre aspas.) Uso o caractere de continuação de linha neste exercício para dividir a segunda linha de código em duas partes.

Nota A partir do Visual Basic 2010, o caractere de continuação de linha (_) passa a ser opcional. Existem poucas instâncias em que o caractere de continuação é necessário, mas elas são raras. Neste livro, ainda uso os caracteres de continuação de linha para deixar claro onde estão as linhas longas, mas você não precisa incluí-los.

A instrução DateTimePicker1.Value.DayOfYear.ToString() usa o objeto selecionador de data/hora para calcular o dia do ano em que você nasceu, contando a partir de 1º de janeiro. Isso é realizado pela propriedade *DayOfYear* e pelo método *ToString* que converte o resultado numérico do cálculo da data em um valor textual que é exibido mais facilmente pela função *MsgBox*.

Os *métodos* são instruções especiais que realizam uma ação ou um serviço para um objeto específico, como converter um número em uma string ou adicionar itens a uma caixa de listagem. Os métodos diferem das propriedades, que contêm um valor, e dos procedimentos de evento, que executam quando um usuário manipula um objeto. Os métodos também podem ser compartilhados entre objetos, portanto, ao aprender a usar um método específico, você frequentemente será capaz de aplicá-lo a várias circunstâncias.

Discutiremos vários métodos importantes à medida que você estuda este livro.

Depois de inserir o código do procedimento de evento *Button1_Click*, o Code Editor ficará assim:

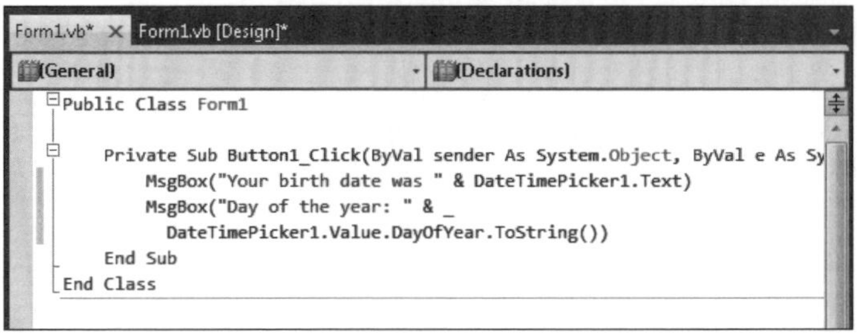

9. Clique no botão Save All para salvar suas alterações no disco e especifique C:\Vb10sbs\Chap03 como a localização da pasta.

   Agora você está pronto para executar o programa Birthday.

Execute o programa Birthday

> **Dica** O programa Birthday completo encontra-se na pasta C:\Vb10sbs\Chap03\Birthday.

1. Clique no botão Start Debugging na barra de ferramentas Standard.

   O programa Birthday começa a executar no IDE. A data atual é exibida no seletor de data/hora.

2. Clique na seta do seletor de data/hora para exibir o objeto no modo de exibição Calendar.

   Seu formulário é parecido com a captura de tela a seguir, mas com uma data diferente.

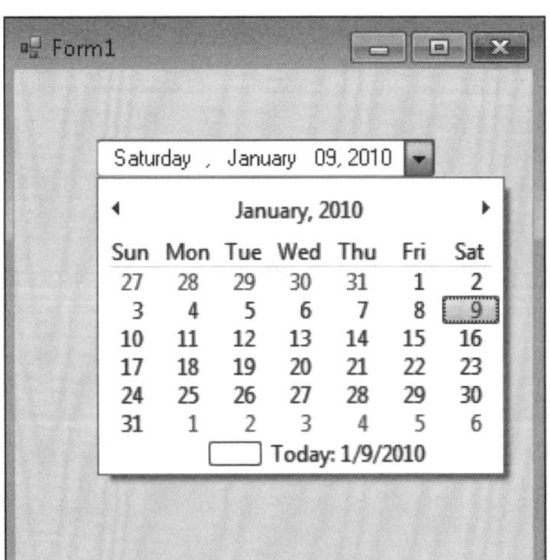

3. Clique na seta de rolagem esquerda para ver meses anteriores no calendário.

   Observe que a parte da caixa de texto do objeto também muda enquanto você rola pela data. Entretanto, o valor "today" ("hoje"), na parte inferior do calendário, não muda.

   Embora possa rolar até o dia do seu aniversário, talvez você não tenha paciência para passar mês a mês. Para mover até o ano do seu nascimento mais rapidamente, selecione o valor do ano na caixa de texto do seletor de data/hora e insira um novo ano.

4. Selecione o ano de quatro dígitos na caixa de texto do seletor de data.

   Quando você selecionar a data, o seletor de data fecha.

5. Digite o ano do seu nascimento no lugar do ano que está atualmente selecionado e clique novamente na seta.

   O calendário reaparece no ano de seu nascimento.

6. Clique novamente na seta de rolagem para localizar o mês em que você nasceu e, então, clique nele.

   Se você não sabia o dia da semana em que nasceu, agora pode descobrir!

   Quando você seleciona a data final, o seletor de data/hora fecha e a data do seu nascimento é exibida na caixa de texto. Você pode clicar no objeto botão para ver como essas informações são disponibilizadas para outros objetos no formulário.

7. Clique no botão Show My Birthday.

   O Visual Basic executa o código de programa e exibe uma caixa de mensagem contendo o dia e ano do seu nascimento. Note como as duas datas mostradas nas duas caixas se correspondem:

8. Clique em OK na caixa de mensagem.

   Uma segunda caixa de mensagem aparece indicando o dia do ano em que você nasceu – tudo parece funcionar! Você achará esse controle muito útil – ele não só se lembra das informações de data/hora que você insere, mas também monitora a data e a hora atual e pode exibir essas informações de data e hora em uma variedade de formatos úteis.

> **Nota** Para configurar o objeto seletor de data/hora para exibir horas em vez de datas, configure a propriedade *Format* do objeto como Time.

9. Clique em OK para fechar a caixa de mensagem e, em seguida, clique no botão Close do formulário.

   Por enquanto, você terminou de utilizar o controle *DateTimePicker*.

Controles para coletar entrada

O Visual Basic fornece vários mecanismos para coletar entrada em um programa. As *caixas de texto* aceitam entrada digitada, *menus* apresentam comandos que podem ser clicados ou escolhidos com o teclado, e *caixas de diálogo* oferecem uma variedade de elementos que podem ser escolhidos individualmente ou selecionados em um grupo. Nos próximos exercícios, você aprenderá a utilizar três controles importantes que ajudam a coletar entrada em várias situações diferentes. Você conhecerá os controles *CheckBok, RadioButton, GroupBox, PictureBox, ListBox*. Exploraremos cada um desses objetos enquanto usamos um programa Visual Basic chamado *Input Control*, que é a interface de usuário para um sistema gráfico de pedidos simples. Ao executar o programa, você vai adquirir alguma experiência prática com os objetos de entrada. No próximo capítulo, discutiremos como esses objetos podem ser utilizados com menus em um programa completo com todos os recursos.

Como uma experiência simples, experimente utilizar o controle *CheckBox* agora para ver como a entrada de usuário é processada em um formulário e no código de programa.

Experimente o controle *CheckBox*

1. No menu File, clique em Close Project para fechar o projeto Birthday.
2. No menu File, clique em New Project.

   A caixa de diálogo New Project abre.
3. Crie um novo projeto Visual Basic Windows Forms Application chamado **MyCheckBox**.

   O novo projeto é criado, e um formulário em branco aparece no Designer.
4. Clique no controle *CheckBox* na Toolbox.
5. Desenhe dois objetos caixa de seleção no formulário, um em cima do outro.

   As caixas de seleção aparecem como objetos no formulário assim como outros objetos. Você terá de clicar na *Checkbox* da Toolbox uma segunda vez para a segunda caixa de seleção.
6. Utilizando o controle *PictureBox*, desenhe dois objetos quadrados de caixa de figura embaixo das duas caixas de seleção.
7. Selecione o primeiro controle PictureBox denominado PictureBox1.

8. Clique na propriedade *Image* na janela Properties e, então, clique no botão de reticências na segunda coluna.

   A caixa de diálogo Select Resource aparece.

9. Clique no botão de opção Local Resource e clique no botão Import.
10. Na caixa de diálogo Open, navegue para a pasta C:\Vb10sbs\Chap03.
11. Selecione Calcultr.bmp e clique em Open.
12. Clique em OK na caixa de diálogo Select Resource.

    A calculadora aparece no PictureBox.

13. Configure a propriedade *SizeMode* no *PictureBox* como StretchImage.
14. Configure as seguintes propriedades para os objetos caixa de seleção e *PictureBox2*:

Objeto	Propriedade	Configuração
CheckBox1	*Checked*	True
	Tex	"Calculator"
CheckBox2	*Text*	"Copy machine"
PictureBox2	*SizeMode*	StretchImage

Nesses passos, você utilizará as caixas de seleção para exibir e ocultar imagens de uma calculadora e de uma fotocopiadora. A propriedade *Text* do objeto caixa de seleção determina o conteúdo do rótulo da caixa de seleção na interface de usuário. Com a propriedade *Checked*, você pode configurar um valor padrão para a caixa de seleção. Configurar *Checked* como True acrescenta uma marca de seleção na caixa, e configurar *Checked* como False (a configuração padrão) remove-a. Utilizo as propriedades *SizeMode* nas caixas de figura para dimensionar as imagens para que se tornem maiores e se ajustem na caixa de figura.

Seu formulário agora deve se parecer com este:

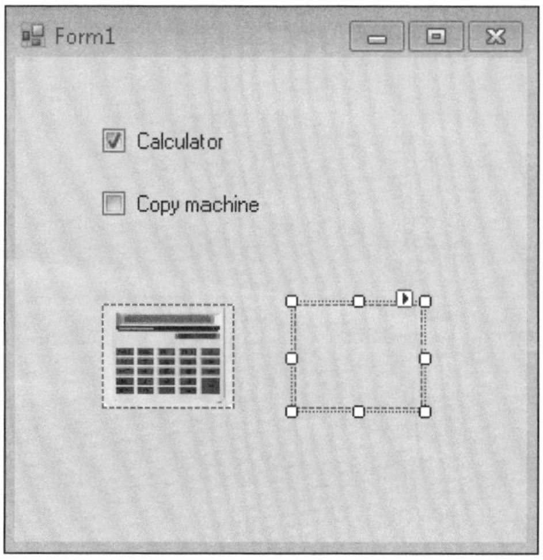

15. Dê um clique duplo no primeiro objeto caixa de seleção para abrir o procedimento de evento *CheckBox1_CheckedChanged* no Code Editor e, então, insira o seguinte código de programa:

```
If CheckBox1.CheckState = 1 Then
    PictureBox1.Image = System.Drawing.Image.FromFile _
      ("c:\vb10sbs\chap03\calcultr.bmp")
    PictureBox1.Visible = True
Else
    PictureBox1.Visible = False
End If
```

O procedimento de evento *CheckBox1_CheckedChanged* executa somente se o usuário clicar no primeiro objeto caixa de seleção. O procedimento de evento utiliza uma estrutura de decisão If... Then (descrita no Capítulo 6, "Utilizando estruturas de decisão") para confirmar o status atual, ou *estado*, da primeira caixa de seleção e exibir uma foto da calculadora a partir da pasta C:\Vb10sbs\Chap03 se a caixa tiver uma marca de seleção. A propriedade *CheckState* armazena um valor de 1 se houver uma marca de seleção presente e 0 e se não houver. (Você também pode usar a enumeração CheckState. Checked, que aparece no IntelliSense quando você digita, como uma alternativa para configurar o valor como 1.) Utilizo a propriedade *Visible* para exibir a figura se houver uma marca de seleção ou para ocultar a figura se não houver uma marca de seleção presente. Observe que quebrei a longa linha que carrega a imagem no objeto caixa de figura utilizando o caractere de continuação de linha (_).

16. Clique no botão View Designer no Solution Explorer para exibir novamente o formulário, dê um clique duplo na segunda caixa de seleção e adicione o seguinte código ao procedimento de evento *CheckBox2_CheckedChanged*:

```
If CheckBox2.CheckState = 1 Then
    PictureBox2.Image = System.Drawing.Image.FromFile _
      ("c:\vb10sbs\chap03\copymach.bmp")
    PictureBox2.Visible = True
Else
    PictureBox2.Visible = False
End If
```

Esse procedimento de evento é quase idêntico ao que você acabou de inserir; somente o nome da imagem (Copymach.bmp), o objeto caixa de seleção (*CheckBox2*) e o objeto caixa de figura (*PictureBox2*) são diferentes.

17. Clique no botão Save All na barra de ferramentas Standard para salvar suas alterações, especificando a pasta C:\Vb10sbs\Chap03 como a localização.

Execute o programa CheckBox

Dica O programa CheckBox completo encontra-se na pasta C:\Vb10sbs\Chap03\Checkbox.

1. Clique no botão Start Debugging na barra de ferramentas Standard.

   O Visual Basic executa o programa no IDE. A imagem da calculadora aparece em uma caixa de figura no formulário e a primeira caixa de seleção contém uma marca de seleção.

2. Selecione a caixa de seleção Copy Machine.

   O Visual Basic exibe a imagem da fotocopiadora, como mostrado:

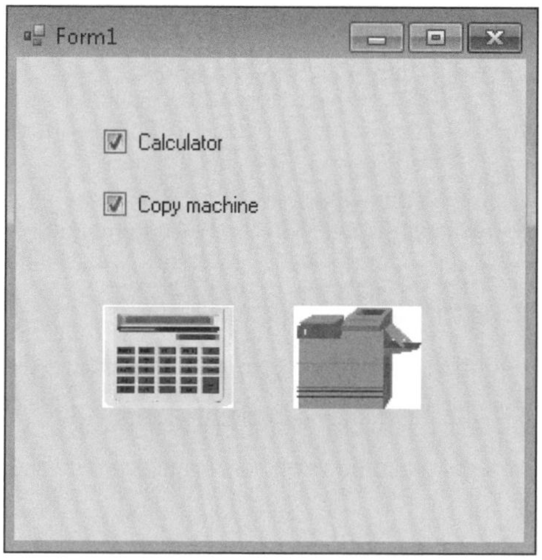

3. Experimente diferentes combinações das caixas de seleção, selecionando ou removendo as caixas várias vezes para testar o programa. A lógica do programa que você adicionou com algumas linhas curtas de código em Visual Basic gerencia perfeitamente as caixas. (Você aprenderá muito mais sobre código de programa nos próximos capítulos.)

4. Clique no botão Close no formulário para fechar o programa.

Usando caixas de grupo e botões de opção

O controle *RadioButton* é outra ferramenta que você pode usar para receber entradas em um programa, e que também está localizado na guia Common Controls da Toolbox. Os botões de opção (radio buttons) receberam esse nome em função dos antigos botões de pressão dos rádios dos carros dos anos 1950 e 1960, quando as pessoas pressionavam ou "selecionavam" um botão no rádio do carro e o restante dos botões voltavam à posição não selecionada. Apenas um botão de cada vez podia ser selecionado, porque (era o que se pensava) o motorista só podia ouvir uma coisa de cada vez. No Visual Studio, você também pode oferecer opções mutuamente exclusivas para um usuário em um formulário, permitindo que ele selecione uma (e apenas uma) opção em um grupo. O procedimento é usar o controle *GroupBox* para criar um quadro no formulário e, então, usar o controle *RadioButton* para colocar o número de botões de opção no quadro. (Como o controle *GroupBox* não é usado com frequência, ele está localizado na guia Containers da Toolbox.) Observe também que seu formulário pode ter mais de um grupo de botões de opção, cada um deles operando independentemente do outro.

Para cada grupo que você deseja construir, basta criar primeiro um objeto caixa de grupo (group box) e, em seguida, adicionar os botões de opção um por um à caixa de grupo.

No exercício a seguir, você criará um programa simples que usa os controles *GroupBox*, *RadioButton* e *PictureBox* para apresentar três opções de disposição gráfica para um usuário. Como o controle *CheckBox*, o controle *RadioButton* é programado por meio de procedimentos de evento e códigos de programa, os quais você também experimentará. Tente agora.

Colete entrada com os controles *GroupBox* e *RadioButton*

1. No menu File, clique em Close Project para fechar o projeto Check Box.
2. No menu File, clique em New Project.

   A caixa de diálogo New Project é exibida.
3. Crie um novo projeto no Windows Forms Application Visual Basic e nomeie-o como **MyRadio-Button**.

   O novo projeto é criado e um formulário em branco aparece no Designer.
4. Na Toolbox, expanda para a guia Containers e clique no controle *GroupBox*.
5. Crie um caixa de grupo de tamanho médio na metade superior do formulário.
6. Retorne à Toolbox, role para cima até a guia Common Controls e, em seguida, clique no controle *RadioButton*.
7. Crie três objetos botão de opção na caixa de grupo.

   É mais prático clicar duas vezes no controle *RadioButton* para criar os botões de opção. Observe que cada botão de opção tem seu próprio número, que você pode usar para configurar as propriedades. Seu formulário deve se parecer com este:

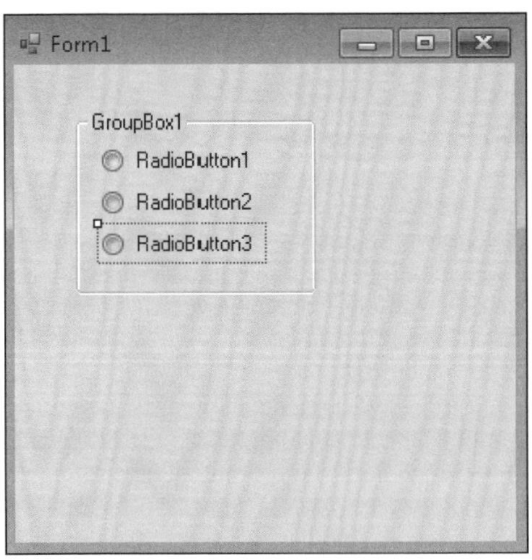

8. Usando o controle *PictureBox*, crie um objeto caixa de figura quadrado abaixo da caixa de grupo no formulário.

9. Configure as propriedades a seguir para os objetos caixa de grupo, botão de opção e caixa de figura:

Objeto	Propriedade	Configuração
GroupBox1	*Text*	"Select a Computer Type"
RadioButton1	*Checked*	True
	Text	"Desktop PC"
RadioButton2	*Text*	"Desktop Mac"
RadioButton3	*Text*	"Laptop"
PictureBox1	*Image*	C:\Vb10sbs\Chap03\Pcomputr.bmp
	SizeMode	StretchImage

O estado inicial do botão de opção é controlado pela propriedade *Checked*. Observe que o botão de opção Desktop PC neste momento aparece selecionado no IDE. Agora, você adicionará alguns códigos de programa para operar os botões de opção enquanto o programa é executado.

10. Clique duas vezes no objeto *RadioButton1* no formulário para abrir o Code Editor.

O procedimento de evento *CheckedChanged* para o objeto *RadioButton1* aparece no Code Editor. Esse procedimento é executado cada vez que o usuário clicar no primeiro botão de opção. Como você deseja alterar a imagem da caixa de figura quando isso acontecer, você adicionará uma linha de código para fazer isso.

11. Digite o código de programa a seguir:

```
PictureBox1.Image = System.Drawing.Image.FromFile _
  ("c:\vb10sbs\chap03\pcomputr.bmp")
```

Essa instrução de programa usa o método *FromFile* para carregar a figura do PC do disco rígido para o objeto de caixa de figura. Você usará uma instrução similar para o segundo e o terceiro botão de opção.

12. Volte para o Designer, clique duas vezes no objeto *RadioButton2* no formulário e digite o código de programa a seguir:

```
PictureBox1.Image = System.Drawing.Image.FromFile _
  ("c:\vb10sbs\chap03\computer.bmp")
```

13. Volte para o Designer, clique duas vezes no objeto *RadioButton3* no formulário e digite o código de programa a seguir:

```
PictureBox1.Image = System.Drawing.Image.FromFile _
  ("c:\vb10sbs\chap03\laptop1.bmp")
```

14. Clique no botão Save All na barra de ferramentas para salvar suas alterações, especificando a pasta C:\Vb10sbs\Chap03 como a localização.

Execute o programa Radio Button

Dica O programa Radio Button completo está localizado na pasta C:\Vb10sbs\Chap03\RadioButton.

1. Clique no botão Start Debugging na barra de ferramentas Standard.

   O Visual Basic executa o programa no IDE. A imagem do desktop PC aparece em uma caixa de figura no formulário e o primeiro botão de opção está selecionado.

2. Clique no segundo botão de opção (Desktop Mac).

   O Visual Basic exibe a imagem, como mostrado aqui:

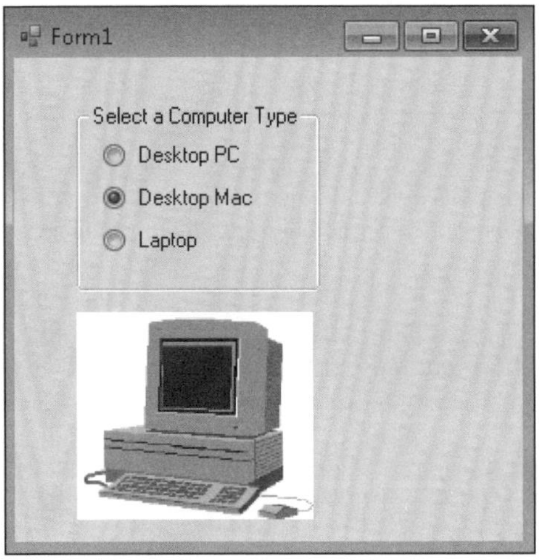

3. Clique no terceiro botão de opção (Laptop).

   A imagem do laptop aparece.

4. Clique no primeiro botão de opção (Desktop PC).

   A imagem do desktop PC aparece novamente. Parece que cada um dos procedimentos de evento *CheckedChanged* está carregando as imagens corretamente. Bom trabalho.

5. Clique no botão Close no formulário para terminar o programa.

   Perfeito. Por enquanto, você acabou de trabalhar com os botões de opção e as caixas de grupo. Mas você pode imaginar como poderia usá-los por conta própria em um programa?

Processando as entradas com caixas de listagem

Como você bem sabe de sua experiência com o Windows, um dos principais mecanismos para obter entrada do usuário – além das caixas de seleção e dos botões de opção – são as *caixas de listagem (list boxes)* básicas, aqueles contêineres retangulares usados nas caixas de diálogo ou nos formulários que apresentam uma lista de itens e pede ao usuário para selecionar um deles. As caixas de listagem são criadas no Visual Studio usando o controle *ListBox* e elas são valiosas porque podem ser expandidas para incluir muitos itens enquanto o programa está em execução. Além disso, as barras de rolagem podem aparecer nas caixas de listagens se o número de itens for maior do que o que caberia na caixa quando você a projetou no formulário.

Ao contrário dos botões de opção, para uma caixa de listagem não é necessário apresentar ao usuário uma seleção padrão. Outra diferença, do ponto de vista programático, é que os itens em uma caixa de listagem podem ser reorganizados enquanto o programa está em execução adicionando itens a uma lista, removendo ou classificando itens. (Você também pode adicionar uma coleção de itens a uma caixa de listagem em tempo de projeto configurando a propriedade *Items* sob a categoria Data com a janela Properties.) Entretanto, se você preferir ver uma lista com marcas de seleção ao lado de um ou de todos os itens, deve usar o controle *CheckedListBox* na Toolbox em vez do *ListBox*. Como uma terceira opção, você pode usar o controle *ComboBox* útil para criar uma caixa de listagem em um formulário que pode ser reduzida ao tamanho de uma caixa de texto quando não está em uso.

A propriedade principal do controle *ListBox* é *SelectedIndex*, que retorna para o programa o número do item selecionado na caixa de listagem. Também importante é o método *Add*, que permite adicionar itens a uma caixa de listagem em um procedimento de evento. No exercício a seguir, você testará esses dois recursos.

Crie uma caixa de listagem para determinar as preferências do usuário

1. No menu File, clique em Close Project para fechar o projeto Radio Button.
2. No menu File, clique em New Project e crie um novo projeto Windows Forms Application denominado **MyListBox**.

   O novo projeto é criado e um formulário em branco aparece no Designer.
3. Na Toolbox, clique no controle *ListBox* na Toolbox e crie um objeto caixa de listagem de tamanho médio na metade superior do formulário.

   O objeto caixa de listagem oferece uma propriedade *Text*, que (como o controle *GroupBox*) lhe permite atribuir um título ao seu contêiner.
4. Use o controle *PictureBox* para criar uma caixa de figura quadrada abaixo do objeto caixa de listagem no formulário.
5. Configure a propriedade a seguir para o objeto caixa de figura:

Object	Property	Setting
PictureBox1	*SizeMode*	StretchImage

Seu formulário deve se parecer com este:

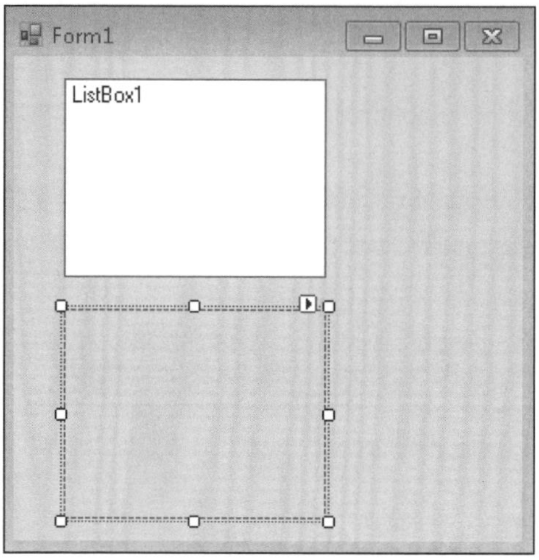

Agora, você adicionará o código de programa necessário para preencher o objeto caixa de listagem com seleções válidas e para fazer as seleções enquanto o programa está em execução.

6. Clique duas vezes no objeto *ListBox1* no formulário para abrir o Code Editor.

   O procedimento de evento *SelectedIndexChanged* para o objeto *ListBox1* aparece no Code Editor. Esse procedimento é executado cada vez que o usuário clica em um item no objeto caixa de listagem. Nós precisamos atualizar a imagem na caixa de figura quando isso acontece, portanto, para isso, você adicionará uma linha de código de programa.

7. Digite o código de programa a seguir:

```
'O item de caixa de listagem selecionado (0-2) é mantido na propriedade SelectedIndex
Select Case ListBox1.SelectedIndex
    Case 0
        PictureBox1.Image = System.Drawing.Image.FromFile _
          ("c:\vb10sbs\chap03\harddisk.bmp")
    Case 1
        PictureBox1.Image = System.Drawing.Image.FromFile _
          ("c:\vb10sbs\chap03\printer.bmp")
    Case 2
        PictureBox1.Image = System.Drawing.Image.FromFile _
          ("c:\vb10sbs\chap03\satedish.bmp")
End Select
```

Como você aprendeu no Capítulo 2, a primeira linha desse procedimento de evento é um comentário. Os comentários, que estão disponíveis em cor verde, são simplesmente notas escritas por um programador para descrever o que é importante ou interessante sobre uma parte específica do programa. Eu escrevi esse comentário para explicar que a propriedade *SelectedIndex* retorna um número para o programa correspondente ao local do item que o usuário selecionou na caixa de listagem. Existirão três itens na caixa de listagem desse programa e eles estarão numerados como 0, 1 e 2 (de cima para baixo). Um ponto interessante aqui é que o Visual Studio começa a contagem em 0 e não em 1, o que é normal entre programs de computador e algo que você verá em outros locais no livro.

O bloco inteiro de código que você digitou é, na verdade, denominado uma estrutura de decisão *Select Case*, que explica para o compilador como processar a seleção do usuário na caixa de listagem. A palavra-chave que começa essa estrutura de decisão é *ListBox1.SelectedIndex*, que é lida como "a propriedade *SelectedIndex* da caixa de listagem denominada *ListBox1*". Se o item 0 estiver selecionado, a seção *Case 0* da estrutura, que usa o método *FromFile* para carregar uma imagem de um disco rígido externo no objeto caixa de figura, será executada. Se o item 1 estiver selecionado, a seção *Case 1* será executada e uma impressora aparecerá no objeto caixa de figura. Se o item 2 estiver selecionado, a seção *Case 2* será execuada e uma antena parabólica será exibida. Não se preocupe muito se isso for um pouco estranho – você receberá informações mais abrangentes sobre as estruturas de decisão no Capítulo 6.

Agora você precisa inserir algum código de programa para adicionar texto ao objeto de caixa de texto. Para fazer isso, realizaremos algo novo – colocaremos as instruções do programa no procedimento de evento *Form1_Load*, que será executado quando o programa é inicializado pela primeira vez.

8. Retorne ao Designer e clique duas vezes no formulário (*Form1*) para exibir o procedimento de evento *Form1_Load* no Code Editor.

   O procedimento de evento *Form1_Load* é exibido. Esse código de programa é executado cada vez que o programa List Box é carregado na memória. Os programadores colocam as instruções do programa nesse procedimento especial quando querem que elas sejam executadas toda vez que um formulário é carregado. (Seu programa pode exibir mais de um ou nenhum formulário, mas o comportamento padrão é que o Visual Basic carregue e execute o procedimento de evento *Form1_Load* cada vez que o usuário executar o programa.) Frequentemente, como no programa List Box, essas instruções definem um aspecto da interface de usuário que não poderia ser facilmente criado usando os controles da Toolbox ou a janela Properties.

9. Digite o código de programa a seguir:

```
'Adicione itens à caixa de listagens assim:
ListBox1.Items.Add("Extra hard disk")
ListBox1.Items.Add("Printer")
ListBox1.Items.Add("Satellite dish")
```

   A primeira linha é simplesmente um comentário que oferece um lembrete sobre o que o código executa. As três linhas seguintes adicionam itens à caixa de listagem (*ListBox1*) no programa. As palavras entre aspas aparecerão na caixa de listagem quando ela for exibida no formulário. A palavra-chave importante nessas instruções é *Add*, um método útil, que adiciona itens às caixas de listagem ou outros itens. Lembre-se de que no procedimento de evento *ListBox1_SelectedIndexChanged*, esses itens serão identificados como 0, 1 e 2.

10. Clique no botão Save All na barra de ferramentas para salvar suas altes especificando a pasta C:\Vb10sbs\Chap03 como a localização.

Execute o programa List Box

Dica O programa List Box completo está localizado na pasta C:\Vb10sbs\Chap03\List Box.

1. Clique no botão Start Debugging na barra de ferramentas Standard.

   O Visual Basic executa o programa no IDE. Os três itens aparecem na caixa de listagem, mas como nenhum item está selecionado no momento, nada aparece ainda no objeto caixa de figura.

2. Clique no primeiro item na caixa de listagem (Extra Hard Disk).

   O Visual Basic exibe a imagem do disco, como mostrado aqui:

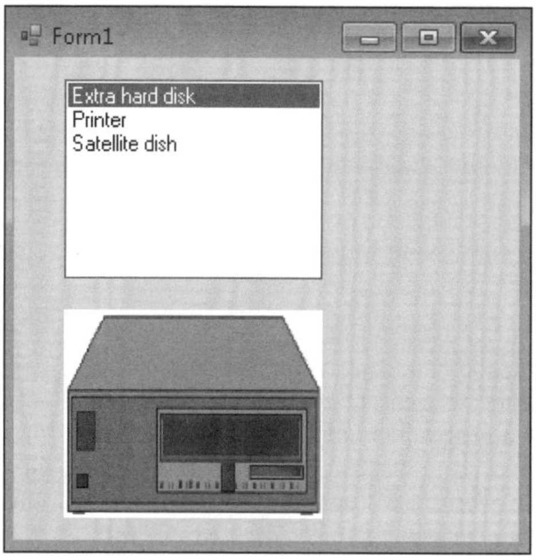

3. Clique no segundo item na caixa de listagem (Printer).

   A imagem da impressora aparece.

4. Clique no terceiro item da caixa de listagem (Satellite Dish).

   A antena parabólica aparece. Perfeito – todos os códigos de caixa de listagem parecem estar funcionando corretamente, embora você sempre deva continuar a testar esses procedimentos (isto é, verificar as várias opções de entrada do usuário) para assegurar-se de que não aconteceu algo inesperado. Como você aprenderá mais adiante neste livro, você sempre desejará testar seu programas de maneira criteriosa, especialmente os elementos de interface de usuário aos quais os usuários têm acesso.

5. Clique no botão Close no formulário para fechar o programa.

   Você terminou de trabalhar com as caixas de listagem por enquanto. Se quiser, você pode continuar a testar os controles *ComboBox* e *CheckedListBox* sozinho – eles operam de maneira similar às ferramentas que foram usadas nos últimos exercícios.

> **Dica** Falando em construir programas robustos, você deve saber que a maioria das imagens deste exemplo simples foram carregadas usando um *nome de caminho absoluto* (*absolute path name*) no código de programa. Os nomes de caminho absolutos (isto é, as designações exatas de localização de arquivo que incluem todos os nomes de pasta e letras de unidade) funcionam muito bem desde que o item que você está referenciando exista realmente no caminho especificado. Mas, em um aplicativo comercial, nem sempre você pode se certificar de que o usuário não mudou o local dos arquivos do aplicativo, o que poderá fazer com que programas como esse gerem um erro quando os arquivos necessários não estiverem mais na localização esperada. Para tornar seus aplicativos mais flexíveis ou *robustos*, normalmente é melhor usar caminhos relativos ao acessar imagens e outros recursos. Você também pode incorporar imagens e outros recursos dentro do seu aplicativo. Para obter informações sobre essa técnica útil, consulte os tópicos "How to: Create Embedded Resources" e "Accessing Application Resources" na documentação do Visual Studio 2010.

Uma palavra sobre terminologia

OK – agora que este capítulo está completo, vamos fazer uma rápida revisão sobre terminologia. Até aqui, eu usei vários termos diferentes para descrever itens em um programa Visual Basic. Você já sabe o que são todos esses itens? Vale a pena listar vários deles para eliminar qualquer confusão. Se eles ainda não estão claros para você, marque esta seção e reveja os capítulos que acabou de concluir para obter mais informações. (Alguns novos termos também são mencionados aqui em nome da completude, e os descreverei totalmente mais adiante neste livro.)

- **Instrução de programa** Linha de código em um programa Visual Basic, uma instrução autocontida executada pelo compilador do Visual Basic que realiza trabalho útil dentro do aplicativo. As instruções de programa podem variar em comprimento (algumas contêm apenas uma palavra-chave do Visual Basic!), mas todas devem seguir regras de sintaxe definidas e impostas pelo compilador Visual Basic. No Visual Studio 2010, as instruções de programa podem ser compostas de palavras-chave, propriedades, nomes de objeto, variáveis, números, símbolos especiais e outros valores. (Consulte os Capítulos 2 e 5.)
- **Palavra-chave** Palavra reservada dentro da linguagem Visual Basic que é reconhecida pelo compilador Visual Basic e executa um trabalho útil. (Por exemplo, a palavra-chave *End* encerra a execução do programa.) As palavras-chave são um dos blocos de construção básicos de instruções de programa; elas trabalham com objetos, propriedades, variáveis e outros valores para formar linhas de código completo e (portanto) instruções para o compilador e o sistema operacional. A maioria das palavras-chave é exibida em cor azul no Code Editor. (Consulte o Capítulo 2.)
- **Variável** Contêiner especial utilizado para armazenar dados em um programa temporariamente. O programador cria as variáveis utilizando a instrução *Dim* e, em seguida, utiliza essas variáveis para armazenar os resultados de um cálculo, nomes de arquivo, entradas e outros itens. Os números, nomes e valores de propriedades podem ser armazenados em variáveis. (Consulte o Capítulo 5.)

- **Controle** Ferramenta que você utiliza para criar objetos em um programa Visual Basic (geralmente, em um formulário). Você seleciona os controles na Toolbox e os usa para desenhar objetos com o mouse em um formulário. Você emprega a maioria dos controles para criar elementos da interface de usuário, como botões, caixas de figura e caixas de listagem. (Em especial, veja os Capítulos 2 a 4.)

- **Objeto** Elemento que você cria em um programa Visual Basic com um controle da Toolbox. (Além disso, os objetos às vezes também são fornecidos por componentes de outros sistemas e muitos desses objetos contêm dados.) No Visual Basic, o formulário em si também é um objeto. Tecnicamente falando, objetos são instâncias de uma classe que dá suporte a propriedades, métodos e eventos. Os objetos também têm o que é conhecido como *funcionalidade inerente* – eles sabem como operar e podem responder a certas situações por conta própria. Uma caixa de listagem "sabe" rolar, por exemplo. (Consulte os Capítulos 1 a 4.)

- **Classe** Esquema (planta baixa) ou template para um ou mais objetos que define o que o objeto faz. De maneira correspondente, uma classe define o que um objeto pode fazer, mas não é o objeto em si. No Visual Basic, você pode utilizar as classes existentes no Visual Studio (como *System.Math* e *System.Windows.Forms.Form*) e construir suas próprias classes e herdar suas propriedades, métodos e eventos. (A *herança* permite a uma classe adquirir a interface preexistente e características de comportamento de outra classe.) Embora as classes talvez possam parecer esotéricas nesse ponto, elas são um recurso-chave do Visual Studio 2010. Neste livro, você as utilizará para construir interfaces de usuário rapidamente e estender o trabalho que você faz para outros projetos de programação. (Consulte os Capítulos 5 e 16.)

- **Namespace** Biblioteca hierárquica de classes organizada sob um nome único, como *System.Windows* ou *System.Diagnostics*. Para acessar as classes e objetos subjacentes em um namespace, você coloca uma instrução *Imports* na parte superior de seu código de programa. Todo projeto no Visual Studio também tem um namespace raiz, que é configurado utilizando a página Properties do projeto. Os namespaces frequentemente são chamados de *bibliotecas de classes* em livros e na documentação do Visual Studio. (Consulte o Capítulo 5.)

- **Propriedade** Valor ou característica mantido por um objeto. Por exemplo, um objeto botão tem uma propriedade *Text* para especificar o texto que aparece no botão e uma propriedade *Image* para especificar o caminho para um arquivo de imagem que deve aparecer na face do botão. No Visual Basic, as propriedades podem ser configuradas em tempo de projeto utilizando a janela Properties ou em tempo de execução utilizando instruções no código de programa. No código, o formato para configurar uma propriedade é:

  ```
  Object.Property = Value
  ```

  em que `Object` é o nome do objeto que você está personalizando, `Property` é a característica que você deseja alterar e `Value` é a nova configuração da propriedade. Por exemplo:

  ```
  Button1.Text = "Hello"
  ```

  poderia ser utilizado no código de programa para configurar a propriedade *Text* do objeto *Button1* como "Hello". (Consulte os Capítulos 1 a 3.)

- **Procedimento de evento** Bloco de código que é executado quando um objeto é manipulado em um programa. Por exemplo, quando o objeto *Button1* é clicado, o procedimento de evento *Button1_Click* é executado. Os procedimentos de evento, em geral, avaliam e configuram propriedades e utilizam outras instruções de programa para executar o trabalho do programa. (Consulte os Capítulos 1 a 3.)
- **Método** Uma instrução especial que executa uma ação ou um serviço para um objeto específico em um programa. No código de programa, a notação para utilizar um método é:

  ```
  Object.Method(Value)
  ```

  em que `Object` é o nome do objeto com o qual você quer trabalhar, `Method` é a ação que você quer realizar e `Value` é um argumento opcional a ser utilizado pelo método. Por exemplo, a instrução:

  ```
  ListBox1.Items.Add("Check")
  ```

  utiliza o método *Add* para colocar a palavra *Check* na caixa de listagem *ListBox1*. Os métodos e propriedades costumam ser identificados pela sua posição em uma coleção ou biblioteca de classes, portanto, não se surpreenda se vir referências longas como *System.Drawing.Image.FromFile*, que seriam lidas como "o método *FromFile*, que é membro da classe *Image*, que é membro do namespace *System.Drawing*". (Consulte os capítulos 1 a 5.)

Um passo além: utilizando o controle *LinkLabel*

Fornecer acesso à Web agora é um recurso padrão de muitos aplicativos Windows, e adicionar essa funcionalidade com o Visual Studio é mais fácil do que nunca. Você pode construir um programa Visual Basic que executa a partir de um servidor Web criando um projeto Web Forms e utilizando controles na Toolbox otimizada para a Web. Ou pode usar o Visual Basic para criar um aplicativo Windows que abre um navegador Web dentro do aplicativo, fornecendo acesso à Web e mantendo, ao mesmo tempo, um programa Windows executando em um computador cliente. Adiaremos um pouco mais o tópico sobre a escrita dos projetos Web Forms, mas no próximo exercício você aprenderá a usar o controle *LinkLabel* da Toolbox para criar um link Web em um programa Windows que fornece acesso à Internet pelo Windows Internet Explorer ou navegador Web padrão do sistema.

> **Nota** Para aprender mais sobre como escrever aplicativos Visual Basic 2010 prontos para a Web, leia o Capítulo 20, "Criando sites e páginas Web com o Visual Web Developer e ASP.NET."

Crie o programa WebLink

1. No menu File, clique em Close Project para fechar o projeto List Box.
2. No menu File, clique em New Project.

   A caixa de diálogo New Project abre.

3. Crie um novo projeto Visual Basic Windows Forms Application chamado **MyWebLink**.

   O novo projeto é criado, e um formulário em branco aparece no Designer.

4. Clique no controle *LinkLabel* na Toolbox e desenhe um objeto rótulo de link retangular no formulário.

   Os objetos rótulo de link se parecem com os objetos rótulo, exceto pelo fato de que todo o texto do rótulo é exibido sublinhado em azul no formulário.

5. Configure a propriedade *Text* do objeto rótulo de link com o URL (Uniform Resource Locator) para a home page da Microsoft Press: *http://www.microsoft.com/learning/books/*. Seu formulário se parecerá com este:

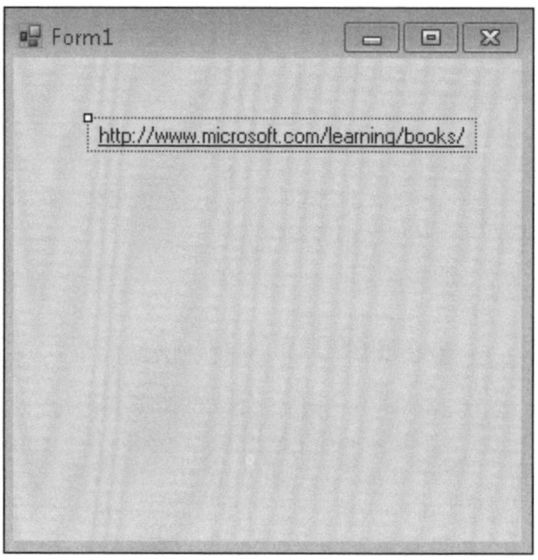

6. Clique no formulário do IDE para selecioná-lo. (Clique no próprio formulário, não no objeto rótulo de link.)

   Essa é a técnica que você utiliza para visualizar as propriedades do formulário padrão, Form1, na janela Properties. Como outros objetos no seu projeto, o formulário também tem propriedades que podem ser configuradas.

7. Configure a propriedade *Text* do objeto formulário como **Web Link Test**.

   A propriedade *Text* de um formulário especifica o que aparece na barra de título do formulário em tempo de projeto e quando o programa executa. Embora essa personalização não esteja exclusivamente relacionada à Web, seria interessante você adquirir essa habilidade agora, antes de nos dedicarmos a outros projetos. (Personalizaremos a barra de título na maioria dos programas que construirmos.)

8. Dê um clique duplo no objeto rótulo de link e, então, digite o seguinte código de programa no procedimento de evento *LinkLabel1_LinkClicked*:

```
' Mude a cor do link configurando LinkVisited como True.
LinkLabel1.LinkVisited = True
```

```
' Use o método Process.Start para abrir o navegador padrão
' Usando o URL da Microsoft Press:
System.Diagnostics.Process.Start _
  ("http://www.microsoft.com/learning/books/")
```

Incluí mais comentários no código de programa para exercitar essa inserção. Logo que você inserir o caractere de aspas simples ('), o Visual Studio muda a cor da linha para verde.

As duas instruções de programa que não são comentários controlam o funcionamento do link. Configurar a propriedade *LinkVisited* como True confere ao link esse tom de roxo esmaecido, que, em muitos navegadores, indica que o documento HTML (Hypertext Markup Language) associado ao link já foi visitado. Embora não seja necessário configurar essa propriedade para exibir uma página Web, é uma boa prática de programação fornecer ao usuário informações de maneira consistente com outros aplicativos.

A segunda instrução de programa (que dividi em duas linhas) executa o navegador Web padrão (como o Internet Explorer). Se o navegador estiver executando, o URL é imediatamente carregado. O método *Start* na classe *Process* realiza o trabalho importante, iniciando um processo ou sessão de programa executável na memória para o navegador. A classe *Process*, que gerencia muitos outros aspectos de execução de programa, é membro do namespace *System.Diagnostics*. Incluindo um endereço Internet ou um URL junto com o método *Start*, deixo o Visual Basic saber que quero ver um site, e o Visual Basic é suficientemente inteligente para saber que o navegador padrão do sistema é a ferramenta que melhor exibe esse URL, mesmo que eu não identifique o navegador pelo nome.

Um recurso instigante do método *Process.Start* consiste no fato de ele também poder ser utilizado para executar outros aplicativos Windows. Se eu realmente quisesse identificar um navegador pelo nome para abrir o URL, poderia ter especificado um com a seguinte sintaxe. (Aqui eu solicitaria o navegador Internet Explorer.)

```
System.Diagnostics.Process.Start("IExplore.exe", _
  "http://www.microsoft.com/learning/books/")
```

Aqui, dois argumentos são utilizados com o método *Start*, separados por uma vírgula. A localização exata do programa chamado IExplore.exe no meu sistema não é especificada, mas o Visual Basic pesquisará por ele no caminho de sistema atual quando o programa executar.

Se eu quisesse executar um aplicativo diferente com o método *Start* – por exemplo, se eu quisesse executar o aplicativo Microsoft Office Word e abrir o documento C:\Myletter.doc – poderia utilizar a seguinte sintaxe:

```
System.Diagnostics.Process.Start("Winword.exe", _
  "c:\myletter.doc")
```

Como pode ver, o método *Start* na classe *Process* é muito útil.

Agora que você inseriu seu código, deve salvar seu projeto. (Se experimentou a sintaxe *Start* como mostrei, primeiro restaure o código original mostrado no começo do passo 8.)

9. Clique no botão Save All na barra de ferramentas Standard para salvar as alterações e especifique C:\Vb10sbs\Chap03 como a localização.

   Agora você pode executar o programa.

Execute o programa WebLink

> **Dica** O programa WebLink completo encontra-se na pasta C:\Vb10sbs\Chap03\Weblink.

1. Clique no botão Start Debugging na barra de ferramentas Standard para executar o programa WebLink.

   O formulário abre e executa, mostrando o link do site e o texto da barra de título.

2. Clique no link para abrir o site em *http://www.microsoft.com/learning/books/*.

   Lembre-se de que é apenas uma feliz coincidência a propriedade *Text* do rótulo de link conter o mesmo URL do site que você nomeou no código de programa. (Não é necessário que esses dois itens coincidam.) Você pode inserir o texto que quiser no rótulo de link. Você também pode utilizar a propriedade *Image* de um rótulo de link para especificar que uma imagem seja exibida no fundo do rótulo de link. A figura a seguir mostra a aparência da página Web da Microsoft Press (em inglês) quando o programa WebLink a exibe utilizando o Internet Explorer.

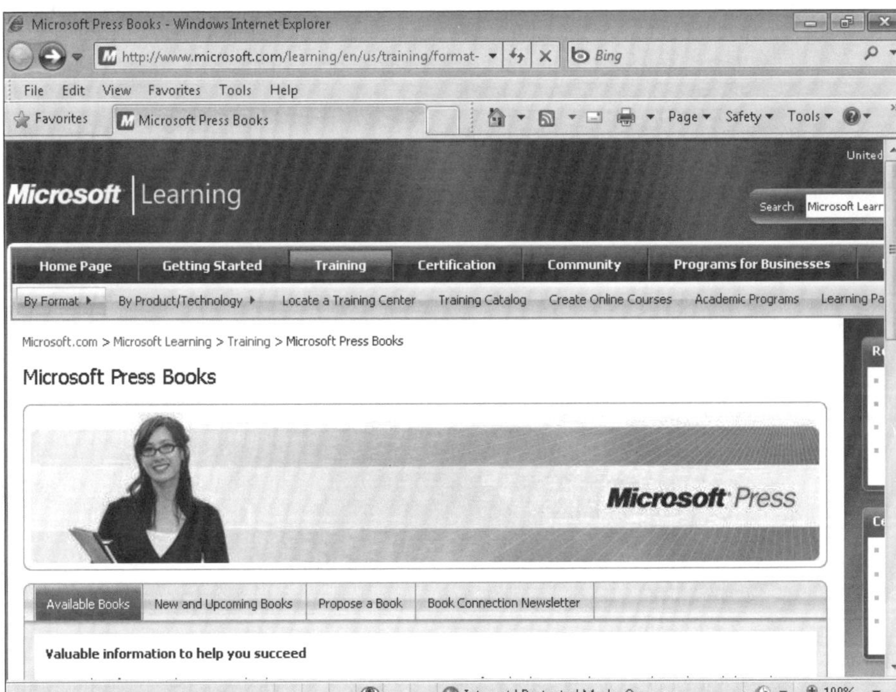

3. Exiba o formulário novamente. (Clique no ícone de formulário Web Link Test na barra de tarefas do Windows se o formulário não estiver visível.)

   Observe que o link agora aparece em um estilo esmaecido. Como um link padrão, o rótulo de link comunica que ele foi utilizado (mas ainda está ativo) pela cor e intensidade em que ele aparece.

4. Clique no botão Close do formulário para fechar o utilitário de teste.

   Você terminou de escrever o código e está ganhando uma valiosa experiência com alguns controles da Toolbox disponíveis para criar aplicativos Windows Forms. Vamos em frente!

Referência rápida do Capítulo 3

Para	Faça isto
Criar uma caixa de texto	Clique no controle *TextBox* e desenhe a caixa.
Criar um botão	Clique no controle *Button* e desenhe o botão.
Alterar uma propriedade em tempo de execução	Altere o valor da propriedade utilizando código de programa. Por exemplo: `Label1.Text = "Hello!"`
Criar um botão de opção	Utilize o controle *RadioButton*. Para criar múltiplos botões de opção, coloque mais de um objeto botão de opção dentro de uma caixa que você cria utilizando o controle *GroupBox*.
Criar uma caixa de seleção	Clique no controle *CheckBox* e desenhe uma caixa de seleção.
Criar uma caixa de listagem	Clique no controle *ListBox* e desenhe uma caixa de listagem.
Criar uma caixa de listagem suspensa	Clique no controle *ComboBox* e desenhe uma caixa de listagem suspensa.
Adicionar os itens a uma caixa de listagem	Inclua instruções com o método *Add* no procedimento de evento *Form1_Load* de seu programa. Por exemplo: `ListBox1.Items.Add("Printer")`
Utilizar um comentário no código	Digite uma aspa simples (') no Code Editor e digite um comentário descritivo que será ignorado pelo compilador. Por exemplo: `' Utiliza o método Process.Start para iniciar o IE`
Exibir uma página Web	Crie um link para a página utilizando o controle *LinkLabel* e abra o link em um navegador utilizando o método *Process.Start* no código do programa.

Capítulo 4

Trabalhando com menus, barras de ferramentas e caixas de diálogo

Neste capítulo, você vai aprender a:

- Adicionar menus aos programas utilizando o controle *MenuStrip*.
- Processar seleções de menu e barra de ferramentas utilizando procedimentos de evento e o Code Editor.
- Adicionar barras de ferramentas e botões utilizando o controle *ToolStrip*.
- Utilizar os controles *OpenFileDialog* e *ColorDialog* para criar caixas de diálogo padrão.
- Adicionar teclas de acesso e teclas de atalho aos menus.

No Capítulo 3, "Trabalhando com controles da Toolbox", você usou vários controles do Microsoft Visual Studio 2010 para coletar entrada do usuário enquanto este utilizava um programa. Neste capítulo, você verá como apresentar mais escolhas para o usuário criando menus, barras de ferramentas e caixas de diálogo de aparência profissional.

Um menu localiza-se na barra de menus e contém uma lista de comandos relacionados; uma barra de ferramentas contém botões e outras ferramentas que realizam trabalho útil em um programa. A maioria dos comandos de menu e barra de ferramentas é executada imediatamente depois de clicados; por exemplo, quando o usuário clica no comando Copy do menu Edit, as informações são imediatamente copiadas para a Área de Transferência. Entretanto, se um comando de menu é seguido por reticências (...), clicar no comando exibe uma caixa de diálogo que solicita informações adicionais antes de o comando ser executado e muitos botões de barra de ferramentas também exibem caixas de diálogo.

Neste capítulo, você aprenderá a utilizar os controles *MenuStrip* e *ToolStrip* para conferir uma aparência profissional à interface de usuário do seu aplicativo. Você também aprenderá a processar comandos de menu, barra de ferramentas e caixa de diálogo.

Adicionando menus com o controle *MenuStrip*

O controle *MenuStrip* é uma ferramenta que adiciona menus aos programas, os quais você pode personalizar com configurações de propriedade na janela Properties. Com o *MenuStrip*, você pode adicionar novos menus, modificar e reordenar menus existentes e excluir menus antigos. Você também pode criar uma configuração de menu padrão automaticamente e aprimorar seus menus de fatos especiais, como teclas de acesso, marcas de seleção e atalhos pelo teclado. Os menus parecem perfeitos – exatamente como um aplicativo Windows profissional – mas o *MenuStrip* cria apenas a parte *visível* dos menus e comandos. Você ainda precisa escrever procedimentos de evento que processam as seleções de menu e fazem os comandos executar o trabalho útil. No exercício seguinte, você dará os primeiros passos desse processo utilizando o controle *MenuStrip* para criar um menu Clock contendo comandos que exibem a data e hora atuais.

Crie um menu

1. Inicie o Visual Studio.
2. No menu File, clique em New Project.

   A caixa de diálogo New Project abre.
3. Crie um novo projeto Windows Forms Application chamado **MyMenu**.
4. Clique no controle *MenuStrip* na guia Menus & Toolbars da Toolbox e desenhe um controle de menu no formulário.

   Não se preocupe com a localização – o Visual Studio moverá o controle e o redimensionará automaticamente. O formulário se parece com o mostrado aqui.

   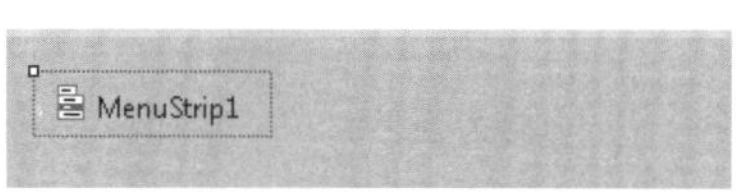

   O objeto menu de faixa não aparece no formulário, mas abaixo dele. Os objetos não visíveis, como menus e timers, são exibidos no Integrated Development Environment (IDE) em um painel separado chamado *bandeja de componentes* (*component tray*) e você pode selecioná-los, configurar suas propriedades ou excluí-los a partir desse painel.

   Além do objeto *MenuStrip* na bandeja de componentes, o Visual Studio exibe uma representação visual do menu que você criou na parte superior do formulário. O tag Type Here pede que você clique na tag e insira o título do menu. Depois de inserir o primeiro título de menu, você pode inserir títulos de submenu e outros nomes de menu pressionando as teclas de SETA e digitando nomes adicionais. Melhor ainda, você pode voltar mais tarde para esse Menu Designer em linha e editar o que você fez ou acrescentar itens de menu adicionais – o objeto MenuStrip é completamente personalizável e com ele você pode criar uma interface de usuário interessante baseada em menus como as que você viu nos melhores aplicativos Windows.

5. Clique na tag Type Here, digite **Clock** e pressione ENTER.

   A palavra "Clock" é inserida como o nome do seu primeiro menu e duas tags Type Here adicionais aparecem. Com elas você pode criar itens de submenu abaixo do novo menu *Clock* ou títulos de menu adicionais. O item de submenu está atualmente selecionado.

6. Digite **Date** para criar um comando Date para o menu Clock e pressione ENTER.

   O Visual Studio adiciona o comando Date ao menu e seleciona o próximo item de submenu.

7. Digite **Time** para criar um comando Time para o menu e pressione ENTER.

   Você agora tem um menu Clock com dois comandos de menu, Date e Time. Você poderia continuar criando menus ou comandos adicionais, mas o que você fez é suficiente para esse programa de exemplo. O formulário se parece com este:

   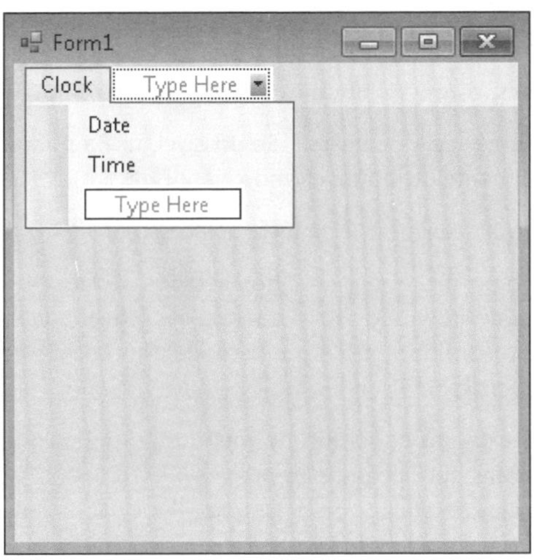

8. Clique no formulário para fechar o Menu Designer.

   O Menu Designer fecha e seu formulário abre no IDE com um novo menu Clock. Agora você está pronto para iniciar a personalização do menu.

Adicionando teclas de acesso a comandos de menu

Você pode acessar e executar comandos de menu utilizando o teclado com a maioria dos aplicativos. No Visual Studio, por exemplo, você pode abrir o menu File pressionando a tecla ALT e, em seguida, a tecla F. Uma vez que o menu File está aberto, você pode abrir um projeto pressionando a tecla P. A tecla que você pressiona além da tecla ALT e a tecla que você pressiona para executar um comando em um menu aberto são chamadas *teclas de acesso*. Você pode identificar a tecla de acesso de um item do menu porque ela aparece sublinhada ou, em alguns aplicativos do Windows 7, ela aparece em uma pequena caixa acessível no menu.

O Visual Studio facilita o fornecimento de suporte a teclas de acesso. Para adicionar uma tecla de acesso a um item do menu, ative o Menu Designer e digite um *e* comercial (&) antes da letra apropriada no nome de menu. Quando você abrir o menu em tempo de execução (o programa está executando), o programa suportará automaticamente a tecla de acesso.

Convenções de menu

Por convenção, cada título e comando de menu em um aplicativo Windows tem uma letra inicial maiúscula. Arquivo e Editar são frequentemente os dois primeiros nomes de menu na barra de menus e a Ajuda é normalmente o último. Outros nomes comuns de menu são Exibir, Formatar e Janela. Independentemente dos menus e comandos que você utiliza nos aplicativos, procure ser claro e consistente. Os menus e comandos devem ser fáceis de utilizar e ter o máximo em comum com aqueles de outros aplicativos baseados no Windows. Ao criar itens de menu, siga estas diretrizes:

- Use legendas curtas e específicas, com uma ou duas palavras, no máximo.
- Atribua a cada item do menu uma tecla de acesso. Se possível, use a primeira letra do item ou a tecla de acesso comumente atribuída (como x para Exit).
- Os itens de menu no mesmo nível devem ter uma tecla de acesso única.
- Se um comando é utilizado como um alternador dos estados ativado e desativado, coloque uma marca de seleção à esquerda do item quando ele estiver ativo. Você pode adicionar uma marca de seleção configurando a propriedade *Checked* do comando de menu como True na janela Properties.
- Coloque reticências (...) depois de um comando de menu que requer que o usuário insira informações adicionais antes que o comando possa ser executado. As reticências indicam que você abrirá uma caixa de diálogo se o usuário selecionar esse item.

Nota Por padrão, a maioria das versões do Windows não exibe o sublinhado ou uma pequena caixa para teclas de acesso em um programa até você pressionar a tecla ALT pela primeira vez. No Windows XP e Windows Server 2003, você pode desativar essa opção utilizando o botão Efeitos na guia Aparência do painel de controle Propriedades de Vídeo. No Windows Vista e Windows 7, você pode desativar essa opção clicando na opção Appearance And Personalization no Painel de Controle, clicando em Ease Of Access Center, clicando em Make The Keyboard Easier To Use e selecionando Underline Keyboard Shortcuts And Access Keys. Observe, entretanto, que em alguns aplicativos que executam no Windows 7 (como o Visual Studio 2010 e o Microsoft Office Word 2007), as teclas de acesso não serão exibidas até que você pressione a tecla ALT para ativá-las.

Agora, experimente adicionar teclas de acesso ao menu Clock.

Adicione teclas de acesso

1. Clique no nome de menu no formulário, espere um momento e clique nele novamente.

   O nome de menu é destacado e um cursor em forma de I intermitente (cursor de edição de texto) aparece no fim da seleção. Com o cursor em forma de I, você pode editar o nome de menu ou adicionar o *e* comercial (&) a uma tecla de acesso. (Se você desse um clique duplo no nome de menu, o Code Editor poderia abrir. Se isso aconteceu, feche o Code Editor e repita o passo 1.)

2. Pressione a tecla SETA PARA A ESQUERDA cinco vezes para mover o cursor em forma de I para exatamente antes do nome de menu Clock.

   O cursor em forma de I pisca antes da letra C em *Clock*.

3. Digite **&** para definir a letra C como a tecla de acesso ao menu Clock.

   Um *e* comercial aparece na caixa de texto na frente da palavra *Clock*.

4. Clique no comando Date na lista de menus e clique em Date uma segunda vez para exibir o cursor em forma de I.

5. Digite **&** antes da letra *D*.

   A letra *D* agora está definida como a tecla de acesso ao comando Date.

6. Clique no comando Time na lista de menu e clique no comando uma segunda vez para exibir o cursor em forma de I.

7. Digite **&** antes da letra *T*.

   A letra *T* agora está definida como a tecla de acesso ao comando Time.

8. Pressione ENTER.

   Pressionar ENTER bloqueia as alterações de edição de texto. Seu formulário se parece com este:

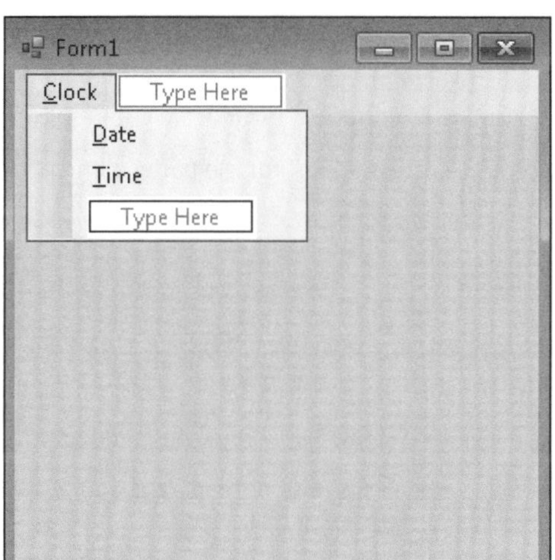

Agora você irá praticar o uso do Menu Designer para alternar a ordem dos comandos Date e Time no menu Clock. Alterar a ordem dos itens de menu é uma habilidade importante porque às vezes você pensará em uma maneira melhor de definir seus menus.

Altere a ordem dos itens de menu

1. Clique no menu Clock do formulário para exibir seus itens de menu.

   Para alterar a ordem de um item de menu, simplesmente arraste o item para uma nova localização no menu. Experimente fazer isso agora.

2. Arraste o menu Time na parte superior do menu Date e solte o botão do mouse.

   Arrastar um item de menu sobre outro item do menu significa que você quer colocar o primeiro na frente do segundo no menu. Imediatamente, o Visual Studio move o item de menu Time para frente do item Date.

Você acabou de criar a interface de usuário para o menu Clock. Agora você utilizará os procedimentos de evento de menu para processar as seleções de menu pelo usuário no programa.

> **Nota** Para excluir um item de um menu, clique no item indesejável na lista de menus e pressione a tecla DELETE. (Se tentar isso agora, lembre-se de que o Visual Studio também tem um comando Undo (desfazer), localizado tanto no menu Edit como na barra de ferramentas Standard, portanto, é possível reverter os efeitos da exclusão.)

Processando escolhas de menu

Depois que menus e comandos estão configurados com o objeto MenuStrip, eles também se tornam novos objetos no programa. Para que os objetos menu façam um trabalho útil, você precisa escrever procedimentos de evento. Em geral, os procedimentos de evento de menu contêm instruções de programa que exibem ou processam informações sobre o formulário da interface de usuário (IU) e modificam uma ou mais propriedades de menu. Se forem necessárias informações adicionais do usuário para processar o comando selecionado, você pode escrever seu procedimento de evento de modo que ele exiba uma caixa de diálogo e um ou mais dos controles de entrada utilizados no Capítulo 3.

No próximo exercício, você adicionará um objeto rótulo ao formulário para exibir a saída dos comandos Date e Time no menu Clock.

Adicione um objeto rótulo ao formulário

1. Clique no controle *Label* na Toolbox.

2. Crie um rótulo no meio do formulário.

   O objeto rótulo aparece no formulário e exibe o nome *Label1* no código de programa.

3. Configure as seguintes propriedades para o rótulo:

Objeto	Propriedade	Configuração
Label1	*AutoSize*	False
	BorderStyle	FixedSingle
	Font	Microsoft Sans Serif, Bold, 24-point
	Text	(vazia)
	TextAlign	MiddleCenter

4. Redimensione o objeto label para que ele tenha um tamanho muito maior (ele armazenará valores de data e hora) e posicione-o no centro do formulário. Seu formulário deve se parecer com o seguinte:

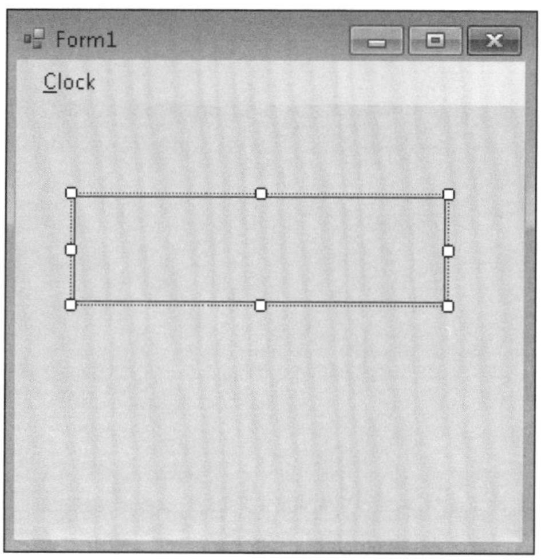

Agora você adicionará instruções de programa aos procedimentos de evento Date e Time para processar os comandos de menu.

Nota Nos exercícios a seguir, você vai inserir código de programa para processar escolhas de menu. Não se sinta intimidado se ainda não entende o que o código de programa faz e como usá-lo – você aprenderá muito mais a respeito das instruções de programa nos Capítulos 5 a 7.

Edite os procedimentos de evento de menu

1. Clique no menu Clock do formulário para exibir seus comandos.
2. Dê um clique duplo no comando Time do menu para abrir um procedimento de evento para o comando no Code Editor.

   O procedimento de evento *TimeToolStripMenuItem_Click* aparece no Code Editor. O nome *TimeToolStripMenuItem_Click* inclui o nome "Time" que você atribuiu a esse comando de menu. As palavras *ToolStripMenuItem* indicam que, em sua tecnologia subjacente, o controle *MenuStrip* está relacionado ao controle *ToolStrip*. (Veremos exemplos adicionais mais adiante neste capítulo.) A sintaxe *_Click* significa que esse é o procedimento de evento que executa quando um usuário clica no item do menu.

Por enquanto manteremos esse nome de menu, mas se quiser criar seus próprios nomes internos para os objetos menu, você pode selecionar o objeto, abrir a janela Properties e alterar a propriedade *Name*. Embora eu não vá me incomodar com esse passo extra neste capítulo, mais adiante você irá praticar a renomeação de objetos no programa para se adaptar às práticas de programação profissionais.

3. Digite a seguinte instrução de programa:

```
Label1.Text = TimeString
```

Essa instrução de programa exibe a hora atual (a partir do relógio do sistema) na propriedade *Text* do objeto *Label1*, substituindo o texto *Label1* (se houver algum). *TimeString* é uma propriedade que contém a hora atual formatada para exibição ou impressão. Você pode utilizar *TimeString* a qualquer hora em programas para exibir a hora com a exatidão de segundos. (*TimeString* é essencialmente um substituto da instrução Microsoft Visual Basic *TIME$* mais antiga.)

Nota A propriedade *TimeString* do Visual Basic retorna a hora atual do sistema. Você pode configurar a hora do sistema usando a categoria Clock, Language e Region no Painel de Controle do Windows Vista ou Windows 7.

4. Pressione ENTER.

O Visual Basic interpreta a linha e ajusta as letras maiúsculas e minúsculas e o espaçamento, se necessário. (O Visual Basic verifica erros de sintaxe em todas as linhas à medida que você as insere.)

Dica Você pode inserir uma linha pressionando ENTER ou ESC. Você também pode pressionar a tecla SETA PARA CIMA ou a SETA PARA BAIXO para inserir uma linha se você não quiser o espaço em branco adicional (carriage return) no Code Editor.

5. Clique no botão View Designer no Solution Explorer e dê um clique duplo no comando Date no menu Clock.

O procedimento de evento *DateToolStripMenuItem_Click* aparece no Code Editor. Esse procedimento de evento é executado quando o usuário clicar no comando Date no menu Clock.

6. Digite a seguinte instrução de programa:

```
Label1.Text = DateString
```

Tabela 4-1 Propriedades e métodos do relógio do sistema

Propriedade ou método	Descrição
TimeString	Essa propriedade configura ou retorna a hora atual do relógio do sistema.
DateString	Essa propriedade configura ou retorna a data atual do relógio do sistema.
Now	Essa propriedade retorna um valor codificado que representa a data e a hora atuais. Essa propriedade é mais útil como um argumento para outras funções do relógio do sistema.
Hour (*data*)	Esse método extrai a parte da hora do valor especificado de data/ hora (0 a 23).
Minute (*data*)	Esse método extrai a parte dos minutos do valor data/hora especificado (0 a 59).
Second (*data*)	Esse método extrai a segunda parte do valor data/hora especificado (0 a 59).
Month (*data*)	Esse método extrai um número inteiro para representar o mês (1 a 12).
Year (*data*)	Esse método extrai a parte do ano do valor data/hora especificado.
Weekday (*data*)	Esse método extrai um número inteiro para representar o dia da semana (1 é domingo, 2 é segunda-feira e assim por diante).

Adicionando barras de ferramentas com o controle *ToolStrip*

Paralelamente ao controle *MenuStrip*, você pode utilizar o controle *ToolStrip* do Visual Studio para adicionar rapidamente barras de ferramentas à interface de usuário do seu programa. O controle *ToolStrip* é inserido em um formulário Visual Basic, mas reside na bandeja de componentes do IDE, exatamente como o controle *MenuStrip*.

Você também pode adicionar vários recursos às suas barras de ferramentas, incluindo rótulos, caixas de combinação, caixas de texto e botões de divisão. As barras de ferramentas parecem muito interessantes quando você as adiciona, mas lembre-se de que, como ocorre com os comandos de menu, você deve escrever um procedimento de evento para cada botão que você quer utilizar no programa. Além disso, em comparação com versões anteriores do Visual Basic, é surpreendente o quanto da programação e configuração da barra de ferramentas o IDE faz por você. Pratique a criação de uma barra de ferramentas agora.

Crie uma barra de ferramentas

1. Clique no controle *ToolStrip* na guia Menus & Toolbars da Toolbox e desenhe um controle de barra de ferramentas no formulário.

   Não se preocupe com a localização – o Visual Studio criará automaticamente uma barra de ferramentas no formulário e a estenderá pela janela. O objeto tool strip em si aparece embaixo do formulário na bandeja de componentes. No formulário, a barra de ferramentas Standard contém

Essa instrução de programa exibe a data atual (do relógio do sistema) na propriedade *Text* do objeto *Label1*, substituindo o texto *Label1* anterior. A propriedade *DateString* também está disponível para uso geral em programas. Atribua *DateString* à propriedade *Text* de um objeto sempre que quiser exibir a data atual em um formulário.

> **Nota** A propriedade *DateString* do Visual Basic retorna a data atual do sistema. Você pode configurar a data do sistema usando a categoria Clock, Language and Region no Painel de Controle do Windows Vista ou Windows 7.

7. Pressione ENTER para inserir a linha.

   Sua tela deve se parecer com esta:

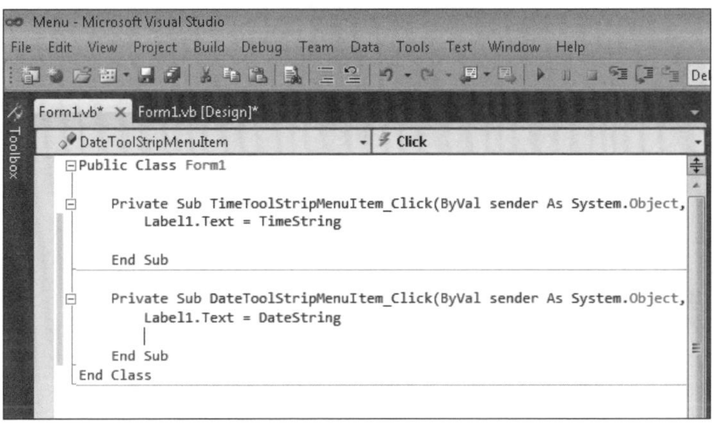

Você acabou de inserir o programa de demonstração de menu. Agora você irá salvar suas alterações no projeto e preparar-se para executá-lo.

8. Clique no botão Save All na barra de ferramentas Standard e especifique a pasta C:\Vb10sbs\Chap04 como a localização.

Execute o programa Menu

> **Dica** O programa Menu completo encontra-se na pasta C:\Vb10sbs\Chap04\Menu.

1. Clique no botão Start Debugging na barra de ferramentas Standard.

   O programa Menu executa no IDE.

2. Clique no menu Clock na barra de menus.

   O conteúdo do menu Clock aparece.

3. Clique no comando Time.

   A hora atual do sistema aparece na caixa de rótulo, como mostrado aqui:

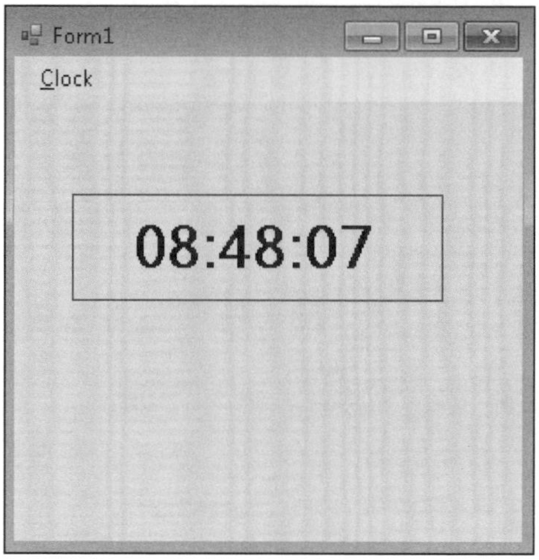

   Agora você tentará exibir a data atual utilizando as teclas de acesso no menu.

4. Pressione e solte a tecla ALT e pressione a tecla C.

   O menu Clock abre e o primeiro item dele é destacado.

5. Pressione D para exibir a data atual.

   A data atual aparece na caixa de rótulo. Entretanto, se a caixa não for grande o suficiente, a data poderá estar truncada. Se isso acontecer, pare o programa, redimensione o objeto label e tente novamente.

6. Quando tiver terminado de experimentar, clique no botão Close na barra de títulos do programa para parar o programa.

   Parabéns! Você criou um programa funcional que utiliza menus e teclas de acesso. No próximo exercício, você aprenderá a utilizar barras de ferramentas.

Propriedades e funções do relógio do sistema

Você pode usar várias propriedades e métodos para recuperar valores cronológicos do relógio do sistema. Você pode utilizar esses valores para criar calendários, relógios e alarmes personalizados em seus programas. A Tabela 4-1 lista as propriedades e métodos mais úteis de relógio do sistema. Para obter informações adicionais, verifique os tópicos "Dates and Times Summary" e "DateAndTime Class" na documentação de ajuda do Visual Studio.

um botão. Agora você utilizará um recurso de atalho especial para preencher automaticamente a barra de ferramentas.

2. Clique na marca inteligente no canto superior direito da nova barra de ferramentas.

   A marca inteligente aponta para a direita e se parece com a marca inteligente que vimos no controle *PictureBox* no Capítulo 2, "Escrevendo seu primeiro programa". Quando você clica na marca, uma janela ToolStrip Tasks que abre inclui algumas das tarefas e propriedades mais comuns da barra de ferramentas, conforme mostrado aqui. Você pode configurar rapidamente a barra de ferramentas com esses comandos.

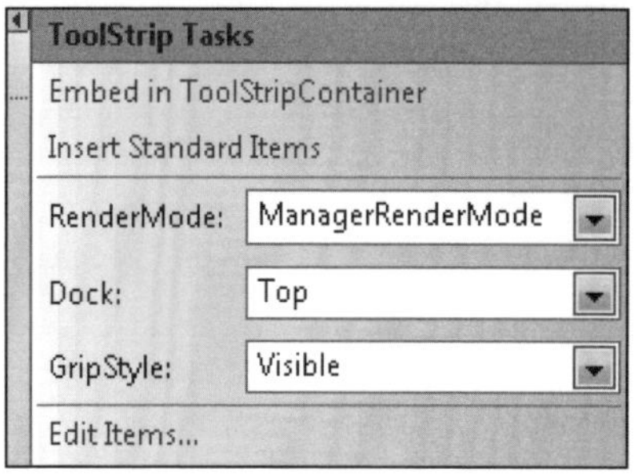

3. Clique em Insert Standard Items.

   O Visual Studio adiciona uma coleção de botões de barra de ferramentas padrão à barra de ferramentas, incluindo New, Open, Save, Print, Cut, Copy, Paste e Help. Seu formulário se parece com a captura de tela a seguir.

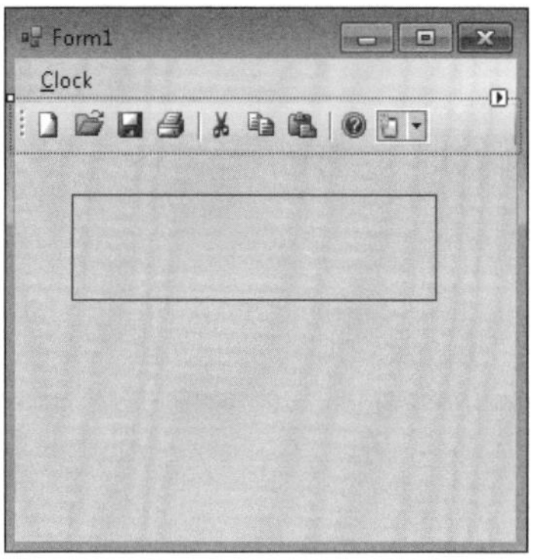

Inicialmente, não é necessário ter uma barra de ferramentas cheia de botões como fiz aqui – estou simplesmente demonstrando um dos recursos "automáticos" úteis do Visual Studio 2010.

Você também pode criar os botões na sua barra de ferramentas um a um utilizando os comandos de edição ToolStrip, mostrados mais adiante. Mas, para muitos aplicativos, clicar em Insert Standard Items é um recurso que economiza tempo. Lembre-se de que, embora esses botões de barra de ferramentas pareçam profissionais, eles ainda não são funcionais. Eles precisam de procedimentos de evento para fazê-los funcionar.

4. Clique na seta Add ToolStripButton no lado direito da nova barra de ferramentas e clique no item Button.

   Add ToolStripButton acrescenta mais itens à barra de ferramentas, como botões, rótulos, botões de divisão, caixas de texto, caixas de combinação e outros elementos de IU úteis. Você criou agora um botão de barra de ferramentas personalizado; por padrão ele contém a imagem de uma montanha e de um sol.

5. Amplie a janela de formulário para assegurar que você possa ver todos os itens na faixa de ferramentas.

6. Clique com o botão direito do mouse no novo botão, aponte para DisplayStyle e clique em ImageAndText.

   O novo botão exibe texto e uma imagem gráfica na barra de ferramentas. O Visual Studio chama seu novo botão de *ToolStripButton1* no programa e esse nome aparece por padrão na barra de ferramentas. Se necessário, amplie a janela de formulário para ver o novo botão porque ele contém o valor do texto padrão ToolStripButton1.

7. Selecione o objeto *ToolStripButton1*.

8. Na janela Properties, altere a propriedade *Text* do objeto *ToolStripButton1* para Color, que é o nome do botão no formulário e pressione ENTER.

   O botão Color aparece na barra de ferramentas. Você utilizará esse botão mais adiante no programa para alterar a cor do texto no formulário. Agora insira uma imagem personalizada para seu botão.

9. Clique com o botão direito do mouse no botão Color e clique no comando Set Image.

   A caixa de diálogo Select Resource é exibida.

10. Clique em Local Resource (se já não estiver selecionado) e, depois, clique no botão Import.

11. Navegue até a pasta C:\Vb10sbs\Chap04, clique no arquivo de bitmap ColorButton.bmp que criei para você, clique em Open e em OK.

    O Visual Studio carrega o ícone de tintas cor-de-rosa, azul e amarela no botão Color, como mostrado na captura de tela:

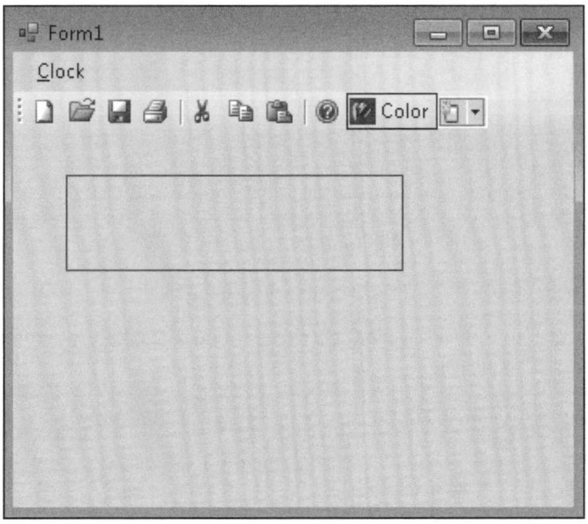

O novo botão está completo, e você aprendeu a adicionar seus próprios botões à barra de ferramentas, além dos itens padrão fornecidos pelo Visual Studio. Agora aprenderá a excluir e reorganizar botões de barra de ferramentas.

Mova e exclua botões de barra de ferramentas

1. Arraste o novo botão Color para o lado esquerdo da barra de ferramentas.

   O Visual Studio permite reorganizar os botões da barra de ferramentas simplesmente arrastando o botão.

2. Clique com o botão direito do mouse no segundo botão na barra de ferramentas (New) e clique no comando Delete.

   O botão New é removido da barra de ferramentas. Com o comando Delete, você pode excluir botões indesejáveis, o que facilita a personalização dos botões de barra de ferramentas padrão fornecidos pelo controle *ToolStrip*.

3. Exclua os botões Save e Print, mas certifique-se de manter os botões Color e Open.

   Você aprenderá a salvar e imprimir no Capítulo 13, "Explorando arquivos de texto e processamento de strings", e no Capítulo 17, "Trabalhando com impressoras", mais adiante neste livro. Agora, entretanto, você aprenderá a utilizar os controles de caixa de diálogo e conectá-los a botões de barra de ferramentas.

Utilizando os controles de caixa de diálogo

O Visual Studio contém oito controles de caixa de diálogo padrão nas guias Dialogs e Printing da Toolbox. Essas caixas de diálogo estão prontas, portanto, você não precisa criar suas próprias caixas de diálogo personalizadas para as tarefas mais comuns nos aplicativos Windows, como abrir, salvar e imprimir arquivos. Em muitos casos, você ainda precisará escrever o código de procedimento de evento que conecta essas caixas de diálogo ao programa, mas as interfaces de usuário são construídas para você e obedecem aos padrões de uso comum entre aplicativos Windows.

Os oito controles de caixas de diálogo padrão disponíveis estão listados na Tabela 4-2. Observe que o o controle *PrintPreviewControl* não está listado aqui, mas você achará útil se utilizar o controle

Tabela 4-2 Controles da caixa de diálogo padrão

Nome do controle	Finalidade
OpenFileDialog	Obtém a unidade, o nome de pasta e o nome de arquivo para um arquivo existente
SaveFileDialog	Obtém a unidade, o nome de pasta e o nome de arquivo para um arquivo novo
FontDialog	Permite ao usuário escolher um novo tipo de fonte e estilo
ColorDialog	Permite ao usuário selecionar cores em uma paleta
FolderBrowserDialog	Permite ao usuário navegar pela estrutura de pastas de um computador e selecionar uma pasta

(Continua)

Tabela 4-2 Controles da caixa de diálogo padrão *(Continuação)*

Nome do controle	Finalidade
PrintDialog	Permite ao usuário configurar opções de impressão
PrintPreviewDialog	Exibe uma caixa de diálogo para visualizar impressão semelhante ao modo de exibição do programa Word
PageSetupDialog	Permite ao usuário controlar opções de configuração de página, como margens, tamanho do papel e layout

PrintPreviewDialog. (Quando você estiver pronto para aprender a adicionar suporte de impressora aos seus programas, consulte o Capítulo 17.)

Nos exercícios a seguir, você vai praticar o uso dos controles *OpenFileDialog* e *ColorDialog*. O controle *OpenFileDialog* permite que o programa abra arquivos de bitmap e o *ColorDialog* permite que o programa altere a cor da saída do relógio. Você conectará essas caixas de diálogo à barra de ferramentas que acabou de criar, embora também pudesse facilmente conectá-las aos comandos de menu.

Adicione os controles *OpenFileDialog* e *ColorDialog*

1. Clique no controle *OpenFileDialog* na guia Dialogs da Toolbox e clique no formulário.

   Um objeto caixa de diálogo para abrir arquivos aparece na bandeja de componentes.

2. Clique no controle *ColorDialog* na guia Dialogs da Toolbox e clique no formulário novamente.

   A bandeja de componentes agora se parece com isto:

Assim como os objetos MenuStrip e ToolStrip, os objetos OpenFileDialog e ColorDialog aparecem na bandeja de componentes e podem ser personalizados com configurações de propriedade.

Agora você vai criar um objeto caixa de figura utilizando o controle *PictureBox*. Como você viu, o objeto caixa de figura exibe uma figura em um formulário. Dessa vez, você exibirá uma figura na caixa de figura utilizando o objeto OpenFileDialog.

Adicione um objeto caixa de figura

1. Clique no controle *PictureBox* da Toolbox.
2. Desenhe um objeto caixa de figura quadrada e grande no formulário, embaixo do rótulo.
3. Use a marca inteligente no objeto caixa de figura para configurar a propriedade *SizeMode* da caixa de figura como StretchImage.

Agora você criará procedimentos de evento para os botões Color e Open na barra de ferramentas.

Procedimentos de evento que gerenciam caixas de diálogo comuns

Depois de criar um objeto caixa de diálogo, você pode usar a caixa de diálogo em um programa da seguinte maneira:

- Se necessário, configure uma ou mais propriedades de caixa de diálogo usando o código de programa antes de abrir a caixa de diálogo.
- Para abrir a caixa de diálogo, digite o seu nome com o método *ShowDialog* em um procedimento de evento associado a um botão de barra de ferramentas ou comando de menu.
- Use o código de programa para responder às seleções de caixa de diálogo do usuário depois de a caixa de diálogo ter sido manipulada e fechada.

No exercício a seguir, você vai inserir o código de programa para o procedimento de evento *OpenToolStripButton_Click*, a rotina que executa quando o comando Open é clicado. Você vai configurar a propriedade *Filter* no objeto *OpenFileDialog1* para definir o tipo de arquivo na caixa de diálogo Open comum. (Você especificará bitmaps padrão Windows.) Em seguida, você usará o método *ShowDialog* para exibir a caixa de diálogo Open. Depois de o usuário selecionar um arquivo e fechar essa caixa de diálogo, você exibirá o arquivo que ele selecionou em uma caixa de figura configurando a propriedade *Image* do objeto caixa de figura como o nome de arquivo que o usuário selecionou.

Edite o procedimento de evento do botão Open

1. Dê um clique duplo no botão Open na barra de ferramentas do formulário.

   O procedimento de evento *OpenToolStripButton_Click* aparece no Code Editor.

2. Digite as seguintes instruções de programa no procedimento de evento. Não deixe de digitar cada linha exatamente como ela foi impressa aqui e pressione a tecla ENTER depois de cada linha.

```
OpenFileDialog1.Filter = "Bitmaps (*.bmp)|*.bmp"
If OpenFileDialog1.ShowDialog() = DialogResult.OK Then
   PictureBox1.Image = System.Drawing.Image.FromFile _
    (OpenFileDialog1.FileName)
End If
```

   As três primeiras instruções no procedimento de evento referem-se às três diferentes propriedades do objeto OpenFileDialog1. A primeira instrução usa a propriedade *Filter* para definir uma lista de arquivos válidos. (Nesse caso, a lista tem apenas um item: *.bmp.) Isso é importante para a caixa de diálogo Open porque um objeto caixa de figura pode exibir diversos tipos de arquivo, incluindo:

   - Bitmaps (arquivos .bmp)
   - Metarquivos Windows (arquivos .wmf)
   - Ícones (arquivos .ico)

- Formato Joint Photographic Experts Group (JPEG) (arquivos .jpg e .jpeg)
- Formato Portable Network Graphics (PNG) (arquivos .png)
- Graphics Interchange Format (arquivos .gif)

Para adicionar itens extras à lista *Filter*, você pode digitar uma barra vertical (|) entre itens.

Por exemplo, esta instrução de programa

```
OpenFileDialog1.Filter = "Bitmaps (*.bmp)|*.bmp|Metafiles (*.wmf)|*.wmf"
```

permite que tanto bitmaps como metarquivos Windows sejam escolhidos na caixa de diálogo Open.

A segunda instrução no procedimento de evento exibe a caixa de diálogo Open no programa. O método *ShowDialog* retorna um resultado chamado *DialogResult*, que indica o botão na caixa de diálogo em que o usuário clicou. Para determinar se o usuário clicou no botão Open, uma estrutura de decisão *If...Then* é utilizada para verificar se o resultado retornado é igual a *DialogResult.OK*. Se ele retornar, um caminho válido de arquivo .bmp deve estar armazenado na propriedade *FileName* do objeto OpenFileDialog1. (Você aprenderá a respeito da sintaxe de estruturas de decisão *If...Then* no Capítulo 6, "Utilizando estruturas de decisão".)

A terceira instrução utiliza o nome de arquivo selecionado na caixa de diálogo pelo usuário. Quando o usuário seleciona uma unidade, pasta e nome de arquivo e, em seguida, clica em Open, o caminho completo é passado para o programa pela propriedade *OpenFileDialog1.FileName*. O método *System.Drawing.Image.FromFile*, que carrega a figura eletrônica, é então utilizado para copiar o bitmap padrão Windows especificado para o objeto caixa de figura. (Eu usei uma quebra de texto automática nessa instrução com o caractere de continuação de linha (_) porque ela era bastante longa.)

Agora você escreverá um procedimento de evento para o botão Color que você adicionou à barra de ferramentas.

Escreva o procedimento de evento do botão Color

1. Exiba o formulário novamente e, em seguida, dê um clique duplo no botão Color na barra de ferramentas adicionada ao formulário.

   Um procedimento de evento chamado *ToolStripButton1_Click* aparece no Code Editor. O nome do objeto inclui *Button1* porque foi o primeiro botão não padrão que você adicionou à barra de ferramentas. (É possível mudar o nome desse objeto para algo mais intuitivo, como *ColorToolStripButton*, clicando no botão do formulário e alterando a propriedade *Name* na janela Properties.)

2. Digite as seguintes instruções de programa no procedimento de evento:

   ```
   ColorDialog1.ShowDialog()
   Label1.ForeColor = ColorDialog1.Color
   ```

   A primeira instrução de programa usa o método *ShowDialog* para abrir a caixa de diálogo Color. Como você aprendeu neste capítulo, *ShowDialog* é o método utilizado para abrir qualquer formulário como uma caixa de diálogo, incluindo um formulário criado por um dos controles de caixa de diálogo padrão que o Visual Studio fornece. A segunda instrução no procedimento de evento atribui a cor que o usuário selecionou na caixa de diálogo à propriedade *ForeColor* do objeto *Label1*. Talvez você se lembre do *Label1* que apareceu anteriormente neste capítulo – é a caixa de rótulo utilizada para exibir a data e a hora atuais no formulário. Você utilizará a cor retornada da caixa de diálogo de cores para configurar a cor do texto no rótulo.

Observe que a caixa de diálogo de cor pode ser usada para configurar a cor de qualquer elemento de interface de usuário que suporta cores. Outras possibilidades incluem a cor de fundo, as cores das formas do formulário e as cores do primeiro e segundo planos dos objetos.

3. Clique no botão Save All na barra de ferramentas Standard para salvar suas alterações.

Controlando escolhas de cor pela configuração de propriedades da caixa de diálogo Color

Se quiser personalizar ainda mais a caixa de diálogo de cores, você pode controlar as escolhas de cor que a caixa de diálogo apresenta ao usuário quando abre. Você pode ajustar essas configurações de cores selecionando o objeto *ColorDialog1* e usando a janela Properties ou configurando as propriedades usando o código de programa antes de exibir a caixa de diálogo com o método *ShowDialog*. A Tabela 4-3 descreve as propriedades mais úteis do controle *ColorDialog*. Cada propriedade deve ser configurada com um valor de True para ativar a opção ou False para desativá-la.

Tabela 4-3 Propriedades do controle *ColorDialog*

Propriedade	Significado
AllowFullOpen	Configure como True para ativar o botão Define Custom Colors na caixa de diálogo.
AnyColor	Configure como True para o usuário poder selecionar qualquer cor mostrada na caixa de diálogo.
FullOpen	Configure como True se quiser exibir a área Custom Colors quando a caixa de diálogo se abrir pela primeira vez.
ShowHelp	Configure como True se quiser ativar o botão Help na caixa de diálogo.
SolidColorOnly	Configure como True se quiser que o usuário selecione somente cores sólidas (cores pontilhadas – aquelas que são compostas de pixels de diferentes cores – são desativadas).

Agora você vai executar o programa Menu e testar os menus e caixas de diálogo que você criou.

Execute o programa Menu

Dica O programa Menu completo encontra-se na pasta C:\Vb10sbs\Chap04\Menu.

1. Clique no botão Start Debugging na barra de ferramentas Standard.

   O programa executa e o menu Clock e a barra de ferramentas aparecem na parte superior da tela.

2. Na barra de ferramentas do formulário, clique em Open.

   A caixa de diálogo Open abre. Parece ótimo, não? (Em outras palavras, parece com um aplicativo Windows normal.) Observe a entrada Bitmaps (*.bmp) na caixa de diálogo. Você definiu essa entrada com a instrução

   ```
   OpenFileDialog1.Filter = "Bitmaps (*.bmp)|*.bmp"
   ```

   no procedimento de evento *OpenToolStripButton_Click*. A primeira parte do texto entre aspas – Bitmaps (*.bmp) – especifica os itens listados na caixa Arquivos do Tipo. A segunda parte – *.bmp – especifica a extensão de nome de arquivo dos arquivos que são listados na caixa de diálogo.

3. Abra uma pasta no seu sistema que contenha imagens bitmap. Eu estou usando o botão da barra de ferramentas de cores que usei neste capítulo (localizado em C:\Vb10sbs\Chap04), mas você pode exibir qualquer arquivo .bmp no seu sistema.

4. Selecione o arquivo bitmap na caixa de diálogo Open e clique no botão Open.

   Uma figura bitmap aparece na caixa de figura. Meu formulário se parece com este:

   Agora você irá praticar o uso do menu Clock.

5. No menu Clock, clique no comando Time.

   A hora atual aparece na caixa de rótulo.

6. Clique no botão Color na barra de ferramentas.

   A caixa de diálogo Color abre, como mostrado aqui:

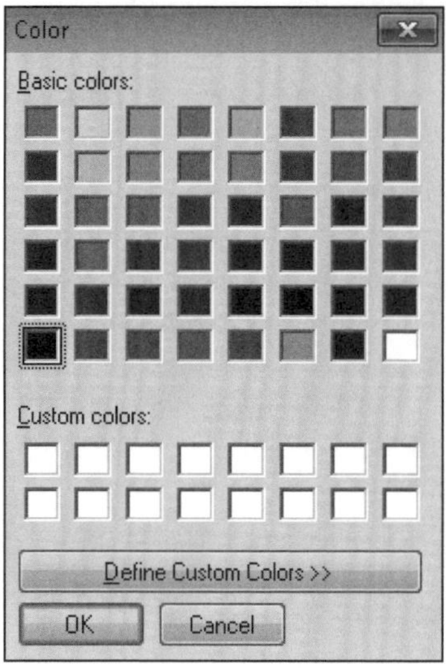

   A caixa de diálogo Color contém elementos que podem ser utilizados para alterar a cor do texto do relógio no programa. A configuração da cor atual, preta, está selecionada.

7. Clique em uma das caixas de cor azul e em OK.

   A caixa de diálogo Color fecha e a cor do texto no rótulo do relógio muda para azul. (Isso não está visível neste livro, mas você irá vê-la na tela.)

8. No menu Clock, clique no comando Date.

   A data atual é exibida em cor azul. Agora que a cor de texto foi configurada no rótulo, ele continua azul até que a cor seja novamente alterada ou o programa seja fechado.

9. Feche o programa.

   O aplicativo termina e o IDE do Visual Studio aparece.

É isso aí! Você aprendeu vários comandos e técnicas importantes para criar menus, barras de ferramentas e caixas de diálogo em programas. Depois de aprender mais sobre o código de programa, você será capaz de criar interfaces de usuário muito sofisticadas nos seus próprios programas.

Adicionando caixas de diálogo não padrão a programas

Ok, você chegou até aqui – mas e se você precisar adicionar ao programa uma caixa de diálogo que não é fornecida por um dos oito controles de caixa de diálogo no Visual Studio? Caixas de diálogo únicas surgem o tempo todo nos programas, certo? Sem problemas – mas é necessário gastar um pouco de tempo construindo a caixa de diálogo personalizada no IDE do Visual Basic. Como você aprenderá em outros capítulos, um programa Visual Basic pode utilizar mais de um formulário para receber e exibir informações. Para criar caixas de diálogo não padrão, você precisa adicionar novos formulários ao programa, adicionar objetos de entrada e saída e processar os eventos em uma caixa de diálogo por meio do seu código de programa. (Essas técnicas serão discutidas no Capítulo 14, "Gerenciando formulários Windows e controles em tempo de execução".) No Capítulo 5, "Variáveis e fórmulas do Visual Basic e o .NET Framework", você aprenderá como usar duas caixas de diálogo úteis que são especificamente projetadas para receber a entrada de texto *(InputBox)* e exibir a saída de texto *(MsgBox)*. Essas caixas de diálogo fazem uma ponte sobre a lacuna que existe entre os controles de caixa de diálogo e as caixas de diálogo que você mesmo precisa criar.

Um passo além: atribuindo teclas de atalho a menus

O controle *MenuStrip* permite atribuir teclas de atalho aos menus. As *teclas de atalho* são combinações de teclas que o usuário pode pressionar para ativar um comando sem utilizar a barra de menu. Por exemplo, em um menu Editar típico em um aplicativo Windows, como o Word, você pode copiar texto selecionado para a Área de Transferência pressionando CTRL+C. Com a propriedade *ShortcutKeys* do controle *MenuStrip*, você pode personalizar essa configuração. Tente atribuir duas teclas de atalho ao menu Clock no programa Menu agora.

Atribua teclas de atalho ao menu Clock

1. Certifique-se de que o programa parou de executar e está no modo de design.

   Você só pode modificar um programa quando ele não está em execução. (Para uma exceção a essa regra, consulte o Capítulo 8, "Depurando programas em Visual Basic".)

2. Clique no menu Clock e, então, no comando Time para destacá-lo.

   Antes de configurar a tecla de atalho de um comando de menu, você deve selecioná-lo. Você atribui uma tecla de atalho configurando a propriedade *ShortcutKeys* do comando utilizando a janela Properties. O objeto MenuStrip fornece uma maneira fácil de você fazer isso.

3. Abra a janela Properties, clique na propriedade *ShortcutKeys* na categoria Misc e, em seguida, clique na seta da segunda coluna.

   Um menu pop-up ajuda a atribuir a tecla de atalho.

4. Marque a caixa de seleção Ctrl, clique na caixa de listagem Key e selecione a letra na lista alfabética.

   A janela Properties se parece com isto:

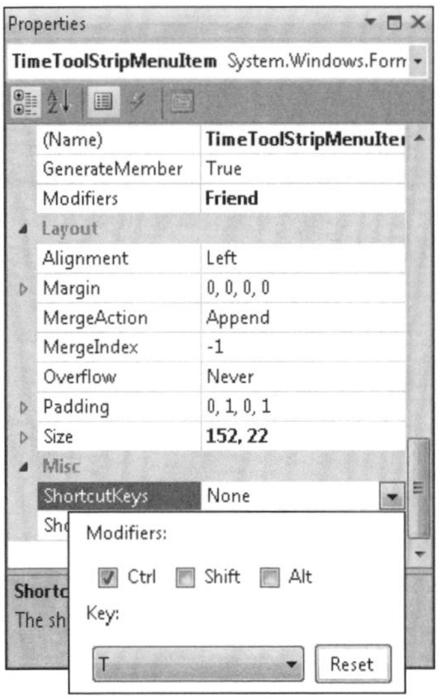

> **Dica** O Visual Basic em geral exibe a combinação de teclas de atalho no menu quando você executa o programa, para fornecer uma dica sobre quais teclas pressionar. Para ocultar as combinações de tecla de atalho do usuário (se o espaço estiver expirando), configure a propriedade *ShowShortcutKeys* como False. A tecla de atalho ainda funciona, mas os usuários não verão um lembrete visual dela. Você também pode configurar o que será exibido dentro do programa como uma tecla de atalho configurando a propriedade *ShortcutKeyDisplayString*.

5. Clique no comando Date e, então, mude sua configuração de propriedade *ShortcutKeys* para Ctrl+D.

   Agora você irá executar o programa e experimentar as teclas de atalho.

6. Clique no formulário para fechar o menu Clock.
7. Clique no botão Start Debugging na barra de ferramentas Standard.
8. Pressione CTRL+D para executar o comando Date.

   A data atual aparece no programa.
9. Pressione CTRL+T para executar o comando Time.

   A hora atual aparece no programa.
10. Clique no menu Clock.

    As teclas de atalho são listadas ao lado dos comandos Time e Date, como mostrado na captura de tela a seguir. O Visual Basic adiciona essas combinações de teclas quando você define os atalhos com a propriedade *ShortcutKeys*.

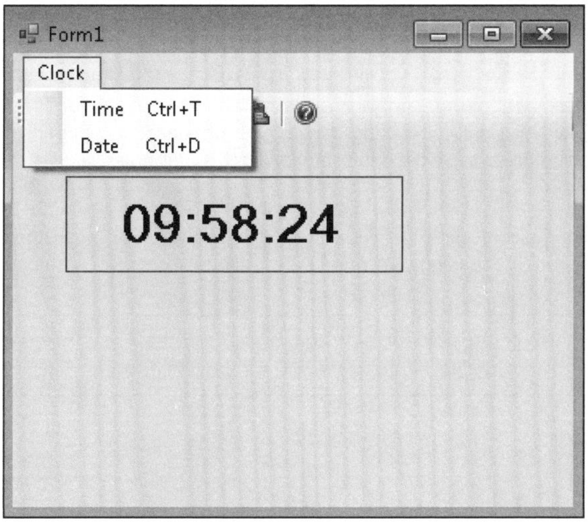

11. Feche o programa.

    O programa Menu fecha, e o ambiente de desenvolvimento aparece.

Bom trabalho! Agora você está pronto para se aprofundar na elaboração de programas, na parte do livro que chamo de "Fundamentos de programação".

Referência rápida do Capítulo 4

Para	Faça isto
Criar um item de menu	Clique no controle *MenuStrip* e desenhe um menu no formulário. Clique na tag Type Here no formulário e digite o nome dos menus e comandos que quer criar.
Adicionar uma tecla de acesso a um item de menu	Clique no item do menu duas vezes para exibir o cursor em forma de I e, então, digite um e comercial (&) seguido pela letra que quer utilizar como uma tecla de acesso.
Atribuir uma tecla de atalho a um item do menu	Configure a propriedade *ShortcutKeys* do item do menu utilizando a janela Properties. Uma lista de teclas de atalho comum é fornecida.
Alterar a ordem dos itens de menu	Arraste o item do menu que você quer mover para uma nova localização.
Adicionar uma barra de ferramentas ao programa	Clique no controle *ToolStrip* e desenhe uma barra de ferramentas no formulário. Clique com o botão direito do mouse nos botões para personalizá-los. Dê um clique duplo em botões e escreva procedimentos de evento para configurá-los.
Utilizar uma caixa de diálogo padrão no programa	Adicione um dos oito controles de caixa de diálogo padrão ao formulário e, então, personalize-o com configurações de propriedade e código de programa. Os controles de caixa de diálogo estão localizados nas guias Dialogs e Printing da Toolbox.
Exibir uma caixa de diálogo Open	Adicione o controle *OpenFileDialog* ao formulário. Exiba a caixa de diálogo com o método *ShowDialog*. A propriedade *FileName* contém o nome do arquivo selecionado.
Exibir uma caixa de diálogo Color	Adicione o controle *ColorDialog* ao formulário. Exiba a caixa de diálogo com o método *ShowDialog*. A propriedade *Color* contém a cor que o usuário selecionou.

Parte II
Fundamentos de programação

Na Parte I, "Apresentando o Microsoft Visual Basic 2010", você aprendeu a criar a interface do usuário para um programa Microsoft Visual Basic 2010 e a construir e executar um programa no ambiente de desenvolvimento do Microsoft Visual Studio 2010. Nos nove capítulos da Parte II, "Fundamentos de programação", você aprenderá mais sobre o código de programa do Visual Basic – as instruções e palavras-chave que formam a sua essência. Você aprenderá a gerenciar informações dentro de programas, a controlar a execução do código e a utilizar estruturas de decisão, loops, timers, arrays, coleções e arquivos de texto. Também aprenderá a depurar seus programas e a tratar erros de run-time (tempo de execução), caso ocorram. Depois de completar a Parte II, você estará pronto para tópicos mais avançados, como personalização da interface de usuário, programação de banco de dados e programação Web.

Capítulo 5

Variáveis e fórmulas do Visual Basic e o .NET Framework

Neste capítulo, você vai aprender a:

- Utilizar variáveis para armazenar dados em seus programas.
- Obter entrada utilizando a função *InputBox.*
- Exibir mensagens com a função *MsgBox.*
- Trabalhar com diferentes tipos de dados.
- Utilizar variáveis e operadores para manipular dados.
- Utilizar métodos do .NET Framework.
- Utilizar operadores aritméticos e funções em fórmulas.

Neste capítulo, você aprenderá a utilizar variáveis e constantes para armazenar dados temporariamente no programa e a utilizar as funções *InputBox* e *MsgBox* para coletar e apresentar informações usando caixas de diálogo. Você também aprenderá a utilizar funções e fórmulas para realizar cálculos e a empregar operadores aritméticos para efetuar tarefas como multiplicação e concatenação de strings. Por fim, você aprenderá a explorar as poderosas classes e métodos do Microsoft .NET Framework 4 para realizar cálculos matemáticos e outros trabalhos úteis.

Anatomia de uma instrução de programa em VB

Como você aprendeu no Capítulo 2, "Escrevendo seu primeiro programa", uma linha de código em um programa do Microsoft Visual Basic é chamada *instrução de programa*. Uma instrução de programa é qualquer combinação de palavras-chave, propriedades, nomes de objeto, variáveis, números, símbolos especiais e outros valores que coletivamente criam uma instrução válida reconhecida pelo compilador do Visual Basic.

Uma instrução de programa completa pode ser uma palavra-chave simples, como

```
End
```

que para a execução de um programa Visual Basic, ou pode ser uma combinação de elementos, como a instrução a seguir, que usa a propriedade *TimeString* para atribuir a data/hora atual do sistema à propriedade *Text* do objeto *Label1*:

```
Label1.Text = TimeString
```

As regras de construção que devem ser utilizadas ao construir uma instrução de programa são chamadas de sintaxe de instrução. O Visual Basic compartilha muitas de suas regras de sintaxe com outros produtos de desenvolvimento no Visual Studio, bem como com as primeiras versões da linguagem de programação BASIC e com outros compiladores de linguagem. O truque para escrever boas instruções de programa é aprender a sintaxe dos elementos mais úteis em uma linguagem de programação e, então, utilizá-la corretamente para processar os dados no programa. Felizmente, o Visual Basic faz grande parte do trabalho para você; assim, o tempo gasto escrevendo o código de programa é relativamente curto, e você pode reutilizar os resultados em outros programas. O IDE do Visual Studio também indica potenciais erros de sintaxe e sugere correções, de maneira parecida com o que o recurso AutoCorreção do Microsoft Office Word faz.

Neste capítulo e nos seguintes, você aprenderá as palavras-chave e instruções de programa mais importantes do Visual Basic, bem como muitos dos objetos, propriedades e métodos fornecidos por controles do Visual Studio e pelo .NET Framework. Você descobrirá que essas palavras-chave e objetos complementam as habilidades de programação que você já aprendeu e o ajudarão a escrever programas poderosos no futuro. Os primeiros tópicos – variáveis e tipos de dados – são recursos cruciais em quase todos os programas.

Utilizando variáveis para armazenar informações

Uma *variável* é um local de armazenamento temporário para dados em seu programa. Você pode utilizar uma ou muitas variáveis no código e elas podem conter palavras, números, datas, propriedades ou outros valores. Usando variáveis, você pode atribuir um nome curto e fácil de lembrar a cada parte dos dados com a qual planeja trabalhar. As variáveis podem armazenar informações inseridas pelo usuário em tempo de execução, o resultado de um cálculo específico ou uma parte dos dados que você quer exibir no formulário. Em resumo, as variáveis são contêineres úteis que você pode utilizar para armazenar e monitorar quase todo tipo de informação.

Utilizar variáveis em um programa do Visual Basic exige algum planejamento. Antes de fazê-lo, você deve reservar memória no computador para utilização pela variável. Esse processo é semelhante a fazer uma reserva de uma cadeira em um cinema ou evento esportivo. Abrangerei o processo de fazer reservas para, ou *declarar*, uma variável na próxima seção.

Reservando espaço para variáveis: a instrução *Dim*

A partir da versão do Visual Basic em 2002, é necessário que os programadores Visual Basic declarem explicitamente as variáveis antes de usá-las. Essa era uma alteração do Visual Basic 6 e versões anteriores do Visual Basic, em que (sob certas circunstâncias) você podia declarar variáveis implicitamente – em outras palavras, simplesmente utilizá-las sem ter de incluir a instrução *Dim*. A prática antiga era flexível, mas bastante arriscada – ela criava o potencial para confusão e nomes de variáveis digitados incorretamente, o que introduz potenciais bugs no código que podem ou não ser descobertos mais tarde.

No Visual Basic 2008, alguns recursos anteriores retornaram à área de declaração de variáveis. Tornou-se possível, mais uma vez, declarar uma variável implicitamente. Mas isso não é recomendável para a maioria das utilizações, assim só discutiremos esse novo recurso depois de você aprender a prática de programação recomendada pelos programadores experientes em todos os lugares.

Para declarar uma variável no Visual Basic 2010, digite a variável depois da instrução *Dim*. (Dim significa *dimension*.) Essa declaração reserva espaço na memória para a variável quando o programa executa e permite que o Visual Basic saiba que tipo de dados ele deve esperar ver mais tarde.

Embora essa declaração possa ser feita em qualquer lugar do código de programa (contanto que a declaração apareça antes de a variável ser utilizada), a maioria dos programadores declara variáveis em um lugar na parte superior de seus procedimentos de evento ou módulos de código.

Por exemplo, a seguinte instrução cria espaço para uma variável chamada *LastName* que armazenará um valor, ou *string*, textual:

```
Dim LastName As String
```

Note que, além de identificar a variável por nome, usei a palavra-chave *As* para dar à variável um tipo particular e identifiquei o tipo usando a palavra-chave *String*. (Você conhecerá outros tipos de dados mais adiante no capítulo.) Uma variável string contém informações textuais: palavras, letras, símbolos – até mesmo números. Sempre me vejo usando variáveis string; elas armazenam nomes, lugares, as linhas de um poema, o conteúdo de um arquivo e muitos outros dados textuais.

Por que você precisa declarar variáveis? O Visual Basic quer que você identifique antecipadamente o nome e o tipo das suas variáveis para que o compilador possa reservar a memória necessária para o armazenamento e processamento das informações mantidas nas variáveis. Talvez o gerenciamento de memória não pareça algo importante (afinal de contas, os computadores pessoais modernos têm uma grande quantidade de RAM e gigabytes de espaço livre em disco rígido), mas, em alguns programas, a memória pode ser rapidamente consumida, e é uma boa ideia levar a alocação de memória a sério, mesmo ao dar seus primeiros passos como programador. Como veremos a seguir, os diferentes tipos de variáveis têm requisitos distintos de espaço e limitações de tamanho.

Nota Em algumas das primeiras versões do Visual Basic, tipos de variáveis específicos (como *String* ou *Integer*) não são necessários – as informações são simplesmente armazenadas utilizando um tipo genérico de dados (e voraz consumidor de memória) chamado *Variant*, que pode armazenar dados de qualquer tamanho ou formato. No entanto, as variantes não são suportadas no Visual Basic 2010. Embora as variantes sejam úteis para programadores iniciantes, seu design as torna lentas e ineficientes, e elas permitem que as variáveis sejam convertidas de um tipo para outro muito facilmente – o que, algumas vezes, produz resultados inesperados. Entretanto, como veremos mais adiante, você ainda pode armazenar informações em contêineres genéricos chamados *Object*, que também são de uso geral na função, mas bastante ineficientes quanto ao tamanho.

Depois de declarar uma variável, você está livre para atribuir-lhe informações em seu código usando o operador de atribuição (=). Por exemplo, a seguinte instrução de programa atribui o sobrenome "Jefferson" à variável *LastName*:

```
LastName = "Jefferson"
```

Note que fui cuidadoso ao atribuir um valor textual à variável *LastName* porque seu tipo de dados é *String*. Também posso atribuir valores com espaços, símbolos ou números à variável, como

```
LastName = "1313 Mockingbird Lane"
```

Mas a variável ainda é considerada um valor de string. A parte do número poderia ser usada somente em uma fórmula matemática se fosse inicialmente convertida em um valor inteiro ou de ponto flutuante utilizando uma das funções de conversão que discutirei no Capítulo 13, "Explorando arquivos de texto e processamento de strings".

Depois que um valor é atribuído à variável *LastName*, ela pode ser utilizada no lugar do nome "Jefferson" no código. Por exemplo, a instrução de atribuição

```
Label1.Text = LastName
```

exibe "Jefferson" no rótulo nomeado *Label1* no seu formulário.

Declaração implícita de variáveis

Se realmente quiser declarar as variáveis "à moda antiga" no Visual Basic 2010 – isto é, sem declará-las explicitamente utilizando a instrução *Dim* – você pode colocar a instrução *Option Explicit Off* no início do código de programa do formulário ou módulo (antes de qualquer procedimento de evento) e isso neutralizará o requisito padrão do Visual Basic de que as variáveis devem ser declaradas antes de serem utilizadas. Como mencionado, não recomendo essa instrução como uma adição permanente no código, mas você pode achá-lo temporariamente útil ao converter programas Visual Basic mais antigos para Visual Basic 2010.

Outra possibilidade é usar a instrução *Option Infer*, que foi adicionada ao Visual Basic 2008. Se *Option Infer* estiver configurada como "On", o Visual Basic irá deduzir ou *inferir* o tipo de uma variável examinando a atribuição inicial que você fez. Isso permite declarar variáveis sem identificar especificamente o tipo usado e também possibilita ao Visual Basic fazer a determinação.

Por exemplo, a expressão

```
Dim attendance = 100
```

irá declarar a variável nomeada *attendance* como um *Integer*, porque 100 é uma expressão do tipo inteiro.

Em outras palavras, com *Option Infer* configurado como "On", é a mesma coisa que digitar:

```
Dim attendance As Integer = 100
```

Do mesmo modo, a expressão

```
Dim address = "1012 Daisy Lane"
```

irá declarar o endereço variável como tipo *String*, porque sua atribuição inicial era do tipo *String*. Se, porém, você configurar *Option Infer* como "Off", o Visual Basic declarará a variável como tipo *Objeto* – um contêiner geral (embora relativamente grande e ineficiente) para qualquer tipo de dados.

Se você planeja usar *Option Infer* para permitir esse tipo de declaração de variável inferida (uma abordagem flexível, mas uma que pode levar a resultados inesperados), coloque as duas instruções a seguir no módulo de código (acima da instrução *Class Form*):

```
Option Explicit Off
Option Infer On
```

Option Explicit Off permite que variáveis sejam declaradas quando são usadas; e *Option Explicit On* possibilita ao Visual Basic determinar o tipo automaticamente. Você também pode configurar essas opções usando o comando Options no menu Tools como discutido no Capítulo 1, "Explorando o ambiente de desenvolvimento integrado do Visual Studio".

Utilizando variáveis em um programa

As variáveis podem manter o mesmo valor por todo um programa ou alterar valores várias vezes, dependendo das suas necessidades. O exercício a seguir demonstra como uma variável chamada *LastName* pode conter diferentes valores de texto e como a variável pode ser atribuída a propriedades de objeto.

Altere o valor de uma variável

1. Inicie o Visual Studio.
2. No menu File, clique em Open Project.

   A caixa de diálogo Open Project abre.
3. Abra o projeto Variable Test na pasta C:\Vb10sbs\Chap05\Variable Test.
4. Se o formulário do projeto não estiver visível, clique em Form1.vb no Solution Explorer e clique no botão View Designer.

   O formulário Variable Test abre no Designer. Variable Test é um *esqueleto de programa* – contém um formulário com rótulos e botões para exibir saída, mas pouco código de programa. (De vez em quando, crio esses esqueletos de programas para poupar seu tempo, embora você também possa criar o projeto a partir do zero.) Você adicionará código neste exercício.

   O formulário Variable Test se parece com isto:

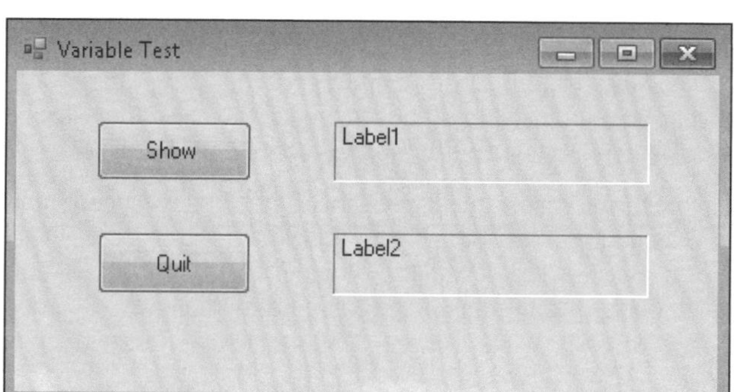

O formulário contém dois rótulos e dois botões. Você utilizará variáveis para exibir as informações em cada um dos rótulos.

> **Nota** Os objetos rótulo se parecem com caixas porque configuro suas propriedades *BorderStyle* como Fixed3D.

5. Dê um clique duplo no botão Show.

   O procedimento de evento *Button1_Click* aparece no Code Editor.

6. Digite as seguintes instruções de programa para declarar e utilizar a variável *LastName*:

```
Dim LastName As String

LastName = "Luther"
Label1.Text = LastName

LastName = "Bodenstein von Karlstadt"
Label2.Text = LastName
```

As instruções de programa são organizadas em três grupos. A primeira instrução declara a variável *LastName* utilizando a instrução *Dim* e o tipo *String*. Depois de digitar essa linha, o Visual Studio coloca uma linha ondulada verde sob a variável *LastName*, porque ela foi declarada mas não utilizada no programa. Não há nada errado aqui – o Visual Studio só está lembrando você de que uma nova variável foi criada e está esperando para ser utilizada.

> **Dica** Se o nome da variável ainda tiver uma linha ondulada depois de você terminar de escrever seu programa, isso poderá ser um sinal de que você digitou erroneamente um nome variável em algum lugar dentro do seu código.

A segunda e a terceira linhas atribuem o nome "Luther" à variável *LastName* e exibem esse nome no primeiro rótulo do formulário. Esse exemplo demonstra um dos usos mais comuns de variáveis em um programa – transferir informações para uma propriedade. Como você pôde ver, todos os valores de string atribuídos às variáveis são exibidos em vermelho.

A quarta linha atribui o nome "Bodenstein von Karlstadt" à variável *LastName* (em outras palavras, ela altera o conteúdo da variável). Observe que a segunda string é mais longa que a primeira e contém alguns espaços em branco. Ao atribuir strings de texto a variáveis, ou usá-las em outros lugares, você precisa incluir o texto entre aspas. (Você não precisa fazer isso com números.)

Por fim, tenha em mente outra importante característica das variáveis declaradas nesse procedimento de evento – elas mantêm seu *escopo*, ou armazenam seu valor, apenas dentro do procedimento de evento em que são usadas. Mais adiante neste capítulo, você aprenderá a declarar variáveis para que possam ser usadas em qualquer procedimento de evento do formulário.

7. Clique na guia Form1.vb [Design] para exibir novamente o formulário.
8. Dê um clique duplo no botão Quit.

   O procedimento de evento *Button2_Click* aparece no Code Editor.
9. Digite a seguinte instrução de programa para interromper o programa:

   End

   Sua tela é semelhante a esta:

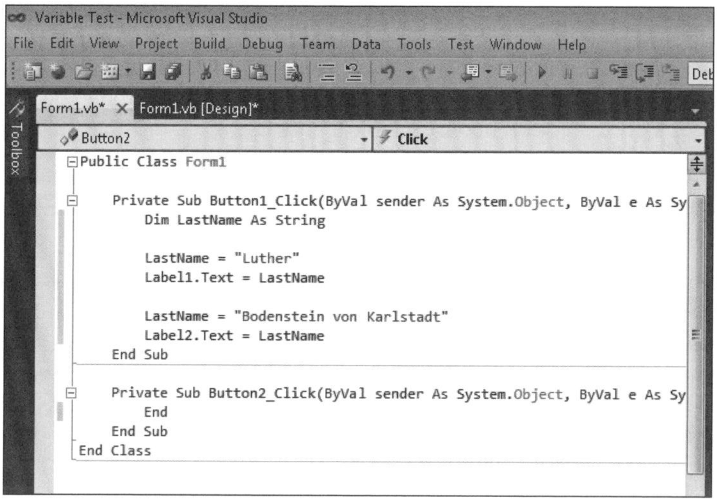

10. Clique no botão Save All na barra de ferramentas Standard para salvar suas alterações.
11. Clique no botão Start Debugging na barra de ferramentas Standard para executar o programa.

    O programa executa no IDE.
12. Clique no botão Show.

    O programa declara a variável, atribui-lhe dois valores e copia cada valor para o rótulo apropriado no formulário. O programa gera a saída mostrada na captura de tela a seguir.

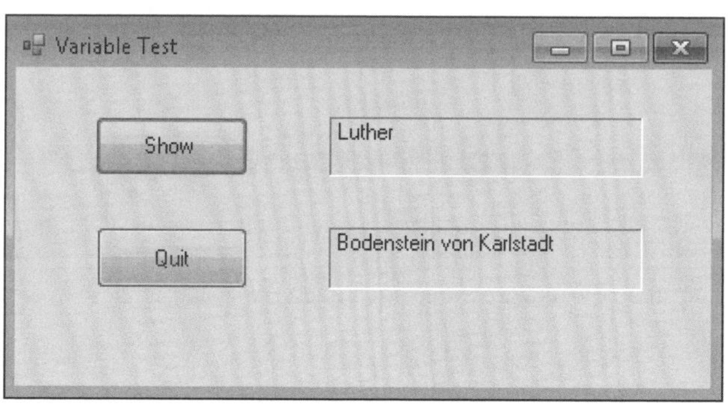

13. Clique no botão Quit a fim de parar o programa.

    O programa para e o ambiente de desenvolvimento retorna.

Convenções para atribuição de nomes de variáveis

Nomear variáveis pode ser um pouco difícil porque você precisa usar nomes curtos, mas fáceis de lembrar. Para evitar confusão, use as seguintes convenções ao nomear variáveis:

- Comece o nome de cada variável com uma letra ou sublinhado. Esse é um requisito do Visual Basic. Os nomes de variável podem conter somente letras, sublinhados e números.
- Embora os nomes de variáveis possam ter praticamente qualquer comprimento, tente mantê-los com menos de 33 caracteres para facilitar a leitura. (Nomes de variáveis eram limitados a 255 caracteres no Visual Basic 6, mas isso não é mais uma restrição.)
- Deixe os nomes das variáveis descritivos combinando duas ou mais palavras quando isso fizer sentido. Por exemplo, o nome da variável *TaxaDoImpostoSobreVendas* é muito mais claro que *Imposto ou Taxa*.
- Use uma combinação de caracteres em letras maiúsculas e minúsculas e números. Uma convenção aceita é a de que a primeira letra de cada palavra em uma variável seja maiúscula; por exemplo, *DataDeNascimento*. Mas alguns programadores preferem usar a chamada notação "camelo" *(camel casing)* – a primeira letra do nome de uma variável em minúscula – para diferenciar nomes de variáveis e nomes de funções e módulo, que em geral iniciam com maiúsculas. Exemplos da notação "camelo" são *dataDeNascimento, nomeDoFuncionário e contador.*
- Não utilize palavras-chave, objetos ou propriedades do Visual Basic como nomes de variável. Se fizer isso, ocorrerá um erro quando você tentar executar o programa.
- Outra opção é começar cada nome de variável com uma abreviação de dois ou três caracteres correspondentes aos tipos de dados armazenados na variável. Por exemplo, use *strNome* para mostrar que a variável *Nome* contém dados do tipo string. Embora não precise se preocupar muito com esses detalhes agora, mais tarde você deve se lembrar dessa convenção – você verá isso em partes da documentação da ajuda do Visual Studio e em alguns dos livros avançados sobre programação em Visual Basic. (Esse esquema de convenção e abreviação foi originalmente criado por Charles Simonyi, renomado engenheiro da Microsoft, e às vezes chamado de convenção húngara para atribuição de nomes.)

Utilizando uma variável para armazenar entrada

Um uso prático de uma variável é armazenar temporariamente informações que foram digitadas pelo usuário. Embora você possa utilizar com frequência um objeto como uma caixa de listagem ou de texto para coletar essas informações, às vezes você pode querer negociar diretamente com o usuário e salvar a entrada em uma variável em vez de em uma propriedade. Uma maneira de coletar a entrada é utilizar a função *InputBox* para exibir uma caixa de diálogo na tela e, então, utilizar uma variável para armazenar o texto que o usuário digita. Você experimentará essa abordagem no exemplo a seguir.

Obtenha a entrada com a função *InputBox*

1. No menu File, clique em Open Project.

   A caixa de diálogo Open Project abre.

2. Abra o projeto Input Box na pasta C:\Vb10sbs\Chap05\Input Box.

   O projeto Input Box abre no IDE. Input Box é um esqueleto de programa.

3. Se o formulário do projeto não estiver visível, clique em Form1.vb no Solution Explorer e, então, clique no botão View Designer.

   O formulário contém um rótulo e dois botões. Você utilizará a função InputBox para obter entrada do usuário e, então, exibirá a entrada no rótulo no formulário.

4. Dê um clique duplo no botão Input Box.

   O procedimento de evento *Button1_Click* aparece no Code Editor.

5. Digite as seguintes instruções de programa para declarar duas variáveis e chamar a função *InputBox*:

   ```
   Dim Prompt, FullName As String
   Prompt = "Please enter your name."

   FullName = InputBox(Prompt)
   Label1.Text = FullName
   ```

   Desta vez, você está declarando duas variáveis utilizando a instrução *Dim*: *Prompt* e *FullName*. Ambas são declaradas utilizando o tipo *String*. (Você pode declarar quantas variáveis quiser na mesma linha, contanto que sejam do mesmo tipo.) Observe que, no Visual Basic 6, essa mesma sintaxe teria produzido resultados diferentes. *Dim* criaria a variável *Prompt* usando o tipo *Variant* (porque nenhum tipo foi especificado) e a variável *FullName* usando o tipo *String*. Mas essa inconsistência lógica foi corrigida no Visual Basic 2002 e em versões posteriores.

   A segunda linha no procedimento de evento atribui uma string de texto à variável *Prompt*. Essa mensagem é utilizada como um argumento de texto para a função *InputBox*. (Um *argumento* é um valor ou uma expressão passada para um procedimento ou função.) A próxima linha chama a função *InputBox* e atribui o resultado da chamada (a string de texto que o usuário insere) à variável *FullName*. *InputBox* é uma função especial do Visual Basic que exibe uma caixa de diálogo na tela e solicita a entrada ao usuário. Além de uma string pronta, a função *InputBox* suporta outros argumentos que talvez você queira utilizar ocasionalmente. Consulte os detalhes na documentação da Ajuda do Visual Studio.

Depois que a *InputBox* retornou uma string de texto ao programa, a quarta instrução do procedimento coloca o nome de usuário na propriedade *Text* do objeto *Label1*, que exibe esse nome no formulário.

6. Salve suas alterações.
7. Clique no botão Start Debugging na barra de ferramentas Standard para executar o programa.

   O programa executa no IDE.
8. Clique no botão Input Box.

   O Visual Basic executa o procedimento de evento *Button1_Click* e a caixa de diálogo Input Box abre na tela, como mostrado aqui:

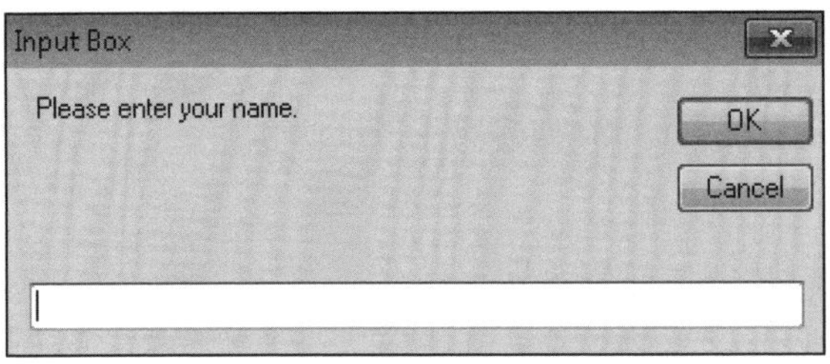

9. Digite seu nome completo e clique em OK.

   A função *InputBox* retorna o nome ao programa e o coloca na variável *FullName*. O programa utiliza a variável para exibir seu nome no formulário, como mostrado a seguir:

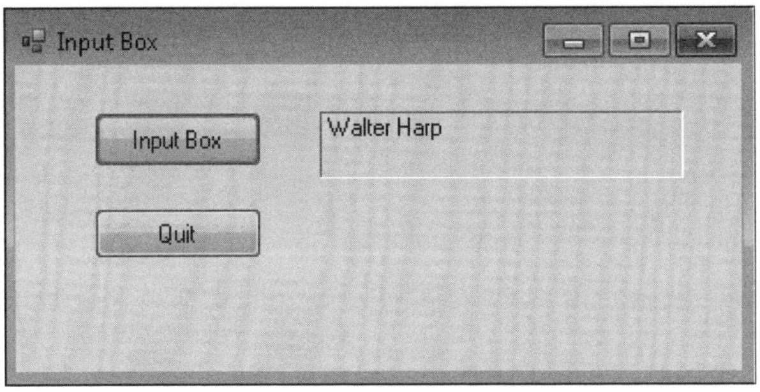

   Use a função *InputBox* em seus programas sempre que quiser solicitar informações ao usuário. Você pode utilizar essa função em combinação com outros controles de entrada para regular a entrada e saída de dados de um programa. No próximo exercício, você aprenderá a utilizar uma função semelhante para exibir texto em uma caixa de diálogo.

10. Clique no botão Quit do formulário para interromper o programa.

    O programa para e o ambiente de desenvolvimento reaparece.

O que é uma função?

InputBox é uma palavra-chave especial do Visual Basic conhecida como *função*. Uma função é uma instrução que realiza um trabalho importante (como solicitar informações ao usuário ou calcular uma equação) e, então, retorna um resultado ao programa. O valor retornado por uma função pode ser atribuído a uma variável, como se estivesse no programa *Input Box*, ou pode ser atribuída a uma propriedade ou outra instrução ou função. As funções do Visual Basic costumam utilizar um ou mais argumentos para definir suas atividades. Por exemplo, a função *InputBox* que você acabou de executar utilizou a variável *Prompt* para exibir instruções em uma caixa de diálogo para o usuário. Quando uma função usa dois ou mais argumentos, estes são separados por vírgulas e o grupo inteiro deles é colocado entre parênteses. A seguinte instrução mostra uma chamada de função que tem dois argumentos:

```
FullName = InputBox(Mensagem, Título)
```

Note que estou utilizando itálico nessa descrição de sintaxe para indicar que certos itens são marcadores de lugar das informações que você especifica. Esse é um estilo que você encontrará por todo o livro e na documentação da Ajuda do Visual Studio.

Utilizando uma variável para saída

Você pode exibir o conteúdo de uma variável atribuindo a variável a uma propriedade (como a propriedade *Text* de um objeto rótulo) ou passando a variável como um argumento para uma função baseada em uma caixa de diálogo. Uma função útil baseada em caixa de diálogo para exibir saída é a função *MsgBox*. Quando você chama a função *MsgBox*, ela exibe uma caixa de diálogo, às vezes chamada de *caixa de mensagem*, com várias opções que você pode especificar. Como *InputBox*, ela aceita um ou mais argumentos como entrada e os resultados da chamada de função podem ser atribuídos a uma variável. A sintaxe para a função *MsgBox* é

```
BotãoClicado = MsgBox(Mensagem, Botões, Título)
```

em que *Mensagem* é o texto a ser exibido na caixa de mensagem; *Botões* é um número que especifica os botões, ícones e outras opções a exibir na caixa de mensagem; e *Título* é o texto exibido na barra de título da caixa de mensagem. O resultado retornado pela função é atribuído à variável *Botão Clicado*, que indica em que botão da caixa de diálogo o usuário clicou.

Se você estiver apenas exibindo uma mensagem utilizando a função *MsgBox*, a variável *Botão Clicado*, o operador de atribuição (=), o argumento *Botões* e o argumento *Título* são opcionais. No exercício a seguir, você vai utilizar o argumento *Título*, mas não os outros argumentos; para obter informações adicionais sobre eles (incluindo os diferentes botões que você pode incluir em *MsgBox* e algumas outras opções), procure o tópico "MsgBox Method" na documentação da Ajuda do Visual Studio. Como o artigo indica, a função MsgBox é, algumas vezes, referenciada como um método, refletindo a organização interna do namespace *Microsoft.VisualBasic.*

> **Nota** O Visual Studio fornece tanto a função *MsgBox* como a classe *MessageBox* para exibir texto em uma caixa de mensagem. A classe *MessageBox* faz parte do namespace *System.Windows.Forms*, ela aceita argumentos de modo muito semelhante à função *MsgBox* e é exibida utilizando o método *Show*. Empregarei tanto a *MsgBox* como a *MessageBox* neste livro.

Agora você vai adicionar uma função *MsgBox* ao programa Input Box para exibir o nome que o usuário insere na caixa de diálogo Input Box.

Exiba uma mensagem utilizando a função *MsgBox*

1. Se o Code Editor não estiver visível, dê um clique duplo no botão Input Box no formulário Input Box.

   O procedimento de evento *Button1_Click* aparece no Code Editor. (Esse é o código que você inseriu no último exercício.)

2. Selecione a seguinte instrução no procedimento de evento (a última linha):

   ```
   Label1.Text = FullName
   ```

   Essa é a instrução que exibe o conteúdo da variável *FullName* no rótulo.

3. Pressione a tecla DELETE para excluir a linha.

   A instrução é removida do Code Editor.

4. Digite a seguinte linha no procedimento de evento como uma substituição:

   ```
   MsgBox(FullName, , "Input Results")
   ```

   Essa nova instrução irá chamar a função *MsgBox*, exibir o conteúdo da variável *FullName* na caixa de diálogo e colocar as palavras *Input Results* na barra de títulos. (O argumento *Buttons* opcional e a variável *ButtonClicked* são irrelevantes aqui e foram omitidos.) Seu procedimento de evento se parece com isto:

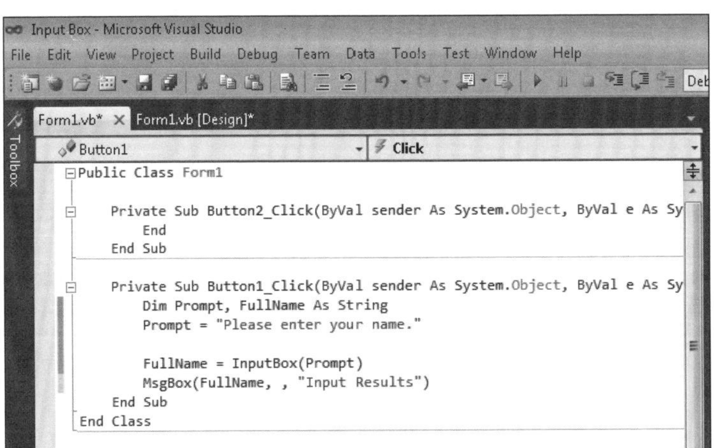

5. Clique no botão Start Debugging na barra de ferramentas Standard.
6. Clique no botão Input Box, digite seu nome na caixa de entrada e clique em OK.

   O Visual Basic armazena a entrada para o programa na variável *FullName* e a exibe em uma caixa de mensagem. Após digitar o nome Walter Harp na caixa de entrada, recebi esta caixa de mensagem:

   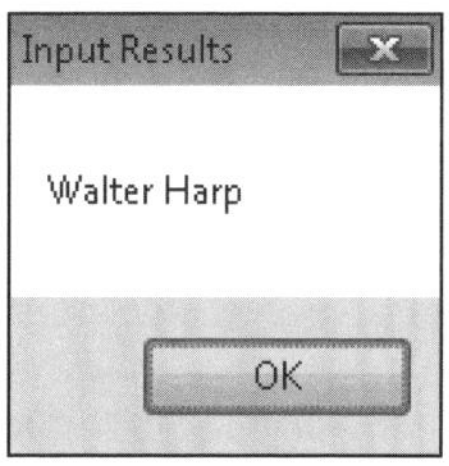

7. Clique em OK para fechar a caixa de mensagem. Em seguida, clique em Quit para fechar o programa.

   O programa fecha e o ambiente de desenvolvimento retorna.

Trabalhando com tipos de dados específicos

O tipo de dados *String* é útil para gerenciar texto em seus programas, mas o que dizer de números, datas e outros tipos de informações? Para permitir o gerenciamento de memória eficiente de todos os tipos de dados, o Visual Basic fornece vários tipos de dados adicionais que você pode utilizar para variáveis. Muitos desses são tipos de dados conhecidos das primeiras versões do BASIC ou Visual Basic e alguns tipos de dados foram introduzidos no Visual Studio 2005 para permitir o processamento eficiente de dados em computadores de 64 bits mais novos.

A Tabela 5-1 lista os tipos de dados fundamentais (ou elementares) no Visual Basic. Os tipos precedidos por um S são projetados para *números com sinal* (signed), o que quer dizer que eles podem armazenar valores positivos e negativos. Os tipos precedidos por um *U* são tipos de dados sem sinal (unsigned), ou seja, não podem armazenar valores negativos. Se seu programa precisar realizar muitos cálculos, seus programas terão um desempenho melhor se você escolher o tipo de dados correto para as variáveis – um tamanho nem muito grande nem muito pequeno. No próximo exercício, você verá como vários desses tipos de dados funcionam.

> **Nota** O tamanho de armazenamento da variável é medido em bits. A quantidade de espaço necessária para armazenar um caractere de teclado padrão (ASCII) na memória é de 8 bits, que é igual a 1 byte.

Tabela 5-1 Tipos de dados fundamentais no Visual Basic

Tipo de dados	Tamanho	Intervalo	Exemplo de uso
Short	16 bits	–32.768 a 32.767	`Dim Birds As Short Birds = 12500`
UShort	16 bits	0 a 65.535	`Dim Days As UShort Days = 55000`
Integer	32 bits	–2.147.483.648 a 2.147.483.647	`Dim Insects As Integer Insects = 37500000`
UInteger	32 bits	0 a 4.294.967.295	`Dim Joys As UInteger Joys = 3000000000`
Long	64 bits	–9.223.372.036.854.775.808 a 9.223.372.036.854.775.807	`Dim WorldPop As Long WorldPop = 4800000004`
ULong	64 bits	0 a 18.446.744.073.709.551.615	`Dim Stars As ULong Stars = _ 18000000000000000000`
Single	ponto flutuante de 32 bits	–3.4028235E38 a 3.4028235E38	`Dim Price As Single Price = 899.99`
Double	ponto flutuante de 64 bits	–1.79769313486231E308 a 1.79769313486231E308	`Dim Pi As Double Pi = 3.1415926535`
Decimal	128 bits	valores até +/–79,228.162.514. 264.337.593.543.950.335 (+/– 7,9...E+28) sem ponto decimal; 0 a +/– 7,9228162514264337593543950335 com 28 espaços à direita do decimal. Inclua "D" se você quiser focar o Visual Basic a iniciar o *Decimal*.	`Dim Debt As Decimal Debt = 7600300.5D`
Byte	8 bits	0 a 255 (sem números negativos)	`Dim RetKey As Byte RetKey = 13`
SByte	8 bits	–128 a 127	`Dim NegVal As SByte NegVal = -20`
Char	16 bits	Qualquer símbolo Unicode no intervalo 0 a 65.535. Inclua "C" quando inicializar uma *Char*.	`Dim UnicodeChar As Char UnicodeChar = "Ä"C`
String	Em geral, 16 bits por caractere	0 a aproximadamente 2 bilhões de caracteres Unicode de 16 bits.	`Dim Dog As String Dog = "pointer"`
Boolean	16 bits	True ou False (durante conversões, 0 é convertido em False, outros valores em True)	`Dim Flag as Boolean Flag = True`
Date	64 bits	January 1, 0001 a December 31, 9999	`Dim Birthday as Date Birthday = #3/1/1963#`
Object	32 bits	Qualquer tipo pode ser armazenado em uma variável do tipo *Object*	`Dim MyApp As Object MyApp = CreateObject _ ("Word.Application")`

Utilize tipos de dados fundamentais no código

1. No menu File, clique em Open Project.

   A caixa de diálogo Open Project abre.

2. Abra o projeto Data Types a partir da pasta C:\Vb10sbs\Chap05\Data Types.
3. Se o formulário do projeto não estiver visível, clique em Form1.vb no Solution Explorer e clique no botão View Designer.

   Data Types é um programa completo do Visual Basic que criei para demonstrar como os tipos de dados fundamentais funcionam. Você executará o programa para ver como são os tipos de dados e, então, verá como as variáveis são declaradas e utilizadas no código de programa. Você também aprenderá onde colocar declarações de variável para que estejam disponíveis para todos os procedimentos de evento no programa.

4. Clique no botão Start Debugging na barra de ferramentas Standard.

   A seguinte janela de aplicativo abre:

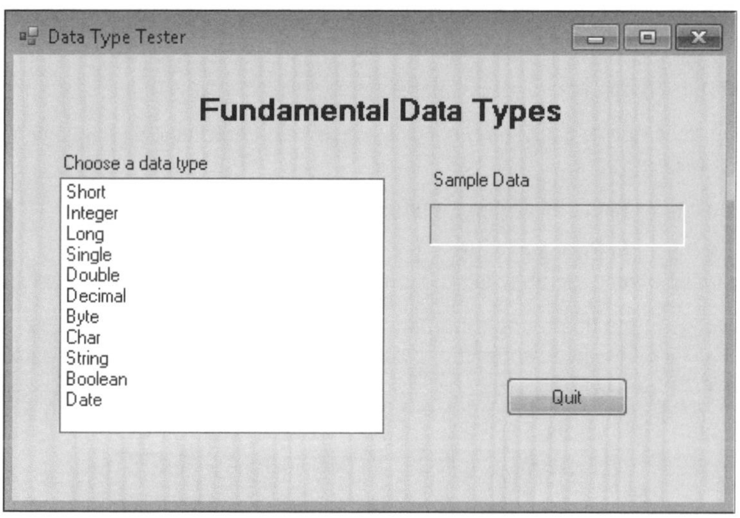

   O programa Data Types permite que você experimente 11 tipos de dados, incluindo inteiro, ponto flutuante de precisão simples e data. O programa exibe um exemplo de cada tipo quando você clica em seu nome na caixa de listagem.

5. Clique no tipo *Integer* na caixa de listagem.

   O número 37500000 aparece na caixa Sample Data.

> **Nota** Com os tipos de dados *Short*, *Integer* e *Long* você não pode inserir nem exibir vírgulas. Para exibir vírgulas, você precisará utilizar a função *Format*.

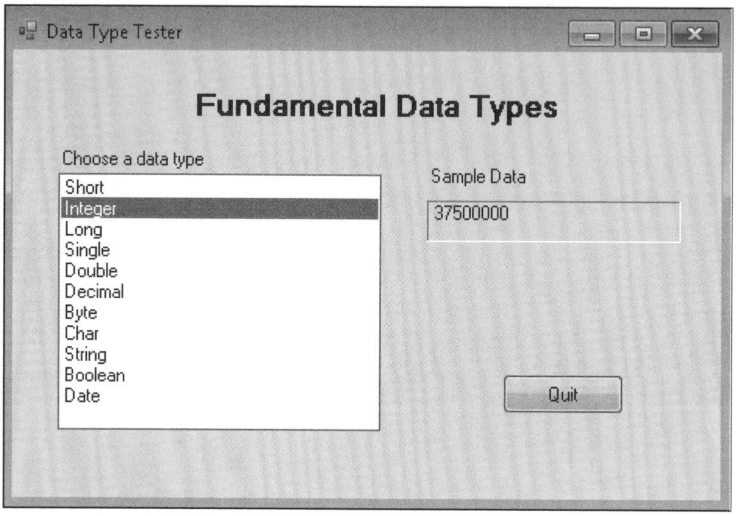

6. Clique no tipo *Date* na caixa de listagem.

   A data 3/1/1963 aparece na caixa Sample Data.

7. Clique em cada tipo de dados na caixa de listagem para ver como o Visual Basic o exibe na caixa Sample Data.

8. Clique no botão Quit a fim de parar o programa.

   Agora você examinará como os tipos de dados fundamentais são declarados na parte superior do formulário e como são utilizados no procedimento de evento *ListBox1_SelectedIndexChanged*.

9. Dê um clique duplo no próprio formulário (não em qualquer outro objeto do formulário) e expanda o Code Editor para ver melhor o código de programa. O Code Editor se parece com esta ilustração:

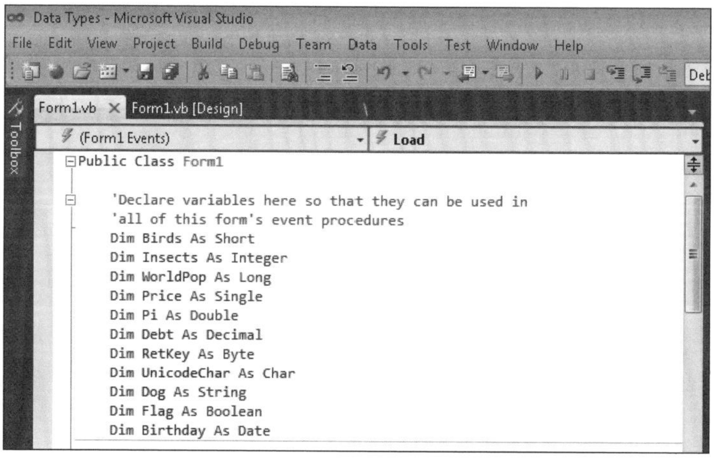

Role para a parte superior do Code Editor para ver várias instruções de programa que adicionei para declarar 11 variáveis no seu programa – uma para cada um dos tipos de dados fundamentais no Visual Basic. (Não criei um exemplo para os tipos *SByte*, *UShort*, *UInteger* e *ULong*, porque se parecem muito com seus correspondentes com sinal ou sem sinal.) Colocando cada instrução *Dim* aqui, na área de inicialização de código do formulário, asseguro que as variáveis serão válidas, ou terão *escopo*, para todos os procedimentos de evento do formulário. Dessa maneira, posso configurar o valor de uma variável em um procedimento de evento e lê-la em um outro. Normalmente, as variáveis são válidas somente no procedimento de evento em que são declaradas. Para torná-las válidas no formulário, você precisa declarar variáveis na parte superior do código do formulário.

> **Nota** Atribuí a cada variável o mesmo nome dado na tabela dos tipos de dados, anteriormente no capítulo, para que você possa ver os exemplos mostrados no código de programa real.

10. Role para baixo no Code Editor e examine o procedimento de evento *Form1_Load*.

Você verá as seguintes instruções, que adicionam itens ao objeto caixa de listagem no programa. (Talvez você se lembre dessa sintaxe apresentada do Capítulo 3, "Trabalhando com controles da Toolbox" – utilizei algumas instruções semelhantes.)

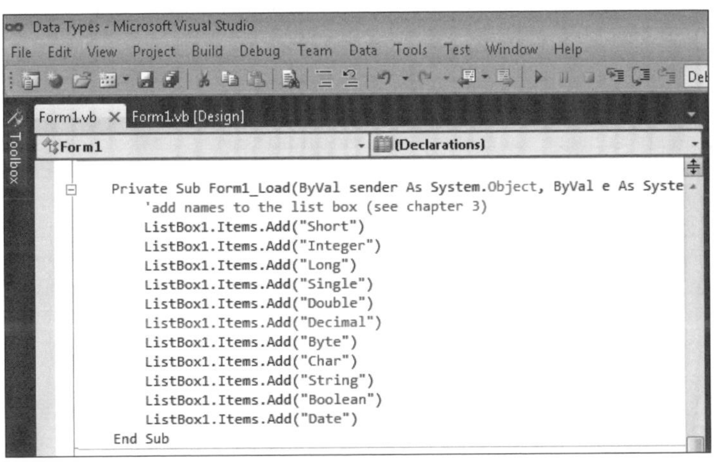

11. Role para cima e examine o procedimento de evento *ListBox1_SelectedIndexChanged*.

O procedimento de evento *ListBox1_SelectedIndexChanged* processa as seleções que você faz na caixa de listagem e se parece com isto:

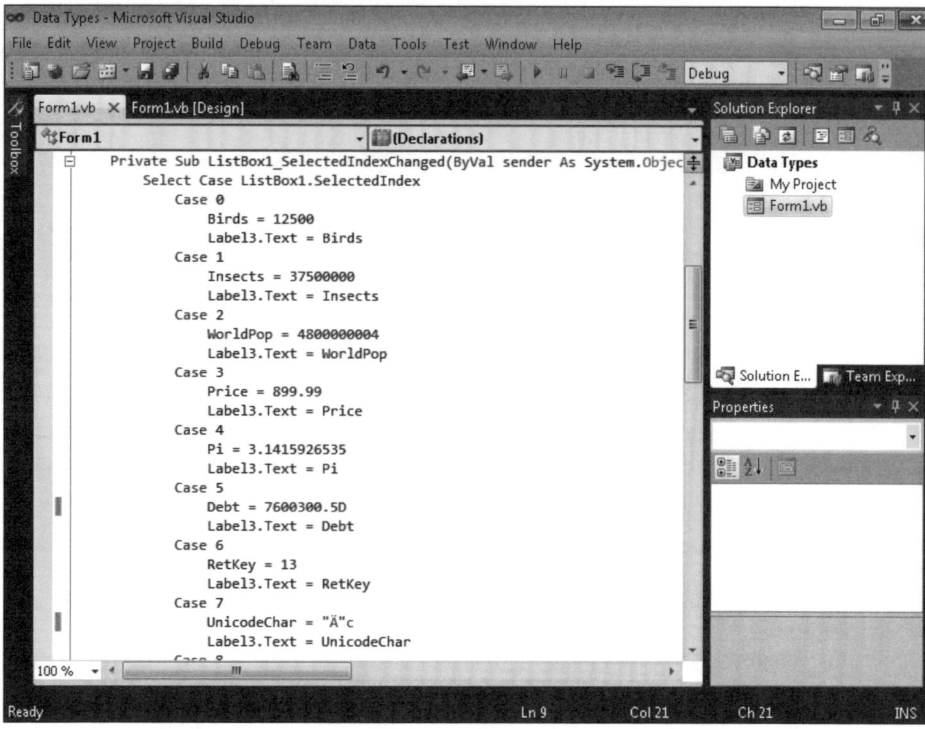

O coração do procedimento de evento é uma estrutura *Select Case*. No próximo capítulo, discutiremos como esse grupo de instruções de programa seleciona uma entre muitas escolhas. Por enquanto, note como cada seção do bloco *Select Case* atribui um valor de exemplo a uma das variáveis dos tipos de dados fundamentais e, então, atribui a variável à propriedade *Text* do objeto *Label4* no formulário. Uso um código como esse no Capítulo 3 para processar escolhas da caixa de listagem e você pode utilizar essas técnicas para trabalhar com caixas de listagem e tipos de dados em seus próprios programas.

> **Nota** Se tiver mais de um formulário no projeto, você precisa declarar variáveis de maneira (e em um lugar) ligeiramente diferente para fornecer-lhes escopo por todo o programa (isto é, em cada formulário que o projeto contiver). O tipo de variável que você irá declarar é uma variável pública ou global, e ela é declarada em um *módulo*, um arquivo especial que contém declarações e procedimentos não associados com um formulário particular. Para obter informações sobre a criação de variáveis públicas em módulos, veja o Capítulo 10, "Criando módulos e procedimentos".

12. Role pelo procedimento de evento *ListBox1_SelectedIndexChanged* e examine atentamente cada uma das atribuições de variáveis.

    Experimente alterar os dados em algumas das instruções de atribuição de variáveis e executar o programa novamente para ver como são os dados. Em particular, você poderia tentar atribuir valores a variáveis que estão fora de seu intervalo aceitável, como mostrado na tabela dos tipos de dados apresentada anteriormente. Se você cometer um erro como esse, o Visual Basic adiciona uma linha ondulada embaixo do valor incorreto no Code Editor e o programa não executará até que você o altere.

Para aprender mais sobre seu erro, você pode apontar para o valor na linha ondulada e ler uma curta mensagem de erro na dica de tela sobre o problema.

Dica Por padrão, uma linha ondulada verde indica um alerta, uma linha ondulada vermelha indica um erro de sintaxe, uma linha ondulada azul indica um erro de compilador e uma linha ondulada roxa indica outro tipo de erro.

13. Se fizer qualquer alteração que deseja salvar em disco, clique no botão Save All na barra de ferramentas Standard.

Tipos de dados definidos pelo usuário

O Visual Basic também permite criar seus próprios tipos de dados. Esse recurso é muito útil quando você lida com um grupo de itens de dados que se relacionam naturalmente, mas pertencem a diferentes categorias de dados. Você cria um *tipo definido pelo usuário* (*user-defined type* – UDT) utilizando a instrução *Structure* e declara variáveis associadas com o novo tipo utilizando a instrução *Dim*. Esteja ciente de que a instrução *Structure* não pode ser colocada em um procedimento de evento – ela deve estar localizada na parte superior do formulário junto com outras declarações de variáveis ou em um módulo de código.

Por exemplo, a declaração a seguir cria um tipo de dados definido pelo usuário chamado *Employee* que pode armazenar o nome, a data de nascimento e a data de admissão associada a um funcionário:

```
Structure Employee
    Dim Name As String
    Dim DateOfBirth As Date
    Dim HireDate As Date
End Structure
```

Depois de criar um tipo de dados, você pode utilizá-lo no código de programa para os procedimentos de evento do formulário ou do módulo. As seguintes instruções utilizam o novo tipo *Employee*. A primeira instrução cria uma variável chamada *ProductManager*, do tipo *Employee*, e a segunda instrução atribui o nome "Erin M. Hagens" ao componente *Name* da variável:

```
Dim ProductManager As Employee
ProductManager.Name = "Erin M. Hagens"
```

Isso se parece um pouco com a configuração de uma propriedade, não parece? O Visual Basic utiliza a mesma notação para o relacionamento entre objetos e propriedades que usa para o relacionamento entre tipos de dados definidos pelo usuário e variáveis componentes.

Constantes: variáveis que não mudam

Se uma variável no programa contiver um valor que nunca muda (como π, uma entidade matemática fixa), talvez você considere armazenar o valor como uma constante em vez de como uma variável. Uma *constante* é um nome que ocupa o espaço de um número ou de uma string de texto que não muda. As constantes são úteis porque aumentam a legibilidade do código de programa, podem reduzir erros de programação e tornam as alterações globais mais fáceis de realizar. As constantes operam de modo muito semelhante às variáveis, mas não é possível modificar seus valores em tempo de execução. Elas são declaradas com a palavra-chave *Const*, como mostrado no seguinte exemplo:

```
Const Pi As Double = 3.14159265
```

Essa instrução cria uma constante chamada *Pi* que pode ser utilizada no lugar do valor de π no código de programa. Para disponibilizar uma constante para todos os objetos e procedimentos de evento no formulário, coloque a instrução na parte superior, junto com outras declarações de variáveis e estruturas que terão escopo em todos os procedimentos de evento do formulário. Para disponibilizar a constante para todos os formulários e módulos em um programa (não apenas *Form1*), crie a constante em um módulo de código, com a palavra-chave *Public* na frente dela. Por exemplo:

```
Public Const Pi As Double = 3.14159265
```

O exercício a seguir mostra como você pode utilizar uma constante em um procedimento de evento.

Utilize uma constante em um procedimento de evento

1. No menu File, clique em Open Project.

   A caixa de diálogo Open Project abre.

2. Abra o projeto Constant Tester na pasta C:\Vb10sbs\Chap05\Constant Tester.

3. Se o formulário do projeto não estiver visível, clique em Form1.vb no Solution Explorer e clique no botão View Designer.

   O formulário Constant Tester abre no Designer. Constant Tester é um esqueleto de programa.

   A interface de usuário está pronta, mas você precisa digitar o código de programa.

4. Dê um clique duplo no botão Show Constant no formulário.

   O procedimento de evento *Button1_Click* aparece no Code Editor.

5. Digite as seguintes instruções no procedimento de evento *Button1_Click*:

   ```
   Const Pi As Double = 3.14159265
   Label1.Text = Pi
   ```

> **Dica** A localização que você escolhe para suas declarações deve estar baseada na maneira como você planeja utilizar as constantes ou as variáveis. Em geral, os programadores mantêm o menor escopo possível para declarações, reduzindo-o ao código que precisa utilizá-las. Por exemplo, se uma constante só é necessária em um único procedimento de evento, você deve colocar a declaração da constante dentro desse procedimento de evento. Entretanto, você também poderia colocar a declaração na parte superior do código do formulário, o que daria a todos os procedimentos de evento do formulário acesso a essa declaração.

6. Clique no botão Start Debugging na barra de ferramentas Standard para executar o programa.
7. Clique no botão Show Constant.

   A constante *Pi* aparece na caixa de rótulo, como mostrado aqui:

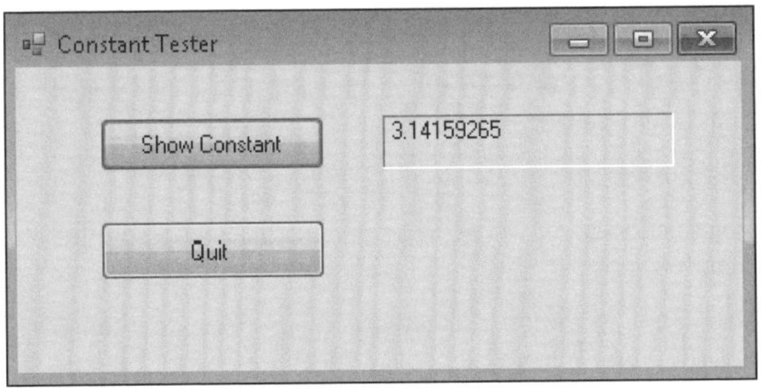

8. Clique no botão Quit para parar o programa.

   As constantes são úteis no código de programa, especialmente quando há fórmulas matemáticas envolvidas, como Area = πr^2. A próxima seção descreve como utilizar operadores e variáveis para escrever fórmulas semelhantes.

Trabalhando com operadores do Visual Basic

Uma *fórmula* é uma instrução que combina números, variáveis, operadores e palavras-chave para criar um novo valor. O Visual Basic contém vários elementos de linguagem projetados para utilização em fórmulas. Nesta seção, você vai trabalhar com operadores aritméticos (ou matemáticos), os símbolos usados para unir as partes de uma fórmula. Com algumas exceções, os símbolos aritméticos que você usará são aqueles que você utiliza na vida cotidiana e suas operações são relativamente intuitivas. Você verá cada operador demonstrado nos exercícios a seguir.

O Visual Basic inclui os operadores aritméticos listados na Tabela 5-2.

Tabela 5-2 Operadores aritméticos

Operador	Descrição
+	Adição
–	Subtração
*	Multiplicação
/	Divisão
\	Divisão de inteiro (número inteiro)
Mod	Divisão de resto
^	Exponenciação (elevar a uma potência)
&	Concatenação de strings (combinação)

Matemática básica: os operadores +, –, * e /

Os operadores de adição, subtração, multiplicação e divisão são muito simples e diretos, e podem ser empregados em qualquer fórmula em que números ou variáveis numéricas são utilizados. O exercício a seguir demonstra como você pode usá-los em um programa.

Trabalhe com operadores básicos

1. No menu File, clique em Open Project.
2. Abra o projeto Basic Math na pasta C:\Vb10sbs\Chap05\Basic Math.
3. Se o formulário do projeto não estiver visível, clique em Form1.vb no Solution Explorer e clique no botão View Designer.

   O formulário Basic Math abre no *Designer*. O programa *Basic Math* demonstra como os operadores de adição, subtração, multiplicação e divisão funcionam com números que você digita. Ele também demonstra como usar objetos caixa de texto, botão de opção e botão para processar entrada do usuário em um programa.
4. Clique no botão Start Debugging na barra de ferramentas Standard.

   O programa Basic Math executa no IDE. O programa exibe duas caixas de texto em que você insere valores numéricos, um grupo de botões de opção de operador, uma caixa que exibe resultados e dois objetos botão (Calculate e Quit).
5. Digite **100** na caixa de texto Variable 1 e pressione TAB.

   O ponto de inserção, ou *foco*, se move para a segunda caixa de texto.
6. Digite **17** na caixa de texto Variable 2.

   Você agora pode aplicar qualquer um dos operadores matemáticos aos valores nas caixas de texto.
7. Clique no botão de opção Addition e no botão Calculate.

   O operador é aplicado aos dois valores, e o número 117 aparece na caixa Result, como mostrado na captura de tela a seguir.

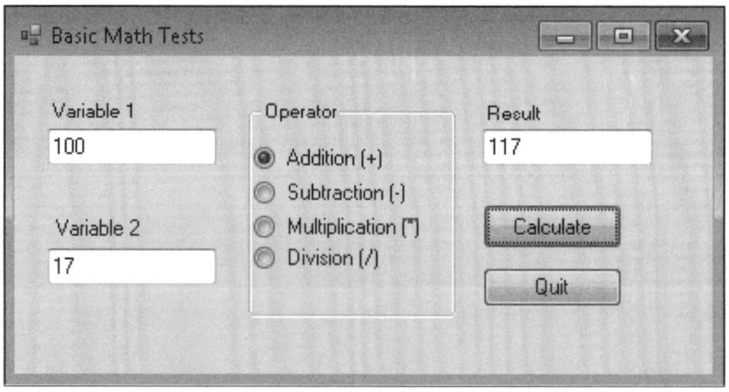

8. Pratique o uso dos operadores de subtração, multiplicação e divisão com os dois números nas caixas de variável. (Clique em Calculate para calcular cada fórmula.)

   Os resultados aparecem na caixa Result. Sinta-se à vontade para experimentar números diferentes nas caixas de texto de variável. (Experimente alguns números com pontos de fração decimal se quiser.) Utilizei o tipo de dados *Double* para declarar as variáveis, portanto, você pode utilizar números muito grandes.

   Agora experimente o seguinte teste para ver o que acontece:

9. Digite **100** na caixa de texto Variable 1, digite **0** na caixa de texto Variable 2, clique no botão de opção Division e em Calculate.

   A divisão por zero não é permitida em cálculos matemáticos, porque produz um resultado infinito. Mas o Visual Basic é capaz de tratar esse cálculo e exibe um valor de Infinity na caixa de texto Result. Conseguir tratar algumas condições de divisão por zero é um recurso que o Visual Basic 2010 fornece automaticamente.

10. Quando terminar de estudar este e outros testes, clique no botão Quit.

    O programa para e o ambiente de desenvolvimento retorna.

Agora examine o código de programa para ver como os resultados foram calculados. O Basic Math utiliza alguns dos controles de entrada padrão que você experimentou no Capítulo 3 e um procedimento de evento que utiliza variáveis e operadores para processar fórmulas matemáticas simples.

O programa declara suas variáveis na parte superior do formulário para que possam ser utilizadas em todos os procedimentos de evento *Form1*.

Examine o código de programa Basic Math

1. Dê um clique duplo no botão Calculate do formulário.

   O Code Editor exibe o procedimento de evento *Button1_Click*. Na parte superior do código do formulário, você verá a seguinte instrução, que declara duas variáveis do tipo *Double*:

   ```
   'Declara as variáveis FirstNum e SecondNum
   Dim FirstNum, SecondNum As Double
   ```

   Utilizei o tipo *Double* porque queria um tipo de variável grande, de uso geral e que pudesse tratar muitos números diferentes – inteiros, números com ponto de fração decimal, números muito grandes, números pequenos e assim por diante. As variáveis são declaradas na mesma linha utilizando a notação de atalho. Tanto *FirstNum* como *SecondNum* são do tipo *Double* e usadas para armazenar os valores inseridos na primeira e segunda caixas de texto, respectivamente.

2. Role para baixo no Code Editor para ver o conteúdo do procedimento de evento *Button1_Click*.

Sua tela deve se parecer com esta:

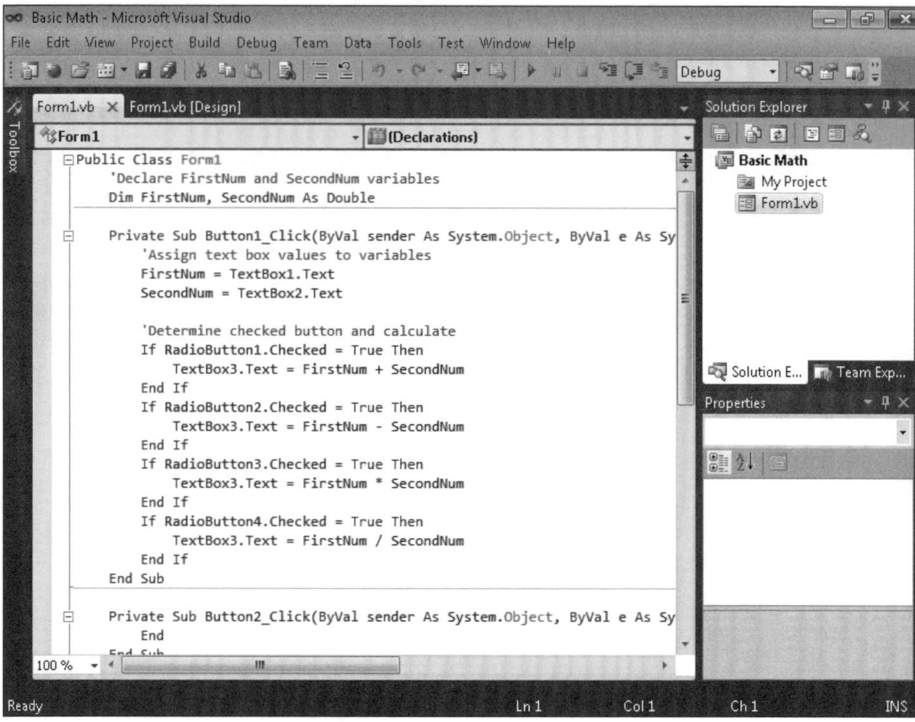

As duas primeiras instruções no procedimento de evento transferem dados inseridos nos objetos caixa de texto para as variáveis *FirstNum* e *SecondNum*.

```
'Atribui valores de caixa de texto a variáveis
FirstNum = TextBox1.Text
SecondNum = TextBox2.Text
```

O controle *TextBox* trata a transferência com a propriedade *Text* – uma propriedade que aceita o texto inserido pelo usuário e o disponibiliza para utilização no programa. Empregarei o controle *TextBox* frequentemente neste livro. Quando estiver configurado como multilinha e redimensionado, ele pode exibir muitas linhas de texto – até mesmo um arquivo inteiro!

Depois que os valores de caixa de texto são atribuídos às variáveis, o procedimento de evento determina qual botão de opção foi selecionado, calcula a fórmula matemática e exibe o resultado em uma terceira caixa de texto. O primeiro teste de botão de opção é parecido com isto:

```
'Determina o botão selecionado e calcula
If RadioButton1.Checked = True Then
    TextBox3.Text = FirstNum + SecondNum
End If
```

Retomando o Capítulo 3, lembre-se de que somente um objeto botão de opção em um objeto caixa de grupo pode ser selecionado de cada vez. Você pode dizer se um botão de opção foi ou não selecionado avaliando a propriedade *Checked*. Se for True, o botão foi selecionado; se for

False, o botão não foi selecionado. Depois desse teste simples, você está pronto para calcular o resultado e exibi-lo no terceiro objeto caixa de texto. Isso é tudo que é necessário saber para utilizar operadores aritméticos básicos. (Você aprenderá a respeito da sintaxe de testes *If...Then* no Capítulo 6, "Utilizando estruturas de decisão".)

Você acabou de utilizar o programa *Basic Math*.

Operadores abreviados

Um recurso interessante do Visual Basic é a possibilidade de utilizar operadores abreviados que são atalhos para operações matemáticas e de string que envolvem a alteração do valor de uma variável existente. Por exemplo, se combinar o símbolo + com o símbolo =, você pode fazer adições a uma variável sem repetir o nome da variável duas vezes na fórmula. Portanto, você pode escrever a fórmula X = X + 6 utilizando a sintaxe X += 6. A Tabela 5-3 mostra exemplos desses operadores abreviados.

Tabela 5-3 Operadores abreviados

Operação	Sintaxe na forma longa	Sintaxe na forma abreviada
Adição (+)	X = X + 6	X += 6
Subtração (–)	X = X – 6	X –= 6
Multiplicação (*)	X = X * 6	X *= 6
Divisão (/)	X = X / 6	X /= 6
Divisão de inteiro (\)	X = X \ 6	X \= 6
Exponenciação (^)	X = X ^ 6	X ^= 6
Concatenação de strings (&)	X = X & "ABC"	X &= "ABC"

Utilizando operadores avançados: \, *Mod*, ^ e &

Além dos quatro operadores aritméticos básicos, o Visual Basic inclui quatro operadores avançados que realizam a divisão de inteiro (\), divisão de resto (*Mod*), exponenciação (^) e concatenação de strings (&). Esses operadores são úteis em fórmulas matemáticas de uso especial e aplicações de processamento de textos. O utilitário a seguir (uma ligeira modificação do programa *Basic Math*) mostra como é possível empregar cada um desses operadores em um programa.

Trabalhe com operadores avançados

1. No menu File, clique em Open Project.

   A caixa de diálogo Open Project abre.

2. Abra o projeto Advanced Math na pasta C:\Vb10sbs\Chap05\Advanced Math.

3. Se o formulário do projeto não estiver visível, clique em Form1.vb no Solution Explorer e no botão View Designer.

O formulário Advanced Math abre no Designer. O programa Advanced Math é idêntico ao programa Basic Math, com a exceção dos operadores mostrados nos botões de opção e no programa.

4. Clique no botão Start Debugging na barra de ferramentas Standard.

   O programa exibe duas caixas de texto em que você insere valores numéricos, um grupo de botões de opção de operadores, uma caixa de texto que exibe resultados e dois botões.

5. Digite **9** na caixa de texto Variable 1 e pressione TAB.

6. Digite **2** na caixa de texto Variable 2.

   Agora você pode aplicar qualquer um dos operadores avançados aos valores nas caixas de texto.

7. Clique no botão de opção Integer Division e clique em Calculate.

   O operador é aplicado aos dois valores, e o número 4 aparece na caixa Result, como mostrado aqui:

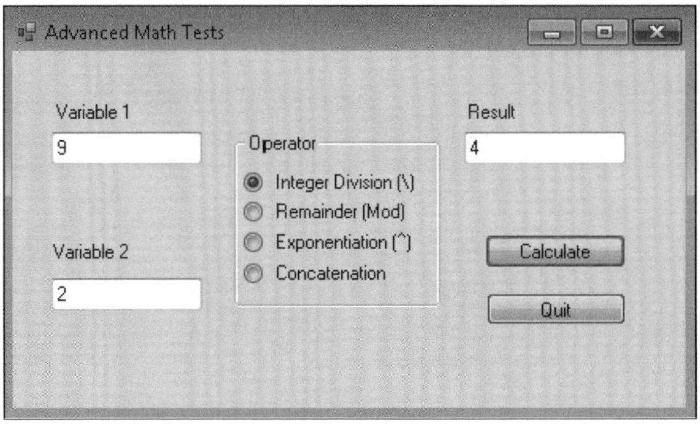

   A divisão de inteiro produz somente a parte inteira da operação de divisão. Embora 9 dividido por 2 seja igual a 4,5, a operação de divisão de inteiro retorna somente a primeira parte, um inteiro (o número inteiro 4). Talvez você ache esse resultado útil se estiver trabalhando com quantidades que não podem ser facilmente divididas em componentes fracionários, como o número de adultos que pode caber em um carro.

8. Clique no botão de opção Remainder e, então, clique em Calculate.

   O número 1 aparece na caixa Result. O módulo aritmético retorna o resto (a parte que sobrou) depois que dois números são divididos. Como 9 dividido por 2 é igual a 4 com 1 de resto (2 * 4 + 1 = 9), o resultado produzido pelo operador *Mod* é 1. Para adicionar uma vibração do início dos anos 1970 ao seu código, o operador *Mod* pode ajudá-lo a monitorar "as sobras" em seus cálculos, como a quantidade de dinheiro que sobrou depois de uma transação financeira.

9. Clique no botão de opção Exponentiation e clique em Calculate.

   O número 81 aparece na caixa Result. O operador de exponenciação (^) eleva um número a uma potência especificada. Por exemplo, 9 ^ 2 é igual a 9^2 ou 81. Em uma fórmula do Visual Basic, 9^2 é escrito 9 ^ 2.

10. Clique no botão de opção Concatenation e em Calculate.

    O número 92 aparece na caixa Result. O operador de concatenação de strings (&) combina duas strings em uma fórmula, mas não pela adição. O resultado é uma combinação entre os caracteres "9" e "2". A concatenação de strings pode ser realizada com variáveis numéricas, mas costuma ser feita com valores ou variáveis string.

    Como declarei as variáveis *FirstNum* e *SecondNum* como tipo *Double*, você não pode combinar palavras ou letras utilizando o código de programa do modo como ele é escrito. Como exemplo, tente o seguinte teste, que causa um erro e fecha o programa.

11. Digite **birth** na caixa de texto Variable 1, digite **day** na caixa de texto Variable 2, verifique se Concatenation está selecionado e clique em Calculate.

    O Visual Basic é incapaz de processar os valores de texto que você inseriu, portanto, o programa para de executar e aparece uma mensagem de erro na tela.

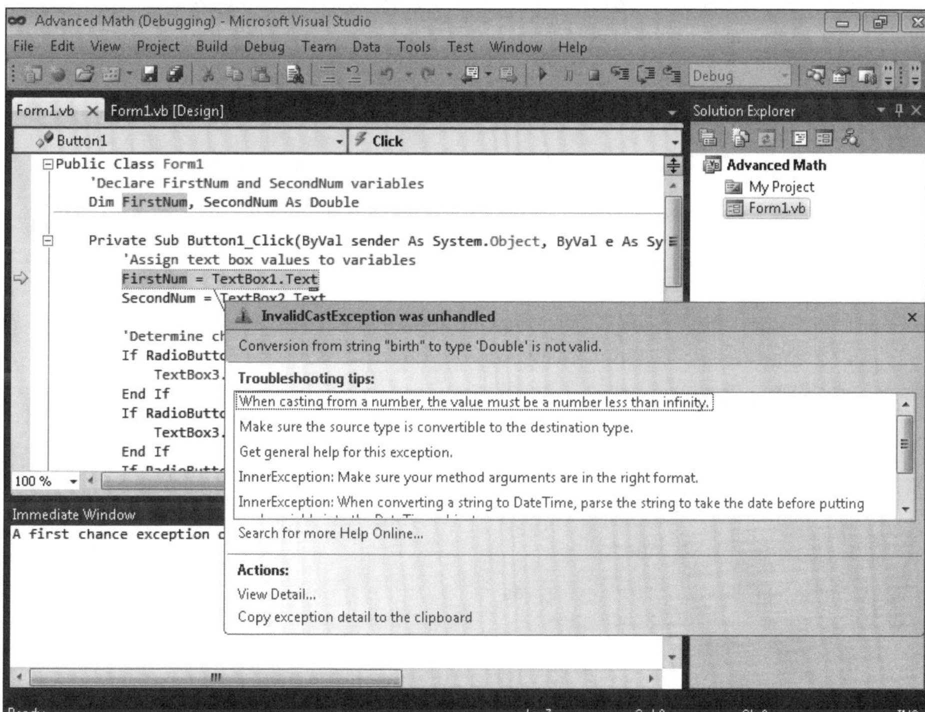

Esse tipo de erro é chamado de *erro de tempo de execução* – um erro que surge não durante o design e a compilação do programa, mas mais tarde, quando o programa está em execução e encontra uma condição que não sabe processar. Se isso parece estranho, talvez você imagine que o Visual Basic esteja simplesmente oferecendo uma versão moderna da famosa frase robótica "Não computa!" dos melhores filmes de ficção científica dos anos de 1950. A mensagem do computador "Conversion from string 'birth' to type 'Double' is not valid" ("Conversão da string 'birth' para o tipo 'Double' não é válida") significa que as palavras que você inseriu nas caixas de texto ("birth" e "day") não puderam ser convertidas (ou *cast*), pelo Visual Basic em variáveis do tipo *Double*. Os tipos *Double* só podem conter números – ponto final.

Como veremos em mais detalhes, o Visual Studio não deixa mais você perdido com esse problema, mas fornece uma caixa de diálogo com tipos de informações diferentes para ajudá-lo a resolver o erro de tempo de execução. Até aqui, você aprendeu outra lição importante sobre os tipos de dados e quando não misturá-los.

12. Clique no botão Stop Debugging na barra de ferramentas Standard para encerrar o programa.

    Seu programa é fechado e o retorna ao ambiente de desenvolvimento.

> **Nota** No Capítulo 8, "Depurando programas em Visual Basic", você aprenderá o modo de depuração que permite monitorar os defeitos, ou *bugs*, no código de programa.

Agora, examine o código de programa para ver como as variáveis foram declaradas e como os operadores avançados foram utilizados.

13. Role para o código na parte superior do Code Editor, se ele não estiver visível.

    Você vê o seguinte comentário e a instrução de programa:

```
'Declara as variáveis FirstNum e SecondNum
Dim FirstNum, SecondNum As Double
```

    Como você deve se lembrar dos exercícios anteriores, *FirstNum* e *SecondNum* são as variáveis que armazenam números vindos dos objetos *TextBox1* e *TextBox2*.

14. Mude o tipo de dados de *Double* para *String* para que você possa testar adequadamente como funciona o operador de concatenação de strings (*&*).

15. Role para baixo no Code Editor para ver como os operadores avançados são utilizados no código de programa.

    Você vê o seguinte código:

```
'Atribui valores das caixas de texto a variáveis
FirstNum = TextBox1.Text
SecondNum = TextBox2.Text

'Determina o botão selecionado e calcula
If RadioButton1.Checked = True Then
    TextBox3.Text = FirstNum \ SecondNum
End If
```

```
If RadioButton2.Checked = True Then
    TextBox3.Text = FirstNum Mod SecondNum
End If
If RadioButton3.Checked = True Then
    TextBox3.Text = FirstNum ^ SecondNum
End If
If RadioButton4.Checked = True Then
    TextBox3.Text = FirstNum & SecondNum
End If
```

Como o programa Basic Math, esse programa carrega dados das caixas de texto e os coloca nas variáveis *FirstNum* e *SecondNum*. O programa então verifica qual botão de opção o usuário selecionou e calcula a fórmula solicitada. Nesse procedimento de evento, os operadores de divisão de inteiro (\), resto (*Mod*), exponenciação (^) e concatenação de strings (&) são utilizados. Agora que você mudou o tipo de dados das variáveis para *String*, execute o programa novamente para ver como o operador & trabalha no texto.

16. Clique no botão Start Debugging.
17. Digite **birth** na caixa de texto Variable 1, digite **day** na caixa de texto Variable 2, clique em Concatenation e, então, clique em Calculate.

    O programa agora concatena os valores de string e não produz um erro de tempo de execução, como mostrado aqui:

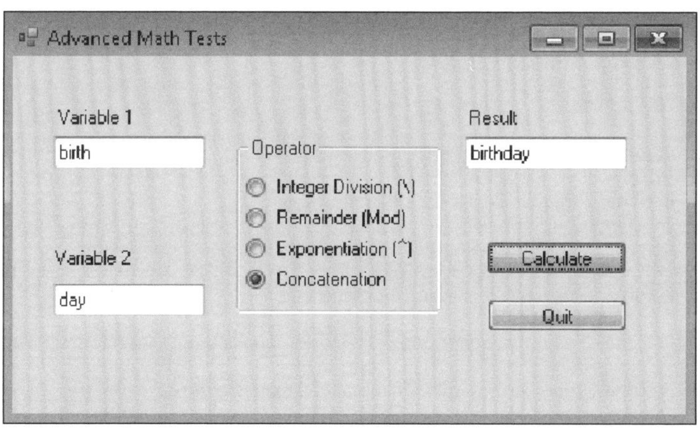

18. Clique no botão Quit para fechar o programa.

    Como você pode ver, o tipo de dado *String* corrigiu o problema de concatenação. Entretanto, essa não é uma solução total porque as variáveis do tipo *String* não funcionarão corretamente se você experimentar as operações de divisão, resto ou exponenciação com elas. Portanto, se realmente quiser que seu programa processe números *e* strings de texto alternadamente, você precisará adicionar lógica de programa ao seu código. Por enquanto, você concluiu o trabalho com o programa Advanced Math.

> **Dica** É difícil evitar completamente os erros de tempo de execução – mesmo os programas aplicativos mais sofisticados, como o Word ou Microsoft Office Excel, às vezes se deparam com condições de erro que não podem tratar, produzindo erros de tempo de execução (run-time) ou *quebras (crashes)*. Projetar os programas para tratar muitos tipos de dados e condições operacionais diferentes ajuda a produzir aplicações sólidas, ou *robustas*. No Capítulo 9, "Interceptando erros com tratamento de erros estruturado", você conhecerá outra ferramenta útil para impedir paradas devido a erros de tempo de execução – a rotina de tratamento de erro estruturada.

Trabalhando com métodos matemáticos no .NET Framework

De vez em quando você vai precisar fazer um pequeno processamento numérico extra em seus programas. Talvez você precise arredondar um número, para calcular uma expressão matemática complexa ou introduzir aleatoriedade aos programas. Os métodos matemáticos mostrados na Tabela 5-4 podem ajudá-lo a trabalhar com números em suas fórmulas. Esses métodos são fornecidos pela classe *System.Math* do .NET Framework, uma biblioteca de classes que permite derivar o poder do sistema operacional Windows e realizar muitas das tarefas de programação comuns necessárias à criação de projetos.

O argumento *n* na tabela representa o número, variável ou expressão que você quer que o método avalie.

Tabela 5-4 Métodos matemáticos úteis

Método	Finalidade
Abs(n)	Retorna o valor absoluto de *n*.
Atan(n)	Retorna o arco-tangente, em radianos, de *n*.
Cos(n)	Retorna o cosseno do ângulo *n*. O ângulo *n* é expresso em radianos.
Exp(n)	Retorna a constante e elevada à potência de *n*.
Sign(n)	Retorna –1 se *n* for menor que 0, 0 se *n* for igual a 0 e +1 se *n* for maior que 0.
Sin(n)	Retorna o seno do ângulo *n*. O ângulo *n* é expresso em radianos.
Sqrt(n)	Retorna a raiz quadrada de *n*.
Tan(n)	Retorna a tangente do ângulo *n*. O ângulo *n* é expresso em radianos.

> **Nota** Essa é apenas uma listagem parcial dos métodos na classe *System.Math*; existem muito mais classes no .NET Framework que os aplicativos Windows podem usar.

Para usar um ou mais desses métodos, coloque a instrução

```
Imports System.Math
```

na parte superior do código do seu formulário no Code Editor. Essa instrução referencia a classe *System.Math* para que você possa usar seus métodos no seu programa.

Qual é a finalidade do .NET Framework? O .NET Framework é um recurso importante do Visual Studio que é compartilhado pelo Visual Basic, pelo Microsoft Visual C++, pelo Microsoft Visual C#, pelo Microsoft F# e outras ferramentas no Visual Studio. É uma interface subjacente que se torna parte do sistema operacional Windows propriamente dito e é instalado em cada computador que executa programas do Visual Studio. Os componentes chave do .NET Framework são o CLR (common language runtime) e a biblioteca de classes do .NET Framework, que inclui o ADO.NET, ASP.NET, Windows Forms e Windows Presentation Foundation (WPF). Com cada versão do Visual Studio, o .NET Framework é estendido para fornecer uma funcionalidade adicional. No Visual Studio 2010, a biblioteca do .NET Framework 4 está sendo introduzida, o que oferece uma atualização para a biblioteca do .NET Framework 3.5 e disponibiliza mais opções de implantação, suporte para computação paralela (código assíncrono e multitarefas), segurança melhorada, melhorias de rede e novos serviços Web fornecidos por meio do ASP.NET.

Grande parte dos melhoramentos do .NET Framework surgirão automaticamente à medida que você usar o Visual Basic 2010, e alguns se tornarão úteis quando você explorar as técnicas de programação avançada. Começando agora e ao longo deste livro, eu o ensinarei a usar vários métodos do .NET Framework para melhorar seus programas em Visual Basic. Após concluir este livro, você talvez queira procurar livros e recursos adicionais sobre o .NET Framework porque ele oferece uma extensão importante para o que você pode fazer com o Visual Basic e outras linguagens no Visual Studio.

Experimente os métodos matemáticos do .NET Framework agora completando o exercício a seguir.

Utilize a classe *System.Math* para calcular raízes quadradas

1. No menu File, clique em New Project.

   A caixa de diálogo New Project abre.

2. Crie um novo projeto Windows Forms Applications do Visual Basic chamado **My Framework Math**.

   O novo projeto é criado e um formulário em branco abre no Designer.

3. Clique no controle *Button* na guia Windows Forms da Toolbox e crie um objeto botão na parte superior do formulário.

4. Clique no controle *TextBox* da Toolbox e desenhe uma caixa de texto embaixo do objeto botão.

5. Configure a propriedade *Text* do objeto botão como Square Root.

6. Dê um clique duplo no objeto botão para exibir o Code Editor.

7. Na parte superior do Code Editor, acima da instrução *Public Class Form1*, digite a seguinte instrução de programa:

   ```
   Imports System.Math
   ```

A classe *System.Math* é uma coleção de métodos fornecidos pelo .NET Framework para operações aritméticas. O .NET Framework é organizado de uma maneira hierárquica que pode ser bem profunda. A instrução *Imports* facilita referenciar classes, propriedades e métodos no seu projeto. Por exemplo, se você não incluísse a instrução *Imports* anterior, para chamar o método *Sqrt* você teria de digitar *System.Math.Sqrt* em vez de apenas *Sqrt*. A instrução *Imports* deve ser a primeira instrução no programa – ela deve vir antes mesmo das variáveis que você declara para o formulário e a instrução *Public Class Form1* que o Visual Basic fornece automaticamente.

8. Vá para o Code Editor e adicione o seguinte código ao procedimento de evento *Button1_Click* entre as instruções *Private Sub* e *End Sub*:

```
Dim Result As Double
Result = Sqrt(625)
TextBox1.Text = Result
```

   Essas três instruções declaram uma variável do tipo double chamada *Result*, utilizam o método *Sqrt* para calcular a raiz quadrada de 625 e atribuem a variável *Result* à propriedade *Text* do objeto caixa de texto para que a resposta seja exibida.

9. Clique no botão Save All na barra de ferramentas Standard para salvar suas alterações.

   Especifique a pasta C:\Vb10sbs\Chap05 como a localização.

10. Clique no botão Start Debugging na barra de ferramentas Standard.

   O programa Framework Math executa no IDE.

11. Clique no botão Square Root.

   O Visual Basic calcula a raiz quadrada de 625 e exibe o resultado (25) na caixa de texto. Como você pôde ver aqui, o método *Sqrt* funciona!

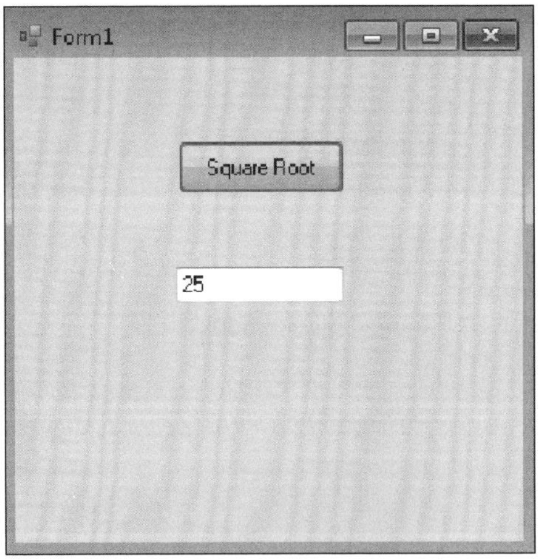

12. Clique no botão Close no formulário para fechar o programa.

Para tornar mais fácil referenciar classes, propriedades e métodos no .NET Framework, inclua a instrução *Imports* e especifique a classe ou o namespace apropriado. Você pode utilizar essa técnica para usar qualquer classe do .NET Framework e poderá ver muitos outros exemplos ao trabalhar neste livro.

Um passo além: estabelecendo a ordem de precedência

Nos poucos exercícios anteriores, você experimentou vários operadores aritméticos e um operador de string. O Visual Basic permite combinar quantos operadores aritméticos você quiser em uma fórmula, contanto que cada variável numérica e cada expressão numérica sejam separadas de outra por um operador.

Por exemplo, esta é uma fórmula do Visual Basic aceitável:

```
Total = 10 + 15 * 2 / 4 ^ 2
```

A fórmula processa vários valores e atribui o resultado a uma variável chamada *Total*. Mas como essa expressão é avaliada pelo Visual Basic? Em outras palavras, que sequência o Visual Basic segue ao resolver a fórmula? Talvez você não tenha notado, mas a ordem de avaliação importa muito neste exemplo.

O Visual Basic resolve esse dilema estabelecendo uma *ordem de precedência* específica para operações matemáticas. Essa lista de regras diz ao Visual Basic que operador utilizar em primeiro lugar, em segundo lugar e assim por diante ao avaliar uma expressão que contém mais de um operador.

A Tabela 5-5 lista os operadores do primeiro ao último na ordem em que são avaliados. (Operadores no mesmo nível nessa tabela são avaliados da esquerda para a direita como aparecem em uma expressão.)

Tabela 5-5 Ordem de precedência dos operadores

Operador	Ordem de precedência
( )	Os valores entre parênteses sempre são avaliados primeiro.
^	A exponenciação (elevar um número a uma potência) é avaliada em segundo lugar.
–	A negação (criar um número negativo) é avaliada em terceiro lugar.
* /	A multiplicação e a divisão são avaliadas em quarto.
\	A divisão de inteiro é a quinta a ser avaliada.
Mod	O resto é o sexto.
+ –	A adição e a subtração são as últimas.

Considerando a ordem de precedência nessa tabela, a expressão

```
Total = 10 + 15 * 2 / 4 ^ 2
```

é avaliada pelo Visual Basic nos seguintes passos. (Sombreamento é utilizado para mostrar cada passo na ordem da avaliação.)

```
Total = 10 + 15 * 2 / 4 ^ 2
Total = 10 + 15 * 2 / 16
Total = 10 + 30 / 16
Total = 10 + 1.875
Total = 11.875
```

Utilizando parênteses em uma fórmula

Você pode utilizar um ou mais pares de parênteses em uma fórmula para esclarecer a ordem de precedência ou impor sua própria ordem de precedência sobre uma ordem padrão.

Por exemplo, o Visual Basic calcula a fórmula

```
Number = (8 - 5 * 3) ^ 2
```

determinando o valor entre os parênteses (-7) antes de fazer a exponenciação – embora a exponenciação tenha precedência sobre a subtração e a multiplicação, de acordo com a tabela de precedência. Você pode refinar ainda mais o cálculo colocando parênteses aninhados na fórmula. Por exemplo,

```
Number = ((8 - 5) * 3) ^ 2
```

instrui o Visual Basic a calcular a diferença no conjunto interno de parênteses primeiro, realizar a operação nos parênteses externos em seguida e, então, determinar a exponenciação. O resultado produzido pelas duas fórmulas é diferente: a primeira fórmula é avaliada como 49 e a segunda como 81. Os parênteses podem alterar o resultado de uma operação matemática, bem como facilitar sua leitura.

Referência rápida do Capítulo 5

Para	Faça isto
Declarar uma variável	Digite **Dim** seguido pelo nome da variável, a palavra-chave **As** e o tipo de dados da variável no código de programa. Para tornar a variável válida em todos os procedimentos de evento de um formulário, coloque essa instrução na parte superior do código para o formulário, antes de quaisquer procedimentos de evento. Por exemplo: `Dim Country As String`
Alterar o valor de uma variável	Atribua um novo valor com o operador de atribuição (=). Por exemplo: `Country = "Japan"`
Obter entrada com uma caixa de diálogo	Utilize a função *InputBox* e atribua o resultado a uma variável. Por exemplo: `UserName = InputBox("What is your name?")`

Exibir a saída em uma caixa de diálogo	Utilize a função *MsgBox*. (A string a ser exibida na caixa de diálogo pode ser armazenada em uma variável.) Por exemplo:
	`Forecast = "Rain, mainly on the plain."`
	`MsgBox(Forecast,, "Spain Weather Report")`

Criar uma constante	Digite a palavra-chave *Const* seguida pelo nome da constante, o operador de atribuição (=), o tipo de dados da constante e o valor fixo. Por exemplo: `Const JackBennysAge As Short = 39`
Criar uma fórmula	Associe variáveis ou valores numéricos com um dos sete operadores matemáticos e, então, atribua o resultado a uma variável ou propriedade. Por exemplo: `Result = 1 ^ 2 * 3 \ 4 'isso é igual a 0`
Combinar strings de texto	Utilize o operador de concatenação de strings (&). Por exemplo: `Msg = "Hello" & "," & " world!"`
Incluir uma biblioteca de classes do .NET Framework	Coloque uma instrução *Imports* na parte superior do código do formulário que identifica a biblioteca de classes. Por exemplo: `Imports System.Math`
Fazer uma chamada para um método de uma biblioteca de classes incluída	Utilize o nome do método e inclua qualquer argumento necessário para que ele possa ser utilizado em uma fórmula ou uma instrução de programa. Por exemplo, para fazer uma chamada ao método *Sqrt* na biblioteca de classes *System.Math*: `Hypotenuse = Sqrt(x ^ 2 + y ^ 2)`

Controlar a ordem de avaliação em uma fórmula	Utilize parênteses na fórmula. Por exemplo:
	`Result = 1 + 2 ^ 3 \ 4 'isso é igual a 3`
	`Result = (1 + 2) ^ ( 3 \ 4) 'isso é igual a 1`

Capítulo 6

Utilizando estruturas de decisão

Neste capítulo, você vai aprender a:

- Escrever expressões condicionais.
- Utilizar uma instrução *If...Then* para desviar para um conjunto de instruções de programa com base em uma condição variável.
- Utilizar o controle *MaskedTextBox* para receber a entrada do usuário em um formato específico.
- Causar o curto-circuito de uma instrução *If...Then.*
- Utilizar uma instrução *Select Case* para selecionar uma escolha entre muitas opções no código de programa.
- Utilizar a propriedade *Name* para renomear objetos dentro de um programa.
- Gerenciar eventos de mouse e escrever uma rotina de tratamento do evento *MouseHover.*

Nos últimos capítulos, você utilizou vários recursos do Microsoft Visual Basic 2010 para processar a entrada do usuário. Menus, barras de ferramentas, caixas de diálogo e outros controles da Toolbox exibiram escolhas para o usuário e você processou entrada utilizando configurações de propriedade, variáveis, operadores, fórmulas e o Microsoft .NET Framework.

Neste capítulo, você aprenderá a se desviar condicionalmente para uma área específica no programa com base na entrada que recebe do usuário. Também aprenderá a avaliar uma ou mais propriedades ou variáveis utilizando expressões condicionais e a executar uma ou mais instruções de programa com base nos resultados. Em resumo, você aumentará seu vocabulário de programação criando blocos de código chamados *estruturas de decisão,* que controlam o modo como o programa executa, ou *flui*, internamente.

Programação baseada em eventos

Os programas que você escreveu até agora neste livro exibiram controles da Toolbox, menus, barras de ferramentas e caixas de diálogo na tela, e com esses programas, os usuários podem manipular os elementos de tela na ordem em que preferirem. Os programas colocaram o usuário no controle, esperaram pacientemente por uma resposta e processaram a entrada de maneira previsível. Nos círculos de programação, essa metodologia é conhecida como *programação baseada em eventos*. Você constrói um programa criando um grupo de objetos "inteligentes" que sabem responder à entrada e, então, o programa processa a entrada utilizando procedimentos de evento associados aos objetos.

De onde vem essa entrada? Basicamente, a maioria das entradas é proveniente do usuário do seu programa, que está abrindo os menus, clicando com o mouse, digitando nas caixas de texto e assim por diante. Entretanto, a entrada de programa também pode vir do próprio sistema de computador.

Por exemplo, talvez seu programa seja notificado quando uma mensagem de email chega ou quando um período especificado de tempo passou no relógio do sistema. Nessas situações, o computador, não o usuário, dispara eventos importantes.

Mas, independentemente de como um evento é disparado, o Visual Basic reage chamando o procedimento de evento associado ao objeto que reconheceu o evento e executa o código de programa no procedimento de evento. Até agora, você trabalhou principalmente com os eventos *Click*, *CheckedChanged* e *SelectedIndexChanged*. Entretanto, os objetos do Visual Basic também podem responder a muitos outros tipos de eventos.

A natureza baseada em eventos do Visual Basic significa que a maior parte da computação feita nos seus programas é realizada por procedimentos de evento. Esses blocos específicos de evento de código processam a entrada, calculam novos valores, exibem a saída e tratam outras tarefas.

Neste capítulo, você aprenderá a utilizar estruturas de decisão para comparar variáveis, propriedades e valores, e a executar uma ou mais instruções com base nos resultados. No Capítulo 7, "Utilizando loops e timers", você usará loops para executar um grupo de instruções repetidamente até que uma condição seja satisfeita ou enquanto uma condição específica for verdadeira. Juntas, essas poderosas estruturas de controle de fluxo ajudam a construir procedimentos de evento que podem responder a quase todas as situações.

Eventos suportados por objetos do Visual Basic

Cada objeto no Visual Basic tem um conjunto predefinido de eventos aos quais pode responder. Esses eventos são listados quando você seleciona o nome de um objeto na caixa de listagem Class Name na parte superior do Code Editor e, então, clica na seta Method Name. (No Microsoft Visual Studio, os eventos são visualmente identificados por um ícone de raio.) Você pode escrever um procedimento de evento para qualquer um desses eventos e, se esse evento ocorrer no programa, o Visual Basic executará o procedimento de evento associado a ele. Por exemplo, um objeto caixa de listagem (ListBox) suporta mais de 60 eventos, incluindo *Click, DoubleClick, DragDrop, DragOver, GotFocus, KeyDown, KeyPress, KeyUp, LostFocus, MouseDown, MouseMove, MouseUp, MouseHover, SelectedIndexChanged, TextChanged* e *Validated*. Você provavelmente não precisará escrever código para mais de três ou quatro desses eventos em seus aplicativos, mas é interessante saber que você tem todas essas opções ao criar elementos na interface. A captura de tela a seguir mostra uma listagem parcial dos eventos para um objeto caixa de listagem no Code Editor:

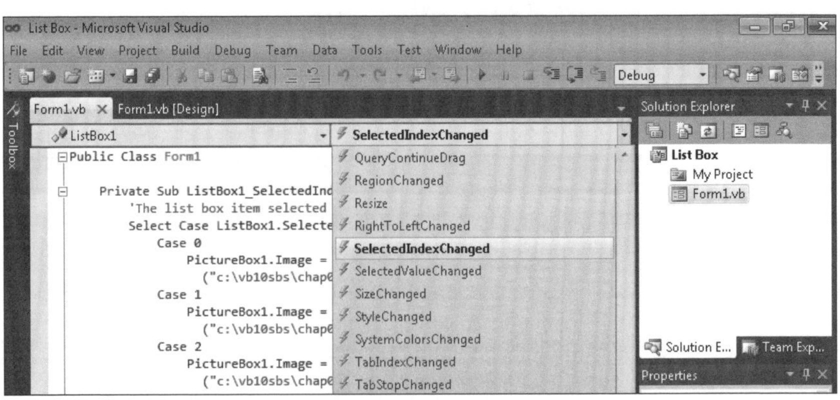

Utilizando expressões condicionais

Uma das ferramentas mais úteis para processar informações em um procedimento de evento é uma expressão condicional. Uma *expressão condicional* é uma parte de uma instrução de programa completa que faz uma pergunta do tipo verdadeiro ou falso sobre uma propriedade, uma variável ou outra parte dos dados no código de programa. Por exemplo, a expressão condicional

```
Price < 100
```

é avaliada como True se a variável *Price* contiver um valor menor que 100 e como False se *Price* contiver um valor maior que ou igual a 100.

Você pode utilizar os seguintes operadores de comparação mostrados na Tabela 6-1 em uma expressão condicional:

Tabela 6-1 Operadores de comparação do Visual Basic

Operador de comparação	Significado
=	Igual a
<>	Não igual a
>	Maior que
<	Menor que
>=	Maior que ou igual a
<=	Menor que ou igual a

A Tabela 6-2 mostra algumas expressões condicionais e seus resultados. Você trabalhará com expressões condicionais várias vezes neste capítulo.

Tabela 6-2 Usando expressões condicionais

Expressão condicional	Resultado
`10 <> 20`	True (10 não é igual a 20)
`Score < 20`	True se *Score* for menor que 20; caso contrário, False
`Score = Label1.Text`	True se a propriedade *Text* do objeto *Label1* contiver o mesmo valor que a variável *Score*; caso contrário, False
`TextBox1.Text = "Bill"`	True se a palavra "Bill" estiver no objeto *TextBox1*; caso contrário, False

Estruturas de decisão *If...Then*

Quando uma expressão condicional for utilizada em um bloco especial de instruções chamado de *estrutura de decisão*, ela controla se outras instruções no programa são executadas e em que ordem são executadas. Você pode utilizar uma estrutura de decisão *If... Then* para avaliar uma condição no programa e tomar um curso de ação com base no resultado. Em sua forma mais simples, uma estrutura de decisão *If...Then* é escrita em uma única linha:

```
If condição Then instrução
```

em que *condição* é uma expressão condicional e *instrução* é uma instrução de programa em Visual Basic válida. Por exemplo,

```
If Score >= 20 Then Label1.Text = "You win!"
```

é uma estrutura de decisão *If...Then* que usa a expressão condicional:

```
Score >= 20
```

para determinar se o programa deve configurar a propriedade *Text* do objeto *Label1* como "You win!" ("Você ganhou!") se a variável *Score* contiver um valor maior que ou igual a 20, o Visual Basic configura a propriedade *Text*; caso contrário, ele pula a instrução de atribuição e executa a próxima linha no procedimento de evento. Esse tipo de comparação sempre resulta em um valor True ou False. Uma expressão condicional nunca resulta em talvez.

Testando várias condições em uma estrutura de decisão *If...Then*

O Visual Basic também suporta uma estrutura de decisão *If...Then* que pode ser usada para incluir várias expressões condicionais. Esse bloco de instruções pode ter várias linhas e contém as importantes palavras-chave *ElseIf*, *Else* e *End If*.

```
If condição1 Then
    instruções executadas se condição1 for True
ElseIf condição2 Then
    instruções executadas se condição2 for True
[Outras condições ElseIf e instruções adicionais podem ser colocadas aqui]
Else
    instruções executadas se nenhuma das condições for True
End If
```

Nessa estrutura, *condição1* é avaliada primeiro. Se essa expressão condicional for True, o bloco de instruções abaixo é executado, uma instrução por vez. (Você pode incluir uma ou mais instruções de programa.) Se a primeira condição não for True, a segunda expressão condicional (*condição2*) é avaliada. Se a segunda condição for True, o segundo bloco de instruções é executado. (Você pode acrescentar as condições *ElseIf* e instruções adicionais se tiver mais condições a avaliar.) Se nenhuma das expressões condicionais for True, as instruções abaixo da palavra-chave *Else* são executadas. Por fim, a estrutura inteira é fechada pelas palavras-chave *End If*.

O seguinte código mostra como uma estrutura *If...Then* de múltiplas linhas poderia ser usada para determinar a quantidade de imposto a ser paga em um sistema de imposto progressivo hipotético. (As faixas de renda e porcentagens de imposto são do regulamento do imposto de renda de pessoa física norte-americano de 2010 para declarações individuais.)

```
Dim AdjustedIncome, TaxDue As Double
AdjustedIncome = 50000
If AdjustedIncome <= 8375 Then              'faixa de imposto de 10%
    TaxDue = AdjustedIncome * 0.1
ElseIf AdjustedIncome <= 34000 Then         'faixa de imposto de 15%
    TaxDue = 837.5 + ((AdjustedIncome - 8375) * 0.15)
ElseIf AdjustedIncome <= 82400 Then         'faixa de imposto de 25%
    TaxDue = 4681.25 + ((AdjustedIncome - 34000) * 0.25)
ElseIf AdjustedIncome <= 171850 Then        'faixa de imposto de 28%
    TaxDue = 16781.25 + ((AdjustedIncome - 82400) * 0.28)
ElseIf AdjustedIncome <= 373650 Then        'faixa de imposto de 33%
    TaxDue = 41827.25 + ((AdjustedIncome - 171850) * 0.33)
Else                                        'faixa de imposto de 35%
    TaxDue = 108421.25 + ((AdjustedIncome - 373650) * 0.35)
End If
```

Importante A ordem das expressões condicionais em suas instruções *If...Then* e *ElseIf* é crucial. O que acontece se você inverter a ordem das expressões condicionais no exemplo de cálculo do imposto e listar as taxas na estrutura da mais alta para mais baixa? Os contribuintes nas faixas de imposto de 10, 15, 25, 28 e 33% são todos colocados na faixa de imposto de 35% porque todos têm uma renda que é menor ou igual a $ 373.650. (Isso ocorre porque o Visual Basic para na primeira expressão condicional que for True, mesmo que outras também sejam True.) Todas as expressões condicionais neste exemplo testam a mesma variável, portanto, elas precisam ser listadas em ordem crescente para que os contribuintes sejam colocados nos grupos certos. Moral: quando você utiliza mais de uma expressão condicional, avalie cuidadosamente a ordem.

Essa estrutura de decisão útil testa a variável de dupla precisão *AdjustedIncome* no primeiro e nos demais níveis de renda até que uma das expressões condicionais seja avaliada como True e, então, determina o imposto de renda do contribuinte de maneira correspondente. Com algumas modificações simples, ela poderia ser usada para calcular o imposto a ser pago por qualquer contribuinte em um sistema de imposto progressivo, como o dos Estados Unidos. Contanto que as taxas de imposto estejam completas e atualizadas e que o valor na variável *AdjustedIncome* esteja correto, o programa dará o imposto correto a ser pago por contribuintes individuais dos EUA em 2010. Se as taxas de imposto mudarem, é só atualizar as expressões condicionais. Com uma estrutura de decisão adicional para determinar o status de arquivamento dos contribuintes, o programa se estende prontamente para incluir todos os contribuintes dos EUA.

Dica As *expressões* que podem ser avaliadas como True ou False também são conhecidas como *expressões booleanas,* e o resultado True ou False pode ser atribuído a uma propriedade ou variável booleana. Você pode atribuir valores booleanos a certas propriedades de objeto ou a variáveis booleanas que foram criadas usando a instrução *Dim* e as palavras-chave *As Boolean*.

No próximo exercício, você utilizará uma estrutura de decisão *If...Then* que reconhece os usuários quando estes inserem um programa – uma maneira simples de começar a escrever sua própria estrutura de decisão.

Você também aprenderá a utilizar o controle *MaskedTextBox* para receber a entrada do usuário em um formato específico.

Valide usuários usando *If...Then*

1. Inicie o Visual Studio e crie um novo projeto de aplicativo de formulários Windows chamado **My User Validation**.

   O novo projeto é criado, e um formulário em branco abre no Designer.

2. Clique no formulário e configure a propriedade *Text* do formulário como "User Validation".
3. Utilize o controle *Label* para criar um rótulo no formulário e use a janela Properties para configurar a propriedade *Text* como "Enter Your Social Security Number".
4. Utilize o controle *Button* para criar um botão no formulário e configure a propriedade *Text* do botão como "Sign In".
5. Clique no controle *MaskedTextBox* na guia Common Controls na Toolbox e crie um objeto caixa de texto mascarado no formulário abaixo do rótulo.

   O controle *MaskedTextBox* é semelhante ao controle *TextBox* que você utilizou, mas com *MaskedTextBox* você pode controlar o formato das informações inseridas no programa pelo usuário. Você controla o formato configurando a propriedade *Mask*; e pode utilizar um formato predefinido fornecido pelo controle ou escolher seu próprio formato.

   Você utilizará o controle *MaskedTextBox* nesse programa para solicitar que os usuários insiram o Social Security Number (SSN), o número da seguridade social, no formato padrão de nove dígitos utilizado nos Estados Unidos.

6. Com o objeto *MaskedTextBox1* selecionado, clique na propriedade *Mask* na janela Properties e clique no botão reticências na segunda coluna.

   A caixa de diálogo Input Mask abre, mostrando uma lista de seus padrões de formatação predefinidos, ou máscaras.

7. Clique em Social Security Number na lista.

   A caixa de diálogo Input Mask se parece com esta:

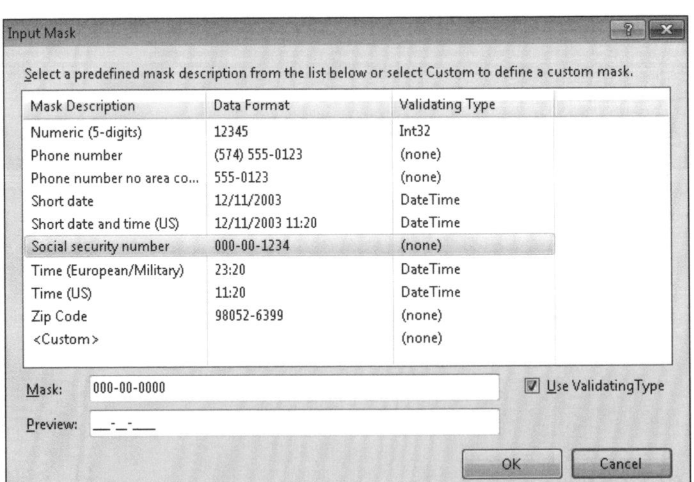

Embora você não a utilize agora, reserve um tempo para observar a opção <Custom>, que pode ser empregada mais tarde para criar suas próprias máscaras de entrada utilizando números e caracteres marcadores de lugar como um hífen (-).

8. Clique em OK para aceitar o Social Security Number como sua máscara de entrada.

   O Visual Studio exibe a máscara de entrada no objeto *MaskedTextBox1*, como mostrado na captura de tela a seguir:

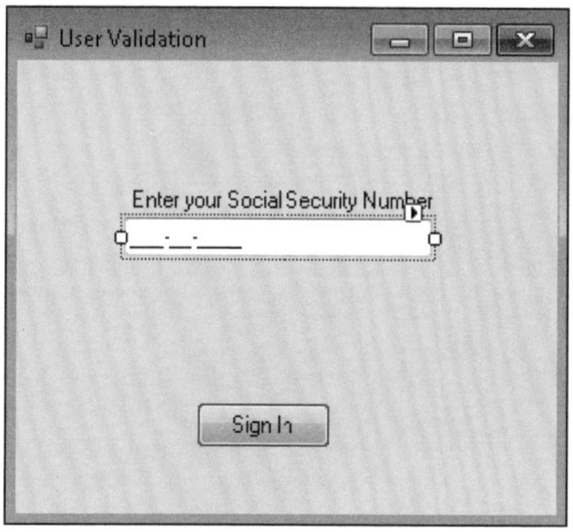

9. Dê um clique duplo no botão Sign In.

   O procedimento de evento *Button1_Click* aparece no Code Editor.

10. Digite as seguintes instruções de programa no procedimento de evento:

```
If MaskedTextBox1.Text = "555-55-1212" Then
    MsgBox("Welcome to the system!")
Else
    MsgBox("I don't recognize this number")
End If
```

   Essa estrutura de decisão *If...Then* simples verifica o valor da propriedade *Text* do objeto *MaskedTextBox1*, e se ela for igual a "555-55-1212", a estrutura exibe a mensagem "Welcome to the system!". Se o número inserido pelo usuário for algum outro valor, a estrutura exibe a mensagem "I don't recognize this number". A beleza desse programa, porém, reside na maneira como o objeto *MaskedTextBox1* filtra automaticamente a entrada para assegurar que ela está no formato correto.

11. Clique no botão Save All na barra de ferramentas Standard para salvar suas alterações.

    Especifique a pasta C:\Vb10sbs\Chap06 como a localização do seu projeto.

12. Clique no botão Start Debugging na barra de ferramentas Standard.

    O programa executa no IDE. O formulário solicita um SSN no formato apropriado e exibe os sublinhados e hífens para oferecer ao usuário uma dica do formato requerido.

13. Digite **abcd** para testar a máscara de entrada.

    O Visual Basic impede a exibição das letras, porque elas não se adaptam ao formato solicitado. É necessário um SSN de nove dígitos.

14. Digite **1234567890** para testar a máscara de entrada.

    O Visual Basic exibe o número 123-45-6789 na caixa de texto com máscara, ignorando o décimo dígito que você digitou. Novamente, o Visual Basic forçou a entrada do usuário no formato adequado. Seu formulário é parecido com este:

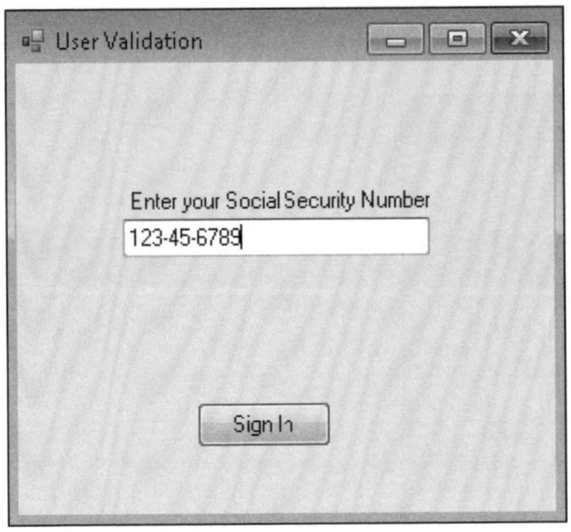

15. Clique no botão Sign In.

    O Visual Basic exibe a mensagem "I don't recognize this number", porque o SSN não corresponde ao número que a estrutura de decisão *If...Then* está procurando.

16. Clique em OK, exclua o SSN da caixa de texto com máscara, insira **555-55-1212** como o número e, então, clique em Sign In novamente.

    Dessa vez, a estrutura de decisão reconhece o número e exibe uma mensagem de boas-vindas.

    Consulte a caixa de mensagem a seguir:

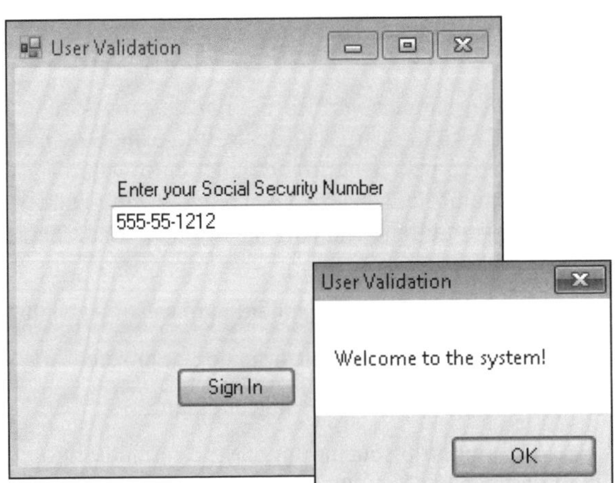

Seu código impediu que um usuário não autorizado utilizasse o programa e você aprendeu uma habilidade útil relacionada ao controle de entrada do usuário.

17. Saia do programa.

Utilizando operadores lógicos em expressões condicionais

Você pode testar mais de uma expressão condicional em cláusulas *If...Then* e *ElseIf* se quiser incluir mais de um critério de seleção na estrutura de decisão. As condições extras são vinculadas utilizando um ou mais dos operadores lógicos listados na na Tabela 6-3.

Tabela 6-3 Operadores lógicos do Visual Basic

Operador lógico	Significado
And	Se ambas as expressões condicionais forem True, então o resultado é True.
Or	Se qualquer expressão condicional for True, então o resultado é True.
Not	Se a expressão condicional for False, então o resultado é True. Se a expressão condicional for True, então o resultado é False.
Xor	Se uma e apenas uma das expressões condicionais for True, então o resultado é True. Se ambas forem True ou ambas forem False, então o resultado é False. (*Xor* significa *Or* exclusivo.)

> **Dica** Quando seu programa avalia uma expressão complexa que combina diferentes tipos de operadores, ele avalia primeiro os operadores matemáticos, os operadores de comparação em segundo lugar e, em terceiro, os operadores lógicos.

A Tabela 6-4 lista alguns exemplos de operadores lógicos em funcionamento. Nas expressões, assumiu-se que a variável do tipo string *Vehicle* contém o valor "Bike" e que a variável do tipo inteiro *Price* contém o valor 200.

Tabela 6-4 Usando expressões lógicas

Expressão lógica	Resultado
`Vehicle = "Bike" And Price < 300`	True (ambas as condições são True)
`Vehicle = "Car" Or Price < 500`	True (uma condição é True)
`Not Price < 100`	True (a condição é False)
`Vehicle = "Bike" Xor Price < 300`	False (ambas as condições são True)

No próximo exercício, você modificará o programa My User Validation para solicitar ao usuário um número de identificação pessoal (personal identification number – PIN) durante o processo de validação. Para fazer isso, você irá adicionar uma segunda caixa de texto para obter o PIN do usuário e modificar a cláusula *If...Then* na estrutura de decisão para que ela utilize o operador *And* para verificar o PIN.

Adicione proteção por senha utilizando o operador *And*

1. Exiba o formulário User Validation e adicione um segundo controle *Label* ao formulário abaixo da primeira caixa de texto com máscara.

2. Configure a propriedade *Text* do novo rótulo como "PIN".

3. Adicione um segundo controle *MaskedTextBox* ao formulário abaixo da primeira caixa de texto com máscara e do novo rótulo.

4. Clique na marca inteligente no objeto *MaskedTextBox2* para abrir a lista MaskedTextBox Tasks e então clique no comando Set Mask para exibir a caixa de diálogo Input Mask.

5. Clique na máscara de entrada Numeric (5 digits) e em OK.

   Como muitos PINs encontrados online, esse PIN terá cinco dígitos de comprimento. Novamente, se o usuário digitar uma senha de comprimento ou formato diferente, ela será rejeitada.

6. Dê um clique duplo no botão Sign In para exibir o procedimento de evento *Button1_Click* no Code Editor.

7. Modifique o procedimento de evento para que contenha o seguinte código:

```
If MaskedTextBox1.Text = "555-55-1212" _
And MaskedTextBox2.Text = "54321" Then
    MsgBox("Welcome to the system!")
Else
    MsgBox("I don't recognize this number")
End If
```

   A instrução agora inclui o operador lógico *And*, que requer que o PIN do usuário corresponda ao SSN dele antes de esse usuário ser admitido no sistema. (Nesse caso, o PIN válido é 54321. Em um programa do mundo real, esse valor seria extraído junto com o SSN a partir de um banco de dados seguro.) Modifiquei o programa anterior adicionando um caractere de continuação de linha (_) ao final da primeira linha e adicionando a segunda linha que inicia com *And*.

8. Clique no botão Start Debugging na barra de ferramentas Standard.

   O programa executa no IDE.

9. Digite **555-55-1212** na caixa de texto com máscara Social Security Number.

10. Digite **54321** na caixa de texto com máscara PIN.

11. Clique no botão Sign In.

    O programa dá boas-vindas ao usuário, como mostrado na captura de tela na página a seguir.

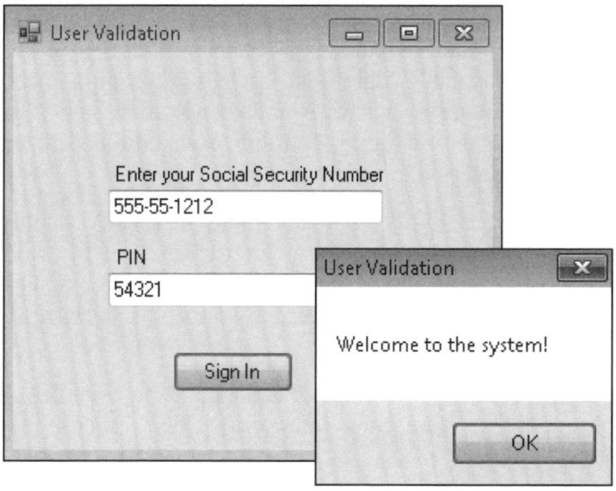

12. Clique em OK para fechar a caixa de mensagem.
13. Experimente outros valores para o SSN e o PIN.

    Teste o programa cuidadosamente para certificar-se de que a mensagem de boas-vindas não é exibida quando outro PIN ou SSN é inserido.
14. Quando terminar, clique no botão Close no formulário.

    O programa encerra e o ambiente de desenvolvimento retorna.

> **Dica** Você pode personalizar ainda mais esse programa usando a propriedade *PasswordChar* nos objetos caixa de texto com máscara. A propriedade *PasswordChar* pode ser utilizada para exibir um caractere simbólico, como um asterisco (*), quando o usuário digita. (Você especifica o caractere utilizando a janela Properties.) Utilizar um caractere de senha fornece aos usuários sigilo adicional quando estes inserem sua senha protegida – um recurso padrão dessas operações.

Curto-circuito utilizando *AndAlso* e *OrElse*

O Visual Basic disponibiliza dois operadores lógicos que podem ser utilizados nas instruções condicionais, *AndAlso* e *OrElse*. Esses operadores funcionam de modo idêntico a *And* e *Or*, respectivamente, mas oferecem uma importante sutileza na maneira como são avaliados que vale a pena alguns momentos de atenciosa consideração. No entanto, eles são também um pouco avançados, portanto, se você quiser pular esta seção (oferecida aqui em nome da completude) fique à vontade para fazê-lo.

Considere uma instrução *If* que tem duas condições que estão conectadas por um operador *AndAlso*. Para que as instruções da estrutura *If* sejam executadas, ambas as condições devem ser avaliadas como True. Se a primeira condição for avaliada como False, o Visual Basic pula imediatamente para a próxima linha ou para a instrução *Else*, sem testar a segunda condição. Essa avaliação parcial, ou *curto-circuito*, de uma instrução *If* faz sentido lógico – por que o Visual Basic deveria continuar a avaliar a instrução *If* se ambas as condições não podem ser True?

O operador *OrElse* funciona de modo semelhante. Considere uma instrução *If* que tem duas condições que são conectadas por um operador *OrElse*. Para as instruções da estrutura *If* serem executadas, pelo menos uma condição deve ser avaliada como True. Se a primeira condição for avaliada como True, o Visual Basic começa a executar imediatamente as instruções na estrutura *If*, sem testar a segunda condição.

Eis um exemplo da situação de curto-circuito no Visual Basic, uma rotina simples que utiliza uma instrução *If* e um operador *AndAlso* para testar duas condições e exibir a mensagem "Inside If" se ambas as condições forem True:

```
Dim Number As Integer = 0
If Number = 1 AndAlso MsgBox("Segundo teste condicional") Then
    MsgBox("Inside If")
Else
    MsgBox("Inside Else")
End If
```

A própria função *MsgBox* é utilizada como o segundo teste condicional, o que é algo incomum, mas essa sintaxe estranha é completamente válida e nos dá uma oportunidade perfeita para ver de perto como o curto-circuito funciona. O texto "Segundo teste condicional" aparece em uma caixa de mensagem somente se a variável *Number* estiver configurada como 1; caso contrário, o operador *AndAlso* causa um curto-circuito na instrução *If* e a segunda condição não é avaliada. Se realmente testar esse código, lembre-se de que ele só serve a propósitos de demonstração – você não iria querer utilizar *MsgBox* com essa sintaxe como um teste porque ela realmente não testaria nada. Mas mudando a variável *Number* de 0 para 1 e de 1 para 0 de novo, você pode ter uma boa ideia de como a instrução *AndAlso* e o curto-circuito funcionam.

Eis um segundo exemplo de como causar um curto-circuito em funções no Visual Basic quando duas condições são avaliadas com o operador *AndAlso*. Desta vez, um teste condicional mais complexo (7 / HumanAge <= 1) é utilizado depois do operador *AndAlso* para determinar o que algumas pessoas chamam de a "idade do cachorro" de uma pessoa:

```
Dim HumanAge As Integer
HumanAge = 7
'Um ano de um cachorro equivale a sete anos de um humano
If HumanAge <> 0 AndAlso 7 / HumanAge <= 1 Then
    MsgBox("You are at least one dog year old")
Else
    MsgBox("You are less than one dog year old")
End If
```

Como parte de um programa maior que determina a chamada idade do cachorro de uma pessoa dividindo sua idade atual por 7, essa rotina básica tenta determinar se o valor na variável do tipo inteiro *HumanAge* é de pelo menos 7. (Se você nunca ouviu o conceito de "idade do cachorro" antes, acompanhe-me – seguindo essa lógica, uma pessoa de 28 anos teria quatro anos de cachorro. Isso foi sugerido como uma maneira interessante de comparar a expectativa de vida do homem com a dos cachorros, visto que estes têm um ciclo de vida equivalente a cerca de um sétimo da dos humanos.) O código utiliza duas condições de instrução *If* e pode ser utilizado em uma variedade de contextos diferentes – eu o usei no procedimento de evento *Click* para um objeto botão. A primeira condição verifica se um número diferente de zero foi colocado na variável *HumanAge* – pressupus momentaneamente que o usuário tinha intuição suficiente para colocar uma idade positiva em *HumanAge* porque um número negativo produziria resultados incorretos. A segunda condição testa se a pessoa tem pelo menos sete anos. Se ambas as condições forem avaliadas como True, a mensagem "You are at least one dog year old" (Você tem pelo menos um ano de cachorro) é exibida em uma caixa de mensagem. Se a pessoa tiver menos de sete, a mensagem "You are less than one dog year old" (Você tem menos de um ano de cachorro) é exibida.

Agora imagine que eu tenha mudado o valor da variável *HumanAge* de 7 para 0. O que acontece? A primeira condição de instrução If é avaliada como False pelo compilador do Visual Basic e essa avaliação impede que a segunda condição seja avaliada, suspendendo, ou *curto-circuitando*, portanto, a instrução *If* e poupando-nos de um erro desagradável de "divisão por zero" que poderia ocorrer se dividíssemos 7 por 0 (o novo valor da variável *HumanAge*). E lembrar que se você dividir por zero em um programa do Visual Basic e não perceber o problema de alguma maneira, o resultado será um erro porque a divisão por zero não é permitida. Em resumo, os operadores *AndAlso* e *OrElse* no Visual Basic abrem algumas possibilidades novas para programadores Visual Basic, incluindo o potencial de impedir erros de tempo de execução e outros resultados inesperados. Também é possível melhorar o desempenho colocando condições cujo cálculo é demorado no final da instrução de condição, porque o Visual Basic não realiza esses cálculos de condição caros, a menos que seja necessário. Entretanto, você precisa estudar cuidadosamente todas as possíveis condições que suas instruções *If* podem encontrar, já que os estados de variável mudam durante a execução de programa.

Estruturas de decisão *Select Case*

Com o Visual Basic, você também pode controlar a execução de instruções em programas utilizando estruturas de decisão *Select Case*. Você utilizou estruturas *Select Case* nos capítulos 3 e 5 deste livro ao escrever procedimentos de evento para processar escolhas de caixa de listagem e caixa de combinação. Uma estrutura *Select Case* é semelhante a uma estrutura *If...Then...ElseIf*, mas é mais eficiente quando o desvio depende de uma variável-chave ou, *caso de teste*. Você também pode utilizar as estruturas *Select Case* para tornar o código de programa mais legível.

A sintaxe de uma estrutura *Select Case* é parecida com esta:

```
Select Case variável
    Case valor1
        instruções executadas se valor1 corresponder à variável
    Case valor2
```

```
        instruções executadas se valor2 corresponde à variável
    Case valor3
        instruções executadas se valor3 corresponder à variável
    ...
    Case Else
        instruções executadas se nenhuma correspondência for encontrada
End Select
```

Uma estrutura *Select Case* inicia com as palavras-chave *Select Case* e termina com as palavras-chave *End Select*. Você substitui *variável* pela variável, pela propriedade ou por outra expressão que tiver o valor-chave, ou caso de teste, para a estrutura. Você substitui *valor1*, *valor2* e *valor3* por números, strings ou outros valores relacionados ao caso de teste que está sendo considerado. Se um dos valores corresponder à variável, as instruções abaixo da cláusula *Case* são executadas e, então, o Visual Basic pula para a linha depois da instrução *End Select* e retoma a execução a partir daí. Você pode incluir qualquer número de cláusulas *Case* em uma estrutura *Select Case* e pode incluir mais de um valor em uma cláusula *Case*. Se você listar múltiplos valores depois de um caso, separe-os com vírgulas.

O próximo exemplo mostra como uma estrutura *Select Case* poderia ser utilizada para imprimir uma mensagem apropriada sobre a idade de uma pessoa e fatos culturais marcantes em um programa. Como a variável *Age* contém um valor de 18, a string "You can vote now!" é atribuída à propriedade *Text* do objeto rótulo. (Você notará que os "marcos" têm um viés norte-americano; personalize-os livremente para que correspondam ao seu cenário cultural.)

```
Dim Age As Integer
Age = 18

Select Case Age
    Case 16
        Label1.Text = "You can drive now!"
    Case 18
        Label1.Text = "You can vote now!"
    Case 21
        Label1.Text = "You can drink wine with yours meals!"
    Case 65
        Label1.Text = "Time to retire and have fun!"
End Select
```

Uma estrutura *Select Case* também suporta uma cláusula *Case Else* que você pode utilizar para exibir uma mensagem se nenhum dos casos precedentes corresponder à variável *Age*. Eis como *Case Else* funcionaria no seguinte exemplo – observe que mudei o valor de *Age* para 25 a fim de disparar a cláusula *Case Else*:

```
Dim Age As Integer
Age = 25

Select Case Age
    Case 16
        Label1.Text = "You can drive now!"
    Case 18
        Label1.Text = "You can vote now!"
```

```
    Case 21
        Label1.Text = "You can drink wine with yours meals!"
    Case 65
        Label1.Text = "Time to retire and have fun!"
    Case Else
        Label1.Text = "You're a great age! Enjoy it!"
End Select
```

Utilizando operadores de comparação com uma estrutura *Select Case*

Você pode utilizar operadores de comparação para incluir um intervalo de valores de teste em uma estrutura Select Case. Os operadores de comparação do Visual Basic que podem ser utilizados são =, <>, >, <, > = e <=. Para utilizar os operadores de comparação, você precisa incluir a palavra-chave *Is* ou *To* na expressão para identificar a comparação que você está fazendo. A palavra-chave *Is* instrui o compilador a comparar a variável de teste com a expressão listada depois da palavra-chave *Is*. A palavra-chave *To* identifica um intervalo de valores. A seguinte estrutura utiliza *Is*, *To* e vários operadores de comparação para testar a variável *Age* e exibir uma de cinco mensagens:

```
Select Case Age
    Case Is < 13
        Label1.Text = "Enjoy your youth!"
    Case 13 To 19
        Label1.Text = "Enjoy your teens!"
    Case 21
        Label1.Text = "You can drink wine with yours meals!"
    Case Is > 100
        Label1.Text = "Looking good!"
    Case Else
        Label1.Text = "That's a nice age to be."
End Select
```

Se o valor da variável *Age* for menor que 13, a mensagem "Enjoy your youth!" é exibida. Para as idades de 13 a 19, a mensagem "Enjoy your teens!" é exibida e assim por diante.

Em geral, uma estrutura de decisão *Select Case* é muito mais clara que uma estrutura *If... Then* e é mais eficiente quando aplicada a três ou mais decisões de desvio com base em uma variável ou propriedade. Mas, quando estiver fazendo duas ou menos comparações ou trabalhando com vários valores diferentes, você provavelmente vai querer usar uma estrutura de decisão *If...Then*.

No próximo exercício, você verá como usar uma estrutura *Select Case* para processar entrada a partir de uma caixa de listagem. Você usará as propriedades *ListBox.Text* e *ListBox.SelectedIndex* para coletar a entrada e, então, utilizará uma estrutura *Select Case* para exibir uma saudação em um de quatro idiomas.

Use uma estrutura *Select Case* para processar entrada de uma caixa de listagem

1. No menu File, clique em New Project.

   A caixa de diálogo New Project abre.

2. Crie um novo projeto Windows Forms Application nomeado **My Select Case**.

   Um formulário em branco abre no Designer.

3. Clique no controle *Label* da Toolbox e desenhe um rótulo próximo à parte superior do formulário para exibir um título para o programa.
4. Utilize o controle *Label* para criar um segundo objeto rótulo abaixo do primeiro.

   Você utilizará esse rótulo como um título para a caixa de listagem.
5. Clique no controle *ListBox* da Toolbox e crie uma caixa de listagem abaixo do segundo rótulo.
6. Utilize o controle *Label* para desenhar dois ou mais rótulos abaixo da caixa de listagem para exibir a saída do programa.
7. Utilize o controle *Button* para criar um pequeno botão na parte inferior do formulário.
8. Abra a janela Properties e configure as propriedades conforme mostrado na tabela a seguir para os objetos que você acabou de criar.

Objeto	Propriedade	Configuração
Form1	*Text*	"Case Greeting"
Label1	*Font*	Times New Roman, Bold, 12-point
	Name	lblTitle
	Text	"International Welcome Program"
Label2	*Name*	lblTextBoxLabel
	Text	"Choose a country"
Label3	*Font*	Microsoft Sans Serif 10-point
	Name	lblCountry
	Text	(vazia)
Label4	*AutoSize*	False
	BorderStyle	Fixed3D
	ForeColor	Red
	Name	lblGreeting
	Text	(vazia)
ListBox1	*Name*	lstCountryBox
Button1	*Name*	btnQuit
	Text	"Quit"

Já que existem tantos objetos, você também atribuirá as propriedades *Name* para facilitar a identificação do controle no formulário e dentro do seu código de programa. (Quando as propriedades na janela de Properties forem classificadas alfabeticamente, você localizará *Name* listada entre parênteses perto da parte superior da janela Properties. Quando as propriedades na janela Properties forem classificadas por categoria, você encontrará *Name* listada entre parênteses na categoria Design.) Recomendo usar a propriedade *Name* sempre que houver mais de quatro ou cinco objetos em um programa. Neste exemplo, eu atribuí aos objetos nomes que apresentam um prefixo de três caracteres para identificar o tipo de objeto, como btn (para button), lbl (para label) e lst (para list box). Quando terminar de configurar as propriedades, o formulário será como este:

Agora, você vai inserir o código de programa para inicializar a caixa de listagem.

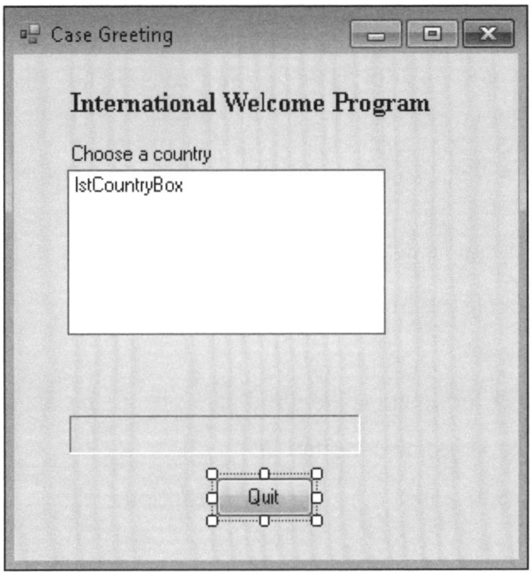

9. Dê um clique duplo no formulário.

   O procedimento de evento *Form1_Load* aparece no Code Editor.

10. Digite o seguinte código de programa para inicializar a caixa de listagem:

```
lstCountryBox.Items.Add("England")
lstCountryBox.Items.Add("Germany")
lstCountryBox.Items.Add("Mexico")
lstCountryBox.Items.Add("Italy")
```

   Essas linhas utilizam o método *Add* do objeto caixa de listagem para adicionar entradas à caixa de listagem no formulário.

11. Clique na guia Form1.vb [Design] na parte superior do Code Editor para voltar para o Designer e dê um clique duplo no objeto caixa de listagem no formulário para editar seu procedimento de evento.

    O procedimento de evento *lstCountryBox_SelectedIndexChanged* aparece no Code Editor.

12. Digite as seguintes linhas para processar a seleção de caixa de listagem feita pelo usuário:

```
lblCountry.Text = lstCountryBox.Text
Select Case lstCountryBox.SelectedIndex
    Case 0
        lblGreeting.Text = "Hello, programmer"
    Case 1
        lblGreeting.Text = "Hallo, programmierer"
    Case 2
        lblGreeting.Text = "Hola, programador"
    Case 3
        lblGreeting.Text = "Ciao, programmatore"
End Select
```

A primeira linha copia o nome do item de caixa de listagem selecionado para a propriedade *Text* do terceiro rótulo no formulário (que você renomeou *lblCountry*). A propriedade mais importante utilizada na instrução é *lstCountryBox.Text*, que contém o texto exato do item selecionado na caixa de listagem. As instruções restantes fazem parte da estrutura de decisão *Select Case*. A estrutura utiliza a propriedade *lstcountrybox. Selectedindex* como uma variável de caso de teste e a compara com vários valores. A propriedade *SelectedIndex* sempre contém o número do item selecionado na caixa de listagem; o primeiro item é 0 (zero), o segundo é 1, o terceiro é 2 e assim por diante. Utilizando *SelectedIndex*, a estrutura *Select Case* pode identificar rapidamente a escolha do usuário e exibir a saudação correta no formulário.

13. Exiba o formulário novamente e dê um clique duplo no botão Quit (*btnQuit*).

    O procedimento de evento *btnQuit_Click* aparece no Code Editor.

14. Digite **End** no procedimento de evento.

15. Clique no botão *Save All* na barra de ferramentas Standard para salvar suas alterações.

    Especifique a pasta C:\Vb10sbs\Chap06 como a localização.

    Agora execute o programa e veja como a instrução *Select Case* funciona.

> **Dica** O projeto *Select Case* completo é encontrado na pasta C:\Vb10sbs\Chap06\Select Case.

16. Clique no botão *Start Debugging* na barra de ferramentas Standard para executar o programa.

17. Clique em cada um dos nomes de países na caixa de listagem Choose A Country.

    O programa exibe uma saudação para cada um dos países listados. A captura de tela a seguir mostra a saudação para a Itália:

18. Clique no botão Quit para parar o programa.

    O programa para e o ambiente de desenvolvimento retorna.

Você acabou de trabalhar com as estruturas de decisão *If...Then* e *Select Case* neste capítulo. Mas terá mais várias oportunidades de trabalhar com elas neste livro. *If...Then* e *Select Case* são dois dos mecanismos de tomada de decisão cruciais na linguagem de programação Visual Basic e você descobrirá que as utiliza em quase todos os programas que escreve.

Um passo além: detectando eventos de mouse

Comecei este capítulo discutindo alguns dos eventos aos quais os programas Visual Basic podem responder e, ao avançar pelo capítulo, você aprendeu a gerenciar diferentes tipos de eventos usando as estruturas de decisão *If...Then* e *Select Case.* Nesta seção, você adicionará uma rotina de tratamento de eventos ao programa *Select Case* que detecta quando o ponteiro "paira" sobre a caixa de listagem Country por um instante. Você escreverá a rotina especial, ou *rotina de tratamento de evento*, construindo um procedimento de evento de caixa de listagem para o evento *MouseHover*, uma das várias atividades relacionadas com mouse que o Visual Basic pode monitorar e processar. Esse procedimento de evento exibirá a mensagem "Please click the country name" se o usuário apontar para a caixa de listagem de países por um instante sem fazer nenhuma seleção, talvez porque ele não saiba selecionar ou porque ficou absorvido com outra tarefa.

Adicione uma rotina de tratamento de eventos de mouse

1. Abra o Code Editor se ele não estiver aberto.
2. Na parte superior do Code Editor, logo abaixo da guia Form1.vb, clique na seta Class Name e clique no objeto *lstCountryBox*.
3. Clique na seta Method Name e no evento *MouseHover*.

   O Visual Basic adiciona o procedimento de evento *lstCountryBox_MouseHover* no Code Editor, como mostrado a seguir:

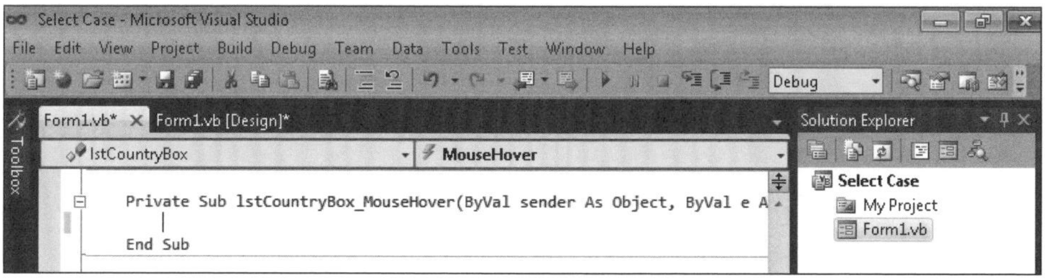

   Cada objeto no formulário tem um procedimento de evento que é adicionado automaticamente quando você dá um clique duplo no objeto do formulário. Quando você precisa adicionar outros procedimentos de evento para um objeto, pode usar a caixa de listagem *Method Name*.

4. Digite as instruções de programa a seguir no procedimento de evento *lstCountryBox_MouseHover*:

```
If lstCountryBox.SelectedIndex < 0 Then
    lblGreeting.Text = "Please click the country name"
End If
```

Essa instrução *If* avalia a propriedade *SelectedIndex* do objeto caixa de listagem usando uma instrução condicional. A rotina de tratamento de eventos pressupõe que se a propriedade *SelectedIndex* é igual a zero ou maior que zero, o usuário não precisa de ajuda para selecionar os nomes de países (porque ele já selecionou um país). Mas, se a propriedade *SelectedIndex* for menor que zero, a rotina de tratamento de eventos exibe a mensagem "Please click the country name" no rótulo de saudação na parte inferior do formulário. Essa mensagem de Ajuda aparece quando o usuário mantém o ponteiro sobre a caixa de listagem e desaparece quando o nome de um país é selecionado.

5. Clique no botão Start Debugging para executar o programa.
6. Mantenha o ponteiro sobre a caixa de listagem de países e espere um momento.

   A mensagem "Please click the country name" aparece em vermelho no rótulo, como mostrado aqui:

7. Clique no nome de um país na caixa de listagem.

   A saudação traduzida aparece no rótulo e a mensagem de Ajuda desaparece.

8. Clique no botão Quit a fim de parar o programa.

Você aprendeu a processar eventos de mouse em um programa e também aprendeu que escrever rotinas de tratamento de eventos é bem simples. Tente escrever rotinas de tratamento de eventos adicionais por conta própria à medida que continua estudando este livro – isso o ajudará a aprender mais sobre as rotinas disponíveis para objetos do Visual Studio e a adquirir mais prática com as estruturas de decisão *If... Then* e *Select Case*.

Referência rápida do Capítulo 6

Para	Faça isto
Escrever uma expressão condicional	Utilize um dos seguintes operadores de comparação entre dois valores: =, <>, >, <, > = ou <=.

Utilizar uma estrutura de decisão *If...Then*	Empregue a seguinte sintaxe:
	`If condição1 Then`
	`    instruções executadas se condição1 for True`
	`ElseIf condition2 Then`
	`    instruções executadas se condição2 for True`
	`Else`
	`    instruções executadas se nenhuma for verdadeira`
	`End If`

Receber entrada do usuário em um formato específico	Adicione um controle *MaskedTextBox* ao formulário e especifique o formato de entrada configurando a propriedade *Mask*.

Utilizar uma estrutura de decisão *Select Case*	Use a seguinte sintaxe:
	`Select Case variável`
	`Case valor1`
	`    instruções executadas se valor1 corresponder`
	`Case value2`
	`    instruções executadas se valor2 corresponder`
	`Case Else`
	`    instruções executadas se nenhum corresponder`
	`End Select`

Renomear um objeto em um programa	Selecione o objeto que quer renomear e, então, modifique a propriedade *Name* do objeto utilizando a janela Properties. Se der ao objeto um prefixo de três caracteres que identifica seu tipo de objeto (btn, lbl, lst, etc.), será mais fácil reconhecer o objeto no código de programa.
Fazer duas comparações em uma expressão condicional	Utilize um operador lógico entre comparações (And, Or, Not ou Xor).
Causar em curto-circuito uma instrução *If... Then*	As instruções *If...Then* podem ser levadas a curto-circuito quando os operadores *AndAlso* e *AndAlso* forem utilizados e duas ou mais expressões condicionais forem fornecidas. Dependendo do resultado da primeira condição, o Visual Basic pode não avaliar as condições adicionais e a instrução sofre curto-circuito.
Escrever uma rotina de tratamento de eventos	No Code Editor, clique no nome de um objeto na caixa de listagem Class Name e, então, clique no nome de um evento na caixa de listagem Method Name. Adicione instruções de programa ao procedimento de evento (chamado de rotina de tratamento de evento) que responde ao evento/rotina que você está personalizando.

Capítulo 7

Utilizando loops e timers

Neste capítulo, você vai aprender a:

- Utilizar um loop *For...Next* para executar instruções um número predefinido de vezes.
- Exibir saída em uma caixa de texto multilinha utilizando concatenação de strings.
- Usar um loop *Do* para executar instruções até que uma condição específica seja satisfeita.
- Empregar o controle *Timer* para executar código em momentos específicos.
- Criar seu próprio relógio digital e seu próprio utilitário de senha com tempo determinado.
- Usar o comando Insert Snippet para inserir modelos de código ou fragmentos de código prontos no Code Editor.

No Capítulo 6, "Utilizando estruturas de decisão", você a prendeu a utilizar as estruturas de decisão *If...Then* e *Select Case* para escolher quais instruções executar em um programa. Você também aprendeu a processar entrada de usuário, a avaliar condições diferentes em um programa e a determinar qual bloco de instruções do programa executar com base em condições mutáveis. Agora, você continuará a aprender sobre a execução de programas e o *controle de fluxo* utilizando loops para executar um bloco de instruções repetidamente. Você também criará um relógio digital e outros utilitários interessantes que realizam ações em momentos predeterminados ou em relação a intervalos do relógio do seu sistema de computador.

Neste capítulo, você utilizará um loop *For...Next* para executar instruções um número predeterminado de vezes e usará um loop *Do* para executar instruções até que uma expressão condicional seja satisfeita. Você também aprenderá a exibir mais de uma linha de texto em um objeto caixa de texto empregando o operador concatenação de strings (*&*) e aprenderá a dispor do controle *Timer* do Microsoft Visual Studio para executar código a intervalos específicos em seu programa. Por fim, você aprenderá a utilizar o comando Insert Snippet para inserir modelos de código em seus programas – um recurso para economizar tempo dentro do Visual Studio Integrated Design Environment (IDE).

Escrevendo loops *For...Next*

Com um loop *For...Next*, você pode executar um grupo específico de instruções de programa um número predefinido de vezes em um procedimento de evento ou em um módulo de código. Essa abordagem pode ser útil se você estiver fazendo vários cálculos relacionados, trabalhando com elementos na tela ou processando várias partes da entrada de usuário. Um loop *For...Next* é na realidade apenas uma maneira abreviada de escrever uma longa lista de instruções de programa. Como cada grupo de instruções nessa lista faz essencialmente a mesma coisa, você pode definir somente um grupo de instruções e solicitar que este seja executado quantas vezes você quiser.

A sintaxe para um loop *For...Next* se parece com isto:

```
For variável = início To fim
    instruções a serem repetidas
Next [variável]
```

Nessa instrução de sintaxe, *For*, *To* e *Next* são palavras-chave obrigatórias, assim como o é o operador igual a (=). Você substitui a *variável* pelo nome de uma variável numérica que monitora a contagem atual do loop (a variável após *Next* é opcional) e substitui o *início* e o *fim* por valores numéricos que representam os pontos inicial e final para o loop. (Observe que você deve declarar a *variável* antes de ela ser utilizada na instrução *For...Next* e que não é necessário digitá-la entre colchetes, os quais incluí para indicar um item opcional.) A linha ou linhas entre as instruções *For* e *Next* são as instruções que são repetidas toda vez que o loop é executado.

Por exemplo, o seguinte loop *For...Next* emite quatro bips em rápida sucessão a partir do alto-falante do computador (embora o resultado talvez seja difícil de ouvir):

```
Dim i As Integer
For i = 1 To 4
    Beep()
Next i
```

Esse loop é o equivalente funcional de escrever a instrução *Beep* quatro vezes em um procedimento.

O compilador trata isso da mesma maneira que

```
Beep()
Beep()
Beep()
Beep()
```

A variável utilizada no loop é *i*, uma única letra que, por convenção, significa o primeiro inteiro em um loop *For...Next* e é declarada como um tipo *Integer*. Toda vez que o loop é executado, a variável contadora é incrementada por um. (Na primeira passagem pelo loop, a variável contém o valor de 1, o valor de *início*; na última passagem, ela contém o valor de 4, o valor de *fim*.) Como verá no exemplo a seguir, você pode utilizar essa variável contadora com grande utilidade em seus loops.

> **Dica** Em loops que usam variáveis contadoras, a prática normal é usar o tipo *Integer* para a declaração da variável, como eu digitei anteriormente. Entretanto, você conseguirá desempenho similar no Visual Basic 2010 se declarar a variável contadora como um tipo *Long* ou *Decimal*.

Usando uma variável contadora em um controle *TextBox* multilinhas

Uma variável contadora é simplesmente como qualquer outra variável em um procedimento de evento. Ela pode ser atribuída a propriedades, utilizada em cálculos ou exibida em um programa. Um dos usos práticos de uma variável contadora é exibir saída em um controle *TextBox*. Você utilizou o controle *TextBox* anteriormente neste livro para exibir uma única linha de saída, mas, neste capítulo, você exibirá muitas linhas de texto utilizando um controle *TextBox*. O truque para exibir mais de uma linha é simplesmente configurar a propriedade *Multiline* do controle *TextBox* como True e configurar a propriedade *ScrollBars* como Vertical. Utilizando essas configurações simples, o objeto caixa de texto de uma linha torna-se um objeto caixa de texto multilinha com barras de rolagem para fácil acesso.

Exiba informações usando um loop *For...Next*

1. Inicie o Visual Studio e crie um novo projeto no Windows Forms Application do Microsoft Visual Basic chamado **My For Loop**.

   Um formulário em branco abre no *Designer*. Seu primeiro passo de programação é adicionar um controle *Button* ao formulário, mas dessa vez você fará de uma maneira nova.

2. Dê um clique duplo no controle *Button* na Toolbox.

   O Visual Studio coloca um objeto botão no canto superior esquerdo do formulário. Com o controle *Button* e muitos outros, dar um clique duplo no controle é uma maneira rápida de criar um objeto de tamanho padrão no formulário. Agora você pode arrastar o objeto botão para onde quiser e personalizá-lo com configurações de propriedades.

3. Arraste o objeto botão para a direita e o centralize próximo da parte superior do formulário.
4. Abra a janela Properties e então configure a propriedade *Text* do botão como "loop".
5. Dê um clique duplo no controle *TextBox* na Toolbox.

   O Visual Studio cria um pequeno objeto caixa de texto no formulário.

6. Configure a propriedade *Multiline* do objeto caixa de texto como True e então configure a propriedade *ScrollBars* do objeto caixa de texto como Vertical.

> **Nota** O objeto *TextBox1* contém uma marca inteligente, que você pode usar para definir a propriedade *Multiline* como True. Coletivamente, as propriedades *Multiline* e *ScrollBars* preparam a caixa de texto para exibir mais de uma linha de texto.

7. Mova a caixa de texto para baixo do botão e a expanda de modo que ela ocupe dois terços do formulário.
8. Dê um clique duplo no botão Loop no formulário.

   O procedimento de evento *Button1_Click* aparece no Code Editor.

9. Digite as seguintes instruções de programa no procedimento:

```
Dim i As Integer
Dim Wrap As String
Wrap = Chr(13) & Chr(10)
For i = 1 To 10
    TextBox1.Text = TextBox1.Text & "Line " & i & Wrap
Next i
```

Esse procedimento de evento declara duas variáveis, uma do tipo *Integer* (*i*) e uma do tipo *String* (*Wrap*). Ele então atribui um valor string representando o caractere de retorno de carro à segunda variável.

> **Dica** Para um programador, um caractere de retorno de carro é o equivalente a pressionar a tecla ENTER no teclado. Criei uma variável especial para esse caractere no código de programa, que é composta dos elementos quebra de linha e retorno, para tornar a codificação de um retorno de carro menos complicada. O elemento retorno, Chr(13), move o cursor em forma de I para o início da linha. O elemento quebra de linha, Chr(10), reminiscente de uma máquina de escrever antiga, move o cursor em forma de I para a próxima linha.

Depois da declaração e da atribuição de variável, utilizo um loop *For...Next* para exibir a linha *X* 10 vezes no objeto caixa de texto, onde *X* é o valor atual da variável contadora (em outras palavras, da linha 1 à linha 10). Os caracteres de concatenação de strings (*&*) unem as partes componentes de cada linha na caixa de texto. Primeiro, o valor inteiro da caixa de texto, que é armazenado na propriedade *Text*, é adicionado ao objeto de modo que as linhas anteriores não sejam descartadas quando novas forem adicionadas. Em seguida, a string Line, o número da linha atual e o caractere de retorno de carro (*Wrap*) são combinados para exibir uma nova linha e mover o cursor em forma de I para a margem esquerda e para baixo uma linha. A instrução *Next* completa o loop.

Observe que o Visual Studio adiciona automaticamente a instrução *Next* à parte inferior do loop quando você digita *For* para iniciar o loop. Nesse caso, editei a instrução *Next* para incluir o nome da variável *i* – que é um esclarecimento opcional de sintaxe que gosto de utilizar. (O nome da variável torna claro qual variável está sendo atualizada, especialmente em loops *For...Next* aninhados.)

10. Clique no botão Save All na barra de ferramentas Standard para salvar suas alterações e especifique a pasta C:\Vb10sbs\Chap07 como a localização.

    Agora você está pronto para executar o programa.

> **Dica** O programa For Loop completo está disponível na pasta C:\Vb10sbs\Chap07\For Loop.

11. Clique no botão Start Debugging na barra de ferramentas Standard.

12. Clique no botão Loop.

    O loop *For...Next* exibe 10 linhas na caixa de texto, como mostrado aqui:

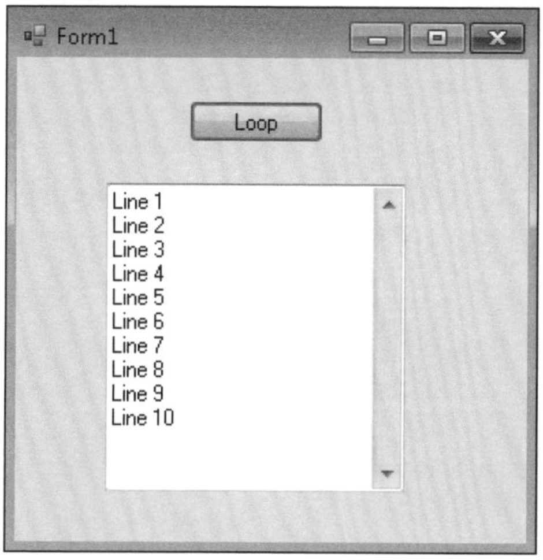

13. Clique no botão Loop novamente.

    O loop *For...Next* exibe outras 10 linhas no formulário. (Você pode ver qualquer linha não visível utilizando a barra de rolagem vertical para rolar para baixo.) Toda vez que o loop é repetido, ele adiciona mais 10 linhas ao objeto caixa de texto.

> **Dica** Preocupado com o espaço no objeto caixa de texto? Será um pouco demorado se você só estiver exibindo linhas de texto simples. O número máximo de caracteres é especificado na propriedade *MaxLength* para uma caixa de texto. Por padrão, *MaxLength* é definido como 32.767 caracteres. Se você precisar de mais caracteres, poderá aumentar esse valor. Se quiser mais opções de formatação, você pode utilizar o controle *RichTextBox* da Toolbox – um controle semelhante capaz de exibir e manipular texto.

14. Clique no botão Close no formulário para parar o programa.

    Como você pode ver, um loop *For...Next* pode simplificar consideravelmente o código e reduzir o número total de instruções que você precisa digitar. No exemplo anterior, um loop de três linhas processou o equivalente a 10 instruções de programa a cada vez que você clicou no botão Loop.

Criando loops *For...Next* complexos

A variável contadora em um loop *For...Next* pode ser uma ferramenta poderosa em seus programas. Com um pouco de imaginação, você pode utilizá-la para criar várias sequências úteis de números em seus loops.

Para criar um loop com um padrão de contagem diferente de 1, 2, 3, 4, etc., você pode especificar um valor diferente para *início* no loop e utilizar a palavra-chave *Step* para incrementar o contador em intervalos diferentes. Por exemplo, o código

```
Dim i As Integer
Dim Wrap As String
Wrap = Chr(13) & Chr(10)

For i = 5 To 25 Step 5
    TextBox1.Text = TextBox1.Text & "Line " & i & Wrap
Next i
```

exibe a seguinte sequência de números de linha em uma caixa de texto:

```
Line 5
Line 10
Line 15
Line 20
Line 25
```

Você também pode especificar valores decimais em um loop se declarar *i* como um tipo de precisão simples ou dupla. Por exemplo, o loop *For...Next*:

```
Dim i As Single
Dim Wrap As String
Wrap = Chr(13) & Chr(10)

For i = 1 To 2.5 Step 0.5
    TextBox1.Text = TextBox1.Text & "Line " & i & Wrap
Next i
```

exibe os seguintes números de linha em uma caixa de texto:

```
Line 1
Line 1.5
Line 2
Line 2.5
```

Além de exibir a variável contadora, você pode utilizar o contador para configurar propriedades, calcular valores ou processar arquivos. O exercício a seguir mostra como você pode utilizar o contador para abrir ícones do Visual Basic que estão armazenados em seu disco rígido em arquivos que têm números em seus nomes. Você encontrará muitos ícones, bitmaps e arquivos de animação na pasta C:\Program Files\Microsoft Visual Studio 10.0\Common7\Vs2010imagelibrary. Esses arquivos estão contidos em um arquivo.zip compactado, portanto, você precisará extraí-los. Esses arquivos não estão incluídos no Visual Basic 2010 Express. Observe também que a Microsoft altera a localização desses tipos de arquivos de tempos em tempos.

Abra arquivos usando um loop *For...Next*

1. No menu File, clique no comando New Project.

   A caixa de diálogo New Project abre.

2. Crie um novo projeto Windows Forms Application nomeado **My For Loop Icons**.

   Seu novo projeto inicia e um formulário em branco abre no *Designer*.

> **Nota** Se estiver abrindo o projeto a partir dos arquivos de exercício fornecidos, você verá o código um pouco diferente daquele mostrado no Passo 7 deste exercício, porque modificaremos o projeto For Loop Icons no próximo exercício.

3. Clique no controle *PictureBox* na Toolbox e desenhe um objeto caixa de figura quadrado de tamanho médio centralizado na metade superior do formulário.
4. Clique no controle *Button* e desenhe um botão bem largo embaixo da caixa de figura. (Você colocará um rótulo mais longo do que o normal no botão.)
5. Configure as seguintes propriedades para os dois objetos:

Objeto	Propriedade	Configuração
PictureBox1	*BorderStyle*	Fixed3D
	SizeMode	StretchImage
Button1	*Text*	"Display four faces"

6. Dê um clique duplo no botão Display Four Faces no formulário para exibir o procedimento de evento para o objeto botão.

   O procedimento de evento *Button1_Click* aparece no Code Editor.
7. Digite o seguinte loop *For...Next*:

```
Dim i As Integer
For i = 1 To 4
    PictureBox1.Image = System.Drawing.Image.FromFile _
      ("c:\vb10sbs\chap07\face0" & i & ".ico")
    MsgBox("Click here for next face.")
Next
```

> **Dica** O método *FromFile* nesse procedimento de evento é muito longo para caber em uma linha neste livro, então eu o dividi em duas linhas utilizando um espaço e o caractere de continuação de linha (_). Você pode utilizar esse caractere em qualquer lugar em seu código de programa exceto dentro de uma expressão de string. A partir do Visual Basic 2010, a inclusão do caractere de continuação de linha (_) é opcional na maioria dos casos.

O loop utiliza o método *FromFile* para carregar quatro arquivos de ícone a partir da pasta C:\Vb10sbs\Chap07 no disco rígido. O nome de arquivo é criado utilizando a variável contadora e o operador de concatenação que você empregou anteriormente neste capítulo. O código

```
PictureBox1.Image = System.Drawing.Image.FromFile _
  ("c:\vb10sbs\chap07\face0" & i & ".ico")
```

combina um caminho, um nome de arquivo e a extensão .ico para criar quatro nomes válidos de arquivo de ícone disponíveis em seu disco rígido. Nesse exemplo, você está carregando Face01.ico, Face02.ico, Face03.ico e Face04.ico na caixa de figura. Essa instrução funciona porque vários arquivos na pasta C:\Vb10sbs\Chap07 têm o padrão de nome de arquivo Face*xx*.ico. Reconhecendo o padrão, você pode construir um loop *For... Next* em torno dos nomes de arquivo.

> **Nota** A função caixa de mensagem (*MsgBox*) é usada principalmente para tornar lenta a ação para que você possa ver o que está acontecendo no loop *For...Next*. Em um aplicativo normal, você provavelmente não utilizaria tal função (mas sinta-se à vontade para empregá-la).

8. Clique no botão Save All na barra de ferramentas Standard para salvar suas alterações.

   Especifique a pasta C:\Vb10sbs\Chap07 como a localização.

9. Clique no botão Start Debugging para executar o programa e clique em Display Four Faces.

   O loop *For...Next* carrega o primeiro rosto na caixa de figura e exibe essa caixa de mensagem:

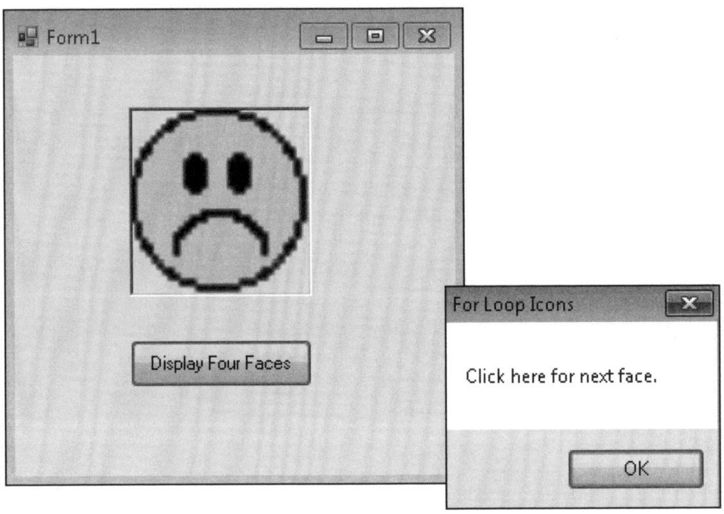

> **Nota** Se o Visual Basic exibir uma mensagem de erro, certifique-se de que seu código de programa não tem qualquer erro de digitação e então verifique se os arquivos de ícone estão no caminho que você especificou no programa. Se você instalou os arquivos de exercícios *Passo a passo* em uma pasta diferente da pasta padrão ou se moveu seus arquivos de ícone depois da instalação, o caminho no procedimento de evento talvez não esteja correto.

10. Clique em OK para exibir o próximo rosto.

    Sua tela é parecida com esta:

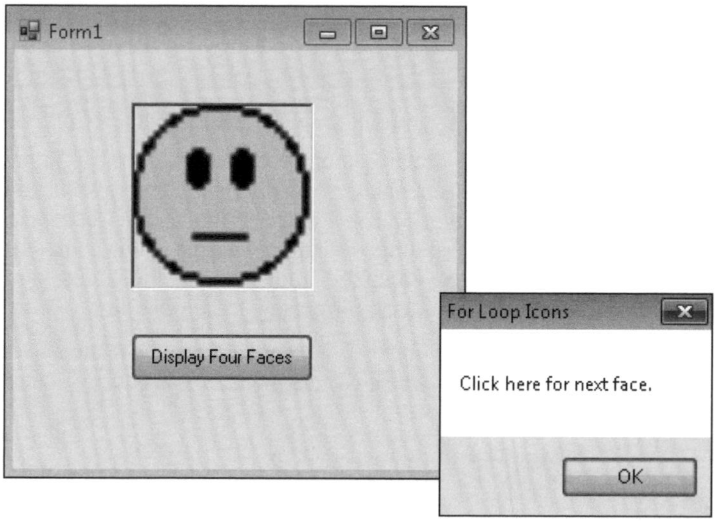

11. Clique em OK mais três vezes para ver todo o conjunto de imagens.

    Você pode repetir a sequência se quiser.

12. Quando terminar, clique no botão Close no formulário.

    O programa para e o ambiente de desenvolvimento retorna.

Utilizando um contador com maior escopo

Há vezes em que utilizar um loop *For...Next* não é tão eficiente ou elegante? Certamente. De fato, o exemplo anterior, embora útil como uma demonstração, ficou um pouco prejudicado pelo comportamento intrometido da caixa de mensagem, que abria quatro vezes no loop *For...Next* e distraía o usuário do formulário, quando queríamos sua atenção. Há uma maneira de acabar com essa caixa de mensagem?

Uma solução é remover tanto a função *MsgBox* como o loop *For...Next* e colocar em seu lugar uma variável contadora que tem escopo maior por todo o formulário. Como aprendeu no Capítulo 5, "Variáveis e fórmulas do Visual Basic e o .NET Framework", você pode declarar uma variável que tem escopo (ou mantém seu valor) por todo o formulário colocando uma instrução *Dim* para a variável na parte superior do formulário no Code Editor – uma localização especial acima dos procedimentos de evento. No exercício a seguir, você utilizará uma variável *Integer* chamada *Counter* que mantém seu valor entre chamadas para o procedimento de evento *Button1_Click*, e você utilizará essa variável para abrir os mesmos arquivos de ícone sem utilizar a função *MsgBox* para pausar a ação.

Utilize um contador global

1. Abra o Code Editor para o projeto My For Loop Icons.
2. Mova o ponto de inserção para acima do procedimento de evento *Button1_Click* e diretamente abaixo da instrução *Public Class Form1*, declare uma variável *Integer* de nome *Counter* utilizando esta sintaxe:

```
Dim Counter As Integer = 1
```

   Note que o Visual Studio separa a declaração que você acaba de inserir do procedimento de evento com uma linha sólida e exibe a palavra "(Declarations)" na caixa de listagem Method Name. Você também fez algo incomum aqui – além de declarar a variável *Counter*, você também atribuiu à variável um valor de 1. Declarar e atribuir ao mesmo tempo é um recurso prático do Visual Basic desde a versão 2002. No Capítulo 5, utilizaremos essa sintaxe para declarar uma constante, mas essa é a primeira vez que a utilizei para declarações de variáveis.

3. Dentro do procedimento de evento *Button1_Click*, altere o código de modo que ele corresponda precisamente ao seguinte grupo de instruções de programa. (Exclua qualquer instrução que não esteja aqui.)

```
PictureBox1.Image = System.Drawing.Image.FromFile _
  ("C:\Vb10sbs\Chap07\face0" & Counter & ".ico")
Counter += 1
If Counter = 5 Then Counter = 1
```

   Como você pode ver, excluí a declaração para o inteiro *i*, as instruções *For e Next* e a função *MsgBox* e alterei a maneira como o método *FromFile* funciona. (Substituí a variável *i* pela variável *Counter*.) Também adicionei duas novas instruções que utilizam a variável *Counter*. A primeira instrução adiciona 1 a *Counter* (*Counter += 1*) e a segunda instrução redefine a variável *Counter* se o valor for incrementado para 5. (Redefinir a variável dessa maneira permite que a lista de arquivos de ícone se repita indefinidamente.) A sintaxe de *Counter += 1* é um recurso de atalho no Visual Basic 2010 – o equivalente funcional da instrução a seguir:

```
Counter = Counter + 1
```

   Agora você executará o programa.

> **Dica** O programa For Loop Icons modificado está disponível na pasta C:\Vb10sbs\Chap07\For Loop Icons.

4. Clique no botão Start Debugging na barra de ferramentas Standard para executar o programa.

   O programa executa no ambiente de desenvolvimento.

5. Clique no botão Display Four Faces várias vezes. (Note como a expressão dos rostos passa de triste para feliz, como mostrado aqui.)

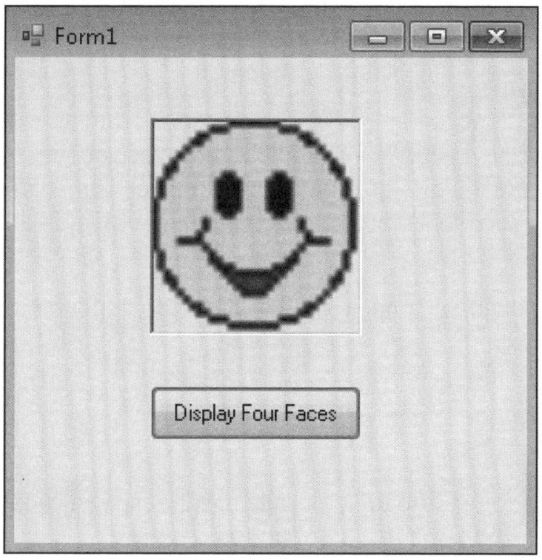

6. Quando terminar, clique no botão Close no formulário a fim de parar o programa.

Como você pode ver, essa solução é um pouco mais elegante que o exemplo anterior porque o usuário pode clicar apenas em um botão, não em um botão de formulário *e* em um botão de caixa de mensagem. A falta da interface no primeiro programa não era falha do loop *For... Next*, mas sim uma limitação que impus para que o procedimento de evento *Button1_Click* só usasse variáveis locais (em outras palavras, as variáveis que foram declaradas dentro do próprio procedimento). Entre os cliques de botão, essas variáveis locais perdiam seu valor e a única maneira de incrementar o contador era construir um loop. Usando uma variável *Integer* com um escopo maior, posso preservar o valor da variável *Counter* entre cliques e usar essas informações numéricas para exibir arquivos dentro do procedimento de evento *Button1_Click*.

A instrução *Exit For*

A maioria dos loops *For...Next* executa até sua conclusão sem incidentes, mas de vez em quando você achará útil acabar o processamento de um loop *For...Next* se uma particular "condição de saída" ocorrer.

O Visual Basic permite essa possibilidade fornecendo a instrução *Exit For*, que você pode utilizar para finalizar a execução de um loop *For...Next* antes do tempo e mover a execução para a primeira instrução depois do loop.

Por exemplo, o seguinte loop *For...Next* solicita ao usuário 10 nomes e os exibe um por um em uma caixa de texto, a não ser que o usuário insira a palavra "Done":

```
Dim i As Integer
Dim InpName As String
For i = 1 To 10
      InpName = InputBox("Enter your name or type Done to quit.")
      If InpName = "Done" Then Exit For
      TextBox1.Text = InpName
Next i
```

Se o usuário inserir "Done", a instrução *Exit For* termina o loop e execução prossegue a partir da instrução após *Next*.

Escrevendo loops *Do*

Como uma alternativa a um loop *For...Next*, você pode escrever um loop *Do* que executa um grupo de instruções até que certa condição seja True. Os loops *Do* são valiosos porque você pode não saber de antemão quantas vezes um loop deve se repetir. Por exemplo, talvez você queira deixar o usuário inserir nomes em um banco de dados até ele digitar a palavra "Done" em uma caixa de entrada. Nesse caso, você pode utilizar um loop *Do* que se repete indefinidamente até que a string de texto "Done" seja inserida.

Um loop *Do* tem vários formatos, dependendo de onde e como a condição do loop é avaliada. A sintaxe mais comum é

```
Do While condição
    bloco de instruções a ser executado
Loop
```

Por exemplo, o seguinte loop *Do* solicita ao usuário uma entrada e exibe essa entrada em uma caixa de texto até que a palavra "Done" seja digitada na caixa de entrada:

```
Dim InpName As String
Do While InpName <> "Done"
     InpName = InputBox("Enter your name or type Done to quit.")
     If InpName <> "Done" Then TextBox1.Text = InpName
Loop
```

A instrução condicional nesse loop é InpName <>"Done", que o compilador do Visual Basic traduz para significar "execute o loop enquanto a variável *InpName* não contiver a palavra 'Done' exata". Isso traz à tona um fato interessante sobre loops *Do*: se a condição na parte superior do loop não for True quando a instrução *Do* for avaliada pela primeira vez, o loop *Do* nunca será executado. Aqui, se a variável string *InpName* contiver o valor "Done" antes de o loop iniciar (talvez devido a uma atribuição anterior no procedimento de evento), o Visual Basic pularia o loop completamente e continuaria com a linha abaixo da palavra-chave *Loop*.

Se você quiser que o loop sempre execute pelo menos uma vez em um programa, coloque o teste condicional na parte inferior do loop. Por exemplo, o loop

```
Dim InpName As String
Do
    InpName = InputBox("Enter your name or type Done to quit.")
    If InpName <> "Done" ThenTextBox1.Text = InpName
Loop While InpName <> "Done"
```

é essencialmente o mesmo que o loop *Do* anterior, mas aqui a condição do loop é testada depois que um nome é recebido da função *InputBox*. Isso tem a vantagem de atualizar a variável *InpName* antes do teste condicional no loop de modo que um valor "Done" preexistente não fará com que o loop seja pulado. Testar a condição do loop na parte inferior assegura que seu loop seja executado pelo menos uma vez, mas frequentemente nos força a adicionar algumas instruções extras para processar os dados.

Nota Os exemplos de código anteriores solicitaram ao usuário digitar "Done" para encerrar o programa. Observe que o teste do texto inserido diferencia letras maiúsculas de minúsculas, ou seja, digitar "done" ou "DONE" não encerra o programa. Você pode fazer com que o teste não diferencie maiúsculas de minúsculas utilizando a função *StrComp*, que discutirei no Capítulo 13, "Explorando arquivos de texto e processamento de strings".

Evitando um loop infinito

Devido à natureza inexorável dos loops *Do*, é muito importante projetar suas condições de teste de modo que cada loop tenha um ponto de saída verdadeiro. Se um teste de loop nunca avaliar como False, o loop executa indefinidamente e seu programa talvez não responda a entrada alguma. Considere o seguinte exemplo:

```
Dim Number as Double
Do
    Number = InputBox("Enter a number to square. Type -1 to quit.")
    Number = Number * Number
    TextBox1.Text = Number
Loop While Number >= 0
```

Nesse loop, o usuário insere número após número e o programa eleva cada número ao quadrado e exibe o resultado na caixa de texto. Infelizmente, quando o usuário estiver satisfeito, ele não poderá encerrar o programa porque a condição anunciada de saída não funcionará. Quando o usuário insere –1, o programa eleva esse número ao quadrado e a variável *Number* recebe o valor 1. (O problema pode ser corrigido configurando uma condição de saída diferente. O próximo exemplo demonstra como verificar se o usuário clicou no botão Cancel e saiu do loop.) Observar loops infinitos é essencial ao escrever loops *Do*. Felizmente, é muito fácil detectá-los se você testar seus programas completamente.

Importante Certifique-se de que cada loop tem uma condição de saída legítima.

O exercício a seguir mostra como você pode utilizar um loop *Do* para converter temperaturas Fahrenheit em Celsius. O programa simples solicita ao usuário a entrada utilizando a função *InputBox*, converte a temperatura e exibe a saída em uma caixa de mensagem.

Converta temperaturas utilizando um loop *Do*

1. No menu File, clique em New Project.

   A caixa de diálogo New Project abre.

2. Crie um novo *Visual Basic Windows Forms Application* chamado **My Celsius Conversion**.

O novo projeto é criado, e um formulário em branco abre no Designer. Desta vez, você colocará todo o código para seu programa no procedimento de evento *Form1_Load* de modo que o Visual Basic imediatamente solicite a temperatura Fahrenheit ao iniciar a aplicação. Você utilizará uma função *InputBox* para solicitar os dados Fahrenheit e utilizará uma função *MsgBox* para exibir o valor convertido.

3. Dê um clique duplo no formulário.

   O procedimento de evento *Form1_Load* aparece no Code Editor.

4. Digite as seguintes instruções de programa no procedimento de evento *Form1_Load*:

```
Dim FTemp, Celsius As Single
Dim strFTemp As String
Dim Prompt As String = "Enter a Fahrenheit temperature."
Do
    strFTemp = InputBox(Prompt, "Fahrenheit to Celsius")
    If strFTemp <> "" Then
        FTemp = CSng(strFTemp)
        Celsius = Int((FTemp + 40) * 5 / 9 - 40)
        MsgBox(Celsius,, "Temperature in Celsius")
    End If
Loop While strFTemp <> ""
End
```

> **Dica** Certifique-se de incluir a instrução *End* na parte inferior do procedimento de evento *Form1_Load*. O programa terminará quando as conversões de temperaturas do usuário tiverem sido preenchidas.

Esse código trata os cálculos para o projeto. A primeira linha declara duas variáveis de precisão simples, *FTemp* e *Celsius*, para armazenar as temperaturas Fahrenheit e Celsius, respectivamente. A segunda linha declara uma variável string chamada *strFTemp* que armazena uma versão string da temperatura Fahrenheit. A terceira linha declara uma variável string chamada *Prompt*, que será utilizada na função *InputBox*, e lhe atribui um valor inicial. O loop *Do* solicita repetidamente ao usuário uma temperatura Fahrenheit, converte-a para Celsius e, em seguida, exibe-a na tela utilizando a função *MsgBox*.

O valor que o usuário insere na caixa de entrada é armazenado na variável *strFTemp*. A função *InputBox* sempre retorna um valor do tipo *String*, ainda que o usuário insira apenas números.

Como queremos realizar cálculos matemáticos com o valor inserido, *strFTemp* deve ser convertido em um número. A função *CSng* é utilizada para converter uma string no tipo de dados *Single*. *CSng* é uma de muitas funções de conversão que você pode utilizar para converter uma string em um tipo de dados diferente. O valor individual convertido então é armazenado na variável *FTemp*.

O loop executa até o usuário clicar no botão Cancel ou pressionar ENTER, ou clicar em OK sem nenhum valor na caixa de entrada. Clicar no botão Cancel ou não inserir valor algum retorna uma string vazia (“”). O loop verifica se a string está vazia utilizando um teste condicional *While* na parte inferior do loop. A instrução de programa

```
Celsius = Int((FTemp + 40) * 5 / 9 - 40)
```

trata a conversão de Fahrenheit para Celsius no programa. Essa instrução emprega uma fórmula padrão de conversão, mas utiliza a função *Int* para retornar um valor que não contém casas decimais para a variável Celsius. (Tudo à direita do ponto de fração decimal é descartado.) Esse corte sacrifica a exatidão, mas ajuda a evitar números imprevisivelmente longos como 21,11111, o valor de Celsius para 70 graus Fahrenheit.

5. Clique no botão Save All na barra de ferramentas Standard para salvar suas alterações.

   Especifique a pasta C:\Vb10sbs\Chap07 como a localização. Agora você tentará executar o programa.

> **Dica** O programa Celsius Conversion completo está disponível na pasta C:\Vb10sbs\Chap07\Conversion.

6. Clique no botão Start Debugging na barra de ferramentas Standard.

   O programa inicia e a função *InputBox* solicita uma temperatura Fahrenheit.

7. Digite **212**.

   Sua tela é semelhante a esta:

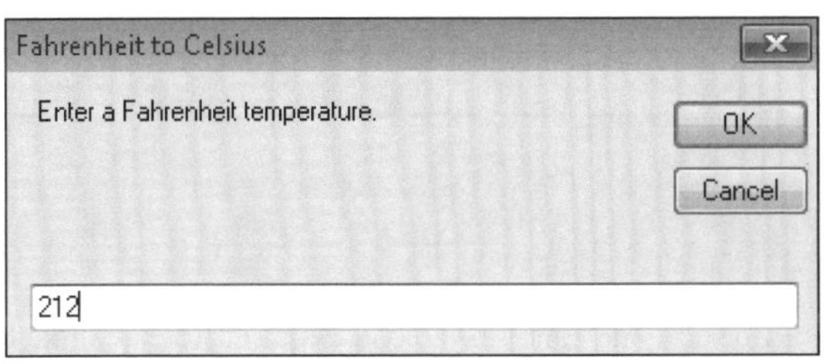

8. Clique em OK.

   A temperatura 212 graus Fahrenheit é convertida em 100 graus Celsius, como mostrado nesta caixa de mensagem:

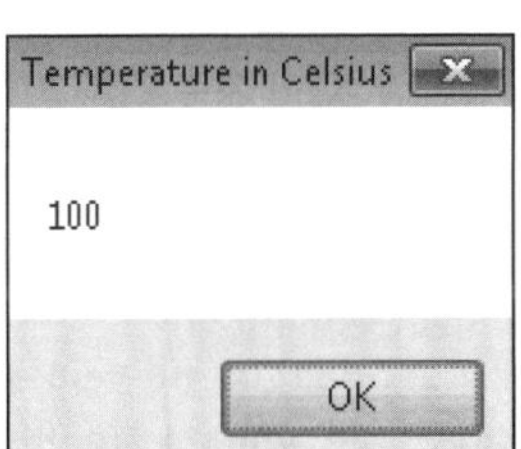

9. Clique em OK. Então digite **72** na caixa de entrada e clique em OK novamente.

   A temperatura 72 graus Fahrenheit é convertida em 22 graus Celsius.

10. Clique em OK e então clique em Cancel na caixa de entrada.

    O programa se fecha e o ambiente de desenvolvimento retorna.

Utilizando a palavra-chave *Until* em loops *Do*

Os loops *Do* com que você trabalhou até agora utilizam a palavra-chave *While* para executar um grupo de instruções contanto que a condição de loop permaneça True. Com o Visual Basic, você também pode utilizar a palavra-chave *Until* em loops *Do* para repetir *até que* (*until*) uma certa condição seja True. Utilize a palavra-chave *Until* na parte superior ou inferior de um loop *Do* para testar uma condição, exatamente como a palavra-chave *While*. Por exemplo, o seguinte loop *Do* utiliza a palavra-chave *Until* para fazer um loop repetidamente até que o usuário insira a palavra "Done" na caixa de entrada:

```
Dim InpName As String
Do
    InpName = InputBox("Enter your name or type Done to quit.")
    If InpName <> "Done" Then TextBox1.Text = InpName
Loop Until InpName = "Done"
```

Como você pode ver, um loop que utiliza a palavra-chave *Until* é semelhante a um loop que utiliza a palavra-chave *While*, exceto pelo fato de a condição de teste normalmente conter o operador oposto – nesse caso, o operador = (igual a) *versus* o operador <> (não igual a). Se utilizar a palavra-chave *Until* faz sentido para você, sinta-se livre para utilizá-la com condições de teste em seus loops *Do*.

O controle *Timer*

Vamos concluir nossa consideração sobre ferramentas e técnicas de controle de fluxo lembrando que você também deve considerar os benefícios do controle *Timer* do Visual Studio, que pode utilizar para executar um grupo de instruções por um período de *tempo* ou *intervalos* específicos. O controle *Timer* é essencialmente um cronômetro invisível que dá acesso ao relógio do sistema em seus programas. O controle *Timer* pode ser utilizado como um timer de micro-ondas para fazer uma contagem regressiva retardar um programa ou repetir uma ação em intervalos prescritos.

Embora objetos timer não sejam visíveis em tempo de execução, cada Timer está associado a um procedimento de evento que executa toda vez que passar o intervalo predefinido do timer. Você configura um intervalo usando a propriedade *Interval* e ativa um timer configurando a propriedade *Enabled* como True. Uma vez que um *Timer* é ativado, ele executa constantemente, no intervalo prescrito, até que o usuário pare o programa ou o objeto timer seja desativado. Sua tarefa como um programador é conceber um modo de usar o tempo nos seus programas de maneira criativa. Em outras palavras, que eventos em um programa (ou na vida) acontecem em intervalos regulares? Você pode prever ou imaginar a passagem do tempo para que ele possa ser integrado ao seu código?

Criando um relógio digital com um controle *Timer*

Um dos usos mais simples e diretos de um controle *Timer* é criar um relógio digital personalizado. No exercício a seguir, você criará um relógio digital simples que monitora o tempo atual com precisão de segundos. No exemplo, você irá configurar a propriedade *Interval* para o timer como 1000, instruindo o Visual Studio a atualizar a hora do relógio a cada 1000 milissegundos ou uma vez por segundo.

Como o sistema operacional Windows é um ambiente multitarefa e outros programas também exigem tempo de processamento, o Visual Studio talvez não atualize o relógio precisamente a cada segundo, mas ele sempre o atualizará se estiver um pouco atrasado. Para monitorar o tempo em outros intervalos, como uma vez a cada décimo de segundo, basta ajustar o número na propriedade *Interval*.

Crie o programa Digital Clock

1. No menu File, clique no comando New Project e crie um novo projeto Windows Forms Application chamado **My Digital Clock**.

   O novo projeto é criado e um formulário em branco abre no Designer.

2. Redimensione o formulário para uma janela retangular pequena (uma janela que seja mais larga do que alta).

   Você não quer que o relógio ocupe muito espaço.

3. Dê um clique duplo no controle *Timer* na guia Components da Toolbox.

   Esta é a primeira vez que você utiliza a guia Components e o controle *Timer* neste livro. (A guia Components fornece diversos controles interessantes que trabalham "nos bastidores" em seus programas.) O Visual Studio cria um pequeno objeto timer na bandeja de componentes abaixo de seu formulário, como mostrado aqui:

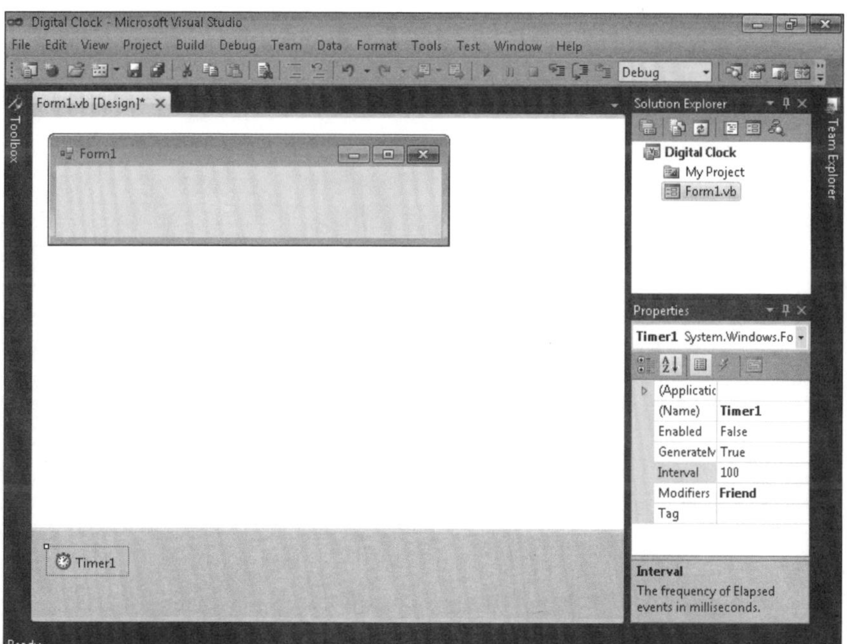

Lembre-se, como discutido no Capítulo 4, "Trabalhando com menus, barras de ferramentas e caixas de diálogo", de que certos controles do Visual Studio não têm uma representação visual no formulário; e quando objetos para esses controles são criados, eles aparecem na bandeja de componentes abaixo do formulário. (Esse era o caso dos controles *MenuStrip* e *ToolStrip* que você utilizou no Capítulo 4.) Entretanto, você ainda pode selecionar controles nesse painel especial e configurar propriedades para eles, como fará para o objeto Timer neste exercício.

4. Clique no controle *Label* na Toolbox e desenhe um objeto rótulo bem grande no formulário – um rótulo que seja quase do tamanho do próprio formulário inteiro.

   Você utilizará o rótulo para exibir a data/hora no relógio e criar um rótulo bem grande para armazenar a fonte de 24 pontos que será utilizada.

> **Nota** Ao criar o objeto rótulo pela primeira vez, ele se redimensiona automaticamente para o texto "*Label1*" caber no tamanho padrão. Mas quando você configurar a propriedade *AutoSize* como False no próximo passo, o objeto rótulo será restaurado para o tamanho com o qual você o criou originalmente.

5. Abra a janela Properties e configure as seguintes propriedades para o formulário e os dois objetos em seu programa:

Objeto	Propriedade	Configuração
Label1	*AutoSize*	False
	Font	Times New Roman, Bold, 24-point
	Text	(vazia)
	TextAlign	MiddleCenter
Timer1	*Enabled*	True
	Interval	1000
Form1	Text	"Digital Clock"

> **Dica** Se quiser colocar alguma figura no segundo plano do relógio, configure a propriedade *Background-Image* do objeto *Form1* como o caminho de um arquivo gráfico.

Agora você escreverá o código de programa para o timer.

6. Dê um clique duplo no objeto timer na bandeja de componentes.

   O procedimento de evento *Timer1_Tick* aparece no Code Editor. Esse é o procedimento de evento que é executado a cada marcação do relógio do timer, ou a cada vez que o relógio timer completa um ciclo.

7. Digite a seguinte instrução:

```
Label1.Text = TimeString
```

   Essa instrução obtém a data/hora atual do relógio do sistema e lhe atribui à propriedade *Text* do objeto *Label1*. (Se quiser que a data também seja exibida no relógio junto com a hora, use a propriedade *System.DateTime.Now* em vez da propriedade *TimeString*.) Apenas uma instrução é requerida nesse programa porque você configurou a propriedade *Interval* para o timer usando a janela Properties. O objeto Timer trata do resto.

8. Clique no botão Save All na barra de ferramentas Standard para salvar suas alterações.

   Especifique C:\Vb10sbs\Chap07 como a localização de pasta.

> **Dica** O programa Digital Clock completo está disponível na pasta C:\Vb10sbs\Chap07\Digital Clock.

9. Clique no botão Start Debugging na barra de ferramentas Standard para executar o relógio.

   O relógio aparece, como mostrado na captura de tela a seguir. (A hora será diferente, naturalmente.)

   Se você utilizou a propriedade *System.DateTime.Now*, verá também a data no relógio, como mostrado aqui:

Eu precisei expandir um pouco o objeto rótulo e o formulário para mostrar os dados e a data em uma linha. Se as informações do relógio do sistema no projeto também ocuparem mais de uma linha, feche o programa e redimensione o rótulo e o formulário.

10. Observe o relógio por alguns instantes.

    O Visual Basic atualiza a hora a cada segundo.

11. Clique no botão Close na barra de título a fim de parar o relógio.

O programa Digital Clock é tão útil que talvez você queira compilá-lo em um arquivo executável e utilizá-lo de vez em quando em seu computador. Sinta-se livre para personalizá-lo utilizando sua própria figura, texto e cores.

Utilizando um objeto Timer para configurar um limite de tempo

Outra utilização interessante de um objeto Timer é configurá-lo para esperar durante um determinado período de tempo antes de permitir ou proibir uma ação. Você também pode utilizar essa técnica de timer para exibir uma mensagem de boas-vindas ou uma mensagem de direitos autorais na tela ou repetir um evento a intervalos predefinidos, como salvar um arquivo a cada 10 minutos ou fazer backup de arquivos importantes toda noite às 2 horas da manhã. Novamente, isso é um pouco parecido com configurar um timer de micro-ondas em seu programa. Você configura a propriedade *Interval* com o retardo desejado e inicia o ciclo do relógio configurando a propriedade *Enabled* como True. Enquanto o programa estiver em execução, seu objeto timer estará ativo.

O exercício a seguir mostra como utilizar essa abordagem para configurar um limite de tempo para inserir uma senha. (A senha para esse programa é "secret".) O programa utiliza um timer para fechar seu próprio programa se uma senha válida não for inserida em 15 segundos. (Normalmente, um programa como esse seria um dos formulários iniciais em um aplicativo maior.)

Configure um limite de tempo para inserir uma senha

1. No menu File, clique no comando New Project e crie um novo projeto Windows Forms Application chamado **My Timed Password**.

   O novo projeto é criado, e um formulário em branco abre no Designer.

2. Redimensione o formulário para uma janela retangular pequena com aproximadamente o tamanho de uma caixa de entrada.
3. Clique no controle *TextBox* na Toolbox e desenhe uma caixa de texto para a senha no meio do formulário.
4. Clique no controle *Label* na Toolbox e desenhe um rótulo longo acima da caixa de texto.
5. Clique no controle *Button* na Toolbox e desenhe um botão embaixo da caixa de texto.

6. Dê um clique duplo no controle *Timer* na guia *Components* da Toolbox.

   O Visual Studio adiciona um objeto Timer à bandeja de componentes abaixo do formulário.

7. Configure as propriedades para o programa na tabela a seguir:

Objeto	Propriedade	Configuração
Label1	*Text*	"Enter your password within 15 seconds"
TextBox1	*PasswordChar*	"*"
Button1	*Text*	"Try Password"
Timer1	*Enabled* *Interval*	True 15000
Form1	*Text*	"Password"

   A configuração *PasswordChar* exibe caracteres de asterisco (*) na caixa de texto à medida que o usuário insere uma senha. Configurar a propriedade *Interval* do timer como 15000 dá 15 segundos para o usuário inserir uma senha e clicar no botão Try Password. Configurar a propriedade *Enabled* como True inicia a execução do timer quando o programa inicia. (Se o timer não for necessário até mais tarde no programa, você pode desativar essa propriedade e, então, ativá-la em um procedimento de evento.)

   Seu formulário se parece com este:

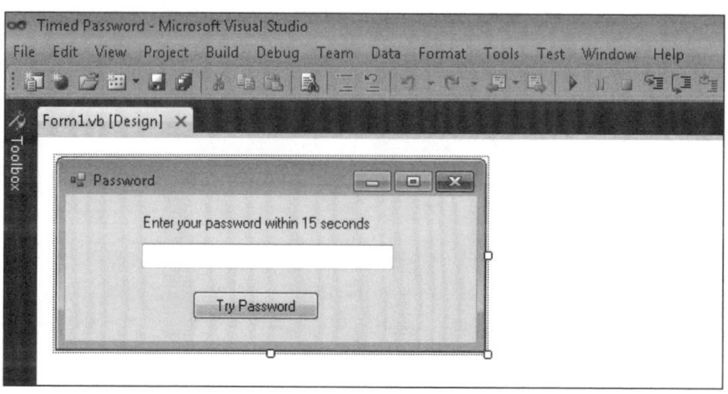

8. Dê um clique duplo no objeto Timer na bandeja de componente e digite as seguintes instruções no procedimento de evento *Timer1_Tick*:

```
MsgBox("Sorry, your time is up.")
End
```

A primeira instrução exibe uma mensagem que indica que o tempo expirou e a segunda instrução para o programa. O Visual Basic executa esse procedimento de evento se o intervalo do timer alcançar 15 segundos e uma senha válida não for inserida.

9. Exiba o formulário, dê um clique duplo no objeto botão e digite as seguintes instruções no procedimento de evento *Button1_Click*:

```
If TextBox1.Text = "secret" Then
    Timer1.Enabled = False
    MsgBox("Welcome to the system!")
    End
Else
    MsgBox("Sorry, friend, I don't know you.")
End If
```

Esse código de programa testa se a senha inserida na caixa de texto é "secret". Se for, o timer é desativado, uma mensagem de boas-vindas é exibida e o programa termina. (Um programa mais útil continuaria trabalhando em vez de terminar aqui.) Se a senha inserida não coincidir, o usuário é notificado com uma caixa de mensagem e tem outra chance de inserir a senha. Mas o usuário tem somente 15 segundos para fazer isso!

10. Clique no botão Save All na barra de ferramentas Standard para salvar suas alterações.

Especifique a pasta C:\Vb10sbs\Chap07 como a localização.

Teste o programa Timed Password

> **Dica** O programa Timed Password completo está disponível na pasta c:\vb08sbs\chap07\timed password.

1. Clique no botão Start Debugging para executar o programa.

O programa inicia e o relógio de 15 segundos começa a funcionar.

2. Digite **open** na caixa de texto.

Caracteres de asterisco ocultam sua entrada, como mostrado aqui:

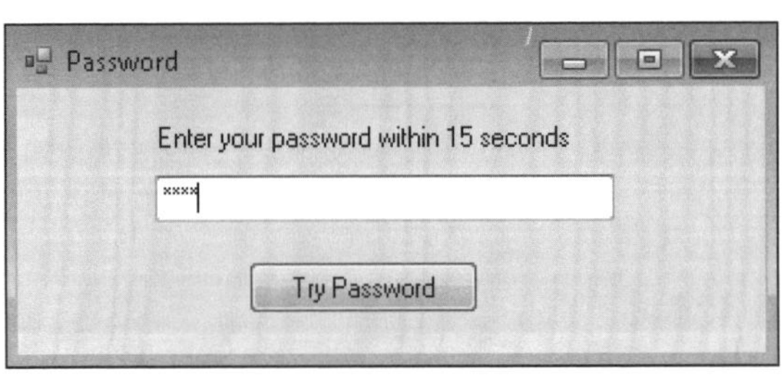

3. Clique no botão Try Password.

   A seguinte caixa de mensagem abre na tela, indicando sua resposta incorreta:

4. Clique em OK e espere pacientemente até que o período de sign-on expire.

   O programa exibe a mensagem de tempo esgotado mostrado nesta caixa de mensagem:

5. Clique em OK para encerrar o programa.
6. Execute o programa novamente, digite **secret** (a senha correta) na caixa de texto e clique em Try Password.

   O programa exibe esta mensagem:

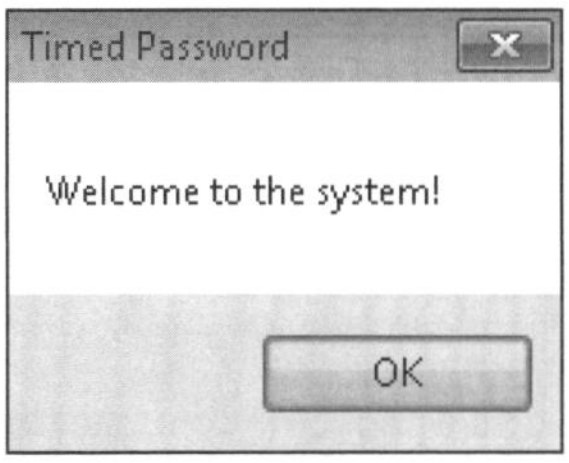

7. Clique em OK para encerrar o programa.

   O ambiente de desenvolvimento do Visual Basic aparece.

Como você pode imaginar, há muitas utilizações práticas para objetos timer. Como ocorre com loops *For...Next* e loops *Do*, você pode utilizar objetos timer para repetir comandos e procedimentos quantas vezes precisar em um programa. Combinado com o que você aprendeu sobre as estruturas de decisão *If...Then* e *Select Case* no Capítulo 6, agora você tem várias instruções, controles e técnicas que podem ajudar a organizar seus programas e fazê-los responder à entrada de usuário e tarefas de processamento de dados de maneiras inovadoras. Aprender a selecionar a melhor ferramenta para a situação de controle de fluxo à mão exige alguma prática, naturalmente, mas você terá oportunidades de experimentar essas ferramentas e técnicas à medida que continuar trabalhando com os próximos capítulos e à medida que construir seus próprios aplicativos. De fato, talvez você aproveite a oportunidade agora mesmo para criar um ou dois projetos simples a partir do zero antes de prosseguir ao próximo capítulo, que discute depuração. Que tal criar um relógio digital que exibe uma imagem em um objeto caixa de figura a cada 30 segundos?

Um passo além: inserindo fragmentos de código

Se você se divertiu utilizando o relógio do sistema e outros recursos do Windows neste capítulo, talvez aprecie também um exemplo adicional que utiliza o objeto *Computer.Info* para exibir informações úteis sobre o sistema operacional que você está utilizando atualmente. Esse exemplo também demonstra um recurso interessante do Visual Studio chamado comando Insert Snippet, que permite inserir modelos ou *fragmentos* (*snippets*) de código prontos no Code Editor a partir de uma lista de tarefas de programação comuns. O Visual Studio vem automaticamente configurado com uma biblioteca de fragmentos de código úteis e você pode adicionar fragmentos adicionais a partir dos próprios programas ou de recursos online como a MSDN. O exercício a seguir mostra como utilizar esse recurso útil.

Insira o Current Windows Version Snippet (versão atual do Windows)

1. No menu File, clique no comando New Project e crie um novo projeto Windows Forms Application chamado **My Windows Version Snippet**.

   O novo projeto é criado, e um formulário em branco abre no Designer.

2. Crie um novo objeto botão no meio do formulário e configure a propriedade *Text* do botão como "Display Windows Version".

3. Dê um clique duplo no objeto botão para exibir o procedimento de evento *Button1_Click*.

   Agora você vai usar o comando Insert Snippet para inserir um modelo de código que automaticamente retorna as informações sobre a versão do Windows instalada em seu computador. Note que esse fragmento é apenas um exemplo de uma lista de dezenas de modelos de código úteis.

4. Clique no menu Edit, aponte para o submenu IntelliSense e clique no comando Insert Snippet.

   A caixa de listagem Insert Snippet aparece no Code Editor, como mostrado na captura de tela a seguir.

   Dependendo dos componentes do Visual Studio que você instalou, sua lista de snippets (pequenos trechos de código) terá algumas diferenças.

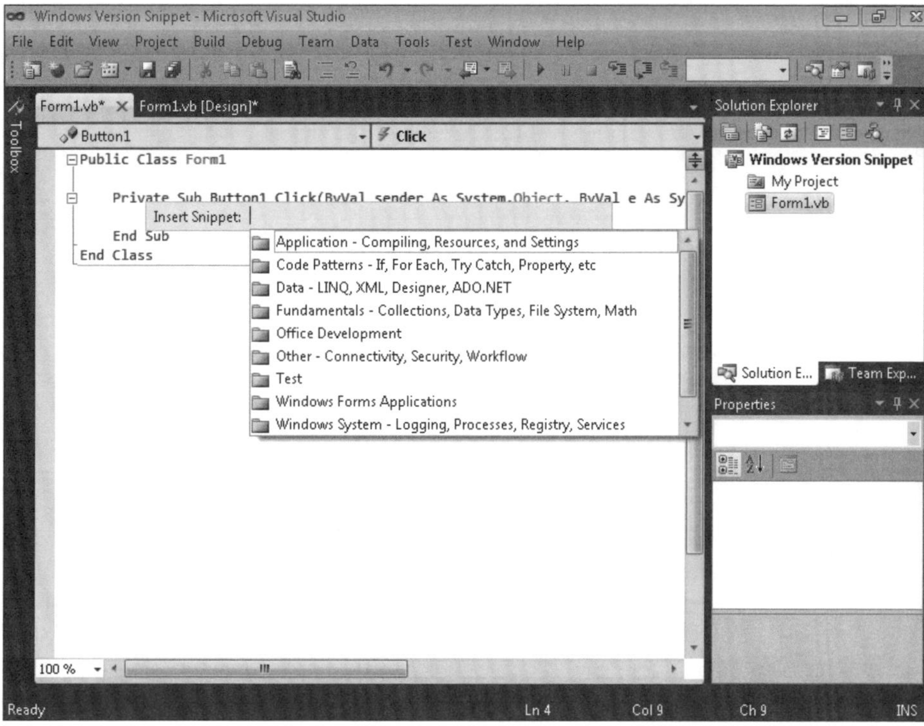

Dica Você também pode abrir a lista de fragmentos clicando com o botão direito no Designer e selecionando Insert Snippet.

A caixa de listagem Insert Snippet é uma ferramenta de navegação que você pode utilizar para explorar a biblioteca de fragmentos e inserir fragmentos em seu programa no ponto de inserção. Para abrir uma pasta na caixa de listagem, dê um clique duplo no nome da pasta. Para retornar à pasta anterior na hierarquia de pastas, pressione a tecla BACKSPACE.

5. Role para baixo na caixa de listagem e dê um clique duplo na pasta Windows System – Logging, Processes, Registry, Services.

   Nessa pasta, você encontrará fragmentos relacionados com consultar e definir configurações do sistema operacional.

Dica Se você está usando o Visual Basic 2010 Express, talvez não veja a pasta Windows System – Logging, Processes, Registry, Services. Caso ela não esteja visível, basta você digitar o código listado no Passo 7.

6. Dê um clique duplo na pasta Windows – System Information.

   Uma lista de fragmentos de código que recuperam ou definem informações do sistema aparece. Agora você selecionará o fragmento que retorna as informações da versão atual do Windows.

7. Dê um clique duplo no fragmento de código intitulado "Determine the Current Windows Version".

   O Visual Studio insere a linha de código a seguir no procedimento de evento *Button1_Click* no ponto de inserção:

   ```
   Dim osVersion = My.Computer.Info.OSVersion
   ```

   Essas instruções declaram a variável string *osVersion* para armazenar as informações de versão sobre o sistema operacional e então utilizam o objeto *Computer.Info* para preencher a variável com informações atuais. O fragmento de código também utiliza o namespace *My* para coletar informações sobre seu computador. O namespace *My* é um atalho do Visual Basic projetado para reduzir o tempo necessário para codificar tarefas comuns; iremos discuti-lo mais detalhadamente no Capítulo 13.

   Esse fragmento de código é chamado de modelo porque fornece a maior parte do código que você precisa inserir para uma tarefa particular, mas o código ainda não está completamente integrado ao seu projeto. Neste caso, devemos adicionar uma segunda variável para armazenar o nome do sistema operacional (porque há versões diferentes do Windows) e adicionaremos uma função *MsgBox* a fim de exibir os resultados para o usuário. (Em outros casos, talvez você precise adicionar controles ao seu formulário, criar novas variáveis ou estruturas de dados ou escrever instruções de programa adicionais que utilizam o fragmento de código.)

8. Pressione a tecla ENTER duas vezes para adicionar uma linha em branco abaixo do código.

9. Digite as seguintes instruções de programa:

   ```
   Dim osName = My.Computer.Info.OSFullName
   MsgBox(osName & vbCr & osVersion)
   ```

   Essas instruções declaram uma segunda variável de string chamada *osName* que armazenará a versão do Windows recuperada pela propriedade *OSFullName* do objeto *Computer. Info*. Há também uma função *MsgBox* que exibe os dois valores retornados: o nome do sistema operacional (*osName*) e o número de versão do sistema operacional (*osVersion*). Como você provavelmente já sabe, o número de versão do sistema operacional agora tornou-se bem detalhado no Windows, porque o Windows tem a capacidade de ser atualizado automaticamente pela Web toda vez que uma nova atualização ou aprimoramento de segurança é lançado. Examinar o número de versão é, portanto, uma maneira útil de ver se seu sistema está atualizado e seguro. Você também perceberá que usei *vbCr*. Essa é uma constante que representa um retorno de carro. Isso pode ser usado como uma alternativa à instrução *Chr(13)* já utilizada anteriormente no capítulo. Há várias dessas constantes que podem ser úteis. Ao digitar "vb" no Code Editor, você verá uma lista de todas essas constantes. Sua tela é semelhante a esta:

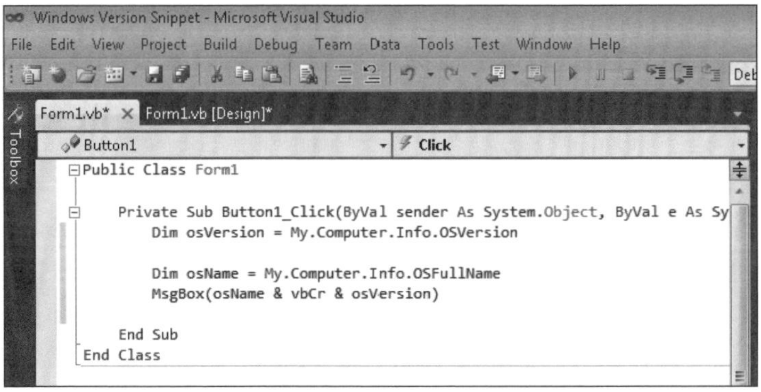

10. Clique no botão Save All para salvar suas alterações e especificar a pasta C:\Vb10sbs\Chap07 como a localização.

11. Clique no botão Start Debugging para executar o programa.

    O Visual Studio executa o programa no IDE.

12. Clique no botão Display Windows Version para exibir as informações de versão retornadas pelo fragmento de código.

    Sua caixa de diálogo é semelhante à seguinte:

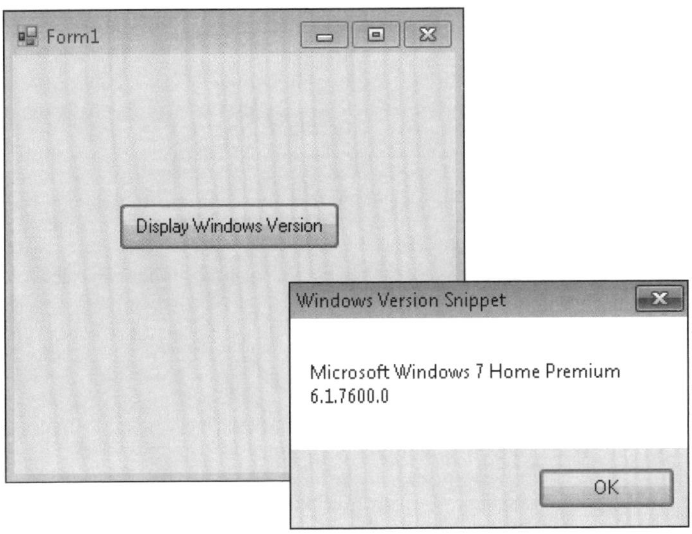

13. Clique em OK para fechar a caixa de diálogo e então clique no botão Close para encerrar o programa.

Você aprendeu uma habilidade útil que permite inserir uma variedade de modelos de código convenientes em seus próprios programas.

> **Dica** Para inserir novos fragmentos de código ou reorganizar os fragmentos que você tem, clique no comando Code Snippets Manager no menu Tools. A caixa de diálogo Code Snippets Manager oferece controle total sobre o conteúdo da caixa de listagem Insert Snippet e também contém um mecanismo para coletar novos fragmentos de código online.

Referência rápida do Capítulo 7

Para	Faça isto

Executar um grupo de instruções de programa um número específico de vezes	Insira as instruções entre instruções *For* e *Next* em um loop. Por exemplo:
	`Dim i As Integer`
	`For i = 1 To 10`
	`    MsgBox("Press OK already!")`
	`Next`

Utilizar uma sequência específica de números com instruções	Insira as instruções em um loop *For...Next* e utilize as palavras-chave *To* e *Step* para definir a sequência de números. Por exemplo:
	`Dim i As Integer`
	`For i = 2 To 8 Step 2`
	`    TextBox1.Text = TextBox1.Text & i`
	`Next`

Evitar um loop *Do* infinito	Certifique-se de que o loop tem uma condição de teste que pode ser avaliada como False.
Declarar uma variável e atribuir-lhe um valor ao mesmo tempo	Utilize Dim para declarar a variável e então atribuir um valor com o operador igual a (=). Por exemplo: `Dim Counter As Integer = 1`

Sair de um loop *For...Next* prematuramente	Utilize a instrução *Exit For*. Por exemplo:
	`Dim InpName As String`
	`Dim i As Integer`
	`For i = 1 To 10`
	`    InpName = InputBox("Name?")`
	`    If InpName = "Trotsky" Then Exit For`
	`    TextBox1.Text = InpName`
	`Next`

Executar um grupo de instruções de programa até que uma condição específica seja satisfeita	Insira as instruções entre as instruções *Do* e Loop. Por exemplo:
	`Dim Query As String = ""`
	`Do While Query <> "Yes"`
	`    Query = InputBox("Trotsky?")`
	`    If Query = "Yes" Then MsgBox("Hi")`
	`Loop`

Fazer loop até que uma condição específica seja True	Utilize um loop *Do* com a palavra-chave *Until*. Por exemplo:
	`Dim GiveIn As String`
	`Do`
	`    GiveIn = InputBox("Say 'Uncle'")`
	`Loop Until GiveIn = "Uncle"`

Fazer um loop durante um período específico de tempo em seu programa	Utilize o *controle Timer*.
Inserir um fragmento de código em seu programa	No Code Editor, posicione o ponto de inserção (cursor em forma de I) na localização em que você quer inserir o fragmento. No menu Edit, clique em IntelliSense e em Insert Snippet. Navegue até o fragmento que você quer utilizar e então dê um clique duplo no nome de fragmento.
Adicionar ou reorganizar fragmentos na caixa de listagem Insert Snippet	Clique no comando Code Snippet Manager no menu Tools.

Capítulo 8

Depurando programas em Visual Basic

Neste capítulo, você vai aprender a:

- Identificar diferentes tipos de erros em seus programas.
- Utilizar as ferramentas de depuração do Visual Studio para configurar pontos de interrupção e corrigir erros.
- Utilizar as janelas Autos e Watch para examinar as variáveis durante a execução de programa.
- Utilizar um visualizador para examinar tipos de dados string e tipos de dados complexos dentro do IDE.
- Utilizar as janelas Immediate e Command para alterar o valor de variáveis e executar comandos no Visual Studio.
- Remover pontos de interrupção.

Nos últimos capítulos, você teve muitas oportunidades para cometer erros de programação em seu código. Diferentemente da comunicação humana, que costuma funcionar bem apesar de erros ocasionais de gramática e pronúncia, a comunicação entre um desenvolvedor de softwares e o compilador do Microsoft Visual Basic só é bem-sucedida quando as regras e os regulamentos da linguagem de programação Visual Basic são seguidos.

Neste capítulo, você aprenderá mais sobre os defeitos de software, ou *bugs*, que impedem a execução de programas em Visual Basic. Você conhecerá os diferentes tipos de erros e aprenderá a usar as ferramentas de depuração do Visual Studio para detectar e corrigir esses defeitos. O que você aprender será útil à medida que experimentar os programas neste livro e, futuramente, quando escrever programas mais longos.

Por que focalizar a depuração agora? Alguns livros de programação pulam esse tópico ou o colocam perto do fim do livro (*depois* de você ter aprendido todos os recursos de linguagem de um determinado produto). Há certa lógica em adiar a discussão, mas acho que faz mais sentido dominar as técnicas de depuração *enquanto* você aprende a programar para que a detecção e a correção de erros tornem-se parte da sua rotina de trabalho. Neste ponto o livro, você já sabe o bastante sobre objetos, estruturas de decisão e sintaxe de instrução para criar programas interessantes, mas também o suficiente para corrigir alguns problemas! Como você logo verá, o Visual Studio 2010 facilita a descoberta de erros e a volta ao caminho certo.

Localizando e corrigindo erros

Os defeitos encontrados até agora em programas provavelmente foram erros de digitação ou de sintaxe simples. Mas e se você descobrir um problema pior no programa – um daqueles erros que não consegue localizar e corrigir com uma simples revisão dos objetos, propriedades e instruções? O

Visual Studio Integrated Development Environment (IDE) contém várias ferramentas que ajudam a monitorar e corrigir erros em programas. Essas ferramentas não irão impedi-lo de cometer erros, mas aliviarão o sofrimento quando você se deparar com um deles.

Três tipos de erros

Três tipos de erros podem ocorrer em um programa em Visual Basic: erros de sintaxe, erros de tempo de execução e erros de lógica, como a seguir:

- Um *erro de sintaxe* (ou *erro de compilador*) é um erro (como uma propriedade ou palavra-chave digitada incorretamente) que viola as regras de programação do Visual Basic. O Visual Basic indicará vários tipos de erros de sintaxe em seus programas enquanto você digita as instruções de programa e não permitirá que você execute um programa até corrigir cada erro de sintaxe.
- Um *erro de tempo de execução* é um erro que faz com que um programa pare inesperadamente durante a execução. Os erros de tempo de execução ocorrem quando um evento externo ou um erro de sintaxe não descoberto força a parada de um programa durante a execução. Por exemplo, se digitar incorretamente o nome de um arquivo ao utilizar o método *System.Drawing.Image.FromFile* ou se tentar ler a unidade de disco e ela não tiver um CD ou DVD, seu código irá gerar um erro de tempo de execução.
- Um *erro de lógica* é um erro humano – um erro de programação que faz o código de programa produzir resultados errados. A maior parte dos esforços de depuração focaliza a monitoração de erros de lógica introduzidos pelo programador.

Se encontrar um erro de sintaxe, em geral você pode resolver o problema usando a documentação da Ajuda do Visual Basic para aprender mais sobre a mensagem de erro e pode corrigir o erro prestando bastante atenção à exata sintaxe das funções, objetos, métodos e propriedades que tem utilizado. No Code Editor, as instruções incorretas são sublinhadas com uma linha ondulada e você pode aprender mais sobre o erro mantendo o ponteiro do mouse sobre a instrução. A captura de tela a seguir mostra a mensagem de erro que aparece no Visual Studio quando digito a palavra-chave *Case* incorretamente como "Csae" e, então, mantenho o ponteiro do mouse sobre o erro. Esta mensagem de erro aparece como uma ScreenTip ("dica de tela").

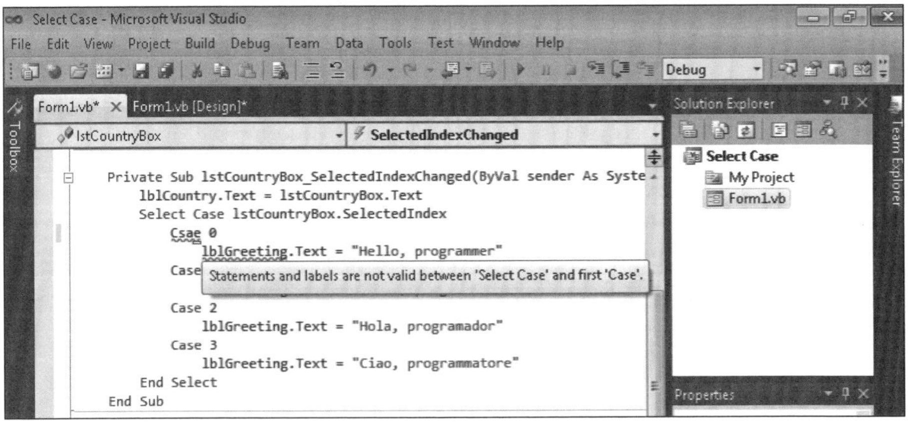

> **Dica** Por padrão, uma linha ondulada verde indica um alerta, uma linha ondulada vermelha indica um erro de sintaxe, uma linha ondulada azul indica um erro de compilador e uma linha ondulada roxa indica outro tipo de erro. A cor desses itens e da maioria dos recursos da interface de usuário pode ser ajustada selecionando o comando Options no menu Tools, clicando na opção Fonts And Colors abaixo de Environment e ajustando os valores padrão abaixo de Display Items.

Se encontrar um erro de tempo de execução, em geral você pode resolver o problema corrigindo a digitação. Por exemplo, se um bitmap for incorretamente carregado em um objeto caixa de figura, o problema poderia ser apenas um caminho digitado incorretamente. Entretanto, muitos erros de tempo de execução exigem uma solução mais completa. Você pode adicionar uma rotina de tratamento de erros estruturada – um bloco especial de código de programa que reconhece um erro de tempo de execução quando ele ocorre, suprime qualquer mensagem de erro e ajusta condições de programa para tratar o problema – aos programas. Discuto a nova sintaxe para estruturar rotina de tratamento de erros no Capítulo 9, "Interceptando erros com tratamento de erros estruturado".

Identificando erros de lógica

Erros de lógica são, em geral, os mais difíceis de corrigir. Esses erros são o resultado de um raciocínio e planejamento que não funcionam bem, não de um mal-entendido sobre sintaxes do Visual Basic. Considere a seguinte estrutura de decisão *If...Then* que avalia duas expressões condicionais e então exibe uma de duas mensagens com base no resultado.

```
If Age > 13 And Age < 20 Then
    TextBox2.Text = "You're a teenager"
Else
    TextBox2.Text = "You're not a teenager"
End If
```

Você pode reconhecer o problema nessa estrutura de decisão? Um adolescente tem entre 13 e 19 anos, inclusive, mas a estrutura não consegue identificar a pessoa que tem exatamente 13. (Para essa idade, a estrutura exibe erroneamente a mensagem "You're not a teenager".) Esse tipo de erro não é um erro de sintaxe (porque as instruções seguem as regras do Visual Basic); é um erro de raciocínio ou erro de lógica. A estrutura de decisão correta contém um operador maior que ou igual a (>=) na primeira comparação depois da instrução *If...Then*, como mostrado aqui:

```
If Age >= 13 And Age < 20 Then
```

Acredite ou não, esse tipo de erro é o problema mais comum em um programa Visual Basic. O código que produz os resultados esperados a maior parte do tempo – mas não o tempo todo – é o mais difícil de identificar e corrigir.

Fundamentos de depuração: utilizando o modo de depuração

Uma maneira de identificar um erro de lógica é executar o código de programa uma linha por vez e examinar o conteúdo de uma ou mais variáveis ou propriedades à medida que elas mudam. Para fazer isso, você pode entrar no *modo de depuração* (ou modo de interrupção) enquanto seu programa está em execução e, então, ver seu código no Code Editor. O modo de depuração fornece uma visão minuciosa do programa enquanto o compilador do Visual Basic o executa. É como colocar uma cadeira atrás do piloto e do copiloto e observar o manejo do avião. Mas, neste caso, você pode tocar nos controles.

Enquanto estiver depurando a aplicação, você usará os botões nas barras de ferramentas Standard e Debug, bem como comandos do menu Debug e botões especiais e janelas no IDE. A captura de tela a seguir mostra os botões de depuração nas barras de ferramentas Standard e Debug, que você pode abrir apontando para o comando Toolbars no menu View e, depois, clicando em Standard ou Debug. Neste capítulo, você usará os comandos Immediate, Locals, Start Debugging, Stop Debugging e Step Into.

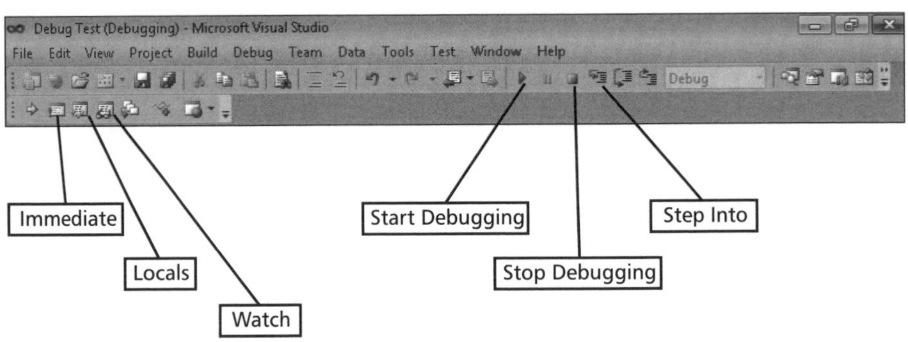

No exercício a seguir, você irá configurar um ponto de interrupção (breakpoint) – um lugar em um programa em que a execução para.

Você então utilizará o modo de depuração para localizar e corrigir o erro de lógica que você descobriu anteriormente na estrutura *If...Then*. (O erro faz parte de um programa real.) Para isolar o problema, você utilizará o botão Step Into na barra de ferramentas Standard para executar uma instrução de programa por vez e utilizará também a janela Autos para examinar o valor de variáveis e propriedades-chave do programa. Preste muita atenção nessa estratégia de depuração. Você pode utilizá-la para corrigir muitos problemas de pequena gravidade em seus próprios programas.

Depure o programa Debug Test

1. Inicie o Visual Studio.
2. No menu File, clique em Open Project.

   A caixa de diálogo Open Project abre.

3. Abra o projeto Debug Test na pasta C:\Vb10sbs\Chap08\Debug Test.

   O projeto abre no ambiente de desenvolvimento.

4. Se o formulário não estiver visível, exiba-o agora.

   O programa Debug Test pergunta a idade do usuário. Quando o usuário clica no botão Test, o programa informa se ele é ou não um adolescente. Mas o programa ainda tem o problema com os usuários que informam 13 anos de idade, como já vimos. Você deve abrir a barra de ferramentas Debug agora e configurar um ponto de interrupção para localizar o problema.

5. Se a barra de ferramentas Debug não estiver visível, clique no menu View, aponte para Toolbars e clique em Debug.

   A barra de ferramentas Debug aparece abaixo ou à direita da barra de ferramentas Standard.

6. Clique no botão Start Debugging na barra de ferramentas Standard.

   O programa executa e o formulário Debug Test abre.

7. Remova o 0 da caixa de texto Age, digite **14** e clique no botão Test.

   O programa exibe a mensagem "You're a teenager." Até agora, o programa exibe o resultado correto.

8. Digite **13** na caixa de texto Age e clique no botão Test novamente.

   O programa exibe a mensagem "You're not a teenager", como mostrado na captura de tela.

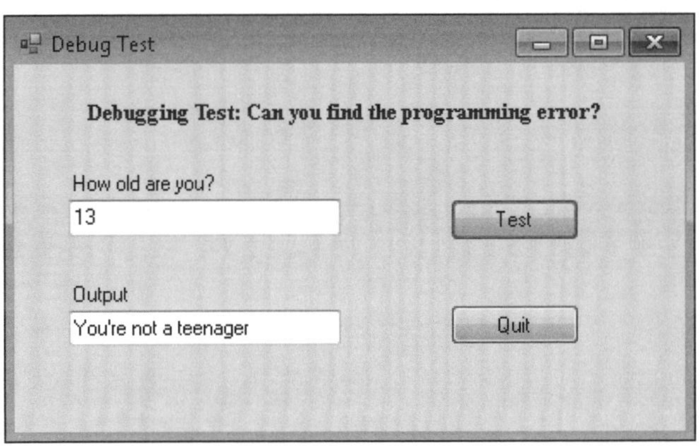

   Essa resposta é incorreta e você precisa examinar o código de programa para corrigir o problema.

9. Clique no botão Quit do formulário e, em seguida, abra o Code Editor.

10. Mova o ponteiro do mouse para a barra Margin Indicator (a barra acinzentada além da margem esquerda da janela Code Editor), ao lado da instrução *Age = TextBox1.Text* no procedimento de evento *Button1_Click* e, então, clique na barra para configurar um ponto de interrupção.

    O ponto de interrupção aparece imediatamente em vermelho. Consulte a captura de tela a seguir para ver localização e a forma do ponto de interrupção:

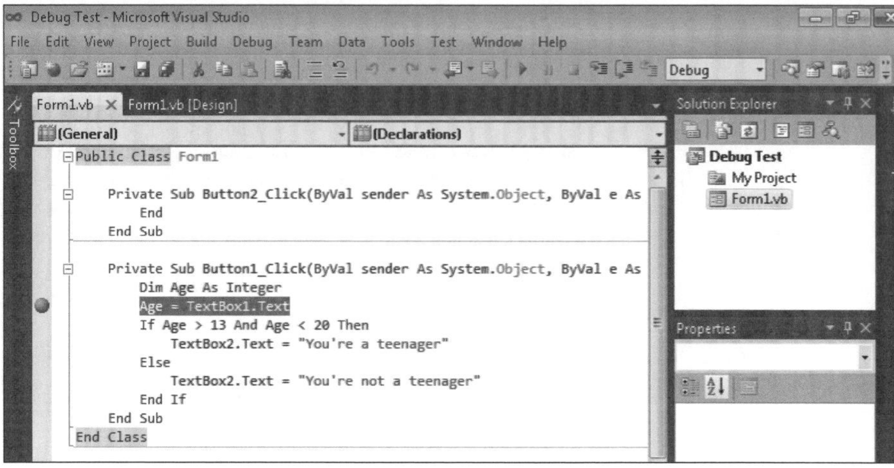

11. Clique no botão Start Debugging para executar o programa novamente.

    O formulário abre exatamente como antes e você pode prosseguir com os testes.

12. Digite **13** na caixa de texto Age e clique em Test.

    O Visual Basic abre o Code Editor novamente e exibe o procedimento de evento *Button1_Click* – o código de programa em execução pelo compilador. A instrução que você selecionou como um ponto de interrupção é destacada em amarelo e aparece uma seta na barra Margin Indicator, como mostrado na captura de tela a seguir:

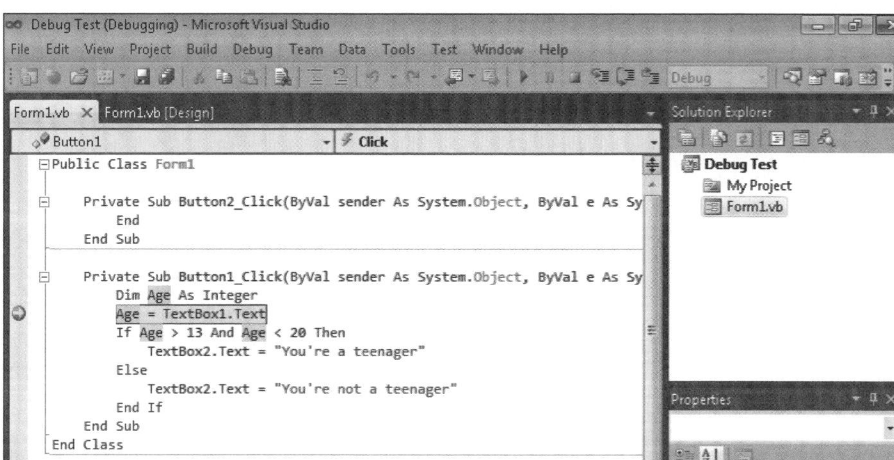

Podemos dizer que o Visual Studio está agora no modo de depuração, pois a palavra "Debugging" aparece em sua barra de título. No modo de depuração podemos ver como a lógica do programa é avaliada.

Nota Você também pode entrar no modo de depuração, em um programa Visual Basic colocando a instrução *Stop* no código de programa onde gostaria de pausar a execução. Esse é um método mais antigo, mas ainda confiável, de entrar no modo de depuração em um programa Visual Basic.

13. Coloque o ponteiro sobre a variável *Age* no Code Editor.

    O Visual Studio exibe a mensagem "Age | 0" e um ícone com uma miniatura de um pino aparece próximo ao valor. Enquanto estiver no modo de depuração, você pode exibir o valor de variáveis ou propriedades simplesmente mantendo o ponteiro do mouse sobre o valor no código de programa. *Age* atualmente tem um valor de 0 porque ainda não foi preenchida pela caixa de texto *TextBox1* – essa instrução é a próxima instrução que o compilador avaliará.

    O ícone do pino é um novo recurso do Visual Studio 2010 que permite fixar o valor de uma expressão em algum lugar no IDE durante a depuração. A expressão fixada é denominada *DataTip* e existem quatro comandos no menu Debug que têm relação com esse recurso. Tente usar um DataTip agora para ver o valor da variável *Age*.

14. Clique no ícone do pino para criar um DataTip para a variável *Age* no IDE.

15. Mantenha o mouse sobre o DataTip que aparece até que três botões pequenos sejam exibidos próximos à variável *Age*.

    Sua tela estará parecida com esta:

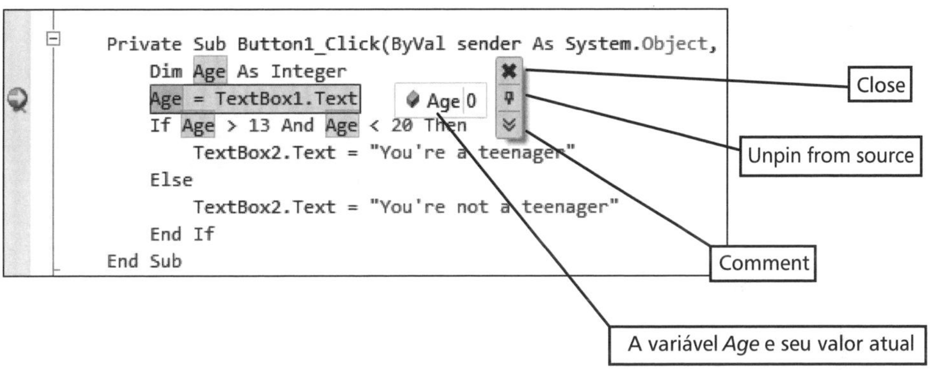

    Até que você remova esse DataTip, ele mostrará o valor da variável *Age* no IDE. Se você clicar no botão Unpin From Source, a variável *Age* permanecerá na sua posição atual no IDE, mesmo que você role a janela do Code Editor para cima ou para baixo. O botão Comment permite que você adicione um comentário descritivo à variável *Age* e o botão Close permite que você remova o DataTip do IDE.

16. Clique no botão Close próximo ao DataTip para remover a variável *Age* e seu valor 0 por enquanto.

    Como você pode ver, essa é uma maneira útil de ver as alterações das variáveis em um programa enquanto ele é executado, e sinta-se à vontade para usar os DataTips sempre que depurar seu código. Antes de usá-los exclusivamente, entretanto, experimente algumas técnicas adicionais nas etapas a seguir.

> **Nota** Se você adicionar muitos DataTips ao seu código de programa, certifique-se de usar os comandos Clear All DataTips, Import DataTips e Export DataTips no menu Debug. Esses recursos são especialmente úteis em grandes projetos de desenvolvimento em que você tem inúmeras variáveis e expressões e muitos DataTips ativos. Em particular, os comandos Import e Export permitirão que você transfira os DataTips de um projeto para outro.

17. Continue clicando no botão Step Into na barra de ferramentas Padrão.

O botão Step Into executa a próxima instrução de programa no procedimento de evento (a linha em destaque atualmente). Clicando no botão Step Into, você pode ver como o estado do programa muda quando somente mais uma instrução de programa é avaliada. Agora, se mantiver o ponteiro sobre a variável *Age*, você verá que ela contém um valor de 13.

18. No menu Debug, aponte para Windows e clique em Autos.

> **Dica** Se você estiver usando o Visual Basic 2010 Express, a janela Autos não estará disponível. Como alternativa, você pode abrir a janela Locals para ver o valor da variável Age. A janela Locals exibe um conjunto diferente de variáveis.

O submenu Windows fornece acesso a todo o conjunto de janelas de depuração do Visual Studio. A janela Autos mostra o estado das variáveis e propriedades que atualmente estão sendo utilizadas (não apenas as propriedades que você está configurando atualmente, mas também outras).

Como você pode ver na captura de tela a seguir, a variável *Age* mantém um valor de 13, e a propriedade *TextBox1.Text* mantém uma string com o valor "13".

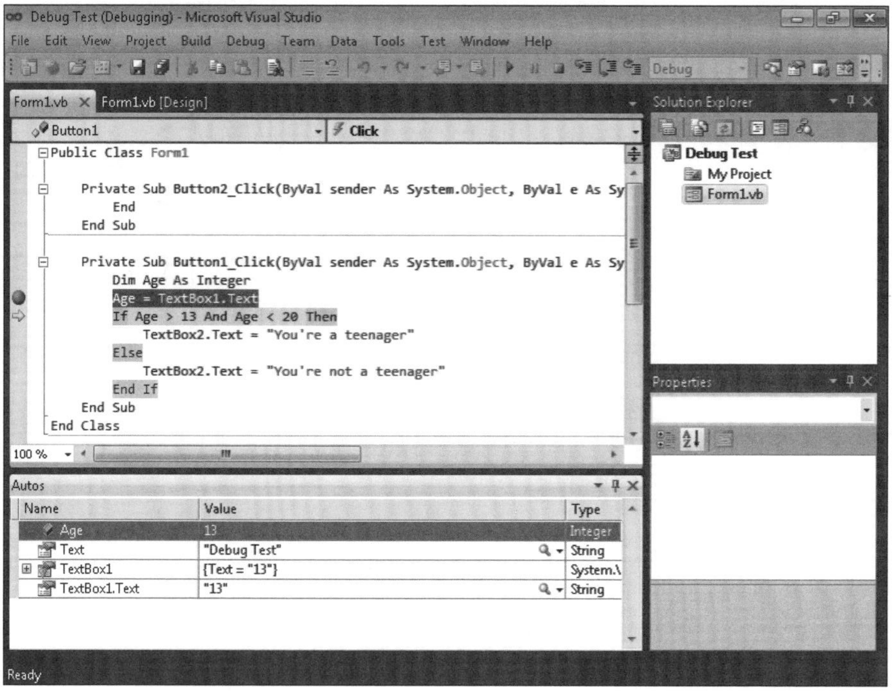

19. Clique no botão Step Into mais duas vezes.

    A instrução *If* avalia a expressão condicional como False; e o compilador move-se para a instrução *Else* na estrutura de decisão. Eis nosso *bug* – a lógica da estrutura de decisão *está* incorreta porque a idade de 13 anos *é* a idade de um adolescente. Você reconhece o problema? A primeira comparação precisa do operador maior do que ou igual a (>=) para testar especificamente esse caso limite de 13. Você interromperá a depuração agora para poder corrigir esse erro de lógica.

20. Clique no botão Stop Debugging na barra de ferramentas Standard.

21. No Code Editor, adicione o sinal igual a (=) à primeira condição na instrução *If* de modo que a instrução fique assim

    ```
    If Age >= 13 And Age < 20 Then
    ```

22. Execute o programa novamente e teste sua solução, prestando atenção especial aos números 12, 13, 19 e 20 – os casos limite ou marginais, que, provavelmente, causam problemas.

    Lembre-se de que você ainda precisa configurar um ponto de interrupção, portanto, entre no modo de depuração quando você executar o programa novamente. Utilize o botão Step Into para observar o fluxo de programa em torno da instrução crucial *If* e a janela Autos para monitorar o valor das suas variáveis enquanto completa os testes. Quando o formulário abrir, insira um novo valor e tente o teste novamente. (Você aprenderá a remover o ponto de interrupção mais adiante no capítulo.)

23. Quando terminar de experimentar o modo de depuração, clique no botão Stop Debugging na barra de ferramentas Standard para encerrar o programa.

Parabéns! Você utilizou o modo de depuração com sucesso para localizar e corrigir um erro de lógica em um programa.

Monitorando variáveis com uma janela Watch

A janela Autos é útil para examinar o estado de certas variáveis e propriedades enquanto são avaliadas pelo compilador, mas os itens na janela Autos *persistem* – isto é, mantêm seus valores – apenas para a instrução atual (a instrução destacada no depurador) e a instrução anterior (a instrução que acabou de executar). Quando seu programa continua executando um código que não utiliza as variáveis, elas desaparecem da janela Autos.

Para visualizar o conteúdo das variáveis e propriedades *por toda* a execução de um programa, você precisa utilizar uma janela Watch, uma ferramenta especial do Visual Studio que monitora valores importantes, contanto que você esteja no modo de depuração. No Visual Studio, você pode abrir até quatro janelas Watch, numeradas Watch 1, Watch 2, Watch 3 e Watch 4. Se você estiver usando o Visual Basic 2010 Express, apenas uma janela Watch estará disponível. Quando você está no modo de depuração, pode abrir essas janelas apontando para o comando Windows no menu Debug, apontando para Watch e, em seguida, clicando na janela desejada no submenu Watch. Você também pode adicionar expressões, como *Age >= 13*, a uma janela Watch.

Abra uma janela Watch

> **Dica** O projeto Debug Test encontra-se na pasta C:\Vb10sbs\Chap08\Debug Test.

1. Clique no botão de depuração Start Debugging na barra de ferramentas Standard para executar o programa Debug Test novamente.

   Pressuponho que o ponto de interrupção que você configurou na linha *Age = TextBox1.Text* do exercício anterior ainda esteja presente. Se esse ponto de interrupção não está configurado, pare o programa agora e configure o ponto de interrupção clicando na barra Margin Indicator ao lado da instrução, como mostrado no Passo 10 do exercício anterior, e inicie o programa novamente.

2. Digite **20** na caixa de texto Age e, então, clique em Test.

   O programa para no ponto de interrupção e o Visual Studio entra no modo de depuração, que é onde você precisa estar se quiser adicionar variáveis, propriedades ou expressões a uma janela Watch. Uma maneira de adicionar um item é selecionar seu valor no Code Editor, dar um clique com o botão direito do mouse na seleção e, então, clicar no comando Add Watch.

3. Selecione a variável *Age*, dê um clique nela com o botão direito do mouse e, então, clique no comando Add Watch.

   O Visual Studio abre a janela Watch 1 e adiciona a variável *Age* a ela. O valor da variável é atualmente 0 e a coluna Type na janela identifica a variável *Age* como um tipo *Integer*.

   Outra maneira de adicionar um item é arrastá-lo do Code Editor para a janela Watch.

4. Selecione a propriedade *TextBox2.Text* e, em seguida, arraste-a para a linha vazia na janela Watch 1.

   Quando soltar o botão do mouse, o Visual Studio adiciona a propriedade e exibe seu valor. (Neste exato momento, a propriedade é uma string vazia.)

5. Selecione a expressão *Age < 20* e, em seguida, adicione-a à janela Watch.

   Age < 20 é uma expressão condicional e você pode utilizar a janela Watch para exibir seu valor lógico, ou booleano. Sua janela Watch deve ser parecida com esta:

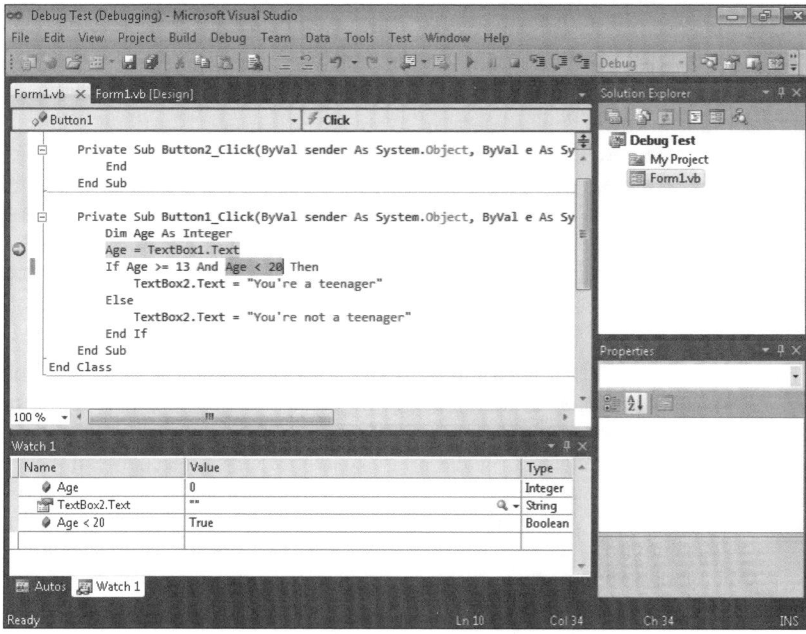

Agora examine o código de programa para ver como os valores na janela Watch 1 mudam.

6. Clique no botão Step Into na barra de ferramentas Padrão.

> **Dica** Em vez de clicar no botão Step Into na barra de ferramentas Padrão, você pode pressionar a tecla F8 do teclado.

A variável *Age* é configurada como 20 e a condição *Age < 20*, avaliada como False. Esses valores são exibidos em vermelho na janela Watch porque acabaram de ser atualizados.

7. Clique no botão Step Into mais três vezes.

   A cláusula *Else* é executada na estrutura de decisão e o valor da propriedade *TextBox2.Text* na janela Watch muda para "You're not a teenager". Esse teste condicional está operando corretamente. Como está satisfeito com essa condição, você pode remover o teste da janela Watch.

8. Clique na linha Age < 20 na janela Watch e pressione a tecla DELETE.

   O Visual Studio remove o valor da janela Watch. Como você pode ver, adicionar e remover valores da janela Watch é um processo rápido.

Por enquanto, deixe o Visual Studio executando no modo de depuração. Você continuará usando a janela Watch na próxima seção.

Visualizadores: ferramentas de depuração que exibem dados

Embora possa utilizar as janelas DataTip, Watch, Autos e Locals para examinar tipos de dados simples, como *Integer* e *String* no IDE, você por fim se depara com dados mais complexos em seus programas. Por exemplo, talvez você examine uma variável ou propriedade que contenha informações estruturadas de um banco de dados (um dataset) ou uma string que contenha informações de formatação Hypertext Markup Language (HTML) ou Extensible Markup Language (XML) de uma página Web. Para que você possa examinar este tipo de item mais detalhadamente em uma sessão de depuração, o Visual Studio oferece um conjunto de ferramentas no IDE chamado visualizadores. O ícone de um visualizador é uma pequena lupa.

O IDE do Visual Studio 2010 oferece diversos visualizadores padrão: como visualizadores de texto, HTML e XML (que funcionam em objetos string) e o visualizador dataset (que funciona para os objetos *Dataset*, *DataView* e *DataTable*). A Microsoft pretende oferecer visualizadores adicionais via download no futuro, e projetou o Visual Studio para que desenvolvedores independentes possam escrever seus próprios visualizadores e instalá-los no depurador do Visual Studio. No exercício a seguir, você verá como os visualizadores de texto funcionam. (Para este exercício, pressuponho que você ainda esteja no modo de depuração e que a janela Watch esteja aberta com algumas expressões do programa Debug Test.)

Abra um visualizador de texto no depurador

1. Observe um pequeno ícone de lupa à direita da janela Watch.

   O ícone de lupa indica que um visualizador está disponível para a variável ou propriedade que você está examinando em uma janela Watch, Autos ou Locals. Se completou o exercício anterior, a propriedade *TextBox2.Text* mostra um visualizador agora.

2. Clique na seta do visualizador.

   Quando você examina uma propriedade de texto (string), o Visual Studio oferece três visualizadores: um de texto simples que exibe a expressão de string selecionada como texto legível, um de HTML que converte o código HTML em uma página Web e um de XML que converte código XML em um documento visualizável. A janela Watch é parecida com esta:

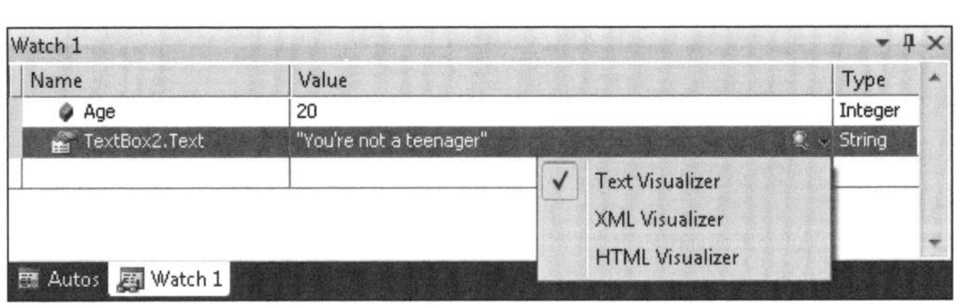

3. Selecione na opção Text Visualizer.

   O Visual Studio abre uma caixa de diálogo e exibe o conteúdo da propriedade *TextBox2.Text*.

Sua tela é semelhante a esta:

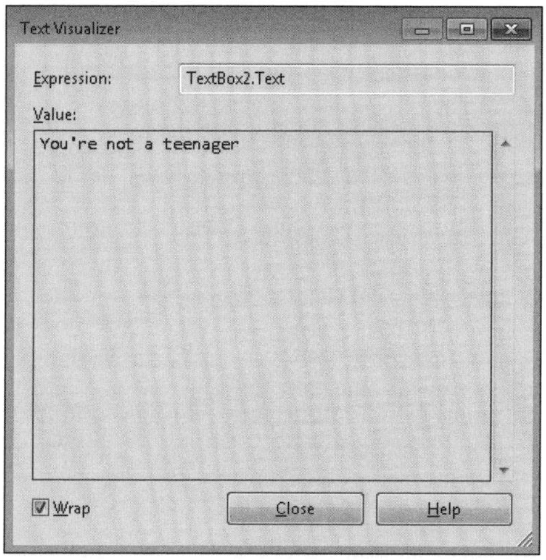

Embora esse resultado ofereça pouco mais do que a janela Watch oferece, os benefícios da ferramenta visualizador tornam-se imediatamente óbvios quando a propriedade *Text* de um objeto caixa de texto multilinha é exibida ou quando você examina variáveis ou propriedades que contêm informações de banco de dados ou documentos Web. Você experimentará esses tipos de dados mais sofisticados mais adiante no livro.

4. Clique em Close para fechar a caixa de diálogo Text Visualizer.

Deixe o Visual Studio executando no modo de depuração. Você ainda continuará usando a janela Watch na próxima seção.

Dica No modo de depuração, os visualizadores às vezes também aparecem no Code Editor próximos às propriedades ou variáveis interessantes. Se um visualizador aparecer, sinta-se à vontade para clicar sobre ele e obter mais informações sobre os dados subjacentes, como você fez no exercício anterior.

Utilizando as janelas Immediate e Command

Até agora, você utilizou as ferramentas de depuração do Visual Studio que permitem entrar no modo de depuração, executar o código uma instrução por vez e examinar o valor de variáveis, propriedades e expressões importantes no programa. Agora você aprenderá a alterar o valor de uma variável utilizando a janela Immediate e a executar comandos, como Save All ou Print, dentro do IDE do Visual

Studio utilizando a janela Command. As janelas contêm barras de rolagem, portanto, você pode executar mais de um comando e visualizar os resultados utilizando as teclas de seta.

Os exercícios a seguir demonstram como as janelas Immediate e Command funcionam. Discuto essas janelas em conjunto porque, com os comandos especiais a seguir, você pode alterná-las:

- Na janela Immediate, o comando *>cmd* leva para a janela Command.
- Na janela Command, o comando *immed* leva para a janela Immediate.

Os exercícios pressupõem que você esteja depurando o programa Debug Test no modo de depuração.

Utilize a janela Immediate para modificar uma variável

1. Clique no botão Immediate na barra de ferramentas Padrão ou Debug. (Outra alternativa é clicar no menu Debug, apontar para Windows e clicar em Immediate.)

   Quando você selecionar o comando, o Visual Studio abrirá a janela Immediate e preparará o compilador para receber os comandos de você *enquanto o programa Debug Test estiver em execução.*

   Esse é um recurso muito útil porque é possível testar condições de programa instantaneamente, sem parar o programa, e inserir instruções de programa no Code Editor.

2. Na janela Immediate, digite **Age = 17**, em seguida pressione ENTER.

   Você acabou de utilizar a janela Immediate para alterar o valor de uma variável. O valor da variável *Age* na janela Watch muda imediatamente para 17, e a próxima vez que a instrução *If* for executada, o valor na propriedade *TextBox2.Text* mudará para "You're a teenager". Sua janela *Immediate* é parecida com a mostrada a seguir:

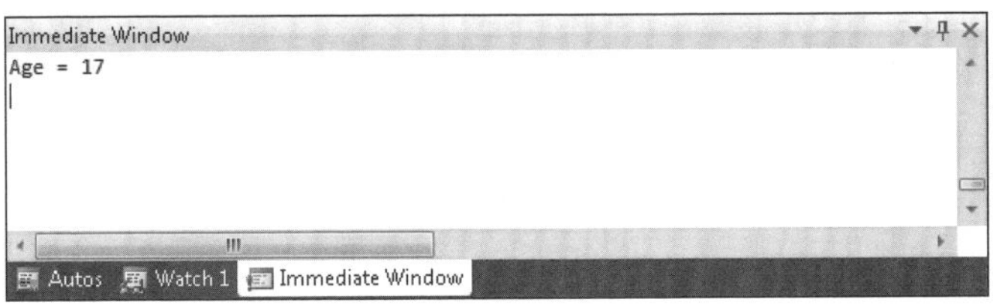

3. Digite a seguinte instrução na janela Immediate e pressione ENTER:

   TextBox2.Text = "You're a great age!"

   A propriedade *Text* do objeto *TextBox2* é imediatamente alterada para "You're a great age!". Na janela Immediate, você pode alterar o valor de propriedades, bem como variáveis.

4. Exiba a janela Watch 1 se ela não estiver atualmente visível. (Clique na guia Watch 1 no IDE do Visual Studio para fazer isso.)

A janela Watch é parecida com esta:

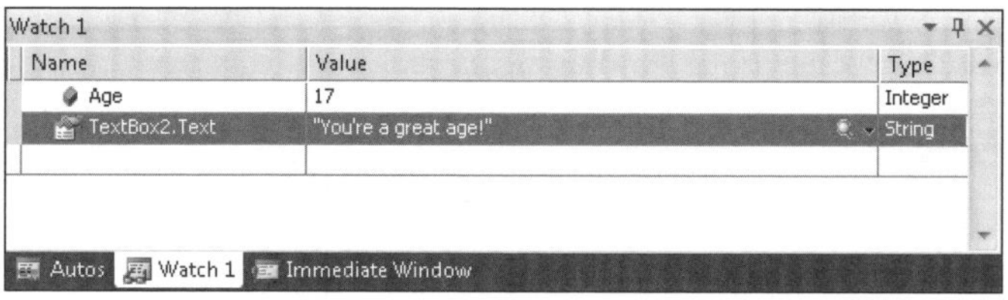

Como você pode ver, ambos os itens agora contêm novos valores e isso dá a oportunidade de testar ainda mais o programa.

5. Clique no botão Step Into duas vezes para exibir o formulário Debug Test novamente.

   Observe que a propriedade *Text* do objeto *TextBox2* foi alterada, como você instruiu o programa a fazer, mas a propriedade *Text* do objeto *TextBox1* ainda mantém um valor de 20 (não 17). Isso porque você alterou a variável *Age* no programa, não a propriedade que atribuiu um valor a *Age*. Sua captura de tela é parecida com esta:

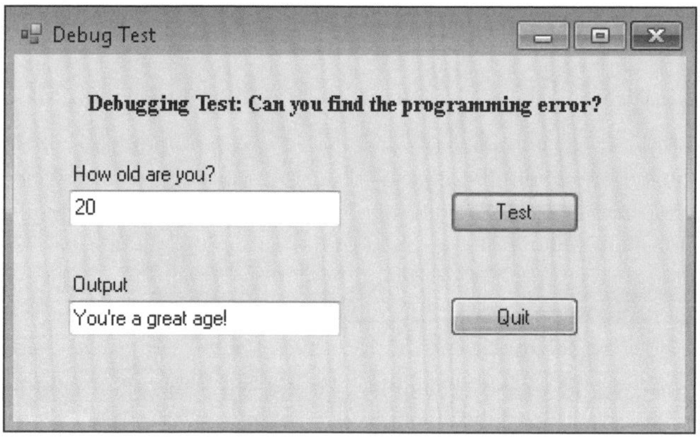

A janela Immediate tem muitas utilizações – ela é uma companhia excelente à janela Watch e pode ajudá-lo a experimentar casos de testes específicos que, de outro modo, poderiam ser muito difíceis de inserir no programa.

Alternando para a janela Command

A janela Command baseada em texto oferece um complemento para a janela Immediate do Visual Studio. Originária do prompt de comando MS-DOS, ela pode ser utilizada para executar comandos de interface no IDE do Visual Studio. Por exemplo, inserir o comando *File.SaveAll* na janela Command salva todos os arquivos no projeto atual. (Esse comando é o equivalente do comando Save All no menu File.) Se a janela Immediate já estiver aberta, você pode alternar as janelas Immediate e Command inserindo os comandos >cmd e immed, respectivamente. Você também pode clicar no menu View, apontar para Other Windows e então clicar em Command Window para abrir a janela Command. Você praticará a utilização da janela Command no exercício a seguir.

> **Dica** O Visual Basic 2010 Express não inclui a janela Command. (Se você estiver usando a versão Express, não conseguirá completar este exercício.)

Execute o comando *File.SaveAll*

1. Clique na guia Immediate Window para exibir a janela Immediate.
2. Digite **>cmd** e pressione ENTER a fim de alternar para a janela Command.

   A janela Command abre e talvez a janela Immediate ou Watch agora esteja parcialmente (ou totalmente) oculta. (Você pode retornar à janela Immediate clicando em sua guia ou digitando ***immed*** na janela Command.) O prompt > aparece, uma dica visual de que você está trabalhando agora na janela Command.
3. Digite **File.SaveAll** na janela Command e pressione ENTER.

   Quando você começar a digitar **File**, todos os comandos do Visual Studio associados com o menu File e operações de arquivo aparecem em uma caixa de listagem pop-up. Esse recurso do Microsoft IntelliSense é um modo útil de aprender os diversos comandos que podem ser executados dentro da janela Command. Depois que você digita ***File.SaveAll*** e pressiona ENTER, o Visual Studio salva o projeto atual e o prompt de comando retorna, como mostrado na ilustração a seguir:

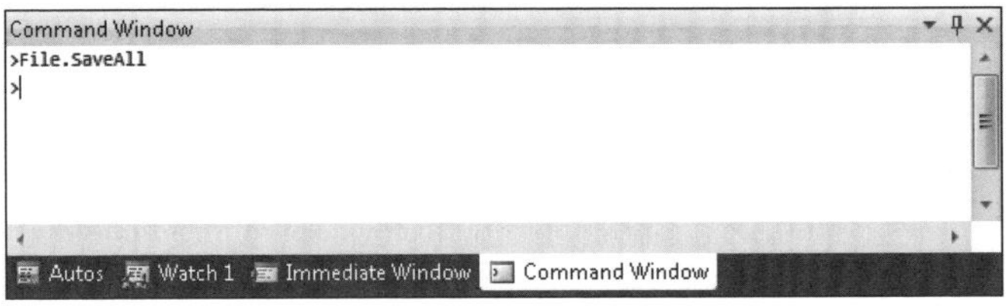

4. Experimente outros comandos agora, se quiser. (Inicie seus comandos com nomes de menu para descobrir os diferentes comandos disponíveis.) Quando terminar, clique no botão Close das janelas Command e Immediate. Por enquanto, você concluiu esse tópico.

Um passo além: removendo pontos de interrupção

Se acompanhou cuidadosamente as instruções deste capítulo, o programa Debug Test ainda está executando e apresenta um ponto de interrupção. Siga estes passos para remover o ponto de interrupção e encerrar o programa. Você conclui a depuração do programa Debug Test.

> **Dica** O Visual Basic 2010 Express não inclui o comando Delete All Breakpoints mencionado a seguir, portanto, para desfazer os pontos de interrupção, você precisa removê-los um a um.

Remova um ponto de interrupção

1. No Code Editor, clique no círculo vermelho associado ao ponto de interrupção na barra Margin Indicator.

   O ponto de interrupção desaparece. Isso é tudo que você precisa fazer! Mas observe que, se tiver mais de um ponto de interrupção em um programa, você pode remover todos eles clicando no comando Delete All Breakpoints no menu Debug. O Visual Studio salva pontos de interrupção com o projeto, então é importante saber como removê-los; caso contrário, eles ainda continuarão no programa, mesmo se você fechar o Visual Studio e reiniciá-lo!

2. Clique no botão Stop Debugging na barra de ferramentas Standard.

   O programa Debug Test encerra.

3. No menu View, aponte para Toolbars e clique em Debug.

   A barra de ferramentas Debug fecha.

Você aprendeu as técnicas fundamentais para depurar programas em Visual Basic com o Visual Studio. Marque este capítulo para retornar a ele quando se deparar com problemas, mais adiante. No próximo capítulo, você aprenderá a tratar erros de tempo de execução utilizando técnicas de tratamento de erro estruturado.

Referência rápida do Capítulo 8

Para	Faça isto
Exibir a barra de ferramentas Debug	No menu View, aponte para Toolbars e clique em Debug.
Configurar um ponto de interrupção	No Code Editor, clique na barra Margin Indicator ao lado da instrução onde você quer que o programa pare de executar. Quando o compilador alcança o ponto de interrupção, ele entra no modo de depuração. *ou* Coloque uma instrução *Stop* no código de programa onde você quer entrar no modo de depuração.
Executar uma linha de código no Code Editor	Clique no botão Step Into na barra de ferramentas Standard.
Examinar uma variável, uma propriedade ou uma expressão no Code Editor	No modo de depuração, selecione o valor no Code Editor e mantenha o ponteiro sobre ele.
Utilizar a janela Autos para examinar uma variável na linha atual ou na linha anterior	No modo de depuração, clique no menu Debug, aponte para Windows e clique em Autos.
Adicionar uma variável, propriedade ou expressão a uma janela Watch	No modo de depuração, selecione o valor no Code Editor, dê um clique com o botão direito do mouse no valor e, em seguida, clique em Add Watch.
Exibir uma janela Watch	No modo de depuração, clique no menu Debug, aponte para Windows, aponte para Watch e, em seguida, clique na janela.
Exibir HTML, XML ou informações de conjunto de dados (dataset) durante uma sessão de depuração	Clique no ícone visualizador em uma janela Autos, uma janela Watch, uma janela Locals ou uma janela DataTip durante uma sessão de depuração.
Abrir a janela Immediate	Clique no menu Debug, aponte para Windows e, então, clique em Immediate
Executar um comando no IDE do Visual Studio a partir da janela Command	No prompt >, digite o nome do comando e, então, pressione ENTER. Por exemplo, para salvar o projeto atual, digite ***File.SaveAll*** e, então, pressione ENTER.
Alternar para a janela Command a partir da janela Immediate	Digite >***cmd*** e, então, pressione ENTER. Para voltar novamente para a janela Immediate, digite ***immed*** e, então, pressione ENTER.
Remover um ou mais pontos de interrupção	Clique no ponto de interrupção na barra Margin Indicator do Code Editor. *ou* Clique no comando Delete All Breakpoints no menu Debug.
Parar a depuração	Clique no botão Stop Debugging na barra de ferramentas Standard.

Capítulo 9

Interceptando erros com tratamento de erros estruturado

Neste capítulo, você vai aprender a:

- Gerenciar erros de tempo de execução usando a rotina de tratamento de erro *Try...Catch.*
- Criar uma rotina de tratamento de erro de unidade de disco que testa condições de erro específicas utilizando a instrução *Catch.*
- Escrever rotinas de tratamento de erro complexas que utilizam o objeto *Exception* e a propriedade *Message*.
- Construir instruções *Try...Catch* aninhadas.
- Utilizar rotinas de tratamento de erro em combinação com técnicas de programação defensivas.
- Sair das rotinas de tratamento de erro prematuramente utilizando a instrução *Exit Try.*

No Capítulo 8, "Depurando programas em Visual Basic", você aprendeu a reconhecer erros de tempo de execução em um programa Microsoft Visual Basic e a localizar erros de lógica e outros defeitos no código de programa utilizando as ferramentas de depuração do Microsoft Visual Studio 2010. Neste capítulo, você aprenderá a construir blocos de código que tratam de erros de tempo de execução, também chamados de *exceções*, que ocorrem como resultado de condições operacionais normais – por exemplo, erros acarretados pela ausência de CD ou DVD em uma unidade ótica, pela quebra de uma conexão de Internet ou por uma impressora offline. Essas rotinas são chamadas *rotinas de tratamento de erro estruturadas* (ou *rotinas de tratamento de exceção estruturadas*), e você pode utilizá-las para reconhecer erros de tempo de execução, suprimir mensagens de erro indesejáveis e ajustar condições de programa para que o aplicativo possa recuperar o controle e executar novamente.

Felizmente, o Visual Basic oferece o poderoso bloco de código *Try...Catch* para tratar erros. Neste capítulo, você aprenderá a interceptar erros de tempo de execução utilizando blocos de código *Try...Catch* e aprenderá a usar o objeto Exception para identificar erros de tempo de execução específicos. Você também aprenderá a utilizar múltiplas instruções *Catch* para escrever rotinas de tratamento de erro mais flexíveis, construir blocos de código *Try...Catch* aninhados e utilizar a instrução *Exit Try* para sair de um bloco de código *Try...Catch* prematuramente. As técnicas de programação que você aprenderá são similares às rotinas de tratamento de erros estruturadas fornecidas pelas linguagens de programação mais avançadas, como Java e C++. Programas em Visual Basic mais confiáveis, ou *robustos*, utilizam várias rotinas de tratamento de erro para gerenciar circunstâncias imprevistas e oferecer experiências de computação consistentes e livres de problemas aos usuários.

Processando erros com a instrução *Try...Catch*

Um *crash de programa* é um problema inesperado a partir do qual um programa não pode se recuperar. Talvez você tenha experimentado sua primeira parada de programa quando o Visual Basic não carregou imagens de um arquivo, ou quando você intencionalmente introduziu erros no código de programa durante a depuração no Capítulo 8. Não é que o Visual Basic não seja suficientemente inteligente para tratar esse pequeno problema; é que o programa não foi "informado" sobre o que fazer quando algo não der certo.

Felizmente, você não tem de conviver com erros ocasionais que causam paradas em programas. Você pode escrever rotinas Visual Basic especiais, chamadas rotinas de tratamento de erro estruturadas, para gerenciar e responder a erros de tempo de execução antes de eles forçarem o compilador do Visual Basic a encerrar seu programa. Uma rotina de tratamento de erro instrui o programa sobre como continuar quando uma de suas instruções não funcionar. As rotinas de tratamento de erro podem ser colocadas nos procedimentos de evento em que há margem para problemas, ou em funções genéricas ou subprogramas que recebam o controle depois que ocorre um erro, e tratar o problema sistematicamente. (Você aprenderá mais sobre como escrever funções e subprogramas no Capítulo 10, "Criando módulos e procedimentos".)

As rotinas de tratamento de erro tratam, ou *interceptam*, um problema utilizando um bloco de código *Try...Catch* e um objeto especial de tratamento de erro denominado *Exception*. O objeto *Exception* tem uma propriedade *Message* que pode ser utilizada para exibir uma descrição do erro. Por exemplo, se o erro de tempo de execução estiver associado ao carregamento de um arquivo de uma unidade de CD ou DVD, a rotina de tratamento de erro talvez exiba uma mensagem de erro personalizada que identifica o problema e solicita ao usuário inserir um CD ou DVD, em vez de permitir que a operação que falhou trave o programa.

Quando utilizar rotinas de tratamento de erro

Você pode utilizar rotinas de tratamento de erro em qualquer situação em que uma ação (esperada ou inesperada) tenha o potencial para produzir um erro que pare a execução do programa. Em geral, as rotinas de tratamento de erro são usadas para gerenciar eventos externos que influenciam um programa – por exemplo, eventos causados por uma falha na rede ou na conexão de Internet, pela inserção incorreta de um CD, DVD ou disquete na unidade ou por uma impressora ou scanner offline. A Tabela 9-1 lista os potenciais problemas que podem ser resolvidos por rotinas de tratamento de erro.

Tabela 9-1 Possíveis problemas para rotinas de tratamentos de erros

Problema	Descrição
Problemas de rede / Internet	Servidores de rede, conexões Internet e outros recursos que falham, ou *caem*, inesperadamente.
Problemas de banco de dados	Incapaz de estabelecer uma conexão de banco de dados, uma consulta não pode ser processada ou expira, um banco de dados retorna um erro e assim por diante.
Problemas de unidade de disco	CDs, DVDs e disquetes não formatados ou formatados incorretamente, ou mídias não inseridas adequadamente, setores com defeitos, CDs, DVDs ou disquetes cheios, problemas com uma unidade de CD ou DVD e assim por diante.
Problemas de caminho	Um caminho para um arquivo necessário está faltando ou está incorreto.
Problemas de impressora	Impressoras que estão desligadas, sem papel, sem memória ou, de outro modo, indisponíveis.
Software não instalado	Um arquivo ou componente com o qual seu aplicativo conta, mas que não está instalado no computador do usuário, ou uma incompatibilidade do sistema operacional.

(Continua)

Tabela 9-1 Possíveis problemas para rotinas de tratamentos de erros

Problema	Descrição
Problemas de segurança	Um aplicativo ou processo que tenta modificar arquivos do sistema operacional, utilizar a Internet impropriamente ou modificar outros programas ou arquivos.
Problemas de permissões	Permissões de usuário que não são apropriadas para realizar uma tarefa.
Erros de estouro (overflow)	Uma atividade que excede o espaço de armazenamento alocado.
Erros de esgotamento de memória	Espaço de aplicativo ou recurso insuficiente disponível no esquema de gerenciamento de memória do Microsoft Windows.
Problemas de área de transferência	Problemas com transferência de dados ou com a área de transferência do Windows.
Erros de lógica	Erros de sintaxe ou erros de lógica não detectados pelo compilador e por testes prévios (como um nome de arquivo digitado incorretamente).

Configurando a interceptação: o bloco de código *Try...Catch*

O bloco de código utilizado para tratar um erro de tempo de execução é chamado *Try...Catch*. Você coloca a instrução *Try* em um procedimento de evento antes da instrução com a qual está preocupado e a instrução *Catch* vem imediatamente após com uma lista das instruções, caso realmente ocorra um erro de tempo de execução. Várias instruções opcionais, como *Finally*, *Exit Try* e blocos de código *Try...Catch* aninhados também podem ser incluídos, como os exemplos deste capítulo demonstrarão. Entretanto, a sintaxe básica de uma rotina de tratamento de exceção *Try...Catch* é a seguinte:

```
Try
   Instruções que talvez produzam um erro de tempo de execução
Catch
   Instruções a executar se ocorrer um erro de tempo de execução
Finally
   Instruções opcionais a executar se ocorrer ou não um erro
End Try
```

A instrução *Try* identifica o começo de uma rotina de tratamento de erro em que *Try*, *Catch* e *End Try* são palavras-chave requeridas e *Finally* e as instruções seguintes são opcionais. Observe que os programadores às vezes chamam as instruções entre as palavras-chave *Try* e *Catch* de *código protegido* porque qualquer erro de tempo de execução que resulte dessas instruções não fará o programa travar. (Em vez disso, o Visual Basic executa as instruções de tratamento de erro no bloco de código *Catch*.)

Erros de caminho e unidade de disco

O exemplo a seguir demonstra uma situação de erro de tempo de execução comum – um problema com um caminho, unidade de disco ou dispositivo periférico anexado. Para completar este exercício, você carregará um projeto de exemplo do Visual Basic que criei para mostrar como arquivos de imagens são abertos em um objeto caixa de figura de um formulário Windows.

Para se preparar para o exercício, insira um CD ou DVD em branco na unidade D (ou equivalente) e use o Windows Explorer ou seu software de criação de CD ou DVD para copiar, ou *queimar*, o arquivo Fileopen.bmp. Se preferir, você pode copiar o arquivo.bmp para um disquete na unidade A ou outro tipo de mídia de armazenamento removível, como uma câmera digital anexada, cartões de memória, MP3 player ou flash drive USB.

Dica Você encontrará o arquivo Fileopen.bmp junto com o projeto Disc Drive Error na pasta C:\Vb10sbs\Chap09.

Para completar o exercício, você precisará remover o CD ou DVD, ou conectar e desconectar seu dispositivo de armazenamento externo, como ditarem as condições de teste, e precisará modificar o código de programa com a letra da unidade em uso. Você utilizará o CD ou DVD (ou mídia equivalente) por todo o capítulo para forçar erros de tempo de execução e se recuperar deles.

Teste erros de unidade de disco

1. Insira um CD ou DVD em branco na unidade D (ou na unidade em que você cria CDs ou DVDs) e copie o arquivo Fileopen.bmp para essa unidade.

   Utilize o Windows Explorer ou um programa de criação de CD ou DVD independente para copiar o arquivo e gravar o disco. Se estiver utilizando um dispositivo de armazenamento externo diferente, conecte o dispositivo ou insira um disco em branco, copie o Fileopen.bmp para ele e anote a letra da unidade que o Windows atribui ao dispositivo.

2. Inicie o Visual Studio e abra o projeto Disc Drive Error, localizado na pasta C:\Vb10sbs\Chap09\Disc Drive Error.

   O projeto Disc Drive Error abre no IDE.

3. Se o formulário do projeto não estiver visível, exiba-o agora.

   O projeto Disc Drive Error é um esqueleto de programa que exibe o arquivo Fileopen.bmp em uma caixa de figura quando o usuário clica no botão Check Drive. Fiz o projeto como uma maneira conveniente de criar e interceptar erros de tempo de execução e você pode utilizá-lo por todo este capítulo para construir rotinas de tratamento de erro utilizando o bloco de código *Try...Catch*.

4. Dê um clique duplo no botão *Check Drive* no formulário para exibir o procedimento de evento *Button1_Click*.

   Você verá a seguinte linha de código de programa entre as instruções *Private Sub* e *End Sub*:

   ```
   PictureBox1.Image = _
       System.Drawing.Bitmap.FromFile("d:\fileopen.bmp")
   ```

   Como você aprendeu nos capítulos anteriores, o método *FromFile* abre o arquivo especificado.

   Essa utilização particular de *FromFile* abre o arquivo Fileopen.bmp na unidade D e exibe-o em uma caixa de figura. Entretanto, se o CD ou DVD estiver ausente, a bandeja de CD ou DVD estiver aberta, o arquivo não estiver no CD ou DVD, ou houver outro problema com o caminho ou letra da unidade especificada no código, a instrução produzirá um erro "File Not Found" no Visual Basic.

   Esse é o erro de tempo de execução que queremos interceptar.

5. Se sua unidade de CD ou DVD ou dispositivo periférico conectado usa agora uma letra de unidade diferente de "D", mude a letra da unidade nessa instrução de programa para corresponder

à letra em uso. Por exemplo, uma unidade de disquete em geral requer a letra "A". Flash drives USB, câmeras digitais e outras mídias removíveis em geral utilizam as letras "E", "F" ou mais altas para a unidade.

6. Com seu CD ou DVD ainda na unidade D (ou unidade equivalente) clique no botão Start Debugging na barra de ferramentas Standard para executar o programa. O formulário do projeto abre, como mostrado aqui:

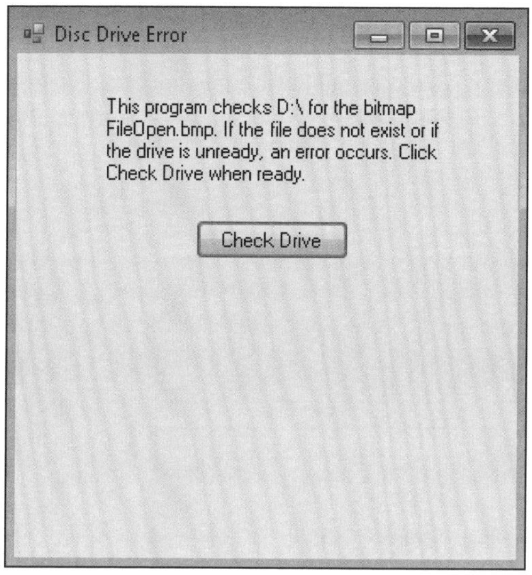

7. Clique no botão Check Drive do formulário.

   O programa carrega o arquivo Fileopen.bmp do CD ou DVD e o exibe na caixa de imagem, como mostrado na captura de tela seguinte:

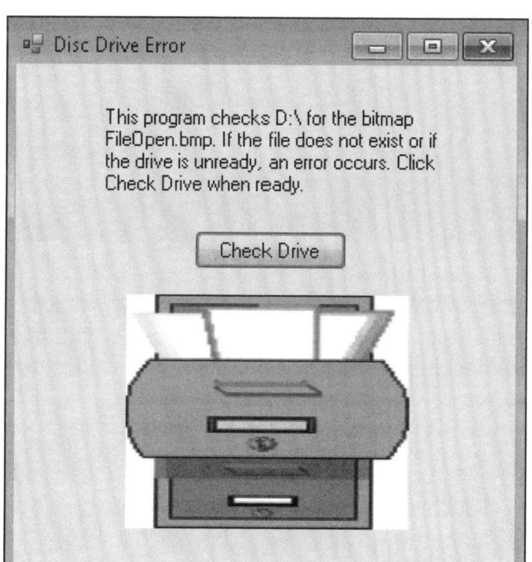

A propriedade *SizeMode* do objeto caixa de figura é configurada como StretchImage, portanto, o arquivo preenche todo o objeto caixa de figura. Agora veja o que acontece quando o CD ou DVD não está na unidade e o programa tenta carregar o arquivo.

8. Remova o CD ou DVD da unidade.

   Se estiver utilizando um tipo de mídia diferente, remova-o agora. Se estiver fazendo o teste com um dispositivo de armazenamento removível, siga seu procedimento normal para removê-lo ou desativá-lo com segurança, e remover a mídia que contém o Fileopen.bmp.

9. Clique novamente no botão Check Drive do formulário.

   O programa não pode localizar o arquivo e o Visual Basic emite um erro de tempo de execução, ou *exceção não tratada*, que faz o programa travar. O Visual Studio entra no modo de depuração, realçando a instrução do problema.

   Sua tela estará parecida com esta:

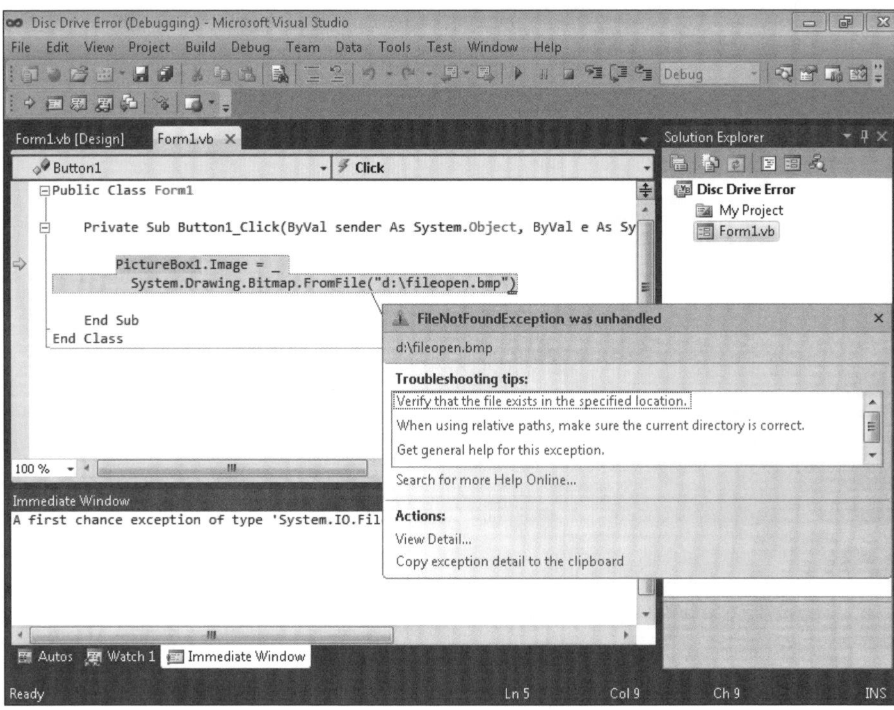

   Observe como o Visual Studio tenta ser útil aqui, oferecendo dicas para a solução do problema a fim de ajudá-lo a localizar a fonte da exceção não tratada que parou o programa. A lista Actions permite que você aprenda ainda mais sobre a mensagem de erro específica que é exibida na parte superior da caixa de diálogo.

10. Clique no botão Stop Debugging na barra de ferramentas Standard para fechar o programa.

    O ambiente de desenvolvimento retorna.

Agora você modificará o código para tratar o cenário desse erro plausível no futuro.

Escrevendo uma rotina de tratamento de erro de unidade de disco

O problema com o programa Disc Drive Error não é que ele desafia as capacidades inerentes do Visual Basic de processar erros. Simplesmente não especificamos o que o Visual Basic deve fazer quando ele encontra uma exceção que não sabe tratar. A solução para esse problema é escrever um bloco de código *Try...Catch* que reconhece o erro e instrui o Visual Basic sobre o que fazer com ele. Você adicionará essa rotina de tratamento de erro agora.

Utilize *Try...Catch* para interceptar o erro

1. Exiba o procedimento de evento *Button1_Click* se não estiver visível no Code Editor.

   Você precisa adicionar uma rotina de tratamento de erro ao procedimento de evento que está causando os problemas.

   Como verá nesse exemplo, você realmente constrói o bloco de código *Try...Catch* em torno do código que é a fonte potencial de problema, protegendo o restante do programa dos erros de tempo de execução que ele produzir.

2. Modifique o procedimento de evento para que a instrução *FromFile* existente se encaixe entre as instruções *Try* e *Catch*, como mostrado no seguinte bloco de código:

```
Try
    PictureBox1.Image = _
      System.Drawing.Bitmap.FromFile("d:\fileopen.bmp")
Catch
    MsgBox("Please insert the disc in drive D!")
End Try
```

   Você não precisa digitar novamente a instrução *FromFile* – simplesmente digite as instruções *Try*, *Catch*, *MsgBox* e *End Try* acima e abaixo dela. Se o Visual Studio adicionar *Catch*, a declaração de variável, ou as instruções *End Try* no lugar errado, simplesmente exclua as instruções e as digite novamente como mostrado no livro. (O Code Editor tenta ser útil, mas seu recurso Autocompletar às vezes atrapalha.)

   Esse código de programa demonstra o uso mais básico de um bloco de código *Try...Catch*. Ele coloca a instrução *FromFile* problemática em um bloco de código *Try* para que, se o código de programa produzir um erro, as instruções no bloco de código *Catch* sejam executadas. O bloco de código *Catch* simplesmente exibe uma caixa de mensagem que pede ao usuário para inserir o disco requerido na unidade D para que o programa possa continuar. Esse bloco de código *Try...Catch* não contém a instrução *Finally*, desse modo, a rotina de tratamento de erro termina com as palavras-chave *End Try*.

   Novamente, se estiver utilizando um dispositivo de armazenamento removível ou mídia associada com uma letra de unidade diferente, você fará essas alterações nas instruções que acabou de digitar.

Teste a rotina de tratamento de erro

1. Remova o CD ou DVD da unidade D e, em seguida, clique no botão Start Debugging para executar o programa.
2. Clique no botão Check Drive.

   Em vez de parar a execução do programa, o Visual Basic invoca a instrução *Catch*, que exibe a seguinte caixa de mensagem:

   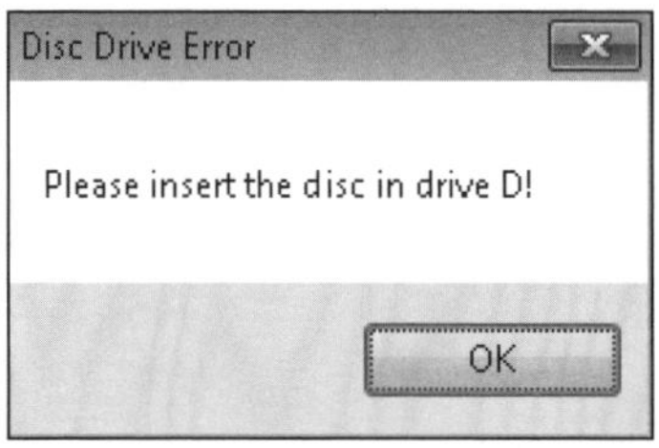

3. Clique em OK e, em seguida, clique no botão Check Drive novamente.

   O programa exibe a caixa de mensagem novamente, solicitando a você inserir o disco adequadamente na unidade D. Toda vez que houver um problema ao carregar o arquivo, essa caixa de mensagem aparecerá.

4. Insira o disco na unidade D, espere um momento para o sistema reconhecer o CD ou DVD (feche todas as janelas que aparecerem quando o disco for inserido), clique em OK e, em seguida, clique no botão Check Drive novamente.

   A imagem aparece na caixa de figura, como se esperava. A rotina de tratamento de erro completou seu trabalho de maneira eficiente – em vez de o programa parar inadvertidamente, você é informado sobre como corrigir o erro e agora pode continuar trabalhando com o aplicativo.

5. Clique no botão Close no formulário a fim de parar o programa.

É hora de aprender algumas variações na rotina de tratamento de erro *Try...Catch*.

Utilizando a cláusula *Finally* para realizar tarefas de limpeza

Como na descrição da sintaxe *Try...Catch* observada anteriormente no capítulo, você pode utilizar a cláusula *Finally* opcional com *Try...Catch* para executar um bloco de instruções independentemente de como o compilador executa o bloco *Try* ou *Catch*. Em outras palavras, se as instruções *Try* produzirem ou não um erro de tempo de execução, talvez haja algum código que você precise executar toda vez que uma rotina de tratamento de erro for concluída. Por exemplo, talvez você queira atualizar variáveis ou propriedades, exibir os resultados de um cálculo, fechar conexões de banco de dados ou realizar operações de "limpeza" removendo variáveis ou desabilitando objetos desnecessários em um formulário.

O próximo exercício demonstra como a cláusula *Finally* funciona, exibindo uma segunda caixa de mensagem se o método *FromFile* produzir um erro de tempo de execução.

Utilize *Finally* para exibir uma caixa de mensagem

1. Exiba o procedimento de evento *Button1_Click* e, então, edite o bloco de código *Try... Catch* de modo que contenha duas linhas de código adicionais acima da instrução *End Try*. A rotina de tratamento de erro completa deve ser parecida com esta:

```
Try
    PictureBox1.Image = _
      System.Drawing.Bitmap.FromFile("d:\fileopen.bmp")
Catch
    MsgBox("Please insert the disc in drive D!")
Finally
    MsgBox("Error handler complete")
End Try
```

   A instrução *Finally* indica para o compilador que um bloco de código final deve ser executado tanto se um erro de tempo de execução for processado ou não. Para ajudá-lo a aprender exatamente como esse recurso funciona, inseri uma função *MsgBox* para exibir uma mensagem de teste depois da instrução *Finally*. Embora esse uso simples da instrução *Finally* seja útil para propósitos de teste, em um programa real você provavelmente vai querer utilizar o bloco de código *Finally* para atualizar variáveis ou propriedades importantes, exibir dados ou realizar outras operações de limpeza.

2. Remova o CD ou DVD da unidade D e, então, clique no botão Start Debugging para executar o programa.
3. Clique no botão Check Drive.

   A rotina de tratamento de erro exibe uma caixa de diálogo solicitando a inserção do disco na unidade D.

4. Clique em OK.

   O programa executa a cláusula *Finally* na rotina de tratamento de erro e a seguinte caixa de mensagem aparece:

5. Clique em OK, insira o disco na unidade D e, em seguida, clique novamente no botão Check Drive.

   O arquivo aparece na caixa de figura como se esperava. Além disso, a cláusula *Finally* é executada e a caixa de mensagem "Error handler complete" [Rotina de tratamento de erro completa] aparece novamente. Como observei anteriormente, as instruções *Finally* são executadas no fim de um bloco *Try...Catch* se houver ou não um erro.

6. Clique em OK e no botão Close do formulário para parar o programa.

Rotinas de tratamento de erros *Try...Catch* mais complexas

À medida que seus programas tornam-se mais sofisticados, talvez você ache útil escrever rotinas de tratamento de erro *Try...Catch* mais complexas que gerenciem uma variedade de erros de tempo de execução e situações de tratamento de erro incomuns. *Try...Catch* oferece essa complexidade ao:

- Permitir múltiplas linhas de código em cada bloco de código *Try, Catch* ou *Finally*.
- Usar a instrução *Catch* com objetos *Exception* particulares, que testa condições de erro específicas.
- Permitir blocos de código *Try...Catch* aninhados, que podem ser utilizados para construir rotinas de tratamento de erro sofisticadas e robustas.

Além disso, utilizando um objeto de tratamento de erro especial denominado *Exception*, você pode identificar e processar erros de tempo de execução e condições específicas no programa. Você investigará cada um desses recursos de tratamento de erro na seção a seguir.

O objeto *Exception*

O Microsoft .NET Framework fornece o objeto *Exception* para ajudá-lo a aprender sobre os erros que ocorrem nos seus programas. *Exception* fornece informações sobre a exceção ocorrida para que você possa respondê-la programaticamente. A propriedade *Exception* mais útil é a propriedade *Message*, que contém um pequena mensagem sobre o erro. A Tabela 9-2 lista os objetos *Exception* mais importantes e o que eles significam.

Tabela 9-2 Objetos *Exception* importantes

Exceção	Descrição
ArgumentException	Ocorre quando um argumento é passado para um método que não é válido.
ArgumentOutOfRangeException	Ocorre quando um argumento passado para um método que está fora do intervalo permitido.
ArithmeticException	Ocorre quando há um erro aritmético.
DataException	Ocorre quando há um erro ao acessar os dados usando o ADO.NET.
DirectoryNotFoundException	Ocorre quando uma pasta não pode ser encontrada.
DivideByZeroException	Ocorre quando é feita uma tentativa de divisão por zero.
EndOfStreamException	Ocorre quando é feita uma tentativa de realizar uma leitura além do final de um fluxo.
Exception	Ocorre para qualquer exceção que é acionada. As outras exceções herdam desse objeto.
FileNotFoundException	Ocorre quando um arquivo não pode ser encontrado.
IndexOutOfRangeException	Ocorre quando um índice usado está fora do intervalo permitido de uma array.

(Continua)

Tabela 9-2 Objetos *Exception* importantes

Exceção	Descrição
IOException	Ocorre quando há um erro de entrada/saída.
OutOfMemoryException	Ocorre quando não há memória suficiente.
OverflowException	Ocorre quando uma operação aritmética resulta em um overflow.
SecurityException	Ocorre quando há erro de segurança.
SqlException	Ocorre quando há um erro ao acesso os dados no Microsoft SQL Server.
UnauthorizedAccessException	Ocorre quando a operação nega o acesso.

E como você sabe que tipos de exceção usar? Isso depende do seu código. Por exemplo, no exercício no qual estamos trabalhando você está usando o método *System.Drawing.Bitmap.FromFile*. Se você abrir a documentação da Ajuda do Visual Studio referente ao *FromFile*, você verá uma seção "Exceptions".

> **Dica** Para abrir rapidamente a documentação da Ajuda referente ao *FromFile*, coloque o seu cursor no texto *FromFile* no Visual Studio e, em seguida, pressione a tecla F1. Daqui, você pode abrir o tópico Image.FromFile Method (String).

A seção "Exceptions" no tópico Image.FromFile Method (String) lista as seguinte exceções:

- *ArgumentException*
- *FileNotFoundException*
- *OutOfMemoryException*

Com essa informação, você pode escrever um código para tratar as exceções comuns que ocorrem quando um programador usa *FromFile*. À medida que você escreve mais código, descobre objetos *Exception* adicionais e pode também aprender sobre eles usando a documentação da Ajuda. Embora existam muitos objetos *Exception* diferentes, você os usará da mesma maneira descrita aqui e demonstrada a seguir. O exercício a seguir utiliza dois dos objetos *Exception* acima em uma rotina de tratamento de erro *Try...Catch* para testar mais de uma condição de erro de tempo de execução.

Teste múltiplas condições de erro de tempo de execução

1. No procedimento de evento *Button1_Click*, edite a rotina de tratamento de erro *Try...Catch* para que se pareça com o seguinte bloco de código. (A instrução *FromFile* original é a mesma do código que você utilizou nos exercícios anteriores, mas as instruções *Catch* são todas novas.)

```
Try
    PictureBox1.Image = _
      System.Drawing.Bitmap.FromFile("d:\fileopen.bmp")
```

```
Catch ex As System.IO.FileNotFoundException 'Se erro Arquivo Não Encontrado
    MsgBox("Check pathname and disc drive")
Catch ex As OutOfMemoryException  'Se erro Sem Memória
    MsgBox("Is this really a bitmap?", , ex.Message)
Catch ex As Exception
    MsgBox("Problem loading file", , ex.Message)
End Try
```

Esse código tem três instruções *Catch*. Se a exceção *FileNotFoundException* ocorrer durante o procedimento de abertura do arquivo, a mensagem "Check pathname and disc drive" é exibida em uma caixa de mensagem. Se a exceção *OutOfMemoryException* ocorrer – provavelmente o resultado de carregar um arquivo que, na verdade, não contém imagem – a mensagem "Is this really a bitmap?" é exibida. (Esse erro ocorre se tentarmos abrir acidentalmente um documento do Microsoft Word em um objeto caixa de figura usando o método *FromFile*.)

A instrução *Catch* final trata todos os outros erros de tempo de execução que poderiam potencialmente ocorrer durante um processo de abrir um arquivo – é um bloco de código geral "que pega tudo" e que imprime uma mensagem de erro geral dentro de uma caixa de mensagem e uma mensagem de erro específica da propriedade *Message* na barra de título da caixa de mensagem.

2. Clique no botão Start Debugging para executar o programa.
3. Remova o CD ou DVD da unidade.
4. Clique no botão Check Drive.

   A rotina de tratamento de erro exibe a mensagem de erro "Check pathname and disc drive" em uma caixa de mensagem. A primeira instrução *Catch* funciona.

5. Clique em OK e, em seguida, clique no botão *Close* no formulário para encerrar o programa.
6. Insira o CD ou DVD novamente e, então, utilize o Windows Explorer ou outra ferramenta para copiar um segundo arquivo para o CD ou DVD que não seja um arquivo de imagem. Por exemplo, copie um documento do Word ou uma planilha Microsoft Excel para o CD ou DVD.

   Você não abrirá esse arquivo no Word ou Excel, mas tentará abri-lo (sem sucesso, esperamos) no objeto caixa de figura do seu programa. (Se seu software ou unidade de CD ou DVD não permitir a inclusão de arquivos adicionais em um CD ou DVD depois de gravá-lo, talvez você precise criar um segundo CD ou DVD com os dois arquivos.)

7. No Code Editor, mude o nome do arquivo Fileopen.bmp na instrução de programa *FromFile* para o nome do arquivo (Word, Excel ou outro) que você copiou para o CD ou DVD na unidade D.

   Usar um arquivo com um formato diferente é uma oportunidade de testar um segundo tipo de erro de tempo de execução – uma exceção Out of Memory (Sem Memória), que ocorre quando o Visual Basic tenta carregar um arquivo que não é uma imagem ou que tem informações demais para uma caixa de figura.

8. Execute novamente o programa e, em seguida, clique no botão Check Drive.

A rotina de tratamento de erro exibe a seguinte mensagem de erro:

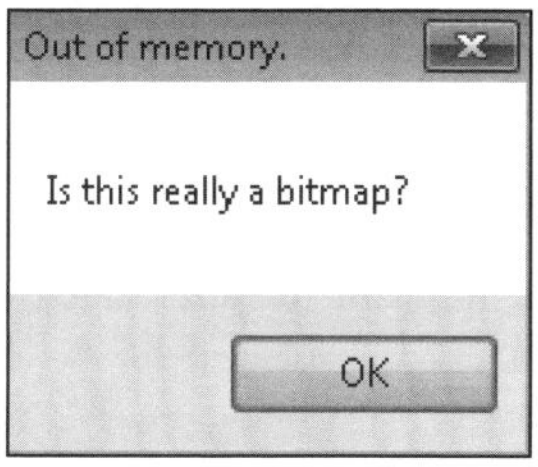

Observe que utilizei a propriedade *Message* para exibir uma breve descrição do problema ("Out of Memory") na barra de título da caixa de mensagem. Utilizar essa propriedade na rotina de tratamento de erro pode dar ao usuário uma ideia mais clara do que aconteceu.

9. Clique em OK e, então, clique no botão Close no formulário para encerrar o programa.
10. Mude o nome de arquivo outra vez para Fileopen.bmp no método *FromFile*. (Você o utilizará no próximo exercício.)

A instrução *Catch* é muito poderosa. Utilizando *Catch* em combinação com o objeto *Exception* e a propriedade *Message*, você pode escrever rotinas de tratamento de erro sofisticadas que reconhecem e respondem a vários tipos de exceções.

Gerando seus próprios erros

Para fins de teste e outros usos especializados, você pode gerar artificialmente seus próprios erros de tempo de execução em um programa com uma técnica chamada de *lançar*, ou *levantar*, exceções.

Para tanto, você usa a instrução *Throw*. Por exemplo, a sintaxe a seguir utiliza a instrução *Throw* para produzir uma exceção e, então, tratar a exceção usando a instrução *Catch*:

```
Try
    Throw New Exception("Ocorreu um problema")
Catch ex As Exception
    MsgBox(ex.Message)
End Try
```

Quando aprender a escrever seus próprios procedimentos, você pode gerar seus próprios erros usando essa técnica e retorná-los à rotina chamadora.

Especificando um período para nova tentativa

Outra estratégia que pode ser utilizada em uma rotina de tratamento de erro é tentar uma operação algumas vezes e, então, desativá-la se o problema não for resolvido. Por exemplo, no exercício a seguir, um bloco *Try...Catch* emprega uma variável contadora chamada *Retries* para monitorar o número de vezes que a mensagem "Please insert the disc in drive D!" é exibida e, depois da segunda vez, a rotina de tratamento de erro desativa o botão *Check Drive*. O truque para essa técnica é declarar a variável *Retries* na parte superior do código de programa do formulário para que tenha escopo por todos os procedimentos de evento do formulário. A variável *Retries* é incrementada e testada no bloco de código *Catch*.

O número de retries (novas tentativas) pode ser modificado simplesmente alterando o "2" na instrução, como mostrado aqui:

```
If Retries <= 2
```

Utilize uma variável para monitorar erros de tempo de execução

1. No Code Editor, role para a parte superior do código de programa do formulário e, diretamente abaixo da instrução *Public Class Form1*, digite a seguinte declaração de variável:

   ```
   Dim Retries As Short = 0
   ```

   Retries é declarada como uma variável do tipo inteiro *Short* porque não conterá números muito grandes. Ela recebe um valor inicial de 0 para que ela reinicie adequadamente toda vez que o programa executar.

2. No procedimento de evento *Button1_Click*, edite a rotina de tratamento de erro *Try... Catch* para que seja parecida com o seguinte bloco de código:

   ```
   Try
       PictureBox1.Image = _
         System.Drawing.Bitmap.FromFile("d:\fileopen.bmp")
   Catch
       Retries += 1
       If Retries <= 2 Then
           MsgBox("Please insert the disc in drive D!")
       Else
           MsgBox("File Load feature disabled")
           Button1.Enabled = False
       End If
   End Try
   ```

   O bloco *Try* testa o mesmo procedimento de abertura de arquivo, mas, desta vez, se ocorrer um erro, o bloco *Catch* incrementa a variável *Retries* e testa a variável para se certificar de que ela é menor ou igual a 2. O número 2 pode ser alterado para permitir qualquer número de novas tentativas – atualmente, ele permite apenas dois erros de tempo de execução. Após dois erros, a cláusula *Else* é executada e uma caixa de mensagem aparece para indicar que o recurso de carregamento de arquivos foi desativado. O botão Check Drive é então desativado – em outras palavras, torna-se acinzentado e não utilizável pelo resto do programa.

> **Dica** Essa versão revisada da rotina de tratamento de erro que você construiu foi renomeada como Disc Drive Handler e está armazenada na pasta C:\Vb10sbs\Chap09\Disc Drive Handler. Talvez você note o novo título de projeto na barra de título das suas caixas de mensagem, mas, de resto, é o mesmo projeto que você vem testando até aqui. (Eu simplesmenste salvei a versão revisada para que você possa abri-la mais tarde, se quiser.)

3. Clique no botão Start Debugging para executar o programa.
4. Remova o CD ou DVD da unidade.

5. Clique no botão Check Drive.

   A rotina de tratamento de erro exibe a mensagem de erro "Please insert the disc in drive D!" em uma caixa de mensagem, como mostrado aqui. Nos bastidores, a variável *Retries* também é incrementada por 1.

   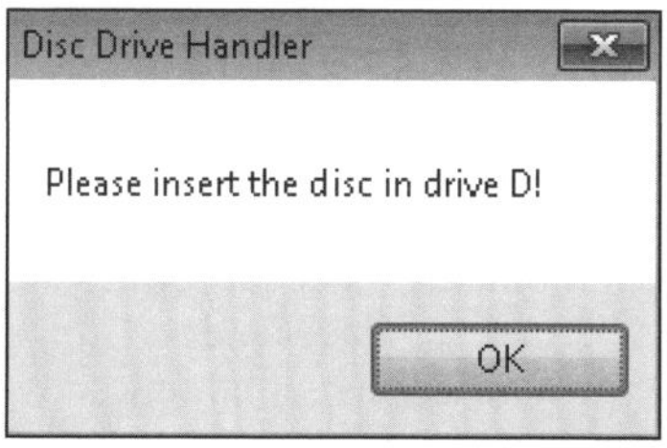

6. Clique em OK e, em seguida, clique no botão Check Drive novamente.

   A variável *Retries* é configurada como 2 e a mensagem "Please insert the disc in drive D" aparece novamente.

7. Clique em OK e, então, clique no botão Check Drive uma terceira vez.

   A variável *Retries* é incrementada por 3 e a cláusula *Else* é executada. A mensagem "File Load feature disabled" aparece, como mostrado aqui:

8. Clique em OK na caixa de mensagem.

   O botão Check Drive é desativado no formulário, como mostrado aqui:

   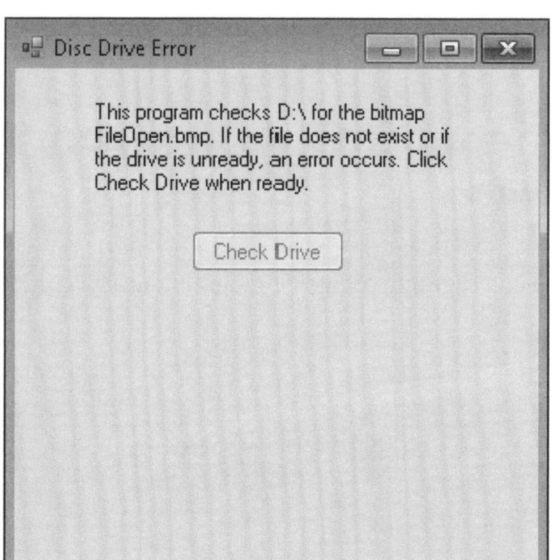

A rotina de tratamento de erro respondeu ao problema de unidade de disco permitindo ao usuário algumas tentativas de corrigir o problema e, então, desativou o botão problemático. (Em outras palavras, o usuário não pode mais clicar no botão.) Essa ação de desativar impede erros de tempo de execução futuros, embora o programa talvez não funcione mais exatamente da maneira como foi projetado originalmente.

9. Clique no botão Close no formulário a fim de parar o programa.

Utilizando blocos *Try...Catch* aninhados

Você também pode utilizar blocos de código *Try...Catch* aninhados em suas rotinas de tratamento de erro. Por exemplo, a seguinte rotina de tratamento de erro de unidade de disco utiliza um segundo bloco *Try...Catch* para tentar novamente a operação de abrir arquivo uma única vez se a primeira tentativa falhar e gerar um erro de tempo de execução:

```
Try
    PictureBox1.Image = _
      System.Drawing.Bitmap.FromFile("d:\fileopen.bmp")
Catch
    MsgBox("Insert the disc in drive D, then click OK!")
    Try
        PictureBox1.Image = _
          System.Drawing.Bitmap.FromFile("d:\fileopen.bmp")
    Catch
        MsgBox("File Load feature disabled")
        Button1.Enabled = False
    End Try
End Try
```

Se o usuário inserir o disco na unidade como resultado do prompt de mensagem, o segundo bloco *Try* abre o arquivo sem erro. Entretanto, se um erro de tempo de execução relacionado com o arquivo ainda ocorrer, o segundo bloco *Catch* exibe uma mensagem informando que o recurso de carregamento de arquivo está sendo desativado e o botão é desativado.

Em geral, as rotinas de tratamento de erro *Try...Catch* aninhadas funcionam bem contanto que você não tenha muitos testes ou novas tentativas para gerenciar. Se precisar tentar uma operação problemática muitas vezes, utilize uma variável para monitorar suas novas tentativas ou desenvolva uma função contendo uma rotina de tratamento de erro que possa ser chamada repetidamente a partir de seus procedimentos de evento. (Para informações adicionais sobre como criar funções, consulte o Capítulo 10.)

Comparando rotinas de tratamento de erro com técnicas de programação defensiva

As rotinas de tratamento de erro não são o único mecanismo para proteger um programa contra erros de tempo de execução. Por exemplo, o seguinte código de programa utiliza o método *File.Exists* do namespace *System.IO* da biblioteca de classes do .NET Framework para verificar se existia um arquivo no CD ou DVD antes de ele ser aberto:

```
If File.Exists("d:\fileopen.bmp") Then
    PictureBox1.Image = _
     System.Drawing.Bitmap.FromFile("d:\fileopen.bmp")
Else
    MsgBox("Cannot find fileopen.bmp on drive D.")
End If
```

Essa instrução *If...Then* não é uma rotina de tratamento de erro verdadeira, pois não impede que um erro de tempo de execução pare um programa. Em vez disso, é uma técnica de validação que alguns programadores chamam de *programação defensiva*. Ela usa um método útil da biblioteca de classes do .NET Framework para verificar a operação de arquivo pretendida *antes* de ela ser realmente tentada no código de programa. E, nesse caso particular, testar com o método do .NET Framework para ver se o arquivo existe ou não é mais rápido do que esperar o Visual Basic emitir uma exceção e recuperar-se de um erro de tempo de execução usando uma rotina de tratamento de erro.

Nota Para fazer essa lógica de programa particular funcionar, a seguinte instrução deve ser incluída na seção de declarações na parte superior do código de programa do formulário para fazer referência à biblioteca de classes do .NET Framework que está sendo invocada:

```
Imports System.IO
```

Para informações adicionais sobre como utilizar a instrução *Imports* a fim de usar os objetos, propriedades e métodos da biblioteca de classes do .NET Framework, consulte o Capítulo 5, "Variáveis e fórmulas do Visual Basic e o .NET Framework".

Quando você deve usar técnicas de programação defensiva e rotinas de tratamento de erro estruturadas? Na verdade a resposta é que você deve usar uma combinação de programação defensiva e técnicas de tratamento de erro estruturadas no seu código. A lógica da programação defensiva normalmente é a maneira mais eficiente de gerenciar potenciais problemas. Como mencionei anteriormente ao discutir o bloco de código *If...Then*, o método *File.Exists* é mais rápido do que usar uma rotina de tratamento de erro *Try...Catch*, portanto, também faz sentido utilizar uma técnica de programação defensiva se questões de desempenho estiverem envolvidas. Você deve usar a lógica da programação defensiva para erros que você espera que ocorram com frequência no programa. Utilize rotinas de tratamento de erro estruturadas para erros que você espera que não ocorram com muita frequência. As rotinas de tratamento de erro estruturadas são essenciais se você tiver de testar mais de uma condição e quiser fornecer ao usuário numerosas opções para responder ao erro. Rotinas de tratamento de erro estruturadas também permitem tratar elegantemente erros de que você nem mesmo está ciente!

Um passo além: a instrução *Exit Try*

Você aprendeu muito sobre rotinas de tratamento de erro neste capítulo; agora está pronto para colocá-las em prática em seus próprios programas. Mas, antes de mudar para o próximo capítulo, eis mais uma opção de sintaxe para blocos de código *Try...Catch* que você pode achar útil: a instrução *Exit Try*. *Exit Try* é uma técnica rápida e ligeiramente abrupta de sair de um bloco de código *Try... Catch* prematuramente.

Se já escreveu programas Visual Basic antes, talvez você tenha notado uma semelhança com as instruções *Exit For* e *Exit Sub*, que podem ser utilizadas para sair de uma rotina estruturada antes da hora. Utilizando a sintaxe *Exit Try*, você pode pular completamente o bloco de código Try ou *Catch* atual. Se houver um bloco de código *Finally*, esse código será executado, mas *Exit Try* permite pular qualquer instrução *Try* ou *Catch* que você não quiser executar.

A rotina de exemplo a seguir mostra como a instrução *Exit Try* funciona. Ela primeiro verifica se a propriedade *Enabled* do objeto *PictureBox1* está configurada como False, um flag que talvez indique que a caixa de figura não está pronta para receber entrada. Se a caixa de figura ainda não estiver ativada, a instrução *Exit Try* pula para o fim do bloco de código *Catch* e a operação de carregamento de arquivo não é tentada.

```
Try
    If PictureBox1.Enabled = False Then Exit Try
    PictureBox1.Image = _
      System.Drawing.Bitmap.FromFile("d:\fileopen.bmp")
Catch
    Retries += 1
    If Retries <= 2 Then
        MsgBox("Please insert the disc in drive D!")
    Else
        MsgBox("File Load feature disabled")
        Button1.Enabled = False
    End If
End Try
```

O exemplo baseia-se na última rotina de tratamento de erro que você experimentou neste capítulo (o projeto Disc Drive Handler). Se quiser testar a instrução *Exit Try* no contexto desse programa, abra o projeto Disc Drive Handler e insira a instrução *If* que contém a instrução *Exit Try* no Code Editor. Você também precisará utilizar a janela Properties para desativar o objeto caixa de figura do formulário (em outras palavras, para configurar sua propriedade *Enabled* como False).

Parabéns! Você aprendeu diversas técnicas de programação essenciais importantes no Visual Basic, incluindo como escrever rotinas de tratamento de erro. Agora você está pronto para aumentar sua eficiência de programação aprendendo a escrever módulos e procedimentos do Visual Basic.

Referência rápida do Capítulo 9

<table>
<tr><th>Para</th><th>Faça isto</th></tr>
<tr><td>Detectar e processar erros de tempo de execução</td><td>Construa uma rotina de tratamento de erro utilizando um ou mais blocos de código Try...Catch. Por exemplo, o seguinte código de rotina de tratamento de erro testa problemas de caminho ou unidade de disco:<pre>Try
    PictureBox1.Image = _
      System.Drawing.Bitmap.FromFile("d:\fileopen.bmp")
Catch
    MsgBox("Check path or insert disc")
Finally
    MsgBox("Error handler complete")
End Try</pre></td></tr>
<tr><td>Testar condições de erro específicas em uma rotina de tratamento de evento</td><td>Use a instrução Catch e o objeto Exception apropriado. Por exemplo:<pre>Try
   PictureBox1.Image = _
     System.Drawing.Bitmap.FromFile("d:\fileopen.bmp")
Catch ex As System.IO.FileNotFoundException 'Se erro Arquivo Não
Encontrado
    MsgBox("Check pathname and disc drive")
Catch ex As OutOfMemoryException 'Se erro Sem Memória
    MsgBox("Is this really a bitmap?", , ex.Message)
Catch ex As Exception
    MsgBox("Problem loading file", , ex.Message)
End Try</pre></td></tr>
<tr><td>Criar seus próprios erros em um programa</td><td>Utilize a instrução Throw. Por exemplo, o seguinte código gera uma exceção Disc Full e a trata:<pre>Try
    Throw New Exception("Ocorreu um problema")
Catch ex As Exception
    MsgBox(ex.Message)
End Try</pre></td></tr>
<tr><td>Escrever rotinas de tratamento de erro Try...Catch aninhadas</td><td>Coloque um bloco de código Try...Catch dentro de outro. Por exemplo:<pre>Try
    PictureBox1.Image = _
      System.Drawing.Bitmap.FromFile("d:\fileopen.bmp")
Catch
    MsgBox("Insert the disc in drive D!, then click OK!")
    Try
        PictureBox1.Image = _
          System.Drawing.Bitmap.FromFile("d:\fileopen.bmp")
    Catch
        MsgBox("File Load feature disabled")
        Button1.Enabled = False
    End Try
End Try</pre></td></tr>
<tr><td>Sair do bloco de código Try ou Catch</td><td>Utilize a instrução Exit Try no bloco de código Try ou Catch. Por exemplo:<pre>If PictureBox1.Enabled = False Then Exit Try</pre></td></tr>
</table>

Capítulo 10

Criando módulos e procedimentos

Neste capítulo, você vai aprender a:

- Empregar técnicas de programação estruturada e criar módulos contendo variáveis públicas e definições de procedimento.
- Praticar a utilização de variáveis públicas que têm um escopo global.
- Aumentar a eficiência da programação criando procedimentos Sub e Function definidos pelo usuário.
- Dominar a sintaxe para chamar e utilizar procedimentos definidos pelo usuário.
- Passar argumentos para procedimentos por valor e por referência.

Nos primeiros nove capítulos deste livro, você utilizou procedimentos de evento como *Button1_Click*, *Timer1_Tick* e *Form1_Load* para gerenciar eventos e organizar o fluxo de seus programas. Na programação em Microsoft Visual Basic, todas as instruções executáveis devem ser colocadas dentro de algum procedimento; somente declarações e instruções gerais para o compilador podem ser colocadas fora do escopo de um procedimento. Neste capítulo, você continuará a organizar os seus programas dividindo as tarefas de cálculo em unidades lógicas discretas.

Você começará aprendendo a criar *módulos*, que são áreas separadas dentro de um programa que contêm variáveis globais, ou *públicas*, e procedimentos Function e Sub. Você aprenderá a declarar e usar variáveis públicas e a construir procedimentos de uso geral que economizam tempo de codificação e podem ser utilizados em mais de um projeto. As habilidades adquiridas aqui serão especialmente aplicáveis a projetos de programação maiores e esforços de desenvolvimento em equipe.

Trabalhando com módulos

À medida que escrever programas mais longos, provavelmente você terá vários formulários e procedimentos de evento que usam algumas das mesmas variáveis e rotinas. Por padrão, as variáveis são *locais* a um procedimento de evento – podem ser lidas ou alteradas somente dentro do procedimento de evento em que foram criadas. Você também pode declarar variáveis na parte superior do código de programa de um formulário e fornecer às variáveis um escopo maior por todo o formulário. Entretanto, se criar múltiplos formulários em um projeto, as variáveis declaradas na parte superior de um formulário serão válidas somente no formulário em que foram declaradas. Da mesma forma, os procedimentos de evento são, por padrão, declarados como privados, e são somente locais ao formulário em que são criados. Por exemplo, você não pode chamar o procedimento de evento *Button1_Click* a partir de um formulário chamado Form2 se o segundo procedimento de evento for declarado como privado em Form1. (Você aprenderá a acrescentar formulários adicionais ao projeto no Capítulo 14, "Gerenciando formulários Windows e controles em tempo de execução".)

Para compartilhar variáveis e procedimentos entre todos os formulários e procedimentos de evento em um projeto, você pode declará-los em um ou mais módulos incluídos no projeto. Um módulo é um arquivo especial que tem uma extensão de nome de arquivo .vb e contém declarações de variável e procedimentos que podem ser utilizados em qualquer lugar no programa.

Como ocorre com formulários, os módulos são listados separadamente no Solution Explorer. Diferentemente dos formulários, os módulos contêm apenas código e não têm uma interface de usuário. E embora os módulos tenham algumas semelhanças com as classes, eles são diferentes das classes no sentido de que não são orientados a objetos, não definem a estrutura e características de objetos e não podem ser herdados. (Você aprenderá mais sobre como criar classes no Capítulo 16, "Herdando formulários e criando classes base".)

Criando um módulo

Para criar um novo módulo em um programa, você clica no botão Add New Item na barra de ferramentas Standard ou clica no comando Add New Item no menu Project. (Você também pode clicar no comando Add Module no menu Project.) Uma caixa de diálogo abre, na qual você seleciona o modelo Module e especifica o nome do módulo. Um novo módulo em branco então aparece no Code Editor. O primeiro módulo em um programa recebe o nome Module1.vb por padrão, mas você pode alterar o nome clicando com o botão direito do mouse no módulo no Solution Explorer, selecionando Rename e digitando um novo nome. Você também pode renomear um módulo alterando a propriedade *File Name* na janela Properties. Tente criar um módulo vazio em um projeto agora.

Crie e salve um módulo

1. Inicie o Microsoft Visual Studio 2010 e crie um novo projeto Visual Basic WindowsForms Application chamado **My Module Test**.

   O novo projeto é criado, e um formulário em branco abre no Designer.

2. Clique no comando Add New Item no menu Project.

   A caixa de diálogo Add New Item é aberta.

3. Role para baixo na lista de modelos (templates) comuns no painel central e, em seguida, selecione o modelo Module.

   O nome padrão, Module1.vb, aparece na caixa de texto Name, como mostrado na página a seguir.

> **Dica** A caixa de diálogo Add New Item oferece vários modelos que podem ser usados em projetos. Cada modelo tem características diferentes e contém código inicial para ajudar a usá-lo. O Visual Studio inclui muitos modelos úteis do Windows Forms, incluindo o Explorer Form, o Splash Screen e o Login Form, além de vários modelos relacionados com classes. Você utilizará esses modelos depois de ler o material introdutório sobre programação orientada a objetos no Capítulo 16.

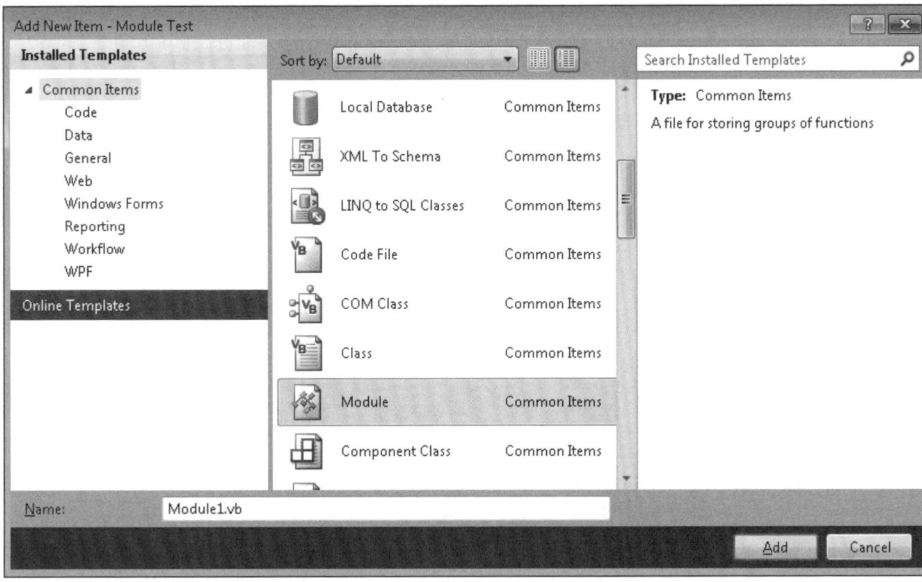

4. Clique no botão Add.

   O Visual Basic adiciona Module1 ao seu projeto. O módulo aparece no Code Editor assim:

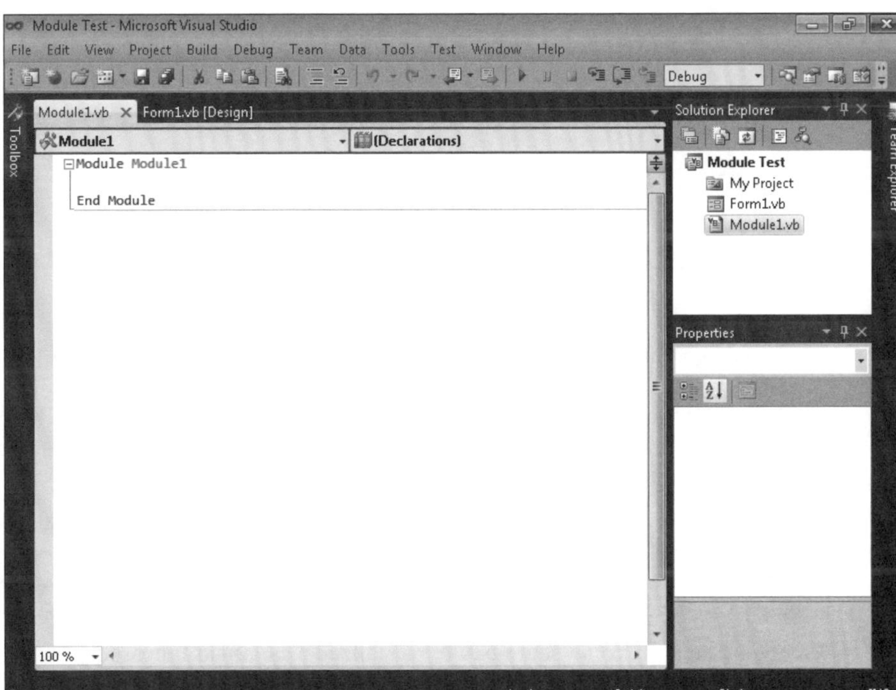

A caixa de listagem Method Name indica que a seção geral de declarações do módulo está aberta. Variáveis e procedimentos declarados nessa seção estão disponíveis para o projeto inteiro. (Você experimentará declarar variáveis e procedimentos mais adiante.)

5. Clique duas vezes na barra de título do Solution Explorer para desencaixar a janela Solution Explorer.

   Como mostrado anteriormente, o Solution Explorer lista o módulo que você adicionou ao programa na lista de componentes do projeto. O nome Module1 identifica o nome de arquivo padrão do módulo. Você mudará esse nome de arquivo nos passos a seguir.

6. Selecione Module1.vb no Solution Explorer.

7. Dê um clique duplo na barra de título da janela Properties para desencaixá-la.

   A janela Properties exibe as propriedades para Module1.vb, como mostrado aqui:

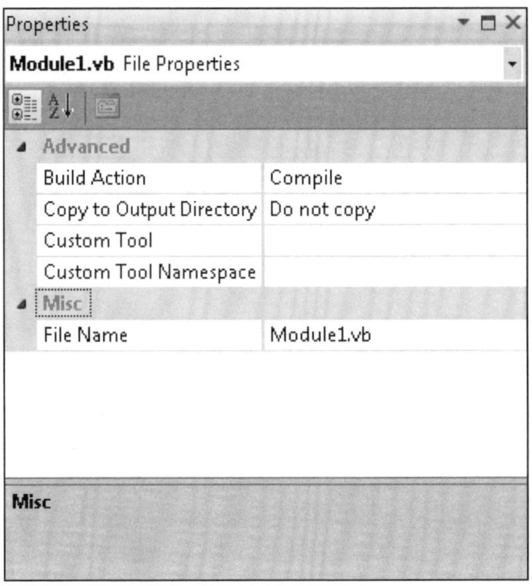

   Como um módulo contém somente código, ele tem somente algumas propriedades. Utilizando a propriedade mais significativa, *File Name*, você pode criar um nome de arquivo personalizado para o módulo a fim de descrever seu propósito. Pense um pouco sobre que nome dar a esse rótulo identificador porque mais tarde você pode querer incorporar o módulo em outra solução. As demais propriedades do módulo são úteis para projetos mais sofisticados – você não precisa se preocupar com elas agora.

8. Mude a propriedade *File Name* para **Math Functions.vb** ou outro nome de arquivo que parece melhor e pressione ENTER. (Estou dando bastante flexibilidade aqui porque esse projeto é simplesmente para fins de teste – na verdade, você não criará funções matemáticas ou qualquer outro "conteúdo" para o módulo; você simplesmente o descartará mais tarde.)

   O nome de arquivo do seu módulo é atualizado na janela Properties, Solution Explorer e Code Editor.

9. Restaure a janela Properties e Solution Explorer a suas posições encaixadas regulares pressionando a tecla CTRL e dando um clique duplo em suas respectivas barras de título.

Como você pode ver, trabalhar com módulos em um projeto é muito parecido com trabalhar com formulários. No próximo exercício, você adicionará uma variável pública a um módulo.

> **Dica** Para remover um módulo de um projeto, clique no módulo no Solution Explorer e no comando Exclude From Project no menu Project. (O Visual Basic 2010 Express não inclui o comando Exclude From Project.) O comando Exclude From Project não exclui o módulo do seu disco rígido, mas remove o vínculo entre o módulo especificado e o projeto atual. Você pode reverter os efeitos desse comando clicando no comando Add Existing Item no menu Project, selecionando o arquivo que você quer adicionar ao projeto e, em seguida, clicando em Add.

Trabalhando com variáveis públicas

Declarar uma variável global ou pública em um módulo é simples – digite a palavra-chave *Public* seguida pelo nome da variável e uma declaração de tipo. Depois de declarar a variável, você pode lê-la, alterá-la ou exibi-la em qualquer procedimento em seu programa. Por exemplo, a instrução de programa

```
Public RunningTotal As Integer
```

declara uma variável pública chamada *RunningTotal* do tipo *Integer*.

Os exercícios a seguir demonstram como você pode utilizar uma variável pública chamada *Wins* em um módulo. Você reverá o programa Lucky Seven, o primeiro que você criou neste livro, e utilizará a variável *Wins* para registrar quantas rodadas você ganha quando a máquina caça-níqueis executa.

> **Nota** Lucky Seven é o programa da máquina caça-níqueis do Capítulo 2, "Escrevendo seu primeiro programa".

Revisite o projeto Lucky Seven

1. Clique no comando Close Project no menu File para fechar o projeto de Module Test.

   Como você nomeou (mas não salvou) o projeto, você verá esta caixa de diálogo:

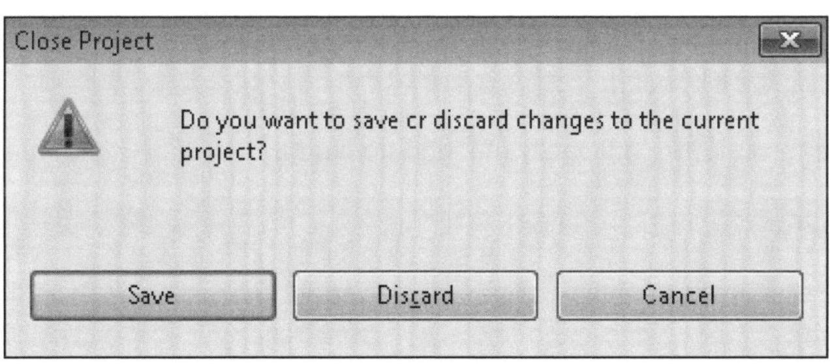

Você não precisa manter esse projeto em seu disco rígido; ele serviu somente para fins de teste.

Para demonstrar o recurso "fechar sem salvar" no Visual Studio 2010, você descartará o projeto agora.

2. Clique no botão Discard.

   O Visual Studio descarta o projeto inteiro, removendo qualquer arquivo temporário associado ao módulo da memória do computador e do disco rígido. Parece um recurso bastante óbvio, mas quero demonstrar que a capacidade de fechar um projeto sem salvar é o procedimento correto para esse tipo de teste. (Apenas tenha cuidado com isso, OK?) Agora você irá abrir um projeto mais substancial e modificá-lo.

3. Abra o projeto Track Wins na pasta C:\Vb10sbs\Chap10\Track Wins.

   O projeto abre no Integrated Development Environment (IDE).

4. Se o formulário não estiver visível, exiba-o agora.

   Você vê a seguinte interface de usuário:

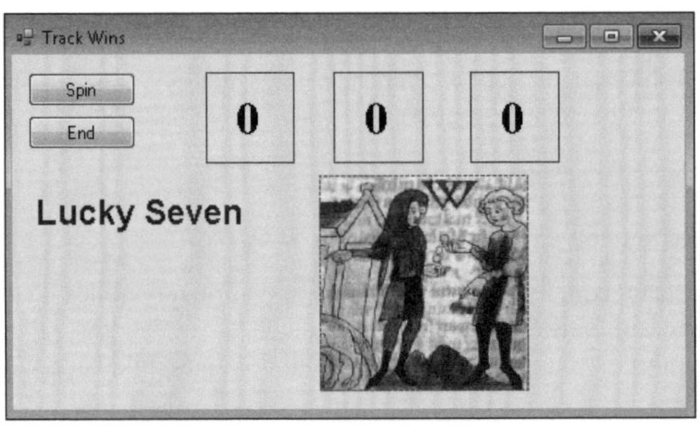

   O projeto Track Wins é o mesmo programa da máquina caça-níqueis que você criou no Capítulo 2. Com esse programa, o usuário pode clicar em um botão Spin para exibir números aleatórios em três caixas de número e, se o número 7 aparecer em uma das caixas, o computador emite um bipe e exibe um bitmap mostrando um eclético pagamento em dinheiro. Eu simplesmente renomeei a solução Lucky7 neste capítulo para você não confundir essa nova versão com a original.

5. Clique no botão Start Debugging na barra de ferramentas Standard para executar o programa.

6. Clique no botão Spin seis ou sete vezes e então clique no botão End.

   Como talvez você se lembre, o programa utiliza a função *Rnd* para gerar três números aleatórios toda vez que você clica no botão Spin. Se um dos números for 7, o procedimento de evento para o botão Spin (*Button1_Click*) exibe a imagem de um pagamento em dinheiro e emite um bipe.

Agora você irá editar o formulário e adicionar um módulo para aprimorar o programa.

Adicione um módulo

1. Clique no controle *Label* na Toolbox e crie um novo rótulo retangular no formulário abaixo do rótulo Lucky Seven.

2. Configure as propriedades mostradas na seguinte tabela para o novo rótulo. Para ajudar a identificar o novo rótulo no código de programa, você irá alterar o nome do rótulo do novo objeto para lblWins.

Objeto	Propriedade	Configuração
Label5	*Font*	Arial, Bold Italic, 12-point
	ForeColor	*Green* (na guia Custom)
	Name	lblWins
	Text	"Wins: 0"
	TextAlign	MiddleCenter

Quando terminar, seu formulário deve ser semelhante a este:

Agora você adicionará um novo módulo ao projeto.

3. Clique no comando Add New Item no menu Project, selecione Module e clique em Add.

   Um módulo chamado Module1.vb aparece no Code Editor.

4. Mova o ponto de inserção para a linha em branco entre as instruções *Module Module1* e *End Module*, digite **Public Wins As Short** e pressione ENTER.

   Essa instrução de programa declara uma variável pública do tipo inteiro *Short* no programa. Ela é idêntica a uma declaração de variável normal que você poderia criar no código de programa, exceto pelo fato de a palavra-chave *Public* ter substituído a palavra-chave *Dim*.

   Quando o programa executar, cada procedimento de evento no programa terá acesso a essa variável. Seu módulo é semelhante a este:

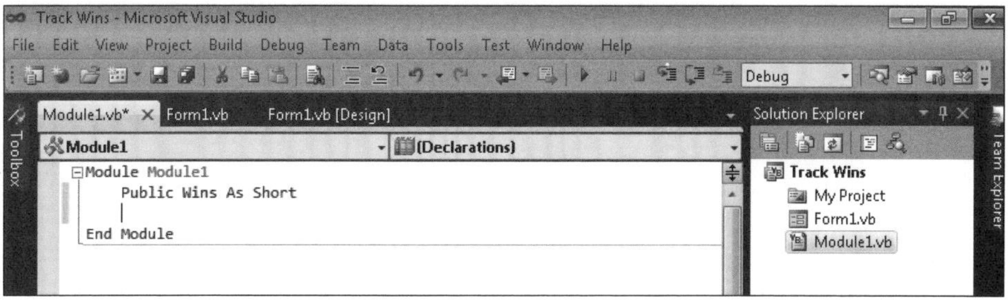

5. No Solution Explorer, clique em Form1.vb, clique no botão View Designer e dê um clique duplo no botão Spin.

   O procedimento de evento *Button1_Click* para o botão Spin aparece no Code Editor.

6. Digite as seguintes instruções abaixo da instrução *Beep()* no procedimento de evento:

```
Wins = Wins + 1
lblWins.Text = "Wins: " & Wins
```

   Essa parte do código de programa incrementa a variável pública *Wins* se um 7 aparecer em uma rodada. A segunda instrução usa o operador de concatenação (*&*) para atribuir uma string ao objeto *lblWins* no formato *Wins: X*, em que *X* é o número de vitórias.

   O procedimento de evento completo é semelhante a isto:

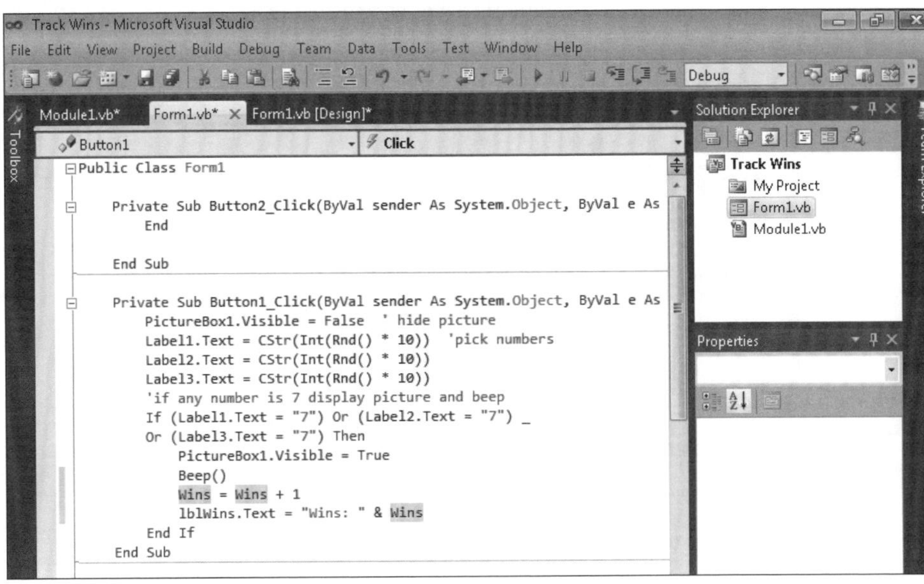

7. Clique no botão Save All na barra de ferramentas Standard para salvar todas as suas alterações em disco.

   O botão Save All salva as alterações em seu módulo bem como as alterações em seu formulário e em seus procedimentos de evento.

8. Clique no botão Start Debugging para executar o programa.

9. Clique no botão Spin até ganhar algumas vezes.

   O rótulo Wins monitora seus jackpots. Toda vez que você ganha, ele incrementa o total em 1. Após oito rodadas, obtive a saída mostrada a seguir.

> **Nota** O número exato de vitórias será diferente toda vez que você executar o programa, devido à instrução *Randomize* no procedimento de evento *Form1_Load*.

10. Clique em End para sair do programa.

A variável pública *Wins* foi útil no procedimento anterior porque manteve seu valor ao longo de várias chamadas ao procedimento de evento *Button1_Click*. Se tivesse declarado *Wins* localmente no procedimento de evento *Button1_Click*, a variável teria sido reinicializada a cada vez, assim como ocorre com o odômetro da distância percorrida em seu carro quando você o zera. Utilizando uma variável pública em um módulo, você pode evitar "pressionar o botão de zerar".

Variáveis públicas *versus* variáveis de formulário

No exercício anterior, você usou uma variável pública para monitorar o número de vitórias no programa da máquina caça-níqueis. Você também poderia ter declarado a variável *Wins* na parte superior do código de programa do formulário. As duas técnicas produzem o mesmo resultado porque tanto uma variável pública como uma variável declarada na área geral de declarações de um formulário tem escopo por todo o formulário. Entretanto, as variáveis públicas são únicas porque mantêm seus valores em *todos* os formulários e módulos que você usa em um projeto – em outras palavras, em todos os componentes que compartilham o mesmo *namespace* de projeto. A palavra-chave namespace do projeto é configurada automaticamente quando você salva seu projeto pela primeira vez. Você pode visualizar ou alterar o nome do namespace selecionando o projeto no Solution Explorer, clicando no comando *Track Wins* Properties no menu Project e, então, examinando ou alterando o texto na caixa de texto Root Namespace na guia Application.

Criando procedimentos

Os procedimentos são uma maneira de agrupar um conjunto de instruções para realizar uma tarefa. O Visual Basic inclui dois tipos principais de procedimentos:

- *Procedimentos Function* são chamados pelo nome a partir de procedimentos de evento ou outros procedimentos. Frequentemente utilizados para cálculos, os procedimentos de função podem receber argumentos e sempre retornam um valor no nome da função.
- *Procedimentos Sub* são chamados pelo nome a partir de procedimentos de evento ou outros procedimentos. Eles podem receber argumentos e também passam de volta valores modificados em uma lista de argumentos. Diferentemente das funções, porém, os procedimentos Sub não

retornam valores associados a seus nomes de procedimento Sub. Os procedimentos Sub são geralmente utilizados para receber ou processar entrada, exibir saída ou configurar propriedades.

Os procedimentos Function e os procedimentos Sub podem ser definidos no código de programa de um formulário, mas, para muitos usuários, criar procedimentos em um módulo é mais útil porque assim os procedimentos têm escopo por todo o projeto. Isso é particularmente verdadeiro para procedimentos que poderiam ser chamados de *procedimentos de uso geral* – blocos de código que são suficientemente flexíveis e úteis em uma variedade de contextos de programação.

Por exemplo, imagine um programa que tem três mecanismos para imprimir uma imagem de três maneiras diferentes: um comando de menu chamado Print, um botão de barra de ferramentas Print e um ícone de impressora de arrastar e soltar. Você poderia colocar as mesmas instruções de impressão em cada um dos três procedimentos de evento ou poderia tratar solicitações de impressão de todas as três fontes utilizando um procedimento em um módulo.

Vantagens dos procedimentos de uso geral

Os procedimentos de uso geral garantem os seguintes benefícios:

- Permitem associar um grupo frequentemente utilizado de instruções de programa a um nome familiar.
- Eliminam linhas repetidas. Você pode definir um procedimento uma vez e fazer o programa executá-lo qualquer número de vezes.
- Tornam os programas mais fáceis de ler. Um programa dividido em uma coleção de partes pequenas é mais fácil de desmontar e entender que um programa composto de uma única e grande parte.
- Simplificam o desenvolvimento de programas. Programas separados em unidades lógicas são mais fáceis de projetar, escrever e depurar. Além disso, se estiver escrevendo um programa em equipe, você pode trocar procedimentos e módulos em vez de programas inteiros.
- Podem ser reutilizados em outros projetos e soluções. Você pode incorporar facilmente procedimentos de módulo padrão em outros projetos de programação.
- Estendem a linguagem Visual Basic. Os procedimentos podem realizar frequentemente tarefas que não podem ser realizadas individualmente por palavras-chave do Visual Basic ou métodos do Microsoft .NET Framework.

Escrevendo procedimentos de função

Um procedimento Function é um grupo de instruções colocadas entre uma instrução *Function* e uma instrução *End Function*. As instruções na função fazem o trabalho significativo – em geral processar texto, tratar entrada ou calcular um valor numérico. Você executa, ou *chama*, uma função em um programa colocando o nome da função em uma instrução de programa junto com quaisquer argumentos requeridos.

Os *argumentos* são os dados utilizados para fazer as funções funcionarem, e devem ser incluídos entre parênteses e separados por vírgulas. Basicamente, utilizar um procedimento Function é o mesmo que usar uma função predefinida ou método como *Int*, *Rnd* ou *FromFile*.

> **Dica** Funções declaradas em módulos são públicas por padrão. Como resultado, você pode utilizá-las em qualquer procedimento de evento dentro do projeto.

Sintaxe de função

A sintaxe básica de uma função é a seguinte:

```
Function NomeDaFunção([argumentos]) As Tipo
    instruções da função
    [Return valor]
End Function
```

Os seguintes itens de sintaxe são importantes:

- *NomeDaFunção* é o nome da função que você está criando.
- As *Tipo* é um par de palavras-chave que especifica o tipo de retorno de função. É recomendável que você determine um tipo de dado específico. Se você não fornecer um tipo, o tipo de retorno *Object* é assumido por padrão.)
- *argumentos* é uma lista de argumentos opcionais (separados por vírgulas) a serem utilizados na função. Cada argumento também deve ser declarado com um tipo específico. (Por padrão, o Visual Basic adiciona a palavra-chave *ByVal* a cada argumento, indicando que uma cópia dos dados é passada à função por esse argumento, mas que qualquer alteração nos argumentos não será retornada à rotina chamadora.)
- *instruções da função* são um bloco de instruções que realizam o trabalho da função. As primeiras instruções em uma função geralmente declaram variáveis locais que serão utilizadas na função e as demais instruções realizam o trabalho da função.
- *Return* permite que você retorne um valor para o procedimento chamador e especifique esse valor.

  O tipo do valor de retorno deve ser o mesmo tipo especificado nas palavras-chave As *Tipo*. Quando uma instrução *Return* é executada, o fluxo do programa é retomado depois do término da função, então, se houver quaisquer instruções de função depois da instrução *Return*, essas serão executadas. (Como alternativa, você pode retornar um valor para a rotina chamadora atribuindo o valor a *NomeDaFunção*.)
- Os colchetes ([ ]) incluem itens opcionais da sintaxe. O Visual Basic requer que esses itens da sintaxe não sejam incluídos entre colchetes.

As funções sempre retornam um valor para o procedimento chamador no nome da função (*NomeDaFunção*).

Por essa razão, a última instrução em uma função é frequentemente uma instrução de atribuição que coloca o cálculo final da função em *NomeDaFunção*. Por exemplo, o procedimento Function *TotalTax* calcula os impostos estaduais e municipais para um item e atribui o resultado ao nome *TotalTax*, como mostrado aqui:

```
Function TotalTax(ByVal Cost as Single) As Single
    Dim StateTax, CityTax As Single
    StateTax = Cost * 0.05 'O imposto estadual é 5%
    CityTax = Cost * 0.015 'O imposto municipal é 1,5%
    TotalTax = StateTax + CityTax
End Function
```

Ou você pode retornar um valor ao procedimento chamador usando a instrução *Return*, como mostrado na seguinte declaração de função:

```
Function TotalTax(ByVal Cost as Single) As Single
    Dim StateTax, CityTax As Single
    StateTax = Cost * 0.05 'O imposto estadual é 5%
    CityTax = Cost * 0.015 'O imposto municipal é 1,5%
    Return StateTax + CityTax
End Function
```

Utilizarei a sintaxe *Return* com bastante frequência neste livro, mas você pode usar qualquer um desses dois mecanismos para retornar dados a partir de uma função.

Chamando um procedimento de função

Para chamar a função *TotalTax* em um procedimento de evento, você usa uma instrução semelhante a esta:

```
lblTaxes.Text = TotalTax(500)
```

Essa instrução calcula os impostos totais exigidos para um item de US$ 500 e, então, atribui o resultado à propriedade *Text* do objeto *lblTaxes*. A função *TotalTax* também pode aceitar uma variável como um argumento, como mostrado nas seguintes instruções:

```
Dim TotalCost, SalesPrice As Single
SalesPrice = 500
TotalCost = SalesPrice + TotalTax(SalesPrice)
```

A última instrução utiliza a função *TotalTax* para determinar os impostos para o número na variável *SalesPrice* e então adiciona o imposto calculado a *SalesPrice* a fim de obter o custo total de um item. Você percebe como o código é muito mais claro quando uma função é utilizada?

Utilizando uma função para realizar um cálculo

No exercício a seguir, você adicionará uma função ao programa Track Wins para calcular a proporção de vitórias no jogo – em outras palavras, a porcentagem de rodadas em que um ou mais setes aparecem. Para realizar o cálculo, você adicionará uma função chamada *HitRate* e uma variável pública chamada *Spins* ao módulo. Então você chamará a função *HitRate* cada vez que o botão Spin for clicado.

Você exibirá os resultados em um novo rótulo que criará no formulário.

Crie uma função de proporção de vitórias

1. Exiba o formulário para o programa Track Wins que você modificou.

   A interface de usuário para o jogo de máquina caça-níqueis aparece.

2. Utilize o controle *Label* para criar um novo rótulo abaixo do rótulo Wins. Configure as seguintes propriedades para o rótulo:

Objeto	Propriedade	Configuração
Label5	*Font*	Arial, Bold Italic, 12-point
	ForeColor	Red (na guia Custom)
	Name	lblRate
	Text	"0.0%"
	TextAlign	MiddleCenter

   Seu formulário se parece com este gráfico:

3. No Solution Explorer, clique no módulo Module1.vb e no botão de View Code.

   O módulo Module1 aparece no Code Editor.

4. Digite a seguinte declaração de variável pública abaixo da instrução Public Wins As Short:

```
Public Spins As Short
```

   Agora o módulo contém duas variáveis públicas, *Wins* e *Spins*, que estarão disponíveis para todos os procedimentos no projeto. Você usará *Spins* como um contador para monitorar o número de rodadas.

5. Insira uma linha em branco no módulo e digite a seguinte declaração de função:

```
Function HitRate(ByVal Hits As Short, ByVal Tries As Short) As String
    Dim Percent As Single
    Percent = Hits / Tries
    Return Format(Percent, "0.0%")
End Function
```

Depois de você digitar a primeira linha do código de função, o Visual Basic adiciona automaticamente uma instrução *End Function*. Depois de você digitar o restante do código da função, sua tela deve se parecer com esta:

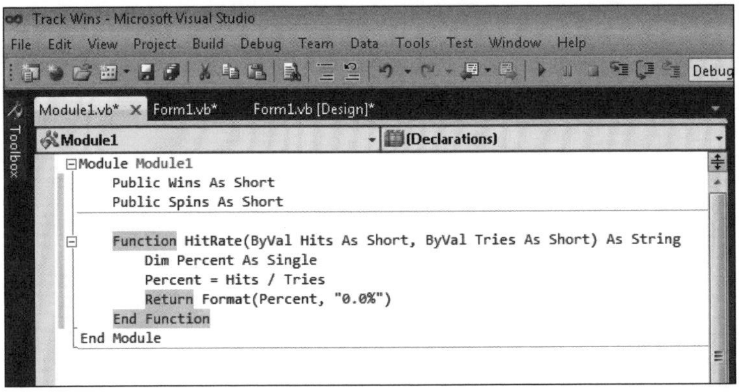

A função *HitRate* determina a porcentagem de vitórias dividindo o argumento *Hits* pelo argumento *Tries* e, então, ajusta a aparência do resultado utilizando a função *Format*. A função *HitRate* é declarada como uma string porque a função *Format* retorna um valor string. Os argumentos *Hits* e *Tries* são marcadores de lugar para as duas variáveis do tipo inteiro *short* que serão passadas para a função durante a chamada de função. A função *HitRate* é de uso geral o bastante para ser empregada com qualquer variável ou número inteiro menor, não apenas com *Wins* e *Spins*.

6. Exiba o formulário novamente e então dê um clique duplo no botão Spin no formulário Form1.vb para abrir o procedimento de evento *Button1_Click*.

7. Abaixo da quarta linha do procedimento de evento (*Label3.Text = CStr(Int(Rnd() * 10)*)), digite a seguinte instrução:

```
Spins = Spins + 1
```

Essa instrução incrementa a variável *Spins* toda vez que o usuário clica em Spin e novos números são colocados nas janelas de resultados.

8. Role para baixo no Code Editor e, então, entre as instruções *End If* e *End Sub*, digite a seguinte instrução como a última linha no procedimento de evento *Button1_Click*:

```
lblRate.Text = HitRate(Wins, Spins)
```

À medida que digita a função *HitRate*, observe como o Visual Studio automaticamente exibe os nomes e tipos dos argumentos para a função *HitRate* que você acabou de construir (um toque elegante).

O propósito dessa instrução é chamar a função *HitRate* utilizando as variáveis *Wins* e *Spins* como argumentos. O resultado retornado é uma porcentagem em formato de string e esse valor é atribuído à propriedade *Text* do rótulo *lblRate* no formulário depois de cada rodada. Agora remova a função *Randomize* do procedimento de evento *Form1_Load*, para que, ao testar o projeto, seus resultados sigam um padrão familiar.

9. Role para baixo no Code Editor até o procedimento de evento *Form1_Load* e remova ou "comente" (coloque um caractere de comentário (') antes) a função *Randomize*.

   Agora, toda vez que executar esse programa, os números aleatórios gerados seguirão um padrão previsível. Isso o ajuda a testar seu código, mas, quando terminar de testar, você vai querer adicionar a função de volta para que seus resultados sejam verdadeiramente aleatórios.

Agora você executará o programa.

Execute o programa Track Wins

1. Clique no botão Start Debugging para executar o programa modificado Track Wins.
2. Clique no botão Spin 10 vezes.

   As primeiras cinco vezes que você clica em Spin, a porcentagem de vitórias permanece em 100,0%. Você está acertando o jackpot todas as vezes. À medida que continua a clicar, porém, a porcentagem de vitórias se ajusta para 83,3%, 71,4%, 75,0% (outra vitória), 66,7% e 60,0% (um total de 6 para 10). Após 10 rodadas, sua tela deve ser parecida com esta:

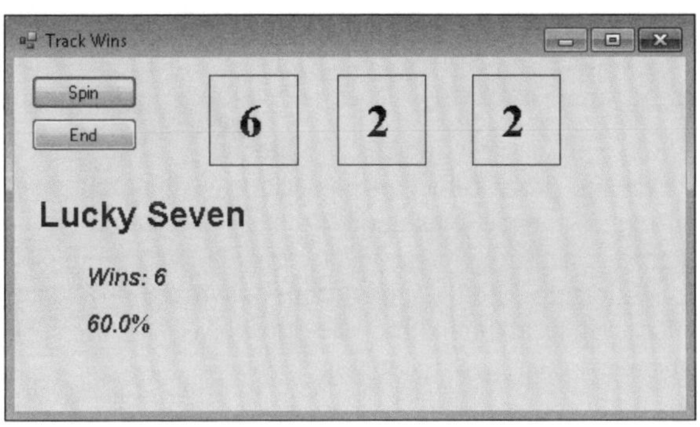

   Se continuar a clicar no botão Spin, você notará que a porcentagem de vitórias cai para aproximadamente 28%. A função *HitRate* mostra que você teve bastante sorte ao começar o jogo, mas depois de alguns instantes a realidade se impôs.

3. Quando terminar de usar o programa, clique no botão End.

   O programa para e o ambiente de desenvolvimento retorna. Você pode adicionar a função *Randomize* ao procedimento de evento *Form1_Load* novamente para ver como o programa funciona com "verdadeira" aleatoriedade. Após 100 rodadas (iterações suficientes para a variação estatística ser minimizada), sua proporção de vitórias deve estar perto de 28% cada vez que você executa o programa. Se você gosta de números, é uma experiência interessante.

4. Clique no botão Save All na barra de ferramentas Standard para salvar suas alterações.

Escrevendo procedimentos Sub

Um procedimento Sub é semelhante a um procedimento Function, exceto pelo fato de que um procedimento Sub não retorna um valor associado a seu nome. Os procedimentos Sub são geralmente usados para obter entrada do usuário, exibir ou imprimir informações ou manipular várias propriedades associadas a uma condição. Os procedimentos Sub também podem ser utilizados para processar e atualizar variáveis recebidas em uma lista de argumentos durante uma chamada de procedimentos e passar de volta um ou mais desses valores para o programa chamador.

Sintaxe de procedimentos Sub

A sintaxe básica para um procedimento Sub é

```
Sub NomeDoProcedimento([argumentos])
    instruções do procedimento
End Sub
```

Os seguintes itens de sintaxe são importantes:

- *NomeDoProcedimento* é o nome do procedimento Sub que você está criando.
- *argumentos* é uma lista de argumentos opcionais (separados por vírgulas se houver mais de um) a serem utilizados no procedimento Sub. Cada argumento também deve ser declarado com um tipo específico. (O Visual Studio adiciona a palavra-chave *ByVal* por padrão a cada argumento, indicando que uma cópia dos dados é passada para a função por meio desse argumento, mas que qualquer alteração nos argumentos não será retornada à rotina chamadora.)
- *instruções do procedimento* são um bloco de instruções que realizam o trabalho do procedimento.

Na chamada de procedimento Sub, o número e o tipo dos argumentos enviados para o procedimento devem corresponder ao número e o tipo dos argumentos na declaração de procedimento Sub e o grupo inteiro deve ser incluído entre parênteses. Se as variáveis passadas para um procedimento Sub forem modificadas durante o procedimento, as variáveis atualizadas não serão passadas de volta ao programa a menos que o procedimento tenha definido os argumentos utilizando a palavra-chave *ByRef*. Os procedimentos Sub declarados em um módulo são públicos por padrão e, portanto, podem ser chamados por qualquer procedimento de evento em um projeto.

Importante Todas as chamadas para um procedimento Sub devem incluir parênteses depois do nome do procedimento. Um conjunto de parênteses vazios é necessário mesmo se não houver um argumento sendo passado para o procedimento.

Por exemplo, o procedimento Sub a seguir recebe um argumento do tipo *String* representando o nome de uma pessoa e utiliza uma caixa de texto para desejar feliz aniversário a essa pessoa. Se esse procedimento de evento Sub for declarado em um módulo, ele poderá ser chamado a partir de qualquer procedimento no programa.

```
Sub BirthdayGreeting (ByVal Person As String)
    Dim Msg As String
    If Person <> "" Then
        Msg = "Happy birthday " & Person & "!"
    Else
        Msg = "Name not specified."
    End If
    MsgBox(Msg,, "Best Wishes")
End Sub
```

O procedimento *BirthdayGreeting* recebe o nome a ser saudado utilizando o argumento *Person*, uma variável string recebida por valor durante a chamada de procedimento. Se o valor de *Person* não for vazio, ou *nulo*, o nome especificado é utilizado para construir uma string de mensagem que será exibida com uma função *MsgBox*. Se o argumento for nulo, o procedimento exibe a mensagem "Name not specified".

Chamando um procedimento Sub

Para chamar um procedimento Sub em um programa, você especifica o nome do procedimento e lista os argumentos requeridos pelo procedimento Sub. Por exemplo, para chamar o procedimento *BirthdayGreeting*, você poderia digitar a seguinte instrução:

```
BirthdayGreeting("Robert")
```

Nesse exemplo, o procedimento *BirthdayGreeting* inseriria o nome "Robert" em uma string de mensagem e a rotina exibiria a caixa de mensagem a seguir:

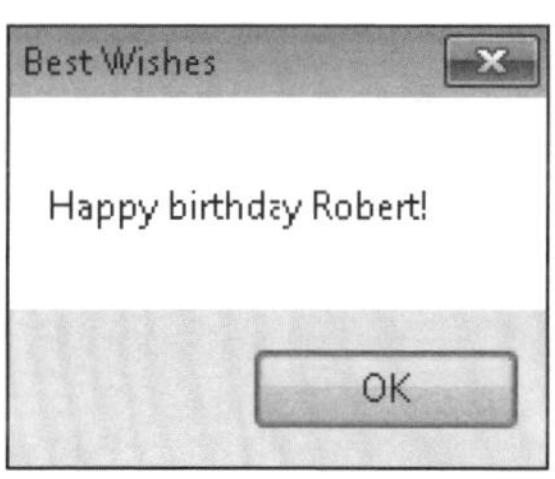

As vantagens em termos de economia de espaço de um procedimento tornam-se claras quando você chama o procedimento muitas vezes utilizando uma variável, como mostrado no exemplo a seguir:

```
Dim NewName As String
Do
    NewName = InputBox("Enter a name for greeting.", "Birthday List")
    BirthdayGreeting(NewName)
Loop Until NewName = ""
```

Aqui o usuário pode inserir quantos nomes quiser para saudações de aniversário. O próximo exercício dá a chance de praticar a utilização de um procedimento Sub para tratar outro tipo de entrada em um programa.

Utilizando um procedimento Sub para gerenciar uma entrada

Os procedimentos Sub são frequentemente utilizados para tratar entrada em um programa quando as informações vêm de duas ou mais fontes e precisam estar no mesmo formato. No exercício a seguir, você criará um procedimento Sub chamado *AddName* que solicita entrada ao usuário e formata o texto de modo que ele possa ser exibido em múltiplas linhas em uma caixa de texto. O procedimento de evento poupará tempo de programação porque você o usará em dois procedimentos, cada um associado com uma caixa de texto diferente. Como o procedimento será declarado em um módulo, você precisará digitá-lo em um lugar apenas. Se adicionar mais formulários ao projeto, o procedimento também estará disponível para eles.

Crie um procedimento Sub de caixa de texto

1. No menu File, clique no comando Close Project.

   O Visual Studio fecha o projeto atual (a máquina caça-níqueis Track Wins).

2. Crie um novo projeto Windows Forms Application com o nome de **My Text Box Sub**.

   O novo projeto é criado, e um formulário em branco abre no Designer.

3. Utilize o controle *TextBox* para criar duas caixas de texto, lado a lado, no meio do formulário.

   Hoje você tomará algumas decisões relacionadas a Recursos Humanos e utilizará essas caixas de texto para armazenar nomes de empregados que você atribuirá a dois departamentos.

4. Utilize o controle *Label* para criar dois rótulos acima das caixas de texto.

   Esses rótulos armazenarão os nomes dos departamentos.

5. Utilize o controle *Button* para criar três botões: um sob cada caixa de texto e um na parte inferior do formulário.

   Você utilizará os dois primeiros botões para atribuir empregados a seus departamentos e o último botão para fechar o programa.

6. Configure as propriedades mostradas na seguinte tabela para os objetos no formulário.

   Como as caixas de texto conterão mais de uma linha, você irá configurar suas propriedades *Multiline* como True e suas propriedades *ScrollBars* como *Vertical*. Essas configurações são geralmente utilizadas quando múltiplas linhas são exibidas em caixas de texto. Você também irá configurar suas propriedades *TabStop* como False e suas propriedades *ReadOnly* como True de modo que as informações não possam ser modificadas.

Objeto	Propriedade	Configuração
TextBox1	*Multiline*	True
	Name	txtSales
	ReadOnly	True
	ScrollBars	Vertical
	TabStop	False

Objeto	Propriedade	Configuração
TextBox2	*Multiline*	True
	Name	txtMkt
	ReadOnly	True
	ScrollBars	Vertical
	TabStop	False
Label1	*Font*	Bold
	Name	lblSales
	Text	"Sales"
Label2	*Font*	Bold
	Name	lblMkt
	Text	"Marketing"
Button1	*Name*	btnSales
	Text	"Add Name"
Button2	*Name*	btnMkt
	Text	"Add Name"
Button3	*Name*	btnQuit
	Text	"Quit"
Form1	*Text*	"Assign Department Teams"

7. Redimensione e posicione os objetos de modo que seu formulário seja semelhante a este:

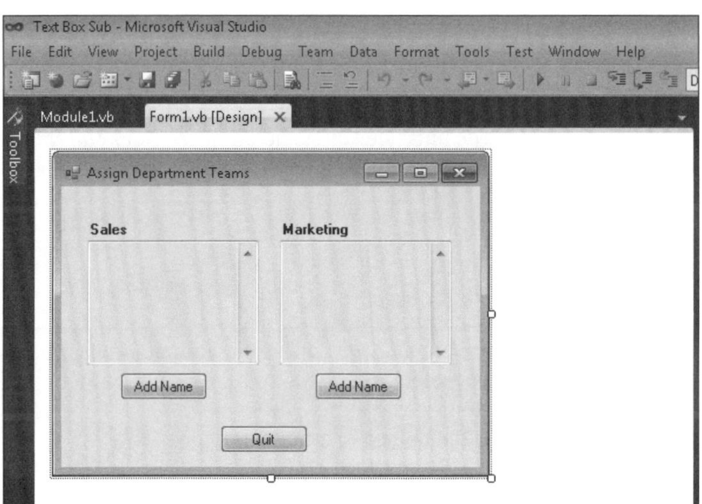

Agora você irá adicionar um módulo e criar o procedimento Sub de uso geral *AddName*.

8. No menu Project, clique no comando Add New Item, selecione o modelo Module e clique em Add.

Um novo módulo aparece no Code Editor.

9. Digite o seguinte procedimento *AddName* entre as instruções *Module Module1* e *End Module*:

```
Sub AddName(ByVal Team As String, ByRef ReturnString As String)
    Dim Prompt, Nm, WrapCharacter As String
    Prompt = "Enter a " & Team & " employee."
    Nm = InputBox(Prompt, "Input Box")
    WrapCharacter = Chr(13) + Chr(10)
    ReturnString = Nm & WrapCharacter
End Sub
```

Esse procedimento Sub de uso geral utiliza a função *InputBox* para solicitar ao usuário um nome de empregado. Ele recebe dois argumentos durante a chamada de procedimento: *Team*, uma string contendo o nome do departamento; e *ReturnString*, uma variável string vazia que conterá o nome do empregado formatado. *ReturnString* é declarada com a palavra-chave *ByRef* de modo que qualquer alteração feita nesse argumento dentro do procedimento será passada de volta à rotina chamadora por meio do argumento.

Antes de o nome de empregado ser retornado, caracteres de retorno de carro e quebra de linha são anexados à string de modo que cada nome na caixa de texto apareça sozinho na linha.

Você pode utilizar essa técnica geral em qualquer string para criar uma nova linha. Seu Code Editor se parece com este:

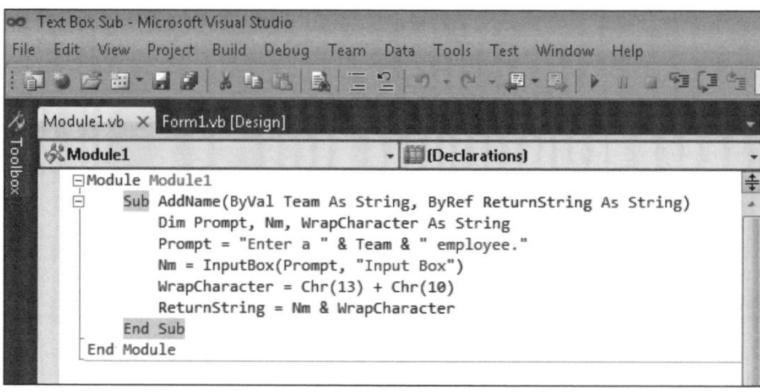

10. Exiba o formulário novamente e dê um clique duplo no primeiro botão Add Name no formulário (o botão abaixo da caixa de texto Sales). Digite as seguintes instruções no procedimento de evento *btnSales_Click*:

```
Dim SalesPosition As String = ""
AddName("Sales", SalesPosition)
txtSales.Text = txtSales.Text & SalesPosition
```

A chamada para o procedimento Sub *AddName* inclui um argumento passado por valor (*"Sales"*) e um argumento passado por referência (*SalesPosition*). A última linha usa o argumento passado por referência para adicionar texto à caixa de texto *txtSales*. O operador de concatenação (*&*) adiciona o novo nome ao fim do texto na caixa de texto.

11. No Code Editor, logo abaixo do nome de guia Form1.vb, clique na seta Class Name e, em seguida, clique no objeto *btnMkt* na lista. Em seguida, clique na seta Method Name e no evento *Click*.

    O procedimento de evento *btnMkt_Click* aparece no Code Editor. Utilizar as caixas de listagem Class Name e Method Name é outra maneira de colocar em prática como adicionar procedimentos de evento.

12. Digite as seguintes instruções no procedimento de evento:

```
Dim MktPosition As String = ""
AddName("Marketing", MktPosition)
txtMkt.Text = txtMkt.Text & MktPosition
```

    Esse procedimento de evento é idêntico a *btnSales_Click*, exceto por enviar *"Marketing"* para o procedimento *AddName* e atualizar a caixa de texto *txtMkt*. (O nome da variável local de retorno *MktPosition* foi renomeado para torná-lo mais intuitivo.)

13. Clique na seta Class Name e clique no objeto *btnQuit* na lista. Em seguida, clique na seta Method Name e clique no evento *Click*.

    O procedimento de evento *btnQuit_Click* aparece no Code Editor.

14. Digite **End** no procedimento de evento *btnQuit_Click*.

15. Clique no botão Save All na barra de ferramentas Standard e especifique a pasta C:\Vb10sbs\Chap10 como a localização.

É isso aí! Agora você executará o programa Text Box Sub.

Execute o programa Text Box Sub

> **Dica** O programa Text Box Sub completo encontra-se na pasta C:\Vb10sbs\Chap10\Text Box Sub.

1. Clique no botão Start Debugging na barra de ferramentas Standard para executar o programa.

2. Clique no botão Add Name sob a caixa de texto Sales e digite **Manuel Oliveira** na caixa de entrada. (Sinta-se à vontade para digitar um nome diferente.)

   Sua caixa de entrada se parece com esta:

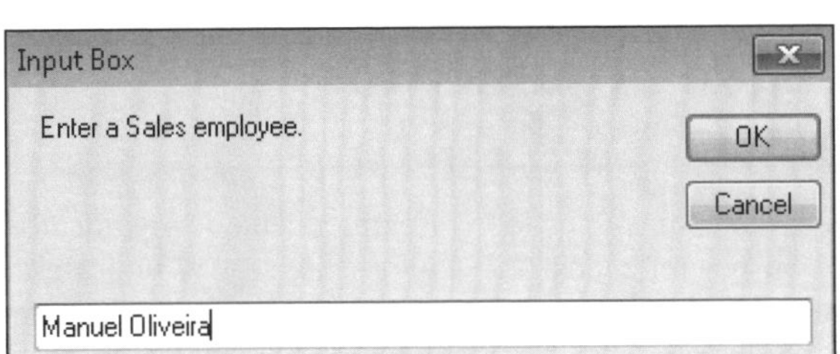

3. Clique no botão OK para adicionar o nome à caixa de texto Sales.

   O nome aparece na primeira caixa de texto.

4. Clique no botão Add Name sob a caixa de texto Marketing, digite **Raymond Fong** na caixa de entrada Marketing e pressione ENTER.

   O nome aparece na caixa de texto Marketing. Sua tela é semelhante a esta:

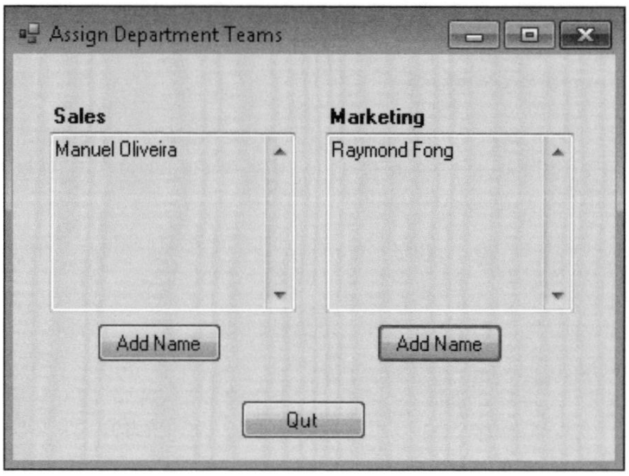

5. Insira mais alguns nomes em cada uma das caixas de texto. Essa é sua chance de criar as configurações da equipe de trabalho de seus sonhos.

   Cada nome aparece sozinho em uma linha nas caixas de texto. As caixas de texto não rolam automaticamente, portanto, você não verá cada nome que você inseriu se colocar mais nomes do que uma caixa de texto puder apresentar. Você pode utilizar as barras de rolagem para acessar nomes que não estão visíveis.

6. Quando terminar, clique no botão Quit para parar o programa.

Você demonstrou que um procedimento Sub pode gerenciar tarefas de entrada a partir de dois ou mais procedimentos. Utilizando esse conceito básico como ponto de partida, agora você pode criar programas mais sofisticados que usam procedimentos Sub e Function como ferramentas organizadoras e que colocam tarefas comuns em unidades lógicas que podem ser chamadas repetidamente.

Um passo além: passando argumentos por valor e por referência

Na discussão sobre os procedimentos Sub e Function, você aprendeu que argumentos são passados para procedimentos por valor ou por referência. A palavra-chave *ByVal* indica que variáveis devem ser passadas para um procedimento por valor (o padrão). Qualquer alteração em uma variável passada por valor não é passada de volta para o procedimento chamador. Mas, como aprendeu no programa Text Box Sub, utilizar a palavra-chave *ByRef* indica que variáveis devem ser passadas para um procedimento por referência, ou seja, qualquer alteração na variável dentro do procedimento é passada de volta à rotina chamadora. Passar por referência pode ter vantagens significativas, contanto que você tenha o cuidado de não alterar uma variável inadvertidamente em um procedimento. Por exemplo, considere a seguinte declaração e chamada de procedimento Sub:

```
Sub CostPlusInterest(ByRef Cost As Single, ByRef Total As Single)
    Cost = Cost * 1.05 'adiciona 5% ao custo...
    Total = Int(Cost) 'então converte para inteiro e retorna
End Sub
.
.
.
Dim Price, TotalPrice As Single
Price = 100
TotalPrice = 0
CostPlusInterest(Price, TotalPrice)
MsgBox(Price & " at 5% interest is " & TotalPrice)
```

Nesse exemplo, o programador passa duas variáveis de precisão simples por referência para o procedimento *CostPlusInterest*: *Price* e *TotalPrice*. O programador planeja usar a variável *TotalPrice* atualizada na chamada subsequente a *MsgBox*, mas, infelizmente, esquece que a variável *Price* também foi atualizada em um passo intermediário no procedimento *CostPlusInterest*. (Como *Price* foi passada por referência, alterações em *Cost* resultam automaticamente nas mesmas alterações em *Price*.) Isso produz o seguinte resultado quando o programa é executado:

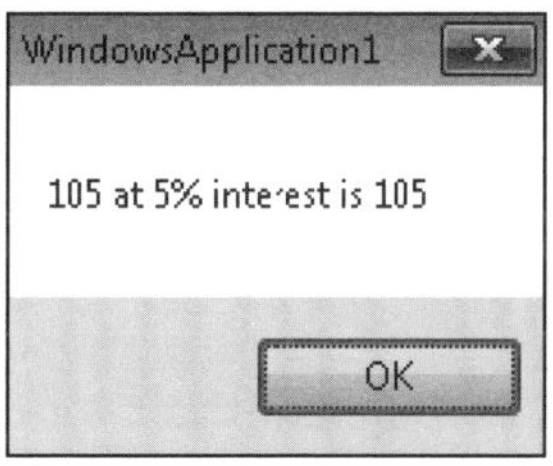

Quando, na verdade, o programador provavelmente queria mostrar a seguinte mensagem:

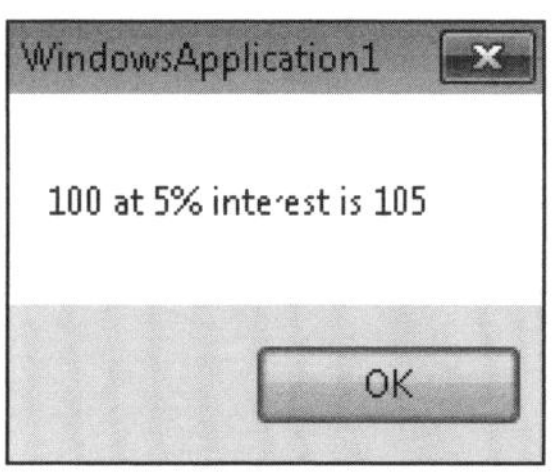

Então como o procedimento *CostPlusInterest* deve ser corrigido para produzir o resultado desejado? A maneira mais fácil é declarar o argumento *Cost* usando a palavra-chave *ByVal*, como mostrado na seguinte instrução de programa:

```
Sub CostPlusInterest(ByVal Cost As Single, ByRef Total As Single)
```

Declarando *Cost* utilizando *ByVal*, você pode modificar seguramente *Cost* no procedimento *CostPlusInterest* sem enviar as alterações de volta para o procedimento chamador. Mantendo *Total* declarada utilizando *ByRef*, você pode modificar a variável que está sendo passada e somente essas alterações serão passadas de volta para o procedimento chamador. Em geral, se você utiliza *ByRef* apenas quando é necessário, seus programas serão mais livres de defeitos.

Eis algumas diretrizes sobre quando utilizar *ByVal* e quando utilizar *ByRef*:

- Utilize *ByVal* quando você não quiser que um procedimento modifique uma variável que é passada para o procedimento por um argumento.
- Utilize *ByRef* quando quiser permitir que um procedimento modifique uma variável que é passada para o procedimento por meio de um argumento.
- Quando em dúvida, utilize a palavra-chave *ByVal*.

Referência rápida do Capítulo 10

Para	Faça isto
Criar um novo módulo	Clique no botão Add New Item na barra de ferramentas Standard e selecione o modelo Module. *ou* Clique no comando Add New Item no menu Project e então selecione o modelo Module.
Renomear um módulo	Selecione o módulo no Solution Explorer. Na janela Properties, especifique um novo nome na propriedade *File Name*. *ou* Clique com o botão direito do mouse no módulo no Solution Explorer, selecione Rename e, em seguida, especifique um nome de novo.
Remover um módulo de um programa	Selecione o módulo no Solution Explorer e clique no comando Exclude From Project no menu Project.
Adicionar um módulo existente a um projeto	No menu Project, clique no comando Add Existing Item.
Criar uma variável pública	Declare a variável utilizando a palavra-chave *Public* entre as palavras-chave *Module* e *End Module* em um módulo. Por exemplo: `Public TotalSales As Integer`

Criar uma função pública	Coloque as instruções da função entre as palavras-chave *Function* e *End Function* em um módulo. As funções são públicas por padrão. Por exemplo:
	`Function HitRate(ByVal Hits As Short, ByVal _`
	`Tries As Short) As String`
	`Dim Percent As Single`
	`Percent = Hits / Tries`
	`Return Format(Percent, "0.0%")`
	`End Function`

Chamar um procedimento Function	Digite o nome da função e quaisquer argumentos necessários em uma instrução de programa e atribua a uma variável ou propriedade do tipo de retorno apropriado. Por exemplo: `lblRate.Text = HitRate(Wins, Spins)`

Criar um procedimento público de Sub	Coloque as instruções de procedimento entre as palavras-chave *Sub* e *End Sub* em um módulo. Os procedimentos Sub são públicos por padrão. Por exemplo:
	`Sub CostPlusInterest(ByVal Cost As Single, _`
	`ByRef Total As Single)`
	`Cost = Cost * 1.05`
	`Total = Int(Cost)`
	`End Sub`

Chamar um procedimento Sub	Digite o nome de procedimento e quaisquer argumentos necessários em uma instrução de programa. Por exemplo: `CostPlusInterest(Price, TotalPrice)`
Passar um argumento por valor	Utilize a palavra-chave *ByVal* na declaração do procedimento. Por exemplo: `Sub GreetPerson(ByVal Name As String)`
Passar um argumento por referência	Utilize a palavra-chave *ByRef* na declaração do procedimento. Por exemplo: `Sub GreetPerson(ByRef Name As String)`

Capítulo 11

Utilizando arrays para gerenciar dados numéricos e dados string

Neste capítulo, você vai aprender a:

- Organizar informações em arrays de tamanho fixo e em arrays dinâmicos.
- Preservar dados de array ao redimensionar arrays.
- Utilizar arrays no código para gerenciar grandes quantidades de dados.
- Utilizar os métodos *Sort* e *Reverse* na classe *Array* para reordenar arrays.
- Utilizar o controle *ProgressBar* em seus programas para mostrar quanto tempo leva uma tarefa.

Gerenciar informações em um aplicativo Microsoft Visual Basic é uma tarefa importante, e à medida que seus programas crescem, você precisa de ferramentas adicionais para armazenar e processar dados. Um enfoque inadequado do gerenciamento de dados em programas é armazenar e recuperar informações em arquivos de texto auxiliares, como você verá no Capítulo 13, "Explorando arquivos de texto e processamento de strings". Mas a abordagem mais abrangente é armazenar e recuperar informações usando bancos de dados, e você começará a aprender a integrar programas em Visual Basic com bancos de dados no Capítulo 18, "Introdução ao ADO.NET".

Neste capítulo, você aprenderá a organizar variáveis e outras informações em contêineres úteis chamados *arrays*. Aprenderá também a simplificar tarefas de gerenciamento de dados com arrays de tamanho fixo e dinâmicos e a utilizar arrays em seu código para gerenciar grandes quantidades de dados, além de redimensionar arrays e conservar os dados em arrays quando decidir alterar o tamanho de um array. Para demonstrar o tamanho com os quais arrays podem ser processados, você usará os métodos *Sort* e *Reverse* da classe *Array* do Microsoft .NET Framework para reordenar um array que contém valores inteiros aleatórios de seis dígitos. Por fim, você verá como utilizar o controle *ProgressBar* para fornecer uma indicação a seus usuários sobre a duração de um processo (relacionado com o array ou não). As técnicas aqui explicadas são uma introdução sólida às técnicas de programação de banco de dados que serão exploradas mais adiante.

Trabalhando com arrays de variáveis

Nesta seção, você aprenderá sobre arrays, um método útil de armazenar dados durante a execução do programa. Os arrays são um mecanismo poderoso e consagrado pelo tempo para armazenar valores logicamente relacionados em um programa. Os desenvolvedores em BASIC, Pascal, C e outras linguagens de programação populares incorporaram os arrays nas primeiras versões desses produtos para referenciar um grupo de valores utilizando um nome e para processar esses valores individual ou coletivamente.

Os arrays podem ajudar a monitorar um pequeno conjunto de valores de diferentes maneiras, o que não seria possível com o uso de variáveis tradicionais. Por exemplo, imagine criar um placar de um jogo de basebol de nove rodadas em um programa. Para salvar e se lembrar dos placares de cada turno do jogo, talvez você se sinta tentado a criar dois grupos de nove variáveis (um total de 18 variáveis). Você poderia chamá-los de *Inning1HomeTeam*, *Inning1VisitingTeam* e assim por diante, para organizá-los. Trabalhar individualmente com essas variáveis exigiria tempo e espaço consideráveis no programa. Felizmente, é possível organizar grupos de variáveis semelhantes com o Visual Basic em um array que tem um nome comum e um índice fácil de usar. Por exemplo, você pode criar um array bidimensional (com duas unidades de altura por nove unidades de largura) chamado *Scoreboard* para armazenar a pontuação do jogo de beisebol. Vejamos como isso funciona.

Criando um array

Você cria, ou *declara*, arrays no código de programa assim como declararia variáveis simples. Como de costume, o lugar em que você declara o array determina onde ele pode ser utilizado, ou seu *escopo*, como mostrado a seguir:

- Se declarar um array localmente em um procedimento, você só pode utilizá-lo nesse procedimento.
- Se declarar um array na parte superior de um formulário, você poderá usá-lo em todas as partes do formulário.
- Se declarar um array publicamente em um módulo, você poderá utilizá-lo em qualquer lugar no projeto.

Ao declarar um array, em geral, você inclui as informações mostradas na Tabela 11-1 na instrução de declaração.

Tabela 11-1 Elementos de sintaxe para uma declaração de array

Elementos de sintaxe em declaração de array	Descrição
Nome do array	O nome que você utilizará para representar o array no programa. Em geral, os nomes de array seguem as mesmas regras dos nomes de variáveis. (Consulte o Capítulo 5, "Variáveis e fórmulas do Visual Basic e o .NET Framework", para obter informações adicionais sobre variáveis.)
Tipo de dados	O tipo de dados que você armazenará no array. Na maioria dos casos, todas as variáveis em um array são do mesmo tipo. Você pode especificar um dos tipos de dados fundamentais ou, se ainda não estiver seguro sobre qual tipo de dados será armazenado no array ou se mais de um tipo será armazenado, você pode especificar o tipo *Object*.
Número de dimensões	Número de dimensões que seu array conterá. A maioria dos arrays é unidimensional (uma lista de valores) ou bidimensional (uma tabela de valores), mas é possível especificar dimensões adicionais se você estiver trabalhando com um modelo matemático complexo, como uma forma tridimensional. O número de dimensões em um array é, algumas vezes, denominado o *rank* do array.
Número de elementos	O número de elementos que o array conterá. Os elementos no seu array correspondem diretamente ao índice de array. O primeiro índice de array é sempre 0 (zero).

> **Dica** Os arrays que contêm um número determinado de elementos são chamados de *arrays de tamanho fixo*. Os arrays que contêm um número variável de elementos (arrays que podem se expandir durante a execução do programa) são chamados de *arrays dinâmicos*.

Declarando um array de tamanho fixo

A sintaxe básica de um array de tamanho fixo público é

```
Dim NomeDoArray(Dim1Index, Dim2Index,...) As TipoDeDados
```

Os seguintes argumentos são importantes:

- *Dim* é a palavra-chave que declara o array. Utilize *Public* se colocar o array em um módulo.
- *NomeDoArray* é o nome variável do array.
- *Dim1Index* é o limite superior da primeira dimensão do array, que é o número de elementos menos 1.
- *Dim2Index* é o limite superior da segunda dimensão do array, que é o número de elementos menos 1. (Dimensões adicionais podem ser incluídas se forem separadas por vírgulas.)
- *TipoDeDados* é uma palavra-chave que corresponde ao tipo de dados que será incluído no array.

Por exemplo, para declarar um array de strings unidimensional chamado *Employees* que tem espaço para 10 nomes de empregados (numerados de 0 a 9), você pode digitar o seguinte em um procedimento de evento:

```
Dim Employees(9) As String
```

Em um módulo, a mesma declaração de array fica assim:

```
Public Employees(9) As String
```

Você também pode especificar explicitamente o limite inferior do array como zero utilizando o seguinte código em um procedimento de evento:

```
Dim Employees(0 To 9) As String
```

Essa sintaxe de "0 a 9" é incluída para tornar seu código mais legível – os recém-chegados ao seu programa entenderão imediatamente que o array *Employees* tem 10 elementos numerados de 0 a 9. Entretanto, o limite inferior do array deve ser sempre zero. Você não pode utilizar essa sintaxe para criar um limite inferior diferente para o array.

Reservando memória

Quando você cria um array, o Visual Basic reserva-lhe espaço na memória. A seguinte captura de tela mostra conceitualmente como o array *Employees* de 10 elementos é organizado. Os elementos são numerados de 0 a 9 em vez de 1 a 10 porque os índices de array sempre iniciam com 0.

Para declarar um array bidimensional público chamado *Scoreboard*, que tem espaço para duas linhas e nove colunas de dados de inteiro *Short*, você pode digitar essa instrução em um procedimento de evento ou na parte superior do formulário:

```
Dim Scoreboard(1, 8) As Short
```

Utilizando a sintaxe que enfatiza o limite inferior (zero), você também pode declarar o array assim:

```
Dim Scoreboard(0 To 1, 0 To 8) As Short
```

Depois de você declarar esse array bidimensional e de o Visual Basic reservar espaço na memória para ele, você pode utilizar o array no programa como se ele fosse uma tabela de valores, como mostrado na seguinte captura de tela. (Nesse caso, os elementos do array são numerados de 0 a 1 e de 0 a 8.)

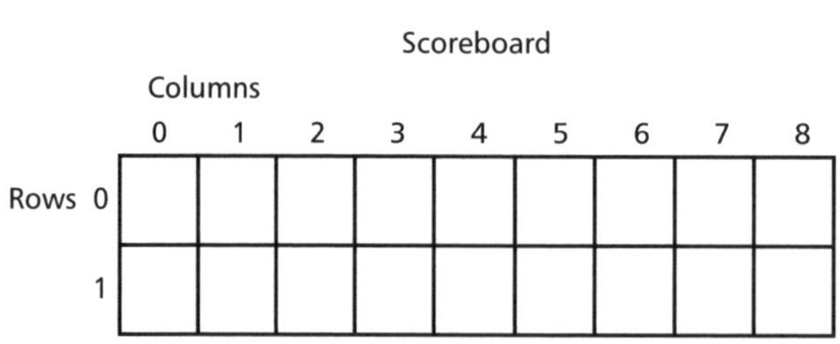

Trabalhando com elementos do array

Para referenciar um elemento de um array, você utiliza o nome do array e um índice de array entre parênteses. O índice deve ser um inteiro ou uma expressão que resulta em um inteiro.

Por exemplo, o índice poderia ser um número como 5, uma variável de inteiro como *num* ou uma expressão como *num-1*. (A variável contadora de um loop *For...Next* é utilizada com frequência.) Por exemplo, a seguinte instrução atribui o valor "Leslie" ao elemento com um índice de 5 no array de exemplo *Employees* na seção anterior:

```
Employees(5) = "Leslie"
```

Essa instrução produz o seguinte resultado em nosso array *Employees*:

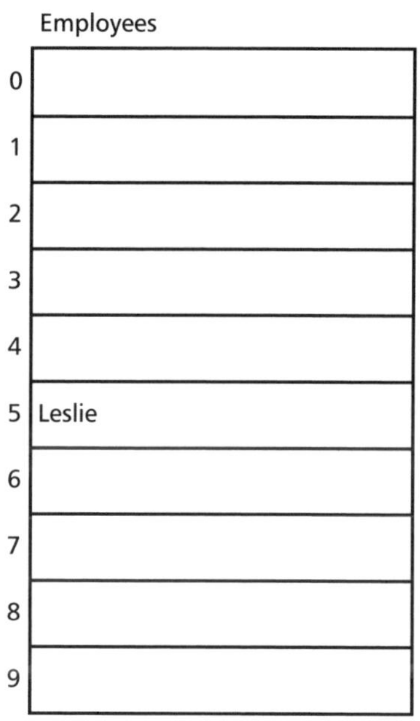

De maneira semelhante, a seguinte instrução atribui o número 4 à linha 0, coluna 2 (a parte superior da terceira *rodada*) no exemplo de array *Scoreboard* da seção anterior:

```
Scoreboard(0, 2) = 4
```

Essa instrução produz o seguinte resultado em nosso array *Scoreboard*:

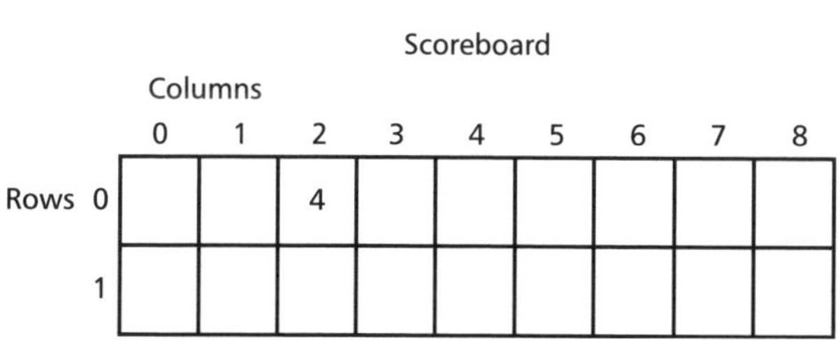

Você pode utilizar essas técnicas de indexação para atribuir ou recuperar qualquer elemento do array.

Declarando um array e atribuindo valores iniciais a ele

Também é possível declarar um array e, ao mesmo tempo, atribuir valores a ele. Essa sintaxe de instrução é um pouco semelhante ao que você aprendeu sobre atribuição de um valor inicial a uma variável no momento da declaração, e ela é útil quando você sabe de antemão o tamanho que ela deve ter e qual o seu conteúdo.

Para criar um array dessa maneira, você usa o que é denominado *array literal* (*literal de array*). Um array literal consiste em uma lista de valores separados por vírgula colocados entre colchetes ({}). Ao usar essa sintaxe, você pode fornecer o tipo do array ou permitir que o Visual Basic use *type inference* (*inferência de tipo*) para determinar que tipo o array deve ter. Por exemplo, para declarar um array de uma dimensão denominado *Waiters* do tipo *String* e preenchê-lo com sete nomes, você usaria a sintaxe a seguir:

```
Dim Waiters() As String = {"Ben", "Sue", "Lee", "Kim", "Pat", "Eve", "Sal"}
```

Note que o tamanho desse array é determinado automaticamente pelo Visual Basic quando *Waiters* é declarado. Além disso, se você não indicar um tipo de array, o Visual Basic usará a inferência de tipo para determinar o tipo de dado do array correto para você. Obviamente, se todos os valores forem do mesmo tipo, deve ficar claro para o compilador que tipo de dado deverá ser usado para o array. Mas se houver uma mistura de tipos, com um sortimento de números inteiros, de precisão simples e dupla, o Microsoft Visual Studio selecionará um tipo de dado para o array que seja grande o bastante para acomodar todos os valores. Em muitos casos, esse será o tipo de dado *Object* porque as variáveis *Object* (e arrays) são especificamente projetadas para armazenar qualquer tipo de dado.

A instrução a seguir declara um array denominado *Investments* e usa um literal de array para adicionar quatro valores ao array quando ele for criado. Uma vez que nenhum tipo seja especificado, o Visual Basic avalia os elementos do array e determina que, nesse caso, o tipo *Object* é o mais apropriado.

```
Dim Investments() = {5000, 20350.50, 499.99, 10000}
```

> **Nota** Se a configuração Option Infer do compilador for definida como On, o tipo *Double* será especificado quando a instrução acima for executada. Consulte o Capítulo 1 para ajudar a ajustar essa configuração.

Um array multidimensional também pode ser declarado dessa maneira, embora você precise ter o cuidado de listar os elementos na ordem correta (isto é, primeiro a linha 0, depois a linha 1, linha 2 e assim por diante). Por exemplo, a instrução a seguir declara um array bidimensional denominado *Rectangle* e atribui quatro valores a ele:

```
Dim Rectangle = {{10, 20}, {50, 60}}
```

Esse array tem duas linhas e duas colunas. O elemento do array (0, 0—isto é, linha 0, coluna 0) agora contém um valor igual a 10, e o elemento (0, 1—isto é, linha 0, coluna 1) agora contém um valor igual a 20. Além disso, observe que existem três conjuntos de colchetes usados na declaração; esses colchetes esclarecem que elementos estão sendo atribuídos e os mantém na ordem correta. A captura de tela a seguir mostra o Visual Studio Code Editor com os três exemplos das declarações de literais de array que mostrei nesta seção. Observe que o Code Editor está no modo de depuração (ou modo break) e a janela Watch está visível e mostra o conteúdo do array *Waiters*. (O modo de depuração e a janela Watch foram apresentados no Capítulo 8, "Depurando programas em Visual Basic".) Um loop *For... Next* é usado também para exibir o conteúdo do array *Waiters* em uma caixa de mensagem, embora você não possa ver os resultados desse loop nesta tela. Os loops *For... Next* são ferramentas excelentes para processar os arrays, como você verá na próxima seção.

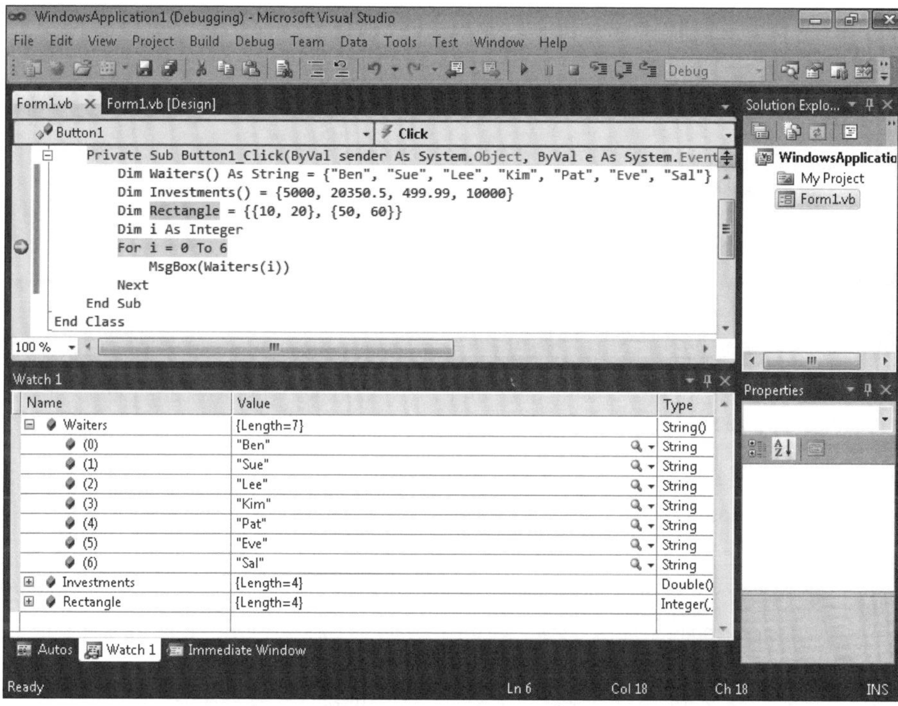

Criando um array de tamanho fixo para armazenar temperaturas

O exercício a seguir utiliza um array unidimensional chamado *Temperatures* para registrar diariamente as altas temperaturas durante os sete dias de uma semana. O programa demonstra como utilizar um array para armazenar e processar um grupo de valores relacionados em um formulário. A variável do array *Temperatures* é declarada na parte superior do formulário e então as temperaturas são atribuídas ao array utilizando uma função *InputBox* e um loop *For...Next*, que você conheceu no Capítulo 7, "Utilizando loops e timers". O contador de loop é utilizado para referenciar cada elemento do array.

O conteúdo do array é, então, exibido no formulário utilizando um loop *For...Next* e um objeto caixa de texto. A média das temperaturas altas também é calculada e exibida – muito divertido!

As funções *UBound* e *LBound*

Para simplificar o trabalho com o array, o programa Fixed Array utiliza a função *UBound* para verificar o limite superior, ou valor mais alto, do array. Com *UBound* você pode processar arrays sem recorrer às instruções de declaração que definiam exatamente quantos valores o array armazenaria.

A função estreitamente relacionada *LBound*, que confirma o valor mais baixo de índice, ou limite inferior, de um array, também está disponível para você como um recurso de versões anteriores do Visual Basic. Mas, como todos os arrays do Visual Basic agora têm um limite inferior de zero (0), a função simplesmente retorna um valor de 0. As funções *UBound* e *LBound* têm a sintaxe:

```
LBound(NomeDoArray)
UBound(NomeDoArray)
```

em que *NomeDoArray* é o nome de um array que foi declarado no projeto.

Utilize um array de tamanho fixo

1. Inicie o Visual Studio e crie um novo projeto Visual Basic Windows Forms Application chamado **My Fixed Array**.
2. Desenhe um objeto caixa de texto no formulário.
3. Configure a propriedade *Multiline* do objeto *TextBox1* como True para que você possa redimensionar o objeto.
4. Redimensione o objeto caixa de texto de modo que ele ocupe a maior parte do formulário.
5. Desenhe dois objetos botão largos no formulário abaixo do objeto caixa de texto, um ao lado do outro.
6. Configure as seguintes propriedades para o formulário e seus objetos:

Objeto	Propriedade	Configuração
TextBox1	*ScrollBars*	Vertical
Button1	*Text*	"Enter Temps"
Button2	*Text*	"Display Temps"
Form1	*Text*	"Fixed Array Temps"

Seu formulário é semelhante ao mostrado na captura de tela a seguir.

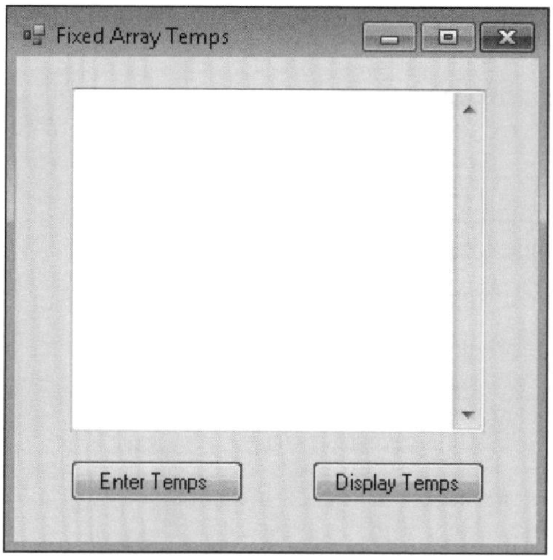

7. No Solution Explorer, clique no botão View Code para exibir o Code Editor.
8. Role até a parte superior do código de programa do formulário e, abaixo da instrução *Public Class Form1*, digite a seguinte declaração de array:

```
Dim Temperatures(0 To 6) As Single
```

   Essa instrução cria um array chamado *Temperatures* (do tipo *Single*) que contém sete elementos numerados de 0 a 6. Como o array foi declarado na parte superior do formulário, ele está disponível em todos os procedimentos de evento do formulário.

9. Exiba o formulário novamente e dê um clique duplo no botão Enter Temps (*Button1*).

   O procedimento de evento *Button1_Click* aparece no Code Editor.

10. Digite as seguintes instruções de programa para solicitar ao usuário as temperaturas e carregar a entrada no array:

```
Dim Prompt, Title As String
Dim i As Short
Prompt = "Enter the day's high temperature."
For i = 0 To UBound(Temperatures)
    Title = "Day " & (i + 1)
    Temperatures(i) = InputBox(Prompt, Title)
Next
```

   O loop *For...Next* utiliza a variável contadora do tipo inteiro short *i* como um índice de array para carregar temperaturas nos elementos do array de 0 a 6. Em vez de usar a sintaxe do loop *For* simplificada

```
For i = 0 to 6
```

para processar o array, escolhi uma sintaxe ligeiramente mais complexa que envolve a função *UBound* para futura flexibilidade. A construção do loop *For*

```
For i = 0 To UBound(Temperatures)
```

determina o limite superior do array utilizando a instrução *UBound*. Essa técnica é mais flexível porque, se o array for expandido ou reduzido mais tarde, o loop *For* se ajustará automaticamente ao novo tamanho do array.

Para preencher o array com temperaturas, o procedimento de evento emprega uma função *InputBox*, que exibe o dia atual utilizando o contador de loop *For*.

11. Exiba o formulário novamente e dê um clique duplo no botão Display Temps (*Button2*).

12. Digite as seguintes instruções no procedimento de evento *Button2_Click*:

```
Dim Result As String
Dim i As Short
Dim Total As Single = 0
Result = "High temperatures for the week:" & vbCrLf & vbCrLf
For i = 0 To UBound(Temperatures)
    Result = Result & "Day " & (i + 1) & vbTab & _
      Temperatures(i) & vbCrLf
    Total = Total + Temperatures(i)
Next
Result = Result & vbCrLf & _
  "Average temperature: " & Format(Total / 7, "0.0")
TextBox1.Text = Result
```

Esse procedimento de evento utiliza um loop *For...Next* para iterar pelos elementos do array, e adiciona cada elemento do array a uma variável string chamada *Result*, que é declarada na parte superior do procedimento de evento. Utilizei várias strings literais, constantes e operadores de concatenação de strings (*&*) para preencher e formatar a string utilizando retornos de carro (*vbCrLf*), caracteres de tabulação (*vbTab*) e títulos. A constante *vbCrLf*, utilizada aqui pela primeira vez, contém os caracteres o retorno de carro e quebra de linha e é uma maneira eficiente de criar novas linhas. A constante *vbTab* também é utilizada aqui pela primeira vez para colocar uma distância entre os valores de dia e temperatura na string *Result*. No fim do procedimento de evento, uma média das temperaturas é determinada e a string final é atribuída à propriedade *Text* do objeto caixa de texto, como mostrado nesta instrução:

```
TextBox1.Text = Result
```

13. Clique no botão Save All na barra de ferramentas Standard para salvar o projeto. Especifique a pasta C:\Vb10sbs\Chap11 como a localização.

Agora você executará o programa.

Dica O programa Fixed Array completo encontra-se na pasta C:\Vb10sbs\Chap11\Fixed Array.

14. Clique no botão Start Debugging na barra de ferramentas Standard para executar o programa.
15. Clique no botão Enter Temps e, quando a função *InputBox* solicitar, insira sete temperaturas diferentes. (Que tal utilizar as temperaturas de suas últimas férias?)

    A caixa de diálogo da função *InputBox* é parecida com esta:

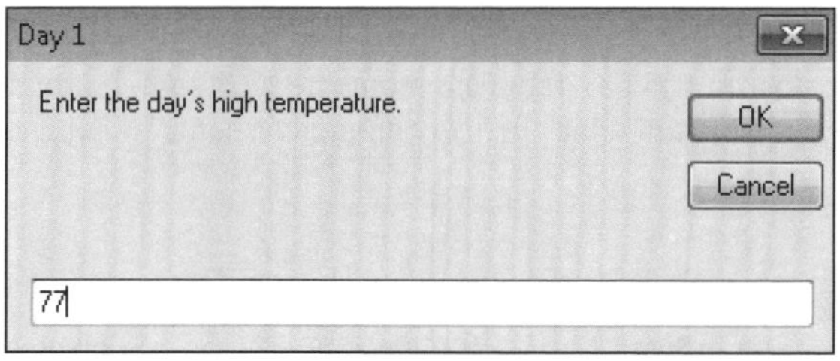

16. Depois de ter inserido as temperaturas, clique no botão Display Temps.

    Utilizando o array, o Visual Basic exibe cada uma das temperaturas na caixa de texto e imprime uma média na parte inferior. Sua tela deve se parecer com esta:

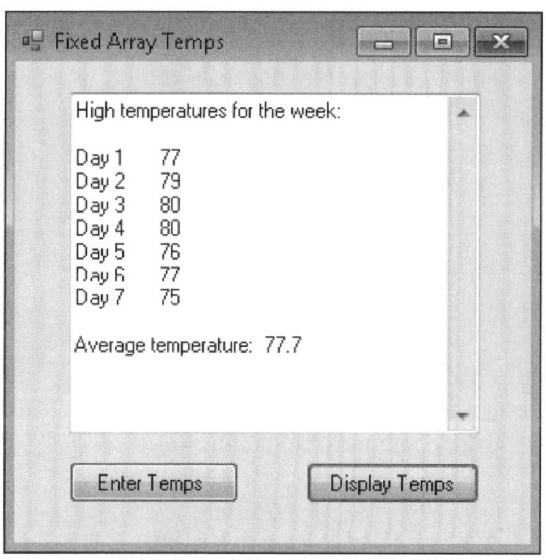

17. Clique no botão Close no formulário para fechar o programa.

Criando um array dinâmico

Como você pode ver, os arrays são bem úteis para trabalhar com listas de números, especialmente se você os processa utilizando loops *For...Next*. Mas e se você não tiver certeza de quanto espaço precisará antes de executar o programa? Por exemplo, e se você quiser deixar o usuário escolher a quantidade de temperaturas que é inserida no programa Fixed Array?

O Visual Basic trata esse problema de maneira eficiente com um contêiner flexível especial chamado *array dinâmico*. Os arrays dinâmicos são dimensionados em tempo de execução, quando o usuário especifica o tamanho do array ou quando a lógica que você adiciona ao programa determina um tamanho de array com base em condições específicas. Dimensionar um array dinâmico exige vários passos porque, embora o tamanho do array não seja especificado até que o programa esteja em execução, você precisa fazer "reservas" para o array em tempo de projeto. Para criar um array dinâmico, você segue estes passos básicos:

1. Especifique o nome e tipo do array no programa em momento de design, omitindo o número de elementos do array. Por exemplo, para criar um array dinâmico chamado *Temperatures*, digite

   ```
   Dim Temperatures() As Single
   ```

2. Adicione código para determinar o número de elementos que o array deve ter em tempo de execução.

   Você pode solicitar ao usuário utilizando uma função *InputBox* ou um objeto caixa de texto ou pode calcular as necessidades de armazenamento do programa utilizando propriedades ou outra lógica. Por exemplo, as seguintes instruções obtêm do usuário o tamanho de array e o atribuem à variável *Days* do tipo *Short*:

   ```
   Dim Days As Short
   Days = InputBox("How many days?", "Create Array")
   ```

3. Utilize a variável em uma instrução *ReDim* para dimensionar o array, subtraindo 1 porque os arrays são baseados em zero. Por exemplo, a seguinte instrução configura o tamanho do array *Temperatures* em tempo de execução utilizando a variável *Days*:

   ```
   ReDim Temperatures(Days - 1)
   ```

> **Importante** Com *ReDim*, você não deve tentar mudar o número de dimensões de um array que você declarou anteriormente.

4. Utilize a função *UBound* para determinar o limite superior em um loop *For...Next* e processe os elementos do array conforme necessário, como mostrado aqui:

   ```
   For i = 0 to UBound(Temperatures)
      Temperatures(i) = InputBox(Prompt, Title)
   Next
   ```

No próximo exercício, você seguirá esses passos para revisar o programa Fixed Array para que ele possa processar qualquer número de temperaturas utilizando um array dinâmico.

Utilize um array dinâmico para armazenar temperaturas

1. Abra o Code Editor para exibir o código de programa do projeto Fixed Array.
2. Role até a parte superior do código do formulário, na qual você originalmente declarou o array fixo *Temperatures*.
3. Remova *0 To 6* da declaração de array *Temperatures* para que o array seja agora um array dinâmico.

   A instrução é parecida com esta:

   ```
   Dim Temperatures() As Single
   ```

4. Adicione a seguinte declaração de variável logo abaixo da declaração de array *Temperatures*:

   Dim Days As Integer

   A variável de inteiro *Days* será utilizada para receber a entrada do usuário e dimensionar o array dinâmico em tempo de execução.

5. Role o Code Editor para exibir o procedimento de evento *Button1_Click* e modifique o código para que ele se pareça com o mostrado a seguir. (Os elementos alterados ou adicionados estão sombreados.)

```
Dim Prompt, Title As String
Dim i As Short
Prompt = "Enter the day's high temperature."
Days = InputBox("How many days?", "Create Array")
If Days > 0 Then ReDim Temperatures(Days - 1)
For i = 0 To UBound(Temperatures)
    Title = "Day " & (i + 1)
    Temperatures(i) = InputBox(Prompt, Title)
Next
```

   A quarta e a quinta linhas solicitam ao usuário o número de temperaturas que ele quer salvar e, então, a entrada do usuário é usada para dimensionar um array dinâmico. A estrutura de decisão *If...Then* é usada para verificar se o número de dias é maior que zero. (Dimensionar um array com um número menor que zero ou igual a zero gera um erro.) Como o índice 0 do array é usado para armazenar a temperatura do primeiro dia, a variável *Days* é decrementada por 1 ao dimensionar o array. A variável *Days* não é necessária para determinar o limite superior do loop *For...Next* – como no exemplo anterior, a função *UBound* é utilizada.

6. Role até o Code Editor para exibir o procedimento de evento *Button2_Click*. Modifique o código para que ele se pareça com a seguinte rotina. (Os elementos alterados estão sombreados.)

```
Dim Result As String
Dim i As Short
Dim Total As Single = 0
Result = "High temperatures:" & vbCrLf & vbCrLf
For i = 0 To UBound(Temperatures)
    Result = Result & "Day " & (i + 1) & vbTab & _
      Temperatures(i) & vbCrLf
    Total = Total + Temperatures(i)
Next
Result = Result & vbCrLf & _
  "Average temperature: " & Format(Total / Days, "0.0")
TextBox1.Text = Result
```

   A variável *Days* substitui o número 7 no cálculo da média de temperaturas na parte inferior do procedimento de evento. Também editei o título "High temperatures" que será exibido na caixa de texto.

7. Exiba o formulário.

8. Modifique a propriedade *Text* de *Form1* para "Dynamic Array".

9. Salve suas alterações em disco.

> **Dica** No CD que acompanha este livro, dei outro nome para esse projeto a fim de diferenciá-lo do projeto Fixed Array. O projeto Dynamic Array completo encontra-se na pasta C:\Vb10sbs\Chap11\Dynamic Array.

10. Clique no botão Start Debugging para executar o programa.
11. Clique no botão Enter Temps.
12. Digite **5** quando o número de dias que você deseja registrar for solicitado e, em seguida, clique em OK.

13. Insira cinco temperaturas quando solicitado.
14. Quando terminar de inserir as temperaturas, clique no botão Display Temps.

    O programa exibe as cinco temperaturas no formulário junto com sua média. Sua tela se parece com a captura de tela mostrada a seguir.

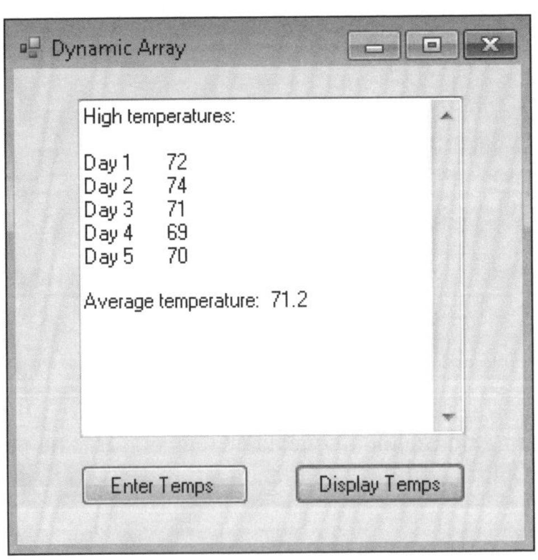

15. Clique no botão Close no formulário para fechar o programa.

Você praticou o uso dos dois tipos mais comuns de array na programação Visual Basic.

Ao escrever seus próprios programas, logo você usará arrays muito maiores, mas os conceitos serão os mesmos e você se surpreenderá com a rapidez com que o Visual Basic pode concluir cálculos relacionados com arrays.

Preservando o conteúdo de um array com *ReDim Preserve*

No exercício anterior, você utilizou a instrução *ReDim* para especificar o tamanho de um array dinâmico em tempo de execução. Entretanto, uma desvantagem potencial associada à instrução *ReDim* é que, se você redimensiona um array que já tem dados, todos os dados existentes são irrecuperavelmente perdidos. Depois de a instrução *ReDim* ser executada, o conteúdo de um array dinâmico é configurado com seu valor padrão, como zero ou *nulo*. Dependendo do seu ponto de vista, isso pode ser considerado um recurso útil para esvaziar o conteúdo de arrays ou pode ser um problema que requer uma maneira de ser contornado.

Felizmente, o Visual Basic fornece a palavra-chave *Preserve*, que você utiliza para preservar os dados de um array quando altera suas dimensões. A sintaxe da palavra-chave *Preserve* é a seguinte:

```
ReDim Preserve NomeDoArray(ElementosDeDim1, ElementosDeDim2,...)
```

Nessa instrução *ReDim*, o array deve continuar com o mesmo número de dimensões e os mesmos tipos de dados. Além disso, há uma armadilha na qual você só pode redimensionar a última dimensão do array. Por exemplo, se o array tem duas ou mais dimensões, você pode alterar apenas o tamanho da última dimensão e ainda conservar o conteúdo do array. (Os arrays unidimensionais passam automaticamente nesse teste, assim você pode expandir livremente o tamanho dos arrays dinâmicos utilizando a palavra-chave *Preserve*.)

Os seguintes exemplos mostram como você pode utilizar *Preserve* para aumentar o tamanho da última dimensão em um array dinâmico sem apagar nenhum dos dados existentes no array.

Se originalmente declarou um array dinâmico de string chamado *Philosophers* usando a sintaxe

```
Dim Philosophers() As String
```

você pode redimensionar o array e adicionar-lhe dados usando um código semelhante ao seguinte

```
ReDim Philosophers(200)
Philosophers(200) = "David Probst"
```

Você pode expandir o tamanho do array *Philosophers* para 301 elementos (0–300) e conservar o conteúdo existente, utilizando a seguinte sintaxe:

```
ReDim Preserve Philosophers(300)
```

Usando *ReDim* para arrays tridimensionais

Um exemplo mais complexo que envolve um array tridimensional utiliza uma sintaxe semelhante. Imagine que você queira utilizar um array de ponto flutuante, de precisão simples tridimensional chamado *myCube* em seu programa. Você pode declarar o array *myCube* utilizando a seguinte sintaxe:

```
Dim myCube(,,) As Single
```

Você então pode redimensionar o array e adicionar dados utilizando o seguinte código:

```
ReDim myCube(25, 25, 25)
myCube(10, 1, 1) = 150.46
```

após o qual você pode expandir o tamanho da terceira dimensão do array (e ainda conservar o conteúdo do array) empregando esta sintaxe:

```
ReDim Preserve myCube(25, 25, 50)
```

Neste exemplo, porém, somente a terceira dimensão pode ser expandida – a primeira e a segunda dimensões não podem ser alteradas se você redimensionar o array utilizando a palavra-chave *Preserve*. Tentar alterar o tamanho da primeira ou da segunda dimensão neste exemplo produz um erro de tempo de execução quando a instrução *ReDim Preserve* é executada.

Experimente um pouco a instrução *ReDim Preserve* e veja como pode utilizá-la para tornar seus arrays flexíveis e robustos.

Um passo além: processando arrays grandes utilizando métodos da classe *Array*

Nas seções anteriores, você aprendeu a usar arrays para armazenar informações durante a execução do programa. Nesta seção, você aprenderá a utilizar métodos da classe *Array* do .NET Framework, que podem ser usados para rapidamente classificar, pesquisar e inverter os elementos de um array, bem como realizar outras funções. O programa de exemplo que criei demonstra como esses recursos funcionam particularmente bem com arrays bastante grandes. Você também aprenderá a utilizar o controle *ProgressBar*.

A classe *Array*

Ao criar arrays no Visual Basic, você utiliza uma classe base que é definida pelo Visual Basic para implementar arrays dentro de programas criados pelo usuário. Essa classe *Array* também fornece uma coleção de métodos que você pode usar para manipular arrays enquanto eles estiverem ativos em programas. Os métodos mais úteis incluem *Array.Sort*, *Array.Find*, *Array.Reverse*, *Array.Copy* e *Array.Clear*. Você pode localizar outros métodos interessantes testando com a classe *Array* no Code Editor (usando o Microsoft IntelliSense) e verificando a documentação da Ajuda do Visual Studio. Os métodos da classe *Array* funcionam de modo muito semelhante aos métodos do .NET Framework já utilizados neste livro; isto é, são chamados pelo nome e (nesse caso) requerem o nome de um array válido como argumento. Por exemplo, para classificar (ordenar) um array de temperaturas (como o array *Temperatures* criado no último exercício), você utilizaria a seguinte sintaxe:

```
Array.Sort(Temperatures)
```

Você faria tal chamada depois de o array *Temperatures* ter sido declarado e preenchido com dados no programa. Quando o Visual Basic executa o método *Array.Sort*, ele cria para o array um local de armazenamento temporário na memória e utiliza uma rotina de classificação para reorganizar o array em ordem alfanumérica. Depois que a classificação está completa, o array original é ordenado em ordem crescente, com o menor valor na localização do array 0 e o maior valor na última localização do array. Com o exemplo *Temperatures* acima, a classificação produziria um array das temperaturas diárias organizadas a partir das temperaturas mais frias para as mais quentes.

No próximo exercício, veremos como os métodos *Array.Sort* e *Array.Reverse* podem ser utilizados para reordenar rapidamente um *array* grande contendo números de seis dígitos selecionados aleatoriamente entre 0 e 1.000.000. Você também experimentará o controle *ProgressBar*, que fornece um feedback visual útil para o usuário durante classificações longas.

Utilize os métodos *Array* para classificar um array de 3 mil elementos

1. No menu File, clique em Open Project e abra o projeto Array Class Sorts localizado na pasta C:\Vb10sbs\Chap11.
2. Exiba o formulário se não estiver visível.

   Sua tela é semelhante a esta:

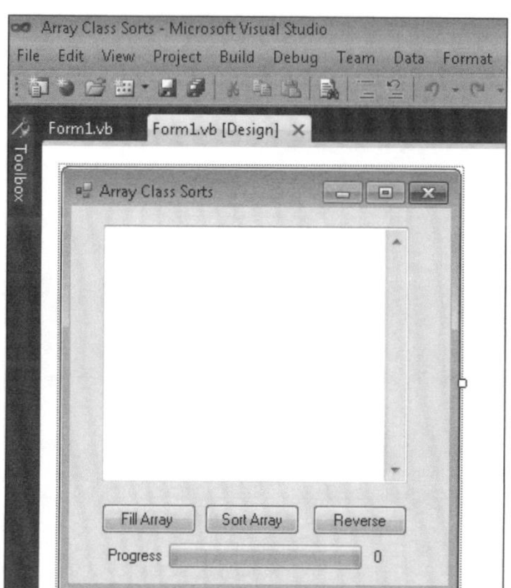

Esse formulário é semelhante aos projetos anteriores deste capítulo, e apresenta uma caixa de teste para exibir dados de array. Entretanto, ele também contém três botões para manipular arrays grandes e um objeto barra de progresso que fornece ao usuário um feedback durante operações de array mais longas. (O feedback visual é útil quando os cálculos levam mais de alguns segundos, e, se você usa esse código para classificar um array de 3 mil elementos do array, um ligeiro retardo é inevitável.)

3. Clique na barra de progresso no formulário.

   O objeto *ProgressBar1* é selecionado no formulário e listado na janela Properties. Criei o objeto barra de progresso com o controle *ProgressBar* na guia Common Controls da Toolbox. Uma barra de progresso é projetada para mostrar o progresso de um cálculo exibindo um número apropriado de retângulos coloridos dispostos em uma barra de progresso horizontal. Quando o cálculo é concluído, a barra é completamente preenchida com retângulos. (No Windows 7 e no Windows Vista, um efeito suave é aplicado a fim de que as barras de progresso sejam gradualmente preenchidas com uma faixa sólida de cores – um efeito especialmente atraente.) Provavelmente você viu a barra de progresso muitas vezes enquanto fazia download de arquivos ou instalava programas dentro do Windows. Agora é possível criá-la em seus próprios programas!

   As importantes propriedades que fazem uma barra de progresso funcionar são as propriedades *Minimum*, *Maximum* e *Value* e, em geral, essas são manipuladas usando código de programa. (As outras propriedades da barra de progresso, que podem ser examinadas na janela Properties, controlam a aparência e o funcionamento da barra.) Podemos observar como as propriedades *Minimum* e *Maximum* são configuradas examinando o procedimento de evento *Form1_Load* desse programa.

4. Dê um clique duplo no formulário para exibir o procedimento de evento *Form1_Load*.

   Você vê o seguinte código:

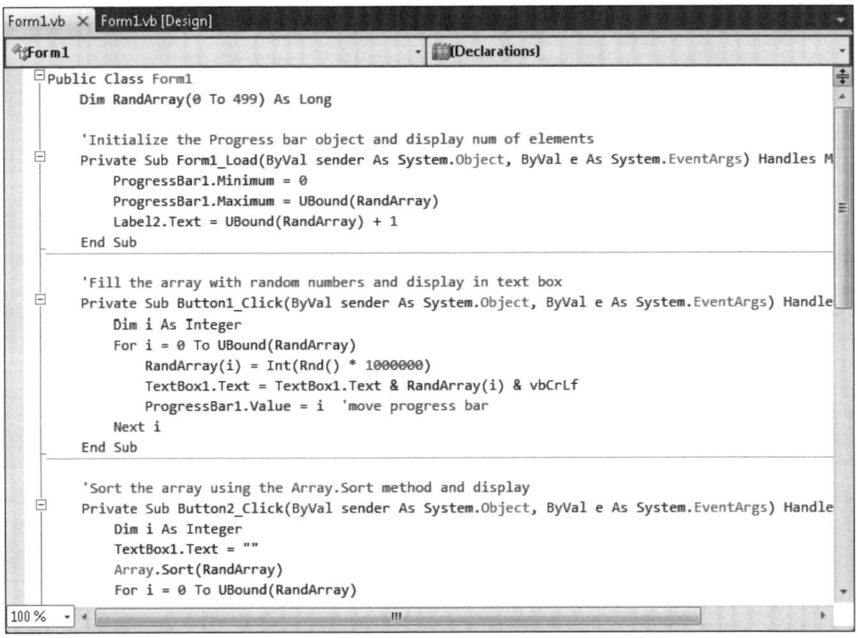

```
Public Class Form1
    Dim RandArray(0 To 499) As Long

    'Initialize the Progress bar object and display num of elements
    Private Sub Form1_Load(ByVal sender As System.Object, ByVal e As System.EventArgs) Handles M
        ProgressBar1.Minimum = 0
        ProgressBar1.Maximum = UBound(RandArray)
        Label2.Text = UBound(RandArray) + 1
    End Sub

    'Fill the array with random numbers and display in text box
    Private Sub Button1_Click(ByVal sender As System.Object, ByVal e As System.EventArgs) Handle
        Dim i As Integer
        For i = 0 To UBound(RandArray)
            RandArray(i) = Int(Rnd() * 1000000)
            TextBox1.Text = TextBox1.Text & RandArray(i) & vbCrLf
            ProgressBar1.Value = i  'move progress bar
        Next i
    End Sub

    'Sort the array using the Array.Sort method and display
    Private Sub Button2_Click(ByVal sender As System.Object, ByVal e As System.EventArgs) Handle
        Dim i As Integer
        TextBox1.Text = ""
        Array.Sort(RandArray)
        For i = 0 To UBound(RandArray)
```

Para uma barra de progresso exibir a indicação exata de quanto tempo uma tarefa de computação levará para ser concluída, precisamos configurar medidas relativas para o início e o fim da barra. Isso é realizado com as propriedades *Minimum* e *Maximum*, que são configuradas para corresponder ao primeiro e ao último elementos do array que estamos construindo.

Como observei, o primeiro elemento do array é sempre zero, mas o último elemento do array depende do tamanho do array, portanto, uso a função *UBound* para retornar esse número e configurar a propriedade *Maximum* da barra de progresso de maneira correspondente. O array que estamos manipulando neste exercício é *RandArray*, um array de inteiros *Long* declarado inicialmente para armazenar 500 elementos (0 a 499).

5. Clique no botão Start Debugging para executar o programa.

   O programa executa e o formulário Array Class Sorts abre na tela. Em seu procedimento de evento *Form1_Load*, o programa declarou um array chamado *RandArray* e o dimensionou com 500 elementos. Um objeto barra de progresso foi calibrado para monitorar um cálculo de 500 unidades (o tamanho do array) e o número 500 aparece à direita da barra de progresso (o trabalho de um objeto rótulo e a função *UBound*).

6. Clique no botão Fill Array.

   O programa carrega *RandArray* com 500 números aleatórios (derivados pela função *Rnd*) e exibe os números na caixa de texto. Enquanto o programa processa o array e preenche o objeto caixa de texto com dados, a barra de progresso é preenchida lentamente com a cor verde. Sua tela deve ser parecida com esta quando o processo terminar:

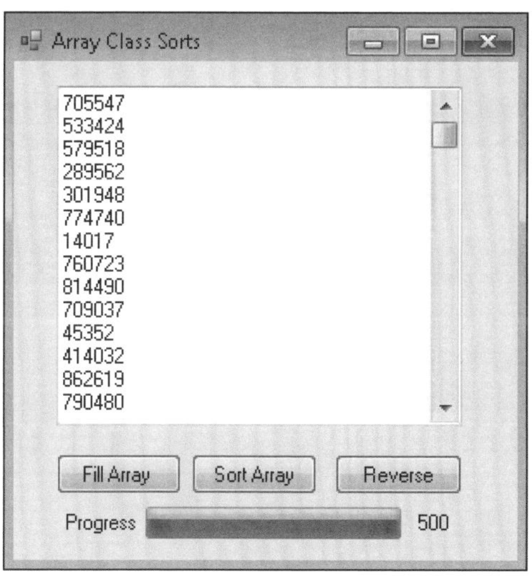

O código que produziu esse resultado é o procedimento de evento *Button1_Click*, que contém as seguintes instruções de programa:

```
'Preenche o array com números aleatórios e o exibe na caixa de texto
Private Sub Button1_Click(ByVal sender As System.Object, _
  ByVal e As System.EventArgs) Handles Button1.Click
```

```
    Dim i As Integer
    For i = 0 To UBound(RandArray)
        RandArray(i) = Int(Rnd() * 1000000)
        TextBox1.Text = TextBox1.Text & RandArray(i) & vbCrLf
        ProgressBar1.Value = i 'move progress bar
    Next i
End Sub
```

Para obter números aleatórios que sejam inteiros, utilizei as funções *Int* e *Rnd* em conjunto como fiz no Capítulo 2, "Escrevendo seu primeiro programa", e multipliquei o número aleatório produzido por *Rnd* por um milhão para obter números inteiros que tenham seis ou menos dígitos. A atribuição desses números ao array é facilitada usando um loop *For...Next* com um índice de array que corresponda ao contador de loop (*i*). O preenchimento do array é uma operação extremamente rápida; a lentidão (e a necessidade da barra de progresso) é causada pela atribuição individual de elementos do array ao objeto caixa de texto. Isso envolve atualizar um componente de interface de usuário no formulário 500 vezes e o processo leva alguns segundos para ser concluído. Mas isso é instrutivo – o retardo fornece uma maneira de eu mostrar o controle *ProgressBar*. Como o objeto barra de progresso foi calibrado para utilizar o número de elementos do array como seu máximo, atribuir o contador de loop (*i*) à propriedade *Value* da barra de progresso permite que a barra exiba exatamente quanto do cálculo foi completado.

7. Clique no botão Sort Array.

O programa segue um processo semelhante para classificar RandArray, dessa vez, utilizando o método *Array.Sort* para reordenar o array em ordem crescente. (Os 500 elementos são listados do menor para o maior.) Sua tela é semelhante a esta:

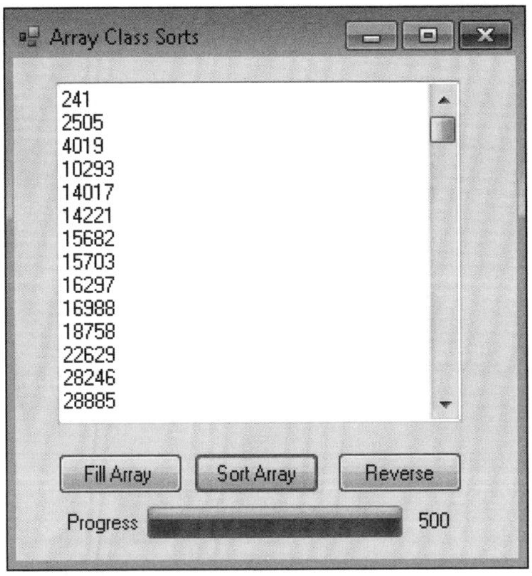

O código que produziu esse resultado é o procedimento de evento *Button2_Click*, que contém as seguintes instruções de programa:

```
'Classifica o array utilizando o método Array.Sort e o exibe
Private Sub Button2_Click(ByVal sender As System.Object, _
```

```
    ByVal e As System.EventArgs) Handles Button2.Click
      Dim i As Integer
      TextBox1.Text = ""
      Array.Sort(RandArray)
      For i = 0 To UBound(RandArray)
          TextBox1.Text = TextBox1.Text & RandArray(i) & vbCrLf
          ProgressBar1.Value = i 'move progress bar
      Next i
End Sub
```

Esse procedimento de evento limpa o objeto caixa de texto quando o usuário clicar no botão Sort Array e classifica o array utilizando o método *Array.Sort* descrito anteriormente. O processo de classificação é muito rápido. Novamente, o único retardo é reconstruir o objeto caixa de texto uma linha por vez no loop *For...Next*, um processo que é informado pelo objeto *ProgressBar1* e sua propriedade *Value*. Viu como é simples usar o método *Array.Sort*?

8. Clique no botão Reverse.

O programa utiliza o método *Array.Reverse* para manipular *RandArray*, reordenando o array em ordem decrescente ou inversa; isto é, o primeiro elemento torna-se o último e o último torna-se o primeiro.

Nota Esse método nem sempre produz uma lista classificada; os elementos do array estão em ordem decrescente somente porque *RandArray* foi anteriormente classificado em ordem crescente pelo método *Array.Sort*. (Para examinar a lista mais de perto, utilize as barras de rolagem ou as teclas de seta.)

Sua tela é semelhante a esta:

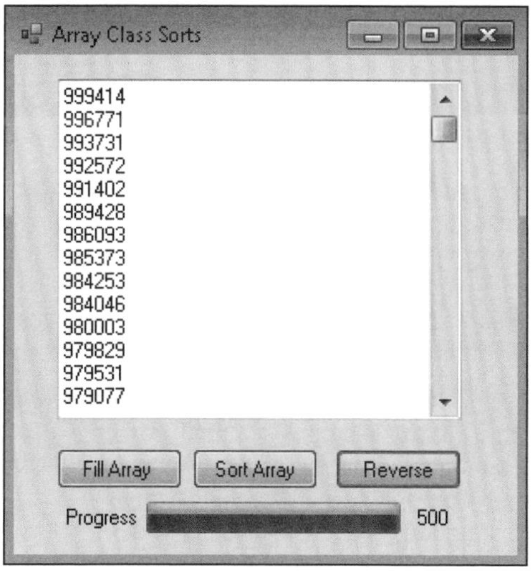

O código que produziu esse resultado é o procedimento de evento *Button3_Click*, que contém as seguintes instruções de programa:

```
'Inverte a ordem de elementos do array utilizando Array.Reverse
Private Sub Button3_Click(ByVal sender As System.Object, _
  ByVal e As System.EventArgs) Handles Button3.Click
    Dim i As Integer
    TextBox1.Text = ""
    Array.Reverse(RandArray)
    For i = 0 To UBound(RandArray)
        TextBox1.Text = TextBox1.Text & RandArray(i) & vbCrLf
        ProgressBar1.Value = i 'move a barra de progresso
    Next i
End Sub
```

Esse procedimento de evento é idêntico ao procedimento de evento *Button2_Click*, com a seguinte exceção:

```
Array.Sort(RandArray)
```

tornou-se

```
Array.Reverse(RandArray)
```

9. Clique no botão Stop Debugging para encerrar o programa.
10. Role até a parte superior do Code Editor e localize a instrução de programa que declara o array *RandArray*:

    ```
    Dim RandArray(0 To 499) As Long
    ```

11. Substitua 499 na instrução de declaração de array por 2999.

    A instrução agora é parecida com esta:

    ```
    Dim RandArray(0 To 2999) As Long
    ```

12. Execute o programa novamente para ver como a declaração e o preenchimento de um array com 3 mil elementos afetam o desempenho do programa.

    Como processar 3 mil elementos dá muito mais trabalho, o Visual Basic demora um pouco para atualizar o objeto caixa de texto, à medida que preenche, classifica e inverte *RandArray*: Entretanto, a barra de progresso o mantém informado, e você pode ver que, com apenas uma pequena alteração, é possível adaptar o que você aprendeu neste capítulo a diferentes situações. (O segredo foi utilizar a função *UBound* para informar o tamanho do array aos procedimentos de evento do programa, em vez de "codificar manualmente" o limite superior em 499.)

Você pode experimentar ainda mais esse programa adicionando uma instrução *Randomize* ao procedimento de evento *Form1_Load* (para tornar os resultados verdadeiramente aleatórios toda vez que executar o programa) ou tentando tamanhos de array e tipos de array adicionais. (Experimente um tamanho de array de 100, 800, 2 mil ou 5 mil elementos, por exemplo.) Se você experimentar números maiores, por fim, excederá à quantidade de dados que o objeto caixa de texto poder exibir, mas leva um tempo antes de você exceder o tamanho máximo de array permitido pelo Visual Basic.

Se quiser se concentrar em operações de array sem exibir os resultados, coloque um caractere de comentário (') antes de cada linha de código que manipula um objeto caixa de texto para "comentar" (desativar com caractere de comentário) partes da caixa de texto (mas não a barra de progresso) do programa. Você ficará surpreso com a rapidez com que as operações de array são executadas quando os resultados não precisam ser exibidos no formulário. (Um array de 100 mil elementos é carregado em apenas alguns segundos.)

Referência rápida do Capítulo 11

Para	Faça isto
Criar um array	Dimensione o array utilizando a palavra-chave *Dim*. Por exemplo: `Dim Employees(9) As String`
Criar um array público	Dimensione o array utilizando a palavra-chave *Public* em um módulo. Por exemplo: `Public Employees(9) As String`
Criar um array público especificando os limites superior e inferior	Dimensione o array como mostrado acima, mas utilize também a palavra-chave *To*. Por exemplo: `Public Employees(0 To 9) As String` Nota: o limite inferior do array deve ser sempre zero (0).
Atribuir um valor a um array	Especifique o nome do array, o índice do elemento do array e o valor. Por exemplo: `Employees(5) = "Leslie"`
Declarar um array e atribuir valores a ele ao mesmo tempo	Especifique o nome da array, um tipo de array (opcional) e os valores para a array entre colchetes. Por exemplo: `Dim Waiters() As String = {"Ben", "Sue", "Lee", "Kim", "Pat"}`
Formatar strings de texto com retorno de carro e caracteres de tabulação	Utilize as constantes *vbCrLf* e *vbTab* dentro de código de programa. (Para adicionar esses valores às strings, utilize o operador de concatenção (&).)
Criar um array dinâmico	Especifique o nome e o tipo do array em tempo de projeto, mas omita o número de elementos. (Se o array tiver múltiplas dimensões, insira vírgulas, mas não números entre as dimensões.) Enquanto o programa executa, especifique o tamanho do array utilizando a instrução *ReDim*. Por exemplo: `ReDim Temperatures(10)`

Processar os elementos em um array	Escreva um loop *For...Next* que utiliza a variável contadora de loop para acessar cada elemento no array. Por exemplo:
	`Dim i As Short`
	`Dim Total As Single`
	`For i = 0 To UBound(Temperatures)`
	`    Total = Total + Temperatures(i)`
	`Next`

Redimensionar um array conservando, ao mesmo tempo, seus dados	Utilize a palavra-chave *Preserve* na instrução *ReDim*. Por exemplo: `ReDim Preserve myCube(25, 25, 50)`

Reordenar o conteúdo de um array	Utilize os métodos da classe *Array* do .NET Framework. Para classificar um array chamado *RandArray* em ordem crescente, utilize o método *Array.Sort* como mostrado a seguir:
	`Array.Sort(RandArray)`
	Para inverter a ordem de um array chamado *RandArray*, use o método *Array.Reverse* como mostrado a seguir:
	`Array.Reverse(RandArray)`

Fornecer ao usuário um feedback visual durante cálculos longos	Adicione um controle *ProgressBar* ao seu formulário. (Você pode localizar o controle *ProgressBar* na guia *Common Controls* da Toolbox.) Configure as propriedades *Minimum*, *Maximum* e *Value* para o controle utilizando código de programa. A variável contadora em um loop *For...Next* oferece frequentemente uma boa maneira de configurar a propriedade *Value*.

Capítulo 12

Trabalhando com coleções

Neste capítulo, você vai aprender a:

- Manipular a coleção *Controls* em um formulário.
- Utilizar um loop *For Each...Next* para iterar por todos os objetos em uma coleção.
- Criar suas próprias coleções para gerenciar URLs de site e outras informações.
- Utilizar coleções VBA dentro do Microsoft Office.

Neste capítulo, você aprenderá a utilizar grupos de objetos chamados *coleções* em um programa Microsoft Visual Basic. Aprenderá também a gerenciar as informações com coleções e a processar objetos de coleção utilizando loops *For Each...Next*. Ao combinar habilidades de processamento de coleções com o que aprendeu sobre Arrays no Capítulo 11, "Utilizando arrays para gerenciar dados numéricos e dados string", você já saberá boa parte do que precisa para gerenciar dados em um programa e terá começado a manipular coleções de objetos expostos pelo Microsoft Visual Studio 2010 e aplicativos Windows populares.

Trabalhando com coleções de objetos

Nesta seção, você aprenderá sobre coleções, um mecanismo poderoso para controlar objetos e outros dados em um programa Visual Basic. O Microsoft .NET Framework mantém várias coleções padrão de objeto que você pode utilizar ao escrever seus programas. Você pode usar o Visual Studio para procurar coleções e outros objetos de aplicativo no seu sistema. Você já sabe que objetos em um formulário estão armazenados juntos no mesmo arquivo, mas também sabe que o Visual Basic considera os objetos como membros do mesmo grupo? Na terminologia do Visual Studio, o conjunto inteiro de objetos em um formulário é chamado de *coleção Controls*. A coleção *Controls* é criada automaticamente quando você abre um formulário novo e, quando você adiciona objetos aos formulário, eles se tornam parte dessa coleção.

Cada coleção em um programa tem seu próprio nome; portanto, você pode referenciá-la como uma unidade distinta no código de programa. Por exemplo, você usa o nome *Controls* para referenciar a coleção de objetos em um formulário. Esse método de agrupamento é semelhante à maneira como os arrays agrupam uma lista de elementos sob um nome e, assim como os arrays do Visual Basic, a coleção *Controls* é baseada em zero.

Se você tiver mais de um formulário em um projeto, você pode criar variáveis públicas associadas aos nomes de formulário e usar essas variáveis para diferenciar uma coleção *Controls* de outra. (Você aprenderá mais sobre como utilizar variáveis públicas para armazenar dados de formulário no Capítulo 14, "Gerenciando formulários Windows e controles em tempo de execução".) Você pode até mesmo adicionar controles programaticamente à coleção *Controls* em um formulário.

Referenciando objetos em uma coleção

Você pode referenciar os objetos em uma coleção, ou os membros individuais da coleção, especificando a *posição de índice* do objeto no grupo. O Visual Basic armazena objetos de coleção na ordem inversa em que eles foram criados, portanto, você pode utilizar a "ordem de nascimento" de um objeto para referenciar o objeto individualmente ou pode utilizar um loop para iterar pelos vários objetos, isto é, analisar cada um deles. Por exemplo, para identificar o último objeto criado em um formulário, você pode especificar o índice 0 (zero), como mostrado nesse exemplo:

```
Controls(0).Text = "Business"
```

Essa instrução configura a propriedade *Text* do último objeto no formulário como "Business". (O penúltimo objeto criado tem um índice de 1, o antepenúltimo objeto criado tem um índice de 2 e assim por diante.) Considerando essa lógica, é importante que você não associe sempre um objeto particular no formulário com um valor de índice porque, se um novo objeto for adicionado à coleção, o novo objeto assume o lugar do índice 0 e os demais índices de objeto são incrementados em 1.

O seguinte loop *For...Next* utiliza uma caixa de mensagem para exibir os nomes dos últimos quatro controles adicionados a um formulário:

```
Dim i As Integer
For i = 0 To 3
    MsgBox(Controls(i).Name)
Next i
```

Observe que instruí esse loop a iterar de 0 a 3 porque o último objeto controle adicionado a um formulário está na posição 0. A seguir, você aprenderá um método mais eficiente de escrever esse loop.

Escrevendo loops *For Each...Next*

Embora você possa referenciar os membros de uma coleção individualmente, o modo mais útil de trabalhar com objetos em uma coleção é processá-los como um grupo. De fato, as coleções existem precisamente para que você possa processar grupos de objetos de maneira eficiente. Por exemplo, talvez você queira exibir, mover, classificar, renomear ou redimensionar uma coleção inteira de objetos de uma vez.

Para tratar esse tipo de tarefa, você pode usar um loop especial chamado *For Each...Next* para iterar pelos objetos em uma coleção um por vez. Um loop *For Each...Next* é semelhante a um loop *For...Next*. Quando um loop *For Each...Next* é usado com a coleção *Controls*, ele se parece com isto:

```
Dim CtrlVar As Control
...
For Each CtrlVar In Controls
    processa objeto
Next CtrlVar
```

A variável *CtrlVar* é declarada como um tipo *Control* e representa o objeto atual no loop *For Each...Next*. *Controls* (note o "s") é a classe de coleção que introduzi anteriormente que representa todos os objetos controle no formulário atual. O corpo do loop é utilizado para processar os objetos individuais da coleção. Por exemplo, talvez você queira alterar a propriedade *Enabled*, *Left*, *Top*, *Text* ou *Visible* dos objetos na coleção ou talvez queira listar o nome de cada objeto em uma caixa de listagem.

Testando objetos na coleção *Controls*

Nos exercícios a seguir, você usará código de programa para manipular os objetos em um formulário usando a coleção *Controls*. O projeto terá três objetos botão e você criará os procedimentos de evento que alteram a propriedade *Text* de cada objeto, movem objetos para a direita e dão tratamento especial a um objeto no grupo. O programa utilizará três loops *For Each...Next* para manipular os objetos toda vez que o usuário clicar em um dos botões.

Utilize um loop *For Each...Next* para alterar a propriedade *Text*

1. Crie um novo projeto Visual Basic Windows Forms Application chamado **My Controls Collection**.
2. Utilize o controle *Button* para desenhar três objetos botão no lado esquerdo do formulário, como mostrado aqui:

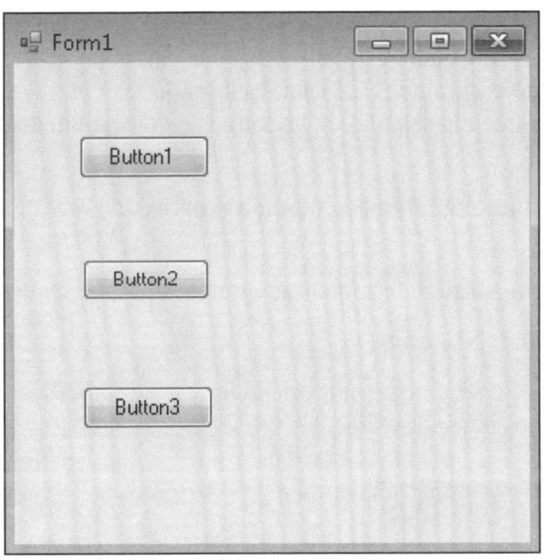

3. Utilize a janela Properties para configurar a propriedade *Name* do terceiro objeto botão (*Button3*) como "btnMoveObjects".
4. Dê um clique duplo no primeiro objeto botão (*Button1*) no formulário.

   O procedimento de evento *Button1_Click* aparece no Code Editor.
5. Digite as seguintes instruções de programa:

```
For Each ctrl In Controls
    ctrl.Text = "Click Me!"
Next
```

Esse loop *For Each...Next* passa pela coleção *Controls* no formulário um controle por vez e configura a propriedade *Text* de cada controle como "Click Me!". O loop utiliza *ctrl* como uma variável objeto no loop, que você irá declarar no próximo passo.

6. Role até a parte superior do código de programa do formulário e, diretamente acima da instrução *Public Class Form1*, digite a instrução a seguir:

```
Option Infer Off
```

Essa instrução informa ao compilador que ele não deve tentar inferir os tipos das variáveis. Como você irá declarar explicitamente os tipos das variáveis, essa opção de inferência não é necessária. Se *Option Infer* estiver ativa e você tentar executar o código deste capítulo, verá uma mensagem de aviso indicando que o tipo de uma variável que você está usando não pode ser inferido. (Para obter mais informações, consulte o Capítulo 1, "Explorando o ambiente de desenvolvimento integrado do Visual Studio".)

7. Diretamente abaixo da instrução *Public Class Form1*, digite o seguinte comentário e declaração de variável:

```
'Declara uma variável do tipo Control para representar controles de formulário
Dim ctrl As Control
```

Essa declaração de variável global cria uma variável no tipo de classe *Control* que representa os controles do formulário atual no programa. Você está declarando essa variável na área geral de declarações do formulário para que ela seja válida ao longo dos procedimentos de evento de todo o formulário.

Agora você está pronto para executar o programa e alterar a propriedade *Text* de cada botão no formulário.

8. Clique no botão Start Debugging na barra de ferramentas Standard para executar o programa.

9. Clique no primeiro botão no formulário (*Button1*).

O procedimento de evento *Button1_Click* altera a propriedade *Text* de cada controle na coleção *Controls*. Seu formulário é parecido com este:

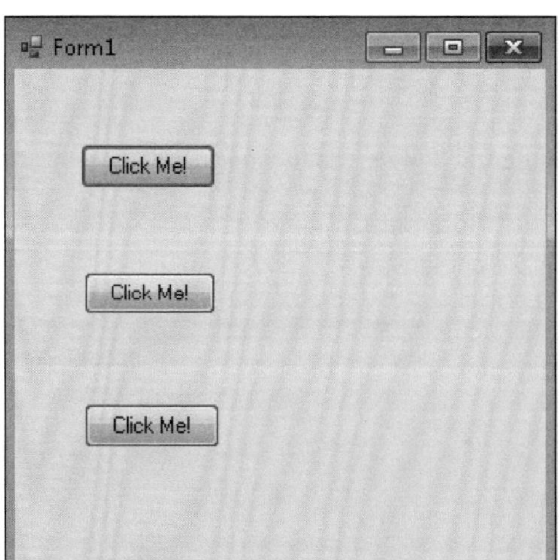

10. Clique no botão Close no formulário.

    O programa fecha.

> **Nota** As alterações na propriedade *Text* feitas pelo programa não foram replicadas no formulário dentro do Designer. Alterações feitas em tempo de execução não alteram as configurações básicas de propriedade do programa.

11. Clique no botão Save All na barra de ferramentas Standard para salvar suas alterações.

    Especifique a pasta C:\Vb10sbs\Chap12 como a localização.

Agora você está pronto para tentar uma experiência diferente com a coleção *Controls*: utilizar a propriedade *Left* para mover cada controle na coleção *Controls* para a direita.

Utilize um loop *For Each...Next* para mover controles

1. Exiba o formulário novamente e dê um clique duplo no segundo objeto botão (*Button2*).
2. Digite o seguinte código de programa no procedimento de evento *Button2_Click*:

```
For Each ctrl In Controls
    ctrl.Left = ctrl.Left + 25
Next
```

   Toda vez que o usuário clicar no segundo botão, esse loop *For Each...Next* passa pelos objetos na coleção *Controls* um por um e os move 25 pixels para a direita. (Para mover objetos 25 pixels para a esquerda, você subtrairia 25.) Um *pixel* é uma unidade de medida independente de dispositivo com o qual você pode posicionar objetos precisamente em um formulário.

   Como no procedimento de evento anterior, a variável *ctrl* é um "substituto" para o objeto atual na coleção e contém as mesmas configurações de propriedade que o objeto que ela representa. Nesse loop, você ajusta a propriedade *Left*, que determina a posição de um objeto em relação ao lado esquerdo do formulário.

3. Clique no botão Start Debugging.

   O programa executa e três botões aparecem no lado esquerdo do formulário.

4. Clique no primeiro botão e, em seguida, clique no segundo botão várias vezes.

   Os botões do formulário mudam para "Click Me!" e toda vez que você clica no segundo botão, os objetos no formulário se movem gradualmente para a direita.

   Depois de cinco cliques, sua tela se parece com esta:

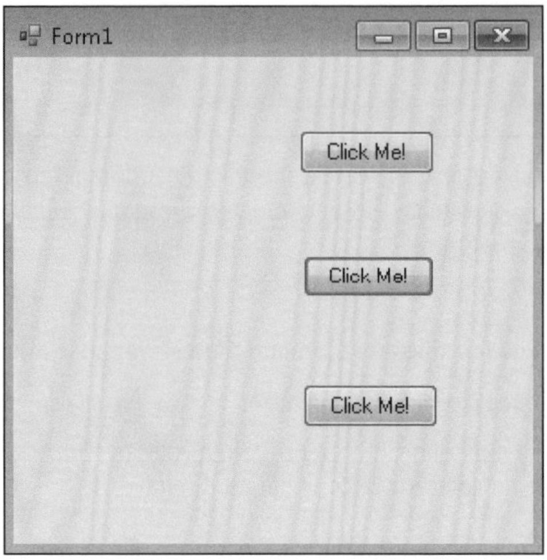

5. Clique no botão Close no formulário a fim de parar o programa.
6. Clique no botão Save All para salvar suas alterações.

   Nem sempre você desejará mover todos os objetos em um formulário como um grupo. Com o Visual Basic, você pode processar membros da coleção individualmente. No próximo exercício, você aprenderá a manter o terceiro objeto botão em seu lugar enquanto os outros dois botões se movem para a direita.

Utilizando a propriedade *Name* em um loop *For Each...Next*

Se quiser processar um ou mais membros de uma coleção de maneira diferente dos demais, você pode utilizar a propriedade *Name*, que identifica unicamente cada objeto no formulário. Você configurou a propriedade *Name* periodicamente neste livro para tornar o código do seu programa mais legível, mas *Name* também pode ser utilizada programaticamente para identificar objetos específicos em seu programa.

Para utilizar a propriedade *Name* programaticamente, escolha os objetos aos quais você quer dar tratamento especial e anote a propriedade *Name* de cada um. Então, à medida que itera pelos objetos no formulário utilizando um loop *For Each...Next*, você pode utilizar uma ou mais instruções *If* para testar as propriedades *Name* que lhe interessam e tratar esses objetos diferentemente. Por exemplo, digamos que você quer construir um loop *For Each...Next* que move um objeto mais lentamente ao longo do formulário que os outros objetos. Você poderia utilizar uma instrução *If...Then* para marcar a propriedade *Name* do objeto mais lento e então mover esse objeto uma distância mais curta, não incrementando sua propriedade *Left* tanto quanto a dos outros objetos.

> **Dica** Se planeja dar tratamento especial a vários objetos em um loop *For Each...Next*, você pode utilizar as instruções *ElseIf* com a instrução *If...Then* ou uma estrutura de decisão *Select Case*.

No exercício a seguir, você testará a propriedade *Name* do terceiro objeto botão (*btnMove Objects*) para dar tratamento especial a esse botão em um loop *For Each...Next*. O resultado será um procedimento de evento que move os dois botões superiores para a direita, mas mantém o botão inferior parado.

> **Dica** Além da propriedade *Name*, a maioria dos objetos suporta a propriedade *Tag*. Semelhante à propriedade *Name*, a propriedade *Tag* é uma localização em que você pode armazenar dados de string sobre o objeto. A propriedade *Tag* é vazia por padrão, mas você pode atribuir informações a ela e testá-la para identificar unicamente objetos em seu programa que você quer processar de modo diferente.

Utilize a propriedade *Name* para dar um tratamento especial a um objeto na coleção *Controls*

1. Exiba o formulário e dê um clique duplo no terceiro objeto botão.

   O procedimento de evento *btnMoveObjects_Click* aparece no Code Editor. Lembre-se de que você alterou a propriedade *Name* desse objeto de "Button3" para "btnMoveObjects" em um exercício anterior.

2. Digite o seguinte código de programa no procedimento de evento:

   ```
   For Each ctrl In Controls
       If ctrl.Name <> "btnMoveObjects" Then
           ctrl.Left = ctrl.Left + 25
       End If
   Next
   ```

   O novo recurso desse loop *For Each...Next* é a instrução *If...Then* que verifica cada membro da coleção para ver se ele tem uma propriedade *Name* chamada "btnMoveObjects". Se o loop encontrar esse marcador, ele passa pelo objeto sem movê-lo. Observe que, como nos exemplos anteriores, a variável *ctrl* foi declarada na parte superior do formulário como uma variável do tipo *Control* com escopo por todo o formulário.

3. Clique no botão Save All para salvar suas edições.

> **Dica** O programa Controls Collection completo encontra-se na pasta C:\Vb10sbs\Chap12\Controls Collection.

4. Clique no botão Start Debugging.

   O programa executa e os três objetos botão aparecem no formulário.

5. Clique no terceiro objeto botão seis ou sete vezes.

   À medida que você clica no botão, os dois objetos botão superiores se movem ao longo da tela, mas o terceiro botão permanece no mesmo lugar, como mostrado aqui:

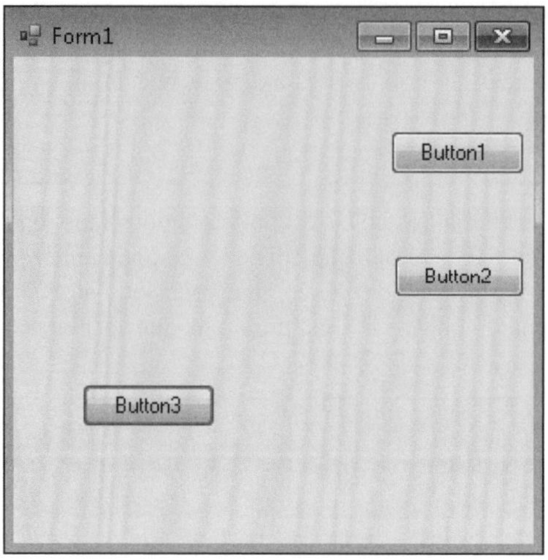

6. Clique no botão Close no formulário para parar o programa.

Dar tratamento especial a um objeto em uma coleção pode ser muito útil. Nesse caso, utilizar a propriedade *Name* no loop *For Each...Next* melhorou a legibilidade do código de programa, sugerindo numerosas utilizações potenciais para um jogo ou programa gráfico. Ao utilizar outros tipos de coleções do Visual Basic, mantenha a propriedade *Name* em mente.

Criando suas próprias coleções

Com o Visual Basic, você também pode criar suas próprias coleções para monitorar dados em um programa e os manipular sistematicamente. Embora as coleções frequentemente sejam criadas para armazenar objetos, como controles de interface de usuário, você também pode utilizar coleções para armazenar valores numéricos ou strings enquanto um programa está executando. Assim, as coleções complementam bem as capacidades de arrays, que você aprendeu no Capítulo 11.

Declarando novas coleções

Novas coleções são declaradas como variáveis em um programa; e a localização em que você as declara determina seu escopo, isto é, a extensão em que seus valores atribuídos persistem. Como as coleções são tão úteis, normalmente eu as declaro na parte superior de um formulário ou em um módulo.

Novas declarações de coleção requerem a sintaxe

```
Dim NomeDaColeção As New Collection()
```

em que *NomeDaColeção* é o nome da sua coleção. Se colocar a declaração da coleção em um módulo, você utiliza a palavra-chave *Public* em vez da palavra-chave *Dim*. Depois de criar uma coleção, você pode adicionar membros utilizando o método *Add* e pode examinar os membros individuais utilizando um loop *For Each...Next*.

O exercício a seguir mostra como criar uma coleção que armazena dados string que representam endereços da Internet (Uniform Resource Locators, ou URLs) que você visitou recentemente ao navegar pela Web. Para conectar-se à Web, o programa utilizará o método *System.Diagnostics.Process.Start* do Visual Basic e seu navegador Web padrão, uma técnica que introduzi no Capítulo 3, "Trabalhando com controles da Toolbox".

Monitore endereços da Internet usando uma nova coleção

1. Clique no comando Close Project no menu File.
2. Crie um novo projeto Windows Forms Application chamado **My URL Collection**.
3. Desenhe um objeto caixa de texto largo centralizado na parte superior do formulário.
4. Desenhe dois objetos botão largos abaixo do objeto caixa de texto no formulário, um botão abaixo do outro.
5. Configure as seguintes propriedades para o formulário e seus objetos:

Objeto	Propriedade	Configuração
TextBox1	*Text*	"http://www.microsoft.com/learning/books/"
Button1	*Text*	"Visit Site"
Button2	*Text*	"List Recent Sites"
Form1	*Text*	"URL Collection"

Seu formulário se parece com este:

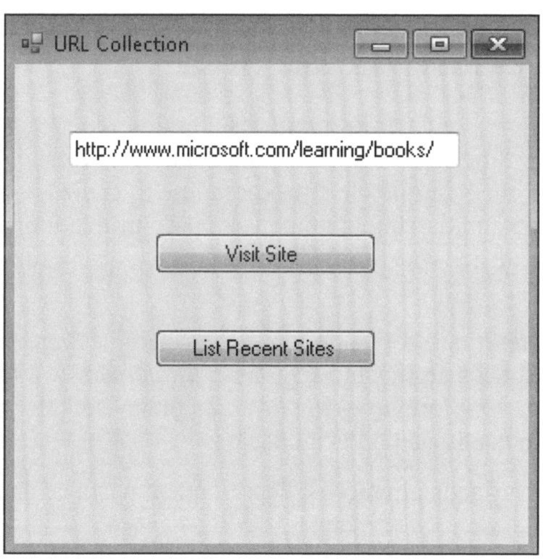

6. Clique no botão View Code no Solution Explorer para exibir o Code Editor.
7. Mova o ponto de inserção perto da parte superior do código de programa do formulário e, abaixo da instrução *Public Class Form1*, digite a seguinte declaração de variável e então pressione ENTER:

```
Dim URLsVisited As New Collection()
```

Essa instrução cria uma nova coleção e lhe atribui o nome de variável *URLsVisited*. Como você está colocando a declaração na área de declaração do formulário, a coleção tem escopo ao longo de todos os procedimentos de evento do formulário.

8. Exiba o formulário novamente, dê um clique duplo no botão Visit Site e digite o seguinte código no procedimento de evento *Button1_Click*:

```
URLsVisited.Add(TextBox1.Text)
System.Diagnostics.Process.Start(TextBox1.Text)
```

Esse código usa o método *Add* para preencher a coleção com membros. Quando o usuário clica no objeto *Button1*, o programa pressupõe que um endereço da Internet válido foi colocado no objeto *TextBox1*. Toda vez que o objeto *Button1* é clicado, o URL atual em *TextBox1* é copiado para a coleção *URLsVisited* como uma string. Então, o método *System.Diagnostics.Process.Start* é chamado com o URL como um parâmetro. Como o parâmetro é um URL, o método *Start* tenta abrir o URL utilizando o navegador Web padrão no sistema. (Se o URL for inválido ou uma conexão com a Internet não puder ser estabelecida, o navegador Web trata o erro.)

> **Nota** Os únicos URLs que esse programa adiciona à coleção *URLsVisited* são aqueles especificados no objeto *TextBox1*. Se navegar por outros sites utilizando seu navegador Web, esses sites não serão adicionados à coleção.

9. Exiba o formulário novamente e dê um clique duplo no botão List Recent Sites.
10. Digite o seguinte código de programa utilizando o Code Editor:

```
Dim URLName As String = "", AllURLs As String = ""
For Each URLName In URLsVisited
    AllURLs = AllURLs & URLName & vbCrLf
Next URLName
MsgBox(AllURLs, MsgBoxStyle.Information, "Web sites visited")
```

Esse procedimento de evento imprime a coleção inteira usando um loop *For Each... Next* e uma função *MsgBox*. A rotina declara uma variável string chamada *URLName* para armazenar cada membro da coleção à medida que ele é processado e inicializa a variável como vazia (""). O valor é adicionado a uma string chamada *AllURLs* utilizando o operador de concatenação (*&*) e a constante string *vbCrLf* é utilizada para colocar cada URL em sua própria linha.

Por fim, a string *AllURLs*, que representa o conteúdo inteiro da coleção *URLsVisited*, é exibida em uma caixa de mensagem. Adicionei o argumento *MsgBoxStyle.Information* à função *MsgBox* para enfatizar que o texto exibido são informações gerais e não um aviso. (*MsgBoxStyle.Information* também é uma constante predefinida do Visual Basic.)

11. Clique no botão Save All para salvar suas alterações. Especifique a pasta C:\Vb10sbs\Chap12 como a localização.

> **Nota** Para executar o programa URL Collection, seu computador deve estabelecer uma conexão com a Internet e estar equipado com um navegador Web, como o Windows Internet Explorer.

Execute o programa URL Collection

> **Dica** O programa URL Collection completo encontra-se na pasta C:\Vb10sbs\Chap12\URL Collection.

1. Clique no botão Start Debugging para executar o programa.

   O programa exibe um site padrão na caixa URL, assim, não é necessário digitar seus próprios endereços da Internet a princípio.

2. Clique no botão Visit Site.

   O Visual Basic adiciona o site da Microsoft Press (*http://www.microsoft.com/learning/books/*) à coleção *URLsVisited*, abre o navegador Web padrão em seu sistema e carrega a página Web solicitada, como mostrado aqui. (Você pode explorar o site se estiver interessado.)

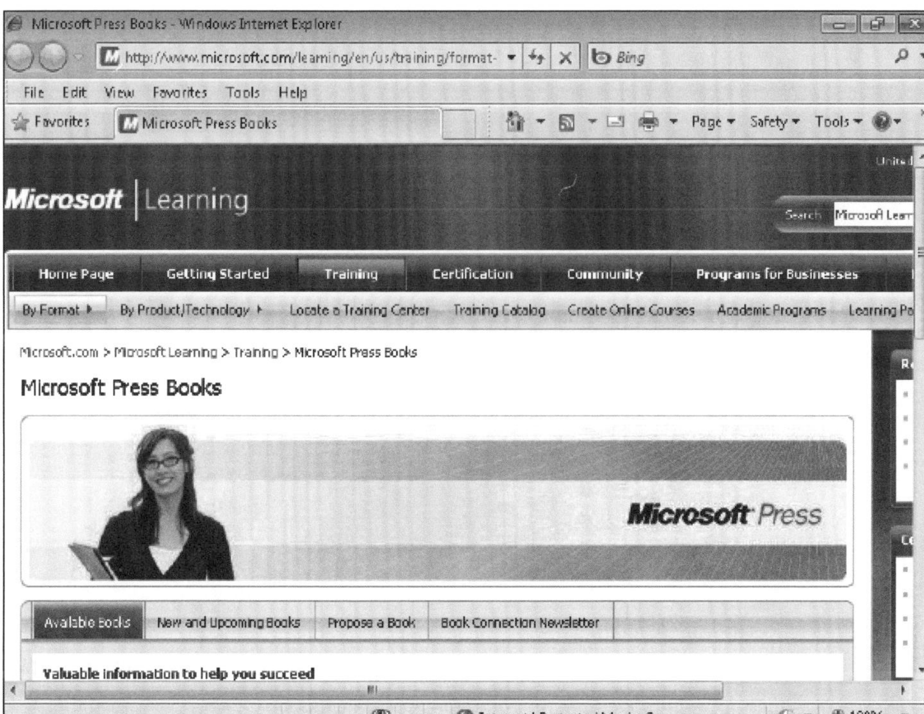

3. Clique no formulário novamente. (Talvez você precise clicar no ícone do formulário na barra de tarefas do Windows.)
4. Clique no botão List Recent Sites.

   O Visual Basic executa o procedimento de evento para o objeto *Button2*. Você vê uma caixa de mensagem parecida com esta:

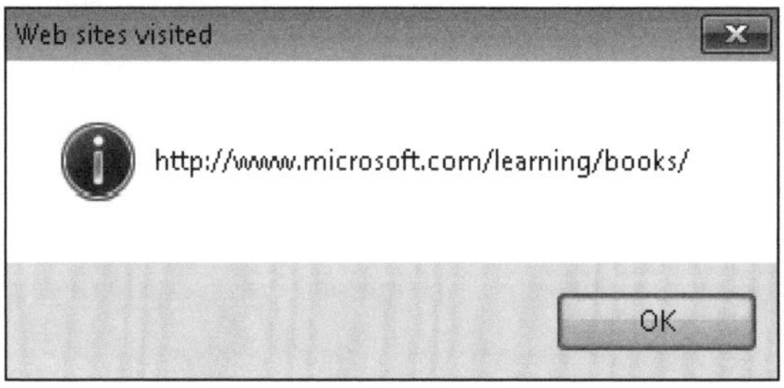

5. Clique em OK na caixa de mensagem, digite um site diferente na caixa de texto do formulário e clique no botão Visit Site.

> **Dica** Talvez você queira visitar o site Microsoft Visual Basic Developer Center localizado em *http://msdn.microsoft.com/vbasic/* para aprender mais sobre o Visual Basic.

6. Visite mais alguns sites utilizando o formulário URL Collection e clique no botão List Recent Sites.

   Toda vez que você clicar em List Recent Sites, a função *MsgBox* se expande para mostrar a lista crescente do histórico de URLs, como mostrado aqui:

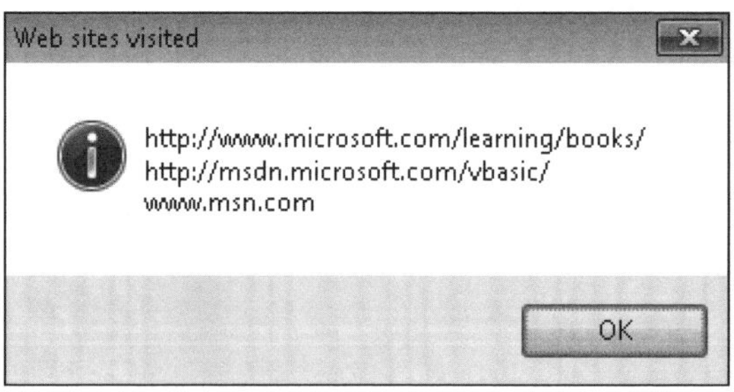

   Se visitar mais de uma dezena de sites, você precisará substituir a função *MsgBox* por uma caixa de texto multilinha no formulário. (Consegue imaginar como escrever o código?)

7. Quando terminar, clique no botão Close no formulário e feche seu navegador Web.

Parabéns! Você aprendeu a utilizar a coleção *Controls* e a processar coleções utilizando um loop *For Each...Next*. Essas habilidades serão úteis sempre que você trabalhar com coleções. À medida que se familiarizar com as estruturas de dados e algoritmos clássicos da ciência da computação relacionados ao gerenciamento de listas (pilhas, filas, dicionários, tabelas de hash e outras listas estruturadas), você descobrirá que o Visual Studio e o .NET Framework fornecem equivalentes para ajudá-lo a gerenciar as informações de maneiras extremamente inovadoras. (Para algumas ideias sobre livros relacionados a algoritmos e estruturas de dados, consulte a seção intitulada "Livros gerais sobre programação e ciência da computação" no Apêndice, "Onde obter informações adicionais".)

Um passo além: coleções VBA

Se, no futuro, você decidir escrever macros do Visual Basic para aplicativos do Office, descobrirá que coleções desempenham um grande papel nos modelos de objetos do Microsoft Word, Microsoft Excel, Microsoft Access, Microsoft PowerPoint e vários outros aplicativos que suportam a linguagem de programação Visual Basic for Applications (VBA). No Word, por exemplo, todos os documentos abertos são armazenados na coleção *Documents* e cada parágrafo no documento atual é armazenado na coleção *Paragraphs*. Você pode manipular essas coleções com um loop *For Each...Next* assim como fez com as coleções nos exercícios precedentes. O Office 2003, o Office 2007 e o Office 2010 oferecem uma grande base de instalação para soluções baseadas em VBA.

Dica Como um desenvolvedor de softwares, você deve estar ciente de que empresas e usuários frequentemente usam uma mistura de versões de aplicativos, incluindo o Office 2003, o Office 2007 e o Office 2010. Na maioria dos casos, você precisará oferecer soluções baseadas em VBA para várias versões do Office, pois uma empresa ou organização típica terá múltiplas versões do Office em uso.

O seguinte código de exemplo vem de uma macro VBA do Word que utiliza um loop *For Each... Next* para iterar por cada documento aberto na coleção *Documents* procurando o nome de arquivo MyLetter.doc. Se o arquivo for localizado na coleção, a macro salva o arquivo utilizando o método *Save*. Se o arquivo não for localizado na coleção, a macro tenta abrir o arquivo a partir da pasta C:\Vb10sbs\Chap12.

```
Dim aDoc As Document
Dim docFound As Boolean
Dim docLocation As String
docFound = False
docLocation = "c:\vb10sbs\chap12\myletter.doc"
For Each aDoc In Documents
    If InStr(1, aDoc.Name, "myletter.doc", 1) Then
        docFound = True
        aDoc.Save
        Exit For
    End If
Next aDoc
If docFound = False Then
    Documents.Open FileName:=docLocation
End If
```

A macro inicia declarando três variáveis. A variável objeto *aDoc* representa o elemento atual da coleção no loop *For Each...Next*. A variável booleana *docFound* atribui um valor booleano de True se o documento for localizado na coleção *Documents*. A variável string *docLocation* contém o caminho do arquivo Myletter.doc em disco. (Essa rotina assume que o arquivo Myletter.doc está com os arquivos de exemplo do seu livro em C:\Vb10sbs\Chap12.)

O loop *For Each...Next* itera por cada documento na coleção *Documents*, procurando o arquivo MyLetter. Se o arquivo for detectado pela função *InStr* (que detecta uma string em outra), o arquivo é salvo. Se o arquivo não for localizado, a macro tenta abri-lo utilizando o método *Open* do objeto *Documents*.

Também observe a instrução *Exit For*, que utilizo para sair do loop *For Each...Next* quando o arquivo MyLetter foi localizado e salvo. *Exit For* é uma instrução de programa especial que você pode utilizar para sair de um loop *For...Next* ou de um loop *For Each...Next* quando continuar causaria resultados indesejáveis. Nesse exemplo, se o arquivo MyLetter.doc for localizado na coleção, continuar a pesquisa é infrutífero e a instrução *Exit For* oferece uma maneira elegante de parar o loop logo que sua tarefa estiver concluída.

Inserindo a macro do Word

Incluí essa macro de exemplo do Word para mostrar como você pode utilizar coleções no Visual Basic for Applications, mas o código-fonte é projetado para o Word, não para o Visual Studio Integrated Development Environment (IDE). Se você não estiver trabalhando no Word, a coleção *Documents* não tem significado para o compilador.

Os passos que você segue para testar a macro dependem da versão do Word utilizada. Se estiver usando o Word 2007 ou o Word 2010, você precisará iniciar o Word, clicar na guia Developer, clicar no comando Macros, especificar um nome para a macro (eu usei OpenMyDoc), clicar em Create (Criar) e, então, inserir o código usando o Visual Basic Editor. (Se a guia Developer não estiver visível, você precisará ativá-la na caixa de diálogo Options (Opções) do Word.) Se você estiver usando o Word 2003, precisará iniciar o Word, ir para o submenu Macro do menu Tools (Ferramentas), clicar no comando Macros, especificar um nome para a macro, clicar em Create e, em seguida, inserir o código usando o Visual Basic Editor.

No Visual Basic Editor, a macro completa é semelhante à captura de tela a seguir. Você pode executar a macro clicando no botão Run Sub/UserForm na barra de ferramentas, exatamente como você executaria um programa no IDE do Visual Studio. Depois que a macro executar, clique no aplicativo Word novamente e verá que o documento MyLetter foi aberto para você.

Dica Macros do Word geralmente são compatíveis entre diferentes versões, embora às vezes tenha me deparado com problemas ao atualizar macros do VBA ou dar suporte a múltiplas versões do Office. Se estiver usando uma versão diferente do Word, talvez você precise modificar um pouco o código de exemplo mostrado na página a seguir.

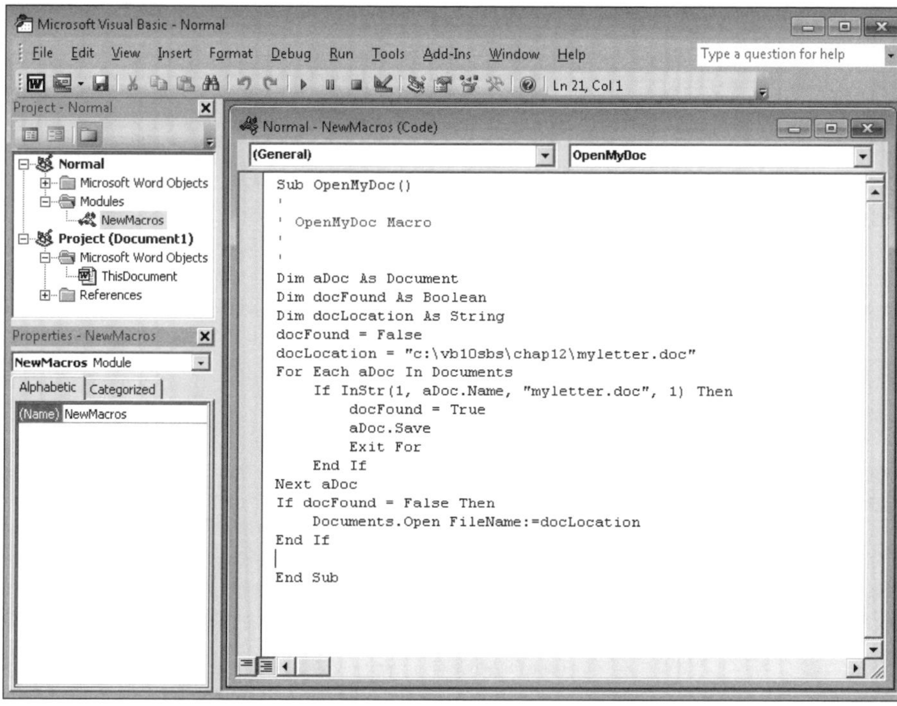
Microsoft Visual Basic - Normal
File Edit View Insert Format Debug Run Tools Add-Ins Window Help
Type a question for help
Ln 21, Col 1
Project - Normal
Normal
Microsoft Word Objects
Modules
NewMacros
Project (Document1)
Microsoft Word Objects
ThisDocument
References
Properties - NewMacros
NewMacros Module
Alphabetic
Categorized
(Name) NewMacros
Normal - NewMacros (Code)
(General)
OpenMyDoc
Sub OpenMyDoc()
' OpenMyDoc Macro
Dim aDoc As Document
Dim docFound As Boolean
Dim docLocation As String
docFound = False
docLocation = "c:\vb10sbs\chap12\myletter.doc"
For Each aDoc In Documents
If InStr(1, aDoc.Name, "myletter.doc", 1) Then
docFound = True
aDoc.Save
Exit For
End If
Next aDoc
If docFound = False Then
Documents.Open FileName:=docLocation
End If
End Sub

Referência rápida do Capítulo 12

Para	Faça isto

Processar objetos em uma coleção	Escreva um loop *For Each...Next* que itera por cada membro da coleção individualmente. Por exemplo:
	`Dim ctrl As Control`
	`For Each ctrl In Controls`
	`    ctrl.Text = "Click Me!"`
	`Next`

Mover objetos na coleção *Controls* da esquerda para a direita ao longo da tela	Modifique a propriedade *Control.Left* de cada objeto da coleção em um loop *For Each...Next*. Por exemplo:
	`Dim ctrl As Control`
	`For Each ctrl In Controls`
	`    Ctrl.Left = Ctrl.Left + 25`
	`Next Ctrl`

Dar tratamento especial a um objeto em uma coleção	Teste a propriedade *Name* dos objetos na coleção utilizando um loop *For Each...Next*. Por exemplo:
	`Dim ctrl As Control`
	`For Each ctrl In Controls`
	`    If ctrl.Name <> "btnMoveObjects" Then`
	`        ctrl.Left = ctrl.Left + 25`
	`    End If`
	`Next`

Criar uma nova coleção e adicionar membros a ela	Declare uma variável utilizando a sintaxe New Collection. Utilize o método *Add* para adicionar membros. Por exemplo:
	`Dim URLsVisited As New Collection()`
	`URLsVisited.Add(TextBox1.Text)`

Utilizar as coleções do Visual Basic for Applications no Word	Se você estiver usando o Word 2007 ou o Word 2010, inicie o programa, clique na guia Desenvolvedor, clique no comando Macros, atribua um nome à macro, clique em Criar e, então, insira o código da macro usando o Visual Basic Editor. Se você estiver usando o Word 2003, inicie o programa, vá para o submenu Macro do menu Ferramentas, clique no comando Macros, atribua um nome à macro, clique em Criar e, em seguida, insira o código da macro usando o Visual Basic Editor. O Word expõe muitas coleções úteis, incluindo *Documents* e *Paragraphs*.

Capítulo 13

Explorando arquivos de texto e processamento de strings

Neste capítulo, você vai aprender a:

- Utilizar o namespace *My*, um recurso rápido e que economiza tempo no Visual Studio 2010.
- Exibir um texto a partir de um arquivo em um objeto caixa de texto usando o método *ReadAll* e o controle *OpenFileDialog*.
- Salvar notas em um arquivo de texto utilizando o método *WriteAllText* e o controle *SaveFileDialog*.
- Utilizar técnicas de processamento de strings da classe *String* para comparar, combinar, classificar e criptografar strings.

Gerenciar documentos eletrônicos é uma função importante em qualquer empresa moderna, e o Microsoft Visual Basic 2010 fornece numerosos mecanismos para trabalhar com diferentes tipos de documento e manipular as informações em documentos. O tipo de documento mais básico é o *arquivo de texto*, composto de palavras e parágrafos não formatados, letras, números e uma variedade de caracteres e símbolos de uso especial.

Neste capítulo, você aprenderá a trabalhar com informações armazenadas em arquivos de texto em seu sistema. Aprenderá também a abrir um arquivo de texto e exibir seu conteúdo em um objeto caixa de texto e a gravar um arquivo de texto em disco. Por fim, vai conhecer o gerenciamento de strings em seus programas e utilizará métodos nas classes *String*, *StreamReader* e *StreamWriter* do Microsoft. NET Framework para combinar, classificar e exibir palavras, linhas e arquivos de texto inteiros.

Lendo arquivos de texto

Um *arquivo de texto* consiste em uma ou mais linhas de números, palavras ou caracteres. Os arquivos de texto são diferentes dos *arquivos de documento* e *páginas Web*, que contêm códigos de formatação, e dos *arquivos executáveis*, que contêm instruções para o sistema operacional. Os arquivos de texto em seu computador são normalmente identificados pelo Windows Explorer como "documentos de texto" ou têm a extensão de nome de arquivo .txt, .ini, .log ou .inf. A maneira mais simples de exibir um arquivo de texto em um programa é usar um objeto caixa de texto. Como você aprendeu, é possível criar objetos caixa de texto de qualquer tamanho. Se o conteúdo do arquivo de texto não se ajustar bem à caixa de texto, você também pode adicionar barras de rolagem à caixa de texto para que o usuário possa examinar o arquivo inteiro.

Utilizando um controle *OpenFileDialog* para solicitar ao usuário o caminho do arquivo, você pode permitir escolher que arquivo de texto abrir em um programa. Esse controle contém a propriedade *Filter*, que controla o tipo dos arquivos exibidos; o método *ShowDialog*, que exibe a caixa de diálogo Open; e a propriedade *FileName*, que retorna o caminho especificado pelo usuário. O controle *OpenFileDialog* não abre o arquivo; ele apenas obtém o caminho.

Existem várias maneiras de ler arquivos de texto, mas as duas mais comuns são usar o namespace *My* ou a classe *StreamReader*. A classe *StreamReader* oferece mais recursos do que o namespace *My*, em particular a capacidade de processar arquivos uma linha de cada vez (que poderá ser necessária para as tarefas de classificação e análise). Portanto, é melhor dominar os dois métodos de abertura de arquivos de texto discutidos neste capítulo. O método que você usará na prática de programação real dependerá da tarefa e do modo como planeja usar seu código no futuro.

O namespace *My*

O namespace *My* é um recurso de rápido acesso projetado para simplificar o acesso ao .NET Framework para realizar tarefas comuns, como manipular formulários, explorar o computador host e seu sistema de arquivos, exibir informações sobre o aplicativo atual ou seu usuário e acessar Web services. A maioria dessas capacidades era disponibilizada anteriormente pela *Base Class Library* do .NET Framework, mas, devido à sua complexidade, muitos programadores achavam os recursos difíceis de localizar e utilizar. O namespace *My* foi adicionado no Microsoft Visual Studio 2005 para tornar a programação mais fácil.

O namespace *My* é organizado em várias categorias de funcionalidades, como mostrado na Tabela 13-1.(*My.Log*, *My.Response* e *My.Request* não estão listados aqui porque foram projetados somente para os aplicativos ASP.NET.)

Tabela 13-1 O namespace *My*

Objeto	Descrição
My.Application	Informações relacionadas ao aplicativo atual, incluindo o título, diretório e número de versão.
My.Computer	Informações sobre o hardware, software e arquivos localizados no computador atual (local). *My.Computer* inclui *My.Computer.FileSystem*, que você pode utilizar para abrir arquivos de texto e arquivos codificados no sistema.
My.Forms	Informações sobre os formulários em seu projeto Visual Studio atual. O Capítulo 14, "Gerenciando formulários Windows e controles em tempo de execução" mostra como utilizar *My.Forms* para alternar formulários em tempo de execução.
My.Resources	Informações sobre os recursos do seu aplicativo (somente leitura). Permite recuperar dinamicamente recursos para seu aplicativo.
My.Settings	Informações sobre as configurações do seu aplicativo. Permite armazenar e recuperar dinamicamente configurações de propriedade e outras informações do seu aplicativo.
My.User	Informações sobre o usuário atual ativo em *My.Computer*.
My.WebServices	Informações sobre Web services ativos em *My.Computer*, e um mecanismo para acessar novos Web services.

O namespace *My* é um verdadeiro “atalho”, completamente explorável por meio do recurso Microsoft IntelliSense do Code Editor. Por exemplo, para utilizar uma caixa de mensagem a fim de exibir o nome do computador atual seguido pelo nome do usuário atual em um programa, você pode simplesmente digitar:

```
MsgBox(My.User.Name)
```

Isso produz uma saída semelhante à seguinte:

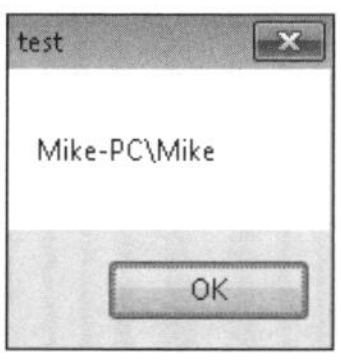

O objeto *My.Computer* pode exibir muitas categorias de informações sobre o computador e seus arquivos. Por exemplo, a seguinte instrução exibe a hora atual do sistema (data e hora local) mantida pelo computador:

```
MsgBox(My.Computer.Clock.LocalTime)
```

Isso produz uma saída como esta (sua data e hora provavelmente estarão diferentes):

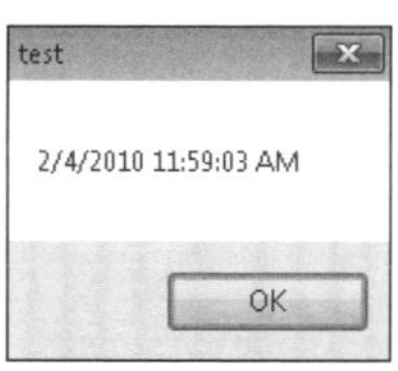

Você pode usar o objeto *My.Computer.FileSystem* junto com o método *ReadAllText* para abrir um arquivo de texto e exibir seu conteúdo dentro de um objeto caixa de texto. Eis a sintaxe que pode ser utilizada se você tiver um objeto caixa de texto no formulário chamado *txtNote* (como no último exemplo de programa) e planeja utilizar um objeto diálogo de abrir arquivo chamado *OpenFileDialog1* para obter o nome do arquivo de texto do usuário:

```
Dim AllText As String = ""
OpenFileDialog1.Filter = "Text files (*.txt)|*.txt"
If OpenFileDialog1.ShowDialog() = DialogResult.OK Then 'exibe caixa de diálogo Open
    AllText = My.Computer.FileSystem.ReadAllText(OpenFileDialog1.FileName)
    txtNote.Text = AllText 'display file
End If
```

O método *ReadAllText* copia todo o conteúdo do arquivo de texto especificado para uma variável string ou objeto (nesse caso, uma variável string chamada *AllText*), assim, em termos de desempenho e tempo de codificação, *ReadAllText* é mais rápido que ler o arquivo uma linha por vez.

Por causa desse fator de velocidade, o namespace *My* fornece um atalho excelente a muitas tarefas de programação comuns. É importante prestar atenção a esse recurso e seus usos possíveis, mas o namespace *My* é eficiente aqui porque estamos lendo todo o arquivo de texto. Se você esquecer a sintaxe do método *ReadAllText*, poderá inserir rapidamente um exemplo usando o comando Insert Snippet. Conforme descrito no Capítulo 7, "Utilizando loops e timers", o comando Insert Snippet permite que você insira fragmentos de código comuns no Code Editor. Para inserir o método *ReadAllText*, exiba o Code Editor e, no menu Edit, clique em IntelliSense e, em seguida, clique em Insert Snippet. Na caixa de listagem Insert Snippet, clique duas vezes em Fundamentals – Collections, Data Types, File System, Math; clique duas vezes em File System – Processing Drives, Folders, And Files; e, em seguida, clique duas vezes em Read Text From A File. Isso insere o fragmento de código a seguir:

```
Dim fileContents1 As String
fileContents1 = My.Computer.FileSystem.ReadAllText("C:\Test.txt")
```

A classe *StreamReader*

A classe *StreamReader* da biblioteca .NET Framework permite que você abra e exiba arquivos de texto em seus programas. Eu usarei essa técnica várias vezes neste livro ao trabalhar com arquivos de texto (por exemplo, no Capítulo 16, "Herdando formulários e criando classes base"). Para facilitar o uso da classe *StreamReader*, adicione a seguinte instrução *Imports* à parte superior do seu código, conforme discutido no Capítulo 5, "Variáveis e fórmulas do Visual Basic e o .NET Framework":

```
Imports System.IO
```

Então, se seu programa contiver um objeto caixa de texto, será possível exibir um arquivo de texto dentro da caixa de texto usando o seguinte código de programa. (O arquivo de texto aberto neste exemplo é Badbills.txt e o código pressupõe que um objeto chamado *TextBox1* tenha sido criado no seu formulário.)

```
Dim StreamToDisplay As StreamReader
StreamToDisplay = New StreamReader("C:\vb10sbs\chap13\text browser\badbills.txt")
TextBox1.Text = StreamToDisplay.ReadToEnd
StreamToDisplay.Close()
```

Neste exemplo de *StreamReader*, eu declaro uma variável chamada *StreamToDisplay* do tipo *StreamReader* para armazenar o conteúdo do arquivo de texto e, então, especifico um caminho válido para o arquivo que desejo abrir. Em seguida, leio o conteúdo do arquivo de texto na variável *StreamToDisplay* utilizando o método *ReadToEnd*, que recupera todo o texto do arquivo a partir da localização atual (o início do arquivo de texto) até o fim do arquivo de texto e o atribui à propriedade *Text* do objeto caixa de texto. A instrução final fecha o *StreamReader*. Fechar o *StreamReader* pode ser importante porque, se você tentar ler ou gravar o arquivo novamente, poderá obter uma exceção indicando que o processo não pode acessar o arquivo.

Você também pode usar uma combinação do namespace *My* e da classe *StreamReader*.

O exemplo a seguir lê o texto de um arquivo linha por linha e o exibe em uma caixa de texto. O método *OpenTextFileReader* do namespace *My* abre um *StreamReader*. A propriedade *EndOfStream* indica o final do arquivo. O método *ReadLine* lê uma linha do arquivo. Quando tiver terminado de usar o *StreamReader*, você deve fechá-lo chamando o método *Close*:

```
Dim AllText As String = "", LineOfText As String = ""
Dim StreamToDisplay As StreamReader
StreamToDisplay = My.Computer.FileSystem.OpenTextFileReader( _
    "C:\vb10sbs\chap13\text browser\badbills.txt")
Do Until StreamToDisplay.EndOfStream 'lê linhas do arquivo
    LineOfText = StreamToDisplay.ReadLine()
    'adiciona cada linha à variável AllText
    AllText = AllText & LineOfText & vbCrLf
Loop
TextBox1.Text = AllText 'exibe o arquivo
StreamToDisplay.Close()
```

Dica Os arquivos de texto que são abertos usando essa sintaxe são denominados *arquivos sequenciais (sequential files)* porque você deve trabalhar com seu conteúdo em ordem sequencial. Por sua vez, você pode acessar as informações de um arquivo de banco de dados em qualquer ordem. (Você aprenderá mais sobre bancos de dados no Capítulo 18, "Introdução ao ADO.NET.")

Usando o método *ReadAllText*

O exercício a seguir demonstra como você pode usar um controle *OpenFileDialog* e o método *ReadAllText* para abrir um arquivo de texto. O exercício também demonstra como você pode exibir o conteúdo de um arquivo de texto em uma caixa de texto. (Para obter mais informações sobre como usar os controles na guia Dialogs da Toolbox para criar caixas de diálogo padrão, consulte o Capítulo 4, "Trabalhando com menus, barras de ferramentas e caixas de diálogo".)

Execute o programa Text Browser

1. Inicie o Visual Studio e abra o projeto Text Browser na pasta C:\Vb10sbs\Chap13\Text Browser.

   O projeto abre no Integrated Development Environment (IDE).

2. Se o formulário do projeto não estiver visível, exiba-o agora.

   O formulário Text Browser é aberto, conforme mostrado aqui:

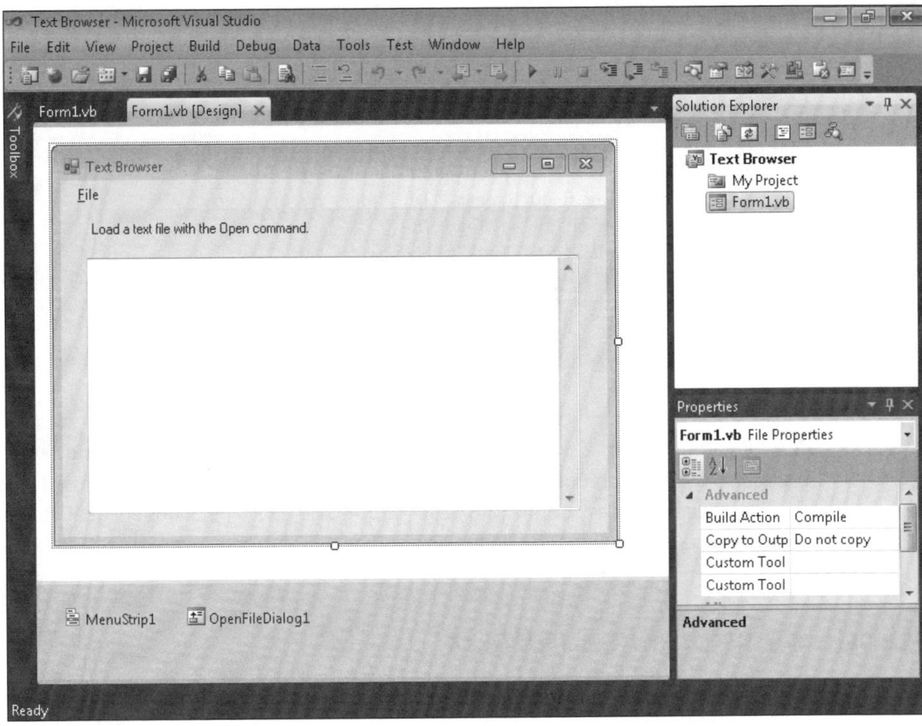

O formulário contém um objeto caixa de texto grande que tem barras de rolagem. Ele também contém um objeto faixa de menu (menu strip) que coloca os comandos Open, Close e Exit no menu File; um objeto caixa de diálogo de abrir arquivo (open file dialog object); e um rótulo fornecendo instruções operacionais. Eu também criei as configurações de propriedade mostradas na tabela a seguir. (Observe especialmente as configurações de caixa de texto.)

Objeto	Propriedade	Configuração
txtNote	*Enabled*	False
	Multiline	True
	Name	txtNote
	ScrollBars	Both
CloseToolStripMenuItem	*Enabled*	False
lblNote	*Text*	"Load a text file with the Open command."
	Name	lblNote
Form1	*Text*	"Text Browser"

3. Clique no botão Start Debugging na barra de ferramentas Padrão.

   O programa Text Browser é executado.

4. No menu Text Browser File, clique no comando Open.

A caixa de diálogo Open é aberta.

5. Abra a pasta C:\Vb10sbs\Chap13\Text Browser.

   O conteúdo da pasta Text Browser é mostrado aqui:

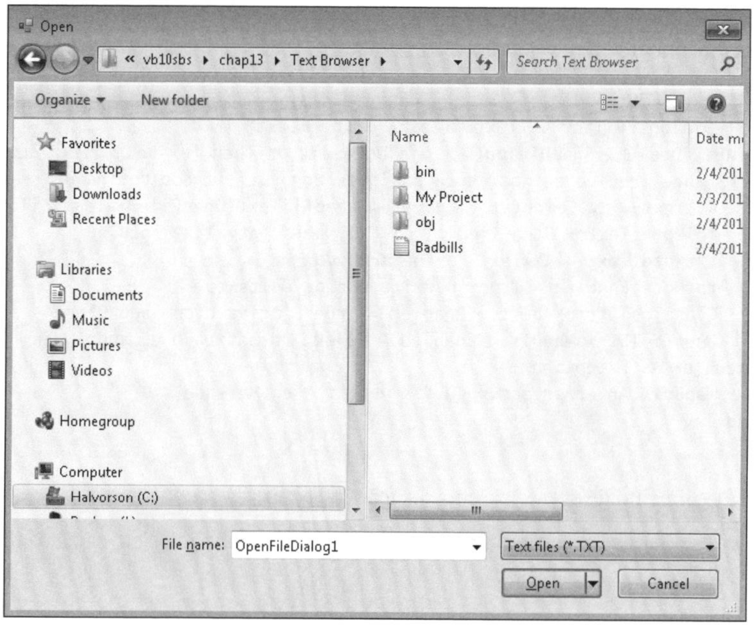

6. Clique duas vezes no nome de arquivo Badbills.

   Badbills, um arquivo de texto que contém um artigo escrito em 1951 nos Estados Unidos sobre os perigos do dinheiro falso, aparece na caixa de texto, conforme mostrado aqui:

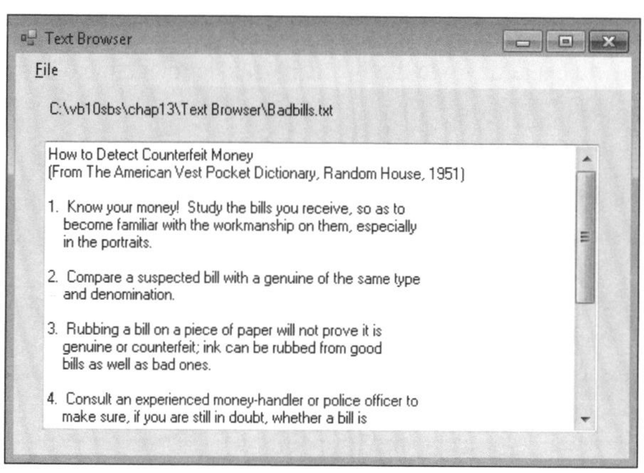

7. Use as barras de rolagem para visualizar o documento inteiro. Memorize o número 5.

8. Quando tiver terminado, clique no comando Close no menu File para fechar o arquivo e, em seguida, clique no comando Exit para sair do programa.

   O programa para e o IDE retorna.

Agora você examinará dois procedimentos de evento importantes no programa.

Examine o código de programa Text Browser

1. No menu File do formulário Text Browser, clique duas vezes no comando Open.

   O procedimento de evento *OpenToolStripMenuItem_Click* aparece no Code Editor.

2. Redimensione o Code Editor para ver melhor o código de programa, se necessário.

   O procedimento de evento *OpenToolStripMenuItem_Click* contém o código de programa a seguir:

```
Dim AllText As String = ""
OpenFileDialog1.Filter = "Text files (*.txt)|*.txt"
If OpenFileDialog1.ShowDialog() = DialogResult.OK Then 'exibe a caixa de diálogo Open
    Try 'abre arquivo e intercepta qualquer erro utilizando rotina de tratamento
        AllText = My.Computer.FileSystem.ReadAllText(OpenFileDialog1.FileName)
        lblNote.Text = OpenFileDialog1.FileName  'atualiza rótulo
        txtNote.Text = AllText 'exibe arquivo
        txtNote.Enabled = True 'permite cursor de texto
        CloseToolStripMenuItem.Enabled = True  'ativa o comando Close
        OpenToolStripMenuItem.Enabled = False  'desativa o comando Open
    Catch ex As Exception
        MsgBox("An error occurred." & vbCrLf & ex.Message)
    End Try
End If
```

Esse procedimento de evento executa as ações a seguir:

- Declara variáveis e atribui um valor à propriedade Filter do objeto caixa de diálogo de abrir arquivo.
- Solicita ao usuário um caminho utilizando o objeto *OpenFileDialog1*.
- Captura erros usando um bloco de código *Try... Catch*.
- Lê o conteúdo inteiro do arquivo especificado usando o método *ReadAllText*.
- Copia o conteúdo do arquivo em uma string denominada *AllText*. A string *AllText* tem espaço suficiente para um arquivo muito grande, mas, se ocorrer um erro durante o processo de cópia, a cláusula *Catch* exibirá o erro.
- Exibe a string *AllText* na caixa de texto e ativa as barras de rolagem e o cursor de texto.
- Atualiza os comandos do menu File.

Reserve um tempo para ver como as instruções no procedimento de evento *OpenToolStripMenuItem_Click* funcionam – especialmente o método *ReadAllText*. A rotina de tratamento de erro no procedimento exibe uma mensagem e aborta o processo de carregamento caso ocorra um erro.

> **Dica** Para obter mais informações sobre as instruções e métodos, destaque a palavra-chave na qual você está interessado e, em seguida, pressione F1 para ver uma discussão sobre ela na documentação da Ajuda do Visual Studio.

3. Exibe o procedimento de evento *CloseToolStripMenuItem_Click*, que é executado quando o comando de menu Close é clicado.

   O procedimento de evento se parece com isto:

```
txtNote.Text = ""              'limpa a caixa de texto
lblNote.Text = "Load a text file with the Open command."
CloseToolStripMenuItem.Enabled = False  'desativa o comando Close
OpenToolStripMenuItem.Enabled = True    'ativa o comando Open
```

   O procedimento limpa a caixa de texto, atualiza o rótulo *lblNote*, desativa o comando Close e ativa o comando Open.

Agora, você pode usar esse programa simples como um modelo (template) para programas mais avançados que processam arquivos de texto. Na próxima seção, você aprenderá a digitar seu próprio texto em uma caixa de texto e a salvar o texto da caixa de texto em um arquivo no disco.

Gravando arquivos de texto

Para criar e gravar um novo arquivo de texto em disco com o Visual Basic, você pode usar muitos métodos e palavras-chave empregados no último exemplo. Criar novos arquivos em disco para salvar dados é útil se você planeja gerar relatórios ou logs personalizados, salvar cálculos ou valores importantes ou criar um processador de texto de uso especial ou editor de textos. Eis uma visão geral dos passos você precisará seguir no programa:

1. Obter a entrada do usuário ou realizar cálculos matemáticos ou ambos.
2. Atribuir os resultados do processamento a uma ou mais variáveis. Por exemplo, o conteúdo de uma caixa de texto poderia ser atribuído a uma variável string.
3. Solicitar ao usuário um caminho utilizando um controle *SaveFileDialog*. Você utiliza o método *ShowDialog* para exibir a caixa de diálogo.
4. Utilizar o caminho recebido na caixa de diálogo para abrir o arquivo para saída.
5. Gravar um ou mais valores no arquivo aberto.
6. Se necessário, fechar o arquivo quando terminar.

O método *WriteAllText*

No exemplo anterior, usamos o objeto *My.Computer.FileSystem* com o método *ReadAllText*. Como era esperado, esse objeto também inclui o método *WriteAllText*. O método *WriteAllText* grava o texto em um arquivo. Se não houver um arquivo, um novo será criado. Aqui está a sintaxe que você pode usar se tiver um objeto caixa de texto no seu formulário denominado *txtNote* (como no último exemplo) e planeja usar um objeto caixa de diálogo para salvar arquivo denominado *SaveFileDialog1* para obter o nome do arquivo de texto do usuário:

```
SaveFileDialog1.Filter = "Text files (*.txt)|*.txt"
If SaveFileDialog1.ShowDialog() = DialogResult.OK Then
    'copia texto para o disco
```

```
    My.Computer.FileSystem.WriteAllText( _
        SaveFileDialog1.FileName, txtNote.Text, False)
End If
```

WriteAllText aceita três parâmetros. O primeiro parâmetro especifica o arquivo (nesse caso, o usuário especifica o arquivo usando *SaveFileDialog1*). O segundo parâmetro especifica o texto a ser gravado no arquivo (nesse caso, o conteúdo da caixa de texto *txtNote*). O último parâmetro especifica se o texto existente será anexado ou sobrescrito. Um valor False para o último parâmetro instrui o Visual Basic para sobrescrever o texto existente.

A classe *StreamWriter*

Similar à sua companheira, a classe *StreamReader*, a classe *StreamWriter* da biblioteca do .NET Framework permite que você grave texto em arquivos nos seus programas. Para facilitar o uso da classe *StreamWriter*, você adiciona a instrução *Imports* a seguir na parte superior do seu código:

```
Imports System.IO
```

Depois, se seu programa contiver um objeto caixa de texto, você pode gravar o conteúdo em um arquivo usando o código de programa a seguir. (O arquivo de texto neste exemplo é Output.txt e o código assume que um objeto denominado *TextBox1* foi criado no seu formulário.)

```
Dim StreamToWrite As StreamWriter
StreamToWrite = New StreamWriter("C:\vb10sbs\chap13\output.txt")
StreamToWrite.Write(TextBox1.Text)
StreamToWrite.Close()
```

Neste exemplo da classe *StreamWriter*, eu declaro uma variável denominada *StreamToWrite* do tipo *StreamWriter* e, em seguida, especifico um caminho válido para o arquivo no qual desejo gravar. Em seguida, gravo o conteúdo da caixa de texto no arquivo usando o método *Write*. A instrução final fecha o *StreamWriter*. Fechar o *StreamWriter* pode ser importante porque, se você tentar ler ou gravar o arquivo novamente, poderá obter uma exceção indicando que o processo não pode acessar o arquivo. Você também pode usar uma combinação do namespace *My* e da classe *StreamWriter*. O exemplo a seguir grava em um arquivo de texto linha por linha. O método *OpenTextFileWriter* do namespace *My* abre um *StreamWriter*. O método *WriteLine* grava uma linha no arquivo. Quando você terminar de usar um *StreamWriter*, deve fechá-lo chamando o método *Close*.

```
Dim LineOfText As String = ""
Dim StreamToWrite As StreamWriter
StreamToWrite = My.Computer.FileSystem.OpenTextFileWriter( _
    "C:\vb10sbs\chap13\output.txt", False)
'obtém uma linha de texto
LineOfText = InputBox("Enter line")
Do Until LineOfText = ""
    'grava uma linha no arquivo
    StreamToWrite.WriteLine(LineOfText)
```

```
    LineOfText = InputBox("Enter line")
Loop
StreamToWrite.Close()
```

Usando o método *WriteAllText*

O exercício a seguir demonstra como utilizar os controles *TextBox* e *SaveFileDialog* para criar um utilitário de anotações simples. O programa utiliza o método *WriteAllText* para gravar dados de string em um arquivo. Você pode utilizar esse programa para tomar notas em casa ou no trabalho e identificá-las com um registro de data e hora atual.

Execute o programa Quick Note

1. Clique no comando Close Project no menu File.
2. Abra o programa Quick Note na pasta C:\Vb10sbs\Chap13\Quick Note.

   O projeto abre no IDE.
3. Se o formulário do projeto não estiver visível, exiba-o agora.

   O formulário Quick Note abre, como mostrado na captura de tela a seguir. Ele se parece com o formulário Text Browser. Entretanto, substituí o controle *OpenFileDialog* pelo *SaveFileDialog* no formulário. O menu File contém os comandos Save As, Insert Date e Exit.

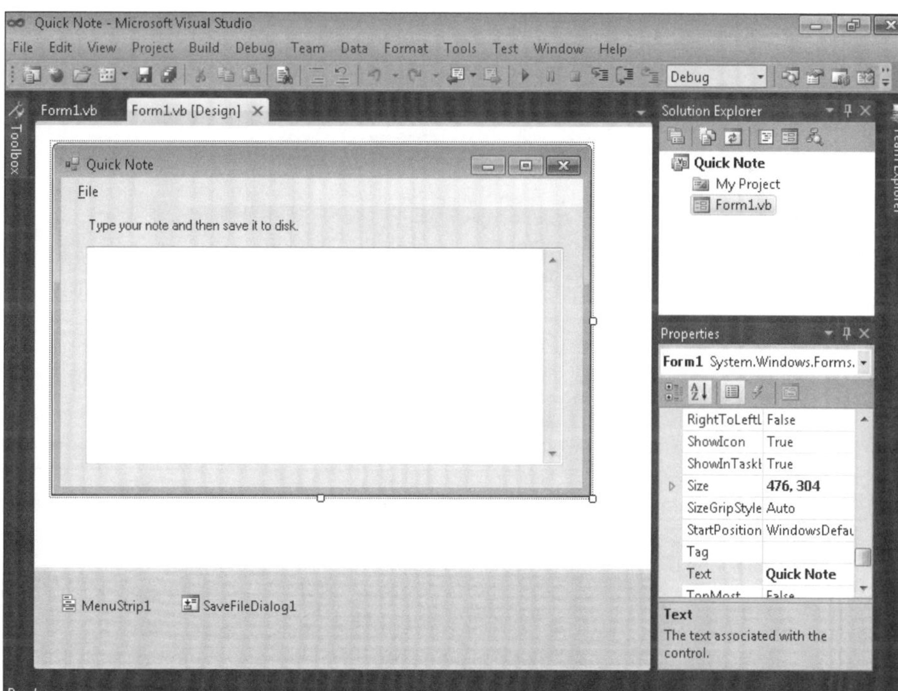

Configurei as seguintes propriedades no projeto:

Objeto	Propriedade	Configuração
txtNote	*Multiline*	True
	Name	txtNote
	ScrollBars	Vertical
lblNote	*Text*	"Type your note and then save it to disk."
Form1	*Text*	"Quick Note"

4. Clique no botão Start Debugging.
5. Digite o texto a seguir, ou algum texto próprio, na caixa de texto:

   How to Detect Counterfeit Coins

   1. **Drop coins on a hard surface. Genuine coins have a bell-like ring; most counterfeit coins sound dull.**
   2. **Feel all coins. Most counterfeit coins feel greasy.**
   3. **Cut edges of questionable coins. Genuine coins are not easily cut.**

   Quando terminar, sua tela será semelhante a esta:

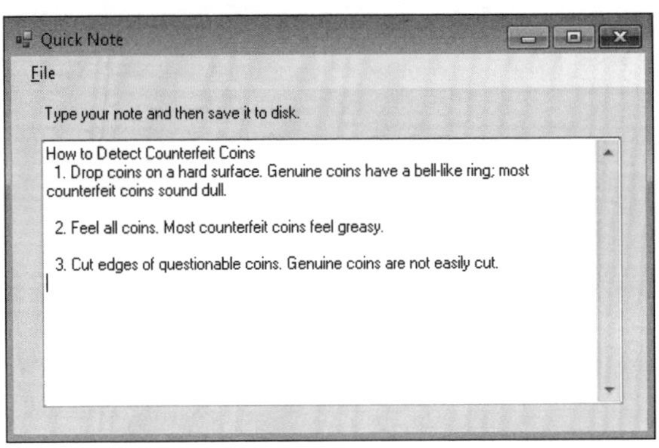

> **Dica** Para colar texto da área de transferência na caixa de texto, pressione CTRL+V ou SHIFT+INSERT. Para copiar o texto da caixa de texto para a área de transferência do Windows, selecione o texto e pressione CTRL+C.

Agora tente utilizar os comandos do menu File.

6. No menu File, clique no comando Date Insert.

   A data e a hora atuais aparecem como a primeira linha na caixa de texto, como mostrado a seguir:

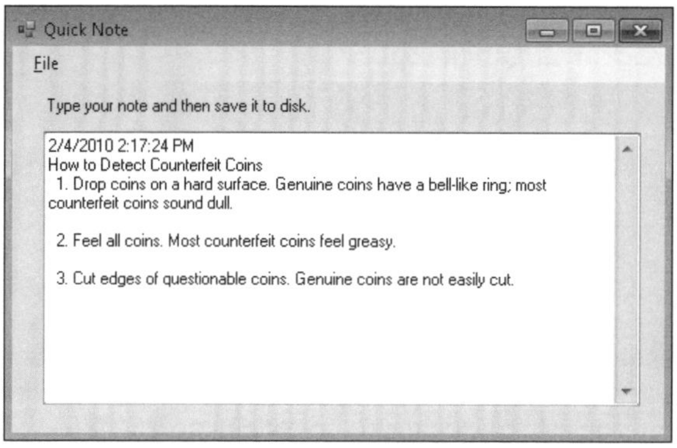

   O comando Date Insert fornece uma maneira útil de incluir o registro de data/hora atual em um arquivo, o que é vantajoso se você estiver criando um diário ou um livro de registros.

7. No menu File, clique no comando Save As.

   O programa exibe uma caixa de diálogo Save As com todos os recursos esperados. O tipo de arquivo padrão é configurado como .txt. Sua tela se parece com esta:

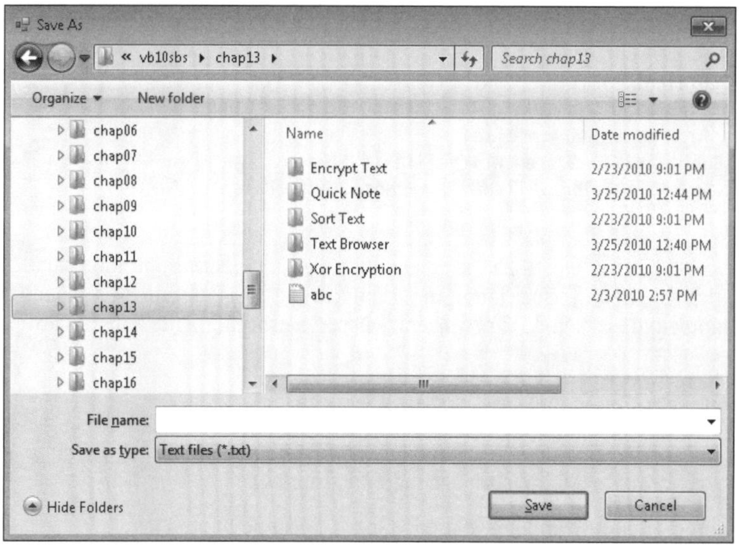

8. Na caixa de diálogo Save As, abra a pasta C:\Vb10sbs\Chap13\Quick Note se já não estiver aberta. Em seguida, digite **Badcoins.txt** na caixa de texto File Name e clique em Save.

   O texto de seu documento é salvo no novo arquivo de texto Badcoins.txt.

9. No menu File, clique no comando Exit.

   O programa para e o ambiente de desenvolvimento retorna.

   Agora você examinará os procedimentos de evento do programa.

Examine o código de programa Quick Note

1. No menu File do formulário Quick Note, dê um clique duplo no comando Date Insert.

   O procedimento de evento *InsertDateToolStripMenuItem_Click* aparece no Code Editor. Você verá o seguinte código de programa:

```
txtNote.Text = My.Computer.Clock.LocalTime & vbCrLf & txtNote.Text
txtNote.Select(0, 0) 'remove a seleção
```

   Esse procedimento de evento adiciona a data e hora atual à caixa de texto vinculando, ou *concatenando*, a data atual (gerada pelo objeto *My.Computer.Clock* e pela propriedade *LocalTime*), um retorno de carro (adicionado pela constante *vbCrLf*) e a propriedade *Text*. Você poderia usar uma técnica semelhante para adicionar apenas a data atual (utilizando *DateString*) ou quaisquer outras informações no texto da caixa de texto. Quando inserir a data usando o comando Insert Date, algumas vezes o texto será selecionado. Para remover essa seleção, o método *Select* é chamado. A seleção é configurada para o início da caixa de texto especificando 0 no primeiro parâmetro e o comprimento da seleção é definido como 0 no segundo parâmetro. Isso remove quaisquer seleções e posiciona o cursor no início da caixa de texto.

2. Reserve um tempo para ver como as instruções de concatenação funcionam e, então, examine o procedimento de evento *SaveAsToolStripMenuItem_Click* no Code Editor.

   Consulte o seguinte código de programa:

```
SaveFileDialog1.Filter = "Text files (*.txt)|*.txt"
If SaveFileDialog1.ShowDialog() = DialogResult.OK Then
    'copia o texto para o disco
    My.Computer.FileSystem.WriteAllText( _
        SaveFileDialog1.FileName, txtNote.Text, False)
End If
```

   Esse bloco de instruções utiliza um objeto SaveFileDialog para exibir uma caixa de diálogo Save As, verifica se o usuário selecionou um arquivo e grava o valor da propriedade *txtNote.Text* no disco empregando o método *WriteAllTeext*. Observe especialmente a instrução

```
My.Computer.FileSystem.WriteAllText( _
    SaveFileDialog1.FileName, txtNote.Text, False)
```

   que atribui todo o conteúdo da caixa de texto ao arquivo. O ponto importante a ser observado aqui é que o arquivo inteiro é armazenado na propriedade *txtNote.Text*.

3. Feche o programa utilizando o comando Close Project no menu File.

Você finalizou o trabalho com o programa Quick Note.

Processando strings com a classe *String*

Como você aprendeu nos exercícios anteriores, é possível abrir, editar e salvar rapidamente arquivos de texto em disco com o controle *TextBox* e algumas instruções de programa bem escolhidas.

O Visual Basic também fornece várias instruções e métodos poderosos projetados especificamente para processar os elementos textuais em seus programas. Nesta seção, você aprenderá sobre as várias maneiras de processar strings.

A tarefa mais comum que você realizou até agora com strings neste livro foi concatená-las utilizando o operador de concatenação (*&*). Por exemplo, a instrução de programa a seguir concatena três expressões de string literais e atribui o resultado "Bring on the circus!" à variável string *Slogan*:

```
Dim Slogan As String
Slogan = "Bring" & " on the " & "circus!"
```

Você também pode concatenar e manipular strings utilizando os métodos da classe *String* da biblioteca .NET Framework. Por exemplo, o método *String.Concat* permite uma concatenação de strings equivalente utilizando esta sintaxe:

```
Dim Slogan As String
Slogan = String.Concat("Bring", " on the ", "circus!")
```

O Visual Basic 2010 apresenta dois métodos para concatenação de strings e muitas outras tarefas de processamento de string: você pode utilizar operadores e funções das primeiras versões do Visual Basic (*Mid*, *UCase*, *LCase* e assim por diante) ou os métodos mais novos do .NET Framework (*Substring*, *ToUpper*, *ToLower* e assim por diante). Não há qualquer penalidade real por usar uma ou outra técnica de processamento de string, embora os métodos mais antigos existam principalmente para fins de compatibilidade. (Dando suporte aos dois métodos, a Microsoft espera dar boas-vindas aos programadores que estão fazendo upgrade e às suas bases de código existentes permitindo que eles aprendam novos recursos em seu próprio ritmo.) No restante deste capítulo, focalizarei as funções de processamento de string mais novas da classe *String* do .NET Framework. Entretanto, você pode utilizar qualquer um dos métodos de processamento de strings ou uma combinação de ambos.

A Tabela 13-2 lista vários métodos e uma propriedade da classe *String* que aparecem em exercícios subsequentes e seus equivalentes na linguagem de programação Visual Basic. A quarta coluna da tabela fornece o código de exemplo usando a classe *String*.

Tabela 13-2 Elementos da classe *String* e os equivalentes no Visual Basic

Método ou propriedade *String*	Função Visual Basic	Descrição	Exemplo de *String*

ToUpper	*UCase*	Converte as letras de uma string em letras maiúsculas.	`Dim Name, NewName As String`
			`Name = "Kim"`
			`NewName = Name.ToUpper`
			`'NewName = "KIM"`

ToLower	*LCase*	Converte as letras de uma string em letras minúsculas.	`Dim Name, NewName As String`
			`Name = "Kim"`
			`NewName = Name.ToLower`
			`'NewName = "kim"`

Length	*Len*	Determina o número de caracteres em uma string.	`Dim River As String`
			`Dim Size As Short`
			`River = "Mississippi"`
			`Size = River.Length`
			`'Size = 11`

(Continua)

Tabela 13-2 Elementos da classe *String* e os equivalentes no Visual Basic

Método ou propriedade *String*	Função Visual Basic	Descrição	Exemplo de *String*

Contains	*Instr*	Determina se a string especificada ocorre na string atual.	`Dim region As String`
			`Dim result As Boolean`
			`region = "Germany"`
			`result = region.Contains("Ge")`
			`'result = True`

Substring	*Mid*	Retorna um número fixo de caracteres em uma string de um dado ponto inicial. (Nota: o primeiro elemento em uma string tem um índice de 0.)	`Dim Cols, Middle As String`
			`Cols = "First Second Third"`
			`Middle = Cols.SubString(6, 6)`
			`'Middle = "Second"`

IndexOf	*InStr*	Localiza o ponto inicial de uma string dentro de uma string maior.	`Dim Name As String`
			`Dim Start As Short`
			`Name = "Abraham"`
			`Start = Name.IndexOf("h")`
			`'Start = 4`

Trim	*Trim*	Remove espaços iniciais e finais de uma string.	`Dim Spacey, Trimmed As String`
			`Spacey = "   Hello   "`
			`Trimmed = Spacey.Trim`
			`'Trimmed = "Hello"`

Remove	*N/A*	Remove caracteres do meio de uma string.	`Dim RawStr, CleanStr As String`
			`RawStr = "Hello333 there"`
			`CleanStr = RawStr.Remove(5, 3)`
			`'CleanStr = "Hello there"`

Insert	*N/A*	Adiciona caracteres ao meio de uma string.	`Dim Oldstr, Newstr As String`
			`Oldstr = "Hi Felix"`
			`Newstr = Oldstr.Insert(3, "the-`
			`re")`
			`'Newstr = "Hi there Felix"`

Compare	*StrComp*	Compara strings e pode não fazer distinção entre maiúsculas e minúsculas.	`Dim str1 As String = "Soccer"`
			`Dim str2 As String = "SOCCER"`
			`Dim Match As Integer`
			`Match = String.Compare(str1, _`
			`  str2, True)`
			`'Match = 0 [as strings se corres-`
			`pondem]`

CompareTo	*StrComp*	Compara uma string à string atual e verifica se há diferenças entre maiúsculas e minúsculas	`Dim str1 As String = "Soccer"`
			`Dim str2 As String = "SOCCER"`
			`Dim Match As Integer`
			`Match = str1.CompareTo(str2)`
			`'Match = -1 [as strings não`
			`se correspondem]`

(Continua)

Tabela 13-2 Elementos da classe *String* e os equivalentes no Visual Basic

Método ou propriedade *String*	Função Visual Basic	Descrição	Exemplo de *String*

Replace	*Replace*	Substitui todas as instâncias de uma substring em uma string com outra string.	`Dim Oldstr, Newstr As String`
			`Oldstr= "*se*ll"`
			`Newstr = Oldstr.Replace( _`
			`"*", "ba")`
			`'Newstr = "baseball"`

StartsWith	N/A	Determina se uma string começa com uma string especificada.	`Dim str1 As String`
			`Dim result As Boolean`
			`str1 = "Hi Felix"`
			`result = str1.StartsWith("Hi")`
			`'result = True`

EndsWith	N/A	Determina se uma string termina com uma string especificada.	`Dim str1 As String`
			`Dim result As Boolean`
			`str1 = "Hi Felix"`
			`result = str1.EndsWith("Felix")`
			`'result = True`

Split	*Split*	Divide uma string em substrings com base em um separador especificado e coloca a substring em um array.	`Dim AllText As String = _`
			`"a*b*c*1*2*3"`
			`Dim strArray() As String`
			`strArray = AllText.Split("*")`
			`'strArray =`
			`' {"a", "b", "c", "1", "2", "3"}`

Classificando texto

Um recurso extremamente útil para ser desenvolvido durante o trabalho com elementos de texto é a capacidade de classificar (colocar em ordem) uma lista de strings. Os conceitos básicos de classificação são simples. Você prepara uma lista de itens a ser classificada e, em seguida, compara os itens um a um até que a lista seja classificada em ordem alfabética crescente ou decrescente.

No Visual Basic, você compara um item com outro usando os mesmos operadores relacionais usados para comparar valores numéricos. A parte complicada (que algumas vezes provoca discussões prolixas entres os cientistas de computação) é o algorítmo de classificação específico que você usa para comparar elementos em uma lista. Nós não entraremos nas vantagens e desvantagens dos diferentes algorítmos de classificação neste capítulo. (O motivo da controvérsia é normalmente a velocidade, que faz diferença apenas quando vários milhares de itens são classificados.) Em vez disso, exploraremos como as comparações de string básicas são feitas em uma classificação. Ao longo do caminho, você aprenderá os recursos necessários para classificar suas próprias caixas de texto, caixas de listagem, arquivos e bancos de dados. Antes que o Visual Basic possa comparar um caractere com outro em uma classificação, ele deve converter cada caractere em um número usando uma tabela de conversão chamada *conjunto de caracteres ASCII* (também chamada de *conjunto de caracteres ANSI*). (O acrônimo ASCII significa American Standard Code for Information Interchange.) Cada um dos símbolos básicos que você pode exibir no computador tem um código ASCII diferente. Esses códigos incluem o conjunto básico de caracteres de "máquina de escrever" (códigos de 32 a 127) e caracteres de "controle" especial, como tabulação, quebra de linha e retorno de carro (códigos de 0 a 31). Por exemplo, a letra "a" minúscula corresponde ao código ASCII 97, e a letra maiúscula "A" corresponde ao código ASCII 65. Como resultado, o Visual Basic trata diferentemente esses dois caracteres ao classificar ou realizar outras comparações.

Na década de 1980, a IBM estendeu o ASCII com os códigos 128 a 255, que representam os caracteres acentuados, caracteres gráficos, caracteres gregos, bem como diversos símbolos. O ASCII e esses caracteres e símbolos adicionais são, em geral, conhecidos como *conjunto de caracteres estendido da IBM*.

O conjunto de caracteres ASCII ainda é o código numérico mais importante a ser aprendido por programadores iniciantes, mas não é o único conjunto de caracteres. Como o mercado de computadores e software aplicativo tornou-se mais global, emergiu um padrão mais abrangente para representação de caracteres chamado *Unicode*. O Unicode pode armazenar até 65.536 símbolos – espaço suficiente para representar os símbolos tradicionais no conjunto de caracteres ASCII mais a maioria dos idiomas (escritos) e símbolos internacionais. Um corpo de padrões mantém o conjunto de caracteres Unicode e adiciona-lhe símbolos periodicamente. O Windows XP, Windows Vista, Windows 7 e o Visual Studio foram especificamente projetados para gerenciar conjuntos de caracteres Unicode e ASCII. (Para obter mais informações sobre o relacionamento entre Unicode, ASCII e tipos de dados do Visual Basic, consulte a seção intitulada "Trabalhando com tipos de dados específicos" no Capítulo 5.)

Nas seções a seguir, você aprenderá mais sobre o uso do conjunto de caracteres ASCII para processar strings em programas. À medida que seus aplicativos tornam-se mais sofisticados e você começa a planejar a distribuição global de seu software, você precisará aprender mais sobre o Unicode e outras configurações internacionais.

Trabalhando com códigos ASCII

Para determinar o código ASCII de uma letra particular, você pode utilizar a função *Asc* do Visual Basic. Por exemplo, a seguinte instrução de programa atribui o número 122 (o código ASCII para a letra z minúscula) à variável do tipo inteiro short *AscCode*:

```
Dim AscCode As Short
AscCode = Asc("z")
```

Inversamente, você pode converter um código ASCII em uma letra com a função *Chr*. Por exemplo, esta instrução de programa atribui a letra "z" à variável do tipo caractere letter:

```
Dim letter As Char
letter = Chr(122)
```

O mesmo resultado também poderia ser alcançado se você utilizasse a variável *AscCode* que acabou de declarar, como mostrado a seguir:

```
letter = Chr(AscCode)
```

Como comparar uma string de texto ou código ASCII com outro? Simplesmente utilize um dos seis operadores relacionais que o Visual Basic fornece para trabalhar com elementos textuais e numéricos. Esses operadores relacionais são mostrados na Tabela 13-3.

Tabela 13-3 Operadores relacionais do Visual

Operador	Significado
<>	Não igual a
=	Igual a
<	Menor que
>	Maior que
<=	Menor que ou igual a
>=	Maior que ou igual a

Um caractere é "maior que" outro caractere se seu código ASCII for mais alto. Por exemplo, o valor ASCII da letra "B" é maior que o valor ASCII da letra "A", então a expressão

```
"A" < "B"
```

é verdadeira, e a expressão

```
"A" > "B"
```

é falsa.

Ao comparar duas strings que contêm, cada uma, mais de um caractere, o Visual Basic compara o primeiro caractere da primeira string com o primeiro caractere da segunda string e, então, continua caractere por caractere pelas strings até encontar uma diferença. Por exemplo, as strings Mike e Michael são as mesmas até o terceiro caractere (k e c).

Como o valor ASCII de k é maior do que o de c, a expressão

```
"Mike" > "Michael"
```

é verdadeira.

Se não for encontrada diferença entre as strings, elas são iguais. Se duas strings forem iguais por vários caracteres, mas uma das strings continuar e a outra terminar, a string mais longa é maior que a string mais curta. Por exemplo, a expressão

```
"AAAAA" > "AAA"
```

é verdadeira.

Classificando strings em uma caixa de texto

O exercício a seguir demonstra como usar operadores relacionais, concatenação e vários métodos de string para classificar (ordenar) linhas de texto em uma caixa de texto. O programa é uma revisão do utilitário Quick Note e apresenta um comando Open que abre um arquivo existente e um comando Close que fecha o arquivo. Há também um comando Sort Text no menu File que pode ser usado para classificar o texto atual na caixa de texto.

Como o conteúdo inteiro de uma caixa de texto é armazenado em uma string, o programa deve primeiro dividir essa longa string em strings individuais menores. Essas strings podem ser então classificadas com o procedimento Sub *ShellSort*, uma rotina de classificação baseada em um algoritmo criado por Donald Shell em 1959. Para simplificar essas tarefas, criei um módulo para o procedimento Sub *ShellSort* para que pudesse chamá-lo a partir de qualquer procedimento de evento no projeto. (Para informações adicionais sobre a utilização de módulos, veja o Capítulo 10, "Criando módulos e procedimentos"). Embora você tenha aprendido a utilizar o poderoso método *Array.Sort* no Capítulo 11, "Utilizando arrays para gerenciar dados numéricos e dados string", o procedimento *ShellSort* é uma ferramenta mais flexível e personalizável. Criar a rotina a partir do zero também propicia um pouco mais de experiência no processamento de valores textuais – um objetivo de aprendizagem importante deste capítulo.

Outro aspecto interessante desse programa é a rotina que processa as linhas no objeto caixa de texto. Eu quis que o programa fosse capaz de classificar, linha por linha, uma caixa de texto de qualquer tamanho. Para realizar isso, criei o código a seguir. O código utiliza os métodos *Replace*, *EndsWith* e *Substring*. O método *Replace* é usado para substituir os diferentes caracteres de nova linha (retorno de carro, quebra de linha ou retorno de carro e quebra de linha) com apenas um caractere de retorno de carro. O método *EndsWith* verifica um retorno de carro na extremidade final do texto.

O método *Substring* é usado para remover o último retorno de carro, caso ele exista:

```
sText = txtNote.Text
'substitui os diferentes caracteres de nova linha por uma versão
sText = sText.Replace(vbCrLf, vbCr)
sText = sText.Replace(vbLf, vbCr)
'remove o último retorno de carro, caso ele exista
If sText.EndsWith(vbCr) Then
    sText = sText.Substring(0, sText.Length - 1)
End If

'divide cada linha em um array
strArray = sText.Split(vbCr)
```

Esse código também usa o método *Split* muito útil da classe *String*. O método *Split* divide uma string em substrings e coloca cada substring em um array. As quebras são baseadas em uma string separadora que você especifica (nesse caso, um retorno de carro). O array de strings resultante então é passado para o procedimento Sub *ShellSort* para classificação e *ShellSort* retorna o array de strings em ordem alfabética. Depois de o array de strings ser classificado, posso simplesmente copiá-lo de volta para a caixa de texto utilizando um loop *For*.

Execute o programa Sort Text

1. Abra o projeto Sort Text localizado na pasta C:\Vb10sbs\Chap13\Sort Text.
2. Clique no botão Start Debugging para executar o programa.

3. Digite o texto a seguir ou algum texto próprio, na caixa de texto:

   Zebra

   Gorilla

   Moon

   Banana

   Apple

   Turtle

4. Clique no comando Sort Text no menu File.

   O texto que você digitou é classificado e novamente exibido na caixa de texto, como aqui:

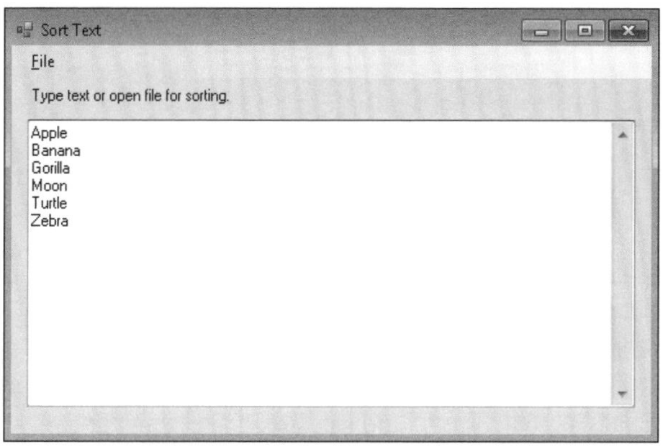

5. Clique no comando Open no menu File e, em seguida, abra o arquivo Abc.txt na pasta C:\Vb10sbs\Chap13, como mostrado a seguir:

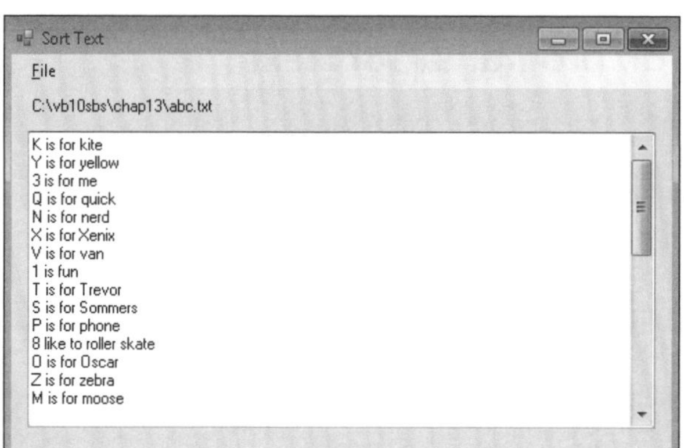

O arquivo Abc.txt contém 36 linhas de texto. Cada linha começa com uma letra ou um número de 1 a 10.

6. Clique no comando Sort Text no menu File para classificar o conteúdo do arquivo Abc.txt.

   O programa Sort Text classifica o arquivo em ordem crescente e exibe a lista classificada de linhas na caixa de texto, como mostrado aqui:

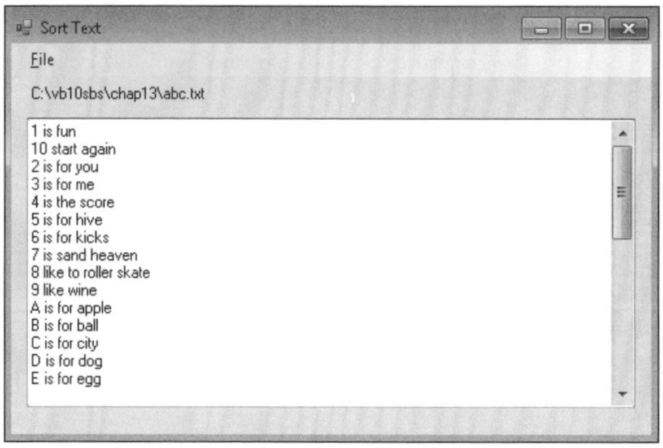

7. Role pelo arquivo para ver os resultados da classificação alfabética.

   Note que, embora a parte alfabética da classificação funcionasse perfeitamente, a classificação produziu um resultado estranho para uma das entradas numéricas – a linha que inicia com o número 10 aparece em segundo na lista em vez de em décimo. O que está acontecendo aqui é que o Visual Basic lê o 1 e o 0 no número 10 como dois caracteres independentes, não como um número.

   Como estamos comparando os códigos ASCII dessas strings da esquerda para a direita, o programa produz uma classificação puramente alfabética. Se quiser classificar apenas os números com esse programa, você precisa proibir entrada de texto, modificar o código para que a entrada numérica seja armazenada em variáveis numéricas e, em seguida, comparar variáveis numéricas em vez de strings.

Examinando o código do programa Sort Text

OK – agora vamos examinar detalhadamente o código para esse programa:

Examine o programa Sort Text

1. No menu File do programa Sort Text, clique no comando Exit a fim de parar o programa.
2. Abra o Code Editor para Form1 e exiba o código do procedimento de evento *SortTextToolStripMenuItem_Click*.

   Já discutimos a primeira parte desse procedimento de evento, que divide cada linha em um array. O restante do procedimento de evento chama um procedimento para classificar o array e exibe a lista reordenada na caixa de texto.

O procedimento de evento *SortTextToolStripMenuItem_Click* inteiro é parecido com isto:

```
Dim strArray() As String
Dim sText As String
Dim i As Short

sText = txtNote.Text
'substitui os diferentes caracteres de nova linha por uma versão
sText = sText.Replace(vbCrLf, vbCr)
sText = sText.Replace(vbLf, vbCr)
'remove o último retorno de carro, caso ele exista
If sText.EndsWith(vbCr) Then
    sText = sText.Substring(0, sText.Length - 1)
End If

'divide cada linha em um array
strArray = sText.Split(vbCr)

'classifica o array
ShellSort(strArray, strArray.Length)

'depois exibe o array classificado em uma caixa de texto
sText = ""
For i = 0 To strArray.Length - 1
    sText = sText & strArray(i) & vbCrLf
Next i
txtNote.Text = sText
txtNote.Select(0, 0)   'remove a seleção de texto
```

O método *Split* cria um array que tem o mesmo número de elementos que a caixa de texto tem de linhas de texto. Depois que o array estiver cheio de texto, eu chamo o procedimento *ShellSort* localizado no módulo Module1.vb, discutido anteriormente neste capítulo. Depois que o array é classificado, eu uso um loop *For* (conforme discutido no Capítulo 7) para reconstruir as linhas e copiá-las na caixa de texto.

3. Exiba o código do módulo Module1.vb no Code Editor.

   Esse módulo define o conteúdo do procedimento *ShellSort*. O procedimento *ShellSort* utiliza uma instrução *If* e o operador relacional <= (conforme discutido nos Capítulos 6, 8 e neste capítulo) para comparar elementos do array e trocar todos os que estiverem fora de ordem. O procedimento é parecido com isto:

```
Sub ShellSort(ByVal sort() As String, ByVal numOfElements As Short)
    Dim temp As String
    Dim i, j, span As Short
    'O procedimento ShellSort classifica os elementos do array
    'sort() em ordem decrescente e o retorna ao
    'procedimento chamador.

    span = numOfElements \ 2
    Do While span > 0
```

```
            For i = span To numOfElements - 1
                For j = (i - span) To 0 Step -span
                    If sort(j) <= sort(j + span) Then Exit For
                    'troca elementos do array que estão fora de ordem
                    temp = sort(j)
                    sort(j) = sort(j + span)
                    sort(j + span) = temp
                Next j
            Next i
            span = span \ 2
        Loop
    End Sub
```

O método da classificação é dividir continuamente a lista principal de elementos em sublistas que são 50% menores. A classificação então compara as partes superior e inferior das sublistas para ver se os elementos estão fora de ordem. Se as partes superior e inferior estiverem fora de ordem, elas são trocadas. O resultado é um array chamado *sort()* que é classificado alfabeticamente em ordem decrescente. Para alterar a direção da classificação, simplesmente inverta o operador relacional (mude <= para >=).

Os demais procedimentos de evento em Form1 (*OpenToolStripMenuItem_Click, CloseToolStripMenuItem_Click, SaveAsToolStripMenuItem_Click, InsertDateToolStripMenuItem_Click e ExitToolStripMenuItem_Click*) são todos semelhantes aos estudados nos programas Text Browser e Quick Note. (Consulte minhas explicações anteriores neste capítulo para obter os detalhes.)

Vamos para outra variação desse programa que manipula as strings em uma caixa de texto ou em um arquivo.

Protegendo o texto com criptografia básica

Agora que você tem alguma experiência com códigos ASCII, pode começar a escrever rotinas de criptografia simples que substituem os códigos ASCII nos seus documentos e "embaralham" o texto para ocultá-lo de olhos intrometidos. Esse processo, conhecido como criptografia, altera matematicamente os caracteres em um arquivo, tornando-os ilegíveis ao observador casual. É claro que, para usar a criptografia com êxito, é preciso também ser capaz de reverter o processo – do contrário, você simplesmente estará jogando seus arquivo no lixo em vez de protegê-los. E você desejará criar um esquema de criptografia ou *chave* que não possa ser facilmente reconhecido, um processo complicado que é apenas iniciado pelos programas simples neste capítulo.

Os exercícios a seguir mostram como criptografar e descriptografar strings de texto com segurança. Você executará o programa Encrypt Text agora para ver um esquema de criptografia simples em ação. Como eu indico no final deste capítulo, esses exercícios são apenas a ponta do iceberg para usar a criptografia e medidas de segurança de arquivo – e esses assuntos tornaram-se áreas de interesse importantes para os programadores na última década. Mas mesmo a criptografia básica é uma demonstração útil e divertida das técnicas de processamento de texto.

Criptografe texto alterando os códigos ASCII

1. Feche o projeto Sort Text e, em seguida, abra o projeto Encrypt Text localizado na pasta C:\Vb10sbs\Chap13\Encrypt Text.

2. Clique no botão Start Debugging para executar o programa.
3. Digite o texto a seguir, ou algum texto seu, na caixa de texto:

   Here at last, my friend, you have the little book long since expected and promised, a little book on vast matters, namely, "On my own ignorance and that of many others.

   Francesco Petrarca, c. 1368

   A janela do aplicativo e o texto resultante se parece com isto:

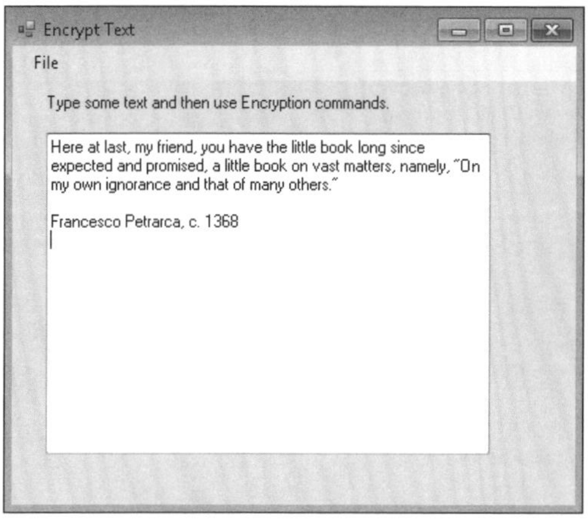

4. No menu File, clique no comando Save Encrypted File As e salve o arquivo na pasta C:\Vb10sbs\Chap13 com o nome **Padua.txt**.

   Ao salvar o arquivo de texto, o programa embaralha o código ASCII e exibe os resultados na caixa de texto mostrada aqui:

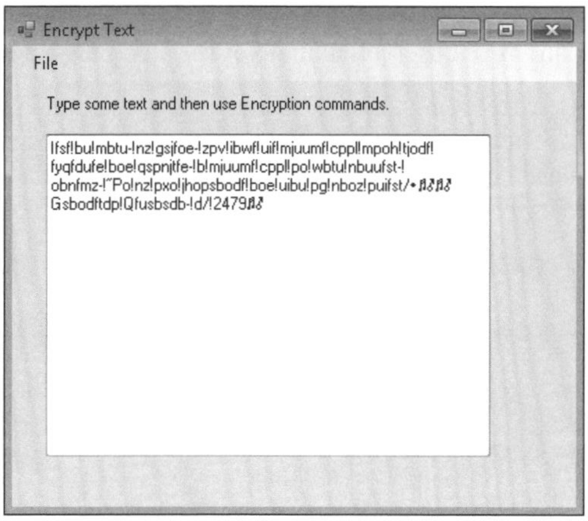

Se você abrir esse arquivo no Microsoft Word ou outro editor de texto, verá o mesmo resultado – os caracteres no arquivo foram criptografados para impedir a leitura não autorizada.

5. Para restaurar o arquivo ao seu formato original, escolha o comando Open Encrypted File no menu File e, em seguida, abra o arquivo Padua.txt na pasta C:\Vb10sbs\Chap13. O arquivo aparecerá novamente no seu formato original, conforme mostrado aqui:

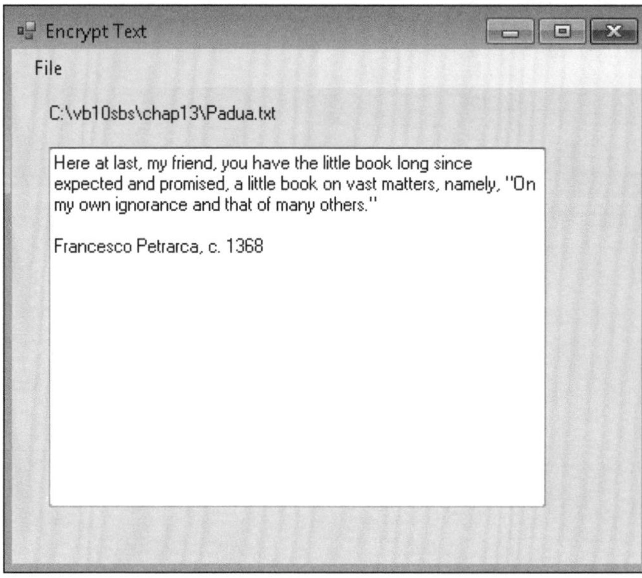

6. No menu File, clique no comando Exit para fechar o programa.

Examine o código do programa Encrypt

1. Abra o procedimento de evento *mnuSaveAsItem_Click* no Code Editor para ver o código do programa que produz a criptografia que você observou quando executou o programa.

   Embora o efeito que você viu possa parecer misterioso, ele é o resultado de um esquema de criptografia muito objetivo. Usando as funções *Asc* e *Chr* e um loop *For*, eu simplesmente adicionei um número ao código ASCII para cada caractere na caixa de texto e, em seguida, salvei a string criptografada no arquivo de texto especificado.

   O procedimento de evento inteiro está listado aqui – em especial, examine os itens em negrito:

```
Dim Encrypt As String = ""
Dim letter As Char
Dim i, charsInFile As Short

SaveFileDialog1.Filter = "Text files (*.txt)|*.txt"
If SaveFileDialog1.ShowDialog() = DialogResult.OK Then
    Try
        'salva o texto com o esquema de criptografia (código ASCII + 1)
        charsInFile = txtNote.Text.Length
```

```
        For i = 0 To charsInFile - 1
            letter = txtNote.Text.Substring(i, 1)
            'determina o código ASCII e adiciona um a ele
            Encrypt = Encrypt & Chr(Asc(letter) + 1)
        Next
        'grava o texto criptografado no arquivo
        My.Computer.FileSystem.WriteAllText(SaveFileDialog1.FileName, Encrypt, False)
        txtNote.Text = Encrypt
        txtNote.Select(0, 0)   'remove a seleção de texto
        mnuCloseItem.Enabled = True
    Catch ex As Exception
        MsgBox("An error occurred." & vbCrLf & ex.Message)
    End Try
End If
```

Observe especialmente a instrução:

```
Encrypt = Encrypt & Chr(Asc(letter) + 1)
```

que determina o código ASCII da letra atual, adiciona 1 a ele, converte o código ASCII de volta em uma letra e, em seguida, a adiciona à string *Encrypt*.

2. Agora exiba o procedimento de evento *mnuOpenItem_Click* no Code Editor para ver como o programa reverte a criptografia.

   Esse código de programa é quase idêntico àquele do comando Save Encrypted File As, mas, em vez de adicionar 1 ao código ASCII para cada letra, ele subtrai 1. Aqui está o procedimento de evento *mnuOpenItem_Click* completo, com as instruções dignas de nota em negrito:

```
Dim AllText As String
Dim i, charsInFile As Short
Dim letter As Char
Dim Decrypt As String = ""

OpenFileDialog1.Filter = "Text files (*.txt)|*.txt"
If OpenFileDialog1.ShowDialog() = DialogResult.OK Then 'exibe a caixa de diálogo Open
    If My.Computer.FileSystem.FileExists(OpenFileDialog1.FileName) Then
        Try 'abre o arquivo e captura todos os erros usando uma rotina de tratamento
de erros
            AllText = My.Computer.FileSystem.ReadAllText(OpenFileDialog1.FileName)
            'agora, descriptografa a string subtraindo um do código ASCII
            charsInFile = AllText.Length 'obtém o comprimento da string
            For i = 0 To charsInFile - 1 'faz um loop uma vez para cada caractere
                letter = AllText.Substring(i, 1) 'obtém o caractere
                Decrypt = Decrypt & Chr(Asc(letter) - 1) 'subtrai 1
            Next i 'e constrói a nova string
            txtNote.Text = Decrypt 'depois exibe a string convertida
            lblNote.Text = OpenFileDialog1.FileName
            txtNote.Select(0, 0)  'remove a seleção de texto
            txtNote.Enabled = True 'habilita o cursor de texto
            mnuCloseItem.Enabled = True  'ativa o comando Close
            mnuOpenItem.Enabled = False  'desativa o comando Open
        Catch ex As Exception
            MsgBox("An error occurred." & vbCrLf & ex.Message)
        End Try
    End If
End If
```

Esse tipo de criptografia simples poderá ser tudo o que você precisa para ocultar as informações nos seus arquivos de texto. Entretanto, os arquivos criptografados dessa maneira podem facilmente ser decodificados. Procurando equivalentes possíveis para caracteres comuns, como caractere de espaço, determinando a substituição do código ASCII necessária para restaurar o caractere comum e executando a conversão para o arquivo de texto inteiro, uma pessoa experiente em criptografia poderá decifrar prontamente o conteúdo do arquivo. Além disso, esse tipo de criptografia não impede que um usuário mal-intencionado adultere o arquivo – por exemplo, simplesmente excluindo-o se ele estiver desprotegido no sistema ou modificando-o de forma significativa. Mas, se você deseja apenas ocultar informações rapidamente, esse esquema de criptografia simples deve dar conta do recado.

Um passo além: usando o operador *Xor*

O esquema de criptografia anterior é muito seguro para arquivos de texto porque ele substitui o valor do código do caractere ASCII adicionando apenas 1. Entretanto, você deve ter cuidado ao substituir os códigos ASCII por mais de um caractere se for armazenar o resultado como texto em um arquivo de texto. Lembre-se de que os grandes deslocamentos nos códigos ASCII (como adicionar 500 a cada código de caractere) não produzirão caracteres ASCII reais que possam ser descriptografados posteriormente. Por exemplo, adicionar 500 ao código ASCII referente à letra *A* (65) dará como resultado 565. Esse valor não poderá ser traduzido em um caractere por uma função *Chr* e gerará um erro.

Uma maneira de contornar esse problema é converter as letras do seu arquivo em números ao criptografar o arquivo para você reverter a criptografia sem se importar com o tamanho (grande ou pequeno) do número. Se você seguir essa linha de pensamento, poderá aplicar funções matemáticas – multiplicação, logaritmos e assim por diante – aos números desde que saiba como reverter os resultados. Uma ferramenta para criptografar valores numéricos já está incluída no Visual Basic. Essa ferramenta é o operador *Xor*, que executa a operação "ou exclusivo", uma função executada nos bits que compõem o próprio número. O operador *Xor* pode ser observado usando uma função *MsgBox* simples. Por exemplo, a instrução do programa:

```
MsgBox(Asc("A") Xor 50)
```

exibiria um resultado numérico igual a 115 em uma caixa de mensagem quando o compilador do Visual Basic a executasse. Da mesma maneira, a instrução de programa:

```
MsgBox(115 Xor 50)
```

exibiria um resultado igual a 65 em uma caixa de mensagem, o código ASCII referente à letra *A* (nosso valor original). Em outras palavras, o operador *Xor* produz um resultado que pode ser revertido – se o código original *Xor* for usado novamente sobre o resultado da primeira operação. Esse comportamento interessante da função *Xor* é usado em muitos algoritmos de criptografia conhecidos. Ele pode tornar seus arquivos secretos mais difíceis de decodificar.

Execute o programa Xor Encryption agora para ver como o operador *Xor* funciona no utilitário de anotações simples que você está construindo.

Criptografe texto com o operador *Xor*

1. Feche o projeto Encrypt Text e, em seguida, abra o projeto Xor Encryption na pasta C:\Vb10sbs\Chap13\Xor Encryption.
2. Clique no botão Start Debugging para executar o programa.
3. Digite o texto a seguir (ou algum texto de sua preferência) no arquivo de texto criptografado:

   Rothair's Edict (Lombard Italy, c. 643) 296.

   On Stealing Grapes. He who takes more than three grapes from another man's vine shall pay six soldi as compensation. He who takes less than three shall bear no guilt.
4. No menu File, clique no comando Save Encrypted File As e, em seguida, salve o arquivo na pasta C:\Vb10sbs\Chap13 com o nome **Oldlaws.txt**.

   O programa solicita o código de criptografia secreto (um número) que será usado para criptografar o arquivo e descriptografá-lo mais tarde. (Anote-o – você precisará se lembrar desse código para decodificar o arquivo.)

   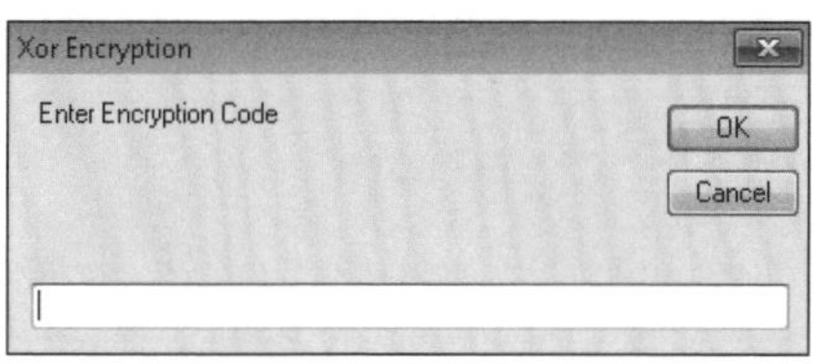

5. Digite **500** ou outro código numérico e pressione ENTER.

   O Visual Basic criptografa o texto usando o operador *Xor* e o armazena no disco como uma série de números. Você não verá qualquer alteração na sua tela, mas fique seguro de que o programa criou um arquivo criptografado no disco. (Você pode verificar isso com um processador ou um editor de texto.)
6. Clique no comando Close no menu File do programa para limpar o texto da caixa de texto.

   Agora você irá restaurar o arquivo criptografado.
7. No menu File, clique no comando Open Encrypted File.
8. Abra a pasta C:\Vb10sbs\Chap13 e, em seguida, clique duas vezes no arquivo Oldlaws.txt.
9. Digite **500** (ou o código de criptografia que você especificou, se for diferente) na caixa de diálogo Xor Encryption quando ela aparecer e, em seguida, clique em OK.

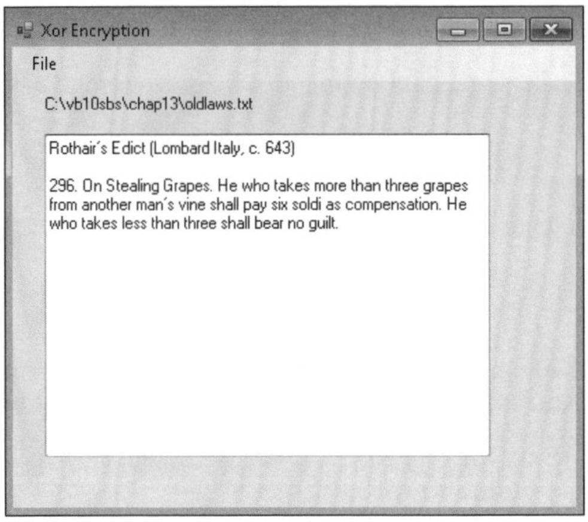

O programa abre o arquivo e restaura o texto usando o operador *Xor* e o código de criptografia que você especificou.

10. No menu File, clique no comando Exit para fechar o programa.

Examinando o código do programa Encryption

O operador *Xor* é usado nos procedimentos de evento *mnuSaveAsItem_Click* e *mnuOpenItem_Click*. Por enquanto, essas rotinas genéricas serão razoavelmente familiares para você. O procedimento de evento *mnuSaveAsItem_Click* consiste nestas instruções de programa (as linhas dignas de nota estão em negrito):

```
Dim letter As Char
Dim strCode As String
Dim i, charsInFile, Code As Short
Dim StreamToWrite As StreamWriter = Nothing

SaveFileDialog1.Filter = "Text files (*.txt)|*.txt"
If SaveFileDialog1.ShowDialog() = DialogResult.OK Then
    Try
        strCode = InputBox("Enter Encryption Code")
        If strCode = "" Then Exit Sub 'se cancel for clicado
        'salva o texto com o esquema de criptografia
        Code = CShort(strCode)
        charsInFile = txtNote.Text.Length
        StreamToWrite = My.Computer.FileSystem.OpenTextFileWriter( _
            SaveFileDialog1.FileName, False)
        For i = 0 To charsInFile - 1
            letter = txtNote.Text.Substring(i, 1)
            'converte para números com Asc, depois usa Xor para criptografar
            StreamToWrite.Write(Asc(letter) Xor Code) 'e salva em arquivo
            'números separados por um espaço
            StreamToWrite.Write(" ")
        Next
        mnuCloseItem.Enabled = True
    Catch ex As Exception
```

```
        MsgBox("An error occurred." & vbCrLf & ex.Message)
    Finally
        If StreamToWrite IsNot Nothing Then
            StreamToWrite.Close()
        End If
    End Try
End If
```

No método *Write* o operador *Xor* é usado para converter cada letra da caixa de texto em um código numérico, que é então salvo no disco um número de cada vez. Os números são separados por espaços.

O resultado final dessa criptografia não é mais textual, mas numérico – garantido para confundir mesmo o bisbilhoteiro mais intrometido. Por exemplo, a captura de tela a seguir mostra o arquivo criptografado produzido pela rotina de criptografia anterior, exibido no Notepad (Bloco de Notas). (Eu ativei a quebra de linhas para que você possa ver todo o código.)

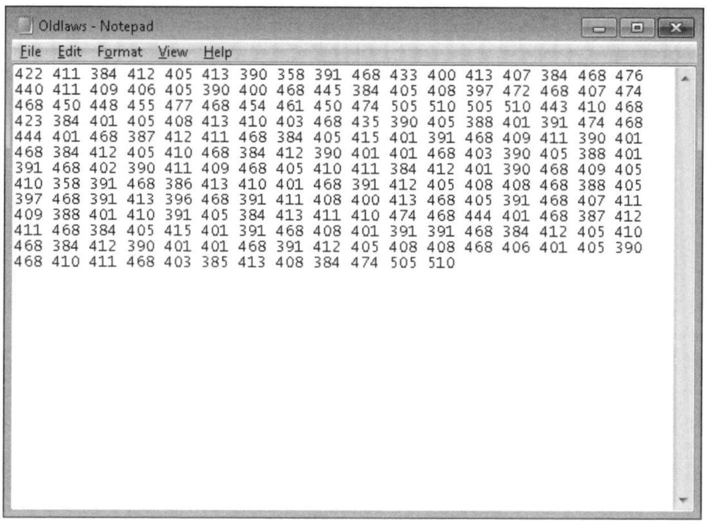

O procedimento de evento *mnuOpenItem_Click* contém as seguintes instruções de programa. (Novamente, preste atenção especial às linhas em negrito.)

```
Dim AllText As String
Dim i As Short
Dim ch As Char
Dim strCode As String
Dim Code, Number As Short
Dim Numbers() As String
Dim Decrypt As String = ""

OpenFileDialog1.Filter = "Text files (*.txt)|*.txt"
If OpenFileDialog1.ShowDialog() = DialogResult.OK Then 'exibe a caixa de diálogo Open
    Try 'abre arquivo e captura quaisquer erros usando a rotina de tratamento de erros
        strCode = InputBox("Enter Encryption Code")
        If strCode = "" Then Exit Sub 'se cancel for clicado
```

```
            Code = CShort(strCode)
            'lê os números criptografados
            AllText = My.Computer.FileSystem.ReadAllText(OpenFileDialog1.FileName)
            AllText = AllText.Trim
            'divide os números em um array baseado em espaços
            Numbers = AllText.Split(" ")
            'executa um loop no array
            For i = 0 To Numbers.Length - 1
                Number = CShort(Numbers(i)) 'converte a string em número
                ch = Chr(Number Xor Code) 'converte com Xor
                Decrypt = Decrypt & ch 'e constrói a string
            Next
            txtNote.Text = Decrypt 'depois exibe a string convertida
            lblNote.Text = OpenFileDialog1.FileName
            txtNote.Select(0, 0)   'remove a seleção de texto
            txtNote.Enabled = True 'habilita o cursor de texto
            mnuCloseItem.Enabled = True  'ativa o comando Close
            mnuOpenItem.Enabled = False  'desativa o comando Open
        Catch ex As Exception
            MsgBox("An error occurred." & vbCrLf & ex.Message)
        End Try
    End If
```

Quando o usuário clica no comando Open Encrypted File, esse procedimento de evento abre o arquivo criptografado, solicita ao usuário um código de criptografia e exibe o arquivo traduzido no objeto caixa de texto. O método *ReadAllText* lê o arquivo criptografado. O método *Split* divide os números como strings em um array e usa o espaço como um separador. O loop *For* lê cada string no array, converte a string em um número e o armazena na variável inteira *Number*. A variável *Number* é, então, combinada com a variável *Code* usando o operador *Xor*, e o resultado é convertido em um caractere usando a função *Chr*. Esses caracteres (armazenados na variável *ch* do tipo *Char*) são, então, concatenados com a variável de string *Decrypt*, que finalmente contém o arquivo de texto descriptografado, conforme mostrado aqui:

```
ch = Chr(Number Xor Code) 'converte com Xor
Decrypt = Decrypt & ch 'e constroi a string
```

Técnicas de criptografia como essa são úteis e podem também ser muito instrutivas. Como a criptografia conta muito com as técnicas de processamento de strings, é uma boa maneira de praticar uma habilidade de programação Visual Basic fundamental e importante. À medida que você ficar mais experiente, poderá também usar os serviços de criptografia fornecidos pelo .NET Framework para acrescentar serviços de criptografia e segurança muito mais sofisticados aos seus programas. Para obter uma introdução a esses tópicos, procure "Cryptographic Tasks" na documentação da Ajuda do Visual Studio. Como esses serviços precisam de um pouco do seu entendimento de classes, contêineres e transações da Internet, eu recomendo que você termine os capítulos das Partes III e IV deste livro antes de experimentá-los.

Bem, agora – parabéns! Se você estudou do Capítulo 5 até aqui, finalizou a parte sobre os fundamentos da programação deste livro e agora está pronto para focar especificamente na criação de interfaces de usuário profissionais em seus programas. Você percorreu um longo caminho no estudo das habilidades de programação em Visual Basic e no uso do IDE do Visual Studio. Faça um pequeno intervalo e nos veremos novamente na Parte III, "Projetando a interface de usuário"!

Referência rápida do Capítulo 13

Para	Faça isto
Exibir uma caixa de diálogo Open	Adicione um controle *OpenFileDialog* ao seu formulário e use o método *ShowDialog* do objeto caixa de diálogo de abrir arquivo. Por exemplo: `If OpenFileDialog1.ShowDialog()= DialogResult.OK Then`

Ler um arquivo de texto usando o namespace *My*	Use o objeto *My.Computer.FileSystem* e o método *ReadAllText*. Por exemplo (assumindo que você também está usando um objeto caixa de diálogo de abrir arquivo denominado *ofd* e um objeto caixa de texto denominado *txtNote*):
	`Dim AllText As String = ""`
	`ofd.Filter = "Text files (*.txt)|*.txt"`
	`If ofd.ShowDialog() = DialogResult.OK Then`
	`    AllText = _`
	`      My.Computer.FileSystem.ReadAllText(ofd.FileName)`
	`    txtNote.Text = AllText 'exibe arquivo`
	`End If`

Ler um arquivo de texto usando a classe *StreamReader*	Adicione a instrução *Imports System.IO* à seção de declaração do seu formulário e, em seguida, use o *StreamReader*. Use o método *ReadToEnd* para ler o arquivo inteiro. Quando tiver terminado, chame o método *Close*. Por exemplo, para exibir o arquivo em um objeto caixa de texto denominado *TextBox1*:
	`Dim StreamToDisplay As StreamReader`
	`StreamToDisplay = New StreamReader( _`
	`  "c:\vb10sbs\chap13\text browser\badbills.txt")`
	`TextBox1.Text = StreamToDisplay.ReadToEnd`
	`StreamToDisplay.Close()`

Ler um arquivo de texto linha por linha	Use *StreamReader* e o método *ReadLine*. Use o método *OpenTextFileReader* do namespace *My* para abrir um *StreamReader*. Para verificar o final do arquivo, use a propriedade *EndOfStream*:
	`Dim AllText As String = "", LineOfText As String = ""`
	`Dim StreamToDisplay As StreamReader`
	`StreamToDisplay = My.Computer.FileSystem.OpenTextFileRea-`
	`der( _`
	`    "C:\vb10sbs\chap13\text browser\badbills.txt")`
	`Do Until StreamToDisplay.EndOfStream 'lê linhas do arquivo`
	`    LineOfText = StreamToDisplay.ReadLine()`
	`    AllText = AllText & LineOfText & vbCrLf`
	`Loop`
	`TextBox1.Text = AllText 'exibe arquivo`
	`StreamToDisplay.Close()`

Exibir uma caixa de diálogo Save As	Adicione um controle *SaveFileDialog* ao seu formulário e use o método *ShowDialog* do objeto caixa de diálogo de salvar arquivo. Por exemplo: `If SaveFileDialog1.ShowDialog() = DialogResult.OK Then`

<table>
<tr><th>Para</th><th>Faça isto</th></tr>
<tr><td>Escrever um arquivo de texto usando o namespace My</td><td>Use o objeto My.Computer.FileSystem e o método WriteAllText. Por exemplo (assumindo que você também está usando um objeto caixa de diálogo de salvar arquivo denominado sfd e um objeto caixa de texto denominado txtNote):

<code>sfd.Filter = "Text files (*.txt)|*.txt"</code>
<code>If sfd.ShowDialog() = DialogResult.OK Then</code>
<code>   My.Computer.FileSystem.WriteAllText(_</code>
<code>   sfd.FileName, txtNote.Text, False)</code>
<code>End If</code></td></tr>
<tr><td>Escrever um arquivo de texto usando a classe StreamWriter</td><td>Acrescente a instrução Imports System.IO à seção de declaração do seu formulário e, em seguida, use StreamWriter. Use o método Write para escrever o texto. Quando tiver terminado, chame o método Close. Por exemplo, para escrever o conteúdo de um objeto caixa de texto denominado TextBox1 em um arquivo:

<code>Dim StreamToWrite As StreamWriter</code>
<code>StreamToWrite = New StreamWriter(_</code>
<code> "c:\vb10sbs\chap13\output.txt")</code>
<code>StreamToWrite.Write(TextBox1.Text)</code>
<code>StreamToWrite.Close()</code></td></tr>
<tr><td>Escrever um arquivo de texto linha por linha</td><td>Use StreamWriter e o método WriteLine. Use o método OpenTextFileWriter do namespace My para abrir um StreamWriter:

<code>Dim LineOfText As String = ""</code>
<code>Dim StreamToWrite As StreamWriter</code>
<code>StreamToWrite = My.Computer.FileSystem.OpenTextFileWriter(</code>
<code>_</code>
<code>   "C:\vb10sbs\chap13\output.txt", False)</code>
<code>LineOfText = InputBox("Enter line")</code>
<code>Do Until LineOfText = ""</code>
<code>   StreamToWrite.WriteLine(LineOfText)</code>
<code>   LineOfText = InputBox("Enter line")</code>
<code>Loop</code>
<code>StreamToWrite.Close()</code></td></tr>
<tr><td>Processar strings</td><td>Use a classe String. Alguns dos membros da classe String são:

■ Compare ■ Remove
■ CompareTo ■ Replace
■ Contains ■ StartsWith
■ EndsWith ■ Substring
■ IndexOf ■ ToLower
■ Insert ■ ToUpper
■ Length ■ Trim</td></tr>
<tr><td>Converter uma string com separadores em um array</td><td>Use o método Split da classe String. Por exemplo:

<code>Dim AllText As String = "a*b*c*1*2*3"</code>
<code>Dim strArray() As String</code>
<code>strArray = AllText.Split("*")</code>
<code>'strArray = {"a", "b", "c", "1", "2", "3"}</code></td></tr>
</table>

Para	Faça isto
Converter os caracteres de texto em códigos ASCII	Utilize a função *Asc*. Por exemplo: `Dim Code As Short Code = Asc("A") 'Code é igual a 65`

Converter os códigos ASCII em caracteres de texto	Utilize a função *Chr*. Por exemplo:
	`Dim Letter As Char`
	`Letter = Chr(65) 'Letter contém "A"`

Criptografar texto	Use o operador *Xor* e um código de criptografia definido pelo usuário. Por exemplo, esse bloco de código usa *Xor* e um código de usuário para criptografar o texto da caixa de texto *txtNote* e salvá-lo no arquivo encrypt.txt como uma série de números:
	`strCode = InputBox("Enter Encryption Code")`
	`Code = CShort(strCode)`
	`charsInFile = txtNote.Text.Length`
	`StreamToWrite = My.Computer.FileSystem.OpenTextFileWriter( _`
	`  SaveFileDialog1.FileName, False)`
	`For i = 0 To charsInFile - 1`
	`    letter = txtNote.Text.Substring(i, 1)`
	`    StreamToWrite.Write(Asc(letter) Xor Code)`
	`    StreamToWrite.Write(" ")`
	`Next`
	`StreamToWrite.Close()`

Descriptografar texto	Solicite o código que o usuário escolheu para criptografar o texto e use *Xor* para descriptografá-lo. Por exemplo, este bloco de código usa *Xor* e um código de usuário para inverter a criptografia criada no exemplo anterior:
	`strCode = InputBox("Enter Encryption Code")`
	`Code = CShort(strCode)`
	`AllText = My.Computer.FileSystem.ReadAllText( _`
	`  OpenFileDialog1.FileName)`
	`Numbers = AllText.Split(" ")`
	`For i = 0 To Numbers.Length - 1`
	`    Number = CShort(Numbers(i))`
	`    ch = Chr(Number Xor Code)`
	`    Decrypt = Decrypt & ch`
	`Next`
	`txtNote.Text = Decrypt`

Parte III

Projetando a interface de usuário

Na Parte II, você aprendeu muitas das habilidades básicas de desenvolvimento necessárias para escrever aplicativos em Microsoft Visual Basic. Você aprendeu a utilizar variáveis, operadores, estruturas de decisão e o Microsoft .NET Framework; a gerenciar fluxo de código com loops, timers, procedimentos e rotinas de tratamento de erro estruturadas; a depurar seus programas; e a organizar as informações com técnicas de processamento de arrays, coleções, arquivos de texto e strings.

Cada exercício trabalhado até aqui se concentrou em uma ou mais dessas habilidades básicas em um programa independente simples. Programas do mundo real raramente são tão simples. Eles normalmente exigem combinar as técnicas de várias maneiras e com vários aprimoramentos. Com frequência, seus programas exigirão múltiplos formulários, utilizados como caixas de diálogo, formulários de entrada e saída, relatórios e outros elementos. Como o Visual Basic trata cada formulário como um objeto separado, você pode pensar neles como blocos de construção simples que podem ser combinados para criar programas poderosos.

Na Parte III, você focará novamente na interface de usuário e aprenderá a adicionar projetos multiformulários, efeitos de animação, herança visual e suporte de impressão a seus aplicativos Visual Basic.

Capítulo 14

Gerenciando formulários Windows e controles em tempo de execução

Neste capítulo, você vai aprender a:

- Adicionar novos formulários a um programa e alternar múltiplos formulários.
- Alterar a posição de um formulário na área de trabalho do Windows.
- Adicionar controles a um formulário em tempo de execução.
- Alterar o alinhamento de objetos dentro de um formulário em tempo de execução.
- Usar o Project Designer para especificar o formulário de inicialização.

Neste capítulo, você aprenderá a acrescentar formulários adicionais a um aplicativo a fim de tratar entrada, saída e mensagens especiais. Você também aprenderá a utilizar os objetos *Me* e *My.Forms* para alternar formulários, utilizar a propriedade *DesktopBounds* para redimensionar um formulário, adicionar controles da Toolbox a um formulário em tempo de execução, alterar o alinhamento de objetos dentro de um formulário e a especificar qual formulário executar quando um programa é iniciado.

Adicionando novos formulários a um programa

Todos os programas que você escreveu até agora utilizavam um formulário e uma série de caixas de diálogo de uso geral para entrada e saída. Em muitos casos, caixas de diálogo e um formulário são suficientes para comunicação com o usuário. Mas, se precisar trocar informações adicionais com o usuário de uma maneira personalizada, você pode acrescentar formulários adicionais ao seu programa. Cada novo formulário é considerado um objeto que herda suas capacidades da classe *System.Windows.Forms.Form*. Por padrão, o primeiro formulário em um programa chama-se Form1.vb. Formulários subsequentes são chamados Form2.vb, Form3.vb e assim por diante. (Você pode alterar o nome específico de um formulário utilizando a caixa de diálogo Add New Item ou utilizando o Solution Explorer.) Cada novo formulário tem um nome único e seu próprio conjunto de objetos, propriedades, métodos e procedimentos de evento.

A Tabela 14-1 lista várias utilizações práticas para formulários adicionais em seus programas.

Tabela 14-1 Utilizações práticas para formulários adicionais

Formulário ou formulários	Descrição
Formulário introdutório	Formulário que exibe uma mensagem de boas-vindas, imagem ou informação de direitos autorais quando o programa inicia
Instruções do programa	Formulário que exibe informações e dicas sobre como o programa funciona
Caixas de diálogo	Caixas de diálogo personalizadas que aceitam entrada e exibem saída no programa
Conteúdos de documento	Formulário que exibe o conteúdo de um ou mais arquivos e imagem utilizados no programa

Como os formulários são utilizados

O Visual Basic oferece uma flexibilidade significativa no uso de formulários. Você pode tornar todos os formulários em um programa visíveis ao mesmo tempo ou pode carregar e descarregar formulários à medida que o programa precisa deles. Se exibir mais de um formulário por vez, você pode permitir ao usuário alternar os formulários ou pode controlar a ordem em que os formulários são usados. Um formulário que deve ser respondido quando aparece na tela é chamado caixa de diálogo. As caixas de diálogo (às vezes chamadas *formulários modais*) retêm o foco até que o usuário clique em OK, clique em Cancelar ou de outro modo se livre delas. Para exibir um formulário existente como uma caixa de diálogo no Visual Basic, abra-o usando o método *ShowDialog*.

Se quiser exibir um formulário do qual o usuário pode sair sem fechar, utilize o método *Show* em vez do método *ShowDialog*. (Os formulários que podem perder o foco do aplicativo são algumas vezes também chamados de *formulários não modais* ou *formulários amodais*.) A maioria dos aplicativos Windows utiliza formulários não modais comuns ao exibir informações porque fornecem mais flexibilidade ao usuário, portanto, esse estilo é o padrão ao criar um formulário novo no Microsoft Visual Studio. Como formulários são simplesmente membros da classe *System.Windows.Forms.Form*, você também pode criar e exibir formulários utilizando código de programa.

Trabalhando com múltiplos formulários

Os exercícios a seguir demonstram como usar um segundo formulário para exibir as informações de ajuda para o programa Lucky Seven com que você trabalhou no Capítulo 2, "Escrevendo seu primeiro programa", e no Capítulo 10, "Criando módulos e procedimentos". Você adicionará um segundo formulário usando o comando Add Windows Form no menu Project e exibirá o formulário em seu código de programa utilizando o namespace *My* e o método *ShowDialog*. O segundo formulário exibirá um arquivo Readme.txt curto que criei para mostrar ajuda e informações de direitos autorais para o programa (o tipo de informação que você geralmente vê em uma caixa de diálogo Sobre ou Ajuda).

Adicione um segundo formulário

1. Inicie o Visual Studio e abra o projeto Lucky Seven Help na pasta C:\Vb10sbs\Chap14\Lucky Seven Help.

   O projeto Lucky Seven Help é o mesmo jogo da máquina caça-níqueis que você construiu no Capítulo 10. O programa usa um módulo e uma função para calcular a proporção de vitórias à medida que você tenta obter um ou mais 7s.

2. Exiba o formulário principal (LuckySeven.vb) no Designer, se ele já não estiver visível.

3. Clique no comando Add Windows Form no menu Project para adicionar um segundo formulário ao projeto.

Você verá uma caixa de diálogo similar à seguinte:

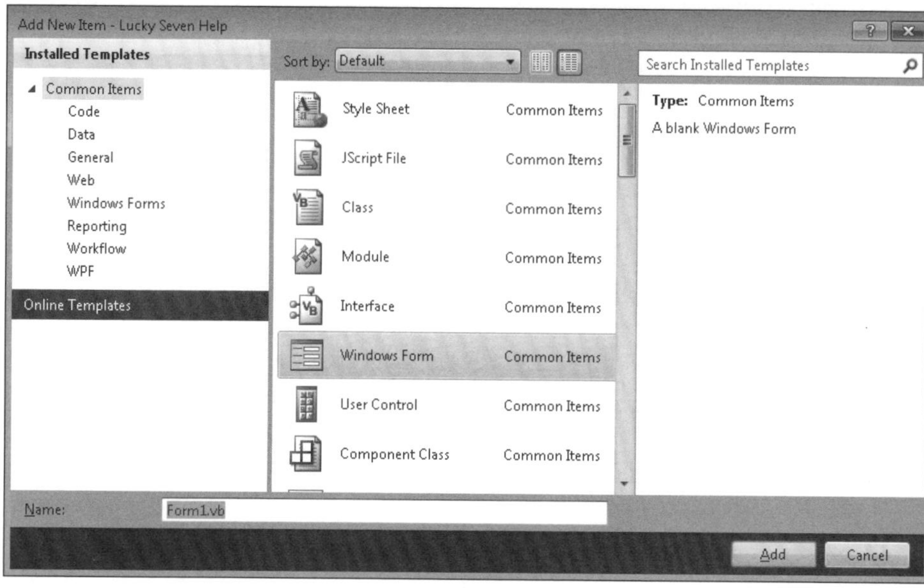

Utilize a caixa de diálogo Add New Item para adicionar formulários, classes, módulos e outros componentes ao seu projeto em Visual Basic. Embora você tenha selecionado o comando Add Windows Form, os formulários não são os únicos componentes listados aqui. (Entretanto, o modelo Windows Form aparece selecionado por padrão.) Para visualizar os modelos disponíveis por categoria, clique nos itens no painel esquerdo da caixa de diálogo Add New Item.

> **Dica** Recomendo especialmente que você experimente o modelo Form Explorer na categoria Windows Form, que permite adicionar um navegador no estilo do Windows Explorer a seu aplicativo, completo com menus, barra de ferramentas e um painel de hierarquia de pastas.

4. Digite **HelpInfo.vb** na caixa de texto Name e então clique em Add.

   Um segundo formulário chamado HelpInfo.vb é adicionado ao projeto Lucky Seven Help e o formulário abre no Solution Explorer, como mostrado aqui:

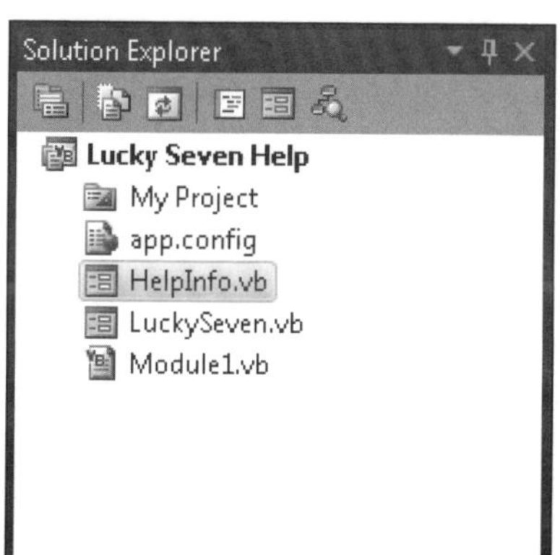

> **Dica** Você pode renomear ou excluir arquivos de formulário usando o Solution Explorer. Para renomear um arquivo, clique com o botão direito do mouse no arquivo e, então, clique no comando Rename. Para remover um arquivo do projeto, clique com o botão direito do mouse no arquivo e, então, clique no comando Exclude From Project. (Entretanto, esse comando não está disponível no Visual Basic 2010 Express.) Para remover um arquivo de seu projeto e excluí-lo permanentemente do computador, selecione o arquivo e, então, pressione DELETE.

Agora você adicionará alguns controles ao formulário HelpInfo.vb.

5. Utilize o controle *Label* para criar um rótulo na parte superior do formulário HelpInfo.vb. Coloque o rótulo próximo à borda esquerda do formulário, mas deixe um pequeno recuo de modo que haja espaço para um rótulo descritivo.
6. Utilize o controle *TextBox* para criar um objeto caixa de texto.
7. Configure a propriedade *Multiline* do objeto caixa de texto como True para poder redimensionar o objeto facilmente.
8. Redimensione o objeto caixa de texto de modo que ele cubra a maior parte do formulário.
9. Utilize o controle *Button* para criar um botão na parte inferior do formulário.
10. Configure as seguintes propriedades para os objetos no formulário HelpInfo.vb:

Objeto	Propriedade	Configuração
Label1	*Text*	"Operating Instructions for Lucky Seven Slot Machine"
TextBox1	*Scrollbars*	Vertical
Button1	*Text*	"OK"
HelpInfo.vb	*Text*	"Help"

O formulário HelpInfo.vb assemelha-se a este:

Agora, você vai inserir uma linha de código de programa para o procedimento de evento *Button1_Click* do formulário HelpInfo.vb.

11. Dê um clique duplo em OK para exibir o procedimento de evento *Button1_Click* no Code Editor.

12. Digite a seguinte instrução de programa:

```
Me.DialogResult = DialogResult.OK
```

O formulário HelpInfo.vb funciona como uma caixa de diálogo nesse projeto porque o formulário Lucky Seven o abre usando o método *ShowDialog*. Depois que o usuário leu as informações de ajuda exibidas pela caixa de diálogo, ele clicará em OK, o que configura a propriedade *DialogResult* do formulário atual como DialogResult.OK. (A palavra-chave *Me* é utilizada aqui para referir-se ao formulário HelpInfo.vb e você verá essa sintaxe abreviada casualmente quando uma referência estiver sendo feita para a atual *instância* de uma classe ou estrutura em que o código está executando.)

DialogResult.OK é uma constante do Visual Basic que indica que a caixa de diálogo foi fechada e deve retornar um valor de "OK" para o procedimento chamador. Uma caixa de diálogo mais sofisticada talvez permita que outros valores sejam retornados por procedimentos de evento de botão paralelos, como *DialogResult.Cancel*, *DialogResult.No* e *DialogResult.Yes*. Quando a propriedade *DialogResult* é configurada, porém, o formulário é fechado automaticamente.

13. Na parte superior do Code Editor, digite a seguinte instrução *Imports* acima da declaração *Public Class*:

```
Imports System.IO
```

Essa instrução facilita referenciar a classe *StreamReader* no seu código. A classe *StreamReader* não está especificamente relacionada com definir ou utilizar formulários adicionais – estou apenas a utilizando como uma maneira rápida de adicionar informações textuais ao novo formulário que estou criando.

14. Exiba o formulário HelpInfo.vb novamente e dê um clique duplo no segundo plano, ou fundo, do formulário.

O procedimento de evento *HelpInfo_Load* aparece no Code Editor. Esse é o procedimento de evento que executa quando o formulário é carregado pela primeira vez na memória e exibido na tela.

15. Digite as seguintes instruções de programa:

```
Dim StreamToDisplay As StreamReader
StreamToDisplay = _
  New StreamReader("c:\vb10sbs\chap14\lucky seven help\readme.txt")
TextBox1.Text = StreamToDisplay.ReadToEnd
StreamToDisplay.Close()
TextBox1.Select(0, 0)
```

Em vez de digitar o conteúdo do arquivo de ajuda na propriedade *Text* do objeto caixa de texto (o que levaria muito tempo), usei a classe *StreamReader* para abrir, ler e exibir um arquivo Readme.txt no objeto caixa de texto apropriado. Esse arquivo contém instruções operacionais e informações de contato gerais.

A classe *StreamReader* foi introduzida no Capítulo 13, "Explorando arquivos de texto e processamento de strings", mas talvez você não a tenha experimentado ainda. Como você aprendeu, *StreamReader* é uma alternativa do .NET Framework a abrir um arquivo de texto com o objeto *My.Computer.FileSystem*. Para tornar mais fácil o uso de *StreamReader* no código, inclua o namespace *System. IO* na parte superior do código para seu formulário. Em seguida, declare uma variável *StreamToDisplay* do tipo *StreamReader* para armazenar o conteúdo do arquivo de texto e abra o arquivo de texto usando um caminho específico. Por fim, você lê o conteúdo do arquivo de texto e o transfere para a variável *StreamToDisplay* utilizando o método *ReadToEnd*, que lê todo o texto no arquivo a partir da localização atual (o início do arquivo de texto) até o fim do arquivo de texto, e o atribui à propriedade *Text* do objeto caixa de texto. A instrução *StreamReader.Close* fecha o arquivo de texto e o método *Select* remove a seleção do texto no objeto caixa de texto.

Você conclui o trabalho com o formulário HelpInfo.vb. Agora você adicionará um objeto botão e algum código ao formulário LuckySeven.vb.

Exiba o segundo formulário utilizando um procedimento de evento

1. Clique em LuckySeven.vb no Solution Explorer e clique no botão View Designer.

   O formulário Lucky Seven.vb abre no Integrated Development Environment (IDE). Agora você adicionará um botão Help à interface de usuário.

2. Utilize o controle *Button* para desenhar um pequeno objeto botão no canto inferior direito do formulário.

3. Utilize a janela Properties para configurar a propriedade *Text* do objeto botão como "Help".

   Seu formulário agora deve se parecer com a tela a seguir:

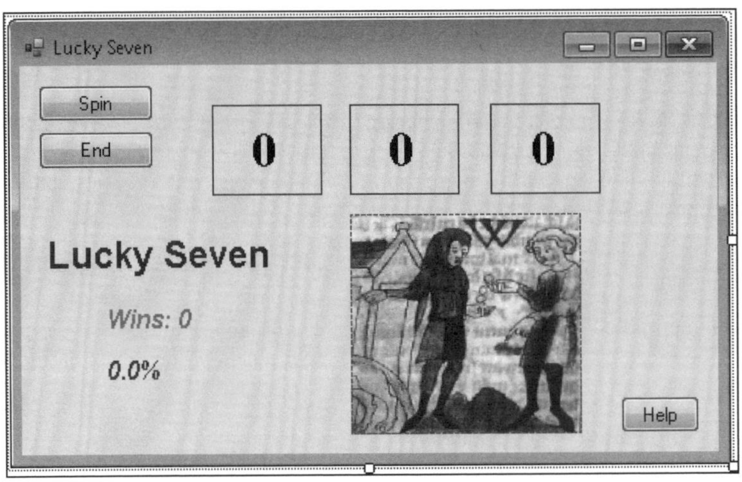

4. Dê um clique duplo no botão Help para exibir o procedimento de evento *Button3_Click* no Code Editor.

5. Digite a seguinte instrução de programa:

```
My.Forms.HelpInfo.ShowDialog()
```

   Essa instrução usa o namespace *My* (introduzido no Capítulo 13) para acessar os formulários ativos dentro do projeto atual. À medida que você digita a instrução, o recurso Microsoft IntelliSense lista os formulários disponíveis na coleção *Forms*, como mostrado na captura de tela a seguir:

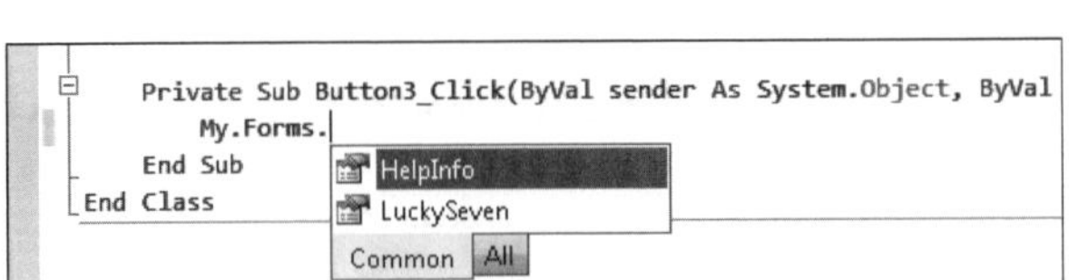

Observe que você também pode abrir e manipular formulários diretamente utilizando a seguinte sintaxe:

```
HelpInfo.ShowDialog()
```

Essa instrução abre o formulário HelpInfo.vb como uma caixa de diálogo utilizando o método *ShowDialog*.

Ou você pode usar o método *Show* para abrir o formulário, mas, nesse caso, o Visual Basic não irá considerar HelpInfo.vb como uma caixa de diálogo; o formulário é não modal, do qual o usuário pode sair sem fechar e retornar conforme necessário. Além disso, a propriedade *DialogResult* no procedimento de evento *Button1_Click* do formulário HelpInfo.vb não fecha o formulário HelpInfo.vb. Em vez disso, é requerida a instrução de programa *Me.Close*.

> **Dica** Tenha em mente as diferenças entre formulários modais e não modais à medida que constrói seus próprios projetos. Há diferenças entre cada tipo de formulário e você descobrirá que cada estilo fornece um benefício para o usuário.

Agora você executará o programa para ver como um aplicativo de múltiplos formulários funciona.

Execute o programa

1. Clique no botão Start Debugging na barra de ferramentas Standard.

   O primeiro formulário, LuckySeven.vb, no projeto Lucky Seven aparece.

2. Clique no botão Spin sete ou oito vezes para executar o jogo.

   Sua tela deve se parecer com esta:

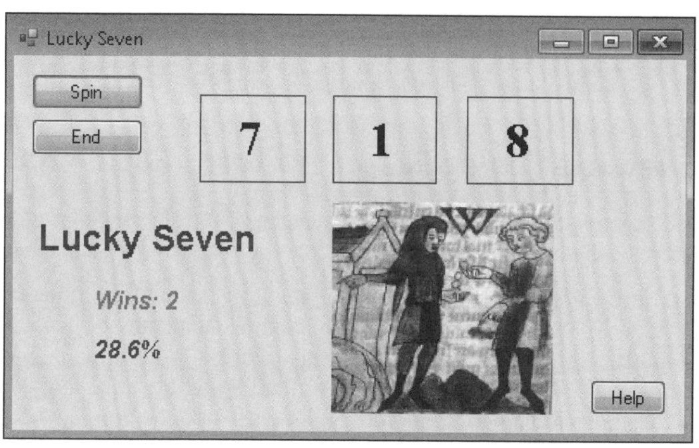

3. Clique no botão Help.

   O Visual Basic abre o segundo formulário no projeto, HelpInfo.vb, e exibe o arquivo Readme.txt no objeto caixa de texto. O formulário se parece com este:

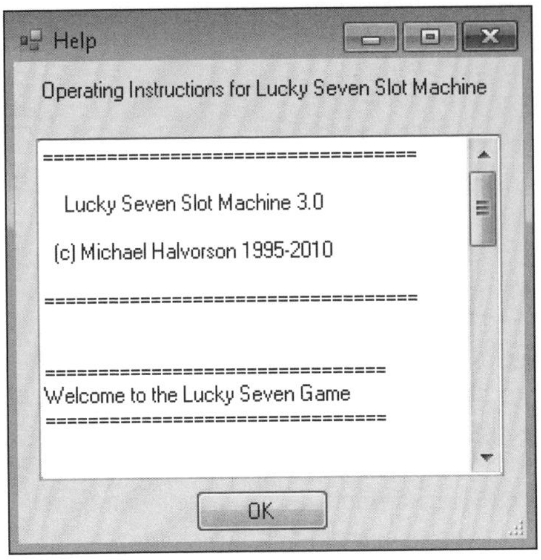

4. Utilize a barra de rolagem vertical para visualizar o arquivo Readme inteiro.
5. Tente clicar no botão Spin no formulário LuckySeven.vb.

   Observe que você não pode ativar o formulário LuckySeven.vb enquanto o formulário HelpInfo.vb estiver ativo. Como o formulário HelpInfo.vb é uma caixa de diálogo (um formulário modal), você deve responder-lhe antes de poder continuar com o programa.
6. Clique em OK para fechar o formulário HelpInfo.vb.

   O formulário é fechado e o formulário LuckySeven.vb torna-se ativo novamente.
7. Clique no botão Spin algumas vezes mais e, em seguida, clique no botão Help novamente.

   O formulário HelpInfo.vb abre novamente e é totalmente funcional.
8. Clique em OK e em End no formulário LuckySeven.vb.

   O programa para e o ambiente de desenvolvimento retorna.

Utilizando a propriedade *DialogResult* no formulário chamador

Embora não tenha sido demonstrado no programa de exemplo, você pode usar a propriedade *DialogResult* que atribuiu à caixa de diálogo para obter um excelente efeito em um programa Visual Basic.

Como mencionei anteriormente, uma caixa de diálogo mais sofisticada pode fornecer botões adicionais para o usuário – Cancel, Yes, No, Abort e assim por diante. Cada botão de caixa de diálogo pode ser associado com um tipo de ação diferente no programa principal. E em cada um dos procedimentos de evento de botão da caixa de diálogo, você pode atribuir a propriedade *DialogResult* do formulário que corresponde ao nome do botão, como na seguinte instrução de programa:

```
Me.DialogResult = DialogResult.Cancel 'o usuário clicou no botão Cancel
```

No procedimento de evento chamador – em outras palavras, no procedimento *Button3_Click* de LuckySeven.vb – você pode escrever código de programa adicional para detectar em que botão o usuário clicou na caixa de diálogo. Essas informações são armazenadas na propriedade *DialogResult* do formulário, que pode ser avaliada usando uma estrutura de decisão básica como *If...Then* ou *Select...Case*.

Por exemplo, o código a seguir pode ser utilizado no procedimento de evento *Button3_Click* para verificar se o usuário clicou em OK, Cancel ou outro botão na caixa de diálogo. (A primeira linha não é nova, mas lembra o nome do formulário HelpInfo que você está utilizando nesse exemplo.)

```
My.Forms.HelpInfo.ShowDialog()

If HelpInfo.DialogResult = DialogResult.OK Then
    MsgBox("The user clicked OK") 'Usuário clicou OK
ElseIf HelpInfo.DialogResult = DialogResult.Cancel Then
    MsgBox("The user clicked Cancel") 'Usuário clicou Cancelar
Else
    MsgBox("Another button was clicked") 'Usuário clicou em outro botão
End If
```

Utilizando procedimentos de evento criativos que declaram, abrem e processam escolhas de caixa de diálogo, você pode adicionar qualquer número de formulários aos seus programas e pode criar uma interface de usuário profissional, flexível e amigável ao usuário.

Posicionando formulários na área de trabalho do Windows

Você aprendeu a adicionar formulários a seu projeto em Visual Basic e a abrir e fechar formulários utilizando código de programa. Mas qual ferramenta ou configuração determina o posicionamento de formulários na área de trabalho do Windows quando seu programa executa? Como pode ter notado, o posicionamento de formulários na tela em tempo de execução é diferente daquele de formulários dentro do ambiente de desenvolvimento Visual Studio em tempo de projeto. Nesta seção, você aprenderá a posicionar seus formulários exatamente onde você os quer em tempo de execução de modo que os usuários vejam somente o que você quer que eles vejam.

A ferramenta que você utiliza não é uma janela de layout gráfico, mas uma propriedade chamada *DesktopBounds* que é mantida para cada formulário em seu projeto. *DesktopBounds* pode ser lida ou configurada somente em tempo de execução e aceita as dimensões de um retângulo como um argumento – isto é, dois pares de pontos que especificam as coordenadas dos cantos superior esquerdo e inferior direito da janela. Os pontos de coordenadas são expressos em pixels e as distâncias em relação aos cantos superior esquerdo e inferior direito são medidas a partir do canto superior esquerdo da tela. (Você aprenderá mais sobre o sistema de coordenadas do Visual Basic no próximo capítulo.) Como a propriedade *DesktopBounds* aceita uma estrutura retangular como um argumento, você pode configurar tanto o tamanho como a localização do formulário na área de trabalho do Windows.

Além da propriedade *DesktopBounds*, você pode utilizar um mecanismo mais simples com menos capacidades para configurar a localização de um formulário em tempo de projeto. Esse mecanismo, a propriedade *StartPosition*, posiciona um formulário na área de trabalho do Windows utilizando uma das seguintes configurações de propriedade: Manual, CenterScreen, WindowsDefaultLocation, WindowsDefaultBounds ou CenterParent. A configuração padrão para a propriedade *StartPosition*, *WindowsDefaultLocation*, deixa o Windows posicionar o formulário na área de trabalho onde ele escolher – normalmente o canto superior esquerdo da tela.

Se configurar *StartPosition* como *Manual*, você pode configurar manualmente a localização do formulário utilizando a propriedade *Location*, em que o primeiro número (*x*) é a distância em relação à borda esquerda da tela, e o segundo número (*y*) é a distância em relação à borda superior da tela. (Você aprenderá mais sobre a propriedade *Location* no próximo capítulo.) Se configurar *StartPosition* como *CenterScreen*, o formulário abre no meio da área de trabalho do Windows. (Essa é minha configuração preferida para *StartPosition*.) Se configurar *StartPosition* como WindowsDefaultBounds, o formulário é redimensionado para se ajustar ao tamanho padrão de janela de um aplicativo Windows e então o formulário é aberto na localização padrão de um novo formulário Windows. Se configurar *StartPosition* como CenterParent, o formulário é centralizado dentro do formulário pai. Essa configuração final é especialmente útil em aplicativos chamados de interface de múltiplos documentos (multiple document interface – MDI) em que janelas pai e filhas têm um relacionamento especial.

Os seguintes exercícios mostram como você pode configurar as propriedades *StartPosition* e *DesktopBounds* para posicionar um formulário no Visual Basic. Você pode utilizar qualquer uma dessas técnicas para posicionar seus formulários na área de trabalho do Windows em tempo de execução.

Utilize a propriedade *StartPosition* para posicionar o formulário

1. Clique no comando Close Project no menu File e crie um novo projeto Windows Forms Application chamado **My Desktop Bounds**.
2. Se o formulário do projeto não estiver visível, exiba-o agora.
3. Clique no formulário para exibir suas propriedades na janela Properties.
4. Configure a propriedade *StartPosition* como CenterScreen.

   Alterar a propriedade *StartPosition* para CenterScreen faz com que o Visual Basic exiba o formulário no centro da área de trabalho do Windows quando você executa o programa.
5. Clique no botão Start Debugging para executar o aplicativo.

   O Visual Basic carrega o formulário e o exibe no meio da tela, como mostrado a seguir:

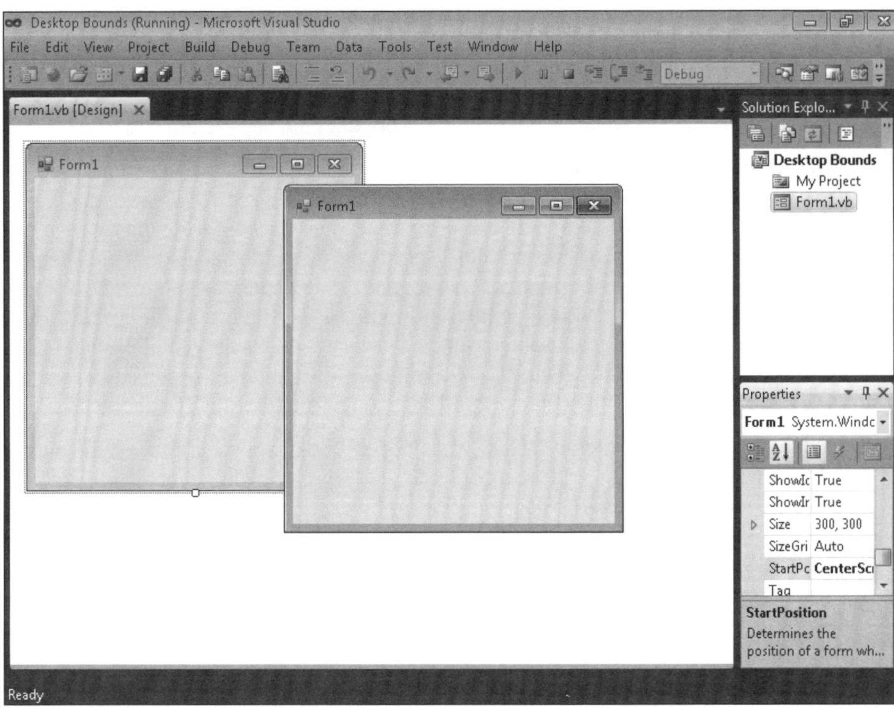

6. Clique no botão Close no formulário a fim de parar o programa.

   O IDE retorna.
7. Configure a propriedade *StartPosition* como Manual.

   A configuração de propriedade *Manual* instrui o Visual Basic a posicionar o formulário com base nos valores da propriedade *Location*.
8. Configure a propriedade *Location* como 100, 50.

   A propriedade *Location* especifica a posição, em pixels, do canto superior esquerdo do formulário.

9. Clique no botão Start Debugging para executar o aplicativo.

   O Visual Basic carrega o formulário e exibe-o na área de trabalho do Windows a 100 pixels da margem esquerda e 50 pixels da margem superior, como mostrado na captura de tela a seguir:

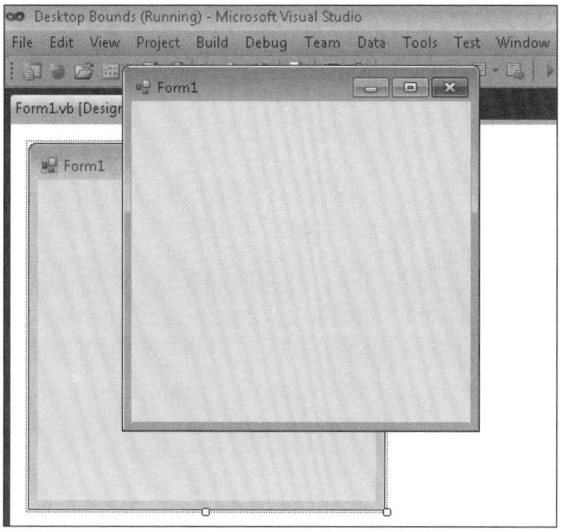

10. Clique no botão Close no formulário para fechar o programa.

Você experimentou algumas configurações básicas de *StartPosition* para posicionar um formulário em tempo de execução. Agora você utilizará a propriedade *DesktopBounds* para dimensionar e posicionar uma segunda janela de formulário enquanto o programa está executando. Você também aprenderá a criar um formulário novo em tempo de execução sem usar o comando Add Windows Form no menu Project.

Configure a propriedade *DesktopBounds*

1. Utilize o controle *Button* para adicionar um objeto botão ao formulário e altere a propriedade *Text* do objeto botão para "Create Form".
2. Dê um clique duplo no botão Create Form para exibir o procedimento de evento *Button1_Click* no Code Editor.
3. Digite o seguinte código de programa:

```
'Cria um segundo formulário chamado form2
Dim form2 As New Form

'Define a propriedade Text e o estilo de borda do formulário
form2.Text = "My New Form"
form2.FormBorderStyle = FormBorderStyle.FixedDialog

'Especifica que a posição do formulário será configurada manualmente
form2.StartPosition = FormStartPosition.Manual

'Declara uma estrutura Rectangle para armazenar as dimensões do formulário
'Canto esquerdo superior do formulário (200, 100)
'Largura e altura do formulário (300, 250)
Dim Form2Rect As New Rectangle(200, 100, 300, 250)

'Configura os limites do formulário utilizando o objeto Rectangle
```

```
form2.DesktopBounds = Form2Rect
'Exibe o formulário como uma caixa de diálogo modal
form2.ShowDialog()
```

Quando o usuário clicar no botão Create Form, esse procedimento de evento criará um formulário novo com o título "My New Form" e um estilo de borda fixo. Para utilizar código de programa a fim de criar um formulário novo, você emprega a instrução *Dim* e especifica um nome de variável para o formulário e a classe *Form*, que é automaticamente incluída em projetos como parte do namespace *System.Windows.Forms*. Em seguida, você pode configurar propriedades como *Text*, *FormBorderStyle*, *StartPosition* e *DesktopBounds*.

A propriedade *StartPosition* é configurada como *FormStartPosition.Manual* para indicar que a posição será configurada manualmente. A propriedade *DesktopBounds* dimensiona e posiciona o formulário e exige um argumento do tipo *Rectangle*. O tipo *Rectangle* é uma estrutura que define uma região retangular e é automaticamente incluído em projetos do Visual Basic. Usando a instrução *Dim*, a variável *Form2Rect* é declarada como sendo do tipo *Rectangle* e inicializada com os valores da posição e tamanho do formulário. Na parte inferior do procedimento de evento, o novo formulário é aberto como uma caixa de diálogo utilizando o método *ShowDialog*.

Embora eu normalmente recomende colocar as instruções *Dim* juntas na parte superior do formulário, aqui coloquei-as um pouco mais abaixo no código para melhor entendimento do contexto e utilização da variável.

> **Dica** O programa Desktop Bounds completo encontra-se na pasta C:\Vb10sbs\Chap14\DesktopBounds.

4. Clique no botão Start Debugging para executar o programa.

   O Visual Basic exibe o primeiro formulário na área de trabalho.

5. Clique no botão Create Form.

   O Visual Basic exibe caixa de diálogo My New Form com o tamanho e a posição especificados no código de programa, como mostrado aqui:

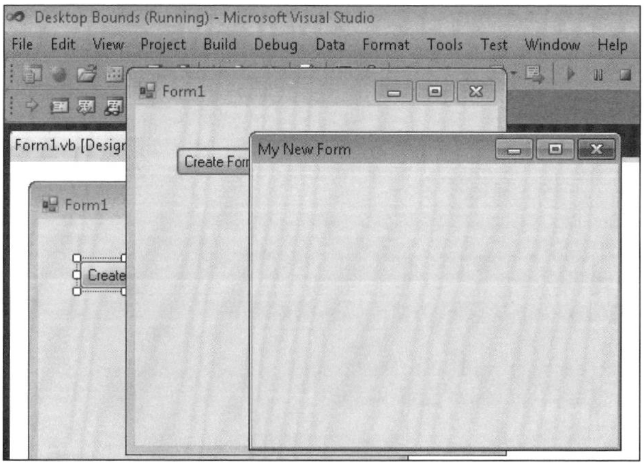

   Observe que você não pode redimensionar o segundo formulário porque o *FormBorderStyle* foi configurado como *FixedDialog*.

6. Feche o segundo formulário e depois feche o primeiro.

   Seu programa para de executar e o IDE retorna.

7. Clique no botão Save All e especifique a pasta C:\Vb10sbs\Chap14 como a localização.

Minimizando, maximizando e restaurando janelas

Além de estabelecer o tamanho e a localização de um formulário Visual Basic, você pode minimizar um formulário na barra de tarefas do Windows, maximizar um formulário de modo que ele ocupe a tela inteira ou restaurar um formulário para sua forma normal. Essas configurações podem ser alteradas em tempo de projeto ou em tempo de execução com base nas condições atuais do programa.

Para permitir que um formulário seja minimizado e maximizado, você deve primeiro verificar se as caixas de minimizar e maximizar do formulário estão disponíveis. Utilizando a janela Properties ou código de programa, você especifica as seguintes configurações:

```
form2.MaximizeBox = True
form2.MinimizeBox = True
```

Então, em código de programa ou utilizando a janela Properties, você configura a propriedade *WindowState* do formulário como *Minimized, Maximized* ou *Normal*. (Em código, você precisa adicionar a constante *FormWindowState*, como mostrado a seguir.) Por exemplo, a seguinte instrução de programa minimiza form2 na barra de tarefas do Windows:

```
form2.WindowState = FormWindowState.Minimized
```

Se quiser controlar o tamanho máximo ou mínimo de um formulário, configure as propriedades *MaximumSize* ou *MinimumSize* em tempo de projeto utilizando a janela Properties. Para configurar *MaximumSize* ou *MinimumSize* no código, você precisará empregar uma estrutura *Size* (que é semelhante à estrutura *Rectangle* utilizada no exercício anterior), como mostrado aqui:

```
Dim FormSize As New Size(400, 300)
form2.MaximumSize = FormSize
```

Adicionando controles a um formulário em tempo de execução

Por todo este livro, você adicionou objetos a formulários utilizando a Toolbox e o Designer. Mas, como o exercício anterior demonstrou, você também pode criar objetos Visual Basic em formulários em tempo de execução, quer para economizar tempo de desenvolvimento (se você estiver copiando rotinas que utilizou anteriormente) ou para responder a uma necessidade atual no programa. Por exemplo, você talvez queira gerar uma caixa de diálogo simples contendo objetos que processam entrada somente sob certas condições.

Criar objetos é muito simples porque as classes fundamentais que definem controles na Toolbox estão disponíveis para todos os programas. Os objetos são declarados e *instanciados* (ou trazidos para a existência) usando as palavras-chave *Dim* e *New*. A seguinte instrução de programa mostra como esse processo funciona quando um novo objeto botão chamado *button1* é criado em um formulário:

```
Dim button1 As New Button
```

Depois de criar um objeto em tempo de execução, você também pode utilizar código para personalizá-lo com configurações de propriedades. Em particular, é útil especificar um nome e localização para o objeto porque você não os especificou manualmente utilizando o Designer. Por exemplo, as seguintes instruções de programa configuram as propriedades *Text* e *Location* para o novo objeto *button1*:

```
button1.Text = "Click Me"
button1.Location = New Point(20, 25)
```

Por fim, seu código deve adicionar o seguinte novo objeto à coleção *Controls* do formulário em que ele será criado. Isso tornará o objeto visível e ativo no programa:

```
form2.Controls.Add(button1)
```

Se você estiver adicionando o novo botão ao formulário atual (isto é, se você estiver adicionando um botão a *Form1* e seu código estiver localizado dentro de um procedimento de evento *Form1*), você pode utilizar o objeto *Me* no lugar. Por exemplo,

```
Me.Controls.Add(button1)
```

adiciona o objeto *button1* à coleção *Controls* do formulário atual. Ao fazer isso, certifique-se de que um objeto *button1* já não exista no formulário em que você o está adicionando. (Cada objeto deve ter seu próprio e único nome.)

Você pode utilizar esse processo para adicionar qualquer controle da Toolbox a um formulário Visual Basic. O nome da classe que você usa para declarar e instanciar o controle é uma variação do nome que aparece na propriedade *Name* de cada controle.

O exercício a seguir demonstra como você pode adicionar um controle *Label* e um controle *Button* a um formulário novo em tempo de execução. O novo formulário funcionará como uma caixa de diálogo que exibe a data atual.

Crie novos controles *Label* e *Button*

1. Clique no comando Close Project no menu File e crie um novo projeto Windows Forms Application chamado **My Add Controls.**
2. Exiba o formulário (Form1.vb).
3. Utilize o controle *Button* para adicionar um objeto botão ao formulário e altere a propriedade *Text* do objeto botão "Display Date".
4. Dê um clique duplo no botão *Display Date* para exibir o procedimento de evento *Button1_Click* no Code Editor.
5. Digite o seguinte código de programa:

```
'Declara novos objetos formulário e controle
Dim form2 As New Form
Dim lblDate As New Label
Dim btnCancel As New Button

'Configura as propriedades do rótulo
lblDate.Text = "Current date is: " & DateString
lblDate.Size = New Size(150, 50)
lblDate.Location = New Point(80, 50)

'Configura as propriedades do botão
btnCancel.Text = "Cancel"
btnCancel.Location = New Point(110, 100)

'Configura as propriedades do formulário
form2.Text = "Current Date"
form2.CancelButton = btnCancel
form2.StartPosition = FormStartPosition.CenterScreen

'Adiciona novos objetos à coleção Controls
form2.Controls.Add(lblDate)
form2.Controls.Add(btnCancel)
```

```
'Exibe o formulário como uma caixa de diálogo
form2.ShowDialog()
```

Esse procedimento de evento exibe um formulário novo contendo um objeto rótulo e um objeto botão na tela. O objeto rótulo contém a data atual como registrado pelo relógio do sistema do computador (retornado por *DateString*). A propriedade *Text* do objeto botão é configurada como "Cancel".

Como mencionado anteriormente, você adiciona controles a um formulário declarando uma variável para armazenar o controle, configurando as propriedades de objeto e adicionando os objetos à coleção *Controls*. Neste exercício, também demonstro as propriedades *Size* e *CancelButton* pela primeira vez.

A propriedade *Size* requer uma estrutura *Size*. A palavra-chave *New* é utilizada para imediatamente criar a estrutura *Size*. A propriedade *CancelButton* permite ao usuário fechar a caixa de diálogo pressionando ESC ou clicando no botão Cancel. (As duas ações são equivalentes.)

6. Clique no botão Save All e especifique a pasta C:\Vb10sbs\Chap14 como a localização.

> **Dica** O programa Add Controls completo encontra-se na pasta C:\Vb10sbs\Chap14\AddControls.

7. Clique no botão Start Debugging para executar o programa.

   O Visual Basic exibe o primeiro formulário na área de trabalho.

8. Clique no botão Display Date.

   O Visual Basic exibe o segundo formulário. Esse formulário contém os objetos rótulo e botão que você definiu utilizando código de programa. O objeto rótulo contém a data atual, como mostrado aqui:

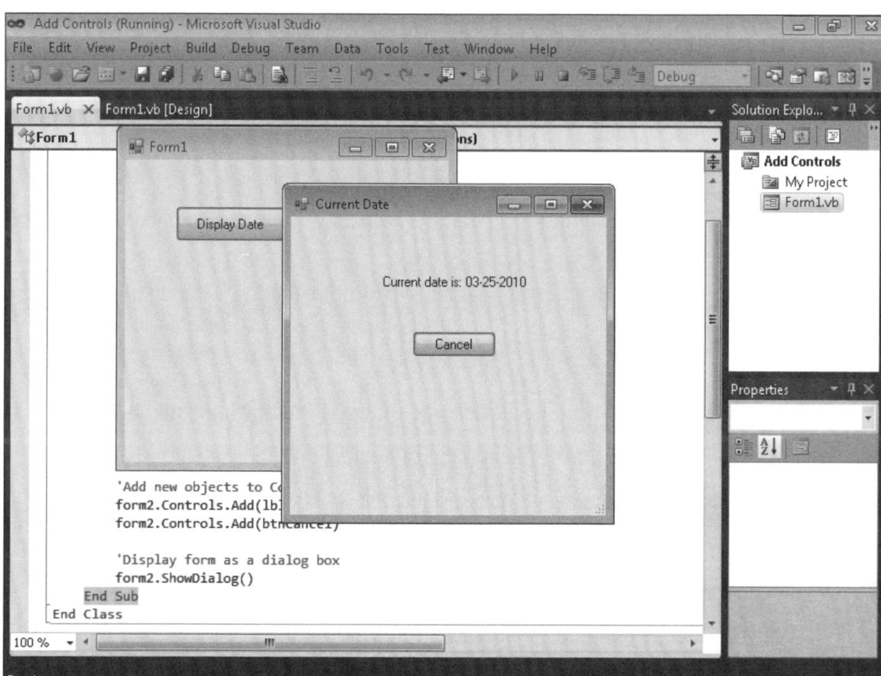

9. Clique no botão Cancel para fechar o novo formulário.
10. Clique no botão Display Date novamente.

    O novo formulário abre como na primeira vez.
11. Pressione ESC para fechar o formulário.

    Como você configurou a propriedade *CancelButton* do objeto *btnCancel*, clicar em *Cancel* e pressionar ESC produz o mesmo resultado.
12. Clique no botão Close no formulário para fechar o programa.

    O programa para e o ambiente de desenvolvimento retorna.

Organizando controles em um formulário

Ao adicionar controles a um formulário programaticamente, é necessário um pouco de tentativa e erro para posicionar os novos objetos a fim de que se alinhem adequadamente e pareçam elegantes. Afinal de contas, você não tem o Visual Studio Designer para ajudá-lo – apenas as coordenadas (*x*, *y*) das propriedades *Location* e *Size*, que são valores complicados para se trabalhar a menos que você tenha talento para pensar bidimensionalmente ou tenha tempo para executar o programa repetidamente a fim de verificar o posicionamento de seus objetos.

Felizmente, o Visual Basic contém várias configurações de propriedade que você pode usar para organizar objetos no formulário em tempo de execução. Essas configurações incluem a propriedade *Anchor*, que força um objeto no formulário a permanecer a uma distância constante em relação às bordas especificadas do formulário, e a propriedade *Dock*, que força um objeto a continuar anexado a uma borda do formulário. Você pode utilizar as propriedades *Anchor* e *Dock* em tempo de projeto, mas acho que elas também são muito úteis para alinhar objetos programaticamente em tempo de execução. O exercício a seguir mostra como essas propriedades funcionam.

Ancore e encaixe objetos em tempo de execução

1. Clique no comando Close Project no menu File e então crie um novo projeto Windows Forms Application chamado **My Anchor and Dock**.
2. Exiba o formulário.
3. Clique no controle *PictureBox* e, em seguida, adicione um objeto caixa de figura na metade superior do formulário.
4. Clique na propriedade *Image* na janela Properties e, em seguida, clique no botão com reticências na segunda coluna.

   A caixa de diálogo Select Resource é exibida.
5. Clique no botão de opção Local Resource e, em seguida, clique no botão Import.
6. Na caixa de diálogo Open, navegue para a pasta C:\Vb10sbs\Chap15.
7. Na caixa de listagem Files Of Type, selecione All Files.
8. Selecione Sun.ico e, em seguida, clique em Open.
9. Clique em OK na caixa de diálogo Select Resource.

   O ícone Sun é exibido na *PictureBox*.
10. Configure a propriedade *SizeMode* na *PictureBox* como StretchImage.

11. Utilize o controle *TextBox* para criar um objeto caixa de texto.
12. Configure a propriedade *Multiline* do objeto caixa de texto como True para você poder redimensionar o objeto apropriadamente.
13. Redimensione o objeto caixa de texto de modo que ele cubra a maior parte da metade inferior do formulário.
14. Clique no controle *Button* e adicione um objeto botão ao canto inferior direito do formulário.
15. Configure as seguintes propriedades para os objetos botão e caixa de texto.

Objeto	Propriedade	Configuração
Button1	*Text*	"Align Now"
TextBox1	*Text*	"Anchor and Dock Samples"

Seu formulário se parece com o seguinte:

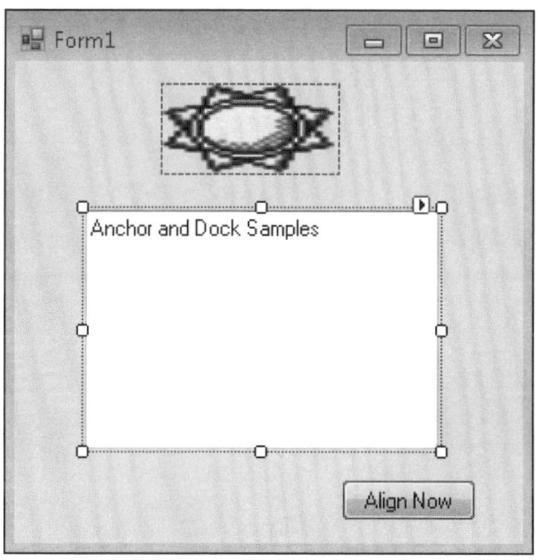

16. Dê um clique duplo no botão Align Now para abrir o procedimento de evento *Button1_Click* no Code Editor.
17. Digite o seguinte código de programa:

```
PictureBox1.Dock = DockStyle.Top
TextBox1.Anchor = AnchorStyles.Bottom Or _
  AnchorStyles.Left Or AnchorStyles.Right Or _
  AnchorStyles.Top
Button1.Anchor = AnchorStyles.Bottom Or _
  AnchorStyles.Right
```

Quando esse procedimento de evento é executado, a propriedade *Dock* do objeto *PictureBox1* é usada para encaixar a caixa de figura na parte superior do formulário. Isso força a borda superior do objeto caixa de figura a tocar e aderir à borda superior do formulário – muito semelhante ao funcionamento do recurso de encaixe do Visual Studio no IDE. O único comportamento inesperado aqui é que o objeto caixa de figura também é redimensionado para que seus lados sejam aderidos às abordas esquerda e direita do formulário.

Em seguida, a propriedade *Anchor* dos objetos *TextBox1* e *Button1* é utilizada. A propriedade *Anchor* mantém a distância atual em relação às bordas especificadas do formulário, mesmo se o formulário for redimensionado. Observe que a propriedade *Anchor* mantém a distância atual do objeto em relação às bordas especificadas – ela não anexa o objeto às bordas especificadas a menos que já esteja aí. Nesse exemplo, especifico que o objeto *TextBox1* deve ser ancorado nas quatro bordas do formulário (inferior, esquerda, direita e superior). Utilizo o operador *Or* para combinar minhas seleções de borda. Ancoro o objeto *Button1* nas bordas inferior e direita do formulário.

18. Salve o projeto e especifique a pasta C:\Vb10sbs\Chap14 como a localização.

> **Dica** O programa Anchor and Dock completo encontra-se na pasta C:\Vb10sbs\Chap14\Anchor and Dock.

19. Clique no botão Start Debugging para executar o programa.

    O formulário abre, assim como você o projetou.

20. Mova o ponteiro para o canto inferior direito do formulário até que ele se transforme em um ponteiro de redimensionamento e então expanda o formulário.

    Observe que o tamanho e posição dos objetos no formulário não mudam.

21. Retorne o formulário para seu tamanho original.
22. Clique no botão Align Now no formulário.

    O objeto caixa de figura agora está encaixado na borda superior do formulário. A caixa de figura também é redimensionada de modo que seus lados aderem às bordas esquerda e direita do formulário, como mostrado aqui:

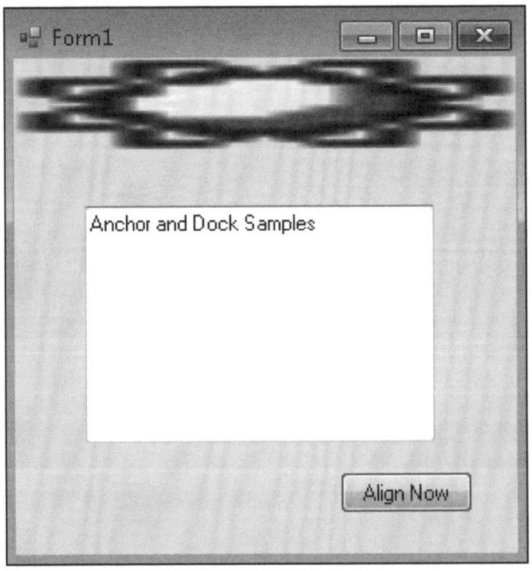

    Observe que o ícone Sun na caixa de figura agora está distorcido, o que é um resultado do processo de encaixe.

23. Expanda o formulário novamente.

    Conforme você redimensiona o formulário, os objetos caixa de figura e caixa de texto também são redimensionados. Como a caixa de texto está ancorada em todos quatro lados, a distância entre as bordas do formulário e a caixa de texto permanece constante. Durante o redimensionamento, também se torna aparente que o objeto botão está sendo reposicionado. Embora a distância entre o objeto botão e as bordas superior e esquerda do formulário mudem, a distância em relação às bordas inferior e direita permanece constante, como mostrado aqui:

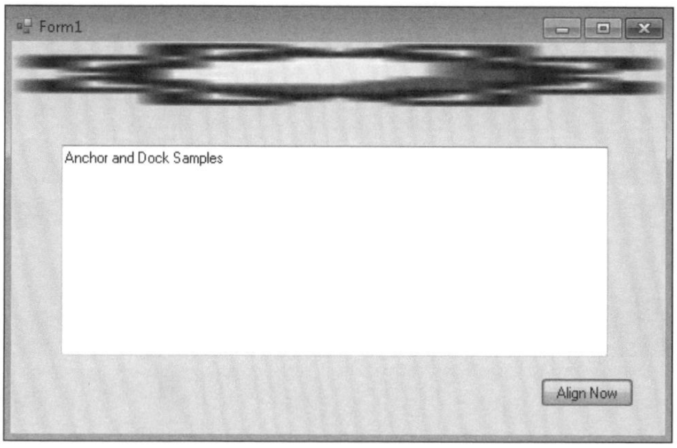

24. Teste as propriedades *Anchor* e *Dock* por um tempo e experimente uma imagem diferente se quiser. Quando terminar, clique no botão Close no formulário para encerrar o programa.

Você agora tem as habilidades necessárias para adicionar novos formulários a um projeto, posicioná-los na área de trabalho do Windows, preenchê-los com novos controles e alinhar os controles utilizando código de programa. Você ganhou diversas habilidades úteis para trabalhar com formulários Windows em um programa.

Um passo além: especificando o objeto Startup

Se seu projeto contiver mais de um formulário, que formulário será carregado e exibido primeiro quando você executa o aplicativo? Embora o Visual Basic normalmente carregue o primeiro formulário que você criou em um projeto (Form1.vb), você pode alterar o formulário que o Visual Basic carrega primeiro ajustando uma configuração no Visual Studio Project Designer, uma ferramenta útil que introduzirei aqui.

O exercício a seguir mostra como alterar o primeiro formulário, ou *formulário de inicialização*, utilizando o Project Designer.

Mude o formulário de inicialização de Form1 para Form2

1. Clique no comando Close Project no menu File e crie um novo projeto Windows Forms Application chamado *My Startup Form*.
2. Exiba Form1.vb, se ele ainda não estiver visível.
3. Clique no comando Add Windows Form no menu Project.

   Você adicionará um novo formulário ao projeto para demonstrar como funciona a mudança de formulário de inicialização.
4. Clique em Add para adicionar o segundo formulário (Form2.vb) ao Solution Explorer.
5. Clique em My Startup Form Properties no menu Project.

   O Project Designer abre, como mostrado a seguir:

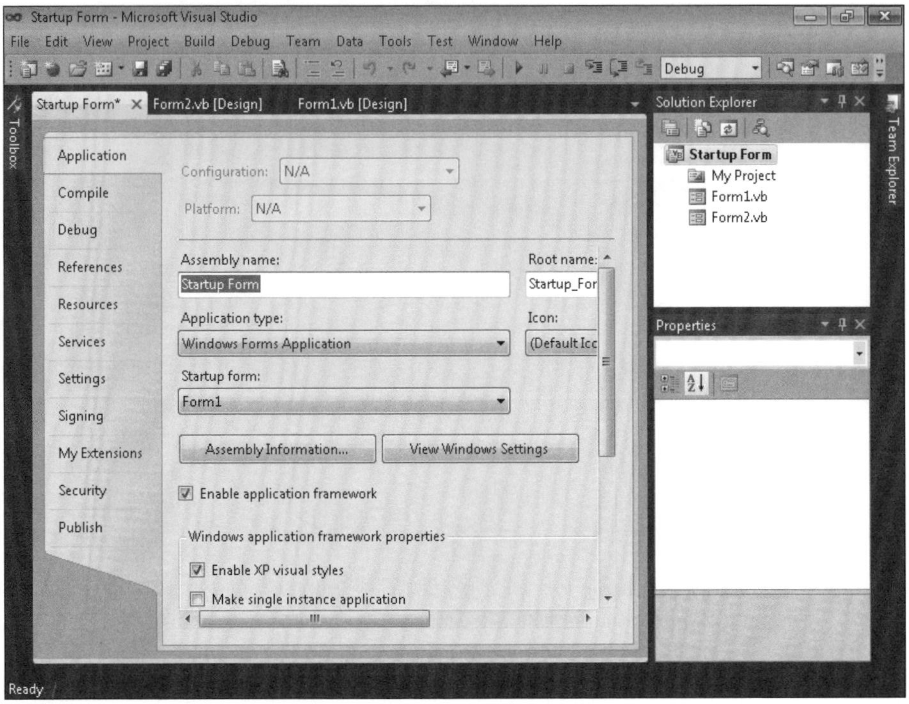

O Project Designer permite ajustar configurações que se aplicam ao projeto inteiro em um único lugar. Aqui você utilizará a guia Application e a caixa de listagem Startup Form para especificar um novo formulário de inicialização.

6. Na guia Application, clique na seta Startup Form e clique em Form2.

   O Visual Basic altera o formulário de inicialização em seu projeto de Form1 para Form2. Quando o programa executar, Form2 será exibido e Form1 aparecerá somente se for aberto utilizando o método *Show* ou *ShowDialog*.

7. Clique no botão Close para fechar o Project Designer.

8. Clique no botão Start Debugging.

   O programa executa no ambiente de desenvolvimento e Form2 abre.

9. Clique no botão Close no formulário para fechar o programa.

10. Feche o projeto e descarte suas alterações – não é necessário salvar esse projeto simples de demonstração, e, por enquanto, você concluiu a lição de gerenciamento de formulários.

Embora esse exercício de demonstração seja relativamente simples, você pode ver que o Visual Basic oferece alguma flexibilidade sobre como iniciar seus programas. Você pode especificar o formulário de inicialização e pode colocar código dentro do procedimento de evento *Load* desse formulário para configurar o programa ou ajustar suas configurações antes de o primeiro formulário realmente ser carregado.

Aplicativos de console

Se quiser escrever um aplicativo Visual Basic que não exiba uma interface gráfica com o usuário, considere escrever um aplicativo de *console*. Esse tipo de projeto do Visual Studio processa entrada e saída utilizando um console de linha de comando (uma janela baseada em caracteres também conhecida como *prompt de comando).*

Você pode especificar o tipo de aplicativo de console ao criar seu projeto utilizando o comando New Project no menu File (selecione o modelo Console Application). Você também pode converter um projeto existente em um aplicativo de console exibindo o Project Designer, clicando na guia Application e selecionando Console Application na caixa de listagem Application Type. Os aplicativos de console iniciam a execução dentro do procedimento *Sub Main* dentro de um módulo de código, porque não há formulário algum para exibir. Você pode descobrir mais sobre esse tópico revisando "Construindo aplicativos de console" na documentação da Ajuda do Visual Studio.

Referência rápida do Capítulo 14

Para	Faça isto
Adicionar um novo formulário a um programa	No menu Project, clique em Add Windows Form e em Add.

Alternar formulários em seu projeto ou abrir formulários ocultos utilizando código de programa	Utilize o método *Show* ou *ShowDialog*. Por exemplo:
	`form2.ShowDialog()`
	Você também pode utilizar o objeto *My.Forms* para exibir um formulário. Por exemplo:
	`My.Forms.HelpInfo.ShowDialog()`
	Oculte o formulário atual utilizando o objeto *Me*. Por exemplo:
	`Me.Visible = False`
	Exiba um formulário que está oculto utilizando o objeto *Me*. Por exemplo:
	`Me.ShowDialog()`
	Observe que, para utilizar o objeto *Me*, o código de programa deve estar dentro do formulário que você está manipulando.

Criar um novo formulário com código de programa e configurar suas propriedades	Crie o formulário utilizando as palavras-chave *Dim* e *New* e a classe *Form* e então configure qualquer propriedade necessária. Por exemplo:
	`Dim form2 As New Form`
	`form2.Text = "My New Form"`

Posicionar um formulário de inicialização na área de trabalho do Windows	Configure a propriedade *StartPosition* para um das opções disponíveis, como CenterScreen ou CenterParent.

Dimensionar e posicionar um formulário de inicialização na área de trabalho do Windows usando código	Configure a *StartPosition* como Manual, declare uma estrutura *Rectangle* que define o tamanho e posição do formulário e então utilize a propriedade *DesktopBounds* para dimensionar e posicionar o formulário na área de trabalho. Por exemplo:
	`form2.StartPosition = FormStartPosition.Manual`
	`Dim Form2Rect As New Rectangle (200, 100, 300, 250)`
	`form2.DesktopBounds = Form2Rect`

Minimizar, maximizar ou restaurar um formulário em tempo de execução	Configure as propriedades *MaximizeBox* e *MinimizeBox* do formulário como True no modo de projeto para permitir as operações de maximizar e minimizar. No código de programa, configure a propriedade *WindowState* do formulário como FormWindowState.Minimized, FormWindowState.Maximized ou FormWindowState.Normal quando quiser alterar o estado da janela do formulário.

Adicionar controles a um formulário em tempo de execução	Crie um controle do tipo desejado, configure suas propriedades e então o adicione à coleção *Controls* do formulário. Por exemplo:
	`Dim button1 as New Button`
	`button1.Text = "Click Me"`
	`button1.Location = New Point(20, 25)`
	`form2.Controls.Add(button1)`

Ancorar um objeto a uma distância específica de bordas específicas do formulário	Configure a propriedade *Anchor* do objeto e especifique as bordas em relação às quais você quer que seu formulário mantenha uma distância constante. Utilize o operador *Or* quando especificar múltiplas bordas. Por exemplo: `Button1.Anchor = AnchorStyles.Bottom Or AnchorStyles.Right`

Para	Faça isto
Encaixar um objeto em uma das bordas do formulário	Configure a propriedade *Dock* do objeto e especifique a borda em que você quer que o objeto seja encaixado. Por exemplo: `PictureBox1.Dock = DockStyle.Top`
Especificar o formulário de inicialização em um projeto	Clique no comando Properties no menu Project para abrir o *Project Designer*. Para um projeto *Windows Application*, você pode especificar qualquer formulário em seu projeto como formulário de inicialização clicando no nome do formulário na caixa de listagem Startup Form.
Criar um programa Visual Basic sem interface de usuário (ou somente uma interface de linha de comando)	Crie um projeto de aplicativo de console clicando no comando *New Project* no menu File, no modelo Console Application e depois em OK. Você então adiciona o código de programa a um ou mais módulos, não formulários, e a execução inicia com um procedimento chamado *Sub Main*.

Capítulo 15

Adicionando imagens gráficas e efeitos de animação

Neste capítulo, você vai aprender a:

- Utilizar o namespace *System.Drawing* para adicionar imagens aos seus formulários.
- Criar efeitos de animação em formulários.
- Expandir ou encolher objetos em um formulário em tempo de execução.
- Alterar a transparência de um formulário.

Para muitos desenvolvedores, adicionar imagens e efeitos especiais a um aplicativo é a parte mais estimulante – e viciante – da programação. Felizmente, criar efeitos gráficos impressionantes e úteis com o Microsoft Visual Basic 2010 é gratificante e fácil.

Neste capítulo, você aprenderá a adicionar diversos recursos visuais interessantes a programas, a criar uma imagem em um formulário utilizando o namespace *System.Drawing*, a criar efeitos de animação simples utilizando os controles *PictureBox* e *Timer* e a ampliar ou reduzir objetos em tempo de execução utilizando as propriedades *Height* e *Width*. Também aprenderá como alterar a transparência do formulário e como mudar imagem e cor de fundo de um formulário. Quando terminar, você terá adquirido muitas das habilidades necessárias para desenvolver uma interface de usuário visualmente atraente.

O que você vai conseguir fazer sozinho? Aqui é que entra sua imaginação. Um dos meus resultados favoritos vem de um leitor de uma versão anterior deste livro que utilizou o que aprendeu sobre o Visual Basic e imagens gráficas para construir o seu próprio eletrocardiógrafo, com circuitos analógicos e um formulário Windows para exibir dados digitais do eletrocardiograma feito em casa. Se essa não é a sua ideia de diversão, você pode escolher um objetivo mais modesto: aprimorar a página inicial do seu aplicativo com figuras personalizadas e efeitos visuais – talvez em combinação com uma ou mais fotos digitais carregadas em objetos caixa de figura em um formulário.

Até mesmo os programadores de jogos podem se divertir utilizando imagens gráficas no Visual Basic e Microsoft Visual Studio. Entretanto, se estiver pensando em criar a próxima versão do Microsoft Zoo Tycoon ou Microsoft Halo, é melhor planejar muito mais do que uma saída visual. Os videogames modernos têm enormes bibliotecas de objetos e fórmulas complexas para exibir imagens que estão bem além do escopo deste livro. Mas ainda sobra bastante espaço para experimentação e diversão!

Adicionando imagens com o namespace *System.Drawing*

Adicionar imagem pronta a seus programas é fácil no Visual Basic. Em todo este livro, você experimentou adicionar bitmaps e ícones a um formulário utilizando objetos caixa de figura.

Agora, você aprenderá a criar imagens originais em formulários utilizando funções GDI+ do namespace *System.Drawing*, uma interface de programação de aplicativos (applications programming interface – API) fornecida pelo Microsoft .NET Framework para criar imagens vetoriais bidimensionais, controlar a exibição de imagens e criar tipografia dentro do sistema operacional Windows. Os efeitos que você cria podem adicionar cor, forma e textura aos formulários.

Utilizando o sistema de coordenadas de um formulário

A primeira coisa a aprender sobre a criação de imagens gráficas é o layout do sistema de coordenadas predefinido do formulário. No Visual Basic, cada formulário tem seu próprio sistema de coordenadas. O ponto inicial do sistema de coordenadas, ou *origem*, é o canto superior esquerdo de um formulário. O sistema de coordenadas padrão é composto de linhas e colunas de elementos de imagem (picture element) independentes de dispositivo, ou *pixels*, que representam os menores pontos que você pode localizar, ou *endereçar*, em um formulário Visual Basic.

No sistema de coordenadas Visual Basic, as linhas de pixels são alinhadas com o eixo *x* (eixo horizontal) e as colunas de pixels são alinhadas com o eixo *y* (eixo vertical). Você define localizações no sistema de coordenadas identificando a interseção de uma linha e uma coluna com a notação (*x*,*y*). Por exemplo, se você decidir colocar um objeto caixa de figura em um formulário no seu projeto, as coordenadas (*x*,*y*) para o objeto indicarão onde o canto superior esquerdo da caixa de figura está localizado no formulário. Além disso, lembre-se de que as coordenadas (x,y) do canto superior esquerdo de um formulário são sempre (0, 0) – que é a origem a partir da qual tudo é medido.

O Visual Basic trabalha em colaboração com o software do driver de vídeo do computador para determinar como os pixels são exibidos no formulário e como formas como linhas, retângulos, curvas e círculos, são exibidas. Ocasionalmente, mais de um pixel próximo é ativado para exibir uma forma específica, como uma linha diagonal que aparece em um formulário. A lógica que trata desse tipo de renderização não é responsabilidade sua – ela é tratada pelo seu adaptador de vídeo e pelas rotinas de desenho na biblioteca gráfica GDI+. Ocasionalmente, isso produzirá um resultado distorcido ou irregular, mas é raramente algo mais que um pequeno defeito visual.

A classe *System.Drawing.Graphics*

O namespace *System.Drawing* inclui várias classes para criar imagens e efeitos especiais em programas. Nesta seção, você aprenderá um pouco sobre a classe *System.Drawing.Graphics*, que fornece métodos e propriedades para desenhar formas em seus formulários. Você pode aprender sobre as outras classes consultando a documentação da Ajuda do Visual Studio.

Se você estiver criando capturas de tela simples ou construindo desenhos complexos, é importante poder exibir muitas das formas geométricas padrão em seus programas. A Tabela 15-1 lista várias das formas de desenho fundamentais e os métodos usados na classe *System.Drawing.Graphics* para criá-los.

Tabela 15-1 Formas e métodos úteis na classe *System.Drawing.Graphics*

Forma	Método	Descrição
Linha	*DrawLine*	Linha simples que conecta dois pontos.
Retângulo	*DrawRectangle*	Retângulo ou quadrado que conecta quatro pontos.
Arco	*DrawArc*	Linha curva que conecta dois pontos (parte de uma elipse).
Círculo/ Elipse	*DrawEllipse*	Forma elíptica que é "limitada" por um retângulo.
Polígono	*DrawPolygon*	Forma complexa com um número variável de pontos e lados (armazenados em um array).
Curva	*DrawCurve*	Uma linha curva que passa por um número variável de pontos (armazenados em um array); curvas complexas chamadas *splines cardinais* também podem ser desenhadas com este método.
Spline de Bézier	*DrawBezier*	Uma curva desenhada com quatro pontos. (Os pontos dois e três são pontos de "controle".)

Além dos métodos anteriores, que criam formas vazadas ou "não preenchidas", há vários métodos para desenhar formas que são preenchidas com cor. Esses métodos normalmente têm um prefixo "Fill", como *FillRectangle*, *FillEllipse* e *FillPolygon*.

Ao utilizar um método de imagens gráficas da classe *System.Drawing.Graphics*, você precisa criar um objeto *Graphics* em seu código para representar a classe e qualquer objeto *Pen* ou *Brush* para indicar os atributos da forma que você deseja desenhar, como largura da linha e a cor de preenchimento. O objeto *Pen* é passado como um dos argumentos para os métodos que não são preenchidos com cores.

O objeto *Brush* é passado como um argumento quando uma cor de preenchimento é desejada. Por exemplo, a próxima chamada para o método *DrawLine* utiliza um objeto *Pen* e quatro valores inteiros para desenhar uma linha vermelha que inicia no pixel (20, 30) e termina no pixel (100, 80). O objeto *Graphics* é declarado com o nome *GraphicsFun*, e o objeto *Pen* é declarado com o nome *PenColor*.

```
Dim GraphicsFun As Graphics
Dim PenColor As New Pen(Color.Red)
GraphicsFun = Me.CreateGraphics
GraphicsFun.DrawLine(PenColor, 20, 30, 100, 80)
```

A sintaxe do método *DrawLine* é importante, mas observe também as três linhas acima dele, que são requeridas para utilizar um método da classe *System.Drawing.Graphics*. Você cria variáveis para representar tanto os objetos *Graphics* como os objetos *Pen*, e a variável *Graphics* precisa ser instanciada utilizando o método *CreateGraphics* do formulário Windows. Observe que o namespace *System.Drawing.Graphics* é incluído automaticamente no projeto – você não precisa incluir uma instrução *Imports* no código para referenciar a classe.

Utilizando o evento *Paint* do formulário

Se testar o método *DrawLine* anterior em um programa, você notará que a linha que você criou só permanece, ou *persiste*, no formulário enquanto nenhum outro objeto a cobrir. Se uma caixa de diálogo abrir-se momentaneamente no formulário e cobrir a linha, a linha não será mais visível quando o formulário inteiro estiver novamente visível. A linha também desaparece se você minimizar a janela de formulário e, em seguida, maximizá-la novamente. Para resolver esse problema, você precisa colocar o código gráfico no procedimento de evento *Paint* do formulário para que, toda vez que o formulário for atualizado, as imagens gráficas também sejam redesenhadas.

No próximo exercício, você criará três formas em um formulário utilizando o procedimento de evento *Paint* do formulário. As formas que você desenha permanecerão mesmo se o formulário for coberto ou minimizado.

Crie linhas, retângulos e formas de elipse

1. Inicie o Visual Studio e crie um novo projeto Windows Forms Application chamado **My Draw Shapes**.
2. Redimensione o formulário para que sua altura e largura sejam maiores que as do tamanho padrão do formulário.

   Um pequeno espaço extra para criar as formas gráficas será necessário. Mas você não utilizará controle algum da Toolbox. Você criará as formas colocando código de programa no procedimento de evento *Form1_Paint* do formulário.
3. Configure a propriedade *Text* de Form1 como "Draw Shapes".
4. Clique no botão View Code no Solution Explorer para exibir o Code Editor.
5. Na parte superior do Code Editor, logo abaixo da guia Form1.vb, clique na seta Class Name e, em seguida, clique em Form1 Events.

   O Form1 Events é a lista de eventos no projeto associado com o objeto *Form1*.
6. Clique na seta Method Name e, em seguida, clique no evento *Paint*.
7. O procedimento de evento *Form1_Paint* aparece no Code Editor.

   Esse procedimento de evento é o local em que você insere o código que deve ser executado quando o Visual Basic atualiza o formulário.
8. No procedimento de evento *Form1_Paint*, digite o seguinte código de programa:

```
'Prepara a variável GraphicsFun para chamadas de imagens gráficas
Dim GraphicsFun As Graphics
GraphicsFun = Me.CreateGraphics

'Utiliza uma caneta vermelha para desenhar uma linha e uma elipse
Dim PenColor As New Pen(Color.Red)
GraphicsFun.DrawLine(PenColor, 20, 30, 100, 80)
GraphicsFun.DrawEllipse(PenColor, 10, 120, 200, 160)

'Utiliza um pincel verde para criar um retângulo preenchido
Dim BrushColor As New SolidBrush(Color.Green)
GraphicsFun.FillRectangle(BrushColor, 150, 10, 250, 100)

'Cria uma curva spline cardinal azul com quatro pontos
Dim Points() As Point = {New Point(358, 280), _
```

```
    New Point(300, 320), New Point(275, 155), New Point(350, 180)}
For tension As Single = 0 To 2.5 Step 0.5
    GraphicsFun.DrawCurve(Pens.DodgerBlue, Points, tension)
Next
```

Esse exemplo de procedimento de evento desenha quatro formas gráficas no formulário: uma linha vermelha, uma elipse vermelha, um retângulo preenchido com a cor verde e uma spline cardinal azul (uma curva complexa composta de cinco linhas). Para ativar a programação gráfica, a rotina declara uma variável chamada *GraphicsFun* no código e utiliza o método *CreateGraphics* para ativar ou instanciar a variável. A variável *PenColor* do tipo *Pen* é empregada para configurar a cor do desenho na linha e na elipse, e a variável *BrushColor* do tipo *SolidBrush* é usada para configurar a cor de preenchimento do retângulo. Esses exemplos são apenas, obviamente, a ponta do iceberg da biblioteca gráfica – há muitas outras formas, cores e variações que podem ser criadas com os métodos da classe *System.Drawing.Graphics*.

Dica O programa Draw Shapes completo encontra-se na pasta C:\Vb10sbs\Chap15\DrawShapes.

9. Clique no botão Start Debugging na barra de ferramentas Standard para executar o programa.

   O Visual Basic carrega o formulário e executa o evento *Paint* do formulário. Seu formulário é parecido com este:

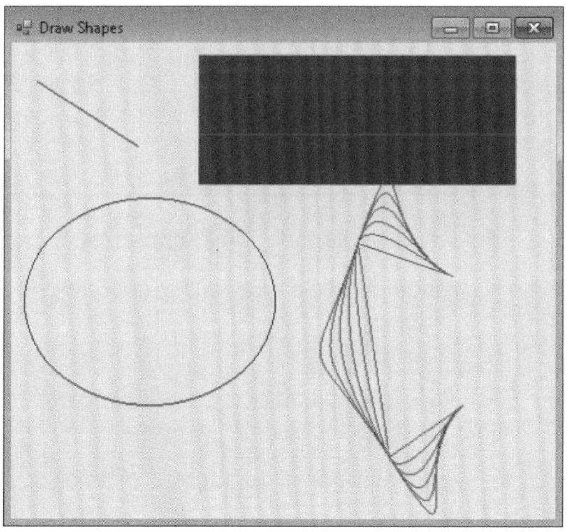

10. Minimize o formulário e restaure-o novamente.

    O evento *Paint* do formulário é executado novamente e as formas gráficas são atualizadas no formulário.

11. Clique no botão Close para encerrar o programa.

12. Clique no botão Save All na barra de ferramentas Standard para salvar o projeto e especificar a pasta C:\Vb10sbs\Chap15 como a localização.

Agora você está pronto para continuar com alguns efeitos de animação simples.

Adicionando animação a seus programas

Exibir bitmaps e formas de desenho desperta interesse visual em um programa, mas para programadores, o rei dos efeitos gráficos sempre foi a animação. *Animação* é a simulação de movimento produzida ao se exibir rapidamente uma série de imagens relacionadas na tela. Uma animação real envolve mover objetos programaticamente e quase sempre alterar o tamanho ou forma das imagens ao longo do caminho.

Nesta seção, você aprenderá a adicionar animação simples aos programas. Você aprenderá a atualizar as propriedades *Top* e *Left* de uma caixa de figura, controlar a velocidade da animação utilizando um objeto Timer e detectar a borda da janela do formulário.

Movendo objetos no formulário

No Visual Studio 2010, um grupo de propriedades especial chamado *Left*, *Top* e *Location*, e o método SetBounds permitem mover objetos no sistema de coordenadas. A Tabela 15-2 oferece uma descrição dessas palavras-chave e como elas dão suporte aos efeitos básicos de animação.

Tabela 15-2 Propriedades e métodos úteis para mover objetos em um formulário

Palavra-chave	Descrição
Left	Essa propriedade pode ser utilizada para mover um objeto horizontalmente (esquerda ou direita).
Top	Essa propriedade pode ser utilizada para mover um objeto verticalmente (para cima ou para baixo).
Location	Essa propriedade pode ser utilizada para mover um objeto para a localização especificada.
SetBounds	Esse método configura os limites de um objeto em relação a uma localização e tamanho especificados.

Nas seções a seguir, você testará o uso das propriedades *Left*, *Top* e *Location* para mover objetos.

Para mover um objeto em uma direção horizontal, utilize a propriedade *Left*, cuja sintaxe é

```
objeto.Left = horizontal
```

em que *objeto* é o nome do objeto no formulário que você quer mover, e *horizontal* é a nova coordenada horizontal, ou eixo *x*, da borda esquerda do objeto, medida em pixels.

Por exemplo, a seguinte instrução de programa move um objeto caixa de figura para uma localização 300 pixels à direita da borda esquerda da janela:

```
PictureBox1.Left = 300
```

Para mover uma distância relativa para a direita ou esquerda, você adicionaria ou subtrairia pixels da configuração da propriedade *Left* atual. Por exemplo, para mover um objeto 50 pixels à direita, adicione 50 à propriedade *Left*, como mostrado a seguir:

```
PictureBox1.Left = PictureBox1.Left + 50
```

De maneira semelhante, você pode alterar a localização vertical de um objeto em um formulário configurando a propriedade *Top*, cuja sintaxe é

```
objeto.Top = vertical
```

em que *objeto* é o nome do objeto no formulário que você quer mover e *vertical* é a nova coordenada vertical, ou eixo *y*, da borda superior do objeto, medida em pixels. Por exemplo, a seguinte instrução de programa move um objeto caixa de figura para uma localização 150 pixels abaixo da barra de título da janela:

```
PictureBox1.Top = 150
```

Os movimentos relativos para baixo ou para cima são feitos facilmente adicionando ou subtraindo pixels da configuração da propriedade *Top* atual. Por exemplo, para mover 30 pixels para baixo, você adiciona 30 à propriedade *Top* atual, como mostrado seguir:

```
PictureBox1.Top = PictureBox1.Top + 30
```

A propriedade *Location*

Para mover um objeto em ambas as direções, vertical e horizontal, você pode usar uma combinação das configurações de propriedade *Left* e *Top*. Por exemplo, para reposicionar o canto superior esquerdo de um objeto caixa de figura para as coordenadas (*x*, *y*) (300, 200), insira o seguinte código de programa:

```
PictureBox1.Left = 300
PictureBox1.Top = 200
```

Entretanto, os projetistas do Visual Studio não recomendam utilizar duas instruções de programa para reposicionar um objeto se você planeja movimentá-lo muitas vezes em um programa (por exemplo, se planeja mover o objeto centenas ou milhares de vezes durante um elaborado efeito de animação). Em vez disso, você deve utilizar a propriedade *Location* com a sintaxe

```
objeto.Location = New Point(horizontal, vertical)
```

em que *objeto* é o nome do objeto, *horizontal* é a coordenada de eixo *x* horizontal, *vertical* é a coordenada de eixo *y* vertical, e *Point* é uma estrutura que identifica a localização de pixel do canto superior esquerdo do objeto. Por exemplo, a seguinte instrução de programa move um objeto caixa de figura para uma coordenada (*x*, *y*) de (300, 200):

```
PictureBox1.Location = New Point(300, 200)
```

Para realizar um movimento relativo utilizando a propriedade *Location*, as propriedades *Location.X* e *Location.Y* são necessárias. Por exemplo, a instrução de programa

```
PictureBox1.Location = New Point(PictureBox1.Location.X - 50, _
  PictureBox1.Location.Y - 40)
```

move o objeto caixa de figura 50 pixels para a esquerda e 40 pixels para cima no formulário. Embora essa construção pareça um pouco difícil de manipular, é a maneira recomendada de reposicionar objetos em movimentos relativos no formulário em tempo de execução.

Criando animação com um objeto *Timer*

O truque para criar animação em um programa é colocar uma ou mais atualizações da propriedade *Location* em um procedimento de evento de timer para que em intervalos determinados o timer faça com que um ou mais objetos se movam pela tela. No Capítulo 7, "Utilizando loops e timers", você aprendeu a utilizar um objeto Timer para atualizar um utilitário de relógio simples a cada segundo para que ele exibisse a hora certa. Ao criar animação, você configura a propriedade *Interval* do timer a uma taxa muito mais rápida – 1/5 de segundo (200 milissegundos), 1/10 de segundo (100 milissegundos) ou menos. A taxa exata que você escolhe depende da rapidez com que quer que a animação se mova.

Outro truque é utilizar as propriedades *Top* e *Left* e o tamanho do formulário para "detectar" as bordas do formulário. Utilizando esses valores em um procedimento de evento, você pode parar a animação (desativar o timer) quando um objeto alcançar a borda do formulário. E utilizando a propriedade *Top*, a propriedade *Left*, as propriedades de tamanho de formulário e uma estrutura de decisão *If...Then* ou *Select Case*, você pode fazer com que um objeto pareça rebater em uma ou mais bordas do formulário.

O próximo exercício demonstra como você pode animar uma caixa de figura contendo um ícone do sol (Sun.ico) utilizando a propriedade *Location* e um objeto Timer. Neste exercício, você utilizará a propriedade *Top* para detectar a borda superior do formulário e utilizará a propriedade *Size.Height* para detectar a borda inferior. O ícone *Sun* se moverá de um lado para o outro entre esses extremos toda vez que você clicar em um botão.

Anime um ícone de sol no formulário

1. Clique no comando Close Project no menu File e crie um novo projeto Windows Forms Application chamado **My Moving Icon**.
2. Utilizando o controle *Button*, desenhe dois objetos botão no canto inferior esquerdo do formulário.
3. Utilizando o controle *PictureBox*, desenhe um pequeno objeto caixa de figura retangular no canto inferior direito do formulário.

   Esse é o objeto que você animará no programa.
4. Clique na propriedade *Image* na janela Properties e, em seguida, clique no botão com reticências na segunda coluna.

   A caixa de diálogo Select Resource é exibida.
5. Clique no botão de opção Local Resource e, em seguida, clique no botão Import.
6. Na caixa de diálogo Open, navegue para a pasta C:\Vb10sbs\Chap15.
7. Na caixa de listagem Files Of Type, selecione All Files.
8. Selecione Sun.ico e, em seguida, clique em Open.
9. Clique em OK na caixa de diálogo Select Resource.

   O ícone Sun aparece na *PictureBox*.
10. Configure a propriedade *SizeMode* na *PictureBox* como StretchImage.

11. Dê um clique duplo no controle *Timer* na guia Components da Toolbox para adicioná-lo à bandeja de componentes abaixo do formulário.

    O objeto Timer é o mecanismo que controla o passo da animação. Lembre-se de que o objeto Timer em si não é visível no formulário, portanto, é mostrado abaixo do formulário na bandeja de componentes reservada para objetos que não estão visíveis.

12. Configure as seguintes propriedades dos objetos botão, timer e formulário.

Objeto	Propriedade	Configuração
Button1	*Text*	"Move Up"
Button2	*Text*	"Move Down"
Timer1	*Interval*	75
Form1	*Text*	"Basic Animation"

Depois de configurar essas propriedades, seu formulário será semelhante a este:

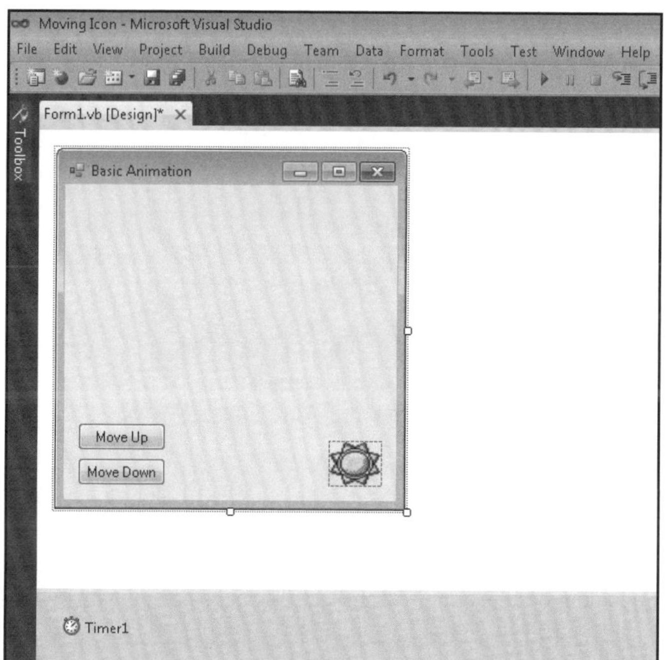

13. Dê um clique duplo no botão Move Up para editar seu procedimento de evento.

    O procedimento de evento *Button1_Click* aparece no Code Editor.

14. Digite o seguinte código de programa:

```
GoingUp = True
Timer1.Enabled = True
```

Esse procedimento de evento simples configura a variável *GoingUp* como True e ativa o objeto Timer. O código de programa real para mover o objeto caixa de figura e detectar a direção correta é armazenado no procedimento de evento *Timer1_Tick*. A variável *GoingUp* tem agora uma linha ondulada porque você ainda não a declarou.

15. Próximo à parte superior do código de programa do formulário (abaixo da instrução *Public Class Form1*), digite a seguinte declaração de variável:

```
Dim GoingUp As Boolean 'GoingUp armazena a direção atual
```

Essa declaração de variável disponibiliza *GoingUp* para todos os procedimentos de evento do formulário, assim, o sublinhado ondulado no procedimento de evento *Button1_Click* é removido. Utilizei uma variável *booleana* porque só há duas possíveis direções de movimento nesse programa – para cima e para baixo.

16. Exiba o formulário de novo, dê um clique duplo no botão Move Down e insira o seguinte código de programa no procedimento de evento *Button2_Click*:

```
GoingUp = False
Timer1.Enabled = True
```

Essa rotina é muito semelhante ao procedimento de evento *Button1_Click*, exceto por alterar a direção de cima para baixo.

17. Exiba o formulário novamente, dê um clique duplo no objeto *Timer1* e, então, insira o seguinte código de programa no procedimento de evento *Timer1_Tick*:

```
If GoingUp = True Then
    'move a caixa de figura para cima
    If PictureBox1.Top > 10 Then
        PictureBox1.Location = New Point _
          (PictureBox1.Location.X - 10, _
          PictureBox1.Location.Y - 10)
    End If
Else
    'move caixa de figura para baixo
    If PictureBox1.Top < (Me.Size.Height - 75) Then
        PictureBox1.Location = New Point _
          (PictureBox1.Location.X + 10, _
          PictureBox1.Location.Y + 10)
    End If
End If
```

Enquanto o timer estiver ativado, essa estrutura de decisão *If...Then* é executada a cada 75 milissegundos. A primeira linha do procedimento verifica se a variável booleana *GoingUp* está configurada como True, indicando que o ícone está se movendo para cima no formulário. Se estiver configurada como True, o procedimento move o objeto caixa de figura para uma posição relativa 10 pixels mais perto das bordas superior e esquerda do formulário.

Se a variável *GoingUp* estiver atualmente configurada como False, a estrutura de decisão move o ícone para baixo. Nesse caso, o objeto caixa de figura se move até que a borda do formulário seja detectada. A altura do formulário pode ser determinada com a propriedade *Me.Size.Height*. (Subtraio 75 da altura de formulário de modo que o ícone ainda seja exibido no formulário.) O objeto *Me* neste exemplo representa o formulário (*Form1*).

Como você verá ao executar o programa, esse movimento confere à animação do ícone um movimento uniforme. Para fazer o ícone se mover mais rapidamente, diminua a configuração *Interval* do objeto Timer. Para faze-lo mover-se mais lentamente, aumente a configuração *Interval*.

Execute o programa Moving Icon

> **Dica** O programa Moving Icon completo encontra-se na pasta C:\Vb10sbs\Chap15\Moving Icon.

1. Clique no botão Start Debugging para executar o programa.

   O programa Moving Icon executa no IDE.

2. Clique no botão Move Up.

   O objeto caixa de figura move o formulário para cima em um caminho diagonal, como mostrado a seguir:

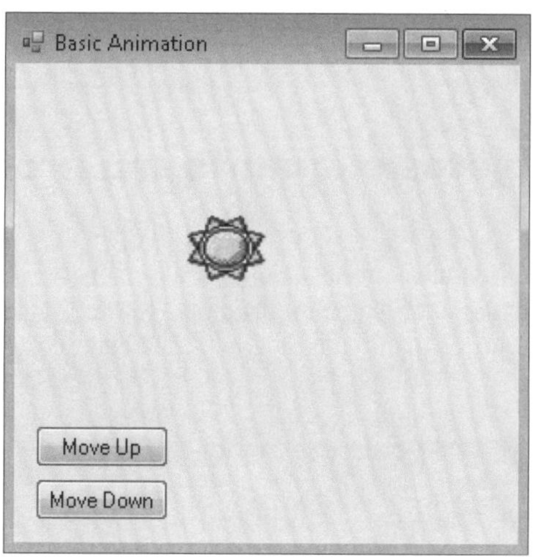

Depois de alguns momentos, a imagem acaba parando na borda superior do formulário.

> **Nota** Se você colocou o objeto caixa de figura no canto inferior direito do formulário, como instruído no passo 3 do exercício anterior, você verá algo semelhante a esta captura de tela. Entretanto, se colocou o objeto caixa de figura em outra localização ou criou um formulário menor, a imagem talvez se mova para fora da tela quando você clicar em *Move Up* ou *Move Down*. Você sabe dizer por quê?

3. Clique no botão Move Down.

   A caixa de figura desce novamente para o canto inferior direito da tela.

4. Clique novamente em ambos os botões várias vezes e avalie os efeitos de animação.

   Observe que você não precisa esperar um efeito de animação terminar antes de clicar no próximo botão. O procedimento de evento *Timer1_Tick* utiliza imediatamente a variável *GoingUp* para gerenciar suas solicitações de direção, então não importa se a caixa de figura acaba indo em uma única direção. Considere esse efeito por um momento e imagine como poderia utilizar um tipo de lógica semelhante para construir seus próprios videogames no Visual Basic. Você poderia aumentar ou diminuir as velocidades de animação de acordo com condições específicas ou "colisões" na tela e poderia forçar os objetos animados a se mover em diferentes direções. Você também poderia alterar a imagem exibida pelo objeto caixa de figura com base no local em que o ícone está na tela ou nas condições que ele encontra.

5. Quando terminar de executar o programa, clique no botão Close do formulário a fim de parar a demonstração.
6. Clique no botão Save All para salvar o projeto e especifique a pasta C:\Vb10sbs\Chap15 como a localização.

Ampliando e reduzindo objetos enquanto um programa está executando

Além de manter a propriedade *Top* e a *Left*, o Visual Basic mantém a propriedade *Height* e a *Width* para a maioria dos objetos em um formulário. Você pode utilizar essas propriedades de maneira inteligente para expandir e encolher objetos enquanto um programa está em execução. O próximo exercício mostra como fazê-lo.

Expanda uma caixa de figura em tempo de execução

1. No menu File, clique no comando Close Project.
2. Crie um novo projeto Windows Forms Application chamado **My Zoom In**.
3. Exiba o formulário, clique no controle *PictureBox* na Toolbox e desenhe um pequeno objeto caixa de figura próximo ao canto superior esquerdo do formulário.
4. Configure as seguintes propriedades para a caixa de figura e o formulário. Ao configurar as propriedades para a caixa de figura, observe os valores atuais nas propriedades *Height* e *Width* dentro da propriedade *Size*. (Você também pode configurá-las em tempo de projeto.) Uma vez

que essa é uma imagem do espaço, estamos usando um fundo preto para o formulário e uma imagem JPEG das estrelas no fundo. Essas duas propriedades do formulário, *BackColor* e *BackgroundImage*, estão sendo introduzidas pela primeira vez neste capítulo.

Objeto	Propriedade	Configuração
PictureBox1	*Image*	"C:\Vb10sbs\Chap15\Earth.jpg"
	SizeMode	StretchImage
Form1	*Text*	"Approaching Earth"
	BackColor	Black
	BackgroundImage	"C:\Vb10sbs\Chap15\Space.jpg"

Seu formulário se parece com este:

5. Dê um clique duplo no objeto *PictureBox1* no formulário.

   O procedimento de evento *PictureBox1_Click* aparece no Code Editor.

6. Digite o seguinte código de programa no procedimento de evento *PictureBox1_Click*:

```
PictureBox1.Height = PictureBox1.Height + 15
PictureBox1.Width = PictureBox1.Width + 15
```

7. Essas duas linhas aumentam a altura e a largura do ícone Earth em 15 pixels toda vez que o usuário clica na caixa de figura. Com um pouco de imaginação, o efeito dá a impressão de que você está se aproximando da Terra em uma nave espacial.

8. Clique no botão Save All e salve o projeto na pasta c C:\Vb10sbs\Chap15.

Dica O programa Zoom In completo encontra-se na pasta C:\Vb10sbs\Chap15\Zoom In.

9. Clique no botão Start Debugging para executar o programa.

   A imagem da Terra parece estar sozinha no formulário.

   As estrelas aparecem no fundo porque você carregou o arquivo Space.jpg no formulário com a propriedade *BackImage*. Qualquer área não abrangida pela propriedade *BackImage* no formulário será preta porque você usou a propriedade *BackColor* para simular a melancolia silenciosa do espaço sideral.

10. Clique na imagem Earth várias vezes para expandi-la na tela.

    Depois de 10 ou 11 cliques, sua tela se parecerá a esta:

    Como a imagem tem uma resolução relativamente baixa, ela ficará desfocada se você a ampliar mais. Você pode resolver essa limitação salvando imagens menores em uma resolução mais alta. Mas as poucas nuvens em torno da Terra amenizam o problema do desfoque nesse exemplo. (Na impressão, isso não terá uma boa aparência, portanto, teste-a só na tela do seu computador e veja a imagem em cores!)

11. Quando se aproximar o suficiente para estabelecer uma órbita padrão, clique no botão Close para fechar o programa.

    O programa para e o ambiente de desenvolvimento retorna.

Um passo além: alterando a transparência do formulário

Interessado em um último efeito especial? Com a GDI+, você pode fazer coisas difíceis ou até mesmo impossíveis nas primeiras versões do Visual Basic. Por exemplo, você pode tornar um formulário parcialmente transparente para poder ver através dele. Digamos que você esteja projetando um programa de exibição de fotos que tem um formulário separado com várias opções para manipular as fotos. Você pode tornar o formulário de opções parcialmente transparente para o usuário poder ver qualquer foto através dele enquanto ainda tem acesso às opções.

No próximo exercício, você irá alterar a transparência de um formulário mudando o valor da propriedade *Opacity*.

Configure a propriedade *Opacity*

1. No menu File, clique no comando Close Project.
2. Crie um novo projeto Windows Forms Application chamado **My Transparent Form**.
3. Exiba o formulário, clique no controle *Button* da Toolbox e desenhe dois botões no formulário.
4. Configure as seguintes propriedades para os dois botões e o formulário:

Objeto	Propriedade	Configuração
Button1	*Text*	"Set Opacity"
Button2	*Text*	"Restore"
Form1	*Text*	"Transparent Form"

5. Dê um clique duplo no botão Set Opacity no formulário.
6. Digite o seguinte código de programa no procedimento de evento *Button1_Click*:

```
Me.Opacity = 0.75
```

   A *Opacity* é especificada como uma porcentagem, então, ela tem um intervalo de 0 a 1. Essa linha configura a *Opacity* de Form1 (*Me*) como 75%.

7. Exiba o formulário novamente, dê um clique duplo no botão Restore e insira o seguinte código de programa no procedimento de evento *Button2_Click*:

```
Me.Opacity = 1
```

   Essa linha restaura a opacidade a 100%.

8. Clique no botão Save All e salve o projeto na pasta C:\Vb10sbs\Chap15.

> **Dica** O programa Transparent Form completo encontra-se na pasta C:\Vb10sbs\Chap15\Transparent Form.

9. Clique no botão Start Debugging para executar o programa.
10. Clique no botão Set Opacity.

Observe como você pode ver através do formulário, como mostrado aqui:

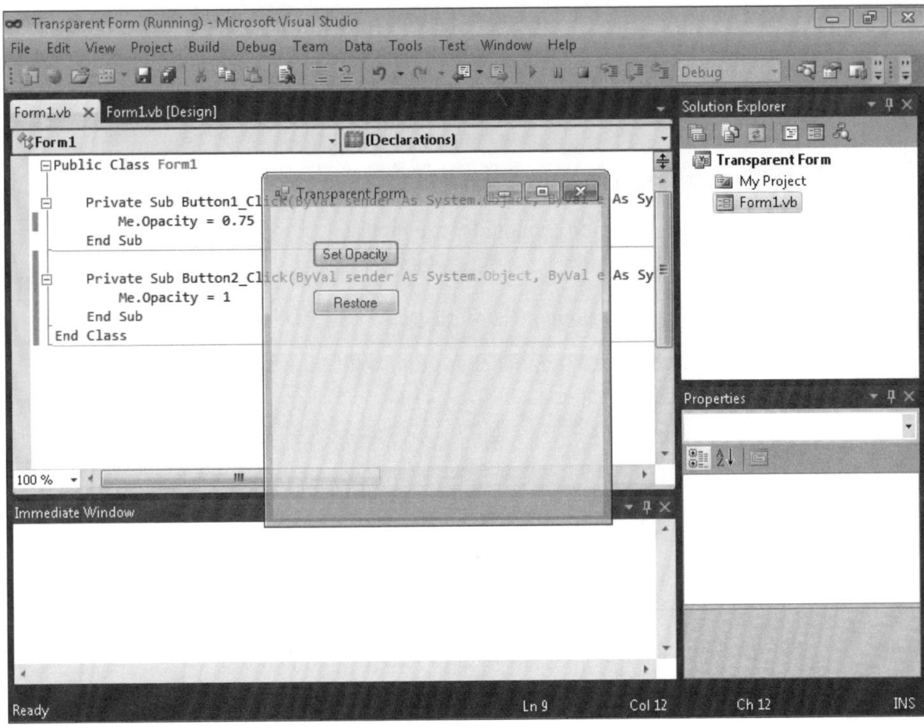

11. Clique no botão Restore.

    O efeito de transparência é removido.

12. Quando tiver terminado de testar o efeito de transparência, clique no botão Close para fechar o programa.

    O programa para e o ambiente de desenvolvimento retorna.

Referência rápida do Capítulo 15

Para	Faça isto

Criar linhas ou formas em um formulário	Utilize os métodos do namespace *System.Drawing.Graphics*. Por exemplo, as seguintes instruções de programa desenham uma elipse no formulário:
	`Dim GraphicsFun As Graphics`
	`GraphicsFun = Me.CreateGraphics`
	`Dim PenColor As New Pen(System.Drawing.Red)`
	`GraphicsFun.DrawEllipse(PenColor, 10, 120, 200, 160)`

Criar linhas ou formas que persistem no formulário enquanto redesenha janelas	Coloque os métodos gráficos no procedimento de evento *Paint* do formulário.
Mover um objeto em um formulário	Reposicione o objeto utilizando a propriedade *Location*, a palavra-chave *New* e a estrutura *Point*. Por exemplo: `PictureBox1.Location = New Point(300, 200)`
Animar um objeto	Utilize um procedimento de evento *timer* para modificar a propriedade *Left*, *Top* ou *Location* de um objeto no formulário. A propriedade *Interval* do timer controla a velocidade de animação.
Ampliar ou reduzir um objeto em tempo de execução	Altere a propriedade *Height* ou *Width* do objeto.
Configurar as cores de fundo em um formulário	Alterar a propriedade *BackColor* do formulário.
Configurar a imagem de fundo em um formulário	Alterar a propriedade *BackgroundImage* do formulário.
Alterar a transparência de um formulário	Alterar a propriedade *Opacity* do formulário.

Capítulo 16

Herdando formulários e criando classes base

Neste capítulo, você vai aprender a:

- Utilizar o Inheritance Picker para incorporar formulários existentes em seus projetos.
- Criar suas próprias classes base com propriedades e métodos personalizados.
- Derivar novas classes a partir de classes base utilizando a instrução *Inherits*.

Entender e utilizar as técnicas de *programação orientada a objetos* (*object-oriented programming* – OOP) é uma habilidade importante para praticamente todos os desenvolvedores profissionais de software. As modificações associadas a OOP ganharam destaque nas versões recentes do Visual Basic, incluindo recursos que dão suporte à *herança*, mecanismo que permite a uma classe adquirir as características de interface e comportamento de outra classe.

A herança no Visual Basic 2010 é facilitada pela linguagem Visual Basic e pelas ferramentas existentes no Integrated Development Environment (IDE). Isso significa que você pode construir um formulário no ambiente de desenvolvimento e transferir suas características e funcionalidades para outros formulários. Além disso, pode construir suas próprias classes e herdar suas propriedades, métodos e eventos.

Neste capítulo, você conhecerá os dois tipos de herança. Você aprenderá a integrar formulários existentes em seus projetos usando a caixa de diálogo Inheritance Picker, que é parte do Microsoft Visual Studio 2010, e aprenderá a criar suas próprias classes e a derivar novas a partir delas usando a instrução *Inherits*. Com essas habilidades, você será capaz de utilizar muitos dos formulários e rotinas de codificação que já desenvolveu, tornando a programação em Visual Basic um esforço mais flexível e rápido. Essas melhorias o ajudarão a projetar interfaces de usuário atraentes rapidamente e estenderão o trabalho que você fez em outros projetos de programação.

Herdando um formulário com o Inheritance Picker

Na sintaxe OOP, herança significa fazer uma classe receber objetos, propriedades, métodos e outros atributos de outra classe. Como mencionei na seção "Adicionando novos formulários a um programa" no Capítulo 14, "Gerenciando formulários Windows e controles em tempo de execução", o Visual Basic percorre esse processo rotineiramente ao criar um novo formulário no ambiente de desenvolvimento. O primeiro formulário em um projeto (*Form1*) se baseia na classe *System.Windows.Forms.*

Form para sua definição e valores padrão. De fato, essa classe é identificada na janela Properties quando você seleciona um formulário no Designer, como mostrado na captura de tela a seguir:

Embora não saiba, você usou herança desde o começo deste livro para definir os formulários Windows utilizados para construir aplicativos em Visual Basic. Embora formulários existentes também possam ser herdados utilizando código de programa, os projetistas do Visual Studio consideraram a tarefa tão importante que projetaram uma caixa de diálogo especial no ambiente de desenvolvimento para facilitar o processo. Essa caixa de diálogo chama-se Inheritance Picker e é acessada pelo comando Add New Item no menu Project. No exercício a seguir, você utilizará o Inheritance Picker para criar uma segunda cópia de uma caixa de diálogo em um projeto.

Herde uma caixa de diálogo simples

1. Inicie o Visual Studio e crie um novo projeto Visual Basic Windows Forms Application chamado **My Form Inheritance**.
2. Exiba o formulário no projeto e utilize o controle *Button* para adicionar dois objetos botão na parte inferior do formulário, posicionados lado a lado.
3. Altere as propriedades *Text* dos botões *Button1* e *Button2* para "OK" e "Cancel", respectivamente.
4. Dê um clique duplo em OK para exibir o procedimento de evento *Button1_Click* no Code Editor.
5. Digite a seguinte instrução de programa:

```
MsgBox("You clicked OK")
```

6. Exiba o formulário novamente, dê um clique duplo no botão Cancel e digite a seguinte instrução de programa no procedimento de evento *Button2_Click*:

```
MsgBox("You clicked Cancel")
```

7. Exiba o formulário novamente e configure a propriedade *Text* do formulário como "Dialog Box".

   Agora você tem um formulário simples que pode ser utilizado como a base de uma caixa de diálogo em um programa.

   Com alguma personalização, você pode utilizar esse formulário base para processar várias tarefas – você só precisa adicionar os controles que são específicos do seu aplicativo individual.
8. Clique no botão Save All para salvar seu projeto e especifique a pasta C:\Vb10sbs\Chap16 como a localização.

Agora você praticará a herança de formulário. O primeiro passo nesse processo é construir, ou *compilar*, o projeto porque você só pode herdar a partir de formulários compilados em arquivos .exe ou .dll. Toda vez que o formulário base é recompilado, alterações feitas no formulário base são passadas para o formulário derivado (herdado).

9. Clique no comando Build My Form Inheritance no menu Build.

   O Visual Basic compila seu projeto e cria um arquivo .exe.

10. Clique no comando Add New Item no menu Project e na categoria Windows Forms no lado esquerdo da caixa de diálogo e no modelo Inherited Form no meio da caixa de diálogo.

    A caixa de diálogo Add New Item é semelhante à esta:

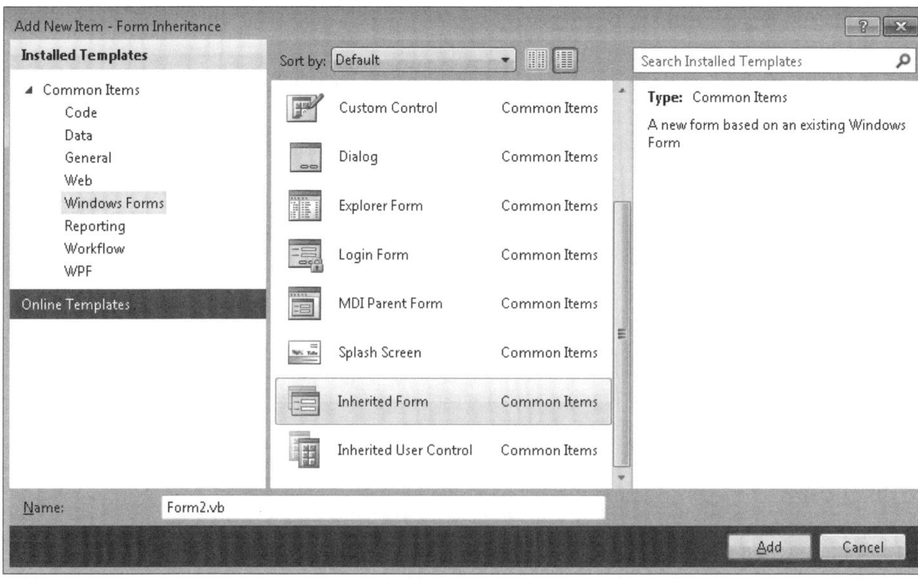

Nota O Visual Basic 2010 Express não inclui o modelo Inherited Form. Se você está procurando uma justificativa para atualizar para o Visual Studio Professional, essa pode ser uma delas. (Em geral, a versão Professional e outras versões do Visual Studio fornece vários modelos adicionais úteis.) Nesse ponto, você pode querer simplesmente rever o projeto de exemplo que eu incluí no CD Practice Files e examinar o código. Entretanto, como alternativa, você pode tentar criar um formulário herdado manualmente. Para tentar isso, adicione um formulário Windows denominado Form2.vb ao seu projeto em vez de Inherited Form. Na parte superior do Solution Explorer, clique no botão alternador Show All Files. Expanda Form2.vb e abra Form2.Designer.vb. Altere "Inherits System.Windows.Forms.Form" para "Inherits My_Form_Inheritance.Form1". Clique em Save All, feche Form2.Designer.vb e, em seguida, clique em Show All Files novamente para ocultar os arquivos avançados. Como você executou as etapas manualmente, pode agora pular para a próxima seção, "Personalize o formulário herdado".

Como de costume, o Visual Studio lista todos os possíveis modelos que você pode incluir em seus projetos, não só os relacionados com herança. O modelo Inherited Form dá acesso à caixa de diálogo Inheritance Picker.

Você também pode usar a caixa de texto Name na parte inferior da caixa de diálogo para atribuir um nome ao seu formulário herdado, embora isso não seja necessário para esse exemplo. Esse nome aparecerá no Solution Explorer e no nome de arquivo do formulário em disco.

11. Clique em Add para aceitar as configurações padrão para o novo formulário herdado.

    O Visual Studio exibe a caixa de diálogo Inheritance Picker, como mostrado aqui:

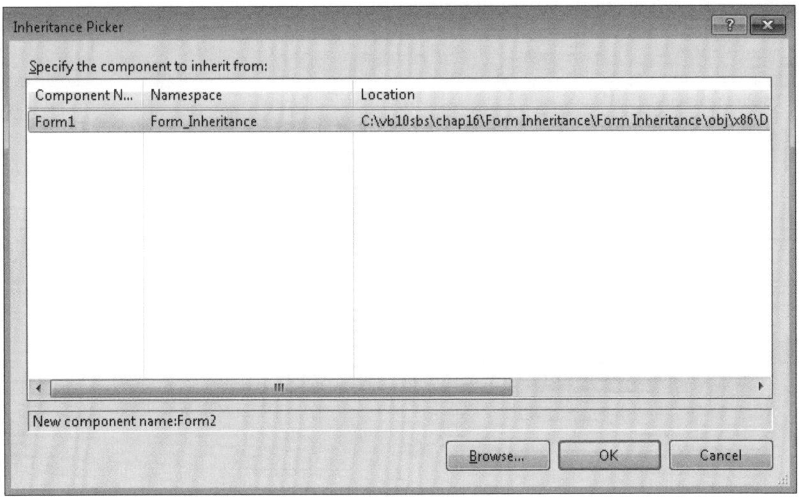

    Essa caixa de diálogo lista todos os formulários herdáveis no projeto atual. Se quiser procurar por outro formulário compilado, clique no botão Browse e localize o arquivo .dll em seu sistema.

> **Nota** Se quiser herdar um formulário que não é um componente do projeto atual, o formulário deve ser compilado como um arquivo .dll.

12. Clique em Form1 na caixa de diálogo Inheritance Picker e clique em OK.

    O Visual Studio cria a entrada Form2.vb no Solution Explorer e exibe o formulário herdado no Designer. Note na captura de tela na parte superior da página a seguir que o formulário parece idêntico à janela Form1 que você criou anteriormente, exceto pelo fato de que os dois botões contêm pequenos ícones, que indicam que os objetos vêm de uma fonte herdada.

    Pode ser difícil diferenciar um formulário herdado de um formulário base (os pequenos ícones de herança não são tão óbvios), mas você também pode utilizar o Solution Explorer e as guias do IDE para distingui-los.

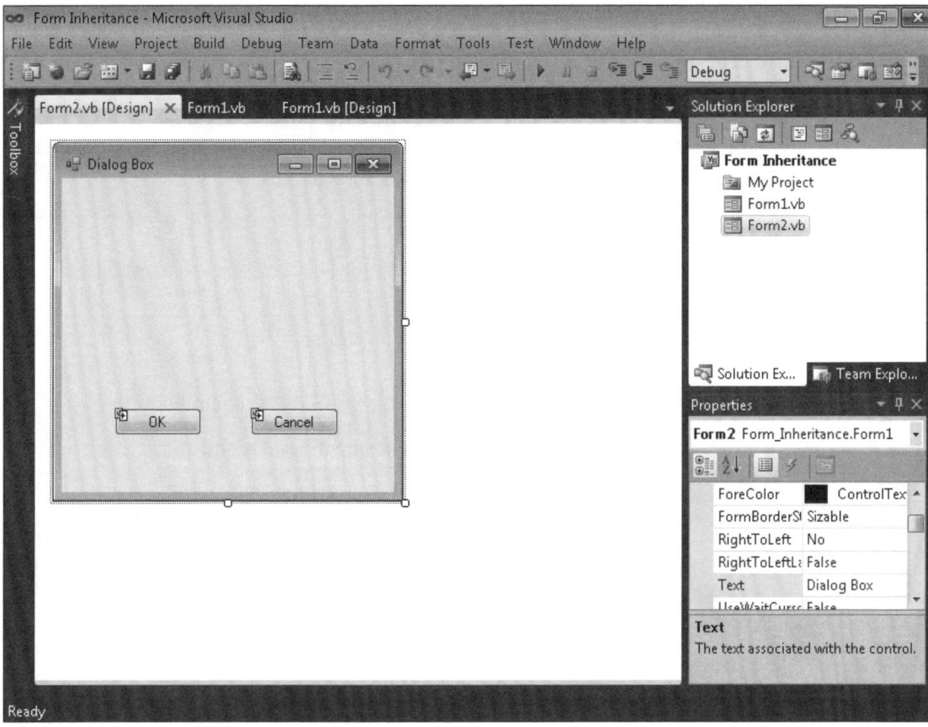

Agora, você vai adicionar alguns novos elementos ao formulário herdado.

Personalize o formulário herdado

1. Utilize o controle *Button* para adicionar um terceiro objeto botão próximo ao meio do Form2 (o formulário herdado).
2. Configure a propriedade *Text* do objeto botão como "Click Me!".
3. Dê um clique duplo no botão Click Me!.
4. No procedimento de evento *Button3_Click*, digite a seguinte instrução de programa:

```
MsgBox("This is the inherited form!") 'Este é o formulário herdado!
```

5. Exiba Form2 novamente e tente dar um clique duplo nos botões OK e Cancel no formulário.

   Observe que você não pode exibir ou editar os procedimentos de evento ou as propriedades desses objetos herdados sem seguir passos extras que estão além do escopo deste capítulo. (Pequenos ícones de "cadeado" indicam que os objetos herdados são somente de leitura.) Entretanto, é possível adicionar novos objetos ao formulário ou personalizá-lo de outras maneiras.

6. Expanda o formulário.

   Isso funciona muito bem. E além de modificar o tamanho, você pode alterar a localização e outras características de exibição e operacionais do formulário. Observe que se você utilizar a janela Properties para personalizar um formulário, a caixa de listagem Object na janela Properties exibirá o formulário do qual o formulário atual é derivado. Aqui está como a janela Properties se apresenta no seu projeto quando Form2 é selecionado:

   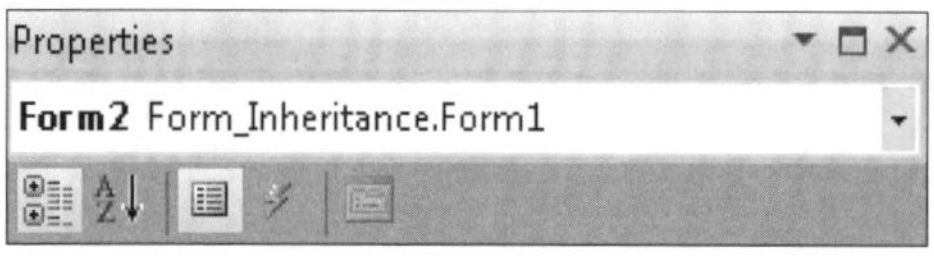

   Agora configure o objeto de inicialização no seu projeto como Form2.

7. Clique no comando My Form Inheritance Properties no menu Project.

   O Project Designer, introduzido no Capítulo 14, aparece.

8. Na guia Application, clique na caixa de listagem Startup Form, clique em Form2 e, então, feche o Project Designer clicando no botão Close na guia.

   Não há botão Save no Project Designer porque o Visual Studio salva suas alterações à medida que você as executa na caixa de diálogo. Agora execute o novo projeto.

> **Dica** O programa Form Inheritance completo está localizado na pasta C:\Vb10sbs\Chap16\Form Inheritance.

9. Clique no botão Start Debugging.

   O formulário herdado abre, como mostrado aqui. (A partir do passo 6 deste exercício, minha versão é mostrada um pouco maior.)

   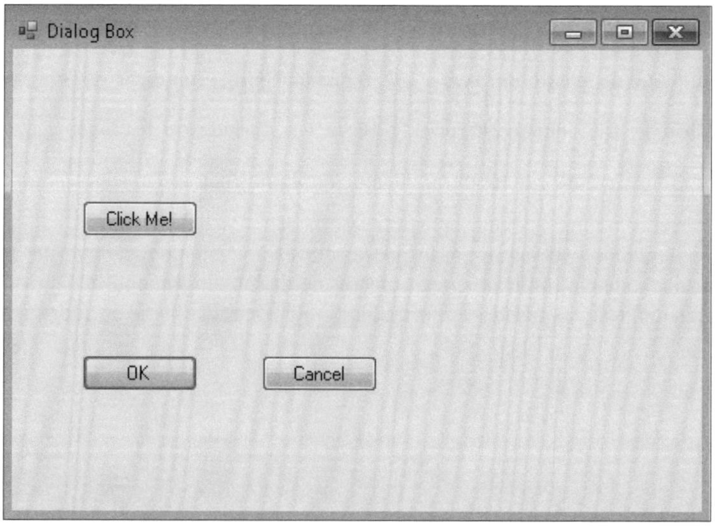

10. Clique em OK.

O formulário herdado executa o procedimento de evento que ele herdou de Form1 e o procedimento exibe a a mensagem a seguir.

11. Clique em OK e, em seguida, clique no botão Click Me!

Form2 exibe a mensagem do formulário herdado.

O que isso demonstra é que Form2 (o formulário herdado) tem características próprias (um novo botão Click Me! e um tamanho expandido). O Form2 também utiliza dois botões (OK e Cancel) que foram herdados de Form1 e contém o código de Form1, bem como a representação visual exata dos botões. Isso significa que você pode implementar novamente a interface do usuário e os recursos do código criados anteriormente sem a trabalheira de recortar e colar. Em outras palavras, você encontrou um dos principais benefícios da programação orientada a objetos, reutilizando e estendendo a funcionalidade dos formulários, código de programa e projetos existentes. Você também aprendeu a usar a caixa de diálogo Inheritance Picker do Visual Studio, que oferece uma maneira prática de selecionar objetos que você quer reutilizar.

12. Clique em OK para fechar a caixa de mensagem e clique em Close no formulário para encerrar o programa.

O programa para e o IDE retorna.

Criando suas próprias classes base

O Inheritance Picker gerenciou o processo de herança no exercício anterior criando uma nova classe em seu projeto *Form2*. Para criar a classe *Form2*, o Inheritance Picker estabeleceu um link entre a classe *Form1* no projeto My Form Inheritance e o novo formulário. Eis a nova classe *Form2* no Code Editor:

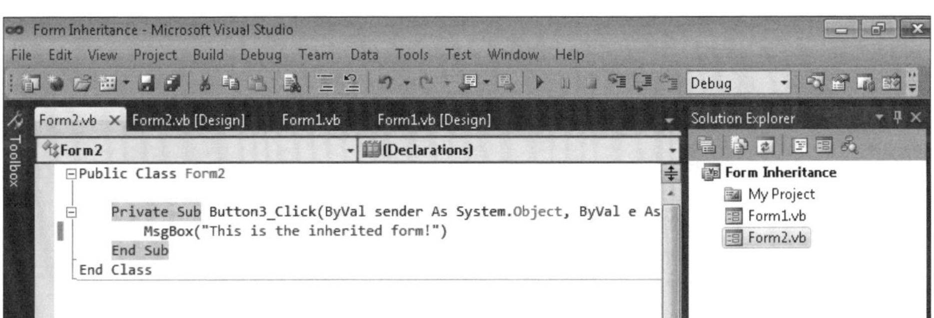

O procedimento de evento *Button3_Click* que você adicionou também é membro da nova classe. Mas lembre-se de que a própria classe *Form1* baseava-se na classe *System.Windows.Forms.Form* para obter seu comportamento e características fundamentais. Assim, o último exercício demonstra que uma classe derivada (*Form2*) pode herdar suas funcionalidades de outra classe derivada (*Form1*), que por sua vez herdou sua funcionalidade básica de uma classe base original (*Form*), que é membro do namespace *System.Windows.Forms* do Microsoft .NET Framework.

Além do Inheritance Picker, o Visual Studio oferece a instrução *Inherits*, que faz com que a classe atual herde as propriedades, procedimentos e variáveis de outra classe. Para utilizar a instrução *Inherits* a fim de herdar um formulário, você deve colocar a instrução *Inherits* na parte superior do formulário como a primeira instrução da classe. Embora você talvez escolha utilizar o Inheritance-Picker para esse tipo de trabalho com formulários, é útil conhecer *Inherits* porque essa instrução pode ser utilizada em classes e interfaces diferentes de formulários, e é provável que você a encontre ocasionalmente no código de programa de seus colegas. Você verá um exemplo da instrução *Inherits* perto do final deste capítulo.

Reconhecendo que classes são um bloco de construção tão fundamental em programas Visual Basic, você poderia muito bem perguntar como novas classes são criadas e como essas novas classes poderiam ser herdadas mais tarde por classes subsequentemente derivadas. Para ponderar sobre essas possibilidades, dedicarei o restante deste capítulo a discutir a sintaxe para criar classes no Visual Basic 2010 e introduzir como essas classes definidas pelo usuário poderiam ser herdadas mais tarde por ainda outras classes. Ao longo do caminho, você aprenderá a grande utilidade de criar suas próprias classes.

Alerta de um "nerd"

Podemos sobrecarregar a terminologia ao discutir a criação de classes e herança. Cientistas da computação inteligentes estudam esses conceitos de OOP há vários anos e existem numerosos termos e definições para os conceitos que planejo abordar. Mas, se você me acompanhar, descobrirá que criar classes e herdá-las é bem simples no Visual Basic 2010 e você pode realizar bastante trabalho útil adicionando apenas algumas linhas de código de programa aos seus projetos. Entender a terminologia da OOP também ajudará a dar sentido a alguns recursos avançados do Visual Basic 2010, como convariância e contravariância, Language Integrated Query (LINQ), tipos anônimos, métodos de extensão e expressões lambda que facilitam o uso de classes, objetos e métodos e às vezes são enfatizados nos comunicados de marketing e em listas de novos recursos.

Adicionando uma nova classe a seu projeto

Em termos simples, uma *classe* no Visual Basic é uma representação ou *molde* que define a estrutura de um ou mais objetos. Criar uma classe permite definir seus próprios objetos em um programa – objetos que têm propriedades, métodos, campos e eventos, exatamente como os objetos que os controles da Toolbox criam em formulários Windows. Para adicionar uma nova classe ao seu projeto, você clica no comando Add Class no menu Project e então define a classe utilizando código de programa e algumas palavras-chave do Visual Basic.

No exercício a seguir, você criará um programa que solicita o primeiro nome, o sobrenome e a data de nascimento a um novo empregado. Você armazenará essas informações nas propriedades de uma nova classe chamada *Person* e criará um método na classe para computar a idade atual do novo empregado. Esse projeto o ensinará a criar suas próprias classes e também a utilizar as classes nos procedimentos de evento de seu programa.

Construa o projeto Person Class

1. Clique no comando Close Project no menu File e crie um novo projeto chamado **My Person Class**.
2. Utilize o controle *Label* para adicionar um objeto rótulo à parte superior de Form1.
3. Disponha do controle *TextBox* para desenhar dois objetos caixa de texto largos abaixo do objeto rótulo.
4. Use o controle *DateTimePicker* para desenhar um objeto seletor de data/hora abaixo dos objetos caixa de texto.

   Da última vez, você utilizou o controle *DateTimePicker* para inserir datas no Capítulo 3, "Trabalhando com controles da Toolbox". Consulte esse capítulo se quiser revisar os métodos e propriedades básicos desse controle.
5. Utilize o controle *Button* para desenhar um objeto botão abaixo do objeto seletor de data/hora.
6. Configure as seguintes propriedades para os objetos no formulário:

Objeto	Propriedade	Configuração
Label1	*Text*	"Enter employee first name, last name, and date of birth."
TextBox1	*Text*	"First name"
TextBox2	*Text*	"Last name"
Button1	*Text*	"Display Record"
Form1	*Text*	"Person Class"

Seu formulário agora deve se parecer com este:

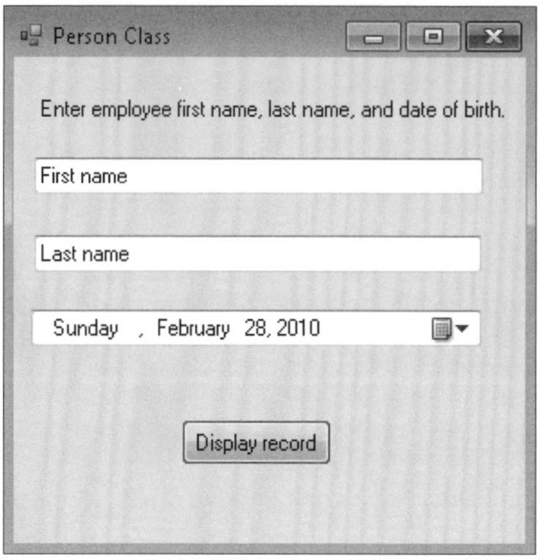

Essa é a interface de usuário básica para um formulário que define um novo registro de empregado para um aplicativo da empresa. O formulário não está conectado a um banco de dados; portanto, somente um registro pode ser armazenado de cada vez. Mas você aprenderá a criar essas conexões de bancos de dados no Capítulo 18, "Introdução ao ADO.NET".

Agora você adicionará uma classe ao projeto para armazenar as informações no registro.

7. Clique no comando Add Class no menu Project.

   O Visual Studio exibe a caixa de diálogo Add New Item, com o modelo Class selecionado, como mostrado aqui:

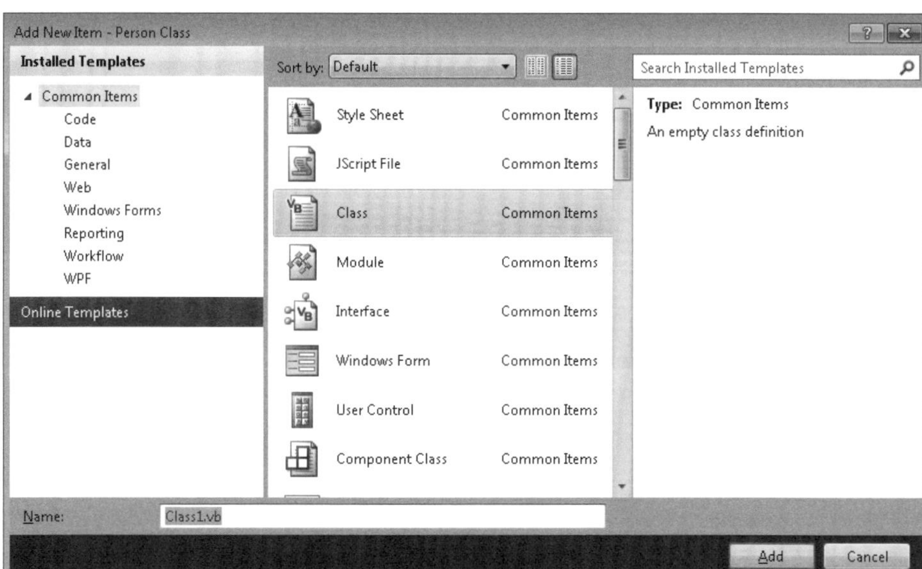

A caixa de diálogo Add New Item permite atribuir um nome à classe. Como é possível armazenar mais de uma classe em um novo módulo de classe, talvez você queira especificar um nome que seja um pouco genérico.

8. Digite **Person.vb** na caixa Name e clique em Add.

   O Visual Studio abre um módulo de classe em branco no Code Editor e lista um arquivo chamado Person.vb no Solution Explorer do seu projeto, como mostrado aqui:

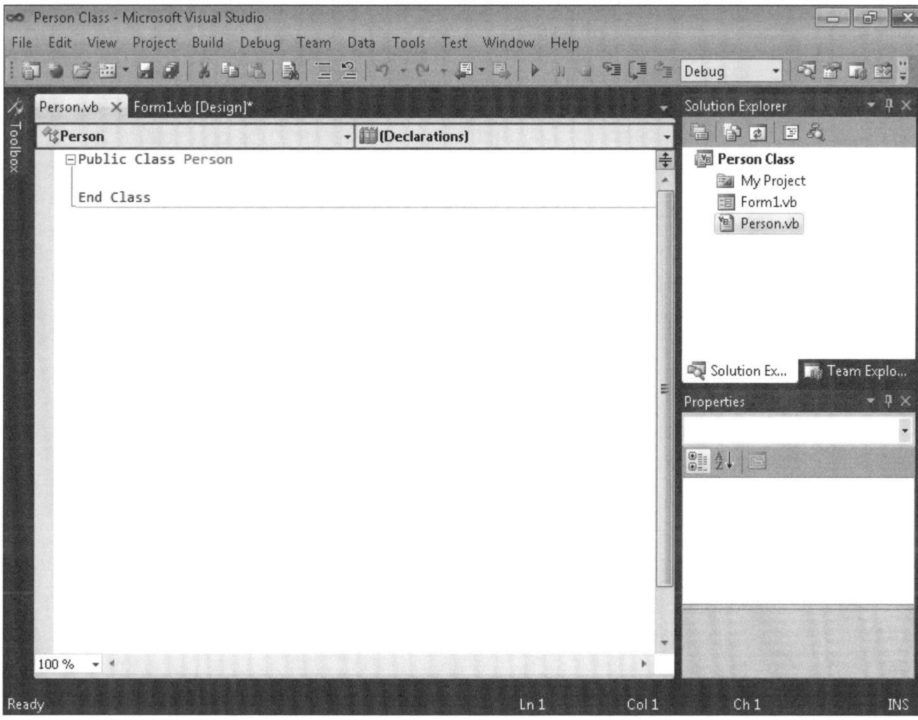

Agora você irá digitar a definição de sua classe no módulo de classe e aprender algumas palavras-chave novas do Visual Basic. Você seguirá quatro passos: declarar as variáveis da classe, criar propriedades, criar um método e, por fim, criar um objeto com base na nova classe.

Passo 1: Declare as variáveis de classe

■ Abaixo da instrução de programa *Public Class Person*, digite as seguintes declarações de variável:

```
Private Name1 As String
Private Name2 As String
```

Aqui você declara duas variáveis que utilizará exclusivamente dentro do módulo da classe a fim de armazenar os valores para duas configurações de propriedade do tipo string. Declarei as variáveis utilizando a palavra-chave *Private* porque, por convenção, programadores Visual Basic mantêm privadas suas variáveis de classe internas – em outras palavras, não disponíveis para inspeção fora do próprio módulo da classe. Essas variáveis são, algumas vezes, chamadas de *campos (fields)* ou *campos de apoio (backing fields)* porque fornecem armazenamento para propriedades.

Passo 2: Crie as propriedades

1. Abaixo das declarações de variável, digite a seguinte instrução de programa e pressione ENTER:

```
Public Property FirstName() As String
```

Essa instrução cria uma propriedade chamada *FirstName*, que é do tipo *String*, em sua classe. Isso é tudo o que você precisa para implementar uma propriedade simples. (Um campo de apoio – backing field – não é necessário). No Visual Studio 2008, em seguida o Visual Basic cria um modelo (template) de código para os demais elementos da declaração de propriedade. Esses elementos incluem um bloco *Get*, que determina o que outros programadores veem quando verificam a propriedade *FirstName*; um bloco *Set*, que determina o que acontece quando a propriedade *FirstName* é configurada ou alterada; e uma instrução *End Property*, que marca o fim do procedimento de propriedade. Entretanto, no Visual Studio 2010, esses elementos são criados automaticamente quando você usa a instrução *Property*. O processo acontece internamente (você não precisa vê-lo no Code Editor) e, na documentação, ele é referenciado como o novo recurso *propriedades autoimplementadas (auto-implemented properties)*. Isso permite que você especifique rapidamente uma propriedade de uma classe sem ter de escrever blocos de código *Get* e *Set*. As propriedades autoimplementadas são muito úteis para aqueles que criam ou manipulam classes e propriedades frequentemente. Entretanto, existem situações nas quais você não pode usar as propriedades autoimplementadas, mas, em vez disso, deve usar a sintaxe de propriedade padrão ou *expandida* (isto é, a sintaxe que usamos rotineiramente no Visual Basic 2008). Essas situações incluem os seguintes cenários:

- ❑ Você precisa adicionar código ao procedimento *Get* ou *Set* de uma propriedade (por exemplo, quando você está validando valores em um bloco de código *Set*).
- ❑ Você deseja criar um procedimento *Set Private* ou um procedimento *Get Public.*
- ❑ Você deseja criar propriedades que são *WriteOnly* ou *ReadOnly.*
- ❑ Você deseja adicionar propriedades *parametrizadas*.
- ❑ Você deseja colocar um atributo ou comentário Extensible Markup Language (XML) no campo oculto e privado.

Embora essas utilizações possam parecer avançadas ou esotéricas nesse ponto, elas são tão importantes que eu quero ensinar qual é a sintaxe padrão dos blocos de código *Get* e *Set*. Você talvez não precise usá-las de imediato, mas à medida que criar classes e propriedades mais avançadas, você talvez precise empregá-las. (Além disso, a documentação da Ajuda do Visual Studio frequentemente mostra esses blocos de código *Get* e *Set* ao discutir classes, portanto, você deve aprender a sintaxe padrão agora.)

2. Digite a estrutura do procedimento da propriedade *FirstName* a seguir que usa as palavras--chave *Get* e *Set*. Você observará que grande parte da estrutura é adicionada automaticamente depois que você digita a primeira instrução *Get*:

```
Public Property FirstName() As String
    Get
        Return Name1
    End Get
    Set(ByVal value As String)
        Name1 = value
    End Set
End Property
```

   Nessa estrutura, a palavra-chave *Return* especifica que a variável string *Name1* será retornada quando a propriedade *FirstName* for referenciada. O bloco *Set* atribui um valor de string à variável *Name1* quando a propriedade é configurada. Note aqui especialmente a variável *value*, que é utilizada em procedimentos de propriedade para representar o valor que é atribuído à classe quando uma propriedade é configurada. Embora essa sintaxe possa parecer estranha, confie em mim por enquanto – essa é a maneira formal de criar configurações de propriedade em controles, e propriedades mais sofisticadas adicionariam ainda mais lógica de programação aqui para testar valores ou fazer cálculos.

3. Abaixo da instrução *End Property*, digite um segundo procedimento de propriedade para a propriedade *LastName* em sua classe. Mais uma vez, após você digitar a palavra-chave *Get*, grande parte da estrutura do procedimento da propriedade será adicionada automaticamente.)

```
Public Property LastName() As String
    Get
        Return Name2
    End Get
    Set(ByVal value As String)
        Name2 = value
    End Set
End Property
```

   Esse procedimento de propriedade é semelhante ao primeiro, exceto pelo fato de que você utiliza a segunda variável string (*Name2*) que declarou na parte superior da classe.

   Você terminou de definir as duas propriedades em sua classe. Agora vamos para um método chamado *Age* que determinará a idade atual do novo empregado com base em sua data de nascimento.

Passo 3: Crie um método

■ Abaixo do procedimento de propriedade *LastName*, digite a seguinte definição de função:

```
Public Function Age(ByVal Birthday As Date) As Integer
    Return Int(Now.Subtract(Birthday).Days / 365.25)
End Function
```

Para criar um método na classe que realiza uma ação específica, você adiciona uma função ou um procedimento Sub à sua classe. Embora muitos métodos não exijam argumentos para realizar seu trabalho, o método *Age* que estou definindo exige um argumento *Birthday* do tipo *Date* para concluir seu cálculo. O método utiliza o método *Subtract* para subtrair a data de nascimento do novo empregado da data atual do sistema e retorna o valor expresso em dias dividido por 365,25 – o número aproximado em dias de um ano. A função *Int* retorna a parte inteira de um número e esse valor é retornado ao procedimento chamador via instrução *Return* – exatamente como uma função típica. (Para informações adicionais sobre definições de função, consulte o Capítulo 10, "Criando módulos e procedimentos".)

Sua definição de classe está concluída, e, no Code Editor, a classe *Person* agora se parece com isto:

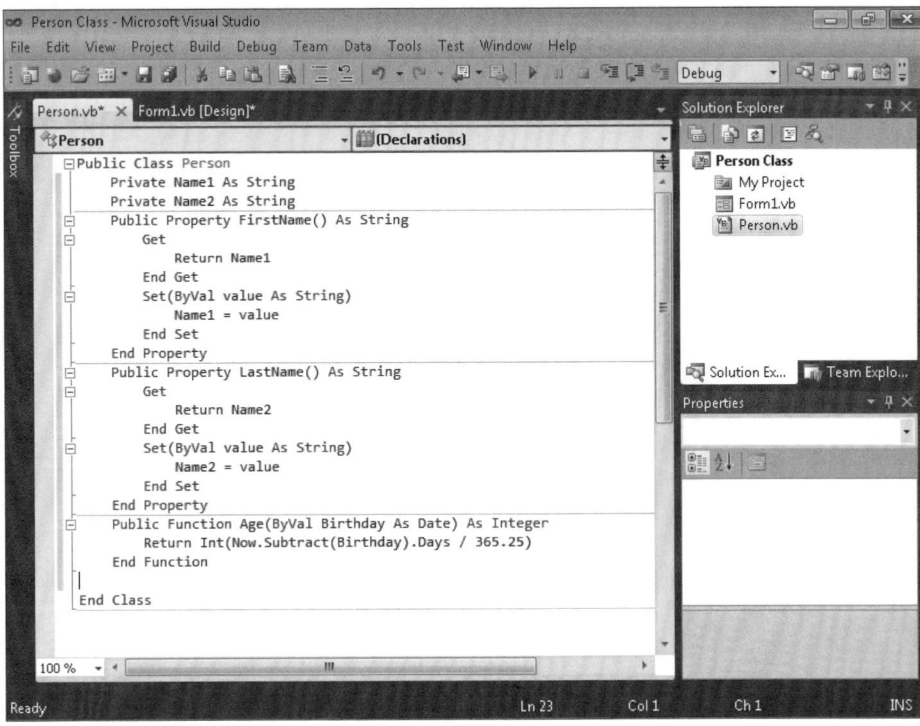

Agora, você vai voltar a Form1 e utilizar a nova classe em um procedimento de evento.

> **Dica** Embora você não faça isso para esse exemplo, normalmente é recomendável adicionar alguma lógica de verificação de tipos para módulos de classe em projetos reais de modo que propriedades ou métodos impropriamente utilizados não desencadeiem erros de tempo de execução que causem a interrupção do programa.

Passo 4: Crie um objeto baseado na nova classe

1. Clique no ícone Form1.vb no Solution Explorer e, em seguida, clique em View Designer.

   A interface de usuário Form1 aparece.

2. Dê um clique duplo no botão Display Record para abrir o procedimento de evento *Button1_Click* no Code Editor.

3. Digite as seguintes instruções de programa:

```
Dim Employee As New Person
Dim DOB As Date

Employee.FirstName = TextBox1.Text
Employee.LastName = TextBox2.Text
DOB = DateTimePicker1.Value.Date

MsgBox(Employee.FirstName & " " & Employee.LastName _
  & " is " & Employee.Age(DOB) & " years old.")
```

   Essa rotina armazena os valores inseridos pelo usuário em um objeto chamado *Employee* que é declarado como sendo do tipo *Person*. A palavra-chave *New* indica que você quer criar imediatamente uma nova instância do objeto *Employee*. Você declarou variáveis com frequência neste livro – agora precisa declarar uma variável com base em uma classe que você mesmo criou! A rotina então declara uma variável *Date* chamada *DOB* para armazenar a data inserida pelo usuário; e as propriedades *FirstName* e *LastName* do objeto *Employee* são configuradas com o nome e sobrenome retornados pelos dois objetos caixa de texto no formulário. O valor retornado pelo objeto seletor de data/hora é armazenado na variável *DOB* e a instrução de programa final exibe uma caixa de mensagem contendo as propriedades *FirstName* e *LastName* mais a idade do novo empregado como determinado pelo método *Age*, o que retorna um valor do tipo inteiro quando a variável *DOB* é passada para ele. Depois de definir uma classe em um módulo de classe, é uma simples questão de utilizá-lo em um procedimento de evento, como essa rotina demonstra.

4. Clique no botão Save All para salvar suas alterações e especifique a pasta C:\Vb10sbs\Chap16 como a localização.

5. Clique no botão Start Debugging para executar o programa.

   A interface de usuário aparece no IDE, pronta para sua entrada.

6. Digite um primeiro nome na caixa de texto First Name e um sobrenome na caixa de texto Last Name.

7. Clique na seta do objeto seletor de data e, em seguida, role pela caixa de listagem até uma data de nascimento de exemplo (a data que estou selecionando é 12 de julho de 1970).

> **Dica** Você pode rolar mais rapidamente para o passado clicando no campo Year (ano) quando a caixa de diálogo do seletor de data/hora está aberta. Setas de rolagem aparecem e você pode mover um ano por vez para frente ou para trás. Você também pode mover rapidamente para o mês que quiser clicando no campo Month (mês) e então clicando no nome do mês.

Seu formulário se parece com o seguinte:

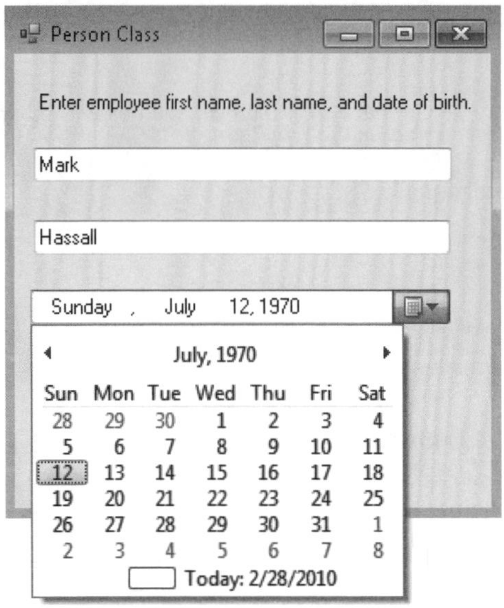

8. Clique no botão Display Record.

   Seu programa armazena os valores de nome e sobrenome em configurações de propriedade e utiliza o método *Age* para calcular a idade atual do novo empregado. Uma caixa de mensagem exibe o resultado, como mostrado aqui:

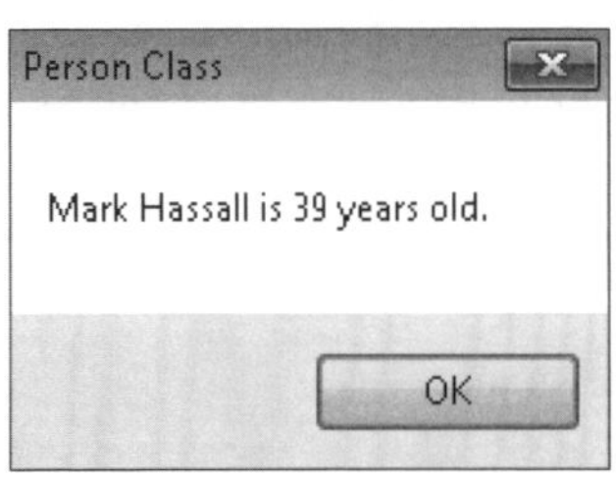

9. Clique em OK para fechar a caixa de mensagem e então teste com alguns valores diferentes de data, clicando em Display Record toda vez que você alterar o campo Birth Date.
10. Quando terminar de testar sua nova classe, clique no botão Close no formulário.

    O ambiente de desenvolvimento retorna.

Um passo além: herdando uma classe base

Como prometido no início deste capítulo, tenho mais um truque relacionado com herança e classes definidas pelo usuário. Assim como formulários podem herdar classes de formulário, eles também podem herdar classes que você definiu utilizando o comando Add Class e um módulo de classe. O mecanismo para herdar uma classe base (pai) é utilizar a instrução *Inherits* para incluir a classe previamente definida em uma nova classe. Você então pode adicionar propriedades ou métodos adicionais à classe derivada (filha) para diferenciá-la da classe base. Sei que isso pode parecer bem abstrato, portanto, vamos tentar um exemplo.

No exercício a seguir, você modificará o projeto My Person Class de modo que ele armazene as informações sobre novos professores e as séries em que eles ensinam. Primeiro você adicionará uma segunda classe definida pelo usuário, chamada *Teacher*, ao módulo de classe *Person*. Essa nova classe herdará a propriedade *FirstName*, a propriedade *LastName* e o método *Age* da classe *Person* e adicionará uma propriedade extra chamada *Grade* para armazenar o nível em que o novo professor ensina.

Utilize a palavra-chave *Inherits*

1. Clique na classe Person.vb no Solution Explorer e clique no botão View Code.
2. Role até a parte inferior do Code Editor para que o ponto de inserção fique abaixo da instrução *End Class*.

   Como mencionado anteriormente, é possível incluir mais de uma classe em um módulo de classe, contanto que cada classe seja delimitada pelas instruções *Public Class* e *End Class*. Você criará uma classe chamada *Teacher* nesse módulo de classe e utilizará a palavra-chave *Inherits* para incorporar o método e as propriedades que você definiu na classe *Person*.
3. Digite a seguinte definição de classe no Code Editor. Como antes, após digitar a palavra-chave *Get* e pressionar ENTER, uma parte da estrutura *Property* será fornecida para você:

```
Public Class Teacher
    Inherits Person
    Private Level As Short

    Public Property Grade() As Short
        Get
            Return Level
        End Get
        Set(ByVal value As Short)
            Level = value
        End Set
    End Property
End Class
```

   A instrução *Inherits* vincula a classe *Person* a essa nova classe, incorporando todas as suas variáveis, propriedades e métodos. Se a classe *Person* estivesse localizada em um módulo ou projeto separado, você poderia identificar sua localização utilizando uma designação de namespace, assim como identifica classes quando utiliza a instrução *Imports* na parte superior de um programa que utiliza classes nas bibliotecas de classe do .NET Framework. Basicamente, defini a classe *Teacher* como um tipo especial de classe *Person* – além das propriedades *FirstName* e *LastName*, a classe *Teacher* tem uma propriedade *Grade* que registra a série em que o professor ensina.

   Agora você utilizará a nova classe no procedimento de evento *Button1_Click*.
4. Exiba o procedimento de evento *Button1_Click* em Form1.

   Em vez de criar uma nova variável para armazenar a classe *Teacher*, simplesmente usei a variável *Employee* tal como ela é – a única diferença será que agora posso configurar uma propriedade *Grade* para o novo empregado.

5. Modifique o procedimento de evento *Button1_Click* como mostrado a seguir. (As linhas sombreadas são aquelas que você precisa alterar.)

```
Dim Employee As New Teacher
Dim DOB As Date

Employee.FirstName = TextBox1.Text
Employee.LastName = TextBox2.Text
DOB = DateTimePicker1.Value.Date
Employee.Grade = InputBox("What grade do you teach?")
MsgBox(Employee.FirstName & " " & Employee.LastName _
  & " teaches grade " & Employee.Grade)
```

Neste exemplo, removi o cálculo da idade atual – o método *Age* não é usado –, mas fiz isso apenas para manter o mínimo de informações na caixa de mensagem. Ao definir propriedades e métodos em uma classe, você não é obrigado a utilizá-los no código de programa.

Agora você executará o programa.

Dica O programa Person Class revisado encontra-se na pasta C:\Vb10sbs\Chap16\Person Class.

6. Clique no botão Start Debugging para executar o programa.

O formulário de novo empregado abre na tela:

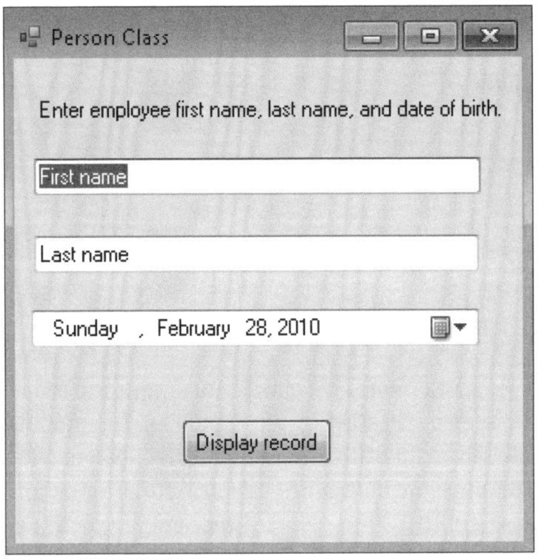

7. Digite seu primeiro nome na caixa de texto First Name e seu sobrenome na caixa de texto Last Name.

8. Clique no objeto seletor de data/hora e role até sua data de nascimento.

9. Clique em Display Record.

   Seu programa armazena os valores de nome e sobrenome em configurações de propriedade e exibe a seguinte caixa de entrada, que pergunta ao novo professor a série em que ele ensina:

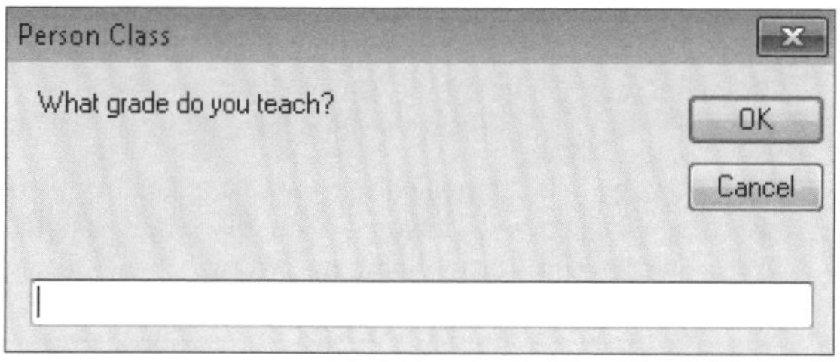

10. Digite **3** e clique em OK fechar a caixa de entrada.

    A aplicação armazena o número 3 na nova propriedade *Grade* e utiliza as propriedades *FirstName*, *LastName* e *Grade* para exibir as informações do novo empregado em uma caixa de mensagem de confirmação. Você vê esta mensagem:

11. Teste com alguns outros valores se quiser e então clique no botão Close do formulário.

    O programa para e o ambiente de desenvolvimento retorna. Você terminou de trabalhar com classes e herança neste capítulo. Bom trabalho!

Experiências adicionais com OOP

Se você se divertiu com essa rápida atividade com técnicas de codificação orientada a objetos, mais diversão o espera no Visual Basic 2010, uma verdadeira linguagem OOP. Em particular, talvez você queira adicionar eventos a suas definições de classe, criar valores de propriedade padrão, declarar e utilizar tipos nomeados e anônimos e experimentar um recurso polimórfico chamado *sobrecarga de método*. Esses e outros recursos de OOP podem ser explorados usando a documentação do Visual Studio ou examinando um livro avançado de programação sobre Visual Basic. (Consulte o Apêndice, "Onde obter informações adicionais", para ver uma lista de sugestões de leitura.) Você também achará que um conhecimento completo das classes e como elas são criadas será útil porque você aprofundará mais no estudo do .NET Framework e dos tópicos avançados como programação de banco de dados. Para o relacionamento entre OOP e os bancos de dados no Visual Basic, consulte a Parte IV, "Bancos de dados e programação Web".

Referência rápida do Capítulo 16

Para	Faça isto
Herdar a interface e as funcionalidades de um formulário existente	Clique no comando Add New Item no menu Project, clique no modelo Inherited Form, especifique um nome para o formulário herdado e então clique em Add. Utilize o Inheritance Picker para selecionar o formulário que você quer herdar e então clique em OK. Observe que, para serem elegíveis para herança, formulários base devem ser compilados como arquivos .exe ou .dll. Se quiser herdar um formulário que não é um componente no projeto atual, o formulário deve ser compilado como um arquivo .dll.
Personalizar um formulário herdado	Adicione controles da Toolbox ao formulário e defina configurações de propriedade. Observe que você não será capaz de configurar propriedades de objetos herdados no formulário. Esses objetos são identificados por pequenos ícones e estão inativos.
Criar suas próprias classes base	Clique no comando Add Class no menu Project, especifique o nome da classe e então clique em Add. Defina a classe em um módulo de classe utilizando código de programa.
Ocultar variáveis declaradas em uma classe	Utilize a palavra-chave *Private* para ocultar variáveis de classe de outros programadores que examinarem sua classe. Por exemplo: `Private Name1 As String`

Criar uma nova propriedade na classe	Defina um procedimento de propriedade público na classe. Por exemplo:
	
	`Public Property FirstName() As String`
	`    Get`
	`        Return Name1`
	`    End Get`
	`    Set(ByVal value As String)`
	`        Name1 = value`
	`    End Set`
	`End Property`
	
	Note que a primeira linha mostrada neste exemplo (contendo a instrução *Property*) é tudo o que você pode precisar inserir se estiver criando uma nova propriedade com algumas configurações personalizadas. Em outras palavras, o Visual Studio 2010 reconhece automaticamente a palavra-chave *Property* quando você a insere e usa o novo recurso de propriedades autoimplementadas para criar uma definição de propriedade básica para você. Entretanto, neste capítulo, eu mostrei a sintaxe *Get* e *Set* completa porque ela é útil em muitos cenários de codificação do mundo real.

Criar um novo método na classe	Defina um procedimento Sub ou Function na classe. Por exemplo:
	
	`Public Function Age(ByVal Birthday As Date) As Integer`
	`    Return Int(Now.Subtract(Birthday).Days / 365.25)`
	`End Function`

Declarar uma variável objeto para utilizar a classe	Utilize as palavras-chave *Dim* e *New*, um nome de variável e a classe definida pelo usuário em uma instrução de programa. Por exemplo: `Dim Employee As New Person`

<table>
<tr><th>Para</th><th>Faça isto</th></tr>
<tr><td>Configurar as propriedades para uma variável objeto</td><td>Utilize a sintaxe comum para configurar propriedades de objeto. Por exemplo:
<pre><code>Employee.FirstName = TextBox1.Text</code></pre></td></tr>
<tr><td>Herdar uma classe base em uma nova classe</td><td>Crie uma nova classe e utilize a palavra-chave Inherits para incorporar as definições de classe da classe base. Por exemplo:
<pre><code>Public Class Teacher
    Inherits Person
    Private Level As Short

    Public Property Grade() As Short
        Get
            Return Level
        End Get
        Set(ByVal value As Short)
            Level = value
        End Set
    End Property
End Class</code></pre></td></tr>
</table>

Capítulo 17

Trabalhando com impressoras

Neste capítulo, você vai aprender a:

- Imprimir gráficos a partir de um programa Visual Basic.
- Imprimir texto de um programa Visual Basic.
- Imprimir documentos de múltiplas páginas.
- Criar as caixas de diálogo Print, Page Setup e Print Preview em seus programas.

Nas seções a seguir, você completará sua pesquisa do design de interface de usuário e componentes aprendendo a adicionar suporte de impressora a seus aplicativos Windows. O Microsoft Visual Basic 2010 suporta impressão com a classe *PrintDocument* e seus muitos métodos, propriedades e classes de suporte que tratam o envio de texto e elementos gráficos a impressoras.

Neste capítulo, você aprenderá a imprimir gráficos e texto a partir de programas Visual Basic, gerenciar tarefas de impressão de múltiplas páginas e adicionar caixas de diálogo de impressão à sua interface de usuário. Este capítulo é um dos mais úteis do livro, com uma grande quantidade de códigos práticos que podem ser imediatamente incorporados em projetos de programação reais. O suporte de impressão não vem automaticamente no Visual Basic 2010, mas as rotinas deste capítulo o ajudarão a imprimir documentos de textos mais longos e exibir caixas de diálogo úteis como Page Setup, Print e Print Preview a partir de seus programas. Iniciarei o capítulo com duas rotinas de impressão muito simples para mostrar os princípios básicos e, a partir daí, iremos sofisticar as coisas.

Utilizando a classe *PrintDocument*

A maioria dos aplicativos Windows permite aos usuários imprimir documentos depois de criá-los e, por ora, talvez você esteja se perguntando como imprimir trabalhos em programas Visual Basic. Essa é uma área em que o Visual Basic 2010 tem muito poder e flexibilidade, mas essa sofisticação técnica impressionante vem com um pequeno custo. Produzir saída impressa de programas Visual Basic não é um processo trivial, e a técnica a usar depende do tipo e quantidade de saída impressa que você quer gerar. Em todo caso, porém, o mecanismo fundamental que regula a impressão no Visual Basic 2010 é a classe *PrintDocument*, que pode ser criada em um projeto de duas maneiras:

- Adicionando o controle *PrintDocument* a um formulário
- Definindo-a programaticamente com algumas linhas de código Visual Basic

A classe *PrintDocument* encontra-se no namespace *System.Drawing.Printing*. O namespace *System.Drawing.Printing* fornece várias classes úteis para imprimir texto e gráficos, incluindo a classe *PrinterSettings*, que contém as configurações de impressão padrão de uma impressora; o objeto *PageSettings*, que contém configurações de impressão para uma página particular; e a classe *PrintPageEventArgs*, que contém as informações de evento sobre a página que está para ser impressa. O namespace *System.Drawing.Printing* é automaticamente incorporado ao seu projeto. Para tornar mais fácil referenciar as classes de impressão e outros valores importantes nesse namespace, adicione a seguinte instrução *Imports* à parte superior do seu formulário:

```
Imports System.Drawing.Printing
```

Para aprender a utilizar a classe *PrintDocument* em um programa, complete o próximo exercício, que ensina a adicionar um controle *PrintDocument* ao projeto e utilizá-lo para imprimir um arquivo gráfico no sistema.

Utilize o controle *PrintDocument*

1. Inicie o Microsoft Visual Studio e crie um novo projeto Visual Basic Windows Forms Application chamado **My Print Graphics**.

   Um formulário em branco abre no Visual Studio Integrated Development Environment (IDE).

2. Utilize o controle *Label* para desenhar um objeto rótulo próximo à parte superior do formulário.
3. Use o controle *TextBox* para desenhar um objeto caixa de texto abaixo do objeto rótulo.

   O objeto caixa de texto será utilizado para digitar o nome do arquivo de imagem que você quer abrir. Uma caixa de texto de uma única linha será suficiente.

4. Use o controle *Button* para desenhar um objeto botão embaixo da caixa de texto.

   Esse objeto botão imprimirá o arquivo gráfico. Agora você adicionará um controle *PrintDocument*.

5. Role para baixo até ver a guia Printing da Toolbox e clique duas vezes no controle *PrintDocument*.

   Semelhante ao controle *Timer*, o controle *PrintDocument* é invisível em tempo de execução, então ele é colocado na bandeja de componentes abaixo do formulário quando você o cria. Seu projeto agora tem acesso à classe *PrintDocument* e à sua vantajosa funcionalidade de impressão.

6. Configure as seguintes propriedades para os objetos no formulário:

Objeto	Propriedade	Configuração
Label1	*Text*	"Type the name of a graphic file to print."
TextBox1	*Text*	"C:\Vb10sbs\Chap15\Sun.ico"
Button1	*Text*	"Print Graphics"
Form1	*Text*	"Print Graphics"

Seu formulário se parece com o seguinte:

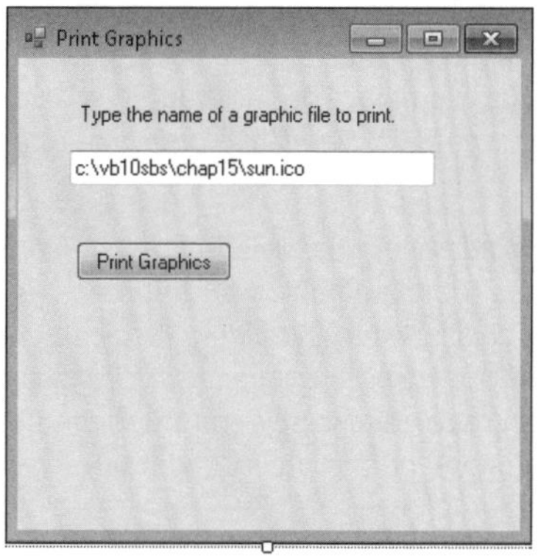

Agora adicione o código de programa necessário para imprimir um arquivo gráfico (bitmap, ícone, meta-arquivo, arquivo JPEG e assim por diante).

7. Dê um clique duplo no botão Print Graphics.

   O procedimento de evento *Button1_Click* aparece no Code Editor.

8. Mova o ponto de inserção para a parte superior do código do formulário e digite a seguinte instrução de programa:

```
Imports System.Drawing.Printing
```

   Essa instrução *Imports* declara o namespace *System.Drawing.Printing*, o que facilita referenciar as classes de impressão.

9. Agora mova o ponto de inserção para abaixo do procedimento de evento *Button1_Click* e insira o seguinte código de programa:

```
' Imprime utilizando uma rotina de tratamento de erro para capturar problemas
Try
    AddHandler PrintDocument1.PrintPage, AddressOf Me.PrintGraphic
    PrintDocument1.Print() 'imprime a imagem
Catch ex As Exception 'captura a exceção de impressão
    MessageBox.Show("Sorry--there is a problem printing", ex.ToString())
End Try
```

> **Nota** Depois de inserir esse código, você verá uma linha ondulada sob *Me.PrintGraphic* indicando um erro. Não se preocupe, você adicionará o procedimento *PrintGraphic* no próximo passo.

Esse código utiliza a instrução *AddHandler*, que especifica que o procedimento de evento *PrintGraphic* (também chamado de rotina de tratamento de evento) deve ser chamado quando o evento *PrintPage* do objeto *PrintDocument1* disparar. Um *procedimento de evento* é um mecanismo que trata eventos que representam ações cruciais no ciclo de vida de um objeto. Você já trabalhou com procedimentos de evento várias vezes. Por exemplo, você acabou de criar o procedimento de evento *Click* para o objeto *Button1*. A instrução *AddHandler* é uma maneira de "conectar" manualmente um procedimento de evento.

Nesse caso, o procedimento de evento especificado está relacionado aos serviços de impressão, e a solicitação vem com informações específicas sobre a página a ser impressa, as configurações atuais de impressora e a outros atributos da classe *PrintDocument*. Tecnicamente, o operador *AddressOf* é utilizado para identificar o procedimento de evento *PrintGraphic* determinando seu endereço interno e armazenando-o. O operador *AddressOf* cria implicitamente um objeto conhecido como *delegate* que encaminha chamadas para o procedimento de evento apropriado quando ocorre um evento.

A terceira linha do código que você acabou de inserir usa o método *Print* do objeto *PrintDocument1* para enviar uma solicitação de impressão ao procedimento de evento *PrintGraphic*. Essa solicitação de impressão está localizada dentro de um bloco de código Try para capturar qualquer problema de impressão que possa ocorrer durante a atividade de impressão. Eu introduzi a rotina de tratamento de erro *Try... Catch* no Capítulo 9, "Interceptando erros com tratamento de erros estruturado". No código, a variável *ex* está sendo declarada como o tipo *Exception* para obter uma mensagem detalhada sobre a ocorrência de qualquer erro.

10. Role para cima do procedimento de evento *Button1_Click* no Code Editor até o espaço de declaração geral abaixo da instrução *Public Class Form1*. Então digite o seguinte procedimento de evento *PrintGraphic*:

```
'Sub para imprimir imagem
Private Sub PrintGraphic(ByVal sender As Object, _
  ByVal ev As PrintPageEventArgs)
    ' Cria a imagem utilizando DrawImage
    ev.Graphics.DrawImage(Image.FromFile(TextBox1.Text), _
      ev.Graphics.VisibleClipBounds)
    ' Especifica que essa é a última página a ser impressa
    ev.HasMorePages = False
End Sub
```

Essa rotina trata do evento de impressão gerado pelo método *PrintDocument1.Print*. Declarei o procedimento Sub dentro do código do formulário, mas você também pode declarar Sub como um procedimento de uso geral em um módulo. Observe a variável *ev* na lista de argumentos do procedimento *PrintGraphic*. Essa variável armazena informações cruciais sobre a página de impressão atual e é declarada como tipo *PrintPageEventArgs*, uma classe do namespace *System.Drawing.Printing*.

Para imprimir a imagem gráfica, o procedimento utiliza o método *Graphics.DrawImage* associado com a página de impressão atual para carregar um arquivo gráfico utilizando o nome de arquivo armazenado na propriedade *Text* do objeto *TextBox1*. (Por padrão, configuro essa propriedade como C:\Vb10sbs\Chap15\Sun.ico – o mesmo ícone de sol utilizado no Capítulo 15, "Adicionando imagens gráficas e efeitos de animação" – mas você pode alterar esse valor em tempo de execução e imprimir o arquivo gráfico que você quiser.) Por fim, configuro a propriedade *ev.HasMorePages* como False para que o Visual Basic entenda que o trabalho de impressão não tem múltiplas páginas.

11. Clique no botão Save All na barra de ferramentas Standard para salvar suas alterações e, em seguida, especifique a pasta C:\Vb10sbs\Chap17 como a localização.

Agora você está pronto para executar o programa. Antes de fazer isso, talvez você queira localizar em seu sistema alguns arquivos gráficos que podem ser impressos. (Simplesmente anote os caminhos e digite-os quando testar o projeto.)

Execute o programa Print Graphics

> **Dica** O programa Print Graphics completo encontra-se na pasta C:\Vb10sbs\Chap17\Print-Graphics.

1. Clique no botão Start Debugging na barra de ferramentas Standard.

   Seu programa executa no IDE. Você vê este formulário:

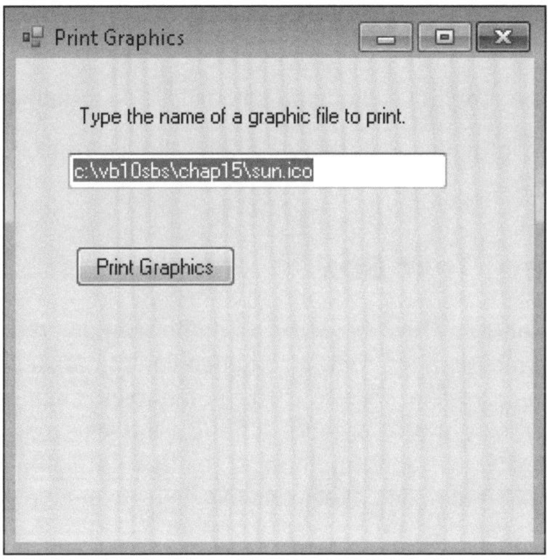

2. Ligue a impressora e verifique se ela está online e se tem papel.
3. Se você instalou seus arquivos de exemplo na pasta C:\Vb10sbs padrão, clique no botão Print Graphics agora para imprimir a imagem gráfica do ícone Sun.ico.

   Se você não utilizou a localização de arquivos de exemplo padrão, ou se quiser imprimir um arquivo de imagem diferente, modifique o caminho da caixa de texto de maneira correspondente e clique no botão Print Graphics.

   O método *DrawImage* expande a imagem gráfica até o tamanho máximo que sua impressora pode produzir em uma página e, então, envia a imagem gráfica à impressora. (Esse "recurso de expansão" preenche a página e fornece um exame mais minucioso da imagem.) Talvez isso não seja muito interessante para você, mas as coisas ficarão mais sofisticadas daqui a pouco. (Se quiser mudar a localização ou o tamanho da saída, procure o tópico "Graphics.DrawImage Method" na documentação da Ajuda do Visual Studio, estude as diferentes variações de argumento disponíveis e, então, modifique seu código de programa.)

Se examinar minuciosamente, você verá a seguinte caixa de diálogo aparecer quando o Visual Basic enviar seu trabalho para a impressora:

Essa caixa de status também é um produto da classe *PrintDocument* e fornece aos usuários uma interface de impressão de aparência profissional, incluindo o número de página de cada página impressa.

4. Digite os caminhos adicionais se quiser e clique no botão Print Graphics para imprimir mais trabalhos.
5. Quando terminar de experimentar o programa, clique no botão Close do formulário.

O programa para. Nada mau para sua primeira tentativa de impressão a partir de um programa Visual Basic!

Imprimindo texto de um objeto *Text Box*

Você teve uma introdução rápida ao controle *PrintDocument* e à impressão de gráficos. Agora experimente utilizar uma técnica semelhante para imprimir o conteúdo de uma caixa de texto em um formulário do Visual Basic. No próximo exercício, você construirá um projeto simples que imprime texto utilizando a classe *PrintDocument*, mas, dessa vez, você definirá a classe usando código de programa sem adicionar o controle *PrintDocument* ao formulário. Além disso, utilizará o método *Graphics.DrawString* para enviar o conteúdo inteiro de um objeto caixa de texto à impressora padrão.

> **Nota** O programa a seguir é projetado para imprimir uma página de texto ou menos. Para imprimir múltiplas páginas, você precisa acrescentar código de programa adicional, o que será explorado mais adiante no capítulo. Minha meta é introduzir um novo recurso de impressão de cada vez.

Utilize o método *Graphics.DrawString* para imprimir texto

1. Clique no comando Close Project do menu File e crie um novo projeto chamado **My Print Text**.

   Um formulário em branco abre.

2. Utilize o controle *Label* para desenhar um objeto rótulo próximo à parte superior do formulário.

   Esse rótulo exibirá uma linha de instruções para o usuário.

3. Utilize o controle *TextBox* para desenhar um objeto caixa de texto abaixo do objeto rótulo.

   O objeto caixa de texto conterá o texto que você quer imprimir.

4. Configure a propriedade *Multiline* do objeto caixa de texto como True e expanda a caixa de texto para aceitar várias linhas de texto.
5. Utilize o controle *Button* para desenhar um objeto botão embaixo da caixa de texto.

   Esse objeto botão imprimirá o arquivo de texto.
6. Configure as seguintes propriedades para os objetos no formulário:

Objeto	Propriedade	Configuração
Label1	*Text*	"Type some text in this text box object, then click Print Text."
TextBox1	*ScrollBars*	Vertical
Button1	*Text*	"Print Text"
Form1	*Text*	"Print Text"

   Seu formulário se parece com este:

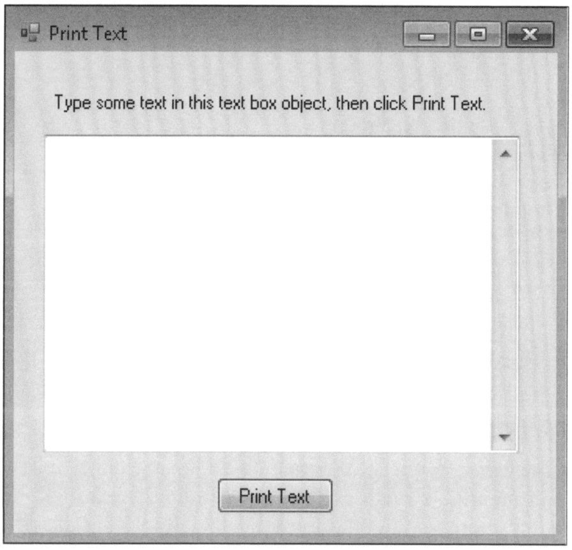

   Agora adicione o código de programa necessário para imprimir o conteúdo da caixa de texto.
7. Dê um clique duplo no botão Text Print.

   O procedimento de evento *Button1_Click* aparece no Code Editor.
8. Role para a parte superior do código do formulário e digite a seguinte declaração *Imports*:

```
Imports System.Drawing.Printing
```

   Isso torna mais fácil referenciar as classes do namespace *System.Drawing.Printing*, o que inclui a classe *PrintDocument*.

9. Agora role novamente até o procedimento de evento *Button1_Click* e insira o seguinte código de programa:

```
' Imprime utilizando uma rotina de tratamento de erro para capturar problemas
Try
    ' Declare PrintDoc variable of type PrintDocument
    Dim PrintDoc As New PrintDocument
    AddHandler PrintDoc.PrintPage, AddressOf Me.PrintText
    PrintDoc.Print() 'print text
Catch ex As Exception 'captura a exceção de impressão
    MessageBox.Show("Sorry--there is a problem printing", ex.ToString())
End Try
```

As linhas que são novas ou que foram alteradas no programa Print Graphics estão sombreadas. Em vez de adicionar um controle *PrintDocument* ao formulário, dessa vez você simplesmente criou o *PrintDocument* utilizando programaticamente a palavra-chave *Dim* e o tipo *PrintDocument*, que é definido no namespace *System.Drawing.Printing*. A partir desse ponto, a variável *PrintDoc* representa o objeto *PrintDocument* e é utilizada para declarar a rotina de tratamento de erro e imprimir o documento de texto. Observe que, por questão de clareza, renomeei o procedimento Sub que tratará o evento de impressão para *PrintText* (em vez de *PrintGraphic*).

10. Role para cima do procedimento de evento *Button1_Click* no Code Editor para a área de declaração geral. Digite o seguinte procedimento de evento *PrintText*:

```
'Sub para imprimir texto
Private Sub PrintText(ByVal sender As Object, _
  ByVal ev As PrintPageEventArgs)
    'Usa DrawString para criar texto em um objeto Graphics
    ev.Graphics.DrawString(TextBox1.Text, New Font("Arial", _
      11, FontStyle.Regular), Brushes.Black, 120, 120)
    ' Especifica que essa é a última página a ser impressa
    ev.HasMorePages = False
End Sub
```

Essa rotina trata o evento de impressão gerado pelo método *PrintDoc.Print*. As modificações no procedimento *PrintGraphic* nos exercícios anteriores também estão sombreadas. Como você pode ver, ao imprimir texto é preciso utilizar um novo método.

Em vez de usar *Graphics.DrawImage*, que renderiza uma imagem gráfica, você deve usar *Graphics.DrawString*, que imprime uma string de texto. Especifiquei o texto na propriedade *Text* do objeto caixa de texto a ser impresso, alguma formatação de fonte básica (Arial, 11 pontos, estilo normal, cor preta) e coordenadas (*x*,*y*) (120, 120) na página para iniciar o desenho. Essas especificações darão à saída impressa uma aparência padrão semelhante à caixa de texto na tela. Como da última vez, também configurei a propriedade *ev.HasMorePages* como False para indicar que o trabalho de impressão não tem múltiplas páginas.

11. Clique no botão Save All na barra de ferramentas para salvar suas alterações e especifique C:\Vb10sbs\Chap17 como a localização da pasta.

Agora, você executará o programa para ver como um objeto caixa de texto é impresso.

Execute o programa Text Print

> **Dica** O programa Print Text completo encontra-se na pasta C:\Vb10sbs\Chap17\Print Text.

1. Clique no botão Start Debugging na barra de ferramentas.

   Seu programa executa no IDE.

2. Verifique se a impressora está ativa.

3. Digite algum texto de exemplo na caixa de texto. Se digitar múltiplas linhas, não deixe de incluir um retorno de carro no fim de cada linha.

   Quebras de linhas não são suportadas nesse programa de demonstração – linhas muito longas se estenderão potencialmente além da margem direita. (Novamente, resolveremos esse problema logo.) Seu formulário agora deve se parecer com a tela a seguir:

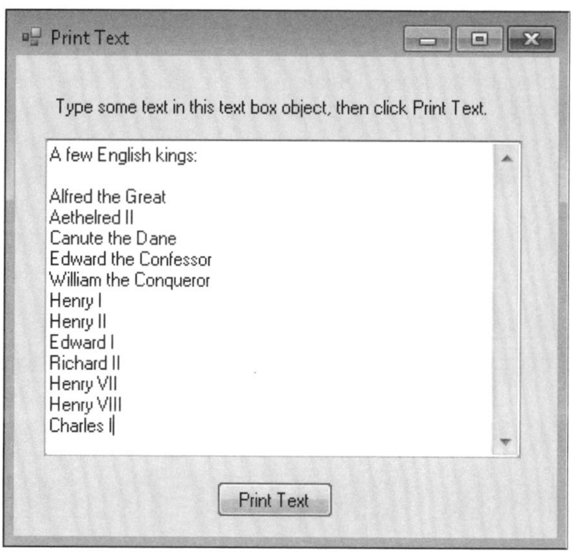

4. Clique no botão Text Print.

   O programa exibe uma caixa de diálogo Print e imprime o conteúdo da sua caixa de texto.

5. Modifique a caixa de texto e teste impressões adicionais, se quiser.

6. Quando terminar, clique no botão Close no formulário a fim de parar o programa.

Agora você sabe imprimir tanto texto como elementos gráficos de um programa.

Imprimindo arquivos de texto de múltiplas páginas

As técnicas de impressão que você acabou de aprender são úteis para documentos de texto simples, mas elas têm algumas limitações importantes. A primeira é que o método utilizado não permite linhas longas – em outras palavras, texto que se estende além da margem direita. Diferentemente do objeto caixa de texto, o objeto *PrintDocument* não quebra as linhas automaticamente quando elas alcançam a margem do papel. Se tiver arquivos que não contêm retornos de carro no final das linhas, você precisará escrever um código que trate dessas linhas longas.

A segunda limitação é que o programa Text Print não pode imprimir mais de uma página de texto. De fato, ele nem mesmo entende o que *é* uma página de texto – o procedimento de impressão simplesmente envia o texto para a impressora padrão. Se o bloco de texto for muito longo para se ajustar em uma única página, o texto adicional não será impresso. Para tratar impressões de várias páginas, você precisa criar uma página de texto virtual chamada *PrintPage* e, então, adicionar texto até que a página esteja cheia. Quando a página estiver cheia, ela é enviada à impressora e esse processo continua até não haver mais texto para impressão. Nesse ponto, encerra-se o trabalho de impressão.

Se corrigir essas duas limitações parecer complicado, não se desespere ainda – existem alguns mecanismos úteis que ajudam a criar páginas de texto virtuais no Visual Basic e a imprimir arquivos de texto com longas linhas e várias páginas de texto. O primeiro mecanismo é o evento *PrintPage*, que ocorre quando uma página é impressa. *PrintPage* recebe um argumento do tipo *PrintPageEventArgs*, que fornece as dimensões e características da página atual de impressora. Um outro mecanismo é o método *Graphics.MeasureString*. O método *MeasureString* pode ser usado para determinar quantos caracteres e linhas podem caber em uma área retangular da página. Utilizando esses e outros mecanismos, é relativamente simples e direto construir procedimentos que processam trabalhos de impressão de múltiplas páginas.

Complete os seguintes passos para criar um programa chamado Print File que abre arquivos de texto de qualquer comprimento e os imprime. O programa Print File também demonstra como utilizar os controles *RichTextBox*, *PrintDialog* e *OpenFileDialog*. O controle *RichTextBox* é uma versão mais robusta do controle *TextBox* que você acabou de usar para exibir texto. O controle *PrintDialog* exibe uma caixa de diálogo Print padrão para você poder especificar várias configurações de impressão. O controle *OpenFileDialog* permite selecionar um arquivo de texto para impressão. (Você usou *OpenFileDialog* no Capítulo 4, "Trabalhando com menus, barras de ferramentas e caixas de diálogo".)

Gerencie solicitações de impressão com os controles *RichTextBox*, *OpenFileDialog* e *PrintDialog*

1. Clique no comando Close Project do menu File e crie um novo projeto chamado **My Print File**.

   Um formulário em branco abre.

2. Utilize o controle *Button* da Toolbox para desenhar dois botões no canto superior esquerdo do formulário.

   Esse programa tem uma interface de usuário simples, mas as técnicas de impressão que você aprenderá são facilmente adaptáveis a soluções muito mais complexas.

3. Clique no controle *RichTextBox* da Toolbox e desenhe um objeto RichTextBox que cubra a metade inferior do formulário.

4. Dê um clique duplo no controle *OpenFileDialog* na guia Dialogs para adicionar um objeto caixa de diálogo de abrir arquivo à bandeja de componentes abaixo do formulário.

   Você utilizará o objeto caixa de diálogo de abrir arquivo para navegar pelos arquivos de texto no sistema.

5. Dê um clique duplo no controle *PrintDocument* na guia Printing para adicionar um objeto documento de impressão à bandeja de componentes.

   Você utilizará o objeto documento de impressão para suportar impressão em seu aplicativo.

6. Dê um clique duplo no controle *PrintDialog* na guia Printing para adicionar um objeto diálogo de impressão à bandeja de componentes.

   Você utilizará o objeto diálogo de impressão para abrir uma caixa de diálogo Print em seu programa.

7. Agora configure as seguintes propriedades para os objetos no formulário:

Objeto	**Propriedade**	**Configuração**
Button1	*Name*	btnOpen
	Text	"Open"
Button2	*Name*	btnPrint
	Enabled	False
	Text	"Print"
Form1	*Text*	"Print File"

   Seu formulário agora deve se parecer com a tela a seguir:

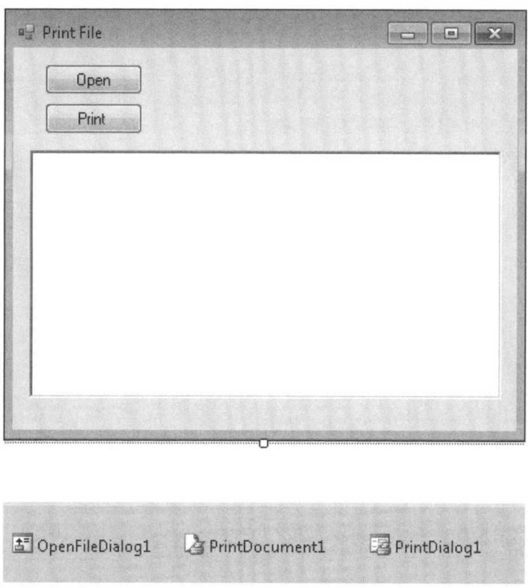

   Agora adicione o código de programa necessário para abrir o arquivo de texto e o imprimir.

8. Dê um clique duplo no botão Open.

   O procedimento de evento *btnOpen_Click* aparece no *Code Editor*.

9. Role até a parte superior do formulário e insira o seguinte código:

```
Imports System.IO 'para a classe FileStream
Imports System.Drawing.Printing
```

   Essas instruções facilitam referenciar a classe *FileStream* e as classes para impressão.

10. Mova o cursor para abaixo da instrução *Public Class Form1* e, então, insira as seguintes declarações de variável:

```
Private PrintPageSettings As New PageSettings
Private StringToPrint As String
Private PrintFont As New Font("Arial", 10)
```

   Essas instruções definem informações importantes sobre as páginas que serão impressas.

11. Role pelo procedimento de evento *btnOpen_Click* e então digite o código de programa a seguir.

```
Dim FilePath As String
'Exibe a caixa de diálogo Open e seleciona o arquivo de texto
OpenFileDialog1.Filter = "Text files (*.txt)|*.txt"
OpenFileDialog1.ShowDialog()
'Se o botão Cancel não tiver sido selecionado, carrega a variável FilePath
If OpenFileDialog1.FileName <> "" Then
    FilePath = OpenFileDialog1.FileName
    Try
        'Lê arquivo de texto e carrega RichTextBox1
        Dim MyFileStream As New FileStream(FilePath, FileMode.Open)
        RichTextBox1.LoadFile(MyFileStream, _
          RichTextBoxStreamType.PlainText)
        MyFileStream.Close()
        'Inicializa a string para impressão
        StringToPrint = RichTextBox1.Text
        'Ativa o botão Imprimir
        btnPrint.Enabled = True
    Catch ex As Exception
        'exibe mensagens de erro se elas aparecerem
        MessageBox.Show(ex.Message)
    End Try
End If
```

   Quando o usuário clicar no botão Open, esse procedimento de evento exibe uma caixa de diálogo Open que usa um filtro que exibe somente arquivos de texto. Quando o usuário seleciona um arquivo, o nome de arquivo é atribuído a uma variável string pública chamada *FilePath*, que é declarada na parte superior do procedimento de evento. O procedimento então usa uma rotina de tratamento de erro *Try...Catch* para carregar o arquivo de texto no objeto *RichTextBox1*. Para facilitar o processo de carregamento, usei a classe *FileStream* e o modo de arquivo *Open*, que coloca o conteúdo completo do arquivo de texto na variável *MyFileStream*. Finalmente, o procedimento de evento ativa o botão *Print* (*btnPrint*) para que o usuário possa imprimir o arquivo. Em resumo, essa rotina abre o arquivo e ativa o botão de impressão do formulário, mas não executa a impressão.

Agora você adicionará o código de programa necessário para exibir a caixa de diálogo Print e imprimir o arquivo utilizando a lógica que monitora as dimensões da página de texto atual.

Adicione o código aos objetos *btnPrint* e *PrintDocument1*

1. Exiba novamente o formulário e dê um clique duplo no botão Print (*btnPrint*) para exibir seu procedimento de evento no Code Editor.
2. Digite o seguinte código de programa:

```
Try
    'Especifica as configurações da página atual
    PrintDocument1.DefaultPageSettings = PrintPageSettings
    'Especifica o documento para a caixa de diálogo de impressão e exibe
    StringToPrint = RichTextBox1.Text
    PrintDialog1.Document = PrintDocument1
    Dim result As DialogResult = PrintDialog1.ShowDialog()
    'Se clicar em OK, imprime documento para impressora
    If result = DialogResult.OK Then
        PrintDocument1.Print()
    End If
Catch ex As Exception
    'Exibe mensagem de erro
    MessageBox.Show(ex.Message)
End Try
```

Esse procedimento de evento define as configurações de impressão padrão para o documento e atribui o conteúdo do objeto *RichTextBox1* à variável string *StringToPrint* (definida na parte superior do formulário) no caso de o usuário alterar o texto na caixa de texto. Em seguida, ele abre a caixa de diálogo *Print* e permite ao usuário ajustar quaisquer configurações de impressão (impressora, número de cópias, a opção imprimir para arquivo e assim por diante). Se o usuário clicar em OK, o procedimento de evento envia esse trabalho de impressão para a impressora emitindo a seguinte instrução:

```
PrintDocument1.Print()
```

3. Exiba o formulário novamente e dê um clique duplo no objeto PrintDocument1 na bandeja de componentes.

   O Visual Studio adiciona o procedimento de evento *PrintPage* ao objeto *PrintDocument1*.

4. Digite o seguinte código de programa no procedimento de evento *PrintDocument1_PrintPage*:

```
Dim numChars As Integer
Dim numLines As Integer
Dim stringForPage As String
Dim strFormat As New StringFormat
'Com base na configuração de página, define o retângulo desenhável na página
Dim rectDraw As New RectangleF( _
  e.MarginBounds.Left, e.MarginBounds.Top, _
  e.MarginBounds.Width, e.MarginBounds.Height)
'Define a área para determinar quanto texto cabe em uma página
'Diminui a altura por uma linha para assegurar que o texto não seja cortado
Dim sizeMeasure As New SizeF(e.MarginBounds.Width, _
  e.MarginBounds.Height - PrintFont.GetHeight(e.Graphics))

'Ao desenhar strings longas, quebra entre palavras
strFormat.Trimming = StringTrimming.Word
```

```
'Calcula quantos caracteres e linhas podem caber com base em sizeMeasure
e.Graphics.MeasureString(StringToPrint, PrintFont, _
  sizeMeasure, strFormat, numChars, numLines)
'Calcula a string que caberá em uma página
stringForPage = StringToPrint.Substring(0, numChars)
'Imprime a string na página atual
e.Graphics.DrawString(stringForPage, PrintFont, _
  Brushes.Black, rectDraw, strFormat)
'Se houver mais texto, indica que há mais páginas
If numChars < StringToPrint.Length Then
    'Subtrai texto da string que foi impressa
    StringToPrint = StringToPrint.Substring(numChars)
    e.HasMorePages = True
Else
    e.HasMorePages = False
    'Todo o texto foi impresso, então restaura string
    StringToPrint = RichTextBox1.Text
End If
```

Esse procedimento de evento trata a impressão do documento de texto real e faz isso definindo cuidadosamente uma área de impressão (ou retângulo de impressão) com base nas configurações da caixa de diálogo Page Setup. Qualquer texto que caiba dentro dessa área pode ser impresso normalmente; o texto que estiver fora dessa área precisa recorrer para as próximas linhas ou páginas, como você esperaria que acontecesse em um aplicativo Windows padrão.

A área de impressão é definida pela variável *rectDraw*, que é baseada na classe *RectangleF*. A variável *strFormat* e o método *Trimming* são utilizados para aparar strings que se estendem além da borda da margem direita. As strings reais de texto são impressas pelo método *DrawString*, que você já utilizou neste capítulo. A propriedade *HasMorePages* é usada para especificar se há páginas adicionais a ser impressas. Se não restar página adicional, a propriedade *HasMorePage* é configurada como False e o conteúdo da variável *StringToPrint* é restaurado ao conteúdo do objeto *RichTextBox1*.

5. Clique no botão Save All na barra de ferramentas para salvar suas alterações e especifique a pasta C:\Vb10sbs\Chap17 como a localização.

É bastante texto para digitar! Mas agora você está pronto para executar o programa e ver como funciona a impressão de arquivos de texto em múltiplas páginas.

Execute o programa Print File

Dica O programa Print File completo encontra-se na pasta C:\Vb10sbs\Chap17\Print File.

1. Clique no botão Start Debugging na barra de ferramentas.

   Seu programa executa no IDE. Observe que o botão Print está atualmente desativado porque você não selecionou um arquivo ainda.

2. Clique no botão Open.

   O programa exibe uma caixa de diálogo Open.

3. Navegue até a pasta C:\Vb10sbs\Chap17 e clique no arquivo Longfile.txt.

   No Windows 7, a caixa de diálogo Open se parece com isto:

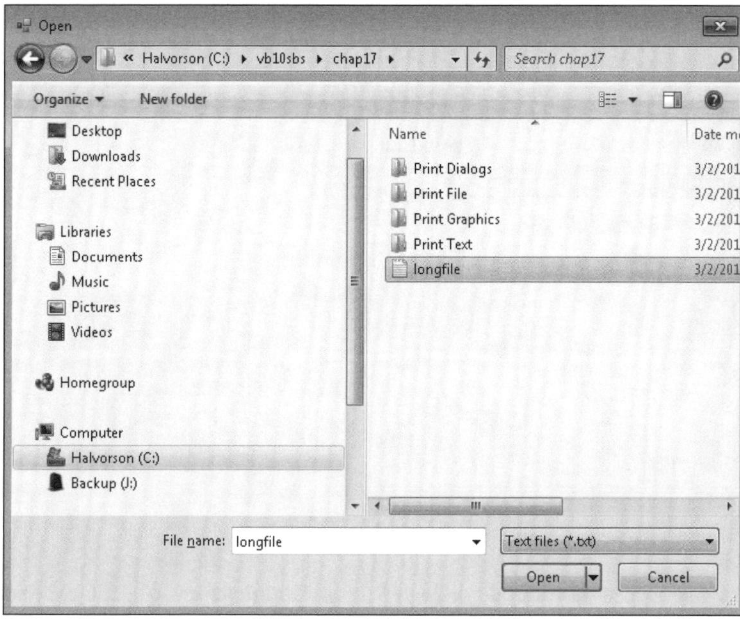

4. Clique em Open para selecionar o arquivo.

   Seu programa carrega o arquivo de texto no objeto caixa do texto do formulário e, então, ativa o botão Print. Esse arquivo é longo e tem algumas quebras de linha para que você possa testar as opções de impressão de margem larga e múltiplas páginas. Seu formulário é parecido com este:

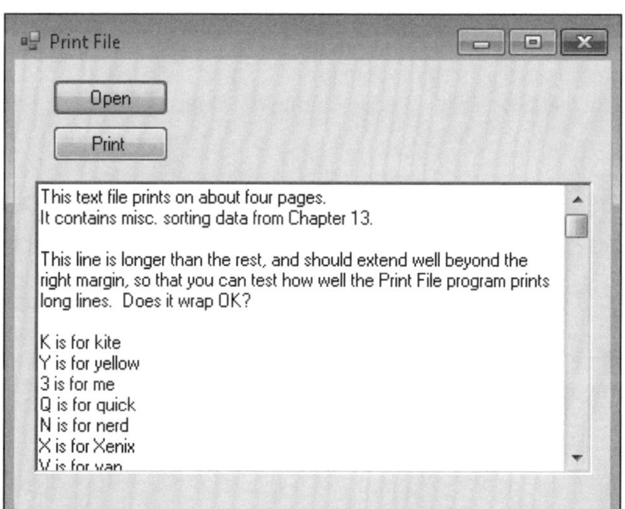

5. Verifique se sua impressora está ligada e clique no botão Print.

   O Visual Basic exibe a caixa de diálogo Print, personalizada com o nome e configurações para a impressora, como mostrado na seguinte captura de tela:

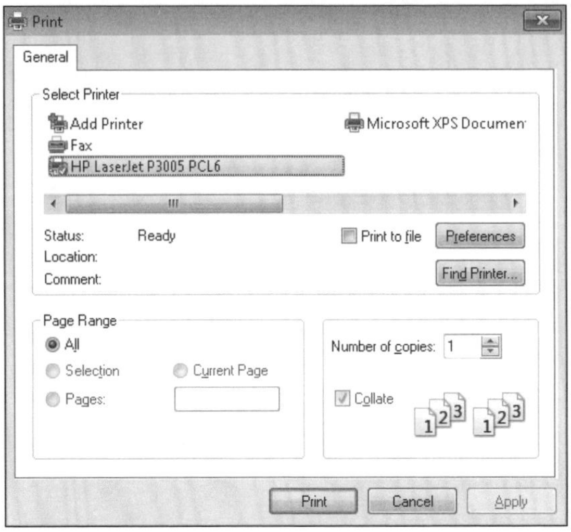

   Muitas das opções na caixa de diálogo Print estão ativas e você pode experimentá-las como experimentaria um aplicativo Windows comum.

6. Clique em Print para imprimir o documento.

   Seu programa envia o trabalho de impressão de quatro páginas à fila de impressão do Windows. Depois de um instante (e se a impressora estiver pronta), começa a impressão do documento. Como nos exercícios anteriores, uma caixa de diálogo abre automaticamente para mostrar o status de impressão e fornecer uma indicação de quantas páginas terá o documento impresso.

7. Clique no botão Close no formulário a fim de parar o programa.

Você acabou de criar um conjunto de rotinas de impressão muito versáteis que podem ser adicionadas a qualquer aplicativo Visual Basic que precise imprimir múltiplas páginas de texto!

Um passo além: adicionando caixas de diálogo para visualização de impressão e configuração de página

O aplicativo Print File está pronto para tratar várias tarefas de impressão, mas sua interface não é tão atraente visualmente como a de um aplicativo Windows comercial. Você pode tornar o programa mais flexível e interessante adicionando algumas opções de caixa de diálogo extras para suplementar a caixa de diálogo Print do exercício anterior.

Dois controles de impressão adicionais estão disponíveis na guia Printing da Toolbox e funcionam de modo muito semelhante aos conhecidos controles *PrintDialog* e *OpenFileDialog* utilizados neste livro:

- O controle *PrintPreviewDialog* exibe uma caixa de diálogo Print Preview personalizada.
- O controle *PageSetupDialog* exibe uma caixa de diálogo Page Setup personalizada.

Como com outras caixas de diálogo, você pode adicionar esses controles de impressão ao formulário utilizando a Toolbox ou pode criá-los programaticamente.

No próximo exercício, você adicionará as caixas de diálogo Print Preview e Page Setup ao programa Print File com que tem trabalhado até aqui. Nos arquivos de exercícios concluídos, chamei esse projeto de Print Dialogs para que você pudesse distinguir o código dos dois projetos, mas, se quiser, você pode adicionar os recursos de caixa de diálogo diretamente ao projeto Print File.

Adicione os controles *PrintPreviewDialog* e *PageSetupDialog*

1. Se não completou o exercício anterior, abra o projeto *Print File* a partir da pasta C:\Vb10sbs\Chap17\Print File folder.

   O projeto Print File é o ponto inicial desse projeto.

2. Exiba o formulário e utilize o controle *Button* para adicionar mais dois botões à parte superior do formulário.

3. Dê um clique duplo no controle *PrintPreviewDialog* na guia Printing da Toolbox.

   Um objeto diálogo de visualização de impressão é adicionado à bandeja de componentes.

4. Dê um clique duplo no controle *PageSetupDialog* na guia Printing da Toolbox.

   Um objeto PageSetupDialog é adicionado à bandeja de componentes. Se os objetos na bandeja de componentes começarem a se sobrepor, você pode arrastá-los para uma localização melhor (mais visível) ou pode clicar com o botão direito do mouse na bandeja de componentes e selecionar Line Up Icons.

5. Configure as seguintes propriedades para os objetos botão no formulário:

Objeto	Propriedade	Configuração
Button1	*Name*	btnSetup
	Enabled	False
	Text	"Page Setup"
Button2	*Name*	btnPreview
	Enabled	False
	Text	"Print Preview"

Seu formulário se parece com este:

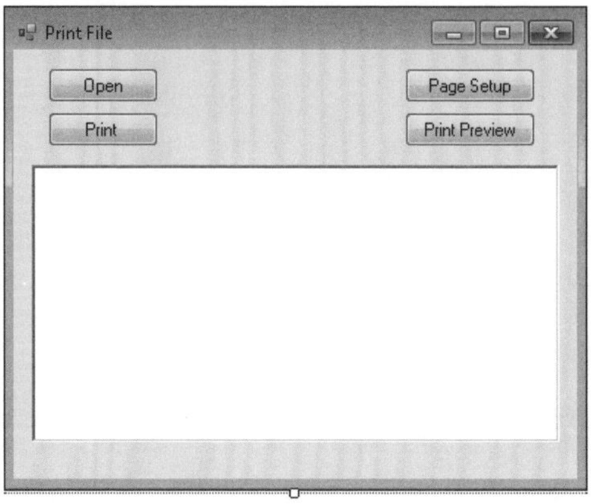

6. Dê um clique duplo no botão Page Setup (*btnSetup*) para exibir o procedimento de evento *btnSetup_Click* no Code Editor.

7. Digite o seguinte código de programa:

```
Try
    'Carrega as configurações de página e exibe a caixa de diálogo de
    'configuração de página
    PageSetupDialog1.PageSettings = PrintPageSettings
    PageSetupDialog1.ShowDialog()
Catch ex As Exception
    'Exibe mensagem de erro
    MessageBox.Show(ex.Message)
End Try
```

O código para criar uma caixa de diálogo Page Setup nesse programa é bem simples porque a variável *PrintPageSettings* já foi definida na parte superior do formulário. Essa variável armazena as informações de definição de página atual e, quando elas forem atribuídas à propriedade *PageSettings* do objeto *PageSetupDialog1*, o método *ShowDialog* carregará automaticamente uma caixa de diálogo que permite ao usuário modificar o que o programa selecionou como a orientação da página padrão, margens e assim por diante. A rotina de tratamento de erro *Try... Catch* simplesmente trata todos os erros que podem ocorrer quando o método *ShowDialog* for utilizado.

8. Exiba o formulário novamente e dê um clique duplo no botão Print Preview (*btnPreview*) para exibir o procedimento de evento *btnPreview_Click*.

9. Digite o seguinte código de programa:

```
Try
    'Especifica as configurações da página atual
    PrintDocument1.DefaultPageSettings = PrintPageSettings
    'Especifica documento para a caixa de diálogo de visualização de impressão e exibe
    StringToPrint = RichTextBox1.Text
    PrintPreviewDialog1.Document = PrintDocument1
    PrintPreviewDialog1.ShowDialog()
Catch ex As Exception
    'Exibe mensagem de erro
    MessageBox.Show(ex.Message)
End Try
```

De maneira semelhante, o procedimento de evento *btnPreview_Click* atribui a variável *PrintPageSettings* à propriedade *DefaultPageSettings* do objeto *PrintDocument1* e, em seguida, copia o texto do objeto caixa de texto para a variável *StringToPrint* e abre a caixa de diálogo Print Preview. Print Preview usa automaticamente os dados de configurações de página para exibir uma representação visual de como o documento será impresso – você não precisa exibir essa informações manualmente.

Agora você fará uma pequena modificação no código de programa no procedimento de evento *btnOpen_Click*.

10. Role até o procedimento de evento *btnOpen_Click* no Code Editor.

Esse é o procedimento que exibe a caixa de diálogo Open, abre um arquivo de texto e ativa os botões de impressão. Como só adicionou os botões Page Setup e Print Preview, você tem de acrescentar código de programa para ativar também esses dois botões de impressão.

11. Role até a parte inferior do procedimento de evento, antes do final do bloco de código *Catch* e localize a seguinte instrução de programa:

```
btnPrint.Enabled = True
```

12. Abaixo dessa instrução, adicione as seguintes linhas de código:

```
btnSetup.Enabled = True
btnPreview.Enabled = True
```

Agora seu programa ativará os botões de impressão quando houver um documento disponível para impressão.

13. Clique no botão Save All na barra de ferramentas para salvar suas alterações.

Teste os recursos da Page Setup e Print Preview

> **Dica** O programa Print Dialogs completo encontra-se na pasta C:\Vb10sbs\Chap17\PrintDialogs.

1. Clique no botão Start Debugging na barra de ferramentas.

   O programa abre, com apenas o primeiro objeto botão ativado.

2. Clique no botão Open e abra o arquivo Longfile.txt na pasta C:\Vb10sbs\Chap17.

   Os três objetos botão restantes agora estão ativados, como mostrado a seguir:

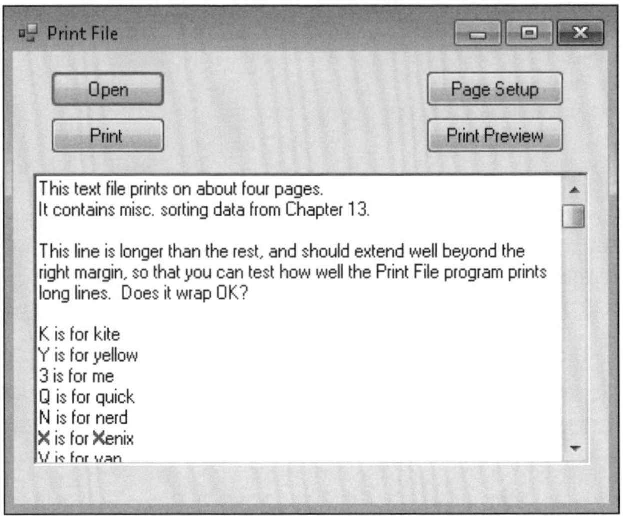

3. Clique no botão Page Setup.

   Seu programa exibe a caixa de diálogo Page Setup, como mostrado aqui:

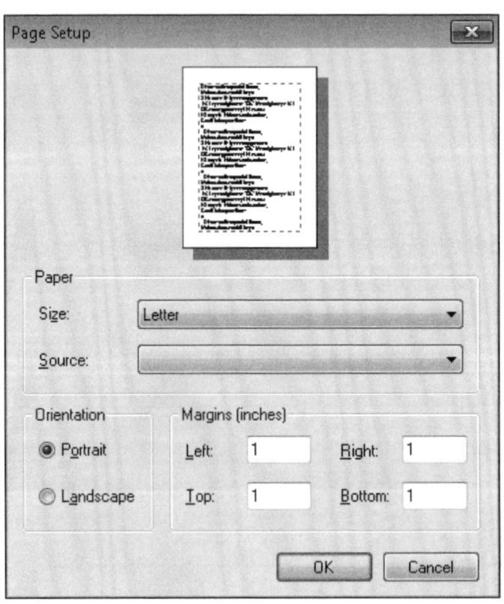

Page Setup fornece várias opções úteis, incluindo a capacidade de alterar o tamanho do papel e da fonte, a orientação da impressão (Portrait ou Landscape) e as margens da página (Left, Right, Top e Bottom).

4. Mude a margem esquerda para 2 e, então, clique em OK.

   A margem esquerda agora terá 2 polegadas.

5. Clique no botão Print Preview.

   Seu programa exibe a caixa de diálogo Print Preview, como mostrado na captura de tela a seguir.

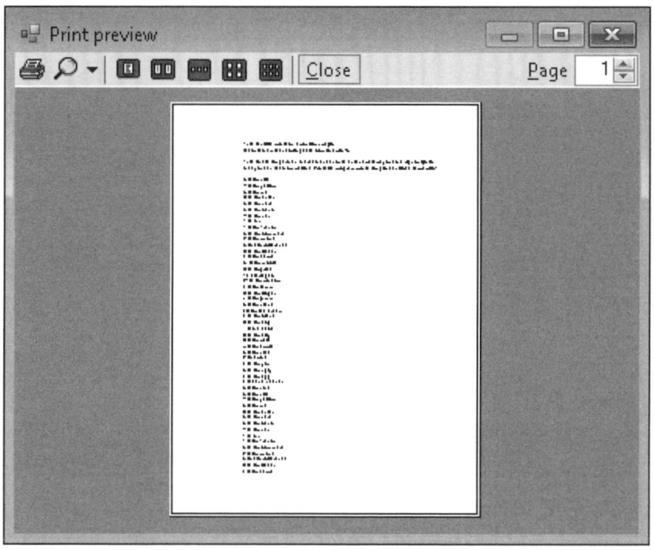

Se tiver utilizado o comando Print Preview no Microsoft Word ou Microsoft Excel, você reconhecerá vários dos botões e recursos de visualização dessa caixa de diálogo Print Preview. Por exemplo, a barra de ferramentas útil contém (da esquerda para a direita) os botões Print e Zoom; One Page, Two Pages, Three Pages, Four Pages e Six Pages (para ajustar o número de páginas que estará visível de cada vez); o botão Close; e o controle Page Select. Não é necessário código de programa para fazer esses recursos úteis operar.

6. Clique no botão Four Pages para exibir seu documento em quatro páginas por vez.
7. Clique no botão Maximize na barra de título Print Preview para mostrar a janela em seu tamanho original.

8. Clique na seta de Zoom e então clique em 150%.

   Sua tela é semelhante a esta:

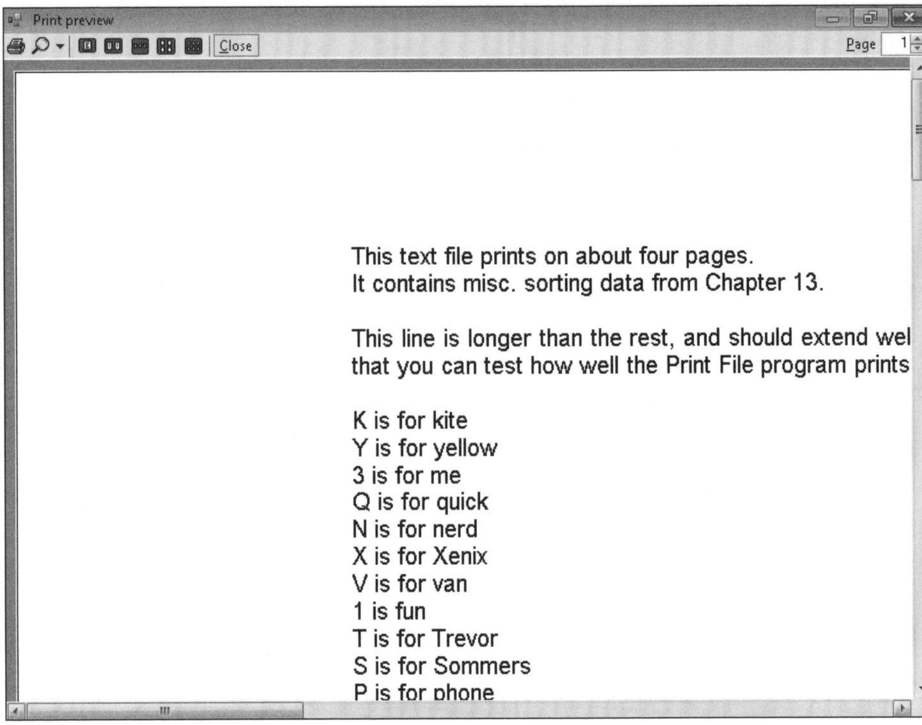

9. Clique na seta Zoom e retorne a visualização a Auto.
10. Clique no botão Three Pages e clique na seta Up na caixa Page Select para visualizar as páginas 2 a 4.

    Como você pode ver, essa janela Print Preview é bem impressionante – e você a incorporou ao programa com apenas algumas linhas de código!
11. Se quiser testar a impressão do documento inteiro novamente, clique no botão Print.
12. Quando terminar de experimentar, clique no botão Close para fechar a caixa de diálogo Print Preview e clique no botão Close para fechar o programa. O trabalho com impressoras está concluído por enquanto.

Referência rápida do Capítulo 17

Para	Faça isto
Facilitar as referências às classes de impressão nos seus projetos	Adicione a seguinte instrução Imports à parte superior de seu formulário: `Imports System.Drawing.Printing`

Criar um procedimento de evento de impressão	Clique duas vezes no objeto *PrintDocument1* na bandeja de componente.
	ou
	Utilize a instrução *AddHandler* e o operador *AddressOf*. Por exemplo:
	`AddHandler PrintDocument1.PrintPage, _`
	`  AddressOf Me.PrintGraphic`

Criar um objeto *PrintDocument* em seu projeto	Dê um clique duplo no controle *PrintDocument* na guia Printing da Toolbox. *ou* Inclua a seguinte declaração de variável no código de programa: `Dim PrintDoc As New PrintDocument`

Imprimir imagens a partir de um procedimento de evento de impressão	Utilize o método *Graphics.DrawImage*. Por exemplo:
	`ev.Graphics.DrawImage(Image.FromFile _`
	`  (TextBox1.Text), ev.Graphics.VisibleClipBounds)`

Imprimir texto a partir de um procedimento de evento de impressão	Utilize o método *Graphics.DrawString* em um procedimento de evento. Por exemplo:
	`ev.Graphics.DrawString(TextBox1.Text, _`
	`  New Font("Arial", 11, FontStyle.Regular), _`
	`  Brushes.Black, 120, 120)`

Chamar um procedimento de evento de impressão	Utilize o método *Print* de um objeto do tipo *PrintDocument*. Por exemplo: `PrintDoc.Print()`
Imprimir documentos de múltiplas páginas de texto	Escreva uma rotina de tratamento para o evento *PrintPage*, que recebe um argumento do tipo *PrintPageEventArgs*. Calcule a área retangular do texto na página, utilize o método *MeasureString* para determinar quanto texto caberá na página atual e utilize o método *DrawString* para imprimir o texto na página. Se forem necessárias páginas adicionais, configure a propriedade *HasMorePages* como True. Quando todo o texto tiver sido impresso, configure *HasMorePages* como False.

Abrir um arquivo de texto utilizando a classe *FileStream* e carregá-lo em um objeto *RichTextBox*	Crie uma variável do tipo *FileStream*, especificando o caminho e o modo de arquivo, carregue o fluxo em um *RichTextBox* e, então, feche o fluxo. Por exemplo:
	`Imports System.IO 'na parte superior do formulário`
	`...`
	`Dim MyFileStream As New FileStream( _`
	`  FilePath, FileMode.Open)`
	`RichTextBox1.LoadFile(MyFileStream, _`
	`  RichTextBoxStreamType.PlainText)`
	`MyFileStream.Close()`

Exibir caixas de diálogo de impressão em seus programas	Utilize os controles *PrintDialog*, *PrintPreviewDialog* e *PageSetupDialog* na guia Printing da Toolbox.

Parte IV
Bancos de dados e programação Web

Na Parte IV, você aprenderá a trabalhar com informações armazenadas em bancos de dados e sites. Primeiro, conhecerá o Microsoft ADO.NET, um importante paradigma de trabalho com informações de banco de dados e aprenderá a exibir, modificar e procurar conteúdo de banco de dados usando uma combinação de código de programa e controles Windows Forms. O Microsoft Visual Studio 2010 foi especificamente projetado para criar aplicativos que fornecem acesso a uma rica variedade de origens de dados. Essas interfaces personalizadas eram tradicionalmente chamadas *front ends* de banco de dados, o que quer dizer que, por meio do seu aplicativo Microsoft Visual Basic, o usuário recebe uma janela mais útil para as informações de banco de dados do que simplesmente manipular registros brutos de banco de dados. Entretanto, uma descrição mais apropriada no Visual Studio 2010 é que você pode construir aplicativos *datacêntricos*, ou seja, por meio de seu aplicativo, o usuário é convidado a explorar todo o potencial de qualquer número de conexões com origens de "dados ricos" (rich data), quer de localizações locais ou remotas, e que o aplicativo coloca esses dados no centro da experiência de computação do usuário.

Capítulo 18

Introdução ao ADO.NET

Neste capítulo, você vai aprender a:

- Usar o Data Source Configuration Wizard para estabelecer uma conexão com um banco de dados e construir um dataset.
- Dispor do Dataset Designer e da janela Data Sources para examinar membros do dataset e criar objetos vinculados em formulários.
- Criar aplicativos datacêntricos empregando objetos dataset e objetos navegador de dados.
- Usar os controles vinculados *TextBox* e *MaskedTextBox* para exibir informações de banco de dados em um formulário Windows.
- Escrever instruções SQL para filtrar e classificar informações de datasets utilizando a ferramenta de desenvolvimento Visual Studio Query Builder.

Neste capítulo, você dará seus primeiros passos em ADO.NET e aplicativos datacêntricos. Você usará o Data Source Configuration Wizard para estabelecer uma conexão com um banco de dados Microsoft Access no sistema, criará um dataset que representa um subconjunto de campos e registros úteis de uma tabela de banco de dados e usará o Dataset Designer e a janela Data Sources para examinar membros de datasets e criar objetos vinculados em formulários. Também aprenderá a usar os controles *TextBox* e *MaskedTextBox* para apresentar informações de banco de dados ao seu usuário e a escrever instruções SELECT da Structured Query Language (SQL) que filtram datasets (e, portanto, o que seu usuário vê e utiliza) de maneiras interessantes.

Programação de banco de dados com ADO.NET

Um *banco de dados* é uma coleção organizada de informações armazenadas em um arquivo. Você pode criar bancos de dados poderosos utilizando qualquer um dos vários produtos de banco de dados, incluindo Access, Microsoft SQL Server e Oracle. Também pode armazenar e transmitir informações de banco de dados utilizando a Extensible Markup Language (XML), um formato de arquivo projetado para trocar dados estruturados pela Internet e em outras configurações.

Criar e manter bancos de dados tornou-se uma tarefa essencial para todas as grandes corporações, instituições governamentais, órgãos sem fins lucrativos e pequenas empresas. Recursos de dados ricos ("rich data") – por exemplo, endereços de clientes, estoques de fábricas, saldos de contas, registros de empregados, listas de doadores e históricos de pedidos – tornaram-se essenciais no mundo dos negócios.

Você pode usar o Microsoft Visual Studio 2010 para criar novos bancos de dados, mas o Visual Studio 2010 é principalmente projetado para exibir, analisar e manipular as informações nos bancos de dados existentes. O ADO.NET, primeiramente introduzido no Microsoft Visual Studio .NET 2002, ainda é o modelo de dados padrão para a programação de banco de dados no Visual Studio 2010. O ADO.NET foi aprimorado ao longo dos anos para funcionar com um grande número de cenários de acesso a dados e foi cuidadosamente otimizado para uso na Internet. Por exemplo, ele usa o mesmo método básico para acessar fontes de dados locais, cliente-servidor e baseadas na Internet, e o formato de dados interno do ADO.NET é XML.

Felizmente, a maioria dos aplicativos de banco de dados que os programadores criaram com o Microsoft Visual Basic 2008 e ADO.NET ainda funciona muito bem, e as técnicas básicas para acessar um banco de dados são em grande parte as mesmas no Visual Basic 2010. Mas há duas novas tecnologias de banco de dados no Visual Studio 2010 que serão bastante importantes para programadores de banco de dados experientes. Essas tecnologias são Language Integrated Query (LINQ) e o ADO.NET Entity Framework.

A LINQ está incluída no Visual Studio 2010 e oferece a capacidade de escrever consultas de banco de dados orientadas a objetos diretamente dentro do código em Visual Basic. O ADO.NET Entity Framework introduz um novo modelo orientado a objetos, novos recursos poderosos e ferramentas que tornarão os aplicativos de banco de dados ainda mais livres de dependências codificadas diretamente em um mecanismo específico de dados ou modelo lógico. À medida que a tecnologia de banco de dados e a Internet continuam a avançar, o ADO.NET continuará a evoluir e os programadores Visual Basic devem estar bem posicionados para que possam tirar proveito disso.

Terminologia de banco de dados

Um tema subjacente na seção anterior é que os programadores de banco de dados muitas vezes têm pela frente novas tecnologias a decifrar e dominar, uma reorientação muitas vezes iniciada pelos termos "novo paradigma" ou "novo modelo de banco de dados". Embora o contínuo aprendizado de novas técnicas possa ser uma fonte de frustração, a rapidez dessas mudanças pode ser parcialmente explicada pela relativa novidade da programação de aplicativos para bancos de dados distribuídos e de múltiplas camadas no Windows, bem como inovações técnicas, necessidades de segurança e desafios de programação Web que estão além do controle da equipe de desenvolvimento do Visual Studio. Neste capítulo, porém, começaremos no *início* e, com a programação de banco de dados mais do que qualquer outro tema, você realmente precisa conhecer os tópicos *passo a passo*. Vamos começar entendendo alguma terminologia básica de banco de dados.

Um *campo* (também chamado de *coluna*) é uma categoria de informações armazenadas em um banco de dados. Campos típicos em um banco de dados de corpo docente podem conter números de registro, nomes dos professores, endereços de email, números de telefones comerciais e nomes de departamentos. Todas as informações sobre um membro específico são chamadas de *registros* (também chamados de *linhas*). Quando um banco de dados é criado, as informações são inseridas em uma *tabela* de campos e registros. Os registros correspondem às linhas na tabela; e os campos, às colunas, como mostrado no banco de dados de corpo docente a seguir (Faculty2010) no Access 2007:

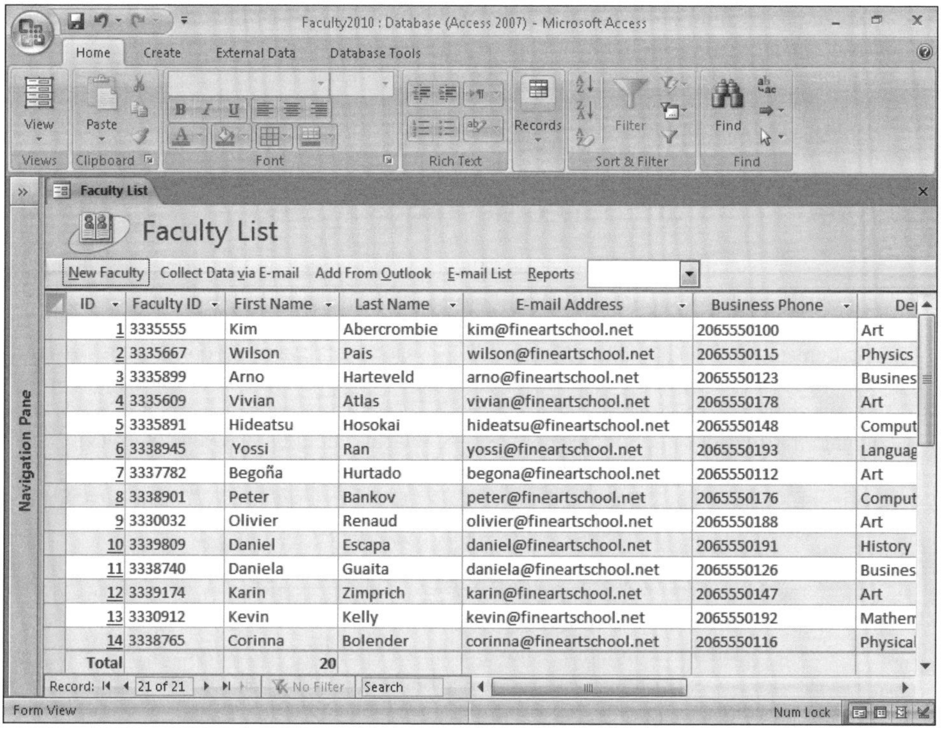

Um *banco de dados relacional* pode consistir em múltiplas tabelas vinculadas. Em geral, a maioria dos bancos de dados aos quais você se conecta a partir do Visual Studio provavelmente será de bancos de dados relacionais que contêm múltiplas tabelas de dados organizadas em torno de um tema particular.

No ADO.NET, vários objetos são utilizados para recuperar e modificar informações em um banco de dados. Primeiro, é estabelecida uma *conexão*, que especifica as informações de conexão sobre o banco de dados e cria algo para outros controles e componentes se vincularem. Em seguida, o *Data Sources Configuration Wizard* cria um *dataset* (ou *conjunto de dados*), que é uma representação de uma ou mais tabelas de banco de dados com o qual você planeja trabalhar no programa. (Você não manipula os dados reais, mas uma cópia deles.) O Data Sources Configuration Wizard também adiciona um *arquivo de esquema XML* ao seu projeto e associa um *adaptador de tabela* e um *navegador de dados* com o dataset para tratar a recuperação de dados do banco de dados, postar alterações e mover-se de um registro para o próximo no dataset. Você então pode vincular as informações no dataset a controles em um formulário usando a janela Data Sources ou as configurações da propriedade *DataBindings*.

Embora neste capítulo nós estejamos testando esse processo em um aplicativo Windows Forms, em Visual Basic 2010, você também pode vincular as informações do dataset aos aplicativos cliente Windows Presentation Foundation (WPF) e aos aplicativos Web (ASP.NET ou Silverlight). Você aprenderá sobre bancos de dados e ASP.NET no Capítulo 20, "Criando sites e páginas Web com o Visual Web Developer e ASP.NET."

Trabalhando com um banco de dados Access

Nas seções a seguir, você aprenderá a utilizar a tecnologia ADO.NET de acesso a dados no Visual Basic 2010. Você começará utilizando o Data Source Configuration Wizard para estabelecer uma conexão com um banco de dados chamado Faculty2010.accdb que criei no formato do Access 2007. (Ele também funcionará com o Access 2010, a versão mais recente do software de banco de dados Access.) Faculty2010.accdb contém várias tabelas de informações acadêmicas que seriam úteis para um administrador ou professor que está organizando as agendas ou carga horária do corpo docente, ou para informações importantes para os funcionários em uma faculdade ou colégio. Você aprenderá a criar um dataset baseado em uma tabela de informações no banco de dados Faculty2010 e a exibir essas informações em um formulário Windows. Quando terminar, você será capaz de colocar essas habilidades em prática em seus próprios projetos de banco de dados.

Dica Embora o exemplo neste capítulo use um banco de dados do Access, você não precisa ter o Access instalado. Entretanto, alguns componentes de conectividade da Microsoft podem ser necessários no seu computador para trabalhar com arquivos do Access, dependendo de como seu sistema foi configurado. Se você tentar completar os exercícios abaixo e receber uma mensagem de erro indicando que o Microsoft.Jet.OLEDB não está registrado no seu computador ou o formato de banco de dados Access não for reconhecido, você deve completar o Passo 1 abaixo para instalar os componentes de conectividade necessários antes de trabalhar com o ADO.NET. Além disso, observe que Faculty2010.accdb está no formato do Access 2007. Se você quiser abrir o arquivo no Access e trabalhar com ele, precisará ter o Access 2007 ou o Access 2010 instalado no seu sistema.

Estabeleça uma conexão utilizando o Data Source Configuration Wizard

1. Certifique-se de que você tem o Access 2007 ou posterior instalado. Se você não tem o Access 2007 instalado, faça download e instale o 2007 System Driver: Data Connectivity Components a partir de Microsoft.com.

2. Inicie o Visual Studio e crie, em seguida, um novo projeto Visual Basic Windows Form Application chamado **My ADO Faculty Form**.

   Um novo projeto abre no Integrated Development Environment (IDE).

3. No menu Data, clique no comando Add New Data Source.

   O Data Source Configuration Wizard inicia no ambiente de desenvolvimento, como mostrado na captura de tela a seguir.

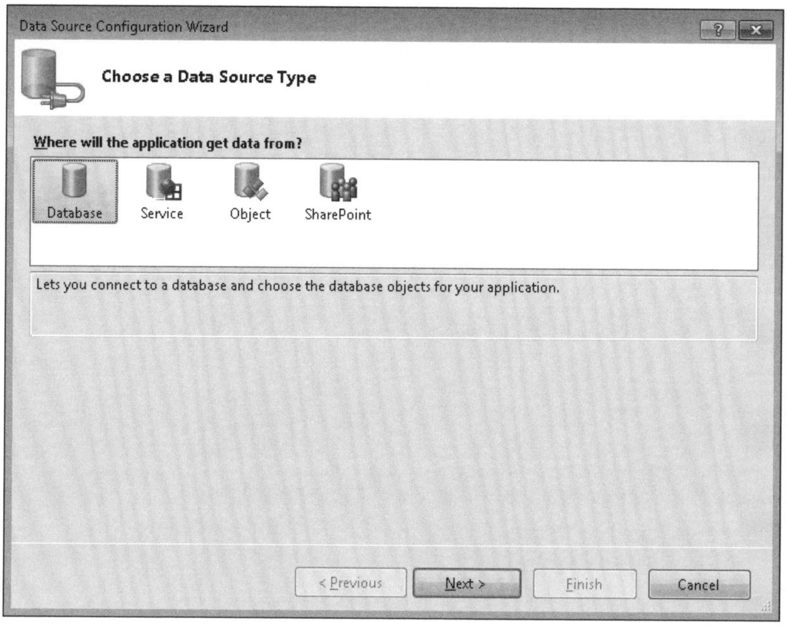

O Data Source Connection Wizard é um recurso dentro do IDE do Visual Studio 2010 que automaticamente prepara seu programa Visual Basic para receber informações de banco de dados. O assistente pede para você informar o tipo de banco de dados ao qual você se conectará (um banco de dados local ou remoto, um Web service ou objeto dados personalizados que você criou ou o site Microsoft SharePoint), estabelece uma conexão com os dados e então cria um dataset ou uma entidade de dados dentro do programa para armazenar tabelas e campos específicos do banco de dados. Como resultado final, o assistente abre a janela Data Sources e a preenche com uma representação visual de cada objeto de banco de dados que você pode utilizar em seu programa.

4. Clique no ícone Database (se ainda não estiver selecionado) no Data Source Configuration Wizard e então clique em Next.

   O assistente exibe uma tela solicitando que você escolha um modelo de banco de dados para o seu aplicativo e a conexão que seu programa usará para acessar as informações do banco de dados. Essa é uma nova tela do Visual Studio 2010; suas opções agora são escolher um dataset para fazer a conexão ou um modelo de dados de entidade. Aqui, nós estaremos usando a opção dataset, mas o modelo de dados de entidade pode também ser útil porque ele permite que os desenvolvedores trabalhem com dados no formulário de objetos e propriedades específicos do domínio sem se preocuparem com o formato das tabelas e colunas do banco de dados subjacente. A opção de modelo de dados de entidade é possibilitada pelo ADO.NET Entity Framework, que é um subconjunto da tecnologia de banco de dados do ADO.NET.

5. Clique em Dataset e, em seguida, clique em Next para selecionar o modelo do dataset.

   O assistente agora exibe uma tela que o ajuda a estabelecer uma conexão com seu banco de dados criando uma instrução chamada *string de conexão*. Uma string de conexão contém as informações que o Visual Studio precisa para abrir e extrair informações de um arquivo de banco de dados. Isso inclui um caminho e um nome de arquivo, mas também potencialmente dados sigilosos como um nome de usuário e senha. Por essa razão, a string de conexão é tratada cuidadosamente dentro do Data Source Connection Wizard e você deve tomar cuidado para protegê-la contra acesso não autorizado ao copiar seus arquivos-fonte de um lugar para outro.

6. Clique no botão New Connection.

Na primeira vez que você clica no botão New Connection, a caixa de diálogo Choose Data Source abre, pedindo para você selecionar o formato de banco de dados que planeja usar. Se vir a caixa de diálogo Add Connection em vez da caixa de diálogo Choose Data Source, isso significa simplesmente que sua cópia do Visual Studio já foi configurada para favorecer um formato particular de banco de dados. Sem problemas; simplesmente clique no botão Change na caixa de diálogo Add Connection e você verá a mesma coisa que os usuários que usam o assistente pela primeira vez veem, exceto por a barra de título ser Change Data Source. Neste exemplo, entretanto, eu assumirei que você não selecionou um formato de origem de dados; nesse caso, sua tela se parece com a captura de tela a seguir:

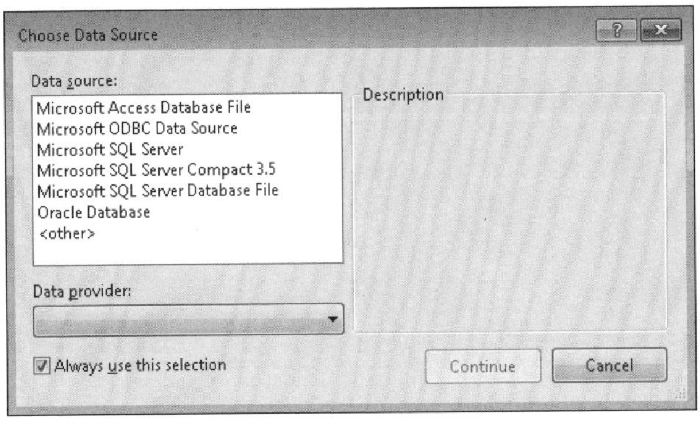

A caixa de diálogo Change/Choose Data Source é o lugar em que você seleciona seu formato preferido de banco de dados, o qual o Visual Studio usa como o formato padrão. Neste capítulo, você selecionará o formato Access, mas note que você pode mudar o formato do banco de dados para uma das outras escolhas a qualquer hora. Você também pode estabelecer mais de uma conexão de banco de dados – cada uma com um tipo de banco de dados diferente – dentro de um único projeto.

7. Clique em Microsoft Access Database File e clique em Continue (ou OK).

   A caixa de diálogo Add Connection abre, como mostrado na captura de tela a seguir.

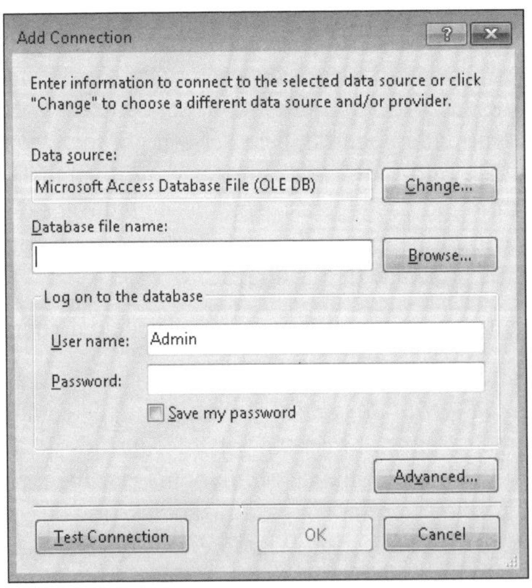

Agora você especificará as configurações de localização e conexão com seu banco de dados, de modo que o Visual Studio possa construir uma string de conexão válida.

8. Clique em Browse.

   A caixa de diálogo Select Microsoft Access Database File abre. Ela funciona como uma caixa de diálogo Open.

9. Navegue até a pasta C:\Vb10sbs\Chap18, clique no banco de dados Faculty2010.accdbe e clique em Open.

   Você selecionou o formato de banco de dados do Access 2007 que construí para demonstrar como os campos e registros de banco de dados são exibidos dentro de um programa Visual Basic. A caixa de diálogo Add Connection abre novamente com o nome de caminho registrado. Não impus qualquer restrição de acesso a esse arquivo, portanto, Faculty2010.accdb não exige nome de usuário e senha.

   Mas, se seu banco de dados exigir um nome de usuário, uma senha ou ambos para utilização, você pode especificá-los agora nas caixas User Name e Password. Esses valores, então, são incluídos na string de conexão.

10. Clique no botão Test Connection.

    O Visual Studio tenta abrir o arquivo de banco de dados especificado com a string de conexão que o assistente construiu para você. Se o banco de dados estiver em um formato reconhecido e as entradas de nome de usuário e senha (se houver) estiverem corretas, você verá a mensagem mostrada na ilustração a seguir.

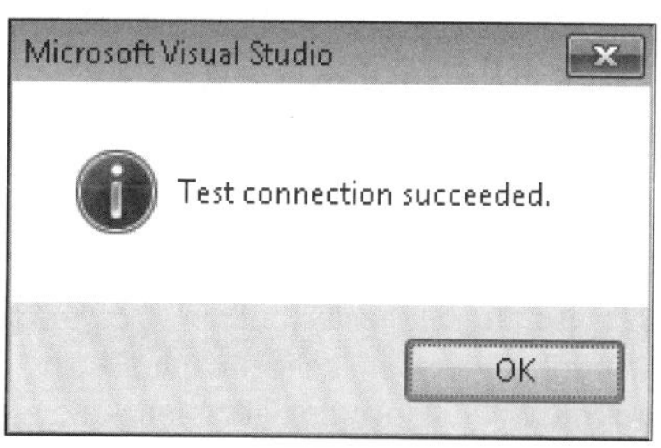

> **Nota** Se você receber uma mensagem que diz "Unrecognized database format", talvez você não tenha o Access 2007 ou posterior instalado. Se você não tem o Access 2007 ou posterior instalado, precisará fazer download e instalar o 2007 Office System Driver: Data Connectivity Components a partir de Microsoft.com. (Consulte o Passo 1 acima.)

11. Clique em OK para fechar a caixa de mensagem e em OK de novo para fechar a caixa de diálogo Add Connection.

    O Visual Studio exibe o Data Source Configuration Wizard novamente.

12. Clique no sinal de adição (+) ao lado do item Connection String na caixa de diálogo para exibir sua string de conexão concluída.

    A página do assistente deve ser semelhante à página a seguir:

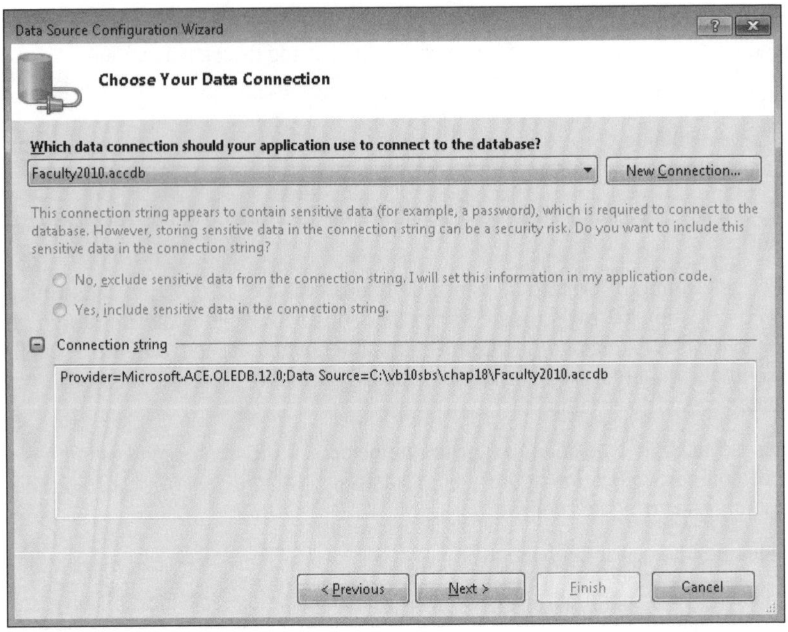

A string de conexão identifica um *provedor* (também conhecido como *provedor gerenciado*) chamado Microsoft.ACE.OLEDB.12.0, que é um componente do banco de dados subjacente que sabe como conectar-se a um banco de dados e extrair seus dados. Os dois provedores mais conhecidos oferecidos pelo Visual Studio são Microsoft OLE DB e SQL Server, mas provedores independentes estão disponíveis para muitos dos outros formatos de banco de dados.

13. Clique no botão Next.

    O assistente exibe uma mensagem de alerta indicando que um novo banco de dados local (ou arquivo de dados local) que não está no projeto atual foi selecionado e pergunta se o banco de dados deve ser copiado para suas pastas de projeto. (Essa mensagem aparece somente na primeira vez que você faz uma conexão com um arquivo de banco de dados local. Se estiver repetindo esse exercício, você provavelmente não verá a mensagem.) Em um aplicativo comercial que usa um banco de dados, você talvez queira controlar o modo como isso funciona com um pouco mais de cuidado. (Para aprender mais sobre suas opções, clique no botão da Ajuda ou em F1.)

14. Clique em No para evitar criar uma cópia extra do banco de dados nesse momento.

    Você não está distribuindo comercialmente esse projeto; ele é apenas um programa de exemplo e uma cópia extra não é necessária.

    O Data Source Configuration Wizard agora faz a seguinte pergunta: "Do you want to save the connection string to the application configuration file?" ("Você quer salvar a string de conexão no arquivo de configuração do aplicativo?") Salvar a string de conexão é a seleção padrão e, nesse exemplo, o nome de string recomendado é "Faculty2010ConnectionString". Normalmente, é recomendável salvar essa string dentro do arquivo de configuração padrão do aplicativo porque, se a localização de banco de dados então mudar, você poderá editar a string em seu arquivo de configuração (que aparece listado no Solution Explorer), em oposição a monitorar a string de conexão dentro do código de programa e recompilar o aplicativo.

15. Clique em Next para salvar a string padrão de conexão.

    Você agora deve selecionar o subconjunto de objetos do banco de dados que você quer utilizar para esse projeto particular, como mostrado na seguinte caixa de diálogo:

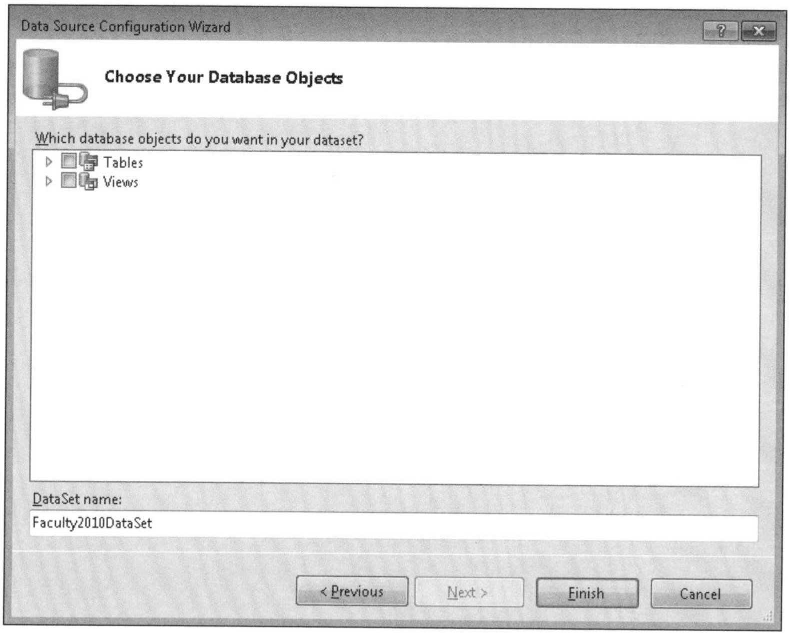

Nota O Visual Studio permite utilizar apenas parte de um banco de dados ou combinar bancos de dados diferentes – um recurso útil quando você está trabalhando para construir aplicativos datacêntricos.

Os itens que você seleciona nessa caixa de diálogo são referenciados a partir do projeto como *objetos de banco de dados*. Os objetos de banco de dados podem incluir tabelas de campos e registros, visualizações de banco de dados, procedimentos armazenados (stored procedures), funções e outros itens únicos do seu banco de dados. O termo coletivo para todos os objetos de banco de dados que você seleciona é um dataset. Nesse projeto, o nome padrão *Faculty2010DataSet* é atribuído ao dataset, que você pode ajustar na caixa Dataset Name.

Dica Observe que o dataset que você cria agora somente *representa* os dados em seu banco de dados – se adicionar, excluir ou modificar registros de banco de dados no dataset, você na realidade não modifica as tabelas subjacentes do banco de dados até emitir um comando que grave as alterações no banco de dados original. Os programadores de banco de dados chamam esse tipo de arranjo de *origem de dados desconectada*, o que significa que há uma camada de abstração entre o banco de dados real e seu dataset.

16. Clique na seta ao lado do nó Tables para expandir a lista das tabelas incluídas no banco de dados de Faculty2010.accdb.

    Nesse caso, há somente uma tabela listada, denominada *Faculty*, que nós usaremos no nosso programa de exemplo.

17. Clique na seta ao lado do nó Faculty e marque as caixas de seleção para os campos *LastName* e *Business Phone*.

Você adicionará esses dois campos ao dataset *Faculty2010DataSet*. A página do assistente é semelhante à captura de tela a seguir:

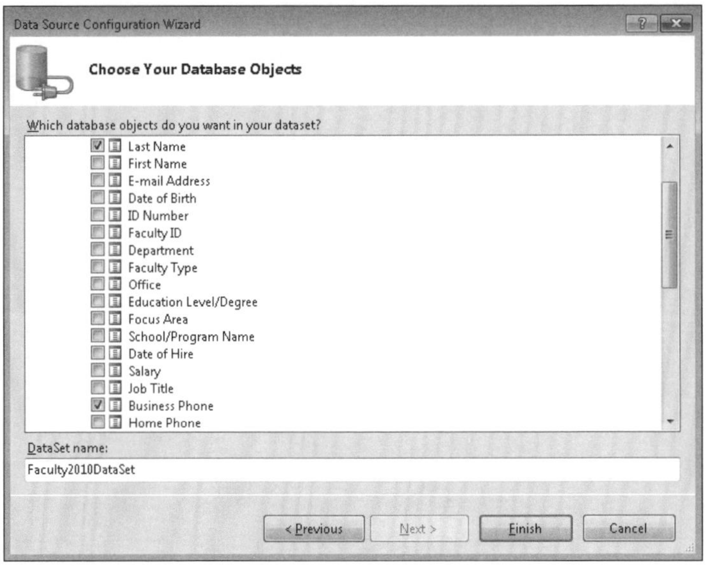

18. Clique no botão Finish para completar e fechar o Data Source Configuration Wizard.

    O Visual Studio termina as tarefas de adicionar uma conexão de banco de dados ao seu projeto e configurar o dataset com os objetos de banco de dados selecionados. (Dependendo de como o IDE do Visual Studio foi utilizado e configurado, você pode ver uma guia ou janela Data Sources agora.)

19. Clique no botão Save All na barra de ferramentas Standard para salvar suas alterações.

    Especifique a pasta C:\Vb10sbs\Chap18 como a localização.

20. Se o Solution Explorer não estiver atualmente visível, abra-o agora para exibir os principais arquivos e componentes contidos no projeto ADO Faculty Form.

    Sua tela é semelhante a esta:

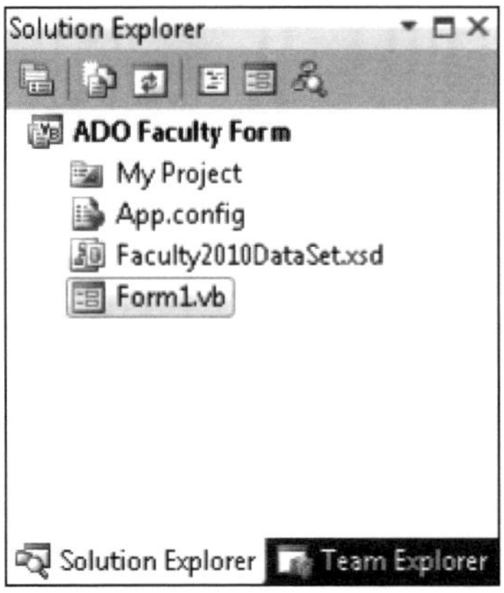

Além das entradas padrão do Solution Explorer para um projeto, você vê um novo arquivo chamado Faculty2010DataSet.xsd. Esse arquivo é um esquema XML que descreve tabelas, campos, tipos de dados e outros elementos do dataset que você acabou de criar. A presença do arquivo de esquema significa que você adicionou um *dataset tipado* ao seu projeto. (Datasets tipados têm um arquivo de esquema associado, mas os datasets não tipados, não.) Datasets tipados são vantajosos porque permitem o recurso Microsoft IntelliSense do Code Editor do Visual Studio e oferecem informações específicas sobre campos e tabelas em uso.

21. Clique no arquivo de esquema Faculty2010DataSet.xsd no Solution Explorer e, em seguida, no botão View Designer.

    Você vê uma representação visual das tabelas, campos e comandos de adaptador de dados relacionados com seu novo dataset em uma ferramenta visual chamada *Dataset Designer*. O *Dataset Designer* contém ferramentas para criar componentes que se comunicam entre seu banco de dados e seu aplicativo – o que os programadores de banco de dados chamam de *componentes da camada de acessos a dados*. Você pode criar e modificar adaptadores de tabela, consultas de adaptador de tabela, tabelas de dados, colunas de dados e relacionamentos de dados com o Dataset Designer. Você também pode utilizar o Dataset Designer para revisar e configurar propriedades importantes relacionadas com objetos em um dataset, como o comprimento de campos do banco de dados e os tipos de dados associados com os campos.

22. Clique no campo *Last Name* e pressione F4 para destacar a janela Properties.

23. Clique na propriedade *MaxLength*.

    Sua tela é similar à captura de tela mostrada a seguir.

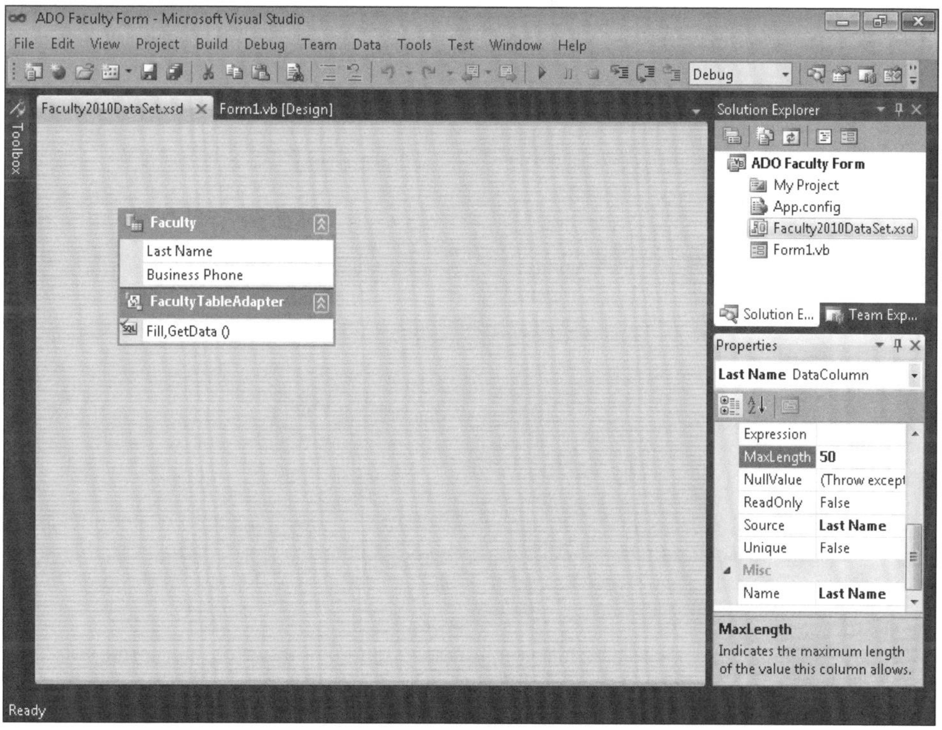

Aqui o Dataset Designer é mostrado com um dataset ativo chamado *Faculty2010DataSet* e a janela Properties mostra que a propriedade *MaxLength* está configurada para permitir um máximo de 50 caracteres no campo *Last Name*. Embora esse comprimento pareça suficiente, você pode ajustar essa propriedade (e outras, também) se achar que as configurações de banco de dados subjacentes são inadequadas para seu aplicativo.

Colocando o Dataset Designer de lado por um momento, vamos continuar a construir o aplicativo de banco de dados de exemplo na janela Data Sources.

A janela Data Sources

A janela Data Sources é um recurso útil e poupador de tempo no IDE do Visual Studio 2010. Seu propósito é exibir uma representação visual dos datasets que foram configurados para uso dentro de seu projeto e ajudar a vincular esses datasets a controles no formulário. Lembre-se de que um dataset é apenas uma representação temporária das informações de banco de dados em seu programa e que cada dataset contém somente um subconjunto das tabelas e campos dentro do arquivo do banco de dados inteiro; isto é, apenas os itens que você selecionou ao usar o Data Source Configuration Wizard. O dataset é exibido em uma visão hierárquica (árvore) na janela Data Sources, com um nó raiz para cada um dos objetos que você selecionou no assistente. Toda vez que você executa o assistente para criar um novo dataset, uma nova árvore de dataset é adicionada à janela Data Sources, oferecendo acesso potencial a um amplo espectro de origens de dados e visões dentro de um único programa.

Se você acompanhou as instruções para selecionar campos na tabela *Faculty* do banco de dados Faculty2010, você tem algo interessante para exibir na janela Data Sources agora. Para se preparar para os próximos exercícios e exibir a janela Data Sources, exiba o formulário novamente (clique na guia Form1.vb [Design]) e clique no comando Show Data Sources no menu Data. (Você também pode clicar na guia Data Source se ela estiver visível.) Quando a janela Data Sources abrir, expanda a tabela *Faculty* para ver os dois campos que selecionamos. Sua janela Data Sources deve se parecer com a seguinte:

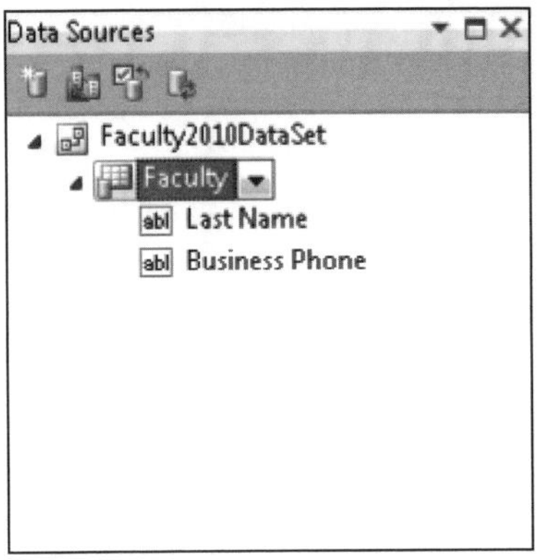

Ao longo da parte superior da janela estão quatro ferramentas úteis que permitem trabalhar com datasets. Da esquerda para a direita, esses botões da barra de ferramentas permitem que você adicione um novo dataset ao seu projeto, edite o dataset selecionado no Dataset Designer, adicione ou remova campos do dataset e atualize o dataset.

A maneira mais fácil de exibir as informações de um dataset em um formulário (e, portanto, para seus usuários) é arrastar objetos da janela Data Sources para o Windows Forms Designer. (Esse é o Designer que você utilizou nos capítulos anteriores, mas que chamo de Windows Forms Designer aqui para diferenciá-lo do Dataset Designer.)

O Capítulo 19, "Apresentação de dados utilizando o controle *DataGridView*", descreve como é possível exibir tabelas inteiras de dados em um formulário. No restante deste capítulo, porém, você experimentará arrastar campos individuais de dados para o Windows Forms Designer a fim de vincular controles para selecionar campos no banco de dados Faculty2010. Experimente agora.

Use a janela Data Sources para criar objetos do banco de dados em um formulário

1. Na janela Data Sources, clique na seta ao lado do nó *Faculty* para exibir os campos disponíveis em *Faculty2010DataSet*. (Se você ainda não tiver feito isso).

   Sua janela Data Sources deve se parecer com a captura de tela anterior. No Visual Studio 2010, você pode exibir campos individuais ou uma tabela de dados inteira simplesmente arrastando os objetos de banco de dados desejados em seu formulário.

2. Clique no campo *Last Name*, que contém o nome de cada instrutor no banco de dados Faculty2010. Uma seta aparece à direita do campo *Last Name* na janela Data Sources. Se a seta não aparecer, certifique-se de que a guia Form1.vb [Design] está ativa na janela Designer e, então, clique em Last Name novamente.

3. Clique na seta *Last Name*.

   Clicar nessa seta exibe uma lista de opções relacionadas com o modo como um campo de banco de dados é exibido no formulário quando você o arrasta, como mostrado na captura de tela a seguir.

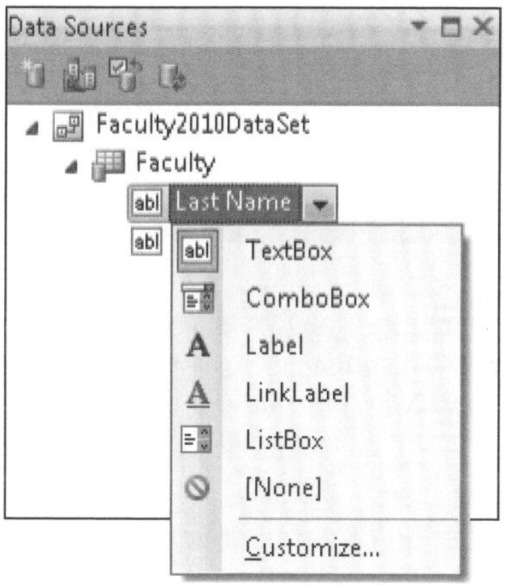

   Embora ainda não tenha discutido isso, a maioria dos controles na guia Common Controls da Toolbox tem a capacidade predefinida de exibir informações de banco de dados. Na terminologia do Visual Studio, esses controles são chamados de *controles vinculados* (bound controls) quando conectados a campos data-ready em um dataset. A lista de controles que você vê agora é um grupo de opções populares para exibir as informações de string de um banco de dados, mas você pode adicionar outros controles à lista (ou remover itens) clicando no comando Customize. Nesse caso, porém, você simplesmente utilizará o controle *TextBox*, o controle vinculado padrão para dados string.

4. Clique em *TextBox* na lista e então arraste o campo *Last Name* para o meio do formulário no Windows Forms Designer.

   Quando você arrasta o campo sobre o formulário, um sinal de adição (+) abaixo do ponteiro indica que adicionar esse objeto de banco de dados a um formulário é uma operação válida. Quando você solta o botão do mouse, o Visual Studio cria um objeto caixa de texto que suporta dados e coloca uma barra de navegação de aparência profissional na parte superior do formulário. O formulário é parecido com este (a sua janela Data Sources pode estar em uma localização diferente):

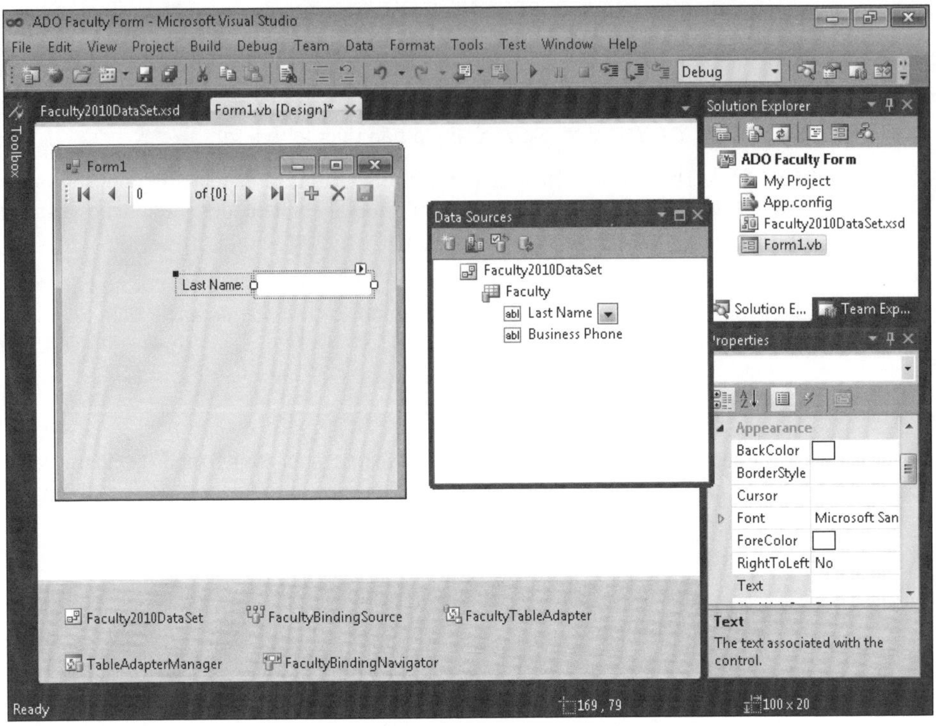

O Visual Studio realmente criou dois objetos para esse campo *Last Name*: um objeto rótulo descritivo contendo o nome do campo e um objeto caixa de texto vinculado que exibe o conteúdo do campo quando se executa o programa. Abaixo do formulário na bandeja de componentes, o Visual Studio também criou vários objetos para gerenciar aspectos internos do processo de acesso a dados. Esses objetos incluem:

- *Faculty2010DataSet*, o dataset que você criou com o Data Source Configuration Wizard para representar campos no banco de dados Faculty2010
- *FacultyBindingSource*, um componente intermediário que atua como um canal entre a tabela *Faculty* e objetos vinculados no formulário
- *FacultyTableAdapter* e *TableAdapterManager*, componentes intermediários que movem dados entre *Faculty2010DataSet* e tabelas no banco de dados Faculty2010 subjacente
- *FacultyBindingNavigator*, que fornece serviços de navegação e propriedades relacionadas com a barra de ferramentas de navegação e a tabela *Faculty*.

Agora você executará o programa para ver como funcionam todos esses objetos.

5. Clique no botão Start Debugging na barra de ferramentas Standard.

   O programa ADO Faculty Form executa no IDE. O objeto caixa de texto é carregado com o primeiro registro *Last Name* no banco de dados (Abercrombie) e uma barra de ferramentas de navegação com diversos botões e controles aparece na parte superior do formulário, como mostrado na captura de tela a seguir:

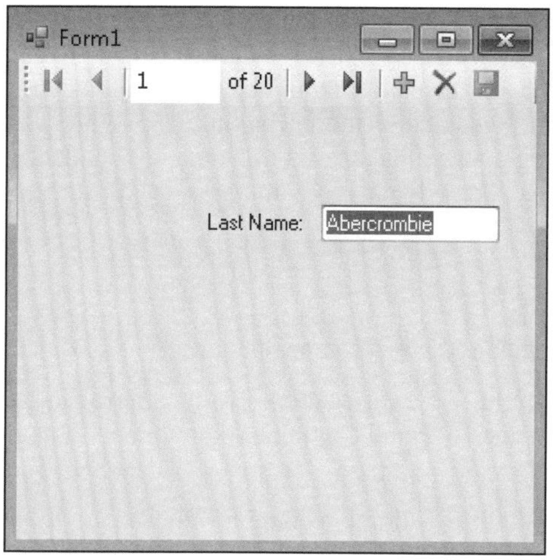

A barra de ferramentas de navegação é um recurso útil nas ferramentas de programação de banco de dados do Visual Studio 2010. Da esquerda para a direita, ela contém os botões Move First e Move Previous; um indicador de posição atual; e os botões Move Next, Move Last, Add New, Delete e Save Data. Você pode alterar ou excluir esses botões de barra de ferramentas configurando a propriedade Items do objeto navegador vinculado na janela Properties, que exibe uma ferramenta visual chamada Items Collection Editor. Você também pode ativar ou desativar botões individuais da barra de ferramentas.

6. Clique no botão Move Next para rolar para o segundo nome de faculdade no dataset.

   O registro Pais aparece.

7. Continue rolando pelo dataset um registro de cada vez. À medida que você rola pela lista de nomes, note que o indicador de posição monitora onde você está na lista de registros.

8. Clique nos botões Move First e Move Last para mover-se para o primeiro e o último registros do dataset, respectivamente.

9. Exclua o último registro do dataset (Skinner) clicando no botão Delete quando o registro estiver visível.

   O registro é excluído do dataset e o indicador de posição mostra que há agora 19 registros restantes. (Lan tornou-se o último e atual registro.) Seu formulário se parece com este:

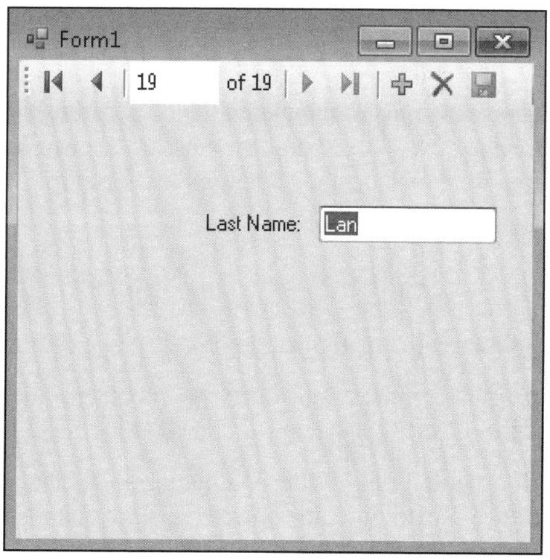

Como mencionei anteriormente, o dataset representa somente o subconjunto de tabelas do banco de dados Faculty2010 que foi utilizado nesse projeto – o dataset é uma imagem desconectada do banco de dados, não o próprio banco de dados. Portanto, o registro que você excluiu foi excluído somente do dataset que é carregado na memória enquanto o programa está executando. Entretanto, para verificar que o programa realmente está trabalhando com dados desconectados e não está modificando o banco de dados original, você irá parar e reiniciar o programa agora.

10. Clique no botão Close no formulário para fechar o programa.

    O programa encerra e o IDE retorna.

11. Clique em Start Debugging para executar o programa novamente.

    Quando o programa reinicia e o formulário é carregado, a barra de ferramentas de navegação mostra que o dataset contém 20 registros, como continha originalmente. Em outras palavras, funciona como esperado.

12. Clique no botão Move Last para visualizar o último registro no dataset.

    O registro de Skinner aparece novamente. Esse nome final de faculdade foi excluído somente da memória e reapareceu porque o banco de dados subjacente ainda contém o nome.

13. Clique no botão Close novamente para fechar o programa.

Parabéns! Sem escrever nenhum código de programa, você construiu um aplicativo de banco de dados plenamente funcional que exibe informações específicas de um banco de dados. Configurar um dataset exigiu muitos passos, mas agora o dataset está pronto para ser utilizado de muitas maneiras úteis no programa. Embora eu tenha selecionado apenas uma tabela e dois campos do banco de dados Faculty2010 para reduzir a poluição na tela e focalizar nossa atenção, você provavelmente vai querer selecionar um espectro de objetos muito mais amplo de seus bancos de dados ao construir datasets utilizando o Data Source Configuration Wizard. Como você pode ver, não é necessário criar objetos vinculados para cada item de dataset em um formulário – você pode decidir quais registros de banco de dados você quer utilizar e exibir.

Utilizando controles vinculados para exibir informações de banco de dados

Como mencionei anteriormente, o Visual Studio pode utilizar vários controles da sua Toolbox para exibir as informações de banco de dados. Você pode vincular controles a datasets arrastando campos da janela Data Sources (o método mais fácil) e pode criar controles separadamente em seus formulários e os vincular a objetos dataset mais tarde. Essa segunda opção é um recurso importante, porque ocasionalmente você adicionará origens de dados a um projeto depois que a interface de usuário básica tiver sido criada. O procedimento que demonstrarei nessa seção trata dessa situação, e ao mesmo tempo permite que você pratique a vinculação de objetos dados a controles dentro de um aplicativo Visual Basic. Você irá criar um objeto caixa de texto com máscara em seu formulário, configurar o objeto para formatar informações do banco de dados de uma maneira útil e então vincular o campo *Business Phone* em *Faculty2010DataSet* ao objeto.

Vincule um controle caixa de texto com máscara a um objeto dataset

1. Exiba o formulário no Designer Windows Forms e abra a Toolbox, se ela já não estiver visível.

2. Clique no controle *MaskedTextBox* na guia Common Controls e crie um objeto caixa de texto com máscara no formulário, abaixo do rótulo *Last Name* e da caixa de texto.

   Como talvez você se lembre, a partir do que foi discutido no Capítulo 6, "Utilizando estruturas de decisão," o controle *MaskedTextBox* é semelhante ao controle *TextBox*, mas tem mais capacidade de regular ou limitar as informações inseridas pelo usuário em um programa. O formato de entrada do controle *MaskedTextBox* é ajustado configurando-se a propriedade *Mask*. Neste exercício, você utilizará *Mask* a fim de preparar o objeto caixa de texto com máscara para exibir números de telefone formatados a partir do campo *Business Phone*. (Por padrão, números de telefone no banco de dados Faculty2010 são armazenados sem espaços, parênteses ou traços, mas você quer ver essa formatação em seu programa.)

3. Clique na marca inteligente no canto superior direito do objeto caixa de texto com máscara e clique no comando Set Mask.

   O Visual Studio exibe a caixa de diálogo Input Mask, que lista diversas máscaras de formatação predefinidas. O Visual Studio utiliza essas máscaras para formatar a saída no objeto caixa de texto com máscara, bem como para receber entrada de usuários.

4. Clique na máscara de entrada Phone Number e em OK.

   O objeto caixa de texto com máscara agora aparece com as regras de formatação de entrada definidas pelas configurações de país e idioma armazenadas dentro do Windows. (Essas configurações podem variar de um país para outro, mas para mim se parecem com um número de telefone norte-americano com código de área.)

5. Adicione um objeto rótulo na frente do novo objeto caixa de texto com máscara e configure sua propriedade *Text* como "Phone:" (incluindo o dois-pontos).

   O primeiro rótulo descritivo foi adicionado automaticamente pela janela Data Sources, mas precisamos adicionar esse manualmente.

6. Ajuste o espaçamento entre os dois rótulos e caixas de texto de modo que fiquem perfeitamente alinhados. Quando tiver terminado, seu formulário será semelhante a este:

   Agora você vinculará o campo *Business Phone* de *Faculty2010DataSet* ao novo objeto caixa de texto com máscara. O processo é fácil – você simplesmente arrasta o campo *Business Phone* a partir da janela Data Sources até o objeto que você quer vincular aos dados – nesse caso, o objeto *MaskedTextBox1*.

7. Exiba a janela Data Sources se ela não estiver visível e arraste o campo *Business Phone* sobre o objeto *MaskedTextBox1*.

   Quando você arrasta um objeto dataset sobre um objeto que já existe no formulário (o que poderíamos chamar de objeto-alvo), não se cria um novo objeto vinculado. Em vez disso, as propriedades *DataBindings* do objeto-alvo são configuradas para corresponder ao objeto dataset arrastado na janela Data Sources.

Depois dessa operação de arrastar e soltar, o objeto caixa de texto com máscara é vinculado ao campo *Business Phone* e a propriedade *Text* do objeto caixa de texto com máscara contém um pequeno ícone de banco de dados na janela Properties (um sinal de que o objeto está vinculado a um dataset).

8. Verifique se o objeto *MaskedTextBox1* está selecionado no formulário e pressione F4 para destacar a janela Properties.

9. Role até a categoria *DataBindings* dentro da janela Properties e clique na seta para expandi-la.

   O Visual Studio exibe as propriedades geralmente associadas ao acesso a dados de um objeto caixa de texto com máscara. Sua janela Properties se parece com esta:

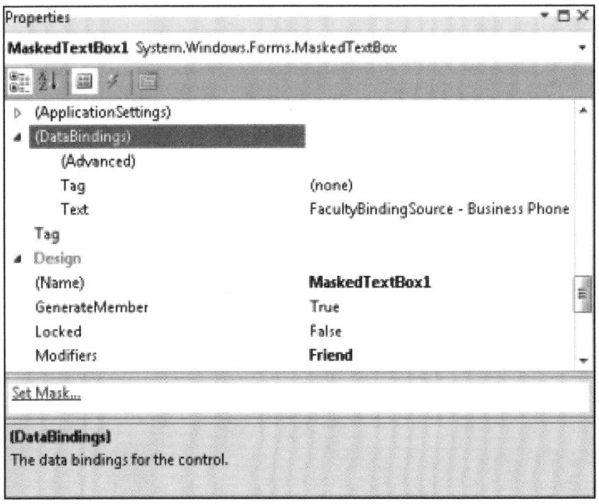

A propriedade notável vinculada aqui é a propriedade *Text*, que foi configurada como FacultyBindingSource – Business Phone como resultado da operação de arrastar e soltar. (Observe que o minúsculo ícone de banco de dados não aparece aqui; ele aparece somente na propriedade *Text* na parte inferior da lista alfabética de propriedades.) Além disso, se agora clicar na seta na propriedade *Text*, você verá uma representação do objeto caixa de texto com máscara. (Essa exibição visual permite alterar rapidamente a origem de dados a que o controle está vinculado, mas não ajuste essa configuração agora.)

10. Clique no formulário para fechar todos os painéis da janela Properties.

11. Clique no botão Start Debugging para executar o programa.

    O Visual Studio executa o programa no IDE. Depois de um momento, os dois campos de banco de dados são carregados na caixa de texto e objetos caixa de texto com máscara, como mostrado na captura de tela seguir.

O importante aqui é que o objeto caixa de texto com máscara formata corretamente as informações de número de telefone para que elas fiquem no formato esperado para números de telefone norte-americanos.

12. Clique no botão Move Next algumas vezes.

    Outro recurso importante também é demonstrado aqui: os dois campos de dataset rolam juntos e os nomes de faculdade exibidos coincidem com os números de telefone comerciais correspondentes gravados no banco de dados Faculty2010. Essa sincronização é tratada pelo objeto *FacultyBindingNavigator*, que monitora o registro atual para cada objeto vinculado no formulário.

13. Clique no botão Close a fim de parar o programa e em Save All para salvar suas alterações. Você aprendeu a exibir múltiplos campos de banco de dados em um formulário, a usar a barra de ferramentas de navegação para navegar por um dataset e a formatar informações de banco de dados com uma máscara. Antes de você deixar este capítulo e passar para o útil controle *DataGridView* discutido no Capítulo 19, dedique um tempo para ver como você pode personalizar mais ainda seu dataset utilizando algumas instruções SQL.

Um passo além: instruções SQL, LINQ e filtragem de dados

Você utilizou o Data Source Configuration Wizard para extrair apenas a tabela e campos desejados do banco de dados Faculty2010 criando um dataset personalizado chamado *Faculty2010DataSet*. Além dessa filtragem, porém, você pode organizar ainda mais os dados exibidos e fazer seu ajuste fino por meio de controles vinculados utilizando instruções SQL e o Visual Studio Query Builder. Essa seção introduz essas ferramentas.

Para usuários do Visual Basic que conhecem o Access ou o SQL Server, filtrar dados com instruções SQL não é nada novo. Mas os demais precisam aprender que *instruções SQL* são comandos que extraem, ou *filtram*, informações a partir de uma ou mais tabelas estruturadas em um banco de dados. A razão dessa filtragem é simples: assim como usuários da Web se deparam rotineiramente com uma quantidade extraordinária de dados na Internet (e usam palavras-chave inteligentes de pesquisa em seus navegadores para localizar somente as informações que eles precisam), programadores de banco de dados se deparam rotineiramente com tabelas contendo dezenas de milhares de registros que precisam de refinamento e organização para cumprir uma tarefa específica. A instrução SQL SELECT é um mecanismo tradicional para organizar as informações de banco de dados. Encadeando um grupo dessas instruções, programadores podem criar diretivas complexas de pesquisa, ou *consultas*, que extraem de um banco de dados somente os dados necessários.

Percebendo a aceitação das instruções SQL pela indústria, versões anteriores dos IDEs do Visual Studio e do Visual Basic incluíram mecanismos para utilizar instruções SQL. Além disso, o Visual Studio 2008 e 2010 oferecem uma poderosa tecnologia denominada Language-Integrated Query (LINQ) que permite a programadores experientes escrever consultas de banco de dados no estilo da SQL diretamente dentro do código do Visual Basic. Embora LINQ seja uma tecnologia de banco de dados importante no Visual Studio, ela não é um recurso que você só consegue dominar com facilidade depois de entender instruções SQL. No exercício a seguir, fornecerei parte desse contexto utilizando um poderoso recurso do Visual Studio chamado Query Builder. O Query Builder é uma ferramenta visual que ajuda os programadores a construir consultas de banco de dados e é especialmente útil para programadores com pouca exposição ao código SQL. No próximo exemplo, você utilizará o Query Builder para organizar mais ainda seu dataset *Faculty2010DataSet,* classificando-o alfabeticamente.

Crie instruções SQL com o Query Builder

1. No formulário, clique no objeto *Last_NameTextBox* (o primeiro objeto vinculado que você criou para exibir os sobrenomes dos membros da faculdade do banco de dados Faculty2010).

2. Clique no comando Add Query no menu Data.

   O comando Add Query torna-se disponível quando um objeto vinculado, como *Last_NameTextBox*, é selecionado no Designer. A caixa de diálogo Search Criteria abre, como nesta captura de tela:

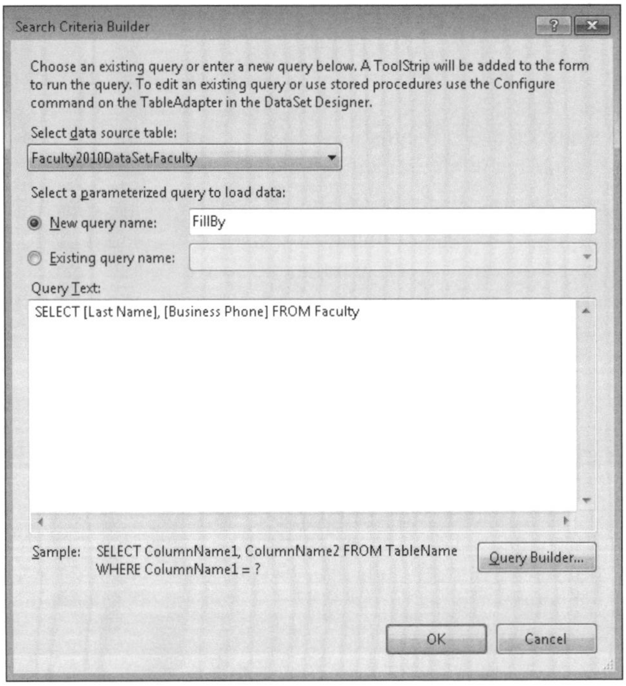

   Essa caixa de diálogo o ajuda a organizar e visualizar suas consultas, que são criadas pelo Query Builder e consistem em instruções SQL. A tabela que sua consulta filtrará e organizará por padrão (*Faculty2010DataSet.Faculty*) é selecionada na caixa Select Data Source Table próximo da parte superior da caixa de diálogo. Você reconhecerá o formato de hierarquia de objetos usado pelo nome da tabela, que é lido como "a tabela *Faculty* dentro do dataset *Faculty2010DataSet*". Se tivesse outras tabelas entre as quais escolher, elas estariam na caixa de listagem exibida quando você clica na seta Select Data Source Table.

3. Digite **SortLastNames** na caixa New Query Name.

   Essa caixa de texto atribui um nome à sua consulta e forma a base dos botões da barra de ferramentas adicionados ao formulário. (Para acesso fácil, o arranjo padrão é as novas consultas serem atribuídas a botões de barra de ferramentas dentro do aplicativo que você está construindo.)

4. Clique no botão Query Builder na caixa de diálogo para abrir a ferramenta Query Builder.

   O Query Builder permite criar instruções SQL digitando-as diretamente em uma grande caixa de texto ou clicando em caixas de listagem e outras ferramentas visuais.

5. Na linha *Last Name* que representa o campo *Last Name* em seu dataset, clique na célula sob Sort Type e então clique na seta para exibir a caixa de listagem Sort Type.

   Sua tela é semelhante a esta:

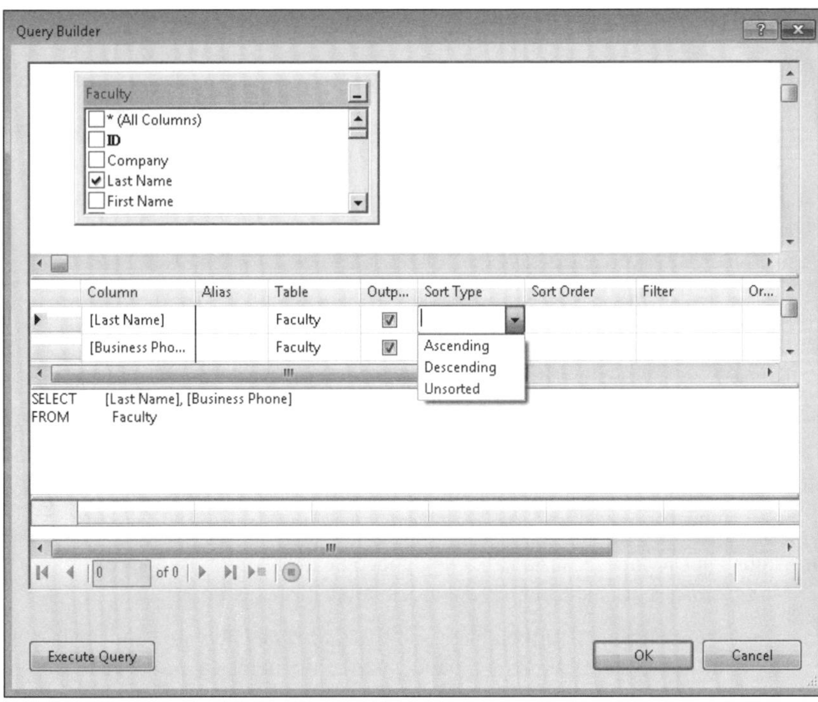

6. Na caixa de listagem Sort Type, clique em Ascending.

   Você classificará os registros no campo *Last Name* em ordem crescente.

7. Clique na caixa de texto de instrução SQL abaixo do painel de grade para atualizar a janela Query Builder.

Uma nova cláusula (ORDER BY [Last Name]) é adicionada à caixa de instrução SQL e sua tela se parece com esta:

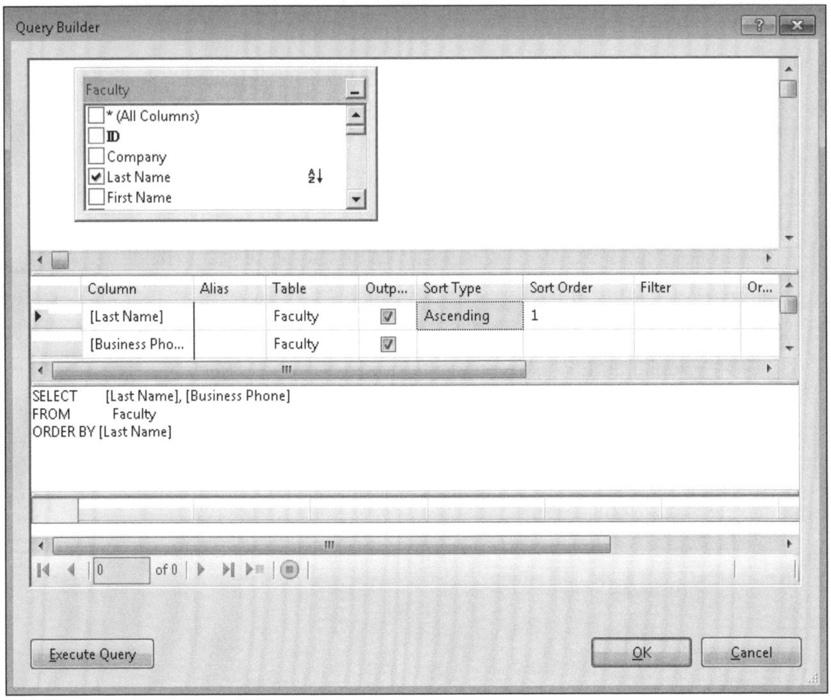

Essa é a poderosa ferramenta Query Builder – ela constrói automaticamente as intruções SQL para você na caixa de instrução do SQL.

8. Clique em OK para concluir sua consulta.

   O Visual Studio fecha o Query Builder e exibe sua nova consulta na caixa de diálogo Search Criteria Builder. O nome da consulta (*SortLastNames*) é listado, bem como as instruções SQL que compõem a classificação.

9. Clique em OK para fechar a caixa de diálogo Search Criteria Builder e configure o objeto *Last_NameTextBox* para listar nomes em ordem alfabética crescente.

   O processo também criou um objeto *SortLastNamesToolStrip* na bandeja de componentes abaixo do formulário. O Designer e a bandeja de componentes agora devem estar parecidos com a captura de tela a seguir.

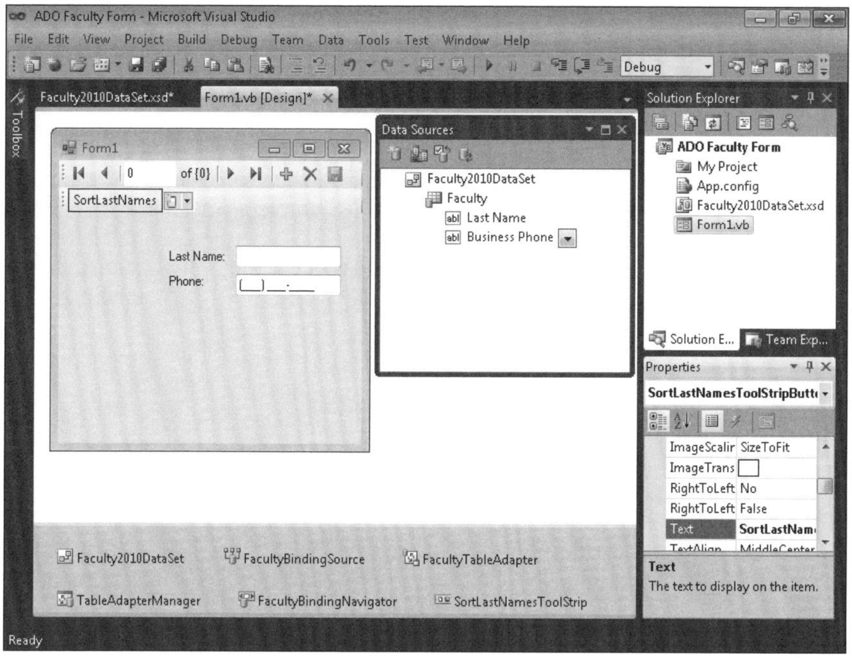

10. Clique no botão Start Debugging para executar o programa.

    O Visual Studio carrega o formulário e exibe o primeiro registro para dois objetos dataset.

11. Clique no botão de SortLastNames na nova barra de ferramentas.

    Sua nova instrução SQL classifica os registros *Last Name* no dataset e exibe os registros em sua nova ordem. O primeiro registro ainda é Abercrombie, mas agora o segundo e o terceiro nomes são Atlas e Bankov, respectivamente.

12. Clique no botão Move Last na barra de ferramentas.

    Agora Zimprich aparece, como mostrado na captura de tela a seguir:

Como os nomes são listados alfabeticamente de A a Z, Zimprich é agora o último da lista dos membros da faculdade.

13. Role pelo restante dos registros e verifique se agora eles estão em ordem alfabética crescente.

14. Clique no botão Close para encerrar o programa.

Você deu seus primeiros passos para construir consultas personalizadas utilizando instruções SQL e o Query Builder. A programação de banco de dados é um tópico complexo, mas você já aprendeu o suficiente para começar a construir aplicativos datacêntricos – coleções altamente personalizadas de dados que beneficiam *o usuário* e suas necessidades de computação – no Visual Basic. Você continuará a explorar o tema de acesso a dados ricos no Capítulo 19. E, no Capítulo 20, seu projeto final será exibir registros de banco de dados em um site.

Referência rápida do Capítulo 18

Para	Faça isto
Estabelecer uma conexão com um banco de dados	Clique no comando Add New Data Source no menu Data e utilize o Data Source Configuration Wizard para navegar até o banco de dados para o qual você quer fornecer acesso construindo uma string de conexão.
Criar um dataset	Utilizando o Data Source Configuration Wizard, especifique um nome para o dataset na caixa Dataset Name, expanda o nó Tables na visão de árvore de seu banco de dados apresentada pelo assistente e então especifique as tabelas e campos que você quer incluir em seu dataset. (Um dataset não precisa incluir todas as tabelas e campos de um banco de dados.)
Criar objetos vinculados capazes de exibir dados de um dataset em um formulário Windows	Depois de executar o Data Source Configuration Wizard, abra a janela Data Sources e arraste tabelas, campos, ou ambos para o formulário Windows. Para controlar o tipo de controle vinculado criado pelo Visual Studio para uma tabela ou campo, clique em sua seta e selecione um controle da caixa de listagem antes de arrastá-lo. Se você colocou um controle no formulário antes de adicionar origens de dados ao projeto, vincule um objeto de banco de dados ao controle arrastando os objetos de banco de dados a partir da janela Data Sources sobre o controle no formulário. Alternativamente, configure as propriedades *DataBinding* de um objeto como um campo (coluna) válido no *dataset*. (Uma das propriedades *DataBinding* mais úteis é *Text*.)
Adicionar controles de navegação a um formulário Windows	Quando um objeto de banco de dados válido é arrastado da janela Data Sources para um formulário Windows no Designer, uma barra de ferramentas de navegação é adicionada automaticamente ao formulário. Para personalizar os botões nessa barra de ferramentas, clique com o botão direito do mouse no objeto *BindingNavigator* na bandeja de componentes e então clique em Edit Items.
Formatar informações de banco de dados em um formulário	Use um controle *MaskedTextBox* para formatar o conteúdo de dados de string do dataset. O controle *MaskedTextBox* oferece muitas máscaras úteis de entrada e a capacidade de criar formatos personalizados de string.
Filtrar ou classificar informações de banco de dados armazenadas em um dataset	Use instruções SQL para criar consultas personalizadas no Visual Studio Query Builder e adicione essas consultas a uma barra de ferramentas em um formulário Windows. Depois de dominar o Query Builder, você estará pronto para testar a LINQ.

Capítulo 19

Apresentação de dados utilizando o controle *DataGridView*

Neste capítulo, você vai aprender a:

- Criar um objeto DataGridView em um formulário Windows e utilizá-lo para exibir uma tabela de banco de dados.
- Classificar tabelas de banco de dados por coluna.
- Alterar o formato e a cor de células em um objeto DataGridView.
- Adicionar e remover colunas e títulos de coluna.
- Exibir múltiplos objetos DataGridView em um formulário.
- Permitir alterações em células do DataGridView e gravar atualizações no banco de dados subjacente.

No Capítulo 18, "Introdução ao ADO.NET", você aprendeu a utilizar técnicas de programação de banco de dados Microsoft ADO.NET para estabelecer uma conexão com um banco de dados Microsoft Office Access e exibir colunas do banco de dados em um formulário Windows. Você também aprendeu a adicionar uma barra de navegação a um formulário e organizar informações de banco de dados utilizando instruções da Structured Query Language (SQL) e a ferramenta Query Builder.

Neste capítulo, você continuará trabalhando com os recursos de programação de banco de dados do Microsoft Visual Studio 2010 e as classes, objetos e ferramentas de design úteis do ADO.NET. Em particular, você aprenderá a utilizar o controle *DataGridView*, que permite apresentar uma tabela inteira de informações sobre banco de dados para o usuário.

Utilizando *DataGridView* para exibir registros de banco de dados

O controle *DataGridView* apresenta informações estabelecendo uma grade de linhas e colunas em um formulário para exibir dados como você talvez os veja em um programa como Microsoft Excel ou Access. Um controle *DataGridView* pode ser utilizado para exibir qualquer tipo de dados tabulares: texto, números, datas ou o conteúdo de um array.

Em termos de programação, o *DataGridView* é também muito conveniente porque o adaptador de dados e os objetos dataset subjacentes associados ao *DataGridView* tratam todas as funcionalidades de acesso aos dados automaticamente.

Neste capítulo, você focará a capacidade do controle *DataGridView* de exibir as colunas (campos) e linhas (registros) do banco de dados Faculty2010.accdb, o arquivo de informações estruturadas sobre funcionários com os quais você começou a trabalhar no Capítulo 18. Você irá começar preenchendo um objeto DataGridView simples com registros de texto do banco de dados Access 2007 e, então, configurar algumas opções de formatação. Depois, você dará continuidade classificando os registros dos objetos DataGridView e aprenderá a adicionar múltiplos objetos DataGridView a um formulário. Por fim, você aprenderá a ajustar as propriedades *DataGridView*, incluindo a propriedade *ReadOnly* a qual permite ou impede que um usuário salve alterações no banco de dados original.

O controle *DataGridView* é conectado, ou vinculado, a componentes subjacentes de acesso a dados por meio de sua propriedade *BindingSource*. Essa propriedade contém informações úteis somente depois de o programa estabelecer uma conexão com uma origem de dados válida utilizando o Data Source Configuration Wizard e a janela Data Sources. (Os passos envolvidos no estabelecimento dessa conexão serão rapidamente revisados aqui, mas são descritos em maior detalhe no Capítulo 18; se quiser informações adicionais, leia a seção "Trabalhando com um banco de dados do Access" nesse capítulo.) Depois que um objeto DataGridView estiver vinculado a uma origem de dados válida, o Visual Studio preencherá o objeto DataGridView automaticamente utilizando o método *Fill* quando o formulário é carregado na memória.

Estabeleça uma conexão com uma tabela de banco de dados

1. Inicie o Visual Studio e crie um novo projeto Visual Basic Windows Form Application chamado **My DataGridView Sample**.

   Um novo projeto aparece no Integrated Development Environment (IDE).

2. Clique no comando Add New Data Source no menu Data.

   O Data Source Configuration Wizard abre no ambiente de desenvolvimento. Você utilizou essa ferramenta, discutida no Capítulo 18, para vincular o banco de dados Faculty2010.accdb ao projeto e preencher a janela Data Sources com tabelas e colunas do banco de dados. Desta vez você selecionará um intervalo mais amplo de informações do banco de dados Access de exemplo.

3. Clique no ícone Database e em Next.

4. Clique no ícone Dataset e, em seguida, clique em Next.

   O assistente pede para você construir uma string de conexão, mas, se você tiver completado os exercícios do Capítulo 18, o banco de dados Faculty2010.accdb lhe será oferecido automaticamente, como mostrado na captura de tela a seguir.

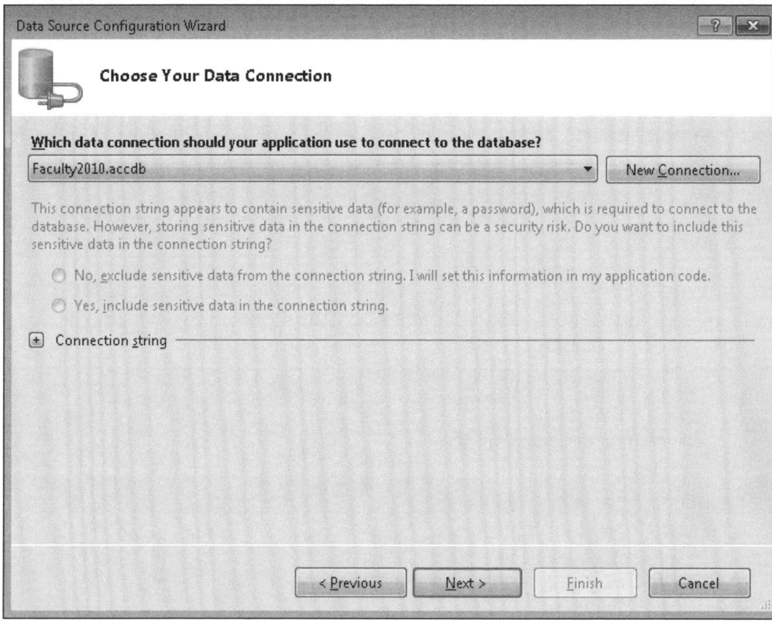

Se a conexão do banco de dados Faculty2010.accdb não for exibida, clique no botão New Connection e navegue até o arquivo Faculty2010.accdb, localizado na pasta C:\Vb10sbs\Chap18. (Os passos detalhados para estabelecer essa conexão são apresentados no Capítulo 18, caso você queira mais informações.)

5. Com a conexão Faculty2010.accdb selecionada, clique em Next.

   O assistente pergunta se você quer salvar a string de conexão.

6. Clique em Next para salvar a string na localização padrão (o arquivo de configuração do seu projeto).

   Agora você é solicitado a selecionar os objetos de banco de dados que deseja utilizar com esse projeto específico. Lembre-se de que, nesse ponto, o Data Source Configuration Wizard permite selecionar e escolher tabelas e colunas de banco de dados – você pode selecionar todos os objetos no banco de dados ou apenas um subconjunto.

7. Expanda o nó Tables e a tabela Faculty para ver a extensa lista de campos no banco de dados que contém informações dos funcionários da faculdade

8. Selecione os campos *ID, Last Name*, *First Name*, *E-mail Address*, *Faculty ID*, *Department*, *Faculty Type* e *Business Phone*.

   Embora este banco de dados do Access tenha sido projetado para todos os tipos de informações sobre funcionários de instituições de ensino, você só quer esses campos específicos para o exercício que está completando.

> **Dica** É importante que você inclua o campo *ID* porque ele é a *chave primária* do banco de dados Access que você está usando. Não é necessário exibir a chave primária no seu formulário, mas ela precisa ser incluída no dataset para que as informações da tabela possam ser gravadas de volta no banco de dados original, caso você escolha fornecer essa opção ao usuário. (Eu discuto as operações de salvamento no final deste capítulo.) Se você não incluir a chave primária, talvez receba uma mensagem de erro quando tentar gravar os dados de volta no banco de dados original.

Sua página do assistente é semelhante a esta captura de tela:

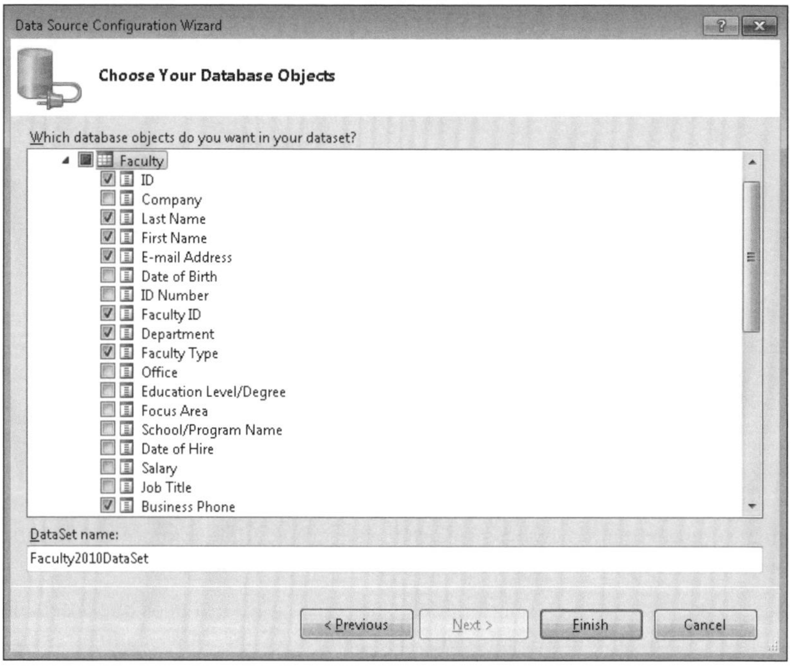

9. Clique em Finish para fechar o Data Source Configuration Wizard.

   O Visual Studio cria um dataset chamado *Faculty2010DataSet* para representar os oito objetos banco de dados que você selecionou. O Visual Studio também adiciona um nome de arquivo de esquema Extensible Markup Language (XML) chamado Faculty2010DataSet.xsd ao projeto e à janela Solution Explorer. Agora, você estabeleceu uma conexão com o banco de dados Faculty2010.accdb que pode ser utilizada no restante deste capítulo.

10. Clique no botão Save All na barra de ferramentas Standard para salvar o projeto. Especifique a pasta C:\Vb10sbs\Chap19 como a localização.

11. Clique na guia Data Source para abrir a janela Data Sources e, em seguida, expanda o nó Faculty. (Se a guia Data Sources não estiver visível, clique no comando Show Data Sources no menu Data.)

    A janela Data Sources exibe os objetos em Faculty2010DataSet, como mostrado na captura de tela a seguir.

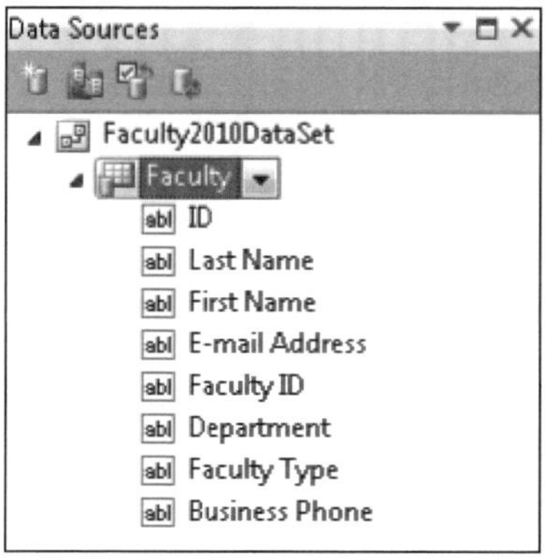

No Capítulo 18, você arrastou campos individuais da janela *Data Sources* para um formulário Windows a fim de vincular objetos a controles na interface de usuário. No próximo exercício, você vai seguir um procedimento semelhante, mas, desta vez, irá arrastar uma tabela inteira para o formulário e vinculá-la a um controle *DataGridView* para que os campos que você selecionou possam ser exibidos ao mesmo tempo.

Crie um objeto DataGridView

1. Redimensione o formulário para que ele cubra a maior parte da tela.

   Antes de concluir este capítulo, você colocará dois objetos DataGridView lado a lado no formulário, cada um com diversas colunas e aproximadamente 20 linhas de dados. Lembre-se de que o formulário pode ser maior que o espaço reservado a ele dentro do IDE e de que você pode fechar ferramentas de programação ou usar as barras de rolagem para ver partes ocultas do formulário. (Mas você desejará manter a janela Data Sources aberta para o próximo passo.)

2. Na janela Data Sources, clique na tabela *Faculty* e clique na seta à direita para exibir a lista de controles que podem ser vinculados à tabela *Faculty* no formulário.

   A janela Data Sources é parecida com esta:

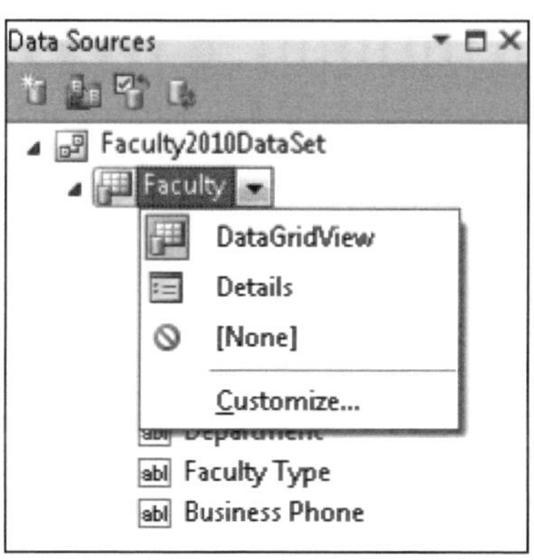

   Como você selecionou uma tabela inteira, não vê os controles vinculados individuais nessa caixa de listagem. Em vez disso, você vê as seguintes opções:

- DataGridView, a seleção padrão, que exibe uma grade de colunas e linhas que representam os campos e registros da tabela *Faculty*.
- Details, que configura o Visual Basic para criar controles individuais (com rótulos associados) automaticamente para cada campo em uma tabela que você arrasta para o formulário. Embora eu não vá demonstrar Details agora, ela é uma opção útil, caso você queira apresentar dados tabulares em um formato um pouco mais acessível.
- None, que remove qualquer associação entre a tabela e um elemento da interface de usuário ou controle. (Se você selecionar None para uma tabela, não será capaz de arrastar a tabela da janela Data Sources para o formulário e um ícone Null aparecerá ao lado do nome da tabela.)
- Customize, que permite selecionar um controle diferente que talvez seja adequado para exibir múltiplos campos de banco de dados (como o controle *ListBox*).

3. Clique na opção *DataGridView* e arraste a tabela *Faculty* para o lado esquerdo do formulário.

   O Visual Studio cria uma barra de navegação na parte superior do formulário, adiciona os componentes dataset, origem da vinculação (binding source), adaptador de tabela (table adapter), gerente de adaptador de tabela (table adapter manager) e navegador de vinculação (binding navigator) à bandeja de componentes e cria um objeto DataGridView (visualização de grade de dados) chamado *FacultyDataGridView* no formulário. Sua tela será semelhante à captura de tela a seguir.

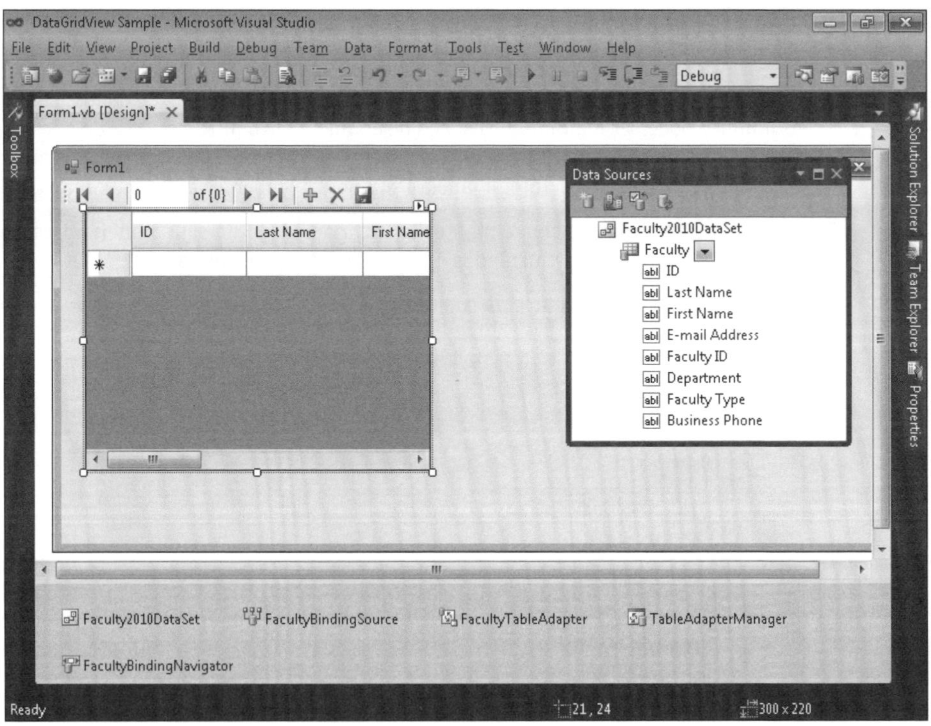

Nesse ponto, como você pode ver, o objeto DataGridView não contém informações e, provavelmente, também não tem o tamanho correto. (Por exemplo, meu objeto DataGridView não é suficientemente largo para exibir todas as oito colunas.) Entretanto, você pode ver claramente que o Visual Studio organizou a tabela *Faculty* no DataGridView para que seus campos apareçam como colunas e suas linhas representem registros individuais. Uma linha em branco é reservada para o primeiro registro na tabela e as linhas adicionais serão adicionadas logo que o programa for executado e o DataGridView for preenchido com dados.

4. Mova e redimensione o objeto DataGridView para que você possa ver o máximo de colunas possível e haja amplo espaço para pelo menos 10 linhas de dados.

   Dependendo de como sua resolução de tela esteja configurada, você talvez precise ocultar algumas ferramentas de programação no IDE para conseguir isso, ou usar as barras de rolagem do IDE do Visual Studio que são exibidas quando você trabalha com grandes janelas de aplicativos.

5. Use a janela Properties para configurar a propriedade *Text* do formulário como "The Faculty Table".

   Seu formulário deve se parecer com este:

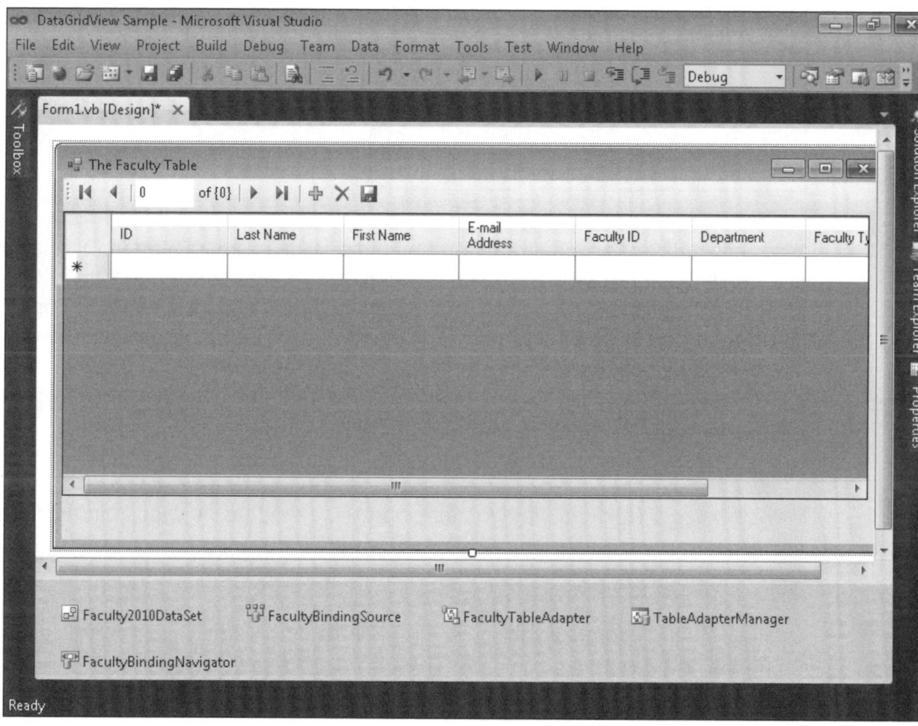

Você completou os passos básicos necessários para criar um objeto DataGridView em um formulário e o dimensionou adequadamente. A seguir, você visualizará os dados e personalizará a tabela. A capacidade de visualizar os dados e ajustar as configurações básicas é facilitada pelo recurso marca inteligente.

Visualize os dados vinculados a um objeto DataGridView

1. Selecione o objeto DataGridView no formulário e clique na marca inteligente no canto superior direito do objeto.

   O Visual Studio exibe *DataGridView* Tasks, uma lista de configurações de propriedade e comandos comuns relacionados com o objeto. A lista DataGridView Tasks é semelhante a:

   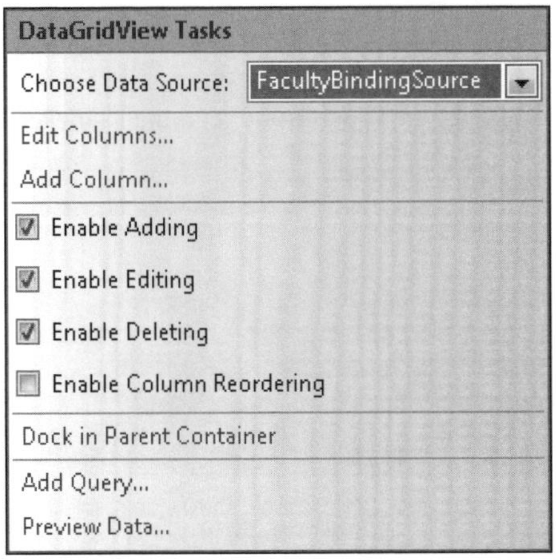

   Você pode utilizar as configurações e comandos desta lista para alterar a tabela que está vinculada ao objeto DataGridView e ativar ou desativar a edição dentro do DataGridView. (A configuração padrão deve fornecer ao usuário capacidades limitadas para editar informações na tabela, embora você ainda possa controlar se as alterações feitas pelo usuário são ou não gravadas no banco de dados subjacente.) Você também pode ajustar as colunas mostradas, encaixar (anexar) o DataGridView ao contêiner pai (nesse caso, o formulário), filtrar registros com uma consulta (instrução SQL) e visualizar os dados da tabela.

2. Clique em Preview Data para abrir a caixa de diálogo Preview Data.

   Você exibe essa caixa de diálogo quando quiser examinar os dados em uma tabela antes de realmente executar o programa – um recurso útil.

3. Clique no botão Preview.

   O Visual Studio carrega a tabela *Faculty* a partir de *Faculty2010DataSet*, como mostrado na captura de tela a seguir.

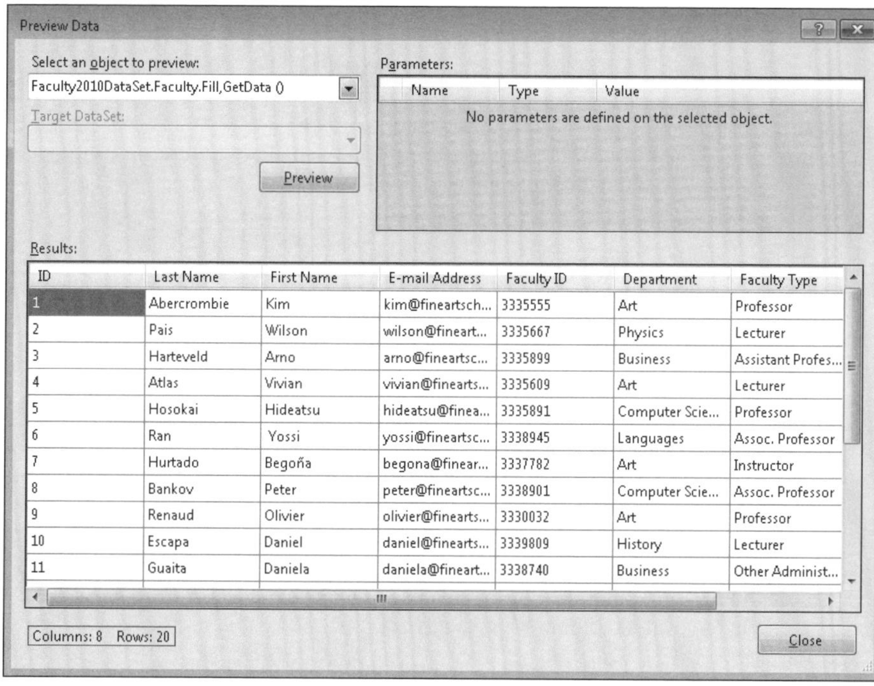

Você já deve estar familiarizado com alguns desses dados desde o Capítulo 18, mas agora consegue ver as oito colunas que selecionou, todas em um único local. Ver todas as colunas ao mesmo tempo é interessante, mas também pode significar uma sobrecarga de informações – depende de você decidir a quantidade de informações que seus usuários devem ver e como elas devem ser formatadas. Na verdade, agora mesmo, talvez nem você seja capaz de ver as oito colunas, como é o caso mostrado na captura de tela. No Visual Studio, é fácil ajustar a saída do DataGridView para que as informações corretas fiquem visíveis.

4. Clique no botão Close para fechar a caixa de diálogo Preview Data.

Agora, você removerá as colunas *ID e Faculty ID* do DataGridView para mostrar somente as informações que um recurso típico de "pesquisa de diretório" (directory lookup) exibiria na tela. Relembre que você só incluiu o campo ID para que seu dataset tivesse uma chave primária, o que será útil quando os dados forem gravados de volta no banco de dados original.

Remova as colunas de um objeto DataGridView

1. Abra a lista DataGridView Tasks novamente e, em seguida, clique no comando Edit Columns.

   Você vê a caixa de diálogo Edit Columns a seguir:

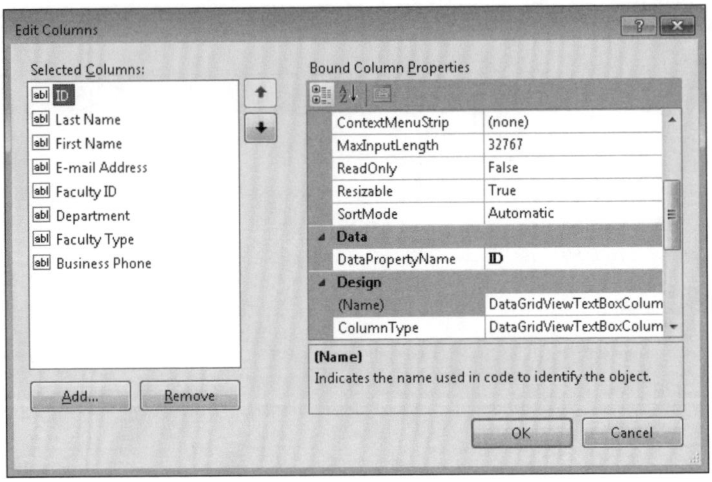

Você pode utilizar a caixa de diálogo Edit Columns para adicionar ou remover colunas daquelas exibidas pelo objeto. (Como aprenderá mais adiante no capítulo, você também utiliza essa caixa de diálogo para alterar as propriedades do objeto *FacultyDataGridView*.) Neste momento, você deseja remover as colunas *ID* e *Faculty ID*.

Nota Embora você esteja removendo as colunas ID e Faculty ID do objeto DataGridView, elas ainda existem no banco de dados Faculty2010.accdb subjacente.

2. Clique na coluna *ID* da caixa de listagem Selected Columns e, em seguida, clique no botão Remove.
3. Clique na coluna *Faculty ID* e, em seguida, clique no botão Remove.

   O Visual Studio remove as duas colunas da lista.
4. Clique em OK para confirmar sua alteração e, em seguida, pressione a tecla ESC para fechar a lista DataGridView Tasks.

   O objeto *FacultyDataGridView* aparece novamente, mas sem as colunas *ID* e *Faculty ID*. Você agora tem mais espaço no formulário para exibir informações de banco de dados.
5. Redimensione o objeto *FacultyDataGridView* para que ele ocupe menos espaço.

   Seu formulário é semelhante à captura de tela na próxima página.

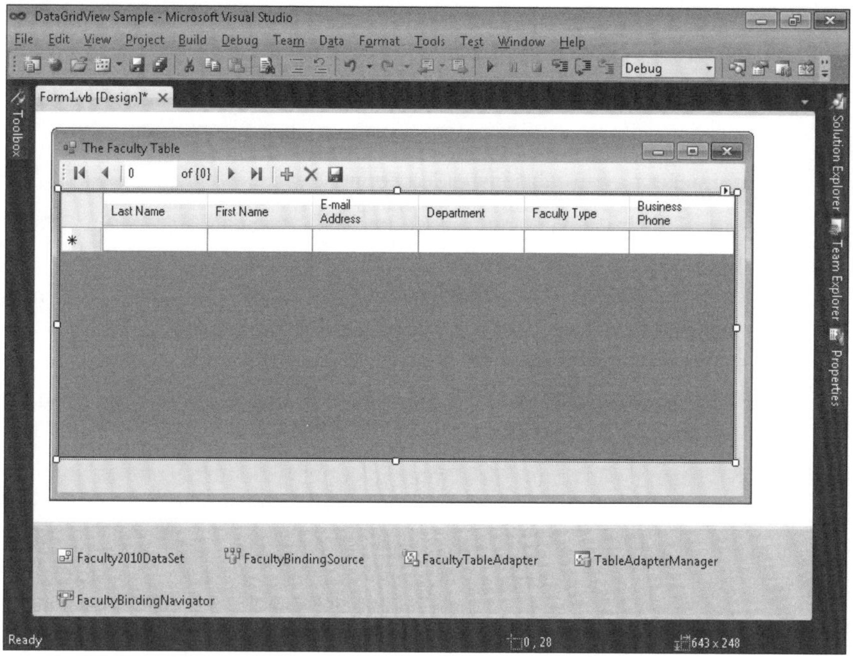

6. Clique no botão Save All para salvar suas alterações.

Você visualizou e personalizou sua tabela utilizando ferramentas de banco de dados. Agora vai executar o programa para ver como fica o DataGridView em tempo de execução. Você também aprenderá a classificar registros em um objeto DataGridView.

Gerencie um objeto DataGridView em tempo de execução

1. Clique no botão Start Debugging.

   O Visual Studio executa o projeto no IDE. A tabela de banco de dados *Faculty* aparece dentro do objeto DataGridView, exatamente como você configurou. Seu formulário agora deve se parecer com a tela a seguir:

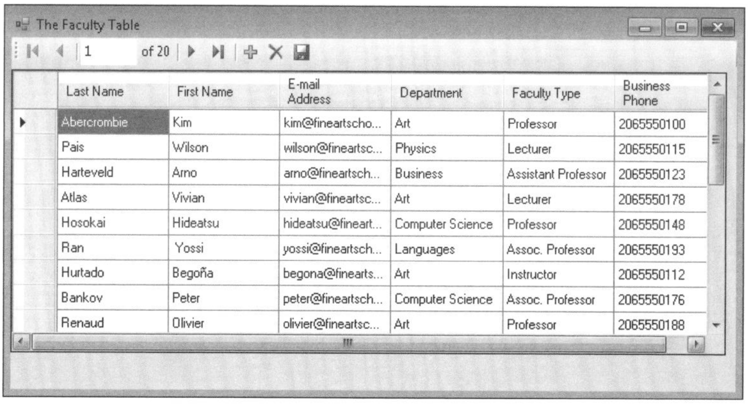

A instrução de programa no procedimento de evento *Form1_Load* que preencheu o DataGridView com informações da tabela *Faculty* é parecida com esta:

```
Me.FacultyTableAdapter.Fill(Me.Faculty2010DataSet.Faculty)
```

Essa linha foi adicionada ao programa pelo Visual Studio quando você arrastou a tabela *Faculty* para o formulário a partir da janela Data Sources.

Cada linha do DataGridView representa um registro de dados da tabela *Faculty* no banco de dados.

As barras de rolagem são fornecidas para que você possa visualizar todos os registros ou colunas que não estão visíveis. Esse é um recurso útil de fácil utilização que vem automaticamente com o controle *DataGridView*.

2. Role até a lista de registros para visualizar as 20 linhas que representam os dados dos funcionários de uma faculdade ou universidade.

3. Reduza o tamanho da coluna First Name colocando o ponteiro entre os títulos de coluna First Name e E-mail Address, e arraste a borda da coluna para a esquerda.

   Quando você coloca o ponteiro entre os títulos de coluna, ele se transforma em uma alça de redimensionamento. Você pode redimensionar colunas em tempo de execução porque a propriedade *AllowUserToResizeColumns* do objeto modo de exibição de grade de dados é por padrão configurada como True. Se quiser impedir o redimensionamento, você pode configurar essa propriedade como False.

4. Aumente a largura da coluna E-mail Address para que você possa ver todo o endereço de email de cada membro da faculdade.

   Quando um objeto DataGridView é preenchido com dados, você também tira proveito do recurso de classificação do controle.

5. Clique no título da coluna Last Name.

   O DataGridView é classificado em ordem alfabética pelos sobrenomes dos membros do corpo docente. Seu formulário se parece com a captura de tela a seguir.

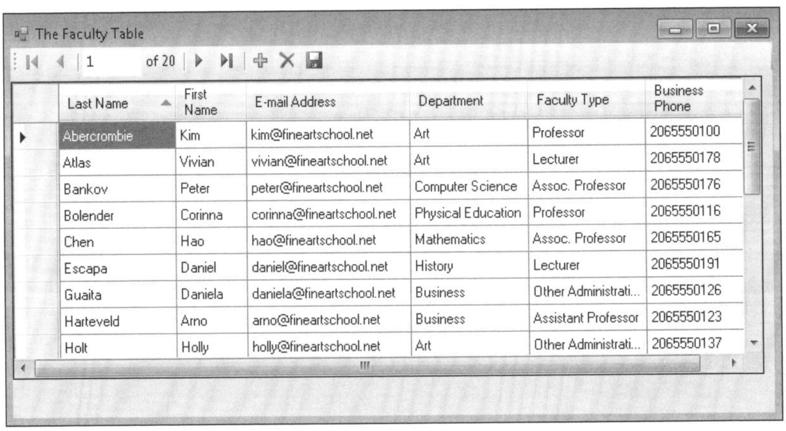

Quando os registros de banco de dados são classificados, uma coluna de classificação, ou *chave*, é requerida – você estabelece essa chave clicando no título da coluna em que quer basear a classificação. O controle *DataGridView* fornece identificação visual da chave de classificação atual – uma pequena seta à direita do cabeçalho de coluna. Se a ordem de classificação estiver atualmente em uma lista alfabética ascendente (A–Z), a seta aponta para cima. Clicar no título de coluna inverterá a ordem de classificação para criar uma lista alfabética descendente (Z–A). A seta atua como um alternador, portanto, você pode alternar direções de classificação.

6. Clique na coluna Last Name várias vezes para ver como a ordem de classificação pode ser invertida e revertida.

7. Clique em outros títulos de coluna, como Department e Faculty Type, para classificar o banco de dados com base nessas chaves.

8. Quando terminar de experimentar os recursos de rolagem, redimensionamento e classificação do controle *DataGridView*, clique no botão Close do formulário a fim de parar o programa.

   O programa fecha e o ambiente de desenvolvimento retorna.

Formatando células do *DataGridView*

Para personalizar a aparência de seu dataset em um formulário, você pode controlar a aparência e a orientação de várias características do *DataGridView* configurando propriedades em tempo de projeto. Por exemplo, você pode alterar a largura padrão das células do DataGridView, adicionar ou remover cabeçalhos de coluna, alterar as cores de fundo do DataGridView ou do cabeçalho e alterar a cor das linhas da grade. O exercício a seguir o orienta por algumas dessas configurações de propriedade úteis.

Configure as propriedades de um DataGridView no momento do design.

1. Exiba o formulário, clique no objeto DataGridView (se ele ainda não estiver selecionado)

2. Na janela Properties, clique na propriedade *Columns* e, em seguida, clique no botão de reticências (...) na segunda coluna para abrir a caixa de diálogo Edit Columns.

   Você utilizou essa caixa de diálogo anteriormente para remover as colunas *ID e Faculty ID* da tabela *Faculty*. (Essa caixa de diálogo é também utilizada para definir configurações de propriedade para as colunas individuais.) Agora você alterará a largura padrão das colunas *First Name* e *E-mail Address*.

3. Selecione a coluna *First Name* e, em seguida, configure a propriedade *Width* como 60.

   A largura de 60 (medida em pixels) fornecerá bastante espaço para os nomes que você tem na coluna *First Name*.

4. Selecione a coluna *E-mail Addresss* e, em seguida, configure a propriedade *Width* como 140.

   Isso fornecerá um pouco mais de espaço para endereços de email maiores.

5. Clique em OK para fechar a caixa de diálogo Edit Columns.

   Agora você irá configurar propriedades que controlam a aparência de todas as colunas da tabela.

> **Nota** Você usa a caixa de diálogo Edit Columns para configurar colunas individuais. Para modificar propriedades que se aplicam a todas as colunas em uma tabela, você ajusta configurações de propriedade para o objeto DataGridView na janela Properties.

6. Na janela Properties, configure a propriedade *ColumnHeadersVisible* como False.

   Embora os nomes de coluna sejam de algum modo úteis nesse banco de dados particular, às vezes esses nomes não identificam claramente seu conteúdo, ou contêm abreviações ou palavras que você quer ocultar de seus usuários. Configurar essa propriedade remove os nomes de coluna da tabela.

7. Clique na propriedade *AlternatingRowsDefaultCellStyle* e, então, clique no botão de reticências.

   A propriedade *AlternatingRowsDefaultCellStyle* controla a cor que aparece no fundo das células do DataGridView em linhas alternadas. Alterar essa configuração produz um efeito de cores alternadas (cor branca e a que você seleciona) de linha para linha no DataGridView. Na minha opinião, esse efeito facilita a leitura de registros em tabelas mais longas.

   O Visual Studio exibe a caixa de diálogo *CellStyle Builder*, uma ferramenta para configurar as propriedades de células de coluna nas tabelas de visualização de grade de dados.

8. Clique na propriedade *BackColor*, clique em sua seta na segunda coluna, clique na guia Custom e, em seguida, clique na cor amarelo-claro.

   Sua caixa de diálogo é parecida com esta. A sombra amarela não está visível neste livro, mas você a verá em partes da caixa de diálogo.

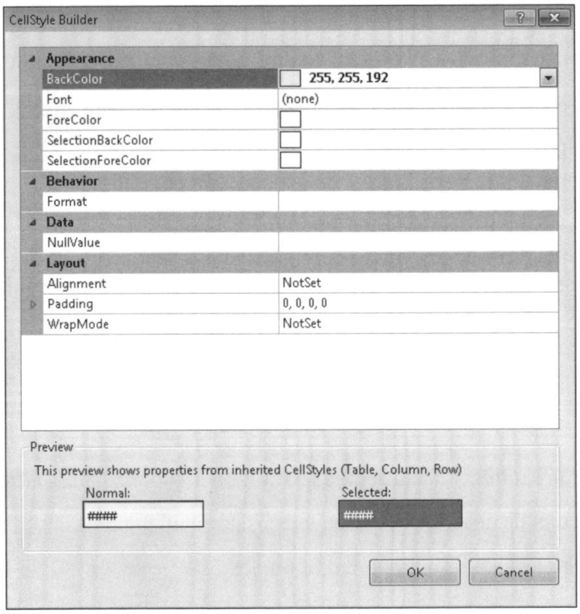

9. Clique em OK para fechar a caixa de diálogo.

   Quando o programa executar, as linhas no DataGridView serão exibidas em cores alternadas de branco e amarelo.

> **Nota** A cor que aparece em torno das bordas da célula é controlada pela propriedade *BackgroundColor*. Para alterar a cor de todas as células em um DataGridView, você pode ajustar a propriedade *DefaultCellStyle*. Para alterar a cor de fundo usada para as células de cabeçalho (se você as exibir), você pode modificar a propriedade *ColumnHeadersDefaultCellStyle*.

10. Clique na propriedade *GridColor*, clique na seta na segunda coluna, clique na guia Custom e, em seguida, em clique em Navy (a cor azul-escuro).

    Essa configuração de propriedade controla a cor das linhas de grade. Se alterar a cor de fundo das células, talvez você também queira modificar a cor de linha da grade.

    Agora você executará o programa para ver o efeito das alterações de formatação.

11. Clique no botão Start Debugging.

    Após alguns instantes, o DataGridView aparece com as informações da tabela *Faculty*. Sua tela é semelhante à seguinte captura de tela.

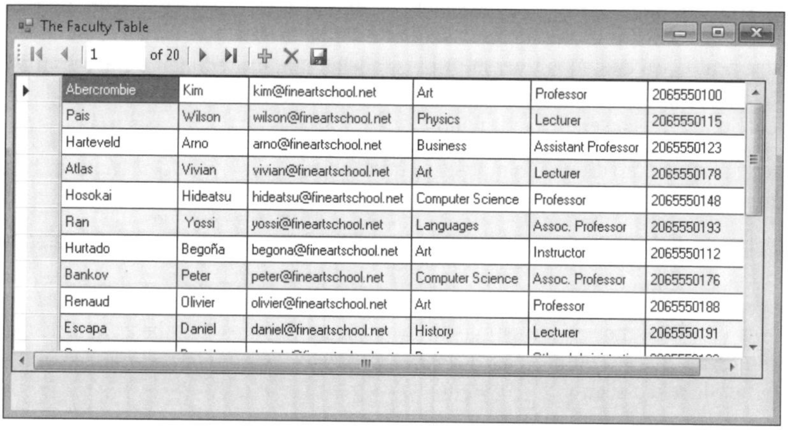

Observe que os cabeçalhos de coluna foram removidos, a segunda coluna é um pouco mais estreita e a terceira coluna é um pouco mais larga. Note também o padrão de linhas brancas e amarelas alternadas e as linhas de grade em azul (infelizmente, elas não são muito discerníveis neste livro impresso, mas você pode vê-las na tela).

12. Clique no botão Close no formulário a fim de parar o programa.

Talvez você queira examinar a janela Properties para encontrar configurações de propriedade e personalizações adicionais. Há várias possibilidades se você examinar minuciosamente a lista de opções de formatação. Lembre-se, essas configurações de propriedade afetam todas as colunas em uma tabela, não só as colunas individuais.

Adicionando um segundo objeto DataGridView

Para fornecer aos seus usuários uma interface de dados rica contendo múltiplas visões do seu banco de dados, você deve considerar adicionar um segundo objeto para visualização de grade de dados ao formulário. Depois de estabelecer um dataset na janela Data Sources, é relativamente simples e direto adicionar mais um controle *DataGridView* vinculado a uma segunda tabela dentro do dataset. Se você se conectar a uma segunda tabela de banco de dados (em vez de a uma segunda cópia da primeira tabela), poderá também adicionar uma segunda barra de navegação ao formulário e usá-la para controlar o segundo DataGridView separadamente. No próximo exercício, você adicionará uma segunda versão da tabela Faculty ao seu formulário que contém um conjunto diferente de campos com informações da faculdade.

Vincule um segundo controle *DataGridView* à tabela *Faculty*

1. Expanda o tamanho do formulário ou reduza a altura do objeto *FacultyDataGridView* para criar espaço no formulário para um segundo objeto DataGridView abaixo do primeiro.

   Como a resolução da minha tela é provavelmente menor do que a sua, estou reduzindo a altura do objeto *FacultyDataGridView* e tornando o formulário um pouco maior para acomodar o segundo DataGridView.

2. Abra a janela Data Sources, se ela ainda não estiver visível.

3. Arraste a tabela *Faculty* da janela Data Sources para abaixo do objeto *FacultyDataGridView*.

   O Visual Studio cria um segundo objeto chamado *FacultyDataGridView1* no formulário. Nesse caso, você estará adicionando uma segunda cópia da tabela *Faculty* ao seu programa. Entretanto, se seu banco de dados tiver múltiplas tabelas, um procedimento interessante será adicionar uma segunda tabela ao formulário, o que lhe fornecerá registros de banco de dados completamente diferentes a serem examinados.

4. Clique com o botão direito do mouse no novo objeto *FacultyDataGridView1* e clique no comando Edit Columns.

   A caixa de diálogo Edit Columns abre.

5. Selecione e remova as colunas *ID, E-mail Address*, *Department*, *Faculty Type* e *Business Phone*.

   Dessa vez, você mostrará algumas informações diferentes da tabela *Faculty*. Quando tiver terminado, apenas as colunas *Last Name*, *First Name* e *Faculty ID* restarão, conforme mostrado na captura de tela a seguir.

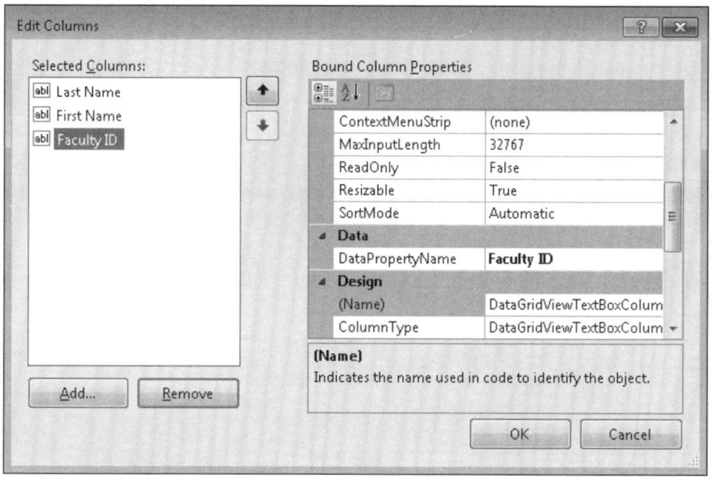

6. Clique em OK para fechar a caixa de diálogo Edit Columns.
7. Mova e redimensione o segundo objeto DataGridView no formulário para que as três linhas sejam exibidas e os DataGridViews fiquem próximos entre si.

   Seu formulário deve ser parecido com a captura de tela a seguir. (Como estou executando o Visual Studio em uma resolução de tela de 800 x 600, precisei ocultar muitas das janelas de ferramentas do Visual Studio para mostrar o formulário.)

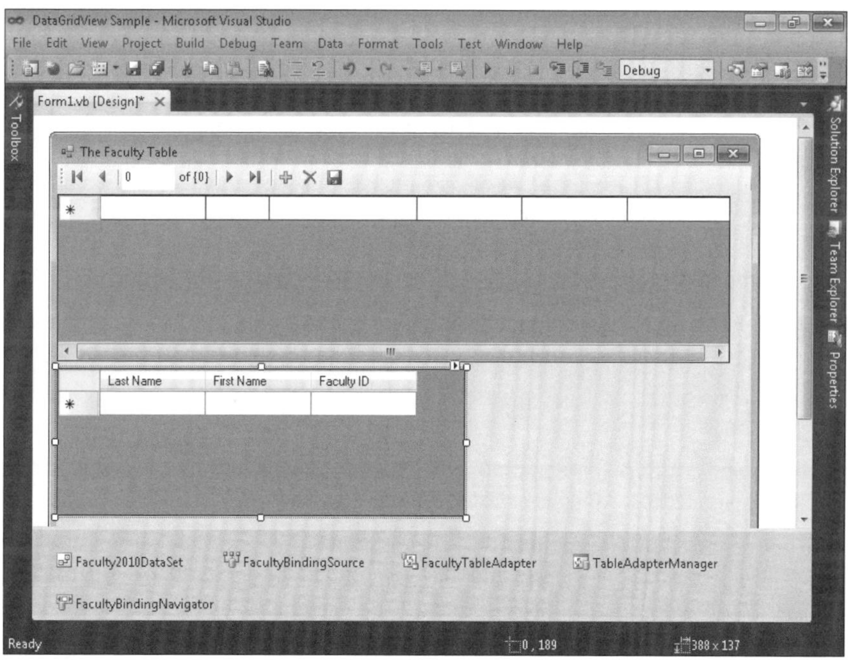

Se você deseja executar seu programa agora e vincular os dois controles DataGridView, não é necessário adicionar qualquer controle adicional ao seu projeto. Com uma barra de navegação, as duas tabelas serão vinculadas e ambas rolarão automaticamente, mesmo se elas exibirem campos um pouco diferentes. Vamos ver como isso funciona.

8. Clique no botão Save All para salvar suas alterações.
9. Clique no botão Start Debugging na barra de ferramentas.

   O Visual Studio executa o programa DataGridView Sample no IDE. Você verá dois objetos DataGridView no formulário, conforme mostrado na captura de tela a seguir:

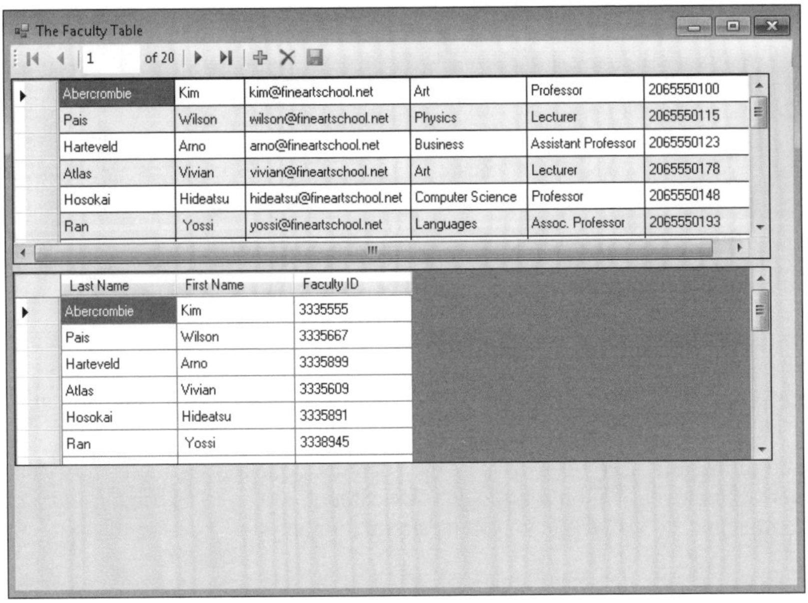

10. Use a barra de navegação para iniciar a rolagem pelos registros da tabela *Faculty*.

    Você pode ver que os dois objetos DataGridView estão vinculados, porque eles compartilham a mesma tabela e o adaptador de dados (data adapter) subjacente e o navegador de vinculação (binding navigator). Essa é uma característica do modo como a navegação de dataset funciona nessa implementação específica; entretanto, se você escolher exibir duas tabelas de banco de dados separadas, pode adicionar uma segunda barra de navegação e mover-se pelos registros separadamente.

11. Use a barra de rolagem superior para mover-se pelo conteúdo do objeto DataGridView superior.

    As barras de rolagem permitem que você visualize os dois objetos DataGridView independentemente, portanto, você não precisa estar sempre examinando os registros referentes ao mesmo funcionário.

12. Quando você tiver terminado de experimentar os dois objetos DataGridView, clique no botão Close para fechar o aplicativo DataGridView Sample.

Você talvez possa apreciar como os dois objetos DataGridView podem ser úteis para os usuários que querem comparar duas tabelas de informações muito grandes. Se, além disso, os dados forem filtrados pelas instruções SELECT do SQL, o aplicativo se torna rapidamente mais poderoso.

Adicionando um controle *BindingNavigator* para criar uma segunda barra de navegação no formulário

Se você decidir adicionar uma segunda tabela de banco de dados ao seu formulário, lembre-se de que é possível também adicionar uma segunda barra de navegação ao formulário para que seu usuário possa usar duas barras de navegação diferentes ao mesmo tempo. Para fazer esse trabalho, você precisa estar usando um banco de dados que contenha mais de uma tabela. (No banco de dados Faculty2010.accdb, há apenas uma tabela, mas é comum os bancos de dados terem várias tabelas entre as quais escolher.) Siga estas etapas para adicionar uma segunda tabela e barra de navegação ao seu programa:

1. Use a janela Data Sources para criar um segundo objeto DataGridView no seu formulário, representando uma segunda tabela no banco de dados.
2. Personalize os campos da tabela configurando as propriedades e usando o comando Edit Columns.
3. Clique duas vezes no controle *BindingNavigator* na guia Data da Toolbox.

   O Visual Studio adiciona um objeto "navegador de vinculação" chamado *BindingNavigator1* à bandeja de componentes e adiciona uma segunda barra de navegação à parte superior do formulário. Talvez você precise mover os objetos DataGridView um pouco para baixo se a nova barra de navegação estiver sobre eles.
4. Mude a propriedade *BindingSource* do segundo objeto navegador de vinculação para a origem de vinculação da segunda tabela. Isso é facilmente executado pela seta *BindingSource*, na janela Properties, a qual mostra os nomes das duas origens de vinculação (binding sources) válidas no programa, portanto, você pode simplesmente selecioná-lo na lista. Uma vez que um vínculo tenha se estabelecido entre a segunda barra de navegação e o objeto origem de vinculação que representa a segunda tabela, seu programa estará pronto para ser executado.

Um passo além: atualizando o banco de dados original

Como mencionei anteriormente, o objeto dataset em seu programa é apenas uma representação dos dados do seu banco de dados original. Isso também é verdadeiro em relação às informações armazenadas nos objetos DataGridView em seu formulário – se o usuário fizer uma alteração nesses dados, ela não será gravada no banco de dados original a menos que você tenha configurado a propriedade *ReadOnly* do objeto visualização de grade de dados como False e o usuário clicar no botão Save Data na barra de navegação. Os projetistas do ADO.NET e Visual Studio criaram esse relacionamento para proteger o banco de dados original e permitir que seus usuários manipulem dados livremente em seus programas – quer você planeje salvar ou não as alterações.

No próximo exercício, você examinará a propriedade *ReadOnly* do primeiro objeto DataGridView, a qual ativa ou desativa alterações no objeto *FacultyDataGridView*. Você também aprenderá a utilizar o botão Save Data, que grava alterações nas tabelas originais do banco de dados em disco.

Habilite atualizações para o banco de dados

1. Clique no primeiro objeto DataGridView no formulário (*FacultyDataGridView*).

2. Na janela Properties role até a propriedade *ReadOnly* e examine sua configuração de propriedade.

   Se a propriedade *ReadOnly* estiver configurada como False, o usuário está livre para fazer alterações nas informações das células do DataGridView. Se quiser permitir que seus usuários modifiquem as informações e as gravem no banco de dados ao qual seu programa está conectado, você deve manter essa configuração padrão. Se quiser desativar a edição, você deve configurar a propriedade *ReadOnly* como True.

   Você manterá a configuração padrão de False nesse caso – você quer testar a atualização do banco de dados Faculty2010.accdb subjacente.

> **Dica** O programa DataGridView Sample completo encontra-se na pasta C:\Vb10sbs\Chap19\Datagridview

3. Clique no botão Start Debugging para testar a propriedade *ReadOnly* da primeira grade.

   Os dois objetos DataGridView aparecem com os dados da tabela *Faculty*.

4. No primeiro objeto DataGridView, no registro do membro Wilson Pais do departamento Physics, clique na célula que contém Lecturer (o campo *Faculty Type*), digite **Assistant Professor** e, em seguida, pressione Enter.

   Enquanto você faz a alteração, um pequeno ícone de lápis aparece no cabeçalho de linha à esquerda, indicando que uma alteração está sendo feita. Sua tela deve se parecer com esta:

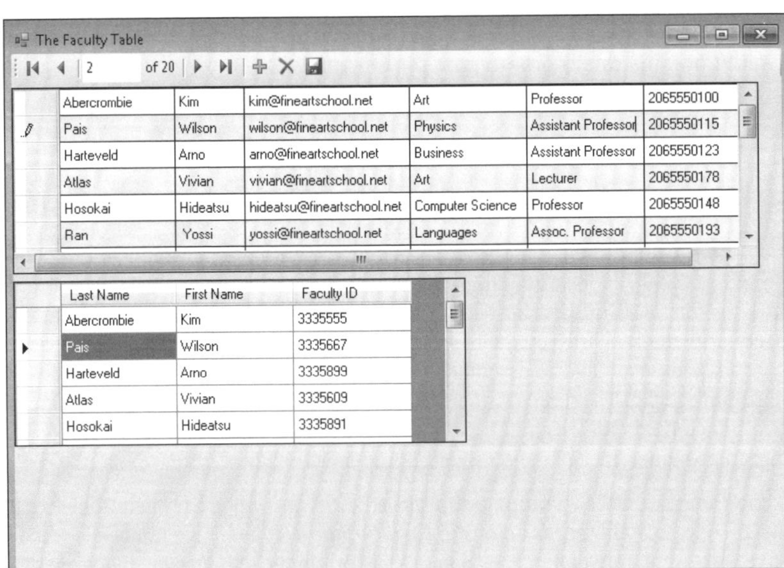

Quando você pressionar Enter ou clicar em uma célula diferente no objeto DataGridView, a alteração será armazenada no dataset *Faculty2010DataSet*.

5. Clique no botão Save Data na barra de navegação.

   O Visual Studio usa o método *UpdateAll* no objeto adaptador de tabela do DataGridView para gravar o dataset alterado no banco de dados subjacente. A instrução de programa utilizada para realizar essa operação de salvamento no procedimento de evento *FacultyBindingNavigatorSaveItem_Click* se parece com esta:

   ```
   Me.TableAdapterManager.UpdateAll(Me.Faculty2010DataSet)
   ```

   TableAdapterManager é o componente do Visual Studio 2010 que permite controlar uma ou mais tabelas de banco de dados em um programa. O método *UpdateAll* salva modificações em todas as tabelas abertas do programa, ou seja, ele salva não apenas as modificações na tabela *Faculty*, mas também em qualquer outra tabela que você tenha aberto. Aqui, você não tem de aceitar o comportamento padrão do processo de salvar. Se apenas quisesse salvar as modificações na tabela *Faculty* quando o usuário clicasse no botão Save Data, você substituiria a instrução acima pela linha de código a seguir:

   ```
   Me.FacultyTableAdapter.Update(Me.Faculty2010DataSet.Faculty)
   ```

   Se você usar o método *Update* para um objeto adaptador de tabela nomeado, somente os dados associados ao adaptador de tabela serão salvos. (E lembre-se: você também pode controlar as edições feitas pelo usuário dentro das tabelas usando a propriedade *ReadOnly*.)

6. Clique no botão Close para encerrar o programa.

   O programa fecha e o IDE do Visual Studio retorna. Agora você executará o programa novamente para ver se a tabela *Faculty* do banco de dados Faculty2010.accdb foi de fato modificada. (Quando você reiniciar o programa, ele carregará os dados a partir do arquivo de banco de dados.)

7. Clique no botão Start Debugging.

   Depois de um instante, os objetos DataGridView são carregados com os dados. Você verá que a linha da tabela *Faculty* que contém o nome Wilson Pais foi atualizada com a alteração para Assistant Professor. O programa funciona!

8. Clique no botão Close para encerrar o programa.

Se quiser continuar experimentando a propriedade *ReadOnly* para um ou para os dois objetos DataGridView, configure *ReadOnly* como True agora e veja o que acontece quando você tentar modificar o banco de dados. (Você não será capaz de fazer edições ou salvar alterações.) Você também poderia experimentar adicionar novas linhas de dados ao banco de dados usando os recursos de edição predefinidos e os botões de barra de ferramentas associados com os controles *DataGridView* e *BindingNavigator*. (Antes de adicionar novas linhas, configure a propriedade *ReadOnly* novamente como False.)

Agora avalie suas realizações. Você aprendeu a exibir múltiplas tabelas e registros usando os controles *DataGridView* e *BindingNavigator* e a personalizar os objetos DataGridView com configurações de propriedades e gravar atualizações dos DataGridView no banco de dados original. Como pode começar a ver, a programação de banco de dados com o ADO.NET e o Visual Studio é direta, mas um pouco complexa. Há muitas ferramentas, componentes e técnicas de programação relacionadas com a visualização, manipulação e atualização de registros de banco de dados, e nem começamos a falar sobre questões importantes como segurança e o que acontece ao trabalhar com bancos de dados grandes usados por muitos usuários ao mesmo tempo.

Embora você tenha sido capaz de fazer muito com pouco ou nenhum código de programa, ainda há muito a aprender se planeja usar extensamente bancos de dados dentro de aplicativos Visual Basic. Para obter uma lista de livros recomendados para você continuar seus estudos, veja o Apêndice, "Onde obter informações adicionais".

Acesso a dados em um ambiente de formulários Web

As técnicas de acesso a dados discutidas no Capítulo 18 e neste capítulo foram projetadas para uso no Windows Forms Designer – o ambiente do Visual Studio usado para construir a maioria dos programas deste livro. Mas, você também pode usar técnicas de programação ADO.NET em um ambiente Web Forms, o que permite compartilhar recursos de dados pela Internet e aplicativos centrados em dados que são acessíveis por um navegador Web como o Internet Explorer. Mostrarei como fazer isso perto do final do próximo capítulo e você também aprenderá a usar algumas ferramentas novas, incluindo o controle *GridView*, uma versão do controle *DataGridView* projetada para exibir tabelas de banco de dados em sites.

Referência rápida do Capítulo 19

Para	Faça isto
Estabelecer uma conexão com tabelas de banco de dados em um projeto	Utilize o Data Source Configuration Wizard para vincular o projeto com um banco de dados, criar um dataset e preencher a janela Data Sources com uma representação das tabelas selecionadas.
Criar um objeto DataGridView em um formulário para exibir uma tabela de banco de dados inteira	Arraste um ícone de tabela da janela Data Sources para o formulário. Em seguida, redimensione o objeto DataGridView para que cada coluna seja visível.
Visualizar os dados vinculados a um objeto DataGridView	Clique na marca inteligente do objeto DataGridView para exibir a caixa de listagem DataGridView Tasks. Clique no comando Preview Data e no botão Preview na caixa de diálogo Preview Data.
Remover uma coluna de um objeto DataGridView	Clique na marca inteligente do objeto DataGridView para exibir a caixa de listagem DataGridView Tasks. Clique no comando Edit Columns, clique na coluna que deseja remover na caixa de listagem Selected Columns e, então, clique no botão Remove.
Classificar os registros em um objeto DataGridView em tempo de execução	Clique no cabeçalho de coluna pelo qual você quer classificar. O Visual Studio classifica o objeto DataGridView alfabeticamente com base nessa coluna.
Inverter a direção de uma classificação do DataGridView em tempo de execução	Clique no cabeçalho de coluna uma segunda vez para inverter a direção da classificação (de A–Z para Z–A).
Alterar a largura padrão da coluna em uma coluna de um objeto DataGrid-View	Na janela Properties, clique na propriedade *Columns* e, então, no botão de reticências. Na caixa de diálogo Edit Columns, ajuste a propriedade *Width*.
Ocultar os cabeçalhos de coluna em um objeto DataGridView	Configure a propriedade *ColumnHeadersVisible* como False.
Criar um esquema alternado de cor para linhas dentro de um objeto DataGridView	Selecione uma cor para alternar linhas utilizando a propriedade *AlternatingRowsDefaultCellStyle*. Na caixa de diálogo CellStyle Builder, ajuste a propriedade *BackColor*. A cor que você selecionar alternará com a cor branca.
Alterar a cor das linhas do objeto DataGridView	Ajuste a propriedade *GridColor*.
Adicionar um segundo objeto Data-GridView a um formulário	Arraste uma segunda tabela da janela Data Sources para o formulário. (Pode ser a mesma tabela que você usou no primeiro objeto DataGridView, ou uma segunda tabela dentro do banco de dados.) Redimensione e personalize a tabela, tomando cuidado para tornar o formulário grande o bastante para exibir todas as colunas de banco de dados e registros que seu usuário deseja ver. Se quiser adicionar uma segunda barra de navegação ao formulário para fornecer acesso à tabela, crie um segundo controle *BindingNavigator* no formulário e configure sua propriedade *BindingSource* como a origem de vinculação que representa a nova tabela que você criou.
Impedir que o usuário edite ou altere os dados em um objeto DataGridView	Configure a propriedade *ReadOnly* do objeto DataGridView como True.
Gravar as alterações feitas no objeto DataGridView no banco de dados subjacente	Verifique se a propriedade *ReadOnly* do objeto DataGridView foi configurada como False. Então, em tempo de execução, utilize o botão Save na barra de navegação para salvar suas alterações e atualizar o banco de dados. Alternativamente, você pode utilizar o método *Update* do adaptador de tabela dentro de código de programa.

Capítulo 20

Criando sites e páginas Web com o Visual Web Developer e ASP.NET

Neste capítulo, você vai aprender a:

- Iniciar o Visual Web Developer e criar um novo site.
- Utilizar ferramentas e janelas Visual Web Developer, incluindo o Web Page Designer.
- Utilizar a Toolbox Visual Web Developer para adicionar controles de servidor a páginas Web.
- Adicionar texto, efeitos de formatação e código Visual Basic a uma página Web que calcula pagamentos para o financiamento de um veículo.
- Criar uma página Web que exibe informações de ajuda.
- Utilizar o controle *HyperLink* para vincular uma página Web a outra em um site.
- Utilizar o controle *GridView* para exibir uma tabela das informações de banco de dados em uma página Web.
- Configurar o título de uma página Web e editar a página mestre.

Neste capítulo, você aprenderá a construir sites e páginas Web usando a ferramenta Visual Web Developer incluída no Microsoft Visual Studio 2010. O Visual Web Developer tem a aparência e o comportamento do Integrated Development Environment (IDE) do Visual Studio, mas é personalizado para a programação Web e Microsoft ASP.NET 4, o componente do Microsoft .NET Framework projetado para fornecer funcionalidades de Internet de última geração. Embora não seja possível aqui uma descrição completa da programação Web e ASP.NET, há muito em comum entre a programação Web e a programação Windows para que você faça alguma experimentação útil – mesmo que tenha pouca ou nenhuma experiência com Hypertext Markup Language (HTML). Invista algumas horas neste capítulo e você verá como é rápido construir um site Web que calcula pagamentos para financiamento de um veículo, criar uma página Web com informações de Ajuda e exibir prospectos de financiamento a partir de um banco de dados Microsoft Access utilizando o controle *GridView*.

Por dentro do ASP.NET

O ASP.NET 4 é a plataforma de desenvolvimento Web da Microsoft e foi aprimorada nesta versão. Algumas das melhorias incluem o modo como as páginas Web são criadas no Web Page Designer; vários aprimoramentos de recursos para as páginas Web do ASP.NET e ASP.NET MVC; suporte a navegadores introduzidos recentemente e dispositivos portáteis; um novo controle de servidor ASP.NET *Chart*; melhorias para os controles *FormView*, *ListView* e *QueryEstender*; novas melhorias e controles de dados dinâmicos; e melhorias no modelo de programação AJAX (Asynchronous JavaScript and XML). Embora o ASP.NET tenha algumas similaridades com uma tecnologia de programação Web anterior chamada Active Server Pages (ASP), o ASP.NET foi significativamente aprimorado desde a primeira versão do Visual Studio .NET 2002 e continua a evoluir à medida que novos recursos são adicionados ao software .NET Framework e Visual Studio. O Visual Web Developer é a ferramenta que você utiliza para criar e gerenciar interfaces de usuário ASP.NET, comumente chamadas *Web Pages* ou (em um sentido mais abrangente) *Web sites*.

> **Dica** Em livros de programação sobre ASP.NET, às vezes você verá páginas Web referenciadas como *formulários Web* e sites referenciados como *aplicativos Web* ou *aplicativos ASP.NET*.

Utilizando o Visual Web Developer, você pode criar um site que exibe uma interface de usuário, processa dados e fornece muitos dos comandos e recursos que um aplicativo padrão para Microsoft Windows poderia oferecer. Entretanto, o site que você cria é visualizado em um navegador Web como o Internet Explorer, Mozilla Firefox, Apple Safari ou mesmo um dos novos tipos de dispositivos móveis, incluindo o Google Chrome, o Research in Motion no smart phone BlackBerry e o iPhone da Apple. Esses sites são geralmente armazenados em um ou mais *servidores Web*, que utilizam o Microsoft Internet Information Services (IIS) para exibir páginas Web corretas e tratam a maioria das tarefas de computação exigidas por seu site. (No Visual Studio 2010, os sites também podem ser instalados e executados em um computador local que não requer o IIS, fornecendo mais opções para desenvolvimento e distribuição.) Essa estratégia distribuída permite que seus sites executem potencialmente em um amplo espectro de computadores baseados na Internet ou independentes – onde quer que seus usuários e suas origens de dados ricos estejam localizados.

Para criar um site no Visual Studio 2010, você clica no comando New Web Site no menu File e utiliza o *Visual Web Developer* para construir uma ou mais páginas Web que coletivamente representarão seu site. Cada página Web consiste em duas partes:

- Uma página Web Forms, que contém HTML, marcação ASP.NET e controles para criar a interface de usuário.
- Um arquivo code-behind, que é um módulo de código que contém código de programa que "fica por trás" da página Web Forms.

(Essa divisão é conceitualmente muito parecida com os formulários Windows que você criou até aqui no Microsoft Visual Basic – há um componente de UI (interface de usuário) e um componente de módulo de código.) O código para ambos pode ser armazenado em um único arquivo .aspx, mas em geral o código da página Web Forms é armazenado em um arquivo .aspx e o arquivo code-behind é armazenado em um arquivo .aspx.vb.

Além das páginas Web, os sites podem conter módulos de código (arquivos .vb), páginas HTML (arquivos .htm), informações de configuração (arquivos Web.config), informações globais sobre o aplicativo Web (arquivo Global.asax), informações sobre CSS (cascading style sheet), arquivos de script (JavaScript), páginas mestre e outros componentes. Você pode usar o Web Page Designer e o Solution Explorer para alternar esses componentes de maneira rápida e eficiente.

Páginas Web *versus* Windows Forms

Quais são as principais diferenças entre páginas Web e Windows Forms? Para começar, as páginas Web oferecem um paradigma de programação ligeiramente diferente daquele do Windows Forms.

Enquanto os Windows Forms utilizam uma janela de aplicativo Windows como a interface de usuário principal para um programa, um site apresenta informações para o usuário por meio de uma ou mais páginas Web com código de programa de suporte. Essas páginas são visualizadas por um navegador Web e você pode criá-las utilizando o Web Page Designer.

Como um Windows Form, uma página Web pode incluir texto, imagens, botões, caixas de listagem e outros objetos que são utilizados para fornecer informações, processar entrada ou exibir saída. Entretanto, o conjunto básico de controles que você utiliza para criar uma página Web não é o conjunto na guia Common Controls da Toolbox. Em vez disso, sites ASP.NET devem utilizar controles de uma das guias na Visual Web Developer Toolbox, incluindo Standard, Data, HTML e muitos outros. Cada um dos controles Visual Web Developer tem seus próprios métodos, propriedades e eventos e, embora haja muitas semelhanças entre esses controles e os controles Windows Forms, também há várias diferenças importantes. Por exemplo, o controle *DataGridView* do Visual Studio é chamado *GridView* no Visual Web Developer e tem diferentes propriedades e métodos.

Muitos controles de página Web são *controles de servidor*, ou seja, eles executam no servidor Web. Os controles de servidor têm um prefixo "asp" nas suas tags. Os controles HTML (localizados na guia HTML da Toolbox Visual Web Developer) são os *controles de cliente* por padrão, ou seja, eles executam somente dentro do navegador do usuário final. Por enquanto, porém, você simplesmente precisa saber que pode utilizar controles de servidor, controles HTML ou uma combinação de ambos em seu projeto de site. À medida que adquire experiência em programação Web, talvez você queira investigar a programação AJAX no Visual Studio, o que pode aprimorar a eficiência dos seus aplicativos Web e adicionar elementos avançados de interface de usuário.

Controles de servidor

Os controles de servidor são mais capazes que os controles HTML e, sob vários aspectos, funcionam exatamente como os controles Windows Forms. De fato, muitos dos controles de servidor têm os mesmos nomes que os controles Windows Forms e oferecem muitas das mesmas propriedades, métodos e eventos. Além dos controles simples como *Button*, *TextBox* e *Label*, controles mais sofisticados como *Chart*, *FileUpload*, *LoginView* e *RequiredFieldValidator* são fornecidos em diversas guias da Toolbox; o Visual Studio 2010 adicionou diversos controles à lista. A captura de tela na página a seguir mostra um exemplo dos controles de servidor da Toolbox do Visual Web Developer. (Os controles Dynamic Data e Reporting não são mostrados.)

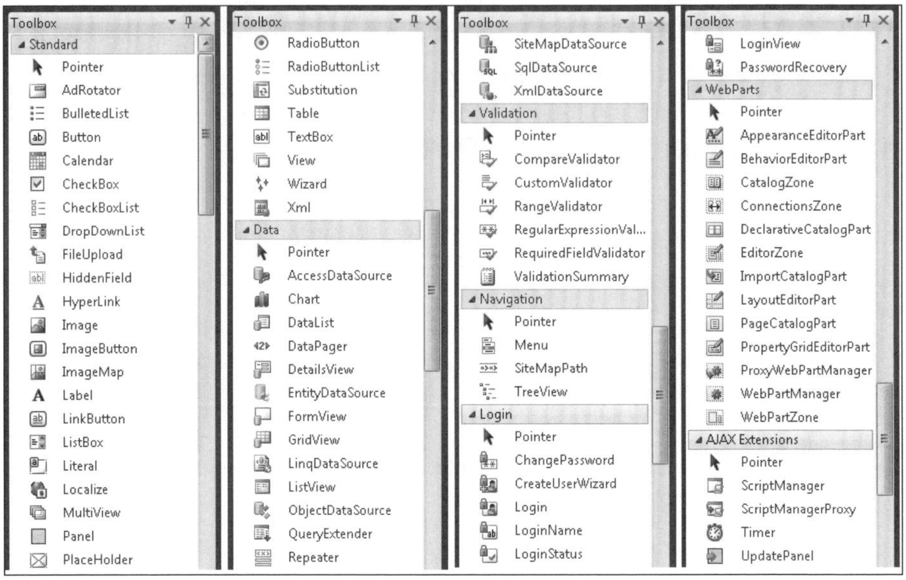

Controles HTML

Os controles HTML são o conjunto de controles de interface de usuário mais antigo que é suportado por todos os navegadores Web, e obedecem estritamente aos padrões HTML iniciais desenvolvidos para gerenciar elementos da interface de usuário em uma página Web típica. Eles incluem os controles básicos úteis *Button*, *Text* e *CheckBox* – para gerenciar as informações sobre uma página Web que pode ser representada inteiramente com código HTML. É bem provável você reconheça esses controles se tiver codificado em HTML antes. Mas, embora sejam fáceis de usar e tenham a vantagem de ser um "denominador comum" para navegadores Web, eles são limitados pelo fato de não possuírem qualquer capacidade de manter seu próprio estado. (Em outras palavras, os dados que eles contêm serão perdidos entre visualizações de uma página Web.) A seguinte captura de tela mostra os controles HTML oferecidos na guia HTML da Toolbox do Visual Web Developer:

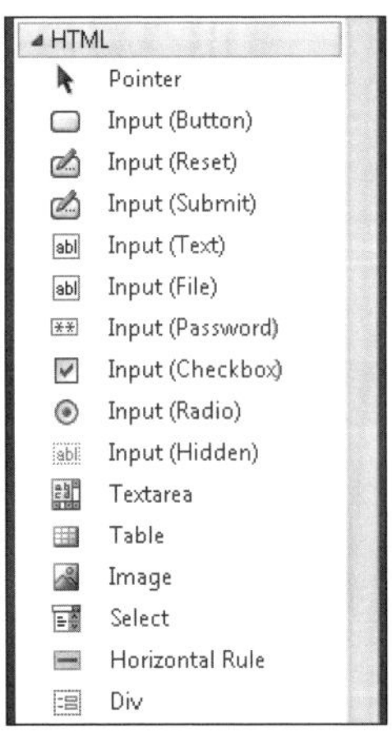

Construindo um site com o Visual Web Developer

A melhor maneira de aprender sobre o Visual Web Developer e o ASP.NET é praticando. Nos exercícios deste capítulo, você criará uma calculadora simples para financiamento de veículos que determina pagamentos mensais e contém uma guia About que explica como o programa funciona. Mais adiante, utilizará o controle *GridView* para exibir uma tabela de dados em uma página Web no mesmo site. Você começará verificando se o Visual Studio está corretamente configurado para a programação ASP.NET e então criará o projeto de um novo site. Em seguida, usará o Web Page Designer para criar uma página Web com texto e links e usará controles da Toolbox do Visual Web Developer para adicionar controles à página Web.

Considerando os requisitos de software para programação ASP.NET

Antes de criar seu primeiro site em ASP.NET, você precisa certificar-se de que o computador está configurado corretamente. Para executar a programação ASP.NET, o Visual Web Developer precisa estar instalado. O Visual Web Developer é um componente do Visual Studio 2010 Professional, Premium e edições mais avançadas. Você também pode fazer download do Visual Developer 2010 Express em *http://www.microsoft.com/express/Web,* e ele contém quase todos os recursos descritos neste capítulo (eu apontarei todas as diferenças à medida que avançarmos). Se estiver usando o Visual Web Developer 2010 Express, certifique-se de definir as configurações para Expert clicando no menu Tools, em Settings e, em seguida, em Expert Settings. Isso garantirá que os passos deste capítulo corresponderão o máximo possível aos do seu software.

O Visual Studio 2010 e o Visual Web Developer incluem seus próprios servidores Web locais, portanto, não é necessário definir e configurar um servidor Web com o Microsoft Internet Information Services (IIS) e o .NET Framework. Um servidor Web local facilita criar e testar seus sites baseados em ASP.NET e você o verá descrito abaixo como o ASP.NET Development Server.

No Visual Studio 2010, você pode criar e executar seu site em uma de três localizações:

- Seu próprio computador (via ASP.NET Development Server)
- Um servidor HTTP que contém o IIS e componentes relacionados
- Um site FTP (um servidor de arquivos remoto)

A primeira localização é a opção que usaremos neste livro, porque não requer hardware ou software adicional. Além disso, ao desenvolver seu site no sistema de arquivos local, todos os arquivos de site são armazenados em uma única localização. Quando terminar de testar o aplicativo, você pode instalar os arquivos em um servidor Web de sua escolha.

Crie um novo site

1. Inicie o Visual Studio e clique no comando New Web Site no menu File.

> **Nota** Se você não vir o comando New Web Site no menu File, o Visual Web Developer não está instalado. Para fazer download do Visual Web Developer Express, visite *http://www.microsoft.com/express/Web/* e siga as instruções de instalação.

Embora talvez tenha visto o comando New Web Site antes, ainda não o utilizamos neste livro. Esse comando inicia o Visual Web Developer e prepara o Visual Studio para construir um site. Você vê uma caixa de diálogo New Web Site semelhante à esta:

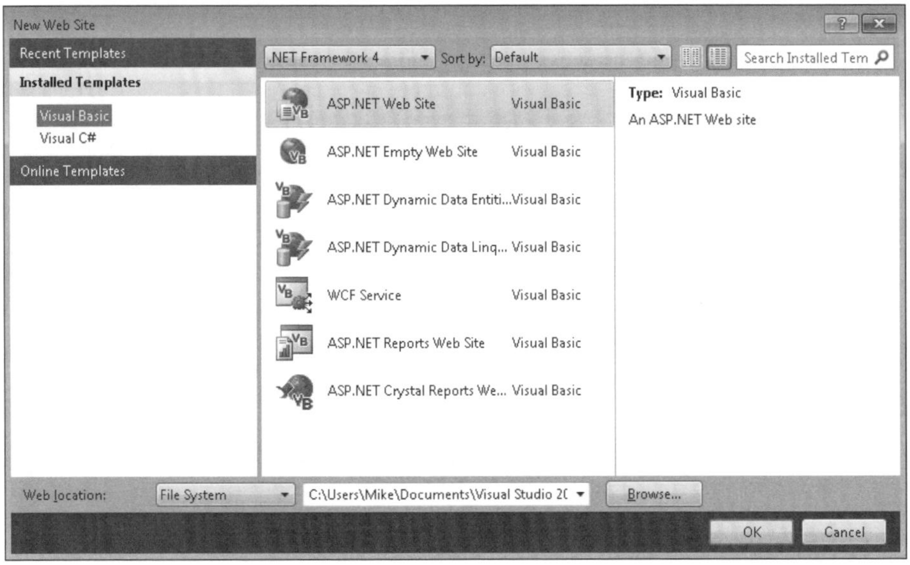

Nessa caixa de diálogo, você pode selecionar o site ou modelo de aplicativo que deseja usar, a localização para o site (sistema de arquivos local, servidor HTTP ou site FTP) assim como a linguagem de programação (Visual Basic ou Microsoft Visual C#). Você também pode identificar a versão do .NET Framework que você quer usar no seu aplicativo Web. (A versão 4 oferece a maioria dos recursos, mas há momentos em que talvez você precise direcionar o projeto especificamente para plataformas com uma versão anterior do .NET Framework. Entretanto, o Visual Web Developer 2010 Express não fornece a opção de direcionar para uma versão específica do .NET Framework.)

2. Na caixa de diálogo New Web Site, verifique se o Visual Basic é a linguagem selecionada e se o ASP.NET Web Site é o modelo selecionado.
3. Na lista Web Location, certifique-se de que File System está selecionado.
4. Digite **C:\Vb10sbs\MyChap20** na caixa de texto File Name. Embora você tenha especificado a localização de pasta para projetos *depois* de ter construído os projetos neste livro, no Visual Web Developer os projetos são salvos logo no início. O prefixo "my" no nome de caminho evita-

rá um conflito com o site de solução dos arquivos de exercícios (C:\Vb10sbs\Chap20) construídos para você.

5. Clique em OK para aceitar suas seleções.

   O Visual Studio carrega o Visual Web Developer e cria uma página Web (Default.aspx) contendo a interface de usuário e um arquivo code-behind (Default.aspx.vb) que armazenará o código para sua página Web.

6. Se você não ver o Default.aspx aberto no Web Page Designer, dê um clique duplo em Default.aspx no Solution Explorer agora para abri-lo.

7. Na parte inferior do Web Page Designer, clique na guia Design.

   Sua tela é semelhante à mostrada na captura de tela a seguir:

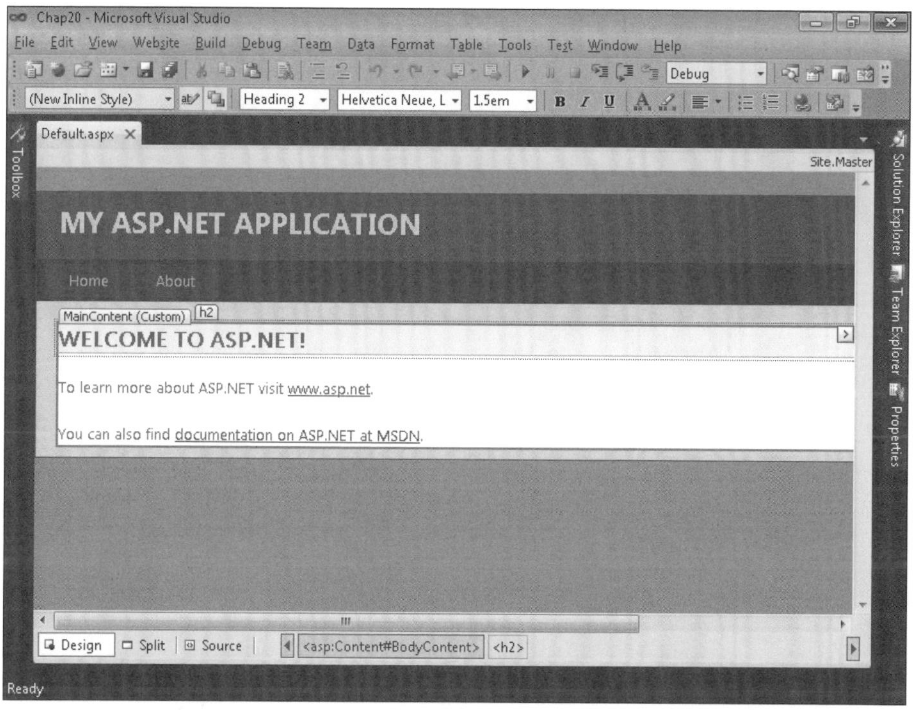

Diferentemente do Windows Forms Designer, o Web Page Designer exibe a página Web em três modos de exibição possíveis no IDE; e três guias na parte inferior do Designer (Design, Split e Source) permitem alterar o modo de exibição da página Web.

A guia Design mostra aproximadamente como a página Web aparecerá quando um navegador Web a exibir. Quando a guia Design está selecionada, uma página de modelo básica ("My ASP.NET Application") aparece no Designer com o resultado da formatação de código-fonte, e você pode adicionar controles à sua página Web e ajustar a maneira como os objetos na página são dispostos. Na guia Source, você pode visualizar e editar a marcação HTML e ASP.NET usada para exibir a página Web em um navegador Web. Se você usou o Microsoft Expression Web, já está familiarizado com essas duas maneiras de exibir uma página Web e, talvez, também com algumas tags HTML que controlam o modo como as páginas Web são realmente exibidas. A guia Split oferece uma visão composta das guias Design e Source.

Algumas diferenças adicionais entre o Windows Forms Designer e o Web Page Designer merecem ser mencionadas neste ponto. A Toolbox contém agora várias coleções de controles usados exclusivamente para programação Web. O Solution Explorer também contém uma lista diferente de arquivos de projeto para o site que você está construindo, conforme mostrado na captura de tela a seguir. Em particular, note o arquivo Default.aspx no Solution Explorer; esse arquivo contém o código de interface de usuário (UI) para a página Web ativa. Aninhado sob o arquivo Default.aspx, você encontrará um arquivo chamado Default.aspx.vb. Um arquivo de configuração chamado Web.config e um arquivo de página mestre denominado Site.master também são listados.

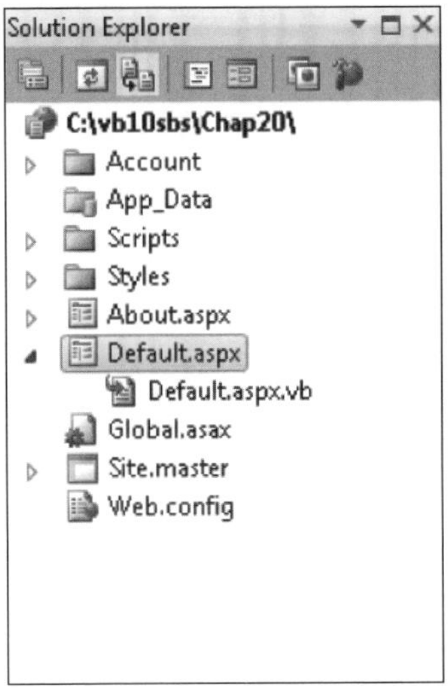

> **Nota** Ao fechar seu novo site e sair do Visual Web Developer, observe que você abre o site novamente clicando no menu File do Visual Studio e, em seguida, clicando no comando Open Web Site. Os sites não são abertos usando o comando Open Project no menu File.

Agora você está pronto para adicionar algum texto à página Web usando o Web Page Designer.

Utilizando o Web Page Designer

Diferentemente de um formulário Windows, é possível adicionar texto diretamente em uma página Web quando ela está no Web Page Designer. No modo de exibição Source, o texto aparece dentro de tags HTML e ASP.NET, um pouco parecido com o que ocorre no Code Editor do Visual Studio. No modo de exibição Design, o texto aparece de cima para baixo dentro de uma grade como ocorre em um processador de textos como o Microsoft Word e você não verá qualquer HTML. Nos próximos exercícios, você irá digitar texto no modo de exibição Design, editá-lo e, então, fazer alterações de formatação utilizando os botões na barra de ferramentas Formatting. Manipular texto dessa maneira é normalmente muito mais rápido que adicionar um controle *Label* à página Web para conter o texto. Você praticará a inserção de texto em sua calculadora de financiamento de veículos no próximo exercício.

Adicione texto ao modo de exibição Design

1. Clique na guia Design, se ela não estiver atualmente selecionada, para visualizar o Web Page Designer no modo de exibição Design.

   Um retângulo tênue aparece na parte superior da página Web, próximo ao texto de modelo "WELCOME TO ASP.NET". O texto de modelo está lá para mostrar como o texto aparece em um Web Form e onde você pode ir para obter informações adicionais sobre o ASP.NET. Você também observará que sua página Web tem as guias Home e About, que são fornecidas como parte da sua página padrão.

2. Posicione o ponto de inserção no final do texto "WELCOME TO ASP.NET".

   Um cursor intermitente em forma de I aparece no final da linha.

3. Pressione a tecla BACKSPACE para remover "WELCOME TO ASP.NET" e, em seguida, digite **Car Loan Calculator**.

   O Visual Studio exibe o título de sua página Web exatamente como ele aparecerá quando você abrir o site em seu navegador.

4. Exclua a linha que começa com "To learn more about ASP.NET..." e, no seu lugar, digite a seguinte frase:

   Enter the required information and click Calculate!

5. Exclua a frase de modelo que começa com "You can also find documentation...".

   Agora você usará a barra de ferramenta Formatting para formatar o título com a formatação itálico e uma cor diferente.

6. Clique com o botão direito do mouse na barra de ferramentas Standard no Visual Web Developer para exibir a lista de barras de ferramentas disponíveis no IDE.

7. Se você não vir uma marca de verificação ao lado de Formatting nessa lista, clique em Formatting para adicionar a barra de ferramentas Formatting.

   A barra de ferramentas Formatting agora aparece no IDE, se ela ainda não estiver visível. Observe que ela contém alguns recursos não normalmente encontrados em uma barra de ferramentas de formatação de texto.

8. Selecione o texto "Car Loan Calculator".

   Antes de poder formatar texto no Visual Web Developer, você deve selecioná-lo.

9. Clique no botão Italic na barra de ferramenta Formatting.

10. No menu Format, clique no comando Font, clique em Red na caixa de listagem Color e, em seguida, clique em OK.

Sua tela é semelhante a esta:

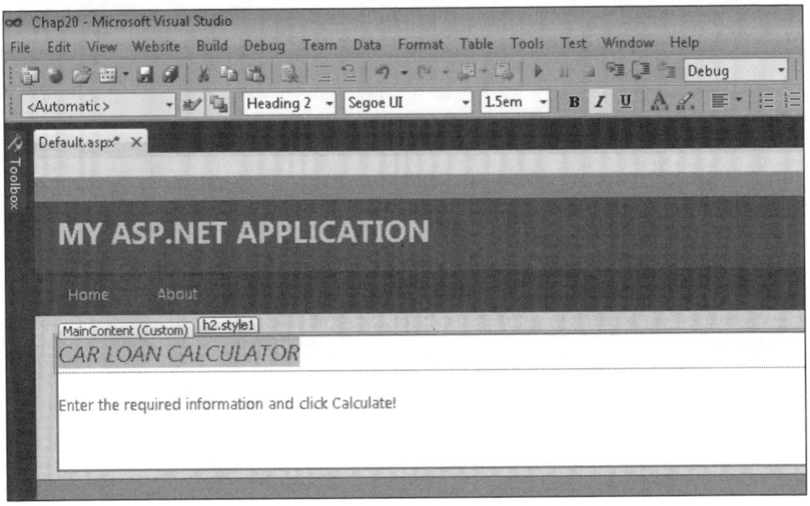

Agora, você examinará o código HTML e a marcação ASP.NET para o texto e a formatação que você inseriu.

Visualize o código HTML e a marcação ASP.NET de uma página Web

1. Clique na guia Source na parte inferior do Designer.

   A guia Source exibe o HTML real e a marcação ASP.NET da sua página Web. Para ver mais da marcação, você pode redimensionar algumas ferramentas de programação temporariamente e usar as barras de rolagem do documento. A marcação é semelhante à captura de tela a seguir. sua marcação talvez apresente algumas diferenças.

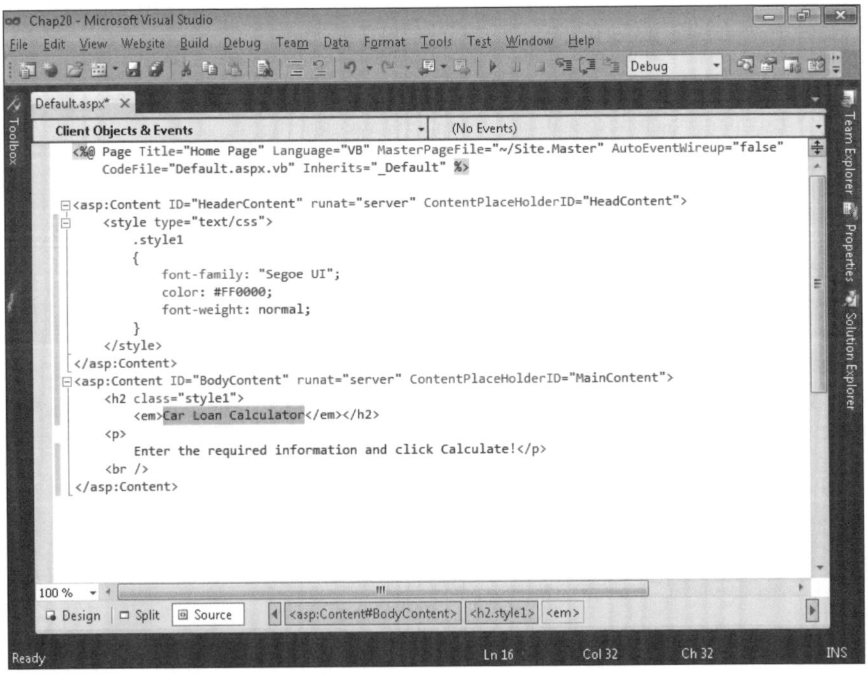

Uma página Web é composta de informações da página, código de script, informações da folha de estilo em cascata (CCS), tags HTML, tags ASP.NET, referências de imagem, objetos e texto. A diretiva @ Page contém informações sobre a linguagem que você selecionou ao criar o aplicativo Web, o nome de qualquer arquivo code-behind e qualquer formulário herdado.

As tags HTML e ASP.NET geralmente aparecem em pares; portanto, você pode ver claramente onde uma seção inicia e onde ela termina. Por exemplo, a tag *<style>* identifica o início da formatação de texto e a tag *</style>* identifica o final. Observe que o texto "Car Loan Calculator" aparece dentro de tags *<em></em>* para tornar o texto itálico. Abaixo do texto "Car Loan Calculator" é exibida a segunda linha do texto que você digitou.

> **Dica** Lembre-se de que a guia Source é um editor de verdade, portanto, você pode alterar o texto inserido utilizando técnicas de edição de texto padrão. Se você conhece HTML e ASP.NET, pode também acrescentar outras tags e conteúdo.

2. Clique na guia Design para exibir a página Web no modo de exibição Design e abra a Toolbox se ela não estiver visível.

Adicionando controles de servidor a um site

Agora você adicionará os controles *TextBox*, *Label* e *Button* à calculadora de financiamento de veículos. Embora esses controles encontrem-se na Toolbox do Visual Web Developer, eles são muito semelhante aos controles Windows Forms de mesmo nome que você utilizou por todo este livro. (Cobrirei algumas das diferenças importantes conforme elas surgirem.) A coisa mais importante a lembrar é que no Web Page Designer, os controles são inseridos no ponto de inserção se você der um clique duplo no nome do controle na Toolbox. Depois de adicionar os controles à página Web, você definirá configurações de propriedade para os controles.

Utilize os controles *TextBox*, *Label* e *Button*

1. Exiba a guia Standard da Toolbox, se ela já não estiver visível.
2. Posicione o ponto de inserção abaixo da última linha de texto na página Web e pressione a tecla ENTER para criar um pequeno espaço em branco abaixo do texto para os controles.

   Como os controles são colocados no ponto de inserção, você precisa usar as teclas de edição de texto para posicionar o ponto de inserção apropriadamente antes de dar um clique duplo em um controle na Toolbox.

> **Nota** Por padrão, o Web Page Designer posiciona os controles em relação aos outros controles. Essa é uma diferença importante entre o Web Page Designer e o Windows Forms Designer. O Windows Forms Designer permite posicionar controles onde você quiser em um formulário.) Você pode alterar o Web Page Designer a fim de posicionar os controles onde preferir em uma página Web (chamado posicionamento absoluto); mas isso pode causar um comportamento distinto em diferentes navegadores Web.

3. Clique duas vezes no controle *TextBox* na guia Standard da Toolbox para criar um objeto caixa de texto no ponto de inserção na página Web.

   Observe o texto *asp:textbox#TextBox1* que aparece acima do objeto caixa de texto. O prefixo "asp" indica que esse objeto é um controle de servidor ASP.NET. (Esse texto desaparece quando você executa o programa.)

4. Clique no lado direito do objeto caixa de texto para colocar o ponto de inserção na borda externa e pressione ENTER duas vezes.

5. Dê um clique duplo no controle *TextBox* novamente para adicionar um segundo objeto caixa de texto à página Web.

6. Repita os Passos 4 e 5 para criar um terceiro objeto caixa de texto abaixo da segunda caixa de texto.

   Agora você usará o controle *Label* para inserir rótulos que identificam o propósito das caixas de texto.

7. Clique à direita do primeiro objeto caixa de texto para colocar o ponto de inserção na borda direita da caixa de texto.

8. Pressione a tecla BARRA DE ESPAÇO duas vezes para adicionar dois espaços em branco e dê um clique duplo no controle *Label* na Toolbox para adicionar um objeto rótulo à página Web.

9. Repita os passos 7 e 8 para adicionar objetos Label à direita da segunda e da terceira caixa de texto.

10. Clique à direita do terceiro objeto Label para colocar o ponto de inserção à direita do rótulo e então pressione ENTER duas vezes.

11. Dê um clique duplo no controle *Button* para criar um objeto botão na parte inferior da página Web.

    O controle *Button*, como os controles *TextBox* e *Label*, é muito semelhante ao seu correspondente em Windows Forms. Sua tela é semelhante a esta:

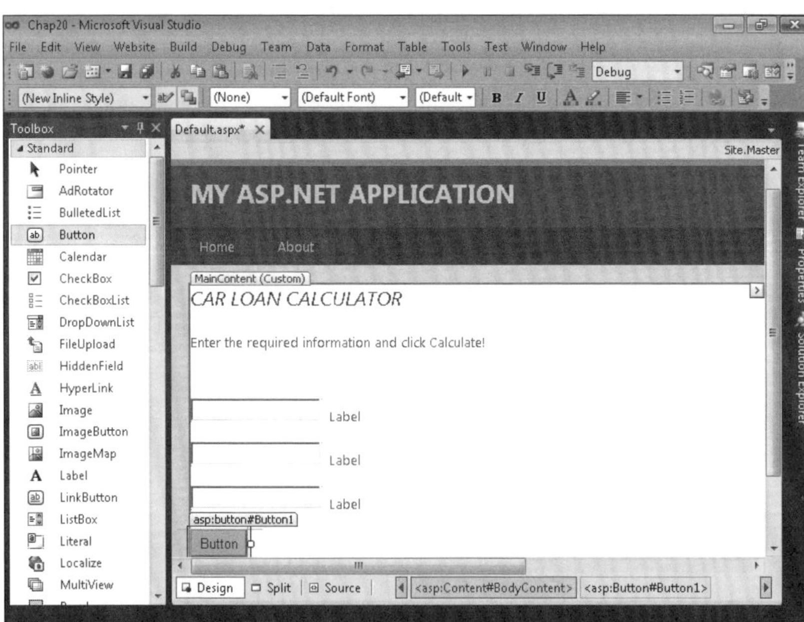

Agora você irá configurar algumas propriedades para os sete novos controles que criou na página Web. Se ela ainda não estiver visível, abra a janela Properties pressionando F4. À medida que configurar as propriedades, você notará uma diferença importante entre páginas Web e formulários Windows – a familiar propriedade Name foi alterada para ID no Visual Web Developer. Apesar dos nomes diferentes, as duas propriedades realizam a mesma função.

12. Configure as seguintes propriedades para os objetos no formulário:

Objeto	Propriedade	Configuração
TextBox1	*ID*	txtAmount
TextBox2	*ID*	txtInterest
TextBox3	*ID*	txtPayment
Label1	*ID*	lblAmount
	Text	"Loan Amount"
Label2	*ID*	lblInterest
	Text	"Interest Rate (for example, 0.09)"
Label3	*ID*	lblPayment
	Text	"Monthly Payment"
Button1	*ID*	btnCalculate
	Text	"Calculate"

Sua página Web se parece com esta:

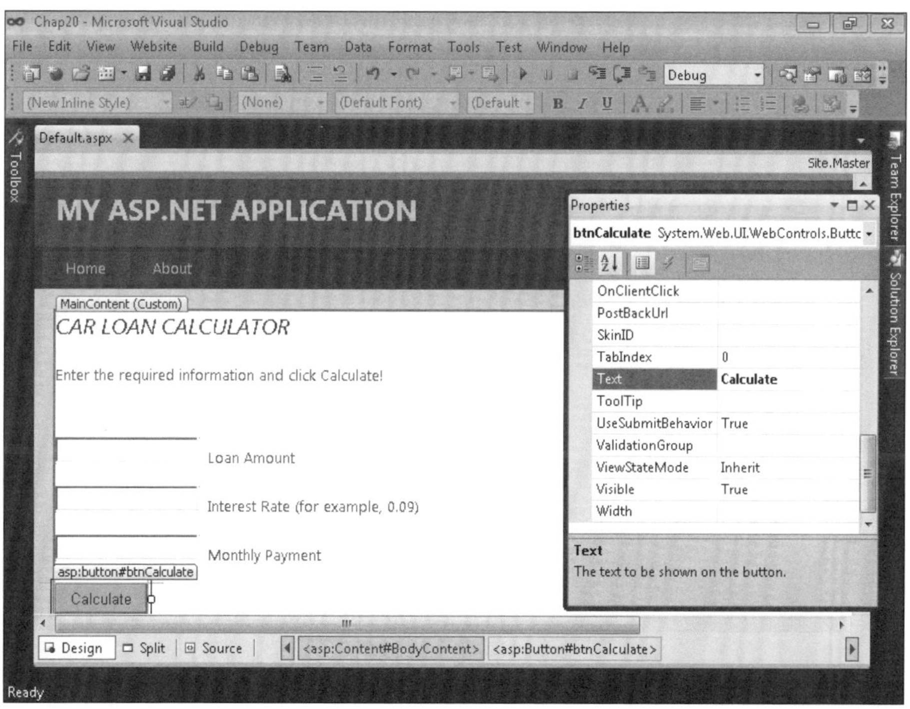

Escrevendo procedimentos de evento para controles de página Web

Você escreve procedimentos de evento padrão (ou rotinas de tratamento de evento) para controles em uma página Web dando um clique duplo nos objetos na página Web e digitando o código de programa necessário no Code Editor. Embora o usuário veja os controles da página Web em seu próprio navegador Web, o código real executado estará localizado no computador local de teste ou em um servidor Web, dependendo de como você configurou seu projeto para desenvolvimento e como ele será implantado. Por exemplo, quando o usuário clica em um botão em uma página Web que é hospedada por um servidor Web, o navegador envia o evento de clique de botão de volta para o servidor, que processa o evento e envia uma nova página Web de volta para o navegador. Embora o processo pareça semelhante ao do Windows Forms, na realidade há muita coisa acontecendo nos bastidores quando um controle é utilizado em uma página Web em ASP.NET!

No exercício a seguir, você praticará a criação de um procedimento de evento padrão para o objeto *btnCalculate* na página Web.

Crie o procedimento de evento *btnCalculate_Click*

1. Dê um clique duplo no botão Calculate na página Web.

   O arquivo code-behind (Default.aspx.vb) abre no Code Editor e o procedimento de evento *btnCalculate_Click* aparece.

2. Digite o seguinte código de programa:

```
Dim LoanPayment As Double
'Utiliza a função Pmt para determinar o pagamento para um financiamento de 36 meses
LoanPayment = Pmt(CDbl(txtInterest.Text) / 12, 36, CDbl(txtAmount.Text))
txtPayment.Text = Format(Abs(LoanPayment), "$0.00")
```

   Esse procedimento de evento utiliza a função *Pmt*, uma função financeira que é parte da linguagem Visual Basic, para determinar o pagamento mensal para um financiamento de veículos utilizando a taxa de juros especificada (*txtInterest.Text*), um período de financiamento de três anos (36 meses) e a quantia principal especificada (*txtAmount.Text*). O resultado é armazenado na variável de dupla precisão *LoanPayment* e então é formatado com formatação monetária apropriada e exibido utilizando o objeto caixa de texto *txtPayment* na página Web.

   As duas propriedades *Text* são convertidas do formato de string para o de dupla precisão usando a função *CDbl*. A função *Abs* (valor absoluto) é usada para tornar o pagamento do financiamento um número positivo. (*Abs* tem atualmente uma linha ondulada no Code Editor porque ela depende da classe *System.Math*, que você especificará em seguida.) Por que fazer o pagamento do financiamento aparecer como um número positivo? A função *Pmt* retorna um número negativo por padrão (refletindo que é dinheiro devido), mas acho que formatação negativa parece estranha quando não é parte de uma planilha de balanço, por isso eu o estou convertendo para positivo.

Observe que as instruções de programa no arquivo code-behind são apenas código normal do Visual Basic – o mesmo conjunto que você tem utilizado por todo este livro. Basicamente, o processo é semelhante a criar um aplicativo Windows.

3. Role para a parte superior do Code Editor e insira a seguinte instrução de programa como a primeira linha do arquivo:

```
Imports System.Math
```

Como aprendeu no Capítulo 5, "Variáveis e fórmulas do Visual Basic e o .NET Framework", a função *Abs* não é incluída no Visual Basic por padrão, mas é parte da classe *System.Math* do .NET Framework e pode ser mais facilmente referenciada em seu projeto pela instrução *Imports*. Os aplicativos Web podem fazer uso das bibliotecas de classe do .NET Framework exatamente como os aplicativos Windows o podem.

O Code Editor se parece com a ilustração mostrada a seguir:

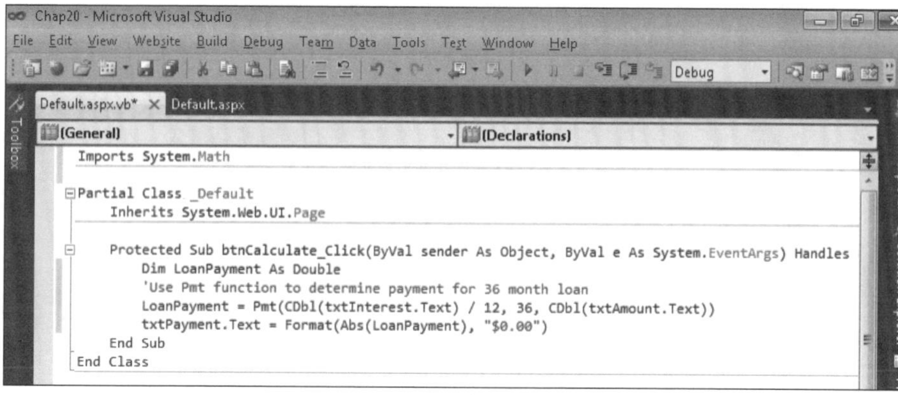

4. Clique no botão Save All na barra de ferramentas Standard.

É isso aí! Você inseriu o código de programa necessário para executar a calculadora de financiamento de veículos e tornou sua página Web interativa. Agora você irá compilar e executar o projeto e ver como ele funciona. Você também aprenderá um pouco sobre definições de segurança no Internet Explorer, um tópico estreitamente relacionado ao desenvolvimento Web.

Compile e visualize o site Web

1. Clique no botão Start Debugging na barra de ferramentas Standard.

O Visual Studio inicia o ASP.NET Development Server, que executa os aplicativos ASP.NET localmente (no seu próprio computador) para que você possa testar esse aplicativo. Um balão de status aparece na parte inferior da sua tela e permite que você saiba o URL (Uniform Resource

Locator) local que foi estabelecida no seu computador, conforme mostrado na captura de tela a seguir. Você também verá uma mensagem sobre depuração:

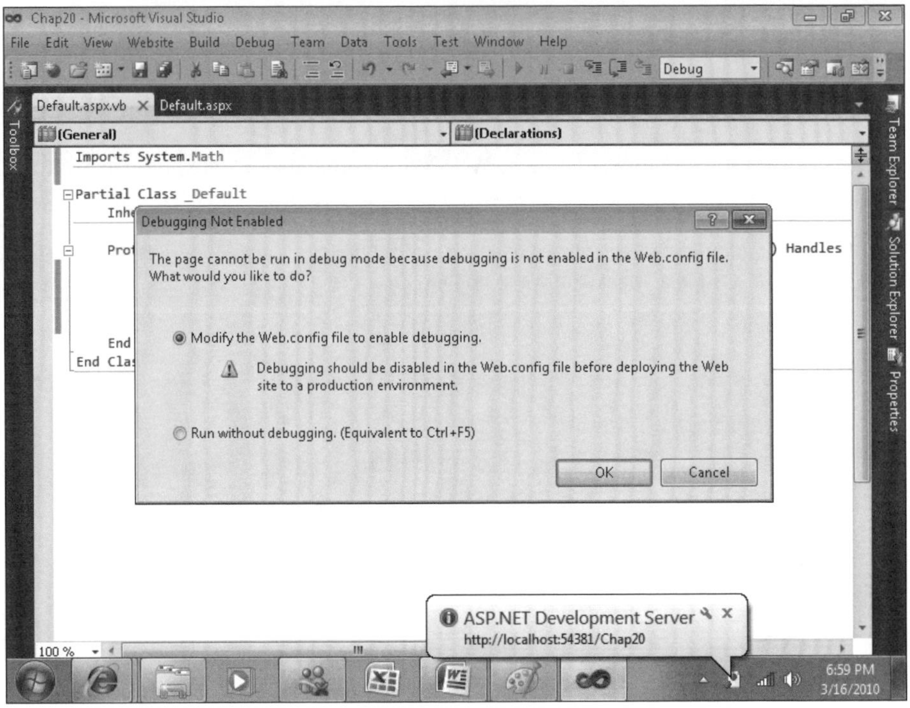

A caixa de diálogo Debugging Not Enabled potencialmente confusa não deve causar preocupação. O Visual Web Developer está apenas indicando que o arquivo Web.config do seu projeto atualmente não permite depuração (um recurso de segurança padrão). Embora você possa pular essa caixa de diálogo toda vez que testar o aplicativo dentro do Visual Web Developer clicando no botão Run Without Debugging, recomendo que você modifique o arquivo Web.config agora.

> **Dica de segurança** Antes de distribuir ou implantar em larga escala um site real, certifique-se de desativar a depuração no Web.config para evitar que seu aplicativo seja adulterado de uma maneira não autorizada.

2. Clique em OK para modificar o arquivo Web.config.

   O Visual Studio modifica o arquivo, compila seu site e exibe a página Web de abertura no Internet Explorer.

   A calculadora de financiamento de veículos deve estar parecida com a captura de tela na página a seguir. Se o Internet Explorer não estiver visível, talvez você precise selecioná-lo na barra de tarefas do Windows.

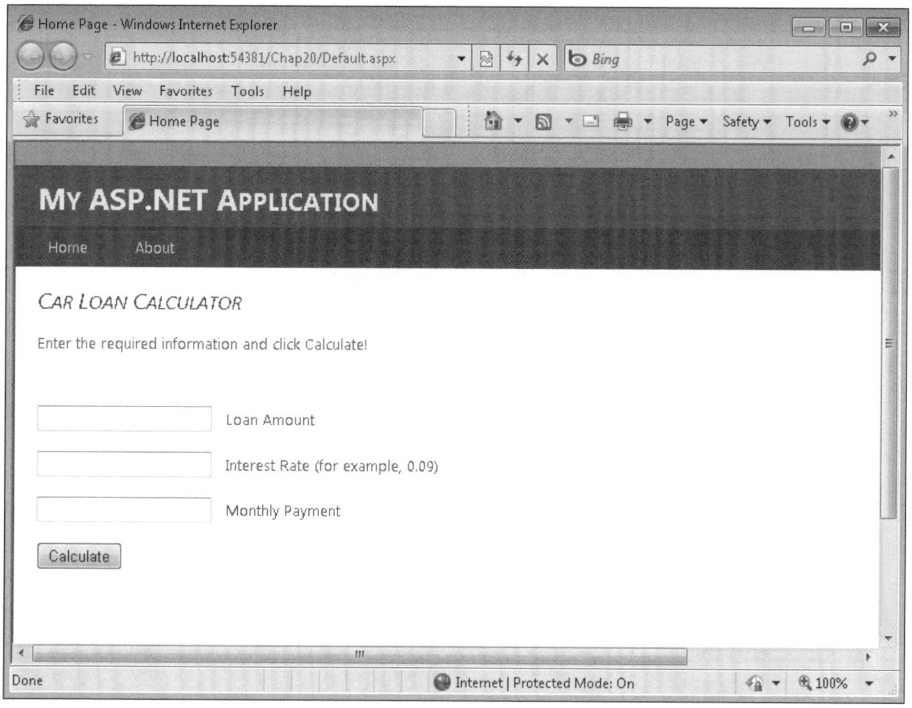

Dica de segurança É possível que você veja a Barra de Informações na parte superior do Internet Explorer indicando que as configurações de intranet estão desativadas por padrão. Um alerta de intranet está novamente relacionado ao design do Internet Explorer para protegê-lo de programas maliciosos ou acesso não autorizado. Uma intranet é uma rede local (tipicamente uma rede residencial ou uma pequena rede de grupo de trabalho) e, como o Visual Studio usa o endereçamento no estilo de intranet, quando você testar sites construídos no seu computador, você provavelmente verá essa mensagem de alerta. Para suprimir o alerta temporariamente, clique na Barra de Informações e então clique em Não Exibir Isso Novamente. Para remover alertas da intranet de uma maneira mais permanente, clique no comando Opções da Internet no menu Ferramentas do Internet Explorer, clique na guia Segurança e, então, clique em Intranet Local. Clique no botão Sites e desmarque a caixa de seleção Detectar Rede Intranet Automaticamente na caixa de diálogo Intranet Local. Mas tenha cuidado sempre que desativar os alertas de segurança, uma vez que o propósito deles é protegê-lo.

Agora vamos voltar ao teste da nossa página Web.

3. Digite **18000** na caixa de texto de Loan Amount e então digite **0.09** na caixa de texto Interest Rate.

   Você calculará o pagamento mensal para um financiamento de $18.000 a 9% de juros por 36 meses.

4. Clique no botão Calculate.

   O Visual Basic calcula a quantidade de pagamento e exibe $572.40 na caixa de texto Monthly Payment. Sua tela é semelhante a esta:

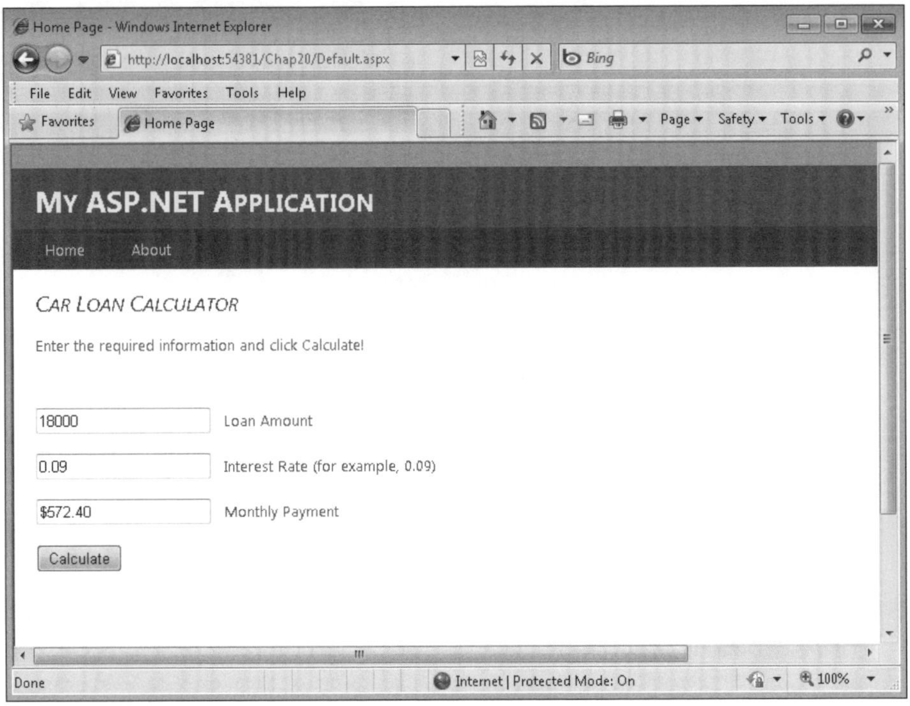

5. Feche o Internet Explorer.

   Você terminou de testar seu site por enquanto. Quando o Internet Explorer fecha, seu programa é efetivamente encerrado. Como você pode ver, construir e visualizar um site é basicamente o mesmo que construir e executar um aplicativo Windows, exceto pelo fato de que o site é executado no navegador. Você mesmo pode configurar pontos de interrupção e depurar seu aplicativo assim como pode fazer em um aplicativo Windows.

Está curioso sobre como instalar um site como esse em um servidor Web real? O procedimento básico para implantar sites é copiar os arquivos.aspx e qualquer arquivo de suporte necessário ao projeto para um diretório virtual apropriadamente configurado em um servidor Web que executa o IIS e o .NET Framework 4. Há algumas maneiras de executar a implantação no Visual Web Developer. O primeiro passo é clicar em Copy Web Site no menu Web site ou clicar em Publish Web Site no menu Build. (O Visual Web Developer 2010 Express não inclui o comando Publish Web Site.) Para obter informações adicionais sobre suas opções, consulte "ASP.NET Deployment Content Map" na documentação da Ajuda do Visual Studio. Para encontrar uma empresa de hosting que possa hospedar os aplicativos Web do ASP.NET, você pode verificar em *http://www.asp.net.*

Validando campos de entrada em uma página Web

Embora essa página Web seja útil, ocorrem problemas se o usuário esquecer de inserir uma quantia principal ou uma taxa de juros ou especificar dados no formato errado. Para tornar sites como esse mais robustos, normalmente adiciono um ou mais *controles validadores* que forçam os usuários a inserir a entrada no formato adequado. Os controles validadores encontram-se na guia *Validation* da Toolbox do *Visual Web Developer* e incluem controles que exigem entrada de dados em um campo (*RequiredFieldValidator*), entrada no intervalo adequado (*RangeValidator*) e assim por diante. Para obter informações sobre os controles validadores, pesquise a documentação do Visual Studio. Eles são simples de usar.

Personalizando o modelo de site

Agora começa a diversão! Somente sites muito simples consistem em apenas uma página Web. Utilizando o Visual Web Developer você pode expandir seu site rapidamente para incluir informações e recursos adicionais, incluindo páginas HTML, páginas XML, arquivos de texto, registros de banco de dados, Web services, sessões de login, mapas de site e muito mais. Se quiser adicionar uma página Web, você tem três opções.

- Você pode criar uma nova página Web usando o modelo HTML Page ou o modelo Web Form. Você seleciona esses modelos utilizando o comando Add New Item no menu Website. Após criar a página, você adiciona texto e objetos à página utilizando o Web Page Designer.
- Você pode adicionar uma página Web que você já criou utilizando o comando Add Existing Item no menu Web site e então personalizar a página no Web Page Designer. Use esse método se quiser incluir uma ou mais páginas Web que você já criou em uma ferramenta como o Expression Web. (Se possível, adicione páginas que não contam com folhas de estilo (CSS) e recursos externos, ou você precisará adicionar esses itens ao projeto também.)
- É possível usar uma página Web existente que seja parte do modelo de site que você está usando. Por exemplo, no modelo de site que está aberto agora, há uma página Web de About e várias páginas Web de Login que você pode personalizar e usar rapidamente.

No exercício a seguir, você exibirá a página de About fornecida pelo modelo que está usando e a personalizará com algumas informações sobre como o aplicativo de financiamento de veículos funciona.

Personalize a página Web About.aspx

1. Exiba o Solution Explorer, clique no arquivo About.aspx e, em seguida, clique no botão View Designer.

   O Visual Web Designer exibe a página About.aspx no Designer e ela exibe uma linha de texto do espaço reservado ("Put content here.").

2. Exclua o texto do espaço reservado e, em seguida, digite estas informações:

   Car Loan Calculator

   The Car Loan Calculator Web site was developed for the book *Microsoft Visual Basic 2010 Step by Step*, by Michael Halvorson (Microsoft Press, 2010). The Web site is best viewed using Microsoft Internet Explorer version 6.0 or later. To learn more about how this ADO.NET application was created, read Chapter 20 in the book.

   Operating Instructions:

   Type a loan amount, without dollar sign or commas, into the Loan Amount box.

   Type an interest rate in decimal format into the Interest Rate text box. Do not include the "%" sign. For example, to specify a 9% interest rate, type "0.09".

   Note that this loan calculator assumes a three-year, 36-month payment period. Click the Calculate button to compute the basic monthly loan payment that does not include taxes or other fees.

3. Utilizando botões na barra de ferramenta, adicione formatação em negrito aos cabeçalhos e itálico ao título do livro, como mostrado a seguir:

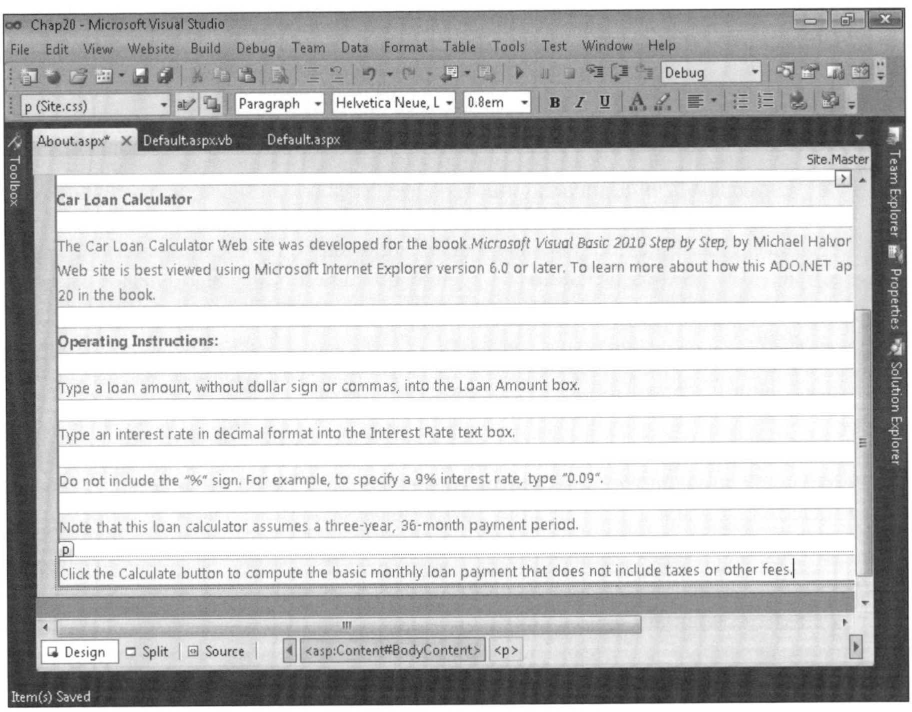

4. Clique no botão Save All na barra de ferramentas Standard para salvar suas alterações.
5. Clique no botão Start Debugging.

   O Visual Studio compila o site e o exibe no Internet Explorer.

6. Clique na guia Home na página Web.

   O Visual Studio exibe a página inicial do seu site Web, a calculadora de financiamento de veículos.

7. Calcule outro pagamento de financiamento para testar mais a calculadora de financiamento.

   Se quiser testar outro conjunto de números, experimente inserir **20000** para a quantia de financiamento e 0.075 para o taxa de juros. O resultado deve ser $622,12.

8. Agora clique na guia About para visualizar a página de About com instruções para o seu programa.

   O Internet Explorer exibe a página About na tela. Seu navegador deve se parecer com este:

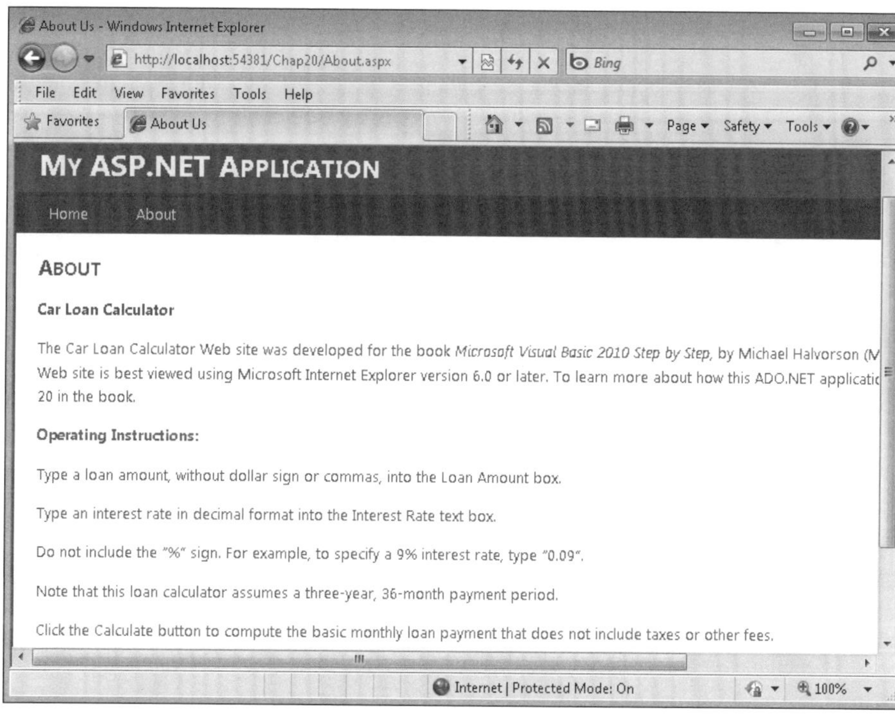

9. Leia o texto e então clique no botão Voltar no Internet Explorer.

   Assim como qualquer site, este permite clicar nos botões Voltar e Avançar para pular de uma página Web para a próxima.

10. Encerre o Internet Explorer para fechar o site.

    Você adicionou uma página About simples ao seu site e experimentou mover de uma página para a seguinte. Até aqui, muito bom. Agora tente algo mais sofisticado que mostre até onde você pode levar seu site se escolher incluir informações de um banco de dados.

Exibindo registros de banco de dados em uma página Web

Para muitos usuários, um dos aspectos mais estimulantes da World Wide Web é a capacidade de acessar grandes quantidades de informações rapidamente por meio de um navegador Web. Com frequência, a quantidade das informações que precisa ser exibida em um site comercial excede de longe o que um desenvolvedor realmente pode preparar utilizando documentos simples de texto. Nesses casos, programadores Web adicionam objetos de banco de dados a seus sites para exibir tabelas, campos e registros de informações de banco de dados em páginas; e eles conectam os objetos a um banco de dados seguro que reside no servidor Web ou outra localização.

O Visual Studio 2010 torna fácil exibir tabelas simples de banco de dados em um site; portanto, à medida que suas necessidades computacionais crescerem, você pode utilizar o Visual Studio para processar pedidos, tratar segurança, gerenciar perfis complexos de informações de cliente e criar novos registros de banco de dados – tudo pela Web. E o Visual Web Developer oferece esse poder de maneira muito eficiente. Por exemplo, utilizando o controle *GridView*, você pode exibir uma tabela de banco de dados contendo dezenas ou milhares de registros em uma página Web sem qualquer código de programa. Você verá como isso funciona completando o exercício a seguir, que adiciona uma página Web contendo dados de contato ao projeto Car Loan Calculator. Se você completou os exercícios de programação de banco de dados no Capítulo 18, "Introdução ao ADO.NET", e Capítulo 19, "Apresentação de dados utilizando o controle *DataGridView*", certifique-se de notar as semelhanças (e algumas diferenças) entre programação de banco de dados em um ambiente Windows e programação de banco de dados na Web.

Adicione uma nova página Web para as informações de banco de dados

1. Clique no comando Add New Item no menu Web site.

   O Visual Web Developer exibe uma lista de componentes que você pode adicionar ao seu site.

2. Clique no modelo Web Form, digite **FacultyLoanLeads.aspx** na caixa de texto Name e clique em Add.

   O Visual Web Developer adiciona a seu site uma nova página Web. Você irá personalizá-la com algum texto e controles de servidor.

3. Clique na guia Design para alternar para o modo de exibição Design.

4. Insira o seguinte texto na parte superior da página Web:

   The following grid shows instructors who want loans and their contact phone numbers: [A seguinte grade mostra instrutores que querem financiamentos e seus números de telefone para contato:]

5. Pressione ENTER duas vezes para adicionar duas linhas em branco abaixo do texto.

   Lembre-se de que os controles de página Web são adicionados a páginas Web no ponto de inserção, portanto, sempre é importante criar algumas linhas em branco quando você estiver se preparando para adicionar um controle.

Em seguida, você exibirá dois campos da tabela *Faculty* do banco de dados Faculty2010.accdb adicionando um controle *GridView* à página Web. O *GridView* é semelhante ao controle *DataGridView* que você usou no Capítulo 19, mas foi otimizado para utilização na Web. (Também há algumas outras diferenças, que você pode explorar usando a janela Properties e a documentação da Ajuda do Visual Studio.) Observe que estou utilizando a mesma tabela de banco de dados do Access que usei nos Capítulos 18 e 19, assim você pode ver a grande semelhança com a programação de banco de dados no Visual Web Developer. Muitos programadores também utilizam bancos de dados SQL em seus sites e o Visual Web Developer também trata esse formato muito bem.

Adicione um controle *GridView*

1. Com a nova página Web aberta e o ponto de inserção na localização desejada, dê um clique duplo no controle *GridView* na guia Data da Toolbox do Visual Web Developer.

   O Visual Web Developer adiciona um objeto de visualização em grade chamado *GridView1* à página Web. O objeto atualmente contém informações de marcação de lugar.

2. Se a lista de tarefas GridView não for exibida, clique na marca inteligente do objeto *GridView1* para exibi-la.

3. Clique na seta Choose Data Source e então clique na opção <New Data Source>.

4. O Visual Web Developer exibe o Data Source Configuration Wizard, uma ferramenta que você utilizou nos Capítulos 18 e 19 para estabelecer uma conexão com um banco de dados e selecionar as tabelas e campos que comporão um dataset.

   Sua tela é semelhante a esta:

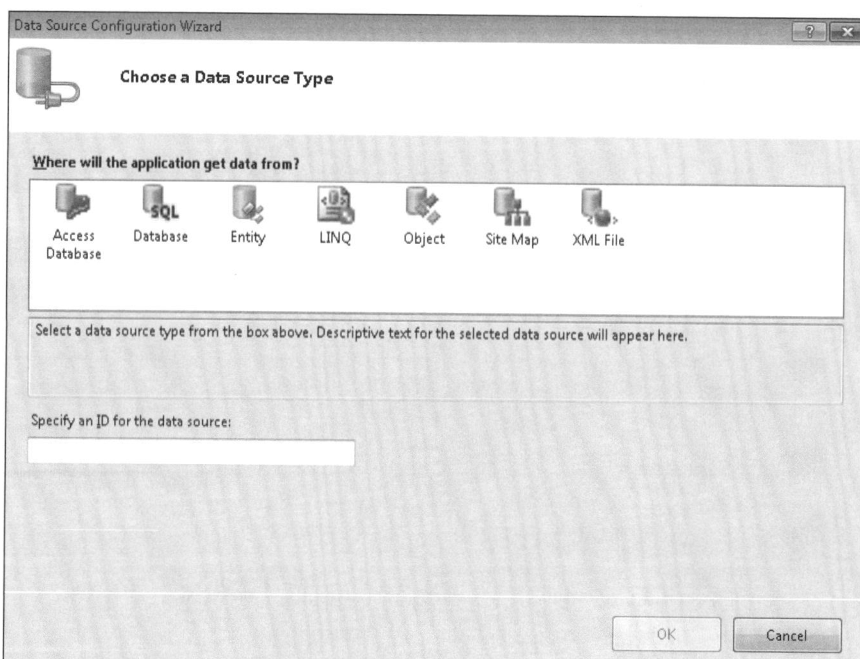

5. Clique no ícone Access Database, digite **Faculty2010** na caixa Specify An ID For The Data Source e, então, clique em OK.

   Agora você é solicitado a especificar a localização do banco de dados Access em seu sistema. (Essa caixa de diálogo é um pouco diferente da que você utilizou no Capítulo 18.)

6. Digite **C:\Vb10sbs\Chap18\Faculty2010.accdb** e clique em Next.

> **Nota** Se você receber uma mensagem dizendo "The Microsoft.ACE.OLEDB.12.0 provider is not registered on the local machine", é porque talvez não tenha o Access 2007 ou posterior instalado. Se não tiver, precisará fazer download e instalar o Driver Data Connectivity Components do Office 2007 a partir de Microsoft.com.

Agora você é solicitado a configurar sua origem de dados; isto é, selecionar a tabela e os campos que você quer exibir em sua página Web. Aqui você utilizará dois campos da tabela *Faculty*. (Lembre-se de que, no Visual Studio, os campos de banco de dados costumam ser chamados de colunas, então você verá a palavra "columns" utilizada no IDE e "colunas" nas instruções a seguir.)

7. Clique na seta da caixa de listagem Name e então clique em Faculty. (Provavelmente há apenas uma ou duas tabelas de banco de dados aqui, mas se existirem várias tabelas, clique na seta Name para visualizá-las.)

8. Marque as caixas de seleção Last Name e Business Phone na caixa de listagem Columns.

   Sua tela é semelhante a esta:

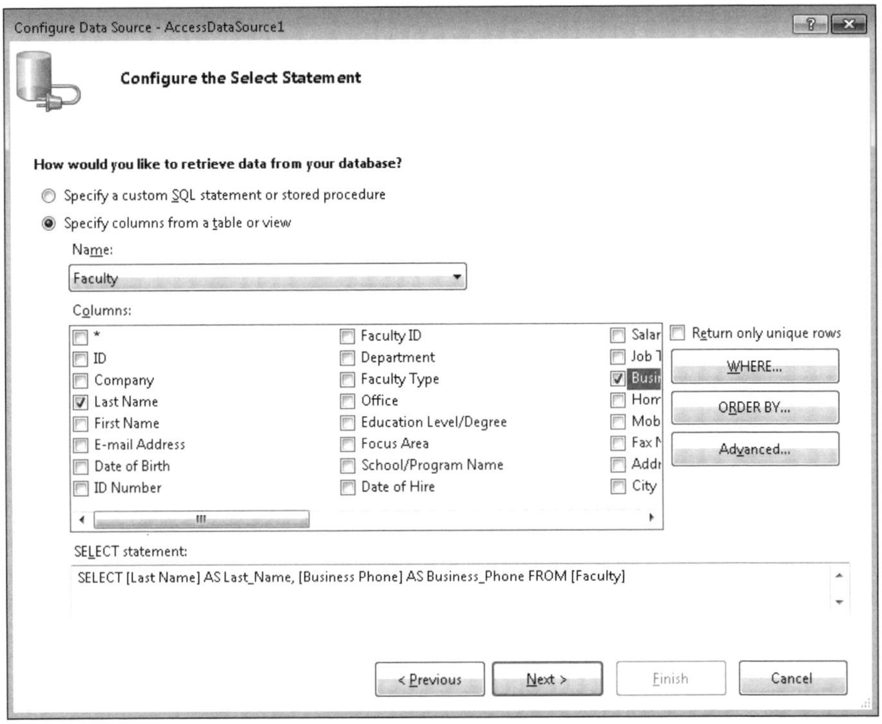

Por meio das suas ações aqui, você está criando uma instrução SQL SELECT que configura um dataset representando uma parte do banco de dados Faculty2010.accdb. Você pode ver a instrução SELECT na parte inferior dessa caixa de diálogo.

9. Clique em Next para ver a tela Test Query.

10. Clique no botão Test Query para visualizar seus dados.

    Você terá uma visualização dos campos Last Name e Business Phone reais do banco de dados. Esses dados têm a aparência esperada, mas se estivéssemos preparando esse site para distribuição mais ampla, formataríamos a coluna Business Phone de modo que ela contivesse espaçamento padrão e formato de número de telefone.

11. Clique em Finish.

    O Visual Web Developer fecha o assistente e ajusta o número de colunas e cabeçalhos de coluna no objeto Grid View para corresponder às seleções que você fez.

    Entretanto, ele continua a exibir marcadores de lugar ("abc") nas células de visualização da grade.

12. Com a lista de tarefas GridView ainda aberta, clique no comando Auto Format.

13. Clique no esquema Professional.

    A caixa de diálogo Auto Format se parece com esta:

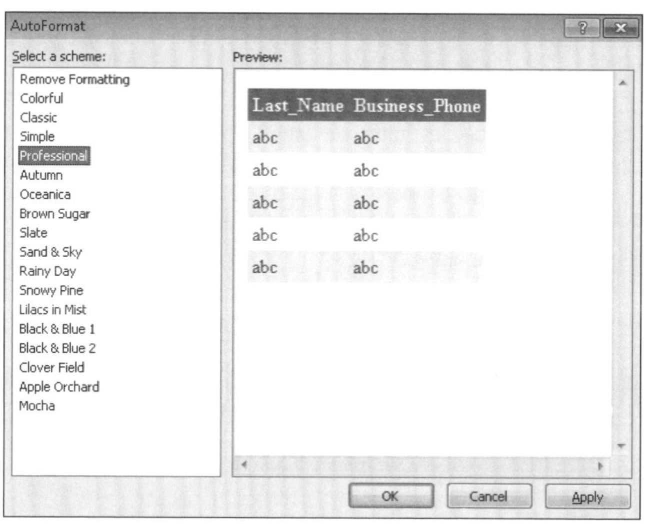

    A capacidade de formatar, ajustar e visualizar opções de formatação rapidamente é um excelente recurso do controle *GridView*.

14. Clique em OK e, então, feche a lista de tarefas GridView.

    Agora a página Web FacultyLoanLeads.aspx está completa e se parece com a captura de tela na página a seguir. (O meu controle *GridView* está dentro de uma tag *<div>*, mas o seu poderia estar dentro de uma tag *<p>*.)

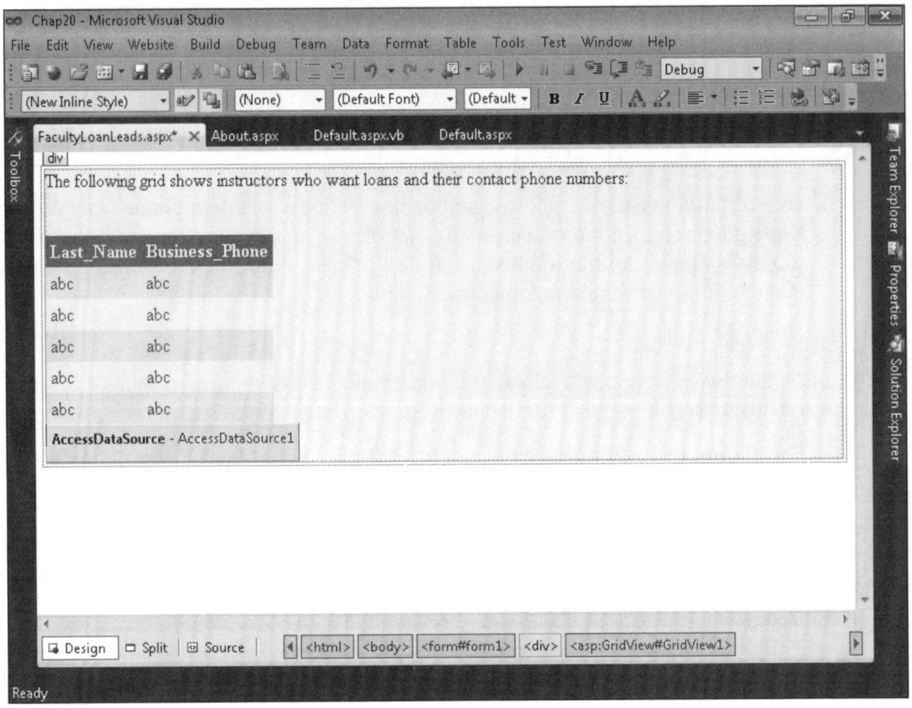

Agora você adicionará um hyperlink à página Web inicial (ou home page) que exibirá essa página Web quando o usuário quiser ver a tabela de banco de dados. Você criará o hyperlink com o controle *HyperLink*, que foi projetado para permitir que os usuários pulem de uma página Web atual para uma nova página com um simples clique do mouse. Como o controle *HyperLink* funciona? O controle *HyperLink* está localizado na Toolbox Standard. Ao adicionar um controle *HyperLink* à sua página Web, você define o texto que será exibido na página usando a propriedade *Text* e, em seguida, especifica o recurso ou a página Web para a qual deseja pular (ou um URL ou um caminho local) usando a propriedade *NavigateUrl*. Isso é tudo.

Adicione um hyperlink à home page

1. Clique na guia Default.aspx na parte superior do Designer.

   A home page do seu site abre no Designer.

2. Clique à direita do objeto de botão Calculate para colocar o ponto de inserção depois desse objeto.

3. Pressione ENTER duas vezes a fim de criar espaço para o objeto hyperlink.
4. Dê um clique duplo no controle *HyperLink* na guia Standard da Toolbox para criar um objeto hyperlink no ponto de inserção.
5. Selecione o objeto hyperlink e, em seguida, configure a propriedade *Text* do objeto como "Display Loan Prospects".

   Vamos supor que seus usuários são os encarregados pelos financiamentos bancários (ou negociantes de veículos bem informados) procurando vender financiamentos de automóveis para professores universitários. Display Loan Prospects será o link em que eles clicarão para exibir os registros de banco de dados selecionados.
6. Configure a propriedade *ID* do objeto hyperlink como "lnkProspects".
7. Clique na propriedade *NavigateUrl* e clique no botão reticências na segunda coluna.

   A caixa de diálogo Select URL é aberta.
8. Clique no arquivo FacultyLoanLeads.aspx na caixa de listagem Contents Of Folder e então clique em OK.
9. Clique em Save All para salvas as suas alterações.

Seu link está concluído e você está pronto para testar o site e o controle *GridView* em seu navegador.

Teste o site Car Loan Calculator final

> **Dica** O site Car Loan Calculator completo encontra-se na pasta C:\Vb10sbs\Chap20\Chap20. Utilize o comando *Open Web Site* no menu File para abrir um site existente.

1. Clique no botão Start Debugging.

   O Visual Studio compila o site e o exibe no Internet Explorer.
2. Insira **8000** para a quantidade de financiamento e **0.08** para a taxa de juros, e então clique em Calcular.

   O resultado é $250,69. Quando você adiciona algo a um projeto, é sempre bom voltar e testar os recursos originais para verificar se eles não foram modificados inadvertidamente. Sua tela é semelhante à captura de tela mostrada na próxima página.

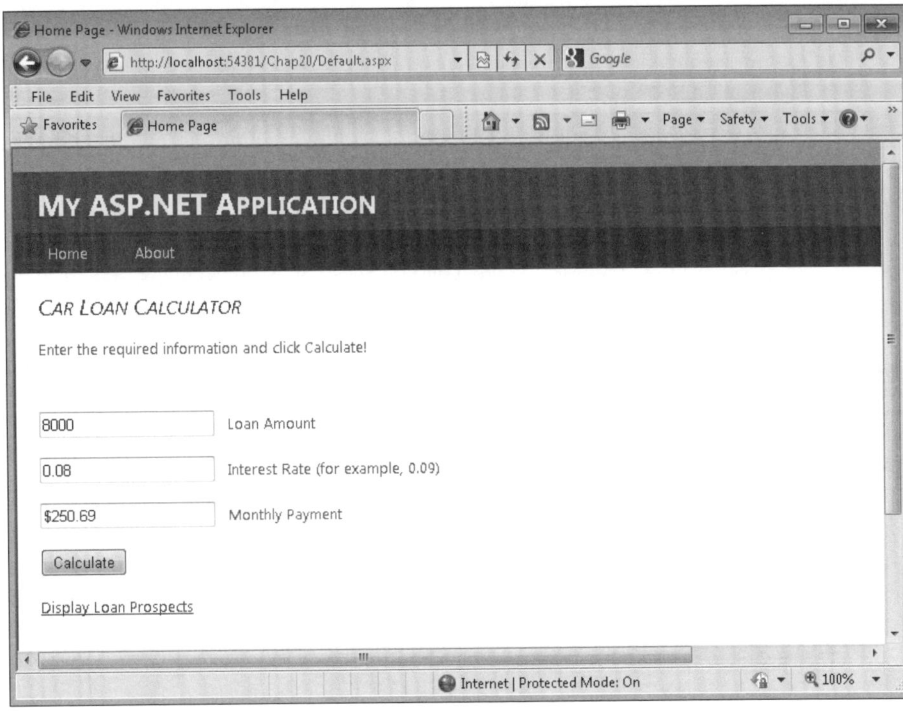

O novo hyperlink (Display Loan Prospects) é visível na parte inferior da página Web.

3. Clique em Display Loan Prospects para carregar a tabela de banco de dados. O Internet Explorer carrega os campos *Last Name* e *Business Phone* do banco de dados Faculty2010.accdb no objeto GridView. Sua página Web se parece com esta:

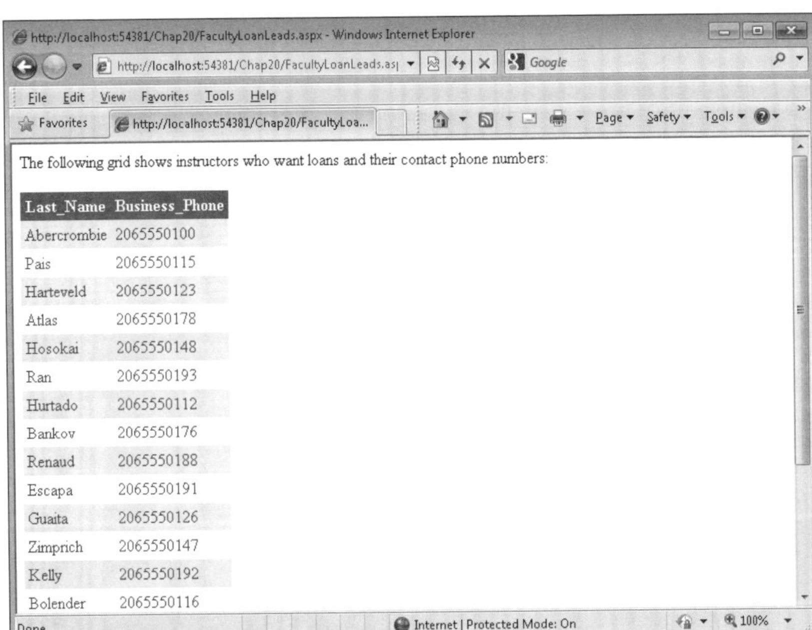

As informações estão bem formatadas e parecem úteis. Você descobrirá que os dados nessa tabela, por padrão, não podem ser classificados, mas você pode alterar essa opção marcando a caixa de seleção Enable Sorting em GridView Tasks. Se o banco de dados contiver muitas linhas (registros) de informações, você pode selecionar a caixa de seleção Enable Paging em GridView Tasks para exibir uma lista de números de página na parte inferior da página Web (como uma lista que talvez você veja em um sistema de pesquisa que exibe muitas páginas de "hits" para sua pesquisa).

4. Clique nos botões Voltar e Avançar no Internet Explorer.

   Como aprendeu anteriormente, você pode pular entre páginas Web em seu site, assim como faria em qualquer site profissional.

5. Quando tiver terminado de experimentar, feche o Internet Explorer para encerrar o site.
   Você adicionou uma tabela de informações personalizadas de banco de dados sem adicionar código de programa algum!

Um passo além: configurando os títulos do site no Internet Explorer

Quer mais ainda? Aqui estão as duas últimas dicas de programação Web para fortalecer seu site e deixá-lo seguir seu próprio caminho.

Talvez você tenha notado ao testar o site Car Loan Calculator que o Internet Explorer exibiu "Home Page" na barra de título e na guia da janela ao exibir seu site. Seu programa também exibe o título de modelo muito grande "MY ASP.NET APPLICATION" na parte superior da janela. Em outras palavras, sua tela era parecida com a tela a seguir:

Você pode personalizar o que Internet Explorer e outros navegadores exibirão na barra de título configurando a propriedade *Title* do objeto *DOCUMENT* para sua página Web; e pode modificar a string "MY ASP.NET APPLICATION" editando a página mestre do site. Forneça os dois valores de edição e experimente agora.

Configure a propriedade *Title*

1. Com a página Web Default.aspx aberta no modo de visualização Design, clique no objeto *DOCUMENT* na caixa de listagem Object na parte superior da janela Properties.

Toda página Web em um site contém um objeto *DOCUMENT* que armazena configurações gerais importantes para a página Web. Entretanto, o objeto *DOCUMENT* não é selecionado por padrão no Designer, então talvez você não o tenha notado. Uma das propriedades importantes para o objeto *DOCUMENT* é *Title*, que configura o título da página Web atual no navegador.

2. Configure a propriedade *Title* para "Car Loan Calculator".

A alteração não aparece na tela, mas o Visual Web Developer a grava internamente.

Agora, altere o título do seu aplicativo na página mestre do site.

Edite o título da página mestre

1. Clique no arquivo Site.Master no Solution Explorer e, em seguida, clique no botão View Designer.

   O Visual Studio exibe a página mestre no Designer. A página mestre é um modelo que fornece configurações padrão para seu site e permite que você ajuste características como aparência, títulos de banner, menus e links. Por exemplo, você pode clicar nas marcas inteligentes associadas aos itens de menu do site e ajustá-las assim como personalizou os menus no Capítulo 4, "Trabalhando com menus, barras de ferramentas e caixas de diálogo".

   Sua tela se parece com esta:

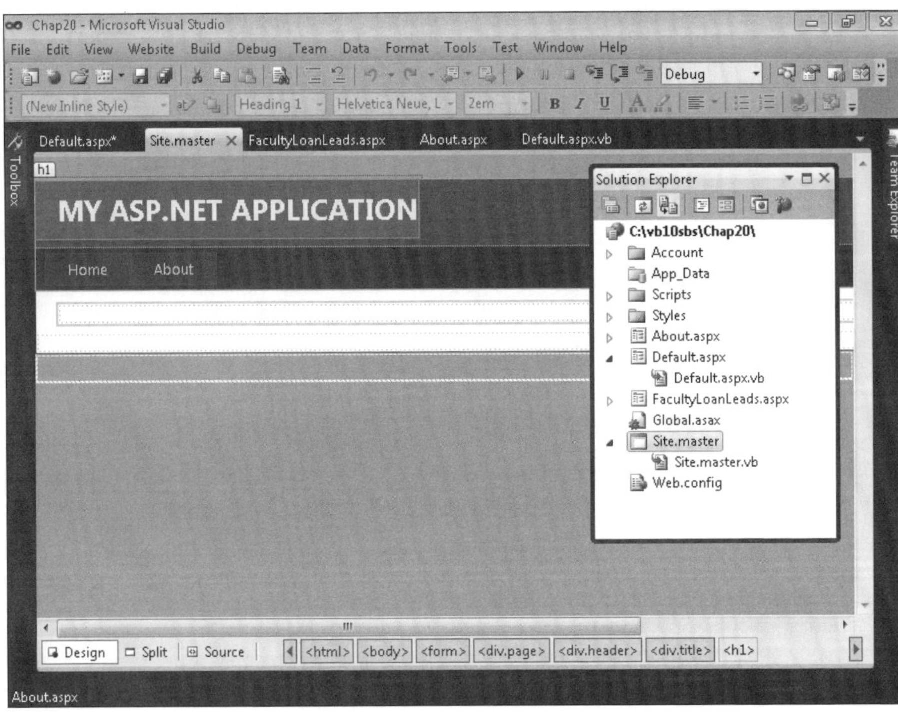

2. Exclua o título "MY ASP.NET APPLICATION" e digite **TIME FOR A NEW CAR?**

   O Visual Web Designer insere seu novo título. Agora execute o novo site novamente.

3. Clique no botão Start Debugging.

   O Visual Studio abre o Internet Explorer e carrega o site. Agora uma barra de título e uma mensagem de banner mais úteis aparecem, como mostrado na seguinte ilustração:

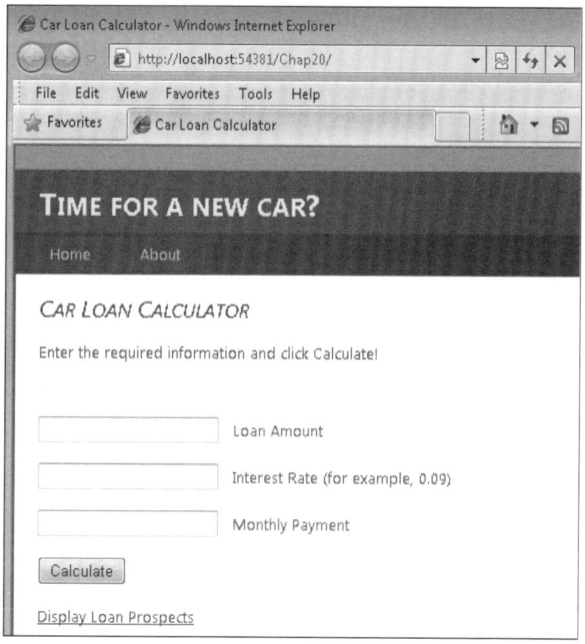

   Agora parece melhor.

4. Feche o Internet Explorer e atualize a propriedade *Title* das outras páginas Web em seu site.

5. Quando terminar de testar a página Car Loan Calculator, salve suas alterações e feche o Visual Studio.

Parabéns por completar o curso de programação do *Microsoft Visual Basic 2010 Passo a passo*! Dedique alguns momentos para folhear este livro e ver tudo o que aprendeu. Agora você está pronto para desafios e técnicas de programação mais sofisticados em Visual Basic. Confira a lista de recursos no Apêndice, "Onde obter informações adicionais", para algumas ideias sobre como continuar seu aprendizado. Mas faça uma pausa primeiro – você merece!

Referência rápida do Capítulo 20

Para	Faça isto
Criar um novo site ASP.NET	Clique no comando New Web Site no menu File, clique em ASP.NET Web Site, especifique uma localização de pasta na caixa de listagem *Web Location* e então clique em OK.
Alternar entre o modo de *Design* e o modo *Source* no Web Page Designer	Clique nas guias Source ou Design no Designer. Para uma visualização dividida, clique na guia Split.
Inserir texto em uma página Web	Clique na guia Design e então digite o texto que você quer adicionar.
Formatar texto em uma página Web	Na página, selecione o texto que você quer formatar e então clique em um botão ou controle na barra de ferramentas Formatting. As opções de formatação adicionais estão disponíveis no menu Format.
Visualizar a marcação HTML e ASP. NET na sua página Web	Clique na guia Source no designer.
Adicionar controles a uma página Web	Exiba a página Web no modo Design, abra a Toolbox (que automaticamente contém controles *Visual Web Developer*), posicione o ponto de inserção onde quer colocar o controle na página e então dê um clique duplo no controle na Toolbox.
Alterar o nome de um objeto em uma página Web	Utilize a janela Properties para alterar a propriedade *ID* do objeto para um novo nome.
Escrever um procedimento de evento para um objeto em uma página Web	Dê um clique duplo no objeto para exibir o arquivo code-behind e escreva o código de procedimento de evento para o objeto no Code Editor.
Verificar o formato dos dados inseridos pelo usuário em um controle em uma página Web	Utilize um ou mais controles validadores da guia Validation da Toolbox para testar os dados inseridos em um controle de entrada.
Executar e testar um site no Visual Studio	Clique no botão Start Debugging na barra de ferramentas Standard. O Visual Studio compila o projeto, inicia o ASP.NET Developmente Server e carrega o site no Internet Explorer.
Criar uma página Web para um projeto	Clique no comando Add New Item no menu Website e, então, adicione um novo modelo de página HTML ou um Web Form ao projeto. Crie e formate a página utilizando o Web Page Designer.
Criar um link para outras páginas Web em seu site	Adicione um controle *HyperLink* a sua página Web e então configure a propriedade *NavigateUrl* como o endereço da página Web vinculada.
Exibir registros de banco de dados em uma página Web	Adicione um controle *GridView* a uma página Web no Web Page Designer. Estabeleça uma conexão com o banco de dados e formate os dados utilizando comandos na caixa de listagem GridView Tasks. (O comando Choose Data Source carrega o Data Source Configuration Wizard.)
Configurar o título exibido para páginas Web na barra de título do Internet Explorer	Para cada página Web, utilize a janela de Properties para configurar a propriedade *Title* do objeto *DOCUMENT*.
Ajustar o título do banner, menus e outros valores padrão na página mestre	Selecione o arquivo Site.Master no Solution Explorer e, em seguida, clique em View Designer. Ajuste os valores padrão da página mestre no Designer.

Apêndice

Onde obter informações adicionais

Este livro apresentou técnicas de programação em Microsoft Visual Basic 2010 de nível básico, intermediário e avançado com o objetivo de torná-lo um desenvolvedor de software e programador Windows confiante. Após ter experimentado muitas das ferramentas e recursos do Visual Basic 2010, você está pronto para abordar tópicos mais avançados e a suíte de desenvolvimento completa do Microsoft Visual Studio 2010.

Se você busca uma carreira de programador em Visual Basic, talvez também queira testar sua proficiência preparando-se para um exame de certificação em desenvolvimento Visual Basic 2010. Neste apêndice, você conhecerá recursos adicionais para a programação em Visual Basic, incluindo sites úteis, uma fonte para as informações de certificação e livros que poderá usar para expandir suas habilidades de programação em Visual Basic.

Sites do Visual Basic

A Web é uma dádiva para programadores e o mecanismo mais rápido para reunir as informações atuais sobre Visual Basic 2010 e as tecnologias relacionadas. Nesta seção, cito vários dos sites que utilizo para aprender novos produtos e serviços relacionados ao Visual Basic. Ao utilizar essa lista, lembre-se de que o endereço e o conteúdo de cada site mudam de tempos em tempos, e, por essa razão, os sites podem não se apresentar exatamente como descritos aqui. Considerando a velocidade das mudanças na Internet, também é uma boa ideia de vez em quando pesquisar "Visual Basic", "Visual Studio 2010" e "Visual Basic Tutorial" para verificar as novas informações que estão disponíveis. (Para resultados mais específicos, coloque cada item de pesquisa entre aspas como mostrado.) Você também pode encontrar algumas informações úteis se pesquisar os nomes preliminares de código do produto como "Visual Basic 10".

http://msdn.microsoft.com/en-us/vbasic/default.aspx

A home page Microsoft Visual Basic Developer Center é o melhor site geral para documentação, notícias recentes, informações sobre conferências e suporte ao produto Visual Basic 2010. (Se você não estiver interessado em ler em inglês norte-americano, acesse o site e selecione um idioma diferente na caixa de listagem na parte superior da página.) O Developer Center fornece informações atualizadas sobre toda a linha de produtos do Visual Basic e também apresenta informações sobre como novos sistemas operacionais, aplicativos e ferramentas de programação afetam o desenvolvimento no Visual Basic. Os recursos de que gosto aqui são os blogs dos membros da equipe do Visual Basic e o acesso a vídeos e downloads recentes.

Dica Lembre-se de que você também pode acessar rapidamente recursos da MSDN a partir da Start Page do Visual Studio dentro do Visual Studio Integrated Development Environment (IDE). Toda vez que você iniciar o Visual Studio, esta Página Inicial carregará artigos e conteúdos de notícias atualizadas. E dessa forma, seu conteúdo se mantém em constante alteração.

http://www.microsoft.com/learning/en/us/training/format-books.aspx

O site Microsoft Learning oferece os livros mais recentes sobre programação Visual Studio da Microsoft Press. Verifique aqui novos livros sobre o Visual Basic, Microsoft Visual C#, Microsoft Visual C++, tecnologias de suporte a banco de dados e programação Web. Você também pode fazer download de softwares gratuitos (*freebies*), aprender sobre certificação e enviar email para a Microsoft Press.

http://www.microsoft.com/learning/en/us/start/start-right-courses.aspx

Esse URL leva ao site Microsoft Learning para treinamento em software e serviços, incluindo teste, certificação e ensino a distância. Ao longo dos últimos anos, muitos programadores em Visual Basic descobriram que podiam melhor demonstrar suas habilidades de desenvolvimento a potenciais empregadores submetendo-se a um ou mais exames de certificação para obter uma credencial da Microsoft, como Microsoft Certified Technology Specialist (MCTS), Microsoft Certified Professional Developer (MCPD), Microsoft Certified Application Developer (MCAD) e Microsoft Certified Solution Developer (MCSD). Visite o site para aprender mais sobre opções atuais de certificação.

http://www.microsoft.com/communities/default.mspx

Esse site de comunidades técnicas para muitos produtos de software e tecnologias da Microsoft oferece oportunidades para interagir com funcionários da Microsoft e seus colegas no desenvolvimento de software. Por meio desse site, você pode acessar blogs, newsgroups, webcasts, chats técnicos, grupos de usuários e outros recursos relacionados ao desenvolvimento no Visual Studio. Os tópicos no grupo de notícias do Visual Studio estão atualmente listados em Find a Community na categoria *Products and Technologies*.

Sites de vídeo

O conteúdo de vídeo tem sido um fenômeno explosivo na Web. Existem vários sites com vídeos relacionados à programação e ao Visual Basic. Se você tiver alguns minutos e uma conexão de Internet de alta velocidade, os vídeos poderão ser uma excelente maneira de aprender rapidamente algo novo. Caso seja o tipo de pessoa que aprende melhor visualizando, verifique alguns destes sites:

http://msdn.microsoft.com/en-us/vbasic/

O Visual Basic Developer Center tem uma seção de vídeos How Do I com vídeos específicos para o Visual Basic. Esses vídeos abordam diversas áreas incluindo novos recursos no Visual Basic 2010, Forms over Data, Office, Windows, LINQ e WPF.

http://windowsclient.net/learn/videos.aspx

O WindowsClient.net é um novo site da Microsoft que tem informações sobre como escrever aplicativos clientes para Windows. O site enfoca duas tecnologias de apresentação, o Windows Forms e o Windows Presentation Foundation (WPF). Além de artigos técnicos, laboratórios úteis, fóruns e postagens de blog, esse site também contém vídeos. Os vídeos sobre Windows Forms são um excelente local para continuar seu aprendizado após concluir este livro.

http://channel9.msdn.com/learn/

O Channel 9 é um site da Microsoft que hospeda vídeos e discussões sobre programação. É um centro de aprendizagem que disponibiliza vídeos de treinamento online. Alguns desses treinamentos incluem Visual Studio 2010, .NET Framework 4, Windows 7, Office 2010, SharePoint 2010, Silverlight, SQL Server e Windows Phone.

http://live.visitmix.com/Videos

Mix é uma conferência anual da Microsoft que enfoca as tecnologias Web atuais e futuras. Todas as sessões são gravadas e postadas online gratuitamente. As tecnologias incluem Silverlight, ASP.NET, Visual Studio, serviços Web, HTML, Internet Explorer e Windows Phone.

http://microsoftpdc.com/Videos

PDC ou Professional Developers Conference, é uma conferência da Microsoft que enfoca as tecnologias futuras da Microsoft. Todas as sessões são gravadas e postadas online gratuitamente. As tecnologias incluem o Windows, Windows Azure, WPF, ASP.NET, ADO.NET, Visual Studio, Visual Basic, C# e o Office.

http://www.learnvisualstudio.net/

O site LearnVisualStudio.NET é um site pago que inclui cerca de 500 vídeos destinados a níveis de habilidades do iniciante ao experiente. Os vídeos abordam diversas áreas do .NET, incluindo o .NET Framework, Visual Studio, Visual Basic, C#, Windows Forms, WPF, ASP.NET, ADO.NET e SQL Server.

Livros sobre programação em Visual Basic e Visual Studio

Os livros sobre programação em Visual Basic e Visual Studio são fontes detalhadas e treinamento passo a passo que os sites podem suplementar, mas não substituir. Para expandir suas habilidades em programação Visual Basic e Visual Studio, recomendo consultar mais adiante as fontes de informações impressas (listadas por categoria e data de publicação). Note que não é apresentada uma bibliografia completa dos títulos sobre o Visual Studio, mas sim uma lista representativa dos livros disponíveis em inglês na época do lançamento inicial do Visual Studio 2010. Também ofereço uma lista de livros relacionados a programação de banco de dados, programação Web, programação em Visual Basic for Applications (VBA) e livros gerais sobre desenvolvimento de software e ciência da computação.

Programação em Visual Basic

- *Visual Basic 2010 Programmer's Reference*, de Rod Stephens (Wrox, ISBN 978-0-470-49983-2).
- *Professional Visual Studio 2010*, de Nick Randolph, David Gardner, Chris Anderson e Michael Minutillo (Wrox, ISBN 978-0470548653).
- *Programming Windows Services with Microsoft Visual Basic 2008*, by Michael Gernaey (Microsoft Press, ISBN 978-0-7356-2433-7).
- *Practical Guidelines and Best Practices for Microsoft Visual Basic and Visual C# Developers*, de Francesco Balena e Giuseppe Dimauro (Microsoft Press, ISBN 978-0-7356-2172-5).
- *Programming Microsoft Visual Basic 2005: The Language*, de Francesco Balena (Microsoft Press, ISBN 978-0-7356-2183-1). Este livro aborda o Visual Basic 2005, mas ainda é muito útil porque grande parte dos recursos da linguagem permanecem os mesmos entre as versões.

Microsoft .NET Framework

- *Microsoft.NET Internals*, de Tom Christian (Microsoft Press, ISBN 978-0-7356-2675-1). Mostra aos programadores do Visual Studio 2010 os detalhes da arquitetura e funcionamentos internos do .NET Framework. Oferece um tour à estrutura principal e às ferramentas que estendem o .NET, incluindo o Silverlight, WPF, WCF e WF.
- *MCTS Self-Paced Training Kit (Exam 70-536): Microsoft®.NET Framework–Application Development Foundation*, Second Edition, de Tony Northup (Microsoft Press, ISBN 0-7356-2619-7).
- *Microsoft Windows Presentation Foundation: A Scenario-Based Approach*, de Billy Hollis (Microsoft Press, ISBN 978-0-7356-2418-4).
- *Microsoft Windows Workflow Foundation Step by Step*, de Kenn Scribner (Microsoft Press, ISBN 978-0-7356-2335-4).
- *Microsoft Windows Communication Foundation Step by Step*, de John Sharp (Microsoft Press, ISBN 978-0-7356-2336-1).

Programação de banco de dados com ADO.NET

- *Programming the Microsoft ADO.NET Entity Framework*, de David Sceppa (Microsoft Press, ISBN 978-0-7356-2529-7). O Entity Framework permite que os desenvolvedores construam seus modelos de aplicativo e, em seguida, mapeiem o modelo de aplicativo para seus esquemas de banco de dados. Os desenvolvedores escrevem consultas usando Language Integrated Query (LINQ) ou Entity SQL. O Entity Framework converte as expressões LINQ ou as consultas Entity SQL em consultas de banco de dados com base nas informações de mapeamento fornecidas.

- *ADO.NET 3.5 Cookbook*, de Bill Hamilton (O'Reilly Media, 978-0596101404). O ADO.NET 3.5 é parte do Visual Studio 2008, mas ainda é útil para o Visual Studio 2010.
- *Programming Microsoft LINQ*, de Paolo Pialorsi e Marco Russo (Microsoft Press, ISBN 978-0-7356-2400-9). Esta é uma grande fonte de informação sobre a tecnologia LINQ que acompanha o Visual Studio 2008, e continua sendo muito útil para o Visual Studio 2010.
- *Microsoft ADO.NET 2.0 Step by Step*, de Rebecca Riordan (Microsoft Press, ISBN 978-0-7356-2164-0).
- *Programming Microsoft ADO.NET 2.0 Core Reference*, de David Sceppa (Microsoft Press, ISBN 978-0-7356-2206-7).
- *Programming Microsoft ADO.NET 2.0 Applications: Advanced Topics*, de Glenn Johnson (Microsoft Press, ISBN 978-0-7356-2141-1).

Nota Os livros sobre ADO.NET 2.0 continuam úteis para o Visual Studio 2010.

Programação Web com ASP.NET

- *Microsoft ASP.NET 4 Step by Step*, de George Shepherd (Microsoft Press, ISBN 978-0-7356-2701-7). ASP.NET 4 é a versão incluída no Visual Studio 2010.
- *Programming Microsoft ASP.NET 4*, de Dino Esposito (Microsoft Press, ISBN 978-0-7356-2527-3).
- *Programming Microsoft ASP.NET MVC*, de Dino Esposito (Microsoft Press, ISBN 978-0-7356-2714-7).
- *Microsoft ASP.NET and AJAX: Architecting Web Applications*, de Dino Esposito (Microsoft Press, 978-07356-2621-8).
- *ASP.NET Internals*, de George Shepherd (Microsoft Press, ISBN 978-0-7356-2641-6).
- *Pro ASP.NET 4 in VB 2010*, Third Edition, de Matthew MacDonald, Mario Szpuszta e Vidya Vrat Agarwal (Apress, ISBN 978-1430225119).

Programação em Office

- *Microsoft Office Excel 2007 Visual Basic for Applications Step by Step*, de Reed Jacobsen (Microsoft Press, ISBN 978-0735624023).
- *Mastering VBA for Microsoft Office 2007*, de Richard Mansfield (Sybex, 978-0470279595).
- *Visual Studio Tools for Office 2007: VSTO for Excel, Word, and Outlook*, de Eric Carter e Eric Lippert (Addison-Wesley Professional, ISBN 978-0321533210).

- *Access 2007 VBA Bible: For Data-Centric Microsoft Office Applications*, de Helen Feddema (Wiley, ISBN 978-0470047026).
- *Access 2007 VBA Programmer's Reference*, de Teresa Hennig, Rob Cooper, Geoffrey L. Griffith e Armen Stein (Wrox, ISBN 978-0470047033).

No Microsoft Office 2007 foi lançado um novo paradigma para escrever macros VBA em aplicativos Office. Em 2010, uma nova versão do Office está programada para ser lançada, mas em meados de 2010, não havia ainda qualquer livro disponível descrevendo o VBA e a tecnologia atualizada.

Livros gerais sobre programação e ciência da computação

- *Code Complete, Second Edition*, de Steve McConnell (Microsoft Press, ISBN 978-0-7356-1967-8). Listo esse livro primeiro porque tem sido um de meus recursos favoritos para programadores autodidatas.
- *Code*, de Charles Petzold (Microsoft Press, ISBN 978-0-7356-1131-3).
- *Writing Secure Code, Second Edition*, de Michael Howard e David LeBlanc (Microsoft Press, ISBN 978-0-7356-1722-3).
- *Software Project Survival Guide*, de Steve McConnell (Microsoft Press, ISBN 978-1-57231-621-8).
- *Data Structures and Algorithms Using Visual Basic.NET*, de Michael McMillan (Cambridge University Press, ISBN 978-0-521-54765-9).
- *The Art of Computer Programming, Volumes 1-3*, de Donald Knuth (Addison-Wesley Professional, ISBN 978-0-201-48541-7). Ganhei de presente a terceira edição, em três volumes (publicada em 1997-1998) e fiquei muito feliz! Se você só puder comprar um, compre o volume 1.
- *Data Structures and Algorithms*, de Alfred V. Aho, Jeffrey D. Ullman e John E. Hopcroft (Addison-Wesley, ISBN 978-0-201-00023-8).

É muito importante que programadores autodidatas adquiram uma biblioteca de livros sobre programação geral ao longo do tempo que possa ajudá-los nos tópicos mais teóricos (e independentes da linguagem) como algoritmos fundamentais, estruturas de dados, classificação, pesquisa, compactação, números aleatórios, matemática avançada, rede, compiladores. Os livros listados neste apêndice são apenas o começo e muitos podem ser encontrados em sebos.

Índice

Símbolos e números

A

D

N

O

Q

R

IMPRESSÃO:

GRÁFICA EDITORA Pallotti
IMAGEM DE QUALIDADE

Santa Maria - RS - Fone/Fax: (55) 3220.4500
www.pallotti.com.br